汽车使用与维修 1000 问

主　编　赵英勋　丁礼灯

副主编　席　敏　龙　华　张建峰

参　编　王淑平　丁明亮　刘星华

　　　　周　先　宫本武　杨界平

U0304776

机械工业出版社

本书以问答的形式全面、系统地介绍了汽车使用与维修方面的 1000 个问题。内容包括发动机、底盘、电气系统、车身与附件的使用与维修，常见故障的诊断与排除，汽车电控系统的检测与运用，汽车运行材料的合理选用，汽车驾驶技巧与应用，汽车使用性能的合理利用，汽车在特殊与应急条件下的使用处理，汽车选购与更新，以及汽车保险与理赔等。

本书内容丰富、图文并茂、通俗易懂、可操作性强，能使读者在较短时间内全面了解和掌握汽车使用与维修方面的实用知识，能帮助读者护好车、修好车、驾好车、选好车、用好车。

本书适合汽车维修人员、汽车驾驶人员、汽车管理人员、汽车爱好者以及汽车车主使用，也可作为大、中专院校汽车相关专业的教学参考书。

图书在版编目（CIP）数据

汽车使用与维修 1000 问/赵英勋，丁礼灯主编. —北京：机械工业出版社，2018.3

ISBN 978-7-111-59254-9

Ⅰ.①汽…　Ⅱ.①赵…②丁…　Ⅲ.①汽车-使用方法-问题解答②汽车-车辆修理-问题解答　Ⅳ.①U472-44

中国版本图书馆 CIP 数据核字（2018）第 036253 号

机械工业出版社（北京市百万庄大街 22 号　邮政编码 100037）

策划编辑：赵海青　责任编辑：赵海青

责任校对：樊钟英　封面设计：马精明

责任印制：张　博

三河市宏达印刷有限公司印刷

2018 年 8 月第 1 版第 1 次印刷

184mm×260mm · 28.75 印张 · 699 千字

0001—3000 册

标准书号：ISBN 978-7-111-59254-9

定价：79.00 元

前言
FOREWORD

目前，我国汽车千人保有量为120多辆，已进入了汽车社会。汽车已成为人们出行的代步工具，成为一种大众消费品。但汽车是一个复杂的机器系统，和一般普通的低值消费品不同，它使用环境多变，使用时间长。因此，汽车的使用与维修日益受到重视，弄懂一些汽车使用与维护知识、正确合理使用汽车已成为广大车主、汽车驾驶人、汽车爱好者的迫切要求，弄通现代汽车新技术、掌握汽车维修技术和疑难故障排除方法已成为广大汽车维修从业者的迫切需要。为了满足人们的这些需求，我们特编写了《汽车使用与维修1000问》。

本书以问答的形式全面、系统地解答汽车使用与维修方面的1000个问题。在汽车维修方面，对发动机、底盘、电气系统、车身与附件的结构特点，使用与维修方法，常见故障的诊断与排除，汽车电控系统检测等，列举了诸多疑难问题，进行了分析回答；在汽车使用方面，对汽车油液的选用、汽车驾驶技巧、走合期用车、特殊条件用车、应急情况用车、安全用车、经济用车、汽车使用性能的利用等，列举了众多经典案例，进行了精辟说明；在汽车选购与更新方面，对汽车选购基础、新车选购技巧、二手车选购指南、汽车更新与报废、汽车保险与理赔等，列举了许多热点问题，进行了详细回答。

本书内容丰富、图文并茂、通俗易懂、可操作性强，汽车车主、驾驶人员、维修人员、汽车爱好者，完全可通过该书的自学，获得有关知识，增长才干，有效解决车辆使用与维修中所遇到的各种问题。愿本书能帮读者护好车、修好车、驾好车、选好车、用好车。

本书由赵英勋、丁礼灯主编。其中第一、二、四章由赵英勋、王淑平、张建峰、周先编写，第三章由龙华编写，第五、六章由丁礼灯编写，第七章由丁明亮、宫本武编写，第八章由刘星华、杨界平编写，第九章由席敏编写。

由于作者水平所限，书中难免存在不足或错误，敬请各位读者批评指正。

作者
2018. 5. 20

目录
CONTENTS

第二章　底盘使用与维修

第三章　电气系统使用与维修

第四章　车身及附件使用与维修

第五章　汽车油液的合理使用

第六章　汽车驾驶技巧与应用

第七章　汽车使用性能的合理利用

第八章　汽车在特殊与应急条件下的合理使用

第九章　汽车的合理选购与更新

第 一 章

发动机使用与维修

一、曲柄连杆机构

> **1.** 发动机由哪几部分组成？

现代汽车发动机主要采用往复活塞式内燃机。发动机总体结构复杂，汽油机主要由曲柄连杆机构、配气机构、燃料供给系统、润滑系统、冷却系统、点火系统和起动系统组成。柴油机因其发火方式是压燃，故与汽油机相比，少了点火系统。图1-1为汽油喷射发动机的总体结构图。

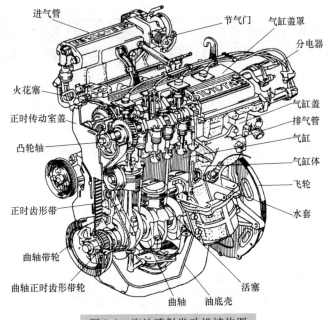

图 1-1　汽油喷射发动机结构图

> **2.** 曲柄连杆机构主要由哪些机件组成？其作用是什么？

曲柄连杆机构主要由机体组（包括气缸体、气缸盖、气缸垫、气缸套、油底壳等）、活塞连杆组（包括活塞、活塞环、活塞销、连杆等）和曲轴飞轮组（包括曲轴、飞轮以及装在曲轴上的其他零件等）组成，如图1-2所示。

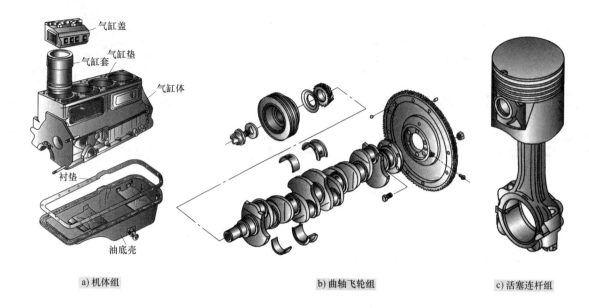

气缸盖

气缸垫
气缸套

气缸体

衬垫

油底壳

a) 机体组　　　　　　　　　　b) 曲轴飞轮组　　　　　　　　c) 活塞连杆组

图1-2　曲柄连杆机构组成

提示

　　曲柄连杆机构的作用是将燃料燃烧产生的热能转化为机械能，同时将活塞的往复运动转化为曲轴的旋转运动而对外做功，为汽车提供动力并驱动其他机构及系统的部件工作。

> **3. 气缸体、气缸盖为什么产生变形？其变形的危害是什么？**

　　气缸体、气缸盖产生变形的主要原因：气缸体在铸造、加工时固有的残余应力过大或工作时产生的热应力过大；曲柄连杆机构往复运动产生过大的作用力，使气缸体、气缸盖受拉压和弯扭的作用；发动机检修后，各主轴承与主轴颈的径向间隙不均匀，主轴承与座孔贴紧度不足，会使气缸体承受额外力的作用，引起气缸体变形；在拧紧气缸盖螺栓时，不按规定顺序和规定力矩拧紧螺栓或各气缸盖螺栓扭力不均匀，以及在高温时拆卸气缸盖或不按规定顺序拆卸气缸盖螺栓等，都会造成气缸体、气缸盖的变形。

提示

　　气缸体变形会使主轴承座孔的同轴度、气缸轴线与主轴承孔轴线的垂直度误差加大，破坏发动机的装配质量，缩短发动机使用寿命，还影响飞轮壳及变速器的装配关系，造成离合器、变速器工作时响声和磨损加剧。气缸体、气缸盖的变形，会使气缸体和气缸盖平面度偏差增大，易使气缸垫损坏，造成气缸密封不严，漏气、漏水，使发动机动力性、经济性下降。

> **4. 为什么要对气缸进行磨损检查？**

　　气缸磨损是判断发动机技术状况是否良好、是否需要大修的重要依据。气缸磨损至一定程度时，发动机动力性能显著下降，油耗急剧增加，工作性能变差，甚至不能正常工作。因此，检修发动机时，都要对气缸进行磨损程度检查。

气缸磨损检查主要是为了测出气缸的磨损量，从而确定该发动机的技术状况。若磨损未达到大修标准而发动机的其他性能又较好，测量气缸的磨损可确定汽车继续行驶的里程数；若需要进行发动机大修，测量气缸的磨损则可确定气缸的检修尺寸。

▶ 5. 气缸磨损有什么规律？

气缸是在润滑不良、高温、高压、交变载荷和腐蚀性物质作用下工作的，因此气缸容易磨损。气缸磨损是不均匀的，但正常情况下有一定的规律性，如图1-3所示。

气缸表面在活塞环运动的区域内形成不均匀的磨损：沿高度方向磨成上大下小的锥形；磨损最大部位是当活塞环在上止点位置时第一道活塞环相对应的缸壁处；活塞环不接触的上口，几乎没有磨损而形成台阶。在个别情况下，当磨料磨损为主导磨损形式时，气缸可能出现中间大，类似"腰鼓"形的磨损。气缸沿圆周方向磨损也不均匀，横向磨损比纵向磨损大，形成不规则的椭圆形，其磨损量相差3~5倍，最大磨损区在气缸沿高度磨损最大的截面上。最大磨损位置随车型、结构及使用条件不同而异。

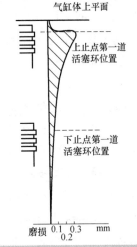

气缸体上平面

上止点第一道
活塞环位置

下止点第一道
活塞环位置

磨损　0.1　0.3　mm
　　　　0.2

图1-3　汽车沿高度方向磨损

各缸的磨损程度也不一致，通常是位于发动机两端的气缸，因其冷却强度大，磨损量往往比中部的气缸略大。

▶ 6. 气缸磨损的原因有哪些？

气缸或缸套的工作环境十分恶劣，造成气缸磨损的主要原因如下。

（1）**气缸润滑不良**　气缸上部邻近燃烧室处温度很高，润滑条件很差。新鲜空气和未蒸发燃料的冲刷与稀释加剧了上部润滑条件的恶化，气缸上部处于干摩擦或半干摩擦状态，使得气缸套上部磨损严重。

（2）**活塞环的高压**　活塞环在自身弹力和背压的作用下，紧压在缸壁上，正压力越大，润滑油膜形成和保持越困难，机械磨损越严重。上部承受压力大，使气缸磨损呈上重下轻现象。

（3）**腐蚀性物质**　气缸内可燃混合气燃烧后，产生水蒸气和酸性氧化物，它们均可溶于水中，生成矿物酸，加上燃烧中生成的有机酸，对气缸表面产生腐蚀作用，腐蚀物在摩擦中逐步被活塞环刮掉，造成气缸表面腐蚀剥落而加剧磨损。

（4）**机械杂质**　进入的机械杂质，使气缸中部磨损加剧。空气中的灰尘、润滑油中的杂质等进入活塞和缸壁间，造成磨料磨损。灰尘或杂质随活塞在气缸中往复运动时，由于在气缸中部位置的运动速度最大，加剧了气缸中部的磨损。

（5）**使用不当**　机油滤清器工作不正常，机油得不到有效的过滤，含有大量硬质颗粒的机油必然会使气缸壁磨损加剧；空气滤清器长期得不到清洗维护，滤清效果差，空气中所含尘土和沙粒进入气缸，加速气缸磨损；发动机长时间低温运转，造成燃烧不良有积炭，使气缸上部产生严重的磨料磨损，同时还引起电化学腐蚀；经常使用劣质机油，润滑效果差，导致缸壁磨损严重。

(6) 维修不当 气缸套安装位置不当，存在安装误差，气缸中心线和曲轴轴线不垂直，会造成气缸套非正常磨损；检修后，连杆铜套孔偏斜，活塞销中心线与连杆小头中心线不平行，迫使活塞向气缸的某一边倾斜，也会造成气缸非正常磨损；连杆弯曲变形没校正使用，会加速气缸的磨损；曲轴连杆轴颈和主轴颈不平行没校正使用，会加速气缸的磨损。

7. 怎样防止气缸早期磨损？

发动机工作时，气缸有磨损是正常的。但采取适当措施，则可减轻或防止气缸早期磨损。主要措施如下。

(1) 正确起动和起步 发动机不要经常熄火，经常起动，冬天低温时，起动一次其气缸磨损量相当于汽车行驶 200 多 km。发动机起动后应怠速运转升温，严禁猛踩加速踏板，待机油温度达到 40℃ 时再起步。

(2) 提高驾驶技术 选用合适档位，控制发动机负荷，保持中速行车，不要猛加速，少用紧急制动，保持发动机冷却液温度处于正常工作温度 80~90℃。

(3) 选用合适的机油 按发动机性能要求或按发动机使用说明书规定，选用合适质量等级和黏度等级的机油，不要使用劣质机油。应经常检查机油的数量与质量，做到定期或按质更换机油。

(4) 加强滤清器的维护 经常维护空气滤清器、机油滤清器和燃油滤清器，使其处于良好的工作状态，防止机械杂质进入气缸、减轻气缸磨损。

(5) 严格控制修理质量 发动机在使用过程中，要及时发现问题并予以排除，随时更换或维修损坏和变形的配件，保证发动机的修复质量，以减轻气缸壁的磨损。

8. 气缸磨损检查的主要内容有哪些？如何检查？

发动机气缸磨损检查的主要内容：最大磨损量、圆度误差、圆柱度误差。发动机气缸的磨损通常使用量缸表进行测量，如图 1-4 所示。测量时，根据气缸直径选择合适的接杆，带上固定螺母拧入量缸表的下端。

测量时，将量缸表的活动测杆插入气缸，在活塞全行程的上、中、下三个断面，即在气缸体上部距气缸主平面 10mm 处、气缸中部、气缸下部距缸套下平面 10mm 处检测，按纵向（A 向）和横向（B

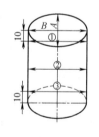
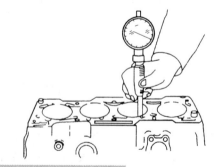

图 1-4　气缸磨损的测量

向）两个方向测量气缸的直径。检测时微微摆动表杆，使测杆与气缸中心线垂直，此时量缸表指示的最小读数即为该方向正确的气缸直径。

测完后，气缸最大尺寸与气缸标准尺寸的差值则是该缸的最大磨损量；在三个截面上圆度误差最大的作为该缸的圆度误差；在上述测量的六个位置中，气缸最大直径与最小直径差值的一半作为该气缸的圆柱度误差。

提示

一般发动机最大磨损尺寸在前、后两缸的上部，应重点测量这两缸。当然，非正常磨损，其他缸也可能磨损最严重。因此，发动机最大磨损尺寸应在所有气缸测完后确定。

9. 什么是修理尺寸法？它有何特点？

修理尺寸法是将待修配合副中的一个零件利用机械加工的方法恢复其正确几何形状并获得新的尺寸——修理尺寸，然后选配具有相应尺寸的另一配合件与之相配，恢复配合性质的一种修理方法。修理尺寸法是修复配合副零件磨损的一种常用方法，在汽车发动机上得到了广泛的应用，如气缸、曲轴、凸轮轴等修理时都采用这种方法。修理尺寸法具有如下特点。

1）使各级修理尺寸标准化，便于加工和供应配件，保证了零件装配的互换性。

2）延长了复杂、贵重零件的使用寿命，工作简单易行，经济性好。

3）修理按级加工，往往使加工余量过大，使可修理的次数减少，它是一种有限的修理方法。

10. 汽车修理尺寸如何分级？

汽车发动机修理尺寸的确定采用分级修理的方法，即零件按预先规定好的分级修理尺寸进行机械加工，而与之相配合的零件可以预先按相应的分级修理尺寸制造好，直接选用，无须单件制造。待修复的零件表面可以有数个修理尺寸，修理尺寸的大小和级别按实际情况确定。每种厂牌汽车的主要零件及易损零件，如气缸、活塞、活塞环、活塞销、曲轴等都规定有它的各级修理尺寸。每一级修理尺寸的级差，对于同一零件是定值，对于不同零件则不尽相同，但我国生产的汽车发动机主要磨损零件的修理尺寸的级差多半是 0.25mm，如气缸、活塞、活塞环、曲轴等，而活塞销直径的级差则是 0.04mm。

零件的修理级数，国家也有规定，汽油机主要零件一般分为六级，柴油机分为八级；活塞销分为四级，凸轮轴轴承内孔分为二级。

为了保证修理质量，提高劳动生产率，修复的旧件应当严格按修理尺寸加工，并装用相应修理尺寸的配合件。

11. 气缸修理尺寸如何确定？

气缸磨损超过允许限度后，或缸壁上有严重刮伤、沟槽和麻点时，应将气缸按检修级别进行镗缸磨缸，并选配与气缸修理尺寸相符的活塞及活塞环。气缸修理尺寸可按下式进行计算。

计算的气缸修理尺寸 = 气缸最大磨损直径 + 镗磨余量（镗磨余量一般取 0.10~0.20mm）

提示

计算出的修理尺寸应与修理级数相对照，若与某一修理级数相等，可按某级数修理；若与修理级数不相符，则按向上靠近的大修级数进行气缸修理；若气缸磨损超过最大一级修理尺寸时，则应镶配缸套。只要有一缸需要镗、磨或更换缸套，则其余各缸均应同时更换，以保持发动机各缸的一致性。

例：EQ6100Q 发动机，各气缸孔磨损尺寸为 100.65mm、100.72mm、100.57mm、100.68mm、100.80mm、100.82mm，镗磨余量为 0.20mm，则计算的气缸修理尺寸为101.02mm，而该发动机气缸的四级修理尺寸是 101.00mm，五级修理尺寸是 101.25mm，因此发动机气缸的最终修理尺寸是 101.25mm。

12. 气缸垫有何作用? 有何结构特点?

气缸垫装在气缸盖和气缸体之间, 其作用是保证气缸盖和气缸体接触面的密封, 防止漏气、漏水和漏油。气缸垫的材料要有一定的弹性, 能补偿接合面的平面度, 以确保密封, 同时要有好的耐热性和耐压性, 在高温高压下不烧损、不变形。

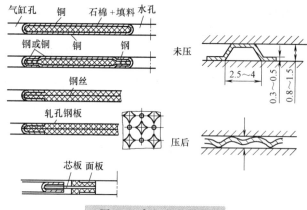

图 1-5　气缸垫的结构

常用气缸垫的种类和结构有金属-石棉垫、金属-复合材料垫、全金属垫和无石棉气缸垫 (图 1-5)。

> **提示**
>
> 目前应用较多的是金属-石棉气缸垫, 其结构为石棉板或混有黏结剂和金属丝 (或屑) 的石棉, 外覆铜皮或钢皮, 在气缸孔、水孔、油孔处卷边加强。金属-石棉气缸垫有很好的弹性和耐热性, 可重复使用, 但强度较低, 易破损。为了提高强度, 现广泛采用轧孔钢板或编织钢丝为骨架, 两面用石棉及橡胶黏结剂压成衬垫, 外表面涂上石墨粉等润滑剂, 可以不覆金属皮, 但气缸孔处仍需包金属边。有的气缸垫以轧孔钢板为骨架, 两面垫以石棉板, 外覆钢皮, 气缸孔处卷边, 水孔处包边。轿车和赛车多采用钢板气缸垫和无石棉气缸垫。

13. 气缸垫安装时应注意什么? 密封胶能取代气缸垫吗?

在安装气缸垫时, 应注意其安装方向。一般原则是, 金属卷边朝向有利于修理的一面。铁体铁盖, 卷边朝盖; 铝盖铁体, 卷边朝体; 铝体铝盖, 卷边朝盖。一般是衬垫卷边的一面朝气缸盖, 光滑面朝气缸体安装; 也可根据标记或文字要求进行安装, 如衬垫上的文字标记 "TOP" "OPEN" 表示朝上, "FRONT" 表示朝前等。

在国外一些汽车发动机上开始使用耐热密封胶取代传统的气缸垫, 这种发动机对气缸盖和气缸体接合面平面度要求极高。

14. 如何拧紧气缸盖螺栓?

为了保证缸盖的密封均匀, 防止缸盖变形, 防止漏气、漏水, 在气缸盖安装时, 应从中心对称地向四周扩展的顺序分 2~3 次将气缸盖螺栓拧紧 (图 1-6), 一般发动机说明书上都有拧紧次序和力矩的要求。由于铸铁气缸盖受热后膨胀量小于钢制螺栓, 螺栓在冷车拧紧后, 应在发动机温度达到正常以后再按规定力矩拧紧一次; 而铝合金缸盖在冷车时拧紧即可, 不必再次拧紧, 以防缸盖翘曲。

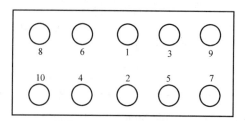

图 1-6　缸盖螺栓拧紧顺序

提示

　　某些较先进的发动机气缸盖螺栓，在拧紧时除了拧紧次序有要求外，还有拧紧力矩和方法上的特殊要求，即以一定的力矩拧紧后，再拧紧一定的角度。这样可保证气缸盖压紧更为可靠。

> **15. 活塞磨损的规律是什么？活塞磨损后有何危害？**

　　活塞磨损有环槽磨损、裙部磨损和销座孔磨损。其中活塞环槽是活塞最大的磨损部位，通常第一道活塞环槽的磨损最为严重，以下第二、第三、第四道环槽的磨损程度依次减轻，磨损后的环槽断面成梯形，外宽里窄，侧隙增大，导致气缸漏气、窜油，使发动机动力性下降、润滑恶化和燃烧室大量积炭等。

提示

　　活塞裙部的磨损较小，通常由于侧压力和惯性力作用而形成椭圆形磨损和擦伤。裙部磨损严重时，活塞裙部与气缸壁间隙过大，发动机易出现敲缸和严重的窜油现象。活塞销与销座孔的磨损是由于气体压力和惯性力作用形成的，是一种椭圆形磨损，其最大磨损部位是销座孔的上下方向，磨损严重时使活塞与销的配合松旷，易产生异响。

> **16. 铝合金活塞是怎样防止拉缸和敲缸的？**

　　为了减轻质量，高速发动机普遍采用铝合金活塞，但铝合金活塞的最大弱点是膨胀系数大，为了保证正常工作，活塞与气缸壁之间需留较大的间隙，以防温度高时活塞"胀缸"而卡死或拉缸（刮伤气缸壁）；但间隙过大，在低温或冷车时活塞收缩会敲击气缸壁（即敲缸），因此现代汽车发动机的活塞为了防止"冷敲热拉"，在结构上采取的主要措施如下。

　　（1）活塞裙部开槽　活塞裙部开有Π形或T形槽（图1-7a、b），其横槽称为绝热槽，其作用是减少从头部到裙部的传热，使裙部的热膨胀量减少，以防活塞在气缸中卡死；纵槽称为膨胀槽，其作用是增加活塞裙部的弹性，使冷态下的活塞与气缸装配间隙尽可能小，而在热态下又因切槽的补偿作用，活塞不致在气缸中卡死。

　　（2）铸入恒范钢片　在活塞销座附近镶铸膨胀系数很低的铁镍合金钢片（图1-7c），合金钢片在高温时可起牵制作用，能减少活塞裙部的膨胀量，使活塞裙部与气缸在冷车、热车情况下都保持适当的间隙范围。

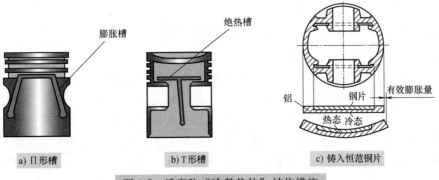

a）Π形槽　　　　　　b）T形槽　　　　　　c）铸入恒范钢片

图1-7　活塞防"冷敲热拉"结构措施

（3）**活塞制成截锥形**　由于燃气高温的作用和传热的条件限制，活塞在工作中各部位的温度不同，活塞顶部温度最高，裙部下端温度最低，这就使得活塞上部的热膨胀量大于下部。为使活塞在热车工作时上、下各部位与气缸都有近于一致的间隙，也防止"冷敲热拉"，多把活塞的外圆表面制成上小下大的截锥形。

> **17.** 活塞裙部为何制成椭圆形？

活塞往复运动时，气缸对活塞裙部具有较大侧压力，易引起活塞裙部挤压变形（图1-8a）；高温时，活塞裙部销座部位金属多，热膨胀量大，使裙部热膨胀变形（图1-8b）；燃气作用力作用在活塞顶部，其作用力通过活塞销座传给活塞销，使裙部弯曲变形（图1-8c）。这三种变形均使活塞沿销轴方向变长（图1-8d）。

提示

　　如果活塞裙部在直径方向制成正圆，则活塞正常工作时由于上述变形会成为椭圆。因此，预先将活塞裙部在直径方向上制成椭圆形，使其长轴垂直于活塞销座孔轴线。这样，当活塞在正常工作时，裙部的变形就会接近正圆形，活塞与气缸壁之间的工作间隙接近均匀，从而保证活塞具有良好的受力状况，可延长活塞的使用寿命。

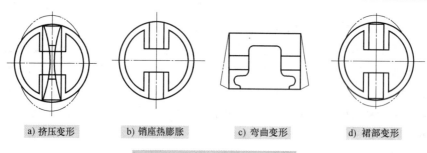

a）挤压变形　　　b）销座热膨胀　　　c）弯曲变形　　　d）裙部变形

图1-8　活塞工作变形示意图

> **18.** 如何检测活塞与气缸的配合间隙？

活塞与缸壁配合间隙的正确与否，直接关系到发动机修理质量和使用寿命。间隙过小会产生"拉缸"，间隙过大会造成"敲缸"、窜机油，缩短发动机使用寿命。检修发动机时，需要对活塞与缸壁的间隙进行认真检查，其检查方法如下。

（1）**塞尺检查**　将活塞放入气缸中，用塞尺直接测量活塞与气缸的配合间隙（图1-9）。

（2）**测量检查**　先用外径千分尺测活塞裙部直径（图1-10），再用内径表测量气缸直径，则气缸直径与活塞直径之差即为活塞与气缸的配合间隙。

提示

　　配合间隙是否合适可与标准比较，各种发动机活塞与气缸的配合间隙都有规定的标准。还可用拉力测量法评价其间隙是否合适：把活塞倒置在缸孔中，用长为200mm，宽为13mm、厚为0.05mm的带形塞尺同时纳入气缸受到侧压力最大一面的缸壁与活塞之间（在活塞销垂直方向），和活塞推力面成一线，用弹簧秤按规定的拉力，能将塞尺轻轻地拉出为适宜（室温15～30℃）。其拉力应符合各发动机的技术要求，如EQ6100型发动机拉力为14～20N。

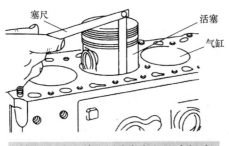

图 1-9　塞尺检查活塞与气缸配合间隙

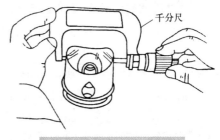

图 1-10　测活塞裙部直径

> **19. 如何选配活塞？**

活塞与气缸选配的目的是保证活塞与气缸有正确的配合间隙。根据发动机与气缸的实际情况，有多种选配方法。

(1) 根据检测的配合间隙选配活塞　检验时，测量活塞裙部直径和气缸直径，计算配合间隙，配合间隙不符合标准时，更换活塞及活塞环，若还不行，采用其他方法选配。

(2) 根据气缸的修理尺寸选配活塞　修理气缸后，换加大尺寸的活塞，应选同级修理尺寸的活塞。而实际上镗磨缸是根据所选活塞的裙部尺寸进行的，因此在确定好气缸的修理尺寸后，活塞的等级就确定了。

(3) 部分发动机按标记选配　这部分发动机的气缸和活塞尺寸均按公差分若干级，并在活塞和气缸上刻有标记。选配活塞时，应使活塞上的标记与气缸上的一致，LS400 IUZ-FE发动机就是按标记选配活塞的。

> **20. 换用新活塞时应注意哪些事项？**

1）同一台发动机应选用同一厂牌、同一组的活塞，以使材料、性能、质量和尺寸一致。

2）为保证发动机运转平衡，在选配的成套同组活塞中，直径差与质量差应符合技术要求。同一组活塞直径差应为 $20\sim25\mu m$；各缸活塞的质量差不超过 3%，如富康轿车不超过 2g。

3）活塞的修理尺寸是指活塞的直径较标准尺寸加大一个或几个修理级差的尺寸。加大常用"+"表示，加大的数值刻在活塞顶上，通常可通过数值+0.25、+0.50、+0.75、+1.00进行识别。

4）大修时，活塞、活塞环、活塞销一般成套更换。

> **21. 什么是全浮式、半浮式活塞销？各有何特点？**

活塞销与活塞销座孔和连杆小头的连接方式，有全浮式和半浮式两种形式。全浮式是指发动机在正常工作温度时，活塞销能在连杆衬套和活塞销座孔中自由转动的安装方式（图 1-11a），这种方式可使活塞销磨损均匀，使用寿命长，因而广泛采用。半浮式是指活塞销与销座孔和连杆小头两处，一处固定，一处浮动的安装方式，其中大部分是采用销与连杆小头固定（图 1-11b），这种方式因活塞销工作时不能自由转动而易使活塞销产生偏磨。

22. 活塞销为什么要偏位布置？

活塞销座孔中心布置时，工作中活塞经过上止点前后，侧压力的作用方向瞬时改变，活塞从靠气缸壁的一侧迅速转变到另一侧，产生与气缸壁的"换向拍击"，引起噪声，减少活塞寿命。为了减轻这种"换向拍击"，许多发动机将活塞销座孔偏位布置，让活塞销孔中心线与活塞中心线不相交，向承压面方向偏移（图1-12）。这时当活塞越过上止点的瞬间，由于活塞销孔偏置所产生的力矩作用，活塞由下至上，逐渐从非承压面贴紧缸壁转向承压面贴紧缸壁，呈逐渐的、平顺的过渡，而不是"拍击"，而且使这个过渡时刻先于最高燃烧压力达到的时刻，使发动机工作平顺，提高了活塞的寿命。因此，这种活塞在装配时就具有方向性。

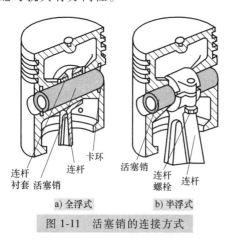

图1-11　活塞销的连接方式

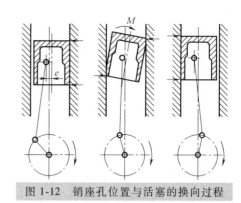

图1-12　销座孔位置与活塞的换向过程

> **提示**
>
> 为了避免因活塞前后方向装反，造成销孔中心线偏向非承压面一侧，活塞顶面加工出小缺口，作朝前标志，装配时须使小缺口位于缸孔中心线的前方。

23. 活塞销选配应注意哪些事项？

1）发动机大修时，活塞销必须随活塞一起更换，选用与活塞同级修理尺寸的活塞销。

2）一般活塞销按最小处尺寸分组，每组相差 2.5μm。

3）活塞销除标准尺寸外，还有四级加大的修理尺寸。

4）一般活塞销的质量相差在 10g 内。

24. 活塞安装时为什么有方向要求？如何确定？

由于许多活塞的活塞销孔偏位，以及活塞裙部一侧开槽，活塞在安装时必须保证正确的方向。如果装反，不仅会使工作噪声加大，而且可能因敲击加重损坏裙部。为了防止活塞装反，有些发动机活塞在顶部制有箭头或缺口等标记，安装时将记号指向发动机前方；有的发动机活塞在销座附近铸有"向前"或"向后"字样，"向前"即指向发动机前方，"向后"即指向发动机后方。如 CA6102Q 发动机活塞在活塞销座上标有向前的箭头标记；切诺基发动机活塞在活塞顶部打印有"FRT"和箭头，安装时箭头应指向发动机前方；492Q 发动机活塞，在活塞销座的侧面铸有"向后"字样，安装时应将记号指向发动机后方。

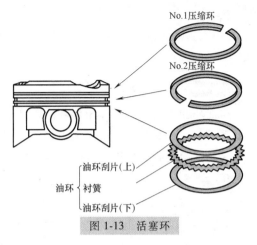

图 1-13 活塞环

> **25. 活塞环有哪几种？各有何作用？**

活塞环分为气环和油环，如图 1-13 所示。

活塞气环一般有 2~3 道，其功用是保证活塞与气缸壁间的密封，防止气缸中的气体窜入曲轴箱；同时将活塞头部的热量传给气缸；还在气缸壁上起刮油、布油的辅助作用。

油环一般是 1 道，其功用是刮去气缸壁上多余的机油，并使气缸壁上的油膜分布均匀，同时油环也兼起密封作用。

提示

活塞环是在高温、高压、高速和润滑困难的条件下工作的。因此，活塞环的材料多采用优质灰铸铁、球墨铸铁或合金铸铁，组合式油环采用弹簧钢片制造。

> **26. 常用的气环有哪些？各有何特点？**

汽车发动机常用的气环有矩形环、锥面环、内切扭曲环、外切扭曲环等（图 1-14）。

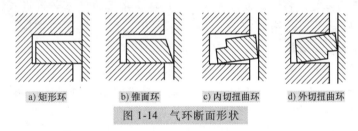

a) 矩形环　　b) 锥面环　　c) 内切扭曲环　　d) 外切扭曲环

图 1-14 气环断面形状

1）矩形环结构简单、制造方便、易于生产、应用广泛，但易产生泵油现象。

2）锥面环能减少环与气缸壁的接触面，提高表面接触压力，有利于磨合和密封，但传热性较差。安装时，应注意锥面环的方向，上小下大，不可装反。

3）扭曲环分内切扭曲环、外切扭曲环，其断面不对称，受力不平衡，使活塞环扭曲。扭曲环应用广泛。安装时，必须注意环的方向，其内圆切槽向上，外圆切槽向下，不可装反。

> **27. 锥面环为何不能装反？**

锥面环的外圆面为锥角很小的锥面。锥面环与气缸壁为线接触，磨合性好，增大了接触压力和对气缸壁为形状的适应能力。当活塞下行时，锥面环能起到向下刮油的作用，而当活塞上行时，由于锥面的油楔作用，锥面环能滑越气缸壁上的油膜而不致将机油带入燃烧室，也就是说无泵油作用。但若将锥面环装反，即上大下小，则锥面环泵油作用严重，在活塞上行时，会将机油泵入燃烧室燃烧，机油消耗量大。由于锥面环传热性差，一般不作为第一道气环。

> **提示**
>
> 　　由于锥面角很小，一般不易识别，为避免装错，在环的上侧面标有向上的记号。因此，装配锥面环时要注意不要装错方向、装错位置。

28. 扭曲环为何不能装反？

　　扭曲环的作用就是消除矩形环的泵油作用。这可从两个方面说明，扭曲环扭曲后，在活塞上下运动时，其扭曲环不会上下窜动，因而可消除泵油作用；另外，扭曲环扭曲后形成上小下大的锥面具有类似锥面环的防泵油作用。

> **提示**
>
> 　　扭曲环通常第一道环切口在内缘，后面几道环切口在外缘。安装活塞环时，应将第一道环内圆切槽向上，二、三道环外圆切槽向下，不能装反。如果装反，扭曲环不但起不到向下刮油的作用，还会加剧泵油作用，活塞就成了油泵，把机油不断向上泵入燃烧室，易烧机油并形成积炭。另外，第一道环一般会进行耐磨、耐热处理，因此与二、三道环也不能互换，否则易损坏活塞环。

29. 如何选配和检修活塞环？

　　(1) 活塞环的选配　选用与气缸、活塞同一修理尺寸级别的活塞环。

　　(2) 活塞环的检查　需检查活塞环的端隙、侧隙、背隙、密封性和弹性。

　　1) 端隙检查与修复。将活塞环放入气缸，用活塞顶部将活塞环推进气缸筒内，使活塞环的平面与气缸口面平行，然后按图 1-15 所示，用塞尺测量环的端隙。正常值：0.10～0.50mm。端隙过小可锉修开口，过大则应更换活塞环。

　　2) 侧隙检查与修复。在活塞环槽内进行，将活塞环放入环槽内，用塞尺按图 1-16 所示的方法测量，正常值：0.03～0.07mm。检查方法：活塞环放在环槽内，能沿环槽移动自如，且无松旷感觉。侧隙过小可平磨活塞环上或下平面，过大应更换活塞环。

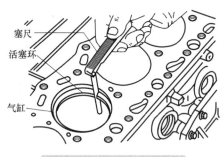

图 1-15　活塞环端隙检查

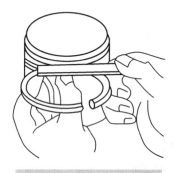

图 1-16　活塞环侧隙检查

　　3) 背隙检查与处理。活塞环背隙是指活塞环装入气缸后，活塞环背面与环槽底部的间隙。检查时将活塞环放在环槽内，其环宽比槽深小些即可，其数值一般为 0.10～0.35mm。若环在槽内凸起或环宽过窄，则需更换活塞环。

　　4) 密封性检查与处理。在发动机维护时，不检查密封性，大修时在气缸内进行漏光检验。检查时将活塞环平放在气缸内，在活塞环的下边放一盏发亮的灯，活塞环上面放一块盖板，盖住环的内圆。一般漏光缝隙不得超过 0.03mm，每处漏光弧长对应的圆心角不得大于 25°，**同一环上漏光弧长对应圆心角的总和不超过 45°**，在环端开口处左右 30°范围内不允许有漏光现象。密封性不达标应分析原因，若不是气缸表面问题，则应更换活塞环。

5）弹性检查与处理。检查方法：将活塞环放入气缸，用活塞顶部将活塞环推进气缸筒内，使活塞环的平面与气缸口面平行，用手检查活塞环与气缸的配合力度，若贴合较紧则正常，若松动则应更换活塞环。

> **30.** 怎样校正连杆的扭曲变形和弯曲变形？

连杆连接着活塞和曲轴，在复杂的应力状态下工作，它既受交变的拉压应力又受弯曲应力。因此，连杆容易出现弯扭变形。当连杆的弯曲度大于 0.03mm、扭曲度大于 0.06mm 时，则应进行校正。当连杆的弯曲和扭曲并存时，应先校扭后校弯。

(1) 连杆扭曲校正　将连杆轴承盖按规定装配并拧紧，然后在台虎钳钳口垫上软金属垫片，夹紧连杆大头端面（图 1-17），用连杆校正器的专用扳钳装卡在连杆杆身的上、下两个部位，按照图示的扳钳安装方法校正连杆向逆时针方向的扭曲变形。校正顺时针方向的扭曲变形时将扳钳交换安装位置即可。

(2) 连杆弯曲校正　将弯曲的连杆放入校正器内，使弯曲的凸面朝上，对正凸起的部位加上垫块（图 1-18），然后扳转丝杠，使连杆向上产生反方向变形，并使变形量为原弯曲量的几倍到几十倍（根据变形量而定），停留一定时间，待金属组织稳定后松开丝杠，然后再将连杆放在检验仪上检查是否合格。

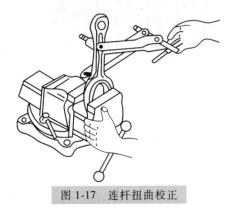

图 1-17　连杆扭曲校正

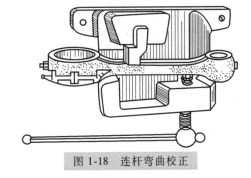

图 1-18　连杆弯曲校正

> **31.** 怎样组装活塞连杆组？

活塞连杆组选配或修复后，需要进行组装。其组装过程如下。

1）装配前彻底清洗各零件。

2）对好活塞与连杆位置。一般活塞与连杆零件上都专门制有安装标记。要看清安装标记，对准规定方向。

3）安装活塞销，组装活塞与连杆。活塞销与销座孔的配合要求很高，对全浮式活塞销与销座孔的配合，在常温下有微量过盈，在工作时有微量间隙。因此，安装活塞销时，应先将活塞放在 80~90℃ 的水中加热，然后快速将活塞销轻轻推入活塞的销孔和连杆衬套中。对于半浮式活塞销必须用压床或专用工具安装。

4）安装活塞环。安装时应注意环的断面结构、安装位置及安装方向。用专用安装工具将活塞环装入活塞环槽中。

32. 曲轴由哪几部分构成？其布置有何规律？

曲轴的功用是承受连杆传来的力，并产生旋转运动和转矩，驱动与之相连的各系统或机构。曲轴主要由主轴颈、连杆轴颈、曲柄和平衡块构成。一个连杆轴颈和其两端曲柄及主轴颈构成一个曲拐。曲轴由若干个曲拐组成，直列发动机曲拐数与气缸数相等；V形发动机曲拐数是气缸数的一半。

提示

曲拐的布置决定了发动机的点火顺序。曲拐的布置原则：各缸做功应均匀分布，做功间隔角相等，对直列多缸四冲程发动机，做功间隔角为720°/缸数；连续做功的两缸相距尽可能远，使受力状态最佳，并避免相邻两缸出现抢气现象；V形发动机左右两气缸尽量交替做功。这样，四冲程4缸发动机的曲拐布置如图1-19a所示，四个曲拐布置在同一平面内，做功间隔角为180°，其点火顺序有两种，即1→3→4→2或1→2→4→3。四冲程直列6缸发动机的曲拐布置如图1-19b所示，六个曲拐分别布置在三个平面内，发火间隔角为120°，其点火顺序有两种，即1→5→3→6→2→4或1→4→2→6→3→5。

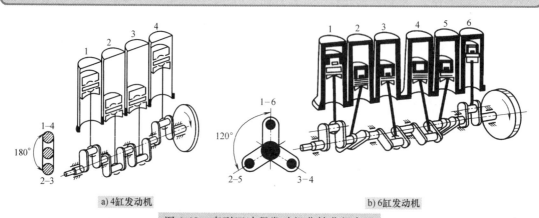

a）4缸发动机　　　　　　　　　　　　b）6缸发动机

图1-19　直列四冲程发动机曲轴曲拐布置

33. 曲轴磨损有何规律？其原因是什么？

(1) 曲轴磨损规律　曲轴轴颈磨损是不均匀的，磨损后出现较大的圆度误差，径向磨损最大处（图1-20）：连杆轴颈发生在朝向主轴颈的一侧（称为内侧）；主轴颈发生在朝向连杆轴颈的一侧，且连杆轴颈的磨损一般大于主轴颈的磨损。连杆轴颈磨损后，出现圆柱度误差，磨成锥形。

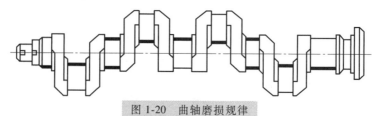

图1-20　曲轴磨损规律

（2）曲轴磨损原因

1）轴颈径向磨损不均匀的原因：在于曲轴旋转时，连杆轴颈所受的综合作用力的方向，始终受到连杆大端离心力的牵制，使四冲程发动机在一个工作循环中，其合力方向几乎都作用在连杆轴颈内侧，而使主轴颈、连杆轴颈内侧磨损较为严重。

2）连杆轴颈磨损大的原因：连杆轴颈负荷大、润滑差。

3）连杆轴颈磨损成锥形的原因：油道位置导致机械杂质偏积；连杆弯曲；气缸中心线与曲轴轴颈中心线不垂直等。

> **34.** 怎样减轻曲轴磨损？

1）采用优质的发动机润滑油，并定期或按质更换发动机润滑油。

2）适时维护，搞好发动机空气滤清器、机油滤清器、燃油滤清器清洗维护工作。

3）保证曲轴的修复质量。

4）提高发动机的装配质量。

> **35.** 曲轴为什么会产生弯扭变形？弯扭变形有何危害？

曲轴的弯扭变形是指曲轴的弯曲和扭曲变形。一般认为，曲轴主轴颈同轴度误差大于0.05mm，则称曲轴弯曲；曲轴连杆轴颈分配角误差大于30′，则称曲轴扭曲。

曲轴产生弯曲变形，是使用不当和维修、装配不当造成的。如发动机在爆燃和超负荷条件下工作、个别气缸不工作或工作不均衡、各道主轴承松紧度不一致、主轴承孔同轴度偏差增大等，都会造成曲轴承载后的弯曲变形。曲轴弯曲变形后，将加剧活塞连杆组和气缸的磨损，以及曲轴和轴承的磨损，严重时会使曲轴疲劳折断。当曲轴弯曲严重时，应进行校正。

提示

曲轴扭曲变形是曲轴受到过大的转矩作用引起。特别是在烧瓦和个别活塞卡缸（胀缸）、活塞运动阻力增大、曲轴运转不均匀以及超速、超载时，易引起曲轴的扭曲变形。曲轴扭曲变形后，会加剧曲轴和气缸的磨损，并影响发动机的配气正时和点火正时，破坏发动机性能。当曲轴产生轻微扭曲变形时，可结合连杆轴颈的磨削予以修正，当扭曲变形严重时，应予以报废。

> **36.** 怎样校正曲轴的弯曲变形？

曲轴校正的常用方法有冷压校正法和表面敲击法。当弯曲量较大时，可采用冷压校正法；当弯曲量小于0.30mm时，可采用表面敲击法。

（1）冷压校正法 用放在压床台面上的两个V形架支承曲轴两端的主轴颈（图1-21），在轴颈接触处垫以铜皮。转动曲轴，使其弯曲的凸面朝上，并将压头对准中间主轴颈，在V形压具与主轴颈接触处垫以铜皮。使百分表的触头垂直抵在两道被压主轴颈的正下方，转动表盘，使指针指"0"，然后用压床的压头向下慢慢增压，压弯量为曲轴弯曲量的10~15倍，保持压力时间3min左右，拆下检查，直至合格。再将曲轴加热到300~500℃，保温0.5~1h，以消除内应力。若变形量较大，应分多次校正，以防压弯量过大造成曲轴折断。

（2）表面敲击法 通过敲击曲柄臂表面的非加工面（图1-22），使曲轴变形而达到校正弯曲的目的。原理：当敲击曲柄臂外侧时，曲柄臂外侧延伸，内侧收缩，曲柄臂下方并拢，主轴颈远端向下，近端向上移动；反之，若敲击曲柄臂内侧，则发生主轴颈远端向上，近端向下的变形。

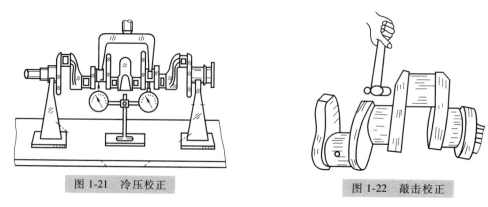

图 1-21　冷压校正　　　　　　　　图 1-22　敲击校正

▶ 37. 如何确定曲轴的修理尺寸？

曲轴连杆轴颈和主轴颈的修理尺寸由修理尺寸法确定，一般分为六级，级差为 0.25mm。在保证磨修质量的前提下，尽可能选择最接近的修理尺寸级别，以延长曲轴的使用寿命。曲轴的各道主轴颈和连杆轴颈，应分别磨修成同一级修理尺寸，以便选配统一的轴瓦。

例：某汽车发动机曲轴主轴颈 $\phi66.00$，测得各主轴颈最大磨损部位的尺寸分别为 $\phi65.80$、$\phi65.83$、$\phi65.75$、$\phi65.78$、$\phi65.71$、$\phi65.60$、$\phi65.75$，加工余量为 0.15mm，试求主轴颈修理尺寸。

计算的主轴颈修理尺寸 = 主轴颈磨损最多的直径 - 磨削余量（磨削余量一般取 0.05 ~ 0.15mm）= 65.60mm - 0.15mm = 65.45mm。而该主轴颈的一级修理尺寸是 65.75mm，二级修理尺寸是 65.50mm，三级修理尺寸是 65.25mm，因此该曲轴主轴颈的最终修理尺寸是 65.25mm。

▶ 38. 如何选配曲轴轴承？

现代汽车发动机在制造和维修时，其曲轴轴承都是直接选配，方法如下。

（1）选配轴承内径　根据曲轴轴颈的修理尺寸来选配，应选用与轴颈修理级别相同的新轴承。因此，在磨削轴颈时，各道轴颈的磨削尺寸应按选配的轴承孔径及所需的间隙确定。现代发动机曲轴轴承制造时，根据选配的需要，其内径已制成一个尺寸系列。

（2）检验轴承背面质量　轴承钢背表面应光滑完整无损耗，横向定位凸唇完好，以确保钢背与座孔贴合良好。

（3）检验轴承弹性　要求轴承在自由状态下的曲率半径大于座孔的曲率半径（图1-23a），保证轴承压入座孔后，可借轴承自身的弹力作用与轴承座贴合紧密。将其装进座孔时，应感觉吃力，如轻轻地就能装入，则表明弹力不足。

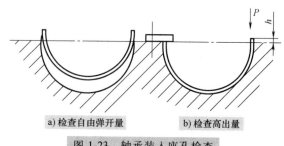

a) 检查自由弹开量　　　　b) 检查高出量

图 1-23　轴承装入座孔检查

（4）检验轴承的高出量　轴承装入座孔内，上、下两片的每端均应高出轴承座平面20~60μm，称为高出量 h（图1-23b）。如高度不够，轴承与座孔工作中会出现松动、滚瓦现象，散热效果差；如高度过大，轴瓦会变形。EQ6100-1 的高度值为0.02~0.045mm。

> **39. 如何检查曲轴轴承径向间隙？**

轴承与轴颈之间的间隙，称为径向间隙。检查的方法有多种。

（1）经验法 将轴承盖螺栓按规定顺序及力矩拧紧后，用适当的扭力转动曲轴，以试其松紧。或用双手扭动曲轴臂使曲轴旋转，试其松紧。测试者认为紧度合适，则间隙正常。这是最简单的方法，但须有一定的技术经验。修理师傅常用该法。

（2）用千分尺测量 用内径千分尺和外径千分尺分别测量轴承的内径和轴颈的外径，测得的这两个尺寸的差，就是它们之间的间隙。

（3）用软测片测量 清洁轴颈和轴承，在它们之间，放一比轴承标准间隙约大两倍的软铅片（或软纸片），按规定力矩旋紧轴承盖，然后卸下轴承盖取出铅片（或纸片），用千分尺测其厚度，这个厚度就是这个轴承与轴颈的径向间隙。

（4）用测量间隙规测量

> 1）剪取与轴承宽度相同的塑料间隙条，与轴颈平行放置（图1-24a），盖上轴承盖按规定力矩拧紧螺栓。注意：不要转动曲轴。
>
> 2）拆下螺栓，取下轴承盖，使用测量间隙规（图1-24b），对比测量被压扁的塑料间隙条最宽点的宽度，换算成径向间隙值。如果其值不在规定的范围内，就要调整或者更换轴承。

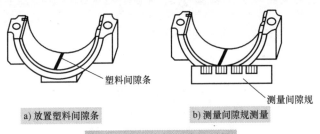

a) 放置塑料间隙条　　b) 测量间隙规测量

图1-24　用测量间隙规测量

> **40. 曲轴轴承径向间隙过大过小有何危害？如何调整？**

曲轴轴承径向间隙过大，容易造成曲轴径向跳动，撞击大，轴颈润滑条件差，曲轴轴颈磨损严重，发动机噪声大；间隙过小，摩擦力过大，容易烧轴承，发动机难以起动，油耗大。因此，当径向间隙不合适时，应进行调整。调整方法如下。

> 1）若轴承盖与轴承座之间有调整垫片可适当增减垫片，增加垫片间隙变大，减少垫片间隙变小，直至用不大的力就能灵活转动曲轴为宜，但不能有松旷感。
>
> 2）若无调整垫片，间隙过大时，应成对更换新轴承，并重新进行装配和调整。
>
> 3）若间隙是过小，可适当地少量刮轴承来调整。

> **41. 为什么要检查调整曲轴的轴向间隙？怎样检查调整？**

为了适应发动机正常运转的需要，曲轴必须留有适当的轴向间隙。轴向间隙一般为0.05~0.20mm，使用极限为 0.35mm。间隙过大，则给活塞连杆组的机件带来不正常的磨损；间隙过小，会使机件因受热膨胀而卡死。在使用中，止推垫圈表面的轴承合金逐渐磨损，使间隙变大，因此，在二级维护时，应对曲轴轴向间隙进行检查和调整。

(1) 曲轴轴向间隙检查方法

1）塞尺法。用撬棒在轴承座和曲柄臂间撬动，把曲轴挤向后端，用规定厚度的塞尺插进曲柄臂与止推垫片之间进行测量，则塞尺的厚度即曲轴轴向间隙。

2）百分表法。先在曲轴前端面安装一个百分表，然后将曲轴后移至极限位置，同时将百分表调整为零，再将曲轴前移至极限位置，此时百分表的读数即为曲轴轴向间隙。

(2) 曲轴轴向间隙调整方法　当曲轴轴向间隙过大或过小时，则需调整。调整时，若间隙过大，应更换止推片；若间隙过小，可适当刮削止推片。其调整一般是通过更换装在曲轴前端或后端的止推片的不同厚度来进行；有的则是通过更换装在中间的不同侧面厚度的止推型轴承来进行调整。当止推片或轴承止推翻边磨损至极限厚度时，必须更换。

> 42. 曲轴为什么要进行轴向定位？其轴向定位有哪几种方式？

曲轴进行旋转运动必须有一定的轴向间隙，由于这个间隙的存在，当汽车上、下坡或离合器分离、接合时，曲轴受轴向力的作用，会产生前后窜动，过大的窜动会破坏曲柄连杆机构各零件的正确相对位置，引起撞击响声、增加磨损和影响离合器工作，因此要对曲轴轴向间隙加以限制，在结构上必须装有曲轴轴向定位装置。

提示

曲轴轴向定位装置大致可分为前端定位、中间定位和后端定位三种。

> 43. 发动机产生拉缸的原因主要有哪些？

(1) 活塞环选配不当　活塞环造成的气缸拉伤，一般是在活塞运动区域内反映比较明显。

1）选配时改用了加大尺寸的活塞环，使端头锉削过多，环失圆弹性较大，或者锉削后端头未去掉毛刺，使环口锋利，上下运动时拉伤气缸。

2）活塞环的质量差，表面有白口铁，硬度比气缸硬度大很多，造成拉缸。

3）活塞环的端隙、侧隙、背隙太小，当活塞及活塞环受热膨胀后，活塞环卡死环槽内或压紧在气缸壁某一侧而拉缸。

(2) 润滑不良　机油变质，或机油质量等级过低，或机油黏度不合适，使气缸润滑不良，产生干摩擦或半干摩擦，造成拉缸。

(3) 活塞质量差　活塞表面有毛刺，活塞热稳定性差，工作时变形大，出现反椭圆，使得间隙过小，造成拉缸。

(4) 磨料拉伤　发动机装配时，机件清洗不干净或机油中有杂质，都会成为拉缸的磨料。这些磨料往往被挤压在活塞环与气缸壁之间的工作面上，在活塞上下运动时拉伤气缸壁。这种拉缸一般多发生在有侧压力的两侧，即面对发动机前端的左右侧。

(5) 活塞销锁环折断　活塞销锁环折断，或因锁环槽太浅以及锁环弹性太差而脱落造成拉缸。若活塞销两端与锁环间的间隙太小，当活塞的温度骤然降低时，活塞销有可能把锁环顶出而造成拉缸。这种拉缸一般沟痕都较深。

> **44. 发动机拉缸后应如何处理？**

气缸被拉伤后，应查明原因予以排除，并根据拉伤的轻重，采取不同的处理措施。对于用手摸不出的沟痕，一般可继续使用；手能摸出的沟痕，应先光磨气缸，然后换用同级别活塞中尺寸稍大的与气缸相配；经光磨后仍有明显沟痕者，应重新镗缸修理。

活塞出现不正常的磨损和拉伤时，应查明原因予以排除。对轻微的拉伤和发黑，可用"00"号砂布蘸上机油进行砂磨；若严重拉伤或质量差的活塞应予以更换。

> **45. 曲轴及轴瓦烧蚀的原因主要有哪些？**

发动机曲轴及轴瓦烧蚀的根本原因是润滑条件不良，使得曲轴轴颈与轴瓦间未能形成有效润滑油膜，导致曲轴轴颈与轴瓦直接摩擦形成烧蚀。当发动机曲轴及轴瓦烧蚀时，转动阻力较大，甚至造成曲轴与轴瓦抱死在一起而无法转动。曲轴及轴瓦烧蚀的主要原因如下。

(1) **机油品质差** 选用的机油质量等级较低，或不同牌号机油进行掺兑使用，造成机油的使用性能达不到要求；机油使用过程中混入了大量灰尘，以及因发动机工作温度过高等使机油氧化变质。机油变稀，浓度下降，黏度降低，形成的油膜承载能力低。

(2) **机油供应不足** 机油存量不够、机油压力较低，会造成曲轴轴颈与轴瓦间油量不足，不能保证曲轴轴颈与轴瓦之间形成润滑油膜。

(3) **轴颈与轴瓦间隙过大或过小** 曲轴轴颈与轴瓦因间隙过大，可致使机油压力较低，无法形成足够润滑油膜；间隙过小，则油膜厚度不够或无润滑油膜，容易导致轴颈与轴瓦黏结。

(4) **曲轴、缸体变形** 曲轴变形会导致径向圆跳动超标，使轴颈与轴瓦间隙小或无间隙，润滑油膜厚度不够或无润滑油膜；缸体主轴承孔同轴度超标，致使主轴颈与轴瓦间隙太小或无间隙，润滑油膜厚度不够或无润滑油膜；气缸与主轴承孔垂直度超标，致使连杆轴颈、主轴颈间隙太小或无间隙，润滑油膜厚度不够或无润滑油膜；曲轴主轴颈、连杆轴颈或缸体主轴承孔、连杆大头孔圆柱度或锥度超标，使轴颈与轴瓦间隙断续或呈锥形，不能保证形成较好的润滑油膜。

> **46. 怎样防止曲轴及轴瓦烧蚀？**

(1) **严格控制发动机大修质量** 确保机体主轴承孔同轴度和曲轴的跳动量达标，提高轴承的维修和装配质量，装入曲轴后进行转动，然后拆下轴承盖对轴瓦进行检查，对有硬点凸出部位进行刮削处理，保证装配间隙合适，确保使用可靠性。

(2) **确保机油有效润滑** 使用规定牌号和质量等级的机油，并根据气温确定机油黏度等级或选择多级油；定期更换机油和滤清器，保证油品质量；经常检查机油是否渗漏，保证油品数量。

(3) **定期检查冷却系统** 冷却液温度过高容易烧瓦，因此要定期检查冷却系统，清除管路中的水垢，检查散热器中冷却液是否足够，查看水泵传动带张紧力是否足够、水泵轴承及叶轮是否损坏等，如有损坏，应及时更换。检查节温器是否失效，节温器失效会造成发动机温度过高。

(4) **正确使用和维护发动机** 新机及大修后发动机，在磨合期禁止长时间大负荷运行，以免高温烧瓦；尽量不要猛增猛减负荷，以免负荷过大烧瓦；保持机油滤清器、空气滤清器、燃油滤清器及曲轴箱通风装置的清洁并加强维护，按说明书要求及时更换各滤芯；正确选用燃油，防止发动机不正常燃烧；运行中时刻关注机油压力，当机油压力过高或过低时，应停机检查，确保机油压力正常。

47. 如何判断活塞压缩上止点？

检查发动机点火正时往往需要知道活塞压缩上止点位置。一般发动机都有第一缸和另外一缸的上止点位置记号，但它不一定是压缩上止点，也可能是进气上止点。不过利用这个记号还是可以进行判断。下面以 CA6102 型发动机或 EQ6100-1 型发动机为例说明。转动发动机曲轴，使飞轮上的标记对准飞轮壳上的刻线（图 1-25），即表明第一缸和第六缸活塞处于上止点位置。可取下第一缸火花塞，用手指或棉纱堵住火花塞孔，转动发动机曲轴，直到手指感觉到压缩压力或棉纱喷出，将上述记号对准，此时第一缸活塞处于压缩终了上止点，如果没有压缩压力感觉，再旋转曲轴 360°，使记号对准即第一缸活塞压缩终了上止点。

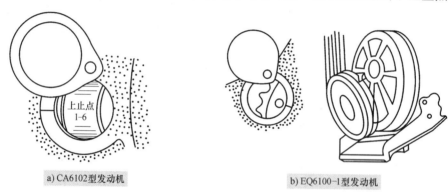

a) CA6102型发动机   b) EQ6100-1型发动机

图 1-25 活塞上止点记号

48. 什么是气缸压缩压力？为什么要检查气缸压缩压力？

气缸压缩压力是指缸内气体压缩终了的压力。它是气缸密封性最直接的评价指标。气缸密封性与气缸活塞组、气门组的技术状况密切相关，同时它对发动机的动力性、经济性产生直接影响。因此，检测气缸压缩压力，可以评价气缸密封性，并诊断气缸活塞组、气门组的故障，判断发动机的基本技术状况。

49. 怎样检查气缸压缩压力？

用气缸压力表（图 1-26）检测气缸压缩压力是传统检测诊断中应用最广泛的一种方法，适用于各种汽车维修企业。用气缸压力表检测发动机气缸压缩压力的方法如下。

1）将发动机运转至正常工作温度（冷却液温度达 70~90℃）后停机。

2）拧出各缸火花塞或喷油器，以减少曲轴转动阻力。汽油机还应将节气门全开，以减少进气阻力。

3）将气缸压力表锥形橡胶接头扶正压紧在火花塞孔内，或将螺纹管接头拧在火花塞（喷油器）安装孔上，如图 1-27 所示。

4）用起动机带动发动机运转，其转速应符合原厂规定，转动 3~5s，待压力表指针指示并保持最大压力后停止转动。

5）取下气缸压力表，记下读数，按下单向阀使压力表指针回零。

6）为使测量数据准确，每缸应重复测量 2~3 次，取其平均值作为被测气缸的压缩压力。

7）依次测量各缸，即可得到各缸的压缩压力。

图 1-26 气缸压力表

图 1-27 测量气缸压缩压力

提示

气缸压缩压力的检测精度受发动机转速变化的影响大。研究表明，在曲轴转速低于 1000r/min 的范围内，较小的转速变化会带来较大的气缸压缩压力值变化。为减少测量误差，应使发动机检测转速符合各自发动机的要求。

> **50.** 发动机气缸压缩压力的诊断标准是多少？

发动机气缸压缩压力标准值一般由制造厂提供。由于发动机结构和压缩比不同，各车型气缸压缩压力的标准值也不尽相同，表 1-1 为几种车型发动机气缸压缩压力的标准值。

表 1-1 几种车型发动机的气缸压缩压力标准

车 型	压缩比	气缸压缩压力/kPa	测定转速/（r/min）
桑塔纳 2000AJR	9.5	1000~1300	200~250
奥迪 100 1.8L	8.5	800~1000	200~250
神龙富康（TU3F2/K）	8.8	1200	200~250
广州本田雅阁 2.3L	8.9	930~1230	200~250
解放 CA1091	7.4	930	100~150
北京 BJ1040	7.2	785~981	200~250
跃进 NJ1041	7.5	980	200~250
天津大发	9.0	1225	200~250

根据检测性质的不同，其诊断标准也略有差异。对于营运车辆发动机的性能检测，发动机各气缸压缩压力应不小于原设计规定值的 85%；每缸压力与各缸平均压力的差：汽油机应不大于 8%，柴油机应不大于 10%。对于发动机大修的竣工检验，发动机各气缸压缩压力应符合原设计规定；每缸压力与各缸平均压力的差：汽油机应不大于 5%，柴油机应不大于 8%。

> **51.** 利用气缸压缩压力如何诊断故障？

根据气缸压缩压力检测的结果，可以评价发动机的技术状况。若气缸压缩压力超过标准，过低或过高，则说明发动机气缸活塞组、气门组技术状况不良，存在故障。通常可根据以下几种情况做出诊断。

1）有的气缸在 2~3 次测量中，压力读数时高时低，相差较大，说明其进排气门有时关闭不严。

2) 一缸或数缸压力偏低，可以用清洁而黏度较大的机油 20~30mL，注入压力偏低缸火花塞或喷油器孔内再测量气缸压力。若压力上升接近标准压力，则说明该气缸、活塞环、活塞磨损过大或活塞环对口或气缸壁拉伤等；若压力基本无变化，则说明该缸进排气门关闭不严或气缸衬垫密封不良。

3) 相邻两缸压力过低，而其他缸正常，加注机油后检测其压力仍然很低，说明相邻两缸间气缸衬垫烧损窜气。

4) 个别缸压力偏高，可能是这些缸积炭过多而导致燃烧室容积减少所致。

5) 各缸压力都偏高，汽车行驶中又出现过热或爆燃，可能是燃烧室积炭过多，或经几次大修因缸径加大、缸盖接合平面修理磨削过度，或气缸衬垫过薄而使压缩比增大所致。

> **52.** 什么是进气歧管真空度？为什么要检测进气歧管真空度？

进气歧管真空度也称为进气管负压。它是指发动机进气歧管内的进气压力与外界大气压力之差。它是汽油机气缸密封性的评价指标，常用来诊断气缸活塞组、气门组的技术状况。

汽油机在调整负荷时是依靠节气门开度变化控制进入气缸混合气的量，来改变发动机输出功率的。怠速时，节气门开度小，进气节流作用大，进气歧管真空度较高；节气门全开时，进气歧管真空度较小。怠速时进气歧管真空度较高，同时技术状况良好的汽油机怠速时，进气歧管真空度具有较为稳定的数值，另外怠速时真空度对进气管和气缸密封性不良状况最为敏感。因此，常在怠速条件下检测进气歧管真空度。

提示

真空度数值随气缸活塞组的磨损而变化，并与配气机构的技术状况有关。因此，检测进气歧管真空度不仅可以评价发动机气缸的密封性，而且还能诊断相关系统的故障。

> **53.** 怎样检测进气歧管真空度？

真空表是检测汽油机进气歧管真空度最常用的工具，它主要由表头和软管构成。表头类似于气缸压力表，用来显示真空度数值；软管一头固定在真空表上，另一头可方便地连接在进气歧管的检测孔上。进气歧管真空度的检测步骤如下。

1) 预热发动机至正常工作温度。
2) 将真空表软管与进气歧管上的检测孔连接。
3) 将变速器置于空档。
4) 将发动机按规定的怠速稳定运转，读取真空表上读数，并观察其指示状态。
5) 迅速改变节气门开度，观察真空表读数的变化，据此可诊断相关故障。

> **54.** 进气歧管真空度诊断标准是多少？

一般进气歧管真空度怠速时都有规定的正常值和波动范围。大修竣工的汽油发动机在怠速时，进气歧管真空度应符合原设计规定（通常为 57~70kPa）；进气歧管真空度波动：6 缸汽油机不超过 3kPa，4 缸汽油机不超过 5kPa（大气压力以海平面为准）。

提示

进气歧管真空度随海拔升高而降低。海拔每升高 1000m，真空度将降低 10kPa 左右。因此，其进气歧管真空度的诊断标准，也应根据当地海拔进行修正。

55. 怎样利用进气歧管真空度诊断故障？

检测进气歧管真空度后，通过对真空表的读数及其波动状态分析，可诊断发动机的技术状况和故障。

> 1）急速时，若进气歧管真空度稳定在 57~70kPa，则表明气缸密封性正常；若进气歧管真空度过低，即低于标准值，则说明气缸密封性差，可能是活塞与气缸间隙过大，活塞环及气门密封不严，进气歧管衬垫及气缸衬垫漏气。
>
> 2）急速时，若迅速开启节气门，其真空表读数急剧下降，再急速关闭节气门时，真空表读数迅速回升，则说明各工况的气缸密封性较好。在节气门开启和关闭过程中，若真空表指针摆动幅度越宽，则表明发动机技术状况越好；若真空表指针摆动幅度不明显，则说明活塞与气缸间漏气严重。
>
> 3）急速时，若进气歧管真空度超过标准值，仪表指针不稳定，说明发动机技术状况不良。可能是气门与气门座密封不严、气门导管磨损严重、气缸衬垫漏气致使气缸密封性不良引起，也可能是其他系统如点火系统、急速控制系统失常导致发动机急速不稳定引起。

> **提示**
>
> 发动机各大系统的技术状况对进气歧管真空度都会产生一定影响，因此，通过进气歧管真空度的检测，可以综合反映发动机技术状况，但不足之处是难以确定故障的具体原因。

二、配气机构

56. 配气机构的作用是什么？它由哪几部分组成？

配气机构的作用是按照发动机的工作顺序和工作循环的要求，定时地开启和关闭进、排气门，使新鲜可燃混合气（汽油机）或空气（柴油机）及时充入气缸，燃烧后的废气及时排出气缸。

配气机构由气门组和气门传动组组成，其构造因配气机构类型不同而略有差异，图 1-28 是现代汽车常用的凸轮轴下置式配气机构的组成及构造。

气门组主要由气门、气门座、气门导管和气门弹簧等组成。气门组在配气机构中相当于一个阀，其作用是按照工作循环的要求，准时开启或关闭气缸与进排气系统之间的通道。

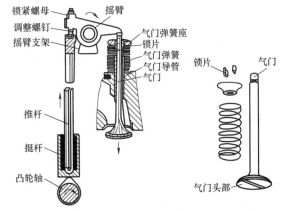

图 1-28 配气机构组成及构造

> **提示**
>
> 气门传动组结构因配气机构类型不同不尽相同，凸轮轴下置式气门传动组主要有正时齿轮、凸轮轴、挺杆、推杆、摇臂、摇臂轴和气门间隙调整螺钉等组成。气门传动组的作用是按规定的时刻和次序开启和关闭进排气门，并保证气门有一定的开度和升程。

57. 发动机为何采用多气门？

发动机每个气缸的气门分为进气门和排气门。理论上说，在发动机排量等参数一定时，进气门越多，进气越充分，进气量越大，有利于燃烧；排气门越多，排气越彻底，有利于换气。这些会使发动机功率提高、油耗降低、排污减少。但发动机多气门（图1-29）时制造成本会增加，因此大多数汽车发动机每缸设置一个进气门和一个排气门，且进气门略大于排气门。

在现代轿车上，有众多新型发动机每个气缸采用四个气门（图1-29a）或五个气门（图1-29b）的多气门结构。这些汽车与传统的两气门结构相比，具有如下特点。

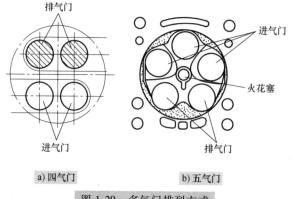

图 1-29　多气门排列方式

1）进气量大，发动机功率、转矩较大。
2）充气效率高，燃烧效果好，油耗较低、排污较少。
3）气门质量轻，运动惯性小，发动机转速高。
4）配气机构制造成本增加，汽车价格高。

58. 什么是气门间隙？气门间隙过大或过小有什么危害？

气门间隙是指发动机冷态，气门关闭时，气门杆尾部与摇臂之间的间隙（图1-30）。其作用是为气门及传动组件工作时留有受热膨胀的余地。排气门工作时温度比进气门高，因此，一般冷态时，进气门间隙为 0.20 ~ 0.25mm，排气门间隙为 0.25 ~ 0.30mm。如果气门间隙过小，发动机在热态下气门可能因热膨胀而关闭不严发生漏气，导致功率下降，甚至烧坏气门。如果气门间隙过大，则使传动零件之间、摇臂与气门之间撞击声增大，并加速磨损，同时，也会改变气门开启与关闭的时刻，使气缸的充气及排气情况变坏。

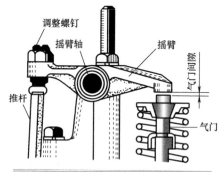

图 1-30　摇臂总成及气门间隙示意图

提示

发动机工作中，气门及传动机构零件的磨损，会导致气门间隙发生变化，因此维护时应注意检查调整气门间隙。其气门间隙可用摇臂端头的调整螺钉调整。

59. 怎样检查和调整气门间隙？

气门间隙的检查与调整原则：能检查与调整的气门，其挺杆必须与凸轮的基圆部分相接触。遵从上述原则，检查调整前，应先根据气门和活塞行程的相应关系，使气门处在可检查调整状态。据此，逐缸检查调整气门间隙的方法如下。

转动曲轴将某缸活塞置于压缩行程上止点位置，然后即可检查调整该缸的进、排气门间隙。各缸依此法进行，逐缸检查调整。

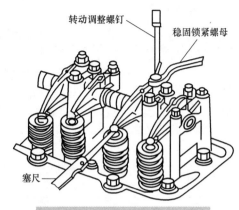

检查调整时，应以各种车型冷、热发动机状态时进、排气门的标准间隙值为根据，选择相应厚度的塞尺，插入待检查缸的气门间隙处，来回拉、推塞尺（图1-31），若感觉有轻微的阻力，则表示间隙合适；若无阻力，或阻力过大或根本插不进去规定的塞尺，则表示间隙过大或过小，应进行调整。

图 1-31 气门间隙的检查与调整

> **提示**
>
> 调整时，先松开调整螺钉上的锁紧螺母，再转动调整螺钉，调到气门间隙适当后，保持调整螺钉不动，将锁紧螺母拧紧（图1-31）。然后复查气门间隙，如有变化，应重新调整。

60. 怎样快速检查和调整气门间隙？

逐缸检查调整气门间隙工效不高，操作麻烦，特别是中间各缸找上止点位置比较困难，对多缸发动机操作比较慢。而快速检查和调整所有气门间隙只需两次。

根据发动机的工作循环、点火顺序、配气相位和气门的开闭角度，推算在某缸压缩终了开始做功时，除该缸的进排气门可检查调整外，还可检查调整其余缸的有关气门，一次即可检查调整发动机进、排气门总数的一半，因此两次即可检查调整发动机所有的进、排气门间隙。

第一次，在第一缸处于压缩终了上止点（开始做功）时，检查调整所有气门中的一半；第二次，摇转曲轴360°，检查调整其余的一半气门。不同发动机每次可检查调整的气门可用"功双调，叠不调，功前调进，功后调排"的简便易记规律加以概括，这样只要知道发动机的点火顺序，便可知道两次各应检查调整的气门，下面举例说明。

如6缸发动机的点火顺序为1→5→3→6→2→4，为了便于说明，可变成图1-32的形式。当1缸活塞处于压缩行程上止点准备做功时，则1缸为"功"，其进排气门均可调（双调）；2、4缸属于"功前"，调进气门；5、3缸属于"功后"，调排气门；6缸为"叠"，即进排气门重叠开启，因而其进排气门均不可调，整个气门已调了半数。而当曲轴转动360°后，6缸活塞处于压缩行程上止点准备做功，则可再调未调的半数气门。

图 1-32 可调气门的判别

　　两次检查调整法，适用于各种四冲程发动机。只要巧妙地将多缸发动机的点火顺序作出类似图1-32的变化，则可容易地判断可检查调整的气门。表1-2列出了常见多缸发动机两次气门间隙调整法可调气门的判别情况。

表1-2　几种发动机两次气门间隙调整法可调气门的判别

发动机气缸数	点火顺序	在压缩上止点做功的气缸	进气门可调的气缸	排气门可调的气缸	举例
直列4缸	1→3→4→2	1	1、2	1、3	富康轿车、桑塔纳3000
		4	3、4	2、4	
直列6缸	1→5→3→6→2→4	1	1、2、4	1、3、5	EQ6100、CA6102
		6	3、5、6	2、4、6	
V6缸（120°夹角）	1→6→5→4→3→2	1	1、2、3	1、5、6	通用V6
		4	4、5、6	2、3、4	
V8缸（90°夹角）	1→5→4→2→6→3→7→8	1	1、3、7、8	1、2、4、5	吉尔130　V8
		6	2、4、5、6	3、6、7、8	
V10缸（90°夹角）	1→6→5→10→2→7→3→8→4→9	1	1、3、4、8、9	1、2、5、6、10	日产RD10V
		7	2、5、6、7、10	3、4、7、8、9	

61. 什么是配气相位？它对发动机有何影响？

　　发动机的配气相位是指进、排气门实际开启到完全关闭所经历的曲轴转角。理想的四冲程发动机，认为进、排气时间各占180°的曲轴转角。但实际的四冲程发动机，转速很高，进、排气时间很短，为了充分利用进气、排气门开启面积和气体流动惯性效应，使气缸进气充足，排气彻底，提高发动机动力性，其进、排气门均提前开启和延迟关闭。目前，绝大多数发动机具有固定的配气相位，但不同的发动机往往有不同的配气相位。通常，发动机配气相位的变化范围是：进气提前角 α 为10°~30°，进气迟闭角 β 为40°~80°；排气提前角 γ 为40°~80°，排气迟闭角 δ 为10°~30°。

　　配气相位是否准确对发动机的动力性、经济性、环保性有很大的影响。配气相位不准，会导致进气不充分、排气不顺畅，将影响混合气的形成品质，造成燃烧不完全，使发动机的动力性下降，燃料消耗量增加，排放污染物中的一氧化碳、氮氧化合物、碳氢化合物将大大增加。

62. 什么是可变配气系统？它有什么作用？

　　传统的发动机配气机构安装好之后，配气相位便无法改变。但理想的配气相位应随着发动机的转速、负荷及其他工况而改变。为了使发动机在高转速时能提供较大的功率，在低转速时又能产生足够的转矩，现代轿车发动机有的已采用了可变配气系统，它能根据发动机的运行状况而改变配气相位角。图1-33是雷克萨斯智能可变配气正时系统（简称VVT-i）的原理图。

　　该发动机是8缸V形排列4气门式的，有两根进气凸轮轴和两根排气凸轮轴。在工作过程中，排气凸轮轴由凸轮轴齿形带轮驱动，它相对于齿形带轮的转角不变。VVT-i系统由传感器（包括曲轴位置传感器、凸轮轴位置传感器和VVT传感器）、VVT-i控制器、凸轮轴正时控制阀和 ECU 组成。发动机工作时，曲轴位置传感器测量曲轴转角，凸轮轴位置传感器测量齿形带轮转角，VVT 传感器测量进气凸轮轴相对于齿形带轮的转角。各传感器信号输入 ECU，ECU则根据转速和负荷的要求控制进气凸轮轴正时控制阀，通过控制器使进气凸轮轴相对于齿形带旋转一个角度，从而改变进气门的开、闭角，以充分利用气流的惯性，提高充气效率。

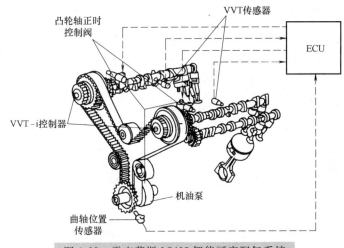

图 1-33　雷克萨斯 LS400 智能可变配气系统

　　VVT-i 系统能够适应发动机工况的需要，自动在 50°范围内调整进气凸轮轴转角，改变配气相位，提高发动机在所有转速范围内的动力性、经济性，并降低排放污染。

63. 气门检修有哪些要求？

　　气门杆磨损量：货车应小于 0.10mm，轿车应小于 0.05mm，不能有明显台阶形磨损；气门头圆柱面厚度应大于 1.0mm；气门尾端磨损应小于 0.5mm；气门杆弯曲应小于 0.05mm，校直后弯曲不大于 0.02mm。

> **提示**
> 　　气门与座的密封锥面角度应一致；密封带位置在中部靠里；密封带宽度一般为 1~2.5mm；气门密封锥面与杆部、气门座与导管的同轴度误差不大于 0.05mm；气门杆与导管配合间隙应符合原厂规定。

64. 气门与气门座怎样配合最好？

　　气门通过光磨及气门座经过铰削后，气门与气门座的接触面应在气门工作锥面的中间位置。宽度为 1~2.5mm 最好，接触带过窄，不利于气门散热，尤其是排气门；接触带过宽，不利于挤碎夹在接触面间的炭粒，影响气门的密封性。一般，进气门接触带宽度为 1.2~1.5mm，排气门接触带宽度为 1.2~2.0mm。

> **提示**
> 　　由于排气门处于高温工作条件，经常受高温废气的冲刷，要求排气门散热尽可能快，以免被高温烧蚀，因此，接触带要比进气门的接触带宽些。

65. 为什么要铰修气门座？怎样铰修气门座？

　　发动机工作时，气门座承受高温和气门落座时的冲击，经常出现工作锥面烧蚀、变宽或与气门接触环带断线等故障，此时需要铰削气门座。

铰削气门座时，为了保证气门与座有正确接触位置以及接触印痕的宽度，应特别注意铰出的气门座中心线与气门导管的中心线重合，铰刀是以插入气门导管内的铰刀杆来定心的。因此，要在气门导管镶入和铰配后，再进行气门座的铰削。气门座的铰削可分初铰、精铰和研磨，要求保证其工作面角度和表面粗糙度，其工艺如下（图1-34）。

1）选择铰刀导杆。根据气门导管的内径，选择相应的铰刀导杆。

2）砂磨硬化层。由于使用后的气门座表面存在硬化层，在铰削时，往往会使铰刀打滑。可用粗砂布垫在铰刀下面先进行砂磨，然后再进行铰削。

3）粗铰。选择适当的粗铰刀铰削时，铰刀应正直，两手用力要均匀平衡，直到将烧蚀、斑点等缺陷铰去为止。

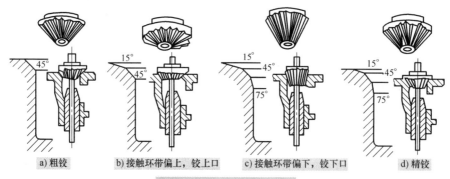

a) 粗铰　　　　b) 接触环带偏上，铰上口　　c) 接触环带偏下，铰下口　　d) 精铰

图1-34　铰修气门座

4）试配与修整接触面。粗铰后，用光磨过的相匹配气门进行试配。要求接触面在气门工作面的中下部。试配时，如果接触面偏上，应用15°铰刀铰削，使接触面下移；如果接触面偏下，则用75°铰刀铰削，使接触面上移。

5）精铰。最后用细刃铰刀或铰刀上垫以细砂布再次作精细的修铰，以提高接触面的质量和保证合适的表面粗糙度。

6）研磨。使其达到规范要求。

66. 为什么要研磨气门？怎样研磨气门？

当气门的光磨和气门座的磨削精度都比较高时，若能保证其配合的密封性要求，气门与气门座就不一定需要再进行研磨；若修磨后，气门与气门座的配合密封性还达不到应有的要求，或在定期维护时发现气门与气门座有轻度的烧蚀或斑点时，则应采用研磨的方法，使气门与气门座的工作面获得良好的配合密封性。

研磨前，应清洁气门、气门座及气门导管，然后在气门工作锥面上涂上一层薄薄的粗研磨砂，同时在气门杆上涂些润滑油，将气门杆插入导管中。用橡皮捻子进行研磨（图1-35），研磨气门应有三个动作：

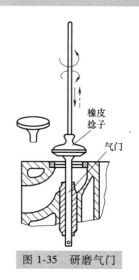

图1-35　研磨气门

1）来回旋转研磨。即时而将气门在气门座上作顺时针旋转运动，时而又作逆时针旋转运动。这样做的目的，可以避免单向连续转动而造成气门工作锥面与气门座接触面之间引起的磨痕。

2）气门上下起落。这样可使涂抹在气门工作锥面上的气门砂有重新分布的可能，从而可以减少气门与气门座接合面的擦痕。

3）气门转动起点移动。就是将气门与气门座的相对位置，进行不断的调换，使工作面上各点都能相互研磨，以致达到全面配合。

🔍 提示

研磨时应施加一定的压力，施力的大小要依据气门与气门座磨合情况以及使用的气门砂的粗细度来确定，粗砂施力要小，细砂适当加大。磨合较好时，用力小些；磨合面差时，用力大些，但总的施力不宜过大，否则会产生较深的砂痕；若施力过小，研磨费时。在气门研磨过程中，不要上下拍打气门，否则会使气门工作锥面出现凹形磨痕。当气门研磨到气门工作锥面出现一条整齐的灰色无光的环槽时，洗去研磨用的细砂，再涂上机油，并研磨几分钟即可。

▶ 67. 怎样检查气门与气门座研磨的密封性？

常用的检查方法有以下几种。

(1) **目视检查法**　气门研磨后在其接触面上出现有光泽的线圈时，将气门与座口用汽油洗净晾干，装回气门轻拍数次，然后取出察看气门和气门座工作面，如有明亮而完整的光环而无斑点，则密封符合要求。

(2) **铅笔画线检查法**　在气门工作面上用软铅笔沿径向每隔4mm画一条线，将相配的气门与座接触，并转动气门1/8~1/4圈后取出，如铅笔痕迹均已全部中断且接触在居中偏下，则表示密封性好；如果有的线未断或接触位置不对，则说明密封不严，需重新研磨。

(3) **涂色鉴别法**　在气门工作面上薄薄涂抹一层红丹油，将气门压在座圈上旋转1/4圈后取出。如气门被刮去的红丹油布满阀座接触面，无间断现象，则密封符合要求。

(4) **渗油检查法**　将研磨好的气门及座清洗干净后，将气缸盖倒置，燃烧室一面朝上，再将进、排气门都放入相配的气门座内，用手轻压气门头部，确认气门完全落座后，在燃烧室内倒入燃油，大约5min左右观察燃油是否减少，同时观察气门杆部有无燃油渗漏现象。若燃烧室内燃油减少明显，气门杆部有燃油出现，说明气门密封不严。

▶ 68. 怎样确保发动机配气正时？

配气机构的传动方式不同，则其配气正时方法可能存在差别。发动机工作时，是靠曲轴传动机构带动凸轮轴转动的，其传动方式有正时齿轮传动、正时链传动、正时齿带传动。由于气门的开闭必须与活塞的运动紧密配合，故凸轮轴与曲轴的相对传动位置需要严格控制。为此，在装配时，凸轮轴通过连接件与曲轴连接，必须按标记安装才能确保配气正时，保证发动机正常工作。

常见四冲程发动机配气机构齿轮传动方式的配气正时记号打在齿轮上（图1-36）；正时齿带（或链）传动方式的配气正时记号在带（链）轮和发动机壳体上（图1-37）。安装时，只要将各自相应的配气正时标记对准，则可保证配气正时。

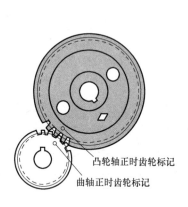

图 1-36　齿轮传动配气机构

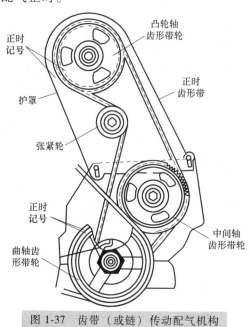

图 1-37　齿带（或链）传动配气机构

三、电控汽油喷射系统

> **69.** 电控汽油喷射系统的作用是什么？它由哪几部分组成？

现代车用汽油机普遍采用多点电控汽油喷射系统（图 1-38）。电控汽油喷射系统的功用是根据发动机不同的工作状况，定时配制出一定数量和浓度的可燃混合气，供入气缸燃烧做功。

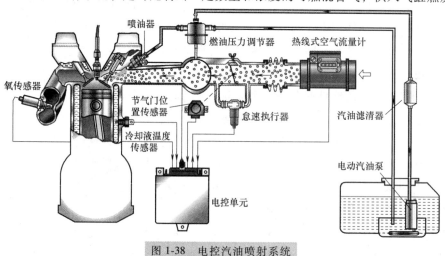

图 1-38　电控汽油喷射系统

💡 **提示**

　　电控汽油喷射系统由空气供给系统、汽油供给系统和电子控制系统三个部分组成。该系统每个气缸配有一个喷油器，工作时将燃油直接喷射到进气门附近，在燃烧室外的进气歧管和进气通道内形成混合气，然后通过进气门进入气缸。

> **70.** 空气供给系统的作用是什么？它由哪几部分组成？

空气供给系统的功用是向发动机提供与负荷相适应的清洁空气，同时测量和控制进入发动机气缸的空气量，使它们在系统中与喷油器喷出的汽油形成空燃比符合要求的可燃混合气。空气供给系统主要由空气滤清器、进气总管、进气歧管、空气流量计、节气门体等组成（图 1-39）。

提示

发动机工作时，空气经空气滤清器过滤，通过空气流量计流入进气通道、节气门、进气歧管与燃油混合进入发动机气缸。发动机怠速时，节气门处于全关闭位置，空气量流经旁通通路进入发动机气缸；发动机正常运行时，空气通过节气门控制，大负荷时，节气门开度大，进气量多，小负荷时节气门开度小，进气量少，进气量的多少由空气流量计计量，并将其信息传输给发动机 ECU。

> **71.** 汽油供给系统的作用是什么？它由哪几部分组成？

汽油供给系统的功用是用电动汽油泵向喷油器提供足够压力的汽油，而喷油器则根据 ECU 的控制信号，向进气歧管内进气门上方喷射定量的汽油。汽油供给系统主要由汽油箱、电动汽油泵、汽油滤清器、燃油压力调节器、喷油器及油管等组成（图 1-40）。

提示

发动机工作时，电动汽油泵将汽油从油箱吸出经汽油滤清器过滤后，经管路输送到燃油分配管，并根据发动机负荷要求控制一定供油量，经喷油器喷出与空气混合形成可燃混合气进入气缸。

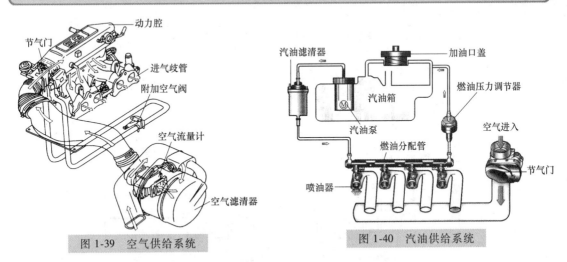

图 1-39　空气供给系统　　　　　图 1-40　汽油供给系统

> **72.** 喷射电子控制系统的作用是什么？它由哪几部分组成？

喷射电子控制系统的功用是根据发动机和汽车的不同运行工况，对喷油时刻、喷油量进行确定和修正，并控制喷油器的喷油，实现对混合气浓度的精确控制。喷射电子控制系统主要由电子控制单元（ECU）、各类传感器和执行器组成。其中 ECU 由微型计算机和各种辅助电路组成，它是电子控制系统的核心，用来接收传感器的信息，并进行运算、处理、判断，然后输出指令以控制执行器。传感器主要有空气流量传感器、发动机冷却液温度传感器、节气门位置传感器、转速和曲轴位置传感器、氧传感器、车速传感器等。传感器是一种转换器，用来感知发动机外部条件与自身性能的变化，并及时将这些信息传送给 ECU。执行器主要有喷油器、电动燃油泵、怠速控制阀等，其执行器则根据 ECU 发出的指令完成某项操作，对发动机进行控制。

73. 电控汽油喷射系统是怎样工作的？

发动机工作时，电动燃油泵把汽油从油箱中泵送出去，经汽油滤清器除去杂质和水分后，流入燃油分配管，然后分送到各个喷油器，而油压受燃油压力调节器的控制，压力调节后多余的汽油经燃油压力调节器流回油箱（图1-38）。与此同时，发动机电子控制系统通过安装在发动机不同部位上的各种传感器，将节气门开度、发动机温度、发动机转速、行车速度等信号采集输送给电控单元，而电控单元则将各种输入信号与存储在 ROM 中的参考数据进行比较、分析、计算、判断，然后发出喷油脉冲指令，使喷油器喷油，并通过控制喷油时间的长短来控制喷油量。然后，喷入进气歧管内的雾状燃油与进气流混合后形成最佳空燃比的可燃混合气进入气缸。

74. D 型电控汽油喷射系统是怎样工作的？

图 1-41 所示为某种车型发动机的 D 型电控汽油喷射系统，其主要特点就是在进气歧管中采用了一个进气歧管绝对压力传感器，以进气管内压力和发动机转速的变化控制喷油量的多少。汽油箱内的汽油被电动汽油泵吸出并加压至 0.35MPa 左右，经汽油滤清器滤除杂质后被送至燃油分配管。燃油分配管与安装在各缸进气歧管上的喷油器相通。在燃油分配管的末端装有油压调节器，用来调节油压使其保持稳定，多余的汽油经回油管返回汽油箱。

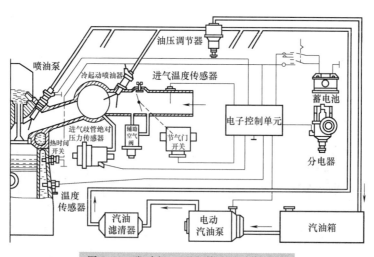

图 1-41　发动机 D 型电控汽油喷射系统

🔍 **提示**

> 由于进气管的压力波动，进入的空气压力和空气流量呈非线性关系，空气计量的精度不高，简单的电控单元很难保证较高的控制精度。但随着计算机技术的发展，目前有很多车型采用了该系统，例如，奥迪 V6、切诺基、丰田皇冠 3.0 等车型。

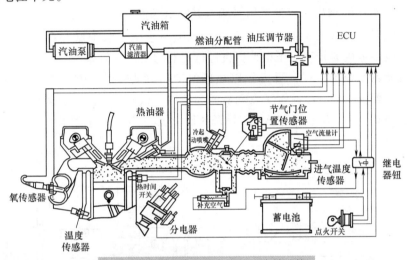

> **75. 什么是 L 型电控汽油喷射系统？其特点如何？**

L 型汽油喷射系统（图 1-42）是在 D 型汽油喷射系统的基础上，发展起来的多点间歇式汽油喷射系统。其构造和工作原理与 D 型基本相同，只是 L 型汽油喷射系统在节气门前方采用了一个翼板式空气流量计，当空气流过时，吹动翼板摆起，并与内部的弹簧力平衡在某一位置，其摆动的角度与流量成一定的比例，翼板轴上装有电位器，把流量信息转变为电压信号传给电控单元。

图 1-42　发动机 L 型电控汽油喷射系统

L 型汽油喷射系统的特点： 能直接测量发动机进气量，并以进气量和发动机转速来控制喷油量，对喷油量控制的精度较高。在美系、德系、日系等车款上得到了普遍使用。

> **76. 什么是 LH 型电控汽油喷射系统？其特点如何？**

LH 型汽油喷射系统（图 1-43）是 L 型汽油喷射系统的变型产品，两者的结构与工作原

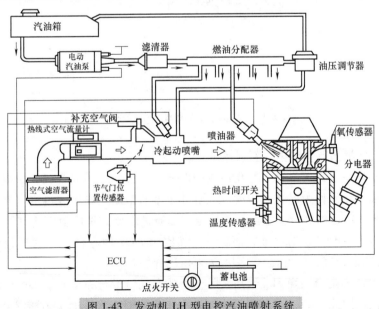

图 1-43　发动机 LH 型电控汽油喷射系统

理基本相同，不同之处是 LH 型采用了一些新型的空气流量计，比如热线式、热膜式、卡门涡旋式空气流量计。

LH 型汽油喷射系统的特点： 其空气流量计无运动部件，进气阻力小，信号反应快，测量精度高。另外，LH 型汽油喷射系统的电控装置采用大规模数字集成电路，运算速度快，控制范围广，功能更加完善。例如日产公爵王 3.0 采用了热线式空气流量计，丰田雷克萨斯和韩国现代车采用了卡门涡旋式空气流量计。

77. 什么是 M 型电控汽油喷射系统？其特点如何？

M 型汽油喷射系统（图 1-44）是将 L 型汽油喷射系统与电子点火系统结合起来，并采用大规模集成电路组成的数字式微型计算机进行控制的汽油喷射系统。

M 型汽油喷射系统的特点： 用一个 ECU 同时控制汽油喷射与电子点火，实现了汽油喷射与点火的最佳配合，进一步改善了发动机的起动性、怠速稳定性、加速性、经济性和排放性。例如奥迪 200、奥贝尔、奥迪 V8、CA7220E 和宝马等部分车型装用了 M 型汽油喷射系统。

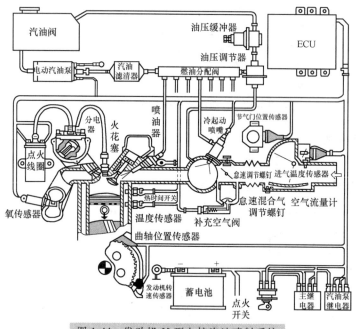

图 1-44　发动机 M 型电控汽油喷射系统

78. 什么是混合气浓度？如何表征？

燃油与空气按一定比例混合、雾化而成的混合物，称为可燃混合气，简称混合气。混合气中空气与燃油的比例称为混合气浓度。混合气浓度通常用空燃比或过量空气系数表征。

空燃比（A/F）是指混合气中空气质量与燃油质量之比。理论上 1kg 汽油完全燃烧需要 14.7kg，即空燃比为 14.7。对汽油机而言，空燃比为 14.7 的混合气称为理论混合气；空燃比小于 14.7 为浓混合气；空燃比大于 14.7 为稀混合气。

过量空气系数 α 是指燃烧 1kg 汽油实际供给的空气质量与完全燃烧 1kg 汽油理论上需要的空气质量之比。因此，$\alpha=1$ 为理论混合气；$\alpha<1$ 为浓混合气；$\alpha>1$ 为稀混合气。

提示

　　并非任何浓度的混合气都能在发动机中燃烧。试验证明：能维持发动机正常运转的混合气浓度为 $A/F = 7 \sim 20$（$\alpha = 0.45 \sim 1.35$），此浓度范围是假设了燃油完全雾化的前提，即燃油与空气是以分子状态相混合的。

79. 什么浓度的混合气比较省油？

　　燃油完全燃烧，比较省油。理论上 $\alpha = 1$ 的混合气，其全部燃料正好是完全燃烧的，但实际上由于汽油油滴和蒸气不可能及时地与空气绝对均匀混合，要使混合气中的汽油完全燃烧，混合气必须 $\alpha > 1$。通常，汽油机在 $\alpha = 1.1$ 附近时，有适量多余的空气，促使汽油完全燃烧，使得发动机燃油消耗率最低，最省油。

提示

　　如果混合气较浓，则燃烧不完全，费油；如果混合气过稀，则混合气燃烧速度过慢，热效率低，又致使发动机费油且动力性降低；如果混合气极稀（$\alpha > 1.35$），则燃料分子之间的距离过大，火焰难以传播，发动机不能稳定运转，甚至缺火停转。

80. 什么浓度的混合气动力性较好？

　　混合气燃烧速度高，输出功率大，则汽车动力性好。混合气较稀时，燃烧速度慢，动力性差；混合气过浓时，燃烧不完全，气缸中将产生大量的一氧化碳和碳氢化合物，排气污染严重，且由于这种混合气的燃烧速度也较低，有效功率减小，动力性较差；如果混合气极浓（$\alpha < 0.45$），则严重缺氧，火焰不能传播，发动机不能工作；通常，混合气在 $\alpha = 0.85 \sim 0.95$ 时，混合气中汽油分子相对较多，燃烧速度高，热损失小，发动机输出功率最大，汽车动力性最好。

81. 混合气浓度对排放性能有何影响？

　　汽油机排放污染物少，则排放性能就好。汽油机排放污染物主要有一氧化碳（CO）、碳氢化合物（HC）、氮氧化物（NO_x）。混合气浓度变化时，其燃烧速度产生显著差异，导致有害气体排放浓度发生变化（图 1-45）。

　　当混合气较浓时，其空燃比小于理论空燃比（14.7），因空气量不足使燃料不能完全燃烧，随空燃比减小，CO 和 HC 浓度逐渐增加；但由于混合气过浓时氧的浓度低，燃料中氧和氮化合的机会减少，因而 NO_x 的浓度随着空燃比减小而降低。

　　当混合气较稀时，其空燃比大于理论空燃比，随着空燃比的增大，CO 浓度下降至很小；而 HC 则因空燃比增大后火焰传播中断现象严重，导致其浓度增加；而 NO_x 则因稀混合气燃烧温度低，抑制 NO_x 的生成，导致其浓度下降。

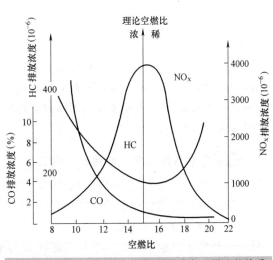

图 1-45　CO、HC 和 NO_x 的排放浓度与空燃比的关系

当混合气略稀，即空燃比比理论空燃比大 10% 左右时，燃烧效率最高，CO、HC 浓度较小。但由于燃烧温度高，含氧充足，导致 NO_x 的排放量最大。

▶ 82. 发动机各工况对混合气浓度有什么要求？

发动机工况是其工作状况的简称，通常用发动机转速和负荷来表示。不同的发动机工况对混合气的浓度要求是不一样的。

(1) 起动工况 发动机起动特别是冷起动时，温度和转速过低，汽油雾化和蒸发条件较差，需要最浓混合气，来保证混合气中有足够的汽油蒸气，以便顺利起动。

(2) 怠速和小负荷工况 怠速转速低，空气流速低，汽油雾化不良，与空气混合不均匀。怠速和小负荷时，节气门开度很小，废气含量高，燃烧速度慢。这些对传统汽车发动机来说需要相对较浓的混合气，但对具有三元催化转化器的汽车，其电控燃油供给系统一般控制在理论空燃比附近，并适当提高怠速转速，控制怠速随着发动机冷却液温度的升高而降至正常怠速。

(3) 中等负荷工况 现代电控燃油供给系统一般采用闭环控制，保证混合气浓度始终在理论空燃比附近，使排出污染物降至最低。

(4) 大负荷和全负荷工况 在大负荷和全负荷工况时，汽车需要克服较大阻力，驾驶人力求将加速踏板踩到底，发动机发出尽可能大的功率，要求提供较浓的混合气。

(5) 加速工况 驾驶人迅速踩踏加速踏板，发动机转速和功率迅速提高，要求提供较浓的混合气。

🔍 **提示**

> 电控燃油供给系统综合考虑混合气浓度对发动机各种性能的影响，根据发动机工况的变化随时调整混合气浓度。

▶ 83. 什么是爆燃？其危害是什么？

爆燃是汽油机的一种不正常燃烧，它是指发动机混合气点燃后，在火焰传播过程中，位于火焰前锋未燃烧的混合气发生自燃，形成巨大的压力冲击波，产生金属敲击声的一种现象。爆燃能使发动机功率下降，油耗增加，噪声增大，振动强烈，部件磨损加快，发动机使用寿命下降。因此，汽车行驶时应尽量避免或抑制发动机产生爆燃。

🔍 **提示**

> 影响爆燃的因素很多，其中点火提前角、压缩比、汽油抗爆性影响最大。点火提前角适当大些，动力性较好，但过大容易爆燃；高压缩比发动机的动力性和经济性好，但容易产生爆燃；采用抗爆性好的汽油，可以抑制爆燃，能使发动机采用较高的压缩比，但抗爆性好的汽油价格较高。

▶ 84. 电动汽油泵有何作用？如何工作？

电动汽油泵的功用是将汽油从油箱吸出经管路输送到喷油器，并提供足够的油量和规定的压力。发动机常用的直流电动机驱动的滚柱式电动汽油泵结构如图 1-46 所示，主要由转子、定子（泵体）和滚柱组成。

泵转子与定子内腔不同心，泵转子带槽，每个槽内有一个可移动的滚柱。当油泵旋转工作时，由于离心力的作用，转子槽内的滚柱向外移动，紧靠在泵体壁面上，滚柱随转子一同旋转使泵腔容积发生变化：进油口处容积越来越大，出油口处容积越来越小，使汽油经入口吸入油泵，加压后经过电动机周围的空间由出口泵出。油泵出口处有一单向阀，在油泵不工作时阻止燃油倒流回油箱。若因汽油滤清器堵塞等原因使油泵出口一侧油压上升，与油泵一体的限压阀即被顶开，使部分燃油回到进油口一侧，以防止电动汽油泵输出油压过高。

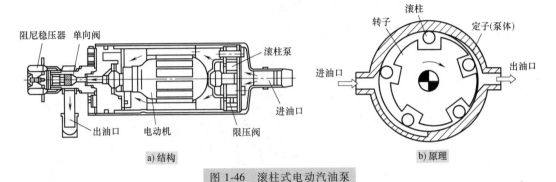

a) 结构　　　　　　　　　　　　　　　　　b) 原理

图 1-46　滚柱式电动汽油泵

💡 **提示**

　　电动汽油泵有油箱内、外两种安装方式。内装置于油箱内，被燃油浸没，能利用燃油散热和润滑，不易产生气阻和泄漏，且噪声小。目前大多数电控汽油喷射系统采用内装泵。

▷ **85. 汽油喷射压力为何要调节？如何调节？**

　　汽油喷射系统喷油器喷出的油量是通过改变喷油信号持续时间来进行控制的，但其前提是必须保证喷油压力恒定，即

$$喷油压力 = 燃油压力 - 进气歧管压力$$

　　由于进气歧管内的真空度会随节气门开度及转速等因素变化而变化，则需要调整燃油压力才能保证喷油压力恒定。为此，油路中装有燃油压力调节器。

　　燃油压力调节器的功用是调节燃油系统中的燃油压力，使其与进气歧管的压力差大体上保持一个恒定的数值。燃油压力调节器是一种膜片式溢流阀（图 1-47），一般安装在燃油分配管上，进油口与燃油分配管相通，回油口通过管路连接油箱，另一接口通过软管与进气歧管相通。当系统燃油压力增加，进油口内的油压超过弹簧的预紧弹力和弹簧室内空气压力的

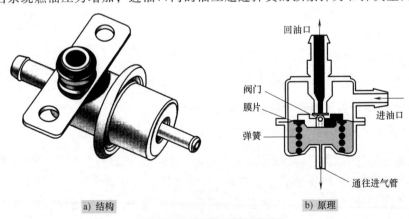

a) 结构　　　　　　　　　　　　　b) 原理

图 1-47　燃油压力调节器

合力时，膜片被顶起，溢流阀打开，燃油通过压力调节器中央的回油口泄流回到燃油箱，燃油压力下降，直到阀关闭，系统压力被调节。发动机工作时，无论节气门开度变化或其他影响因素导致进气歧管压力发生改变，燃油压力调节器都能保证喷油器的喷油压力恒定，即

$$喷油压力 = 燃油压力 + 进气歧管真空度 = 弹簧预紧弹力 = 定值$$

这样ECU就能通过控制喷油时间的长短来精确地控制喷油量。

> **86.** 汽油喷油器结构如何？怎样工作？

电控汽油喷射系统的喷油器为电磁式，其通过绝缘垫圈安装在进气歧管或缸盖上，并用燃油分配管将其位置固定，其功用是向进气歧管喷射汽油并雾化。

轴针式电磁喷油器，主要由针阀、电磁线圈、弹簧和壳体等组成，如图1-48所示。需要喷油时，ECU对喷油器电磁线圈通电，产生磁场力，并将衔铁连同针阀向上吸起，喷油口打开，燃油喷出；用喷油信号的持续时间控制喷油量，由于针阀的行程是固定的，只要针阀打开，燃油就以一定的压力连续喷出；当喷油脉冲截止时，电磁线圈中无电流通过，复位弹簧使喷油器针阀紧压在锥形密封阀座上，针阀关闭。

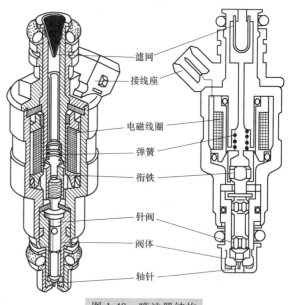

滤网
接线座
电磁线圈
弹簧
衔铁
针阀
阀体
轴针

图1-48　喷油器结构

> **87.** 空气供给系统检修时应注意哪些事项？

空气供给系统采用了空气流量计来检测进气量，以控制基本供油量，因此空气供给系统密封性对电控汽油喷射影响很大，检修时应特别注意以下几点。

1）在拆装时用力要均匀，切勿将各种软管损坏，以免漏气。

2）空气流量计是精密元件，要注意防振和避免碰撞。

3）要确保进气总管、进气歧管、空气流量计、节气门体安装的密封性，防止它们脱开、松动或裂开。

4）必要时可使用密封胶，以防止各接口处漏气。

5）确保空气滤清器清洁，使进气畅通。

> **88.** 汽油供给系统检修时应注意哪些事项？

汽油供给系统是最容易产生故障的，检修时应特别注意以下几点。

1）为防止拆油管时大量汽油漏出，在拆卸油管前，可以先拔下电动燃油泵导线插头，再起动发动机，直至发动机自然停机，再松开油管接头。

2）在连接螺栓型接头与高压油管接头时，应采用新垫片，把螺栓拧到规定力矩。

3）当拆卸和安装喷油器时，喷油器上的O形密封垫圈是一次性零件，不能重复使用，

必须更换新的。

4）在检查喷油器时，一定要了解喷油器是高电阻型还是低电阻型。对于高电阻型（电阻一般为 12~14Ω）可直接接蓄电池电压来进行喷油器的喷油性能检查；对于低电阻型（电阻一般只有 2~3Ω）则必须采用专门的连接器与蓄电池连接来检查喷油性能，这样可防止电流过大烧坏喷油器。

5）电动燃油泵损坏后一般无法代用或修复，必须更换专用的电动燃油泵。

6）要定期更换或维护汽油滤清器，使汽油的清洁度高。

7）维修后，应检查汽油供给系统是否漏油。

89. 汽油喷射电控系统检修时应注意哪些事项？

汽油喷射电控系统是一个比较复杂的微机控制系统，在对该系统进行检修时，除必须严格遵守检修工艺外，还应注意下列事项。

1）在未弄懂其电控系统结构、原理和检修方法时，千万不要盲目拆卸，以免引起新的故障。

2）在诊断电控系统需要拆卸电源线之前，必须读取已储存在系统中的全部故障码，以免蓄电池断开后故障码被清除而失去故障信息；必须记录下带防盗码的音响设备的密码等信息，以便重新连接蓄电池时使用。拆卸蓄电池电源线必须在点火开关断开时进行。

3）在点火开关接通、电控系统电路通电时，绝不可拆卸电控系统中任何线束接头及部件插接器，以免有关线圈产生很高的自感电动势而导致系统中电子元件和 ECU 的损坏。电路的通断操作应在点火开关断开时或蓄电池搭铁线拆下时进行。

4）在断开带有锁扣的线束或部件插接器时，不能直接拉扯导线和插头，而应先脱开防止插接器松脱的锁扣，再用力直接拔出插头。

5）电子控制单元一般不易损坏，坏了也不易维修，因此不要随意拆检 ECU。

6）对 ECU 进行检测诊断时，要采取措施将人体静电屏蔽掉，如操作者用一金属带的一端绕在手腕上，另一端在车上搭铁，能防止人体静电损坏 ECU 电路。

7）除非特殊说明，一般不要使用低阻抗的指针式万用表检测 ECU 和传感器，而应使用高阻抗数字式测试仪表进行测试，以免损坏 ECU 和传感器。

8）检测电控系统电路的通断决不可用刮火方法。因为刮火时，会使电路产生瞬间过电压而损坏系统中的电子元件。

9）电控系统线路安装时，要确保各线束插接器连接正常和牢固可靠，以防新添接触不良故障。

10）蓄电池安装时，应注意正、负极不能接反。

11）不能使用除标准电压蓄电池以外的任何起动电源来起动发动机。

12）进气系统管路不能有裂纹、漏气现象，否则会导致电控系统工作异常。

90. 电控汽油喷射系统目测检查的内容有哪些？

目测检查的目的是为了在进入更为细致的测试和诊断之前，能消除一些一般性的故障因素，提高故障诊断和排除的效率。目测检查的内容主要如下。

1）拆除空气滤清器，检查滤芯及其周围是否有脏物、杂质或其他污染物。

2）检查真空软管是否破裂、老化或挤坏；检查真空软管经过的途径和接头是否恰当。

3）检查微机控制系统导线束的连接状况。

① 传感器或执行器的电路插接器是否良好。

② 线束间的插接器是否松动或断开。

③ 导线是否有磨破或线间短路现象。

④ 导线是否有断裂或断开现象。

⑤ 电路插接器是否插接就位。

⑥ 电路插接器的插头和插座有无腐蚀现象等。

4）检视每个传感器和执行器有无明显的损伤。

5）运转发动机并检视进气歧管和排气歧管及氧传感器处有无漏气。

目检出不正常的项目，应及时修复。修复后看系统能否恢复正常，若恢复正常，则说明故障在此，已经排除。

91. 空气滤清器维护周期是多少？怎样维护？

空气滤清器用来过滤进入气缸的空气。空气滤清器既要滤除空气中的灰尘和杂质，又要保证空气的通畅，因此，必须对空气滤清器进行及时维护。

空气滤清器的维护周期，应根据汽车行驶道路的清洁情况确定。在多尘的道路行驶的车辆，需勤维护、勤清洗。

目前大多数轿车发动机使用一种质量小、成本低、更换方便、滤清效率高的纸质滤芯干式空气滤清器，一般每行驶 5000km 清洁一次。清洁时，拆下滤芯，用压缩空气吹净（图1-49），或用木棒轻轻敲击，或用软毛刷处理，除去滤芯上的灰尘，并清除滤清器壳内的杂质。

图1-49 空气滤清器的维护

提示

滤芯清洁时切勿用汽油或水洗刷，也不要用湿布擦滤芯；滤芯装复时要确保连接处的密封良好；每行驶 25000km 必须更换纸质滤芯。

92. 进气系统为何要清洗维护？怎样清洗维护？

进入发动机的空气中含有各种杂质，它们会在进气道和进气歧管处逐渐聚集加厚，从而降低空气的流动性，使燃油与空气不能按照正确的比例混合，削弱了发动机的动力性和经济性，甚至会造成怠速气道的堵塞，出现怠速不稳的故障。因此，应对电喷车进气系统进行定期的清洗维护。

提示

采用带有自喷压力的喷雾型进气系统清洗剂，可以不用配合清洗设备，对进气系统进行清洗。使用时，发动机怠速稳定运转，将清洗剂通过PCV阀或其他真空管路，慢慢进入发动机进气系统。清洗过程中如遇发动机熄火，应静置10min后再起动车辆以避免积液留存于发动机内。进气系统清洗剂可以强力清洗进气道、进气歧管、进气门、气缸壁及活塞环顶端的积炭，溶解胶质及杂质；可以增加发动机动力、节省燃油。通常，每隔10000km应清洗一次进气系统。

93. 燃油滤清器维护周期是多少？怎样维护？

发动机燃油滤清器的作用是滤掉燃油中的水分和杂质，以减少气缸、活塞环、喷油器等的磨损，并避免燃油系统堵塞特别是喷嘴堵塞。燃油滤清器本身应保持清洁，以免沉淀杂质和水分（冬季结冰）堵塞油路。因此，对燃油滤清器应定期维护。

💡 提示

目前大多数轿车发动机上装的是一次性不可拆洗式的纸质滤芯燃油滤清器，其更换周期一般为10000km。当汽车行驶里程达到更换周期时，应更换燃油滤清器。燃油滤清器有进出油口箭头标记，更换时切勿装反。

对于可拆洗的燃油滤清器，其维护的主要内容是放出其沉淀杯内的脏物和水分，清洁滤清器，通常汽车每行驶5000km应清洗一次滤芯，30000km左右应更换滤芯。

94. 燃油系统为何要清洗维护？怎样清洗维护？

如果汽车使用的汽油不符合标准，或汽油存放过久而积胶，则喷油器易堵塞。另外，喷油器阀积胶会导致喷油器密封不严，影响供油。这些问题一旦发生，发动机电喷系统便会失去理想功效，会造成燃油不完全燃烧并致使发动机积炭、动力不足、无高速、怠速不稳、油耗大、排放污染严重、发动机易熄火甚至无法起动等现象，因此电喷燃油系统需周期性地进行清洗维护。

在汽油中加入燃油系统清洁剂可达到清洗燃油系统的目的。将燃油系统清洁剂加入燃油箱中，它将随燃油的流经之路清除油路中的黏稠物、积胶，在其随汽油进入燃烧室参与燃烧时，可清除燃烧室内的积炭。使用燃油清洁剂，不仅可免去拆卸喷油器的烦恼，并且还能使全部燃油系统得到清洗，使油路通畅，动力增强。燃油清洁剂，用法简单，适用于喷油器堵塞时的不拆卸清洗。对于定期维护的电喷汽车，每隔20000km向燃油箱中加入适当的燃油系统清洗保护剂。清洗后，每隔5000km定期使用电喷车燃烧促进剂维护汽车。

95. 拆卸汽油喷射系统为何要先释放燃油压力？如何释放？

💡 提示

拆开汽油喷射系统的任何油管前，必须首先释放燃油压力。因为许多汽油喷射系统在发动机不运转时，油管内保持有较高的燃油压力，此高压可使燃油在拆卸时喷出，易伤人或引起火灾。

某些汽油喷射系统中有特殊的释放阀，可使燃油流回油箱，以释放压力。一般释放燃油系统压力的方法是，起动发动机，在发动机运转情况下拔下燃油泵继电器或其线束插接器，使发动机自行熄火，再起动发动机2~3次，直到不能起动着火为止，然后关闭点火开关，接上燃油泵继电器或其线束插接器。

96. 汽油喷射系统维修时为何要检测燃油系统压力？

电喷汽油机在一定喷射条件下，混合气的浓度对来自供油压力的影响最为敏感，而供油压力的大小主要取决于燃油系统的压力，因此对燃油系统压力的检测是维修中必不可少的项目。同时通过检测发动机运转时燃油管路内的油压，可以判断电动燃油泵、燃油压力调节器有无故障，汽油滤清器是否堵塞等。

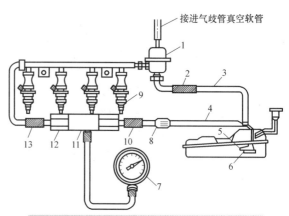

97. 怎样检测发动机运转时的燃油压力？压力异常怎么办？

在系统中先连接专用压力表（量程为1MPa左右）。有油压检测孔的可直接将油压表接在油压检测孔上，无油压检测孔时，可断开进油管，将三通管接头及油压表安装在系统管路中，如图1-50所示。发动机运转时燃油压力的检测方法如下。

图1-50　多点喷射系统燃油压力检测示意图

1—燃油压力调节器　2、10、13—软管　3—回油管　4—进油管
5—燃油泵　6—燃油泵滤网　7—油压表　8—燃油滤清器
9—喷油器　11—三通管接头　12—管接头

1）起动发动机，使发动机怠速运转。

2）检测油压，其压力表读数即为发动机怠速运转的燃油压力。

3）缓慢踩下加速踏板，在节气门全开时检测油压，其压力表读数即为节气门全开时的燃油压力。

4）发动机怠速运转，拔下燃油压力调节器上的真空软管，并用手堵住，再检测其燃油压力。该压力应和节气门全开时的燃油压力基本相等，通常多点喷射系统压力为250~350kPa。

发动机运转时检测的燃油压力应符合标准。若测得的燃油压力过低，则应检查燃油系统有无泄漏，燃油泵滤网、燃油滤清器和燃油管路是否堵塞；若无泄漏和堵塞故障，则应检查燃油泵及燃油压力调节器。若测得的燃油压力过高，应检查回油管路是否堵塞，真空软管是否破裂；若回油管路、真空软管正常，则应检查燃油压力调节器是否调整不当或损坏。

提示

由于不同车型燃油系统的燃油压力不尽相同，检测诊断时，其燃油压力标准应参阅各车型的维修手册。

98. 怎样检测燃油系统保持压力？压力异常怎么办？

发动机怠速运转的燃油压力检测结束后，使发动机熄火5min后再观察油压表指示的油压。此时的压力称为燃油系统的保持压力。若保持压力很低或等于零，则发动机难以起动或不能起动。

提示

燃油系统保持压力一般应不小于147kPa。若油压过低，则应检查燃油系统油路有无泄漏；若油路无泄漏，则说明燃油泵出油阀、燃油压力调节器回油阀或喷油器密封不良，应逐一检查，有故障时应予以修复或更换。

99. 怎样检测燃油压力调节器保持压力？压力异常怎么办？

当燃油系统保持压力低于标准值而怀疑是燃油压力调节器故障引起时，需检测燃油压力调节器保持压力。

1）用导线在检测插座上短接燃油泵端子和电源端子。

2）打开点火开关而不起动发动机，使燃油泵运转10s左右时间。

3）关闭点火开关，拔去燃油泵检测插座上的短接导线。

4）夹紧油压调节器回油管上的软管2（图1-50），堵住回油通道。

5）5min后观察油压表的压力，该压力即为燃油压力调节器的保持压力。

提示

若燃油系统保持压力低于标准而燃油压力调节器保持压力又大于燃油系统保持压力，则说明燃油压力调节器回油阀有泄漏，应更换燃油压力调节器；若燃油压力调节器保持压力仍然与燃油系统保持压力相同，则说明燃油系统保持压力过低的原因可能是燃油泵、喷油器、油管有泄漏，应予以检查。

100. 怎样检测燃油泵最大压力和保持压力？压力异常怎么办？

当燃油系统的保持压力及运转压力低于标准值而怀疑是燃油泵故障引起时，需检测燃油泵的最大压力和保持压力。其检测方法如下。

1）夹紧通往喷油器的软管13（图1-50），堵死燃油的输出通道。

2）用导线在检测插座上短接电动燃油泵端子和电源端子。

3）打开点火开关而不起动发动机，使燃油泵运转10s左右时间，此时油压表指示的压力即为燃油泵的最大压力。

4）关闭点火开关，拔掉燃油泵检测插座上的短接线。

5）5min后再观察油压表的压力，此时油压表指示的压力即为电动燃油泵的保持压力。

提示

车型不同，燃油泵的最大压力和保持压力标准也不一样。通常燃油泵的最大压力标准为490~640kPa，保持压力应大于340kPa。若实测压力不符合标准，则应更换燃油泵。

101. 电动燃油泵常见故障有哪些？有何征兆？

电动燃油泵出现工作不良或不工作故障，会导致燃油供给失常，致使发动机运转不良或者发动机根本无法起动。电动燃油泵常见故障及征兆如下。

1）燃油泵电动机线圈短路、断路或电刷接触不良，导致燃油泵不运转。

2）燃油泵电动机转子机械卡死，导致燃油泵不工作。

3）燃油泵磨损严重、安全阀泄漏或弹簧失效，使燃油系统供油量不足，燃油系统压力下降。

4）燃油泵单向阀泄漏，导致燃油系统保持压力过低或为零，使发动机熄火后起动困难。

102. 怎样诊断电动燃油泵故障？

(1) 检查电动燃油泵的工作状态　就车检查方法如下。

1）打开加油口盖。

2）打开点火开关（不起动发动机），在油箱口处倾听有无电动燃油泵运转的声音。如在打开点火开关后，能听到电动燃油泵运转3~5s后又停止，则说明电动燃油泵可以工作，此时可进入步骤（2）。若打开点火开关后听不到电动燃油泵运转的声音，则进行下步检测。

3）用跨接线将蓄电池正极与燃油泵继电器的燃油泵接线端子 F_p 短接，如图1-51所示。此时，若在加油口盖处没听到任何声响，或用手触摸燃油管无油压脉动感，则说明电动燃油泵有故障，可进入步骤（3）；若能听到电动燃油泵运转的声响，或能感觉到油压脉动，则说明电动燃油泵可以工作，但不能确定其性能是否良好，需进入步骤（2）检查。

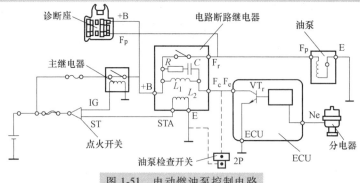

图1-51　电动燃油泵控制电路

（2）检查电动燃油泵的性能　按图1-50连接专用压力表，按前述检测燃油泵压力的方法检测电动燃油泵的最大压力和保持压力。若其最大压力和保持压力符合原车标准，则说明燃油泵工作正常，性能良好；若燃油泵最大压力低于原车标准，则说明燃油泵磨损严重、安全阀泄漏或弹簧失效，应更换燃油泵；若燃油泵保持压力低于原车标准，则说明燃油泵单向阀泄漏，应更换或修复燃油泵。

（3）检查电动燃油泵电动机的电阻　拔下电动燃油泵插接器端子，用万用表测量电动燃油泵插接器两端子 F_p 与 E 之间的电阻，其电阻值一般为 $0.5~3\Omega$。若电阻值不符，则说明燃油泵电动机有线圈短路、断路或电刷接触不良的故障，应更换燃油泵；若电阻值符合标准，但通电又不工作，则说明燃油泵电动机转子机械卡死，应更换电动燃油泵。

▶ 103. 燃油压力调节器常见故障有哪些？有何征兆？

燃油压力调节器工作不良或出现故障，会使燃油供给系统油压过高或过低，混合气过浓或过稀，导致发动机性能下降。燃油压力调节器常见故障及征兆如下。

1）燃油压力调节器膜片破裂，导致燃油系统漏油，使喷油器无法工作。

2）燃油压力调节器回油阀密封不严，导致燃油系统泄漏，使燃油系统保持压力过低或为零，发动机起动困难。

3）燃油压力调节器弹簧失效或调节不当，使供油系统压力失准，导致喷油器喷油量过多或过少，发动机不能正常工作。

▶ 104. 怎样诊断燃油压力调节器故障？

（1）直观检查　检查燃油压力调节器有无外部漏油迹象，若有应更换燃油压力调节器。

检查连接燃油压力调节器的真空管有无破裂，若有应更换其真空管。

（2）检查燃油系统压力 结合下列方法诊断燃油压力调节器是否良好。

1）当燃油系统压力过高时，先对系统卸压，然后拆下燃油压力调节器上的回油管，套上适当的容器，起动发动机（约3s），观看燃油压力调节器回油管。若回油少或无回油，则说明燃油压力调节器不良，可能是燃油压力调节器弹簧弹力过大或失效，应重新调整或更换燃油压力调节器。

2）当燃油系统压力过低时，先起动发动机使其怠速运行，然后夹住回油软管，若油压立即上升至400kPa以上，则说明燃油压力调节器不良，可能是燃油压力调节器弹簧弹力过小或失效，应重新调整或更换燃油压力调节器。

3）起动发动机使其怠速运行，当拔去燃油压力调节器上的真空管后，油压应上升50kPa左右，否则说明燃油压力调节器不良，应予以检修或更换。

（3）检查燃油系统保持压力 若压力过低或为零，而当燃油泵、喷油器及系统管路无故障时，则说明燃油压力调节器的回油阀密封不严，此时应更换燃油压力调节器。

> **105. 如何就车检查喷油器的工作状况？**

喷油器的工作情况可通过检查喷油器的工作声音和断油法检查。

发动机热车后使其怠速运转，用手触摸（图1-52）或用听诊器检查喷油器工作时的振动或声响，以判断喷油器电磁阀是否动作。若感觉有振动或能听到电磁阀动作的声响，则可初步判断喷油器可以工作，但不能确定其性能是否良好；若喷油器无振动或声响，则说明该喷油器不工作。

图1-52 检查喷油器状态

采用断油检查法，可以判断喷油器的性能。检查时，拔下某缸喷油器线束插头后，该缸停止喷油，若发动机转速有明显下降，则说明该喷油器工作正常；若发动机转速不变或下降不明显，说明喷油器不工作或工作不良，须做进一步检查。如果喷油器针阀完全卡死，则应更换喷油器。

> **106. 喷油器出现故障的原因是什么？如何诊断排除？**

喷油器出现工作不良或不工作故障，会导致发动机运转不良甚至熄火。

（1）故障原因 根据喷油器的结构和驱动电路（图1-53a）分析，其故障的可能原因如下。

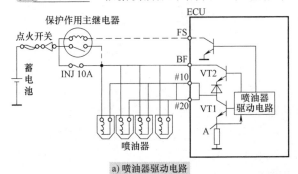

a）喷油器驱动电路

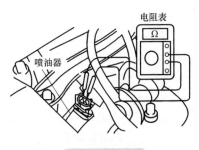

b）检查喷油器电阻

图1-53 喷油器检查

1）喷油器线路插接器或连接线路接触不良，导致喷油器不喷油。

2）喷油器电磁线圈断路或短路，导致喷油器不喷油。

3）喷油器针阀胶结、喷油器针阀密封不严，导致喷油器滴油，工作不正常。

4）喷油器针阀口积污，使喷油量减少或喷射角度过小，导致发动机动力性下降。

5）发动机ECU及燃油控制系统故障，使喷油信号失准，导致发动机工作异常。

（2）故障诊断排除　当发动机运转不良而怀疑是个别气缸喷油器不工作引起时，可进行下述检测诊断。

1）检查喷油器电路。若发动机运转时某缸喷油器无振动或声响，则检查该缸喷油器的线路有无断路或短路故障。若线路正常而喷油器不能工作，则说明该喷油器有故障。

2）检查喷油器电阻。断开点火开关，拔下喷油器的插头，用万用表电阻档测量喷油器线圈的电阻值（图1-53b）。低阻型喷油器的电阻值一般为 $2\sim3\Omega$，高阻型喷油器的电阻值一般为 $13\sim18\Omega$。检测时，应对照相关标准诊断。若测得的电阻值为无穷大，则说明喷油器电磁线圈有断路故障；若测得的电阻值过大或过小，则说明喷油器电磁线圈或内部线路连接有故障。喷油器电磁线圈存在故障时，应更换喷油器。

3）若上述检查均正常，而喷油器工作仍不正常，则说明喷油器针阀可能胶结、针阀口积污或针阀密封不严，导致喷油器喷油异常，应更换喷油器。

107. 怎样检查喷油器性能?

喷油器性能主要是指喷油器喷油量、喷油状况和密封性能。喷油器性能的好坏直接影响发动机的动力性、经济性和环保性。当发动机这些性能变差时，需要检查喷油器性能。可通过专用的喷油器检测仪检查喷油器性能，当无检测仪时，可用下述步骤检查。

1）拆下喷油器　将需检的喷油器拆下，装上检查专用的软管及其连接头，把喷油器、压力调节器和油管用连接头和连接卡夹连接好，将喷油器喷口置入量筒中（图1-54）。

2）跨接线连接　用跨接线将蓄电池正极与燃油泵继电器的燃油泵接线端子连接，使电动燃油泵工作。

3）施加电压　给喷油器电磁线圈施加蓄电池电压，高阻型喷油器可以直接将12V电压施加到喷油器上（图1-54），而低电阻型喷油器需用专用的接线器或串入一只 $5\sim8\Omega$ 的电阻。

4）检测喷油器的喷油量　记录在规定时间内喷入量筒的燃油量，若喷油量小于规定值，说明喷油器堵塞。清洗喷油器之后重复测试，若仍不能达到标准，则应更换喷油器。用同样的方法，测量其

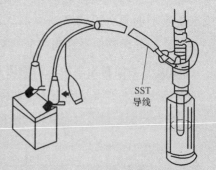

SST
导线

图1-54　检查喷油器性能

余各缸喷油器，若各喷油器之间的喷油量差值超过标准，则需清洗或更换喷油器。

5）检测喷油器的喷油状况　察看喷油器喷入量杯的油束形状，若喷油器油束均匀，并呈圆锥形，其锥角在 $10°\sim40°$ 范围，则说明喷油器的喷油性能良好，否则应更换喷油器。

6）检测喷油器的密封性能　将喷油器的电源断开，使喷油器停止喷油，观察喷油器的喷嘴，若在 $1min$ 内滴油少于一滴，则说明喷油器的密封性能良好，否则应更换喷油器。

108. 如何更换喷油器？

1）释放燃油压力。

2）拆卸喷油器与燃油歧管间连接软管。

3）拔下导线插头。

4）拆卸喷油器固定件。

5）将喷油器拉出。

6）仔细检查防尘套和其他橡胶件，有的厂家建议拆卸喷油器时应更换防尘套、油封及软管。

7）按拆卸相反顺序安装新喷油器。

109. 怎样运用喷油信号波形诊断汽油喷射系统故障？

汽车示波器在显示喷油信号波形的同时可以将喷油脉宽用数字显示，其喷油脉宽（图1-55）是指喷油信号开始至喷油信号截止所经历的时间，该时间由 ECU 根据各种传感器输送的有关发动机的空气流量、进气歧管压力、转速、节气门开度、进气温度、冷却液温度等信号计算确定。喷油脉宽越宽，喷油量则越大。当检测的喷油脉宽与标准不同时，则表明喷射系统存在故障。人们往往通过改变发动机的工作状况、工作条件来观测喷油信号波形的变化来诊断电控燃油喷射系统的故障，下面举例说明。

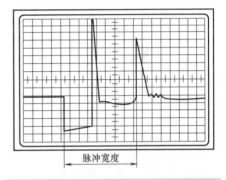

图 1-55 电流驱动式喷油器喷油信号波形

检测时，先将示波器的检测线通过专用插头与喷油器的插接器相连，让变速杆置于空档，再起动发动机，使发动机运转至正常工作温度，然后根据下列条件检查喷油信号波形。

1）在怠速、高速及加速时观察喷油信号波形，正常时喷油脉宽应随转速的提高、节气门的加大而相应增加，否则可能是喷油器、燃油喷射控制系统及氧传感器存在故障。

2）在高速稳定运转时，通过改变混合气浓度来观察喷油信号波形。当从进气管中加入丙烷使混合气变浓时，若喷油脉宽变小，以试图对浓混合气进行修正，则系统正常；当拔下发动机某一真空软管使混合气变稀时，若喷油脉宽延长，以试图对稀混合气进行补偿，则系统正常。若混合气浓度变化时，喷油脉宽没变化，则可能是喷油器、燃油喷射控制系统及氧传感器存在故障。

3）让发动机在2500r/min下稳定运转，仔细观察喷油信号波形。若喷油脉宽在稍宽与稍窄之间来回变换，则说明喷油器工作正常，同时也说明燃油控制系统能使混合气在正常的浓、稀之间转换。若喷油脉宽毫无变化，则可能是喷油器、燃油喷射控制系统及氧传感器存在故障。

110. 发动机转速与曲轴位置传感器常见的故障是什么？如何诊断排除？

发动机转速与曲轴位置传感器用于向 ECU 提供发动机转速与曲轴转角电信号，以便 ECU 确定点火和喷油指令。发动机转速与曲轴位置传感器产生故障时，会导致发动机突然熄火、发动机功率下降、油耗上升、发动机怠速不稳以及发动机无法起动等。

磁感应式转速与曲轴位置传感器一般安装于分电器内（图1-56a），其传感器电路如图1-56b所示。该传感器的常见故障：感应线圈短路或断路；感应线圈与转子间隙不正常；传感器转子损坏。其故障的检测诊断方法如下。

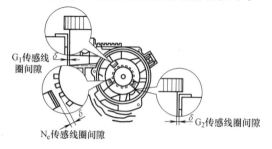

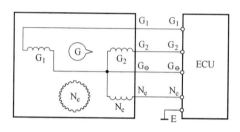

a) 传感器安装位置　　　　　　　　　　　　　　　　　　b) 传感器电路

图1-56　转速与曲轴位置传感器检测

（1）传感器的直观检查　拆下分电器盖、分火头，检查传感器与信号转子的安装情况，转子齿圈不应有缺齿、裂纹现象；传感器与转子的安装位置应正确，安装应牢靠，无松旷感。

（2）传感器线圈与信号转子的气隙检查　拆下分电器盖、分火头，用塞尺测量信号转子与传感线圈凸出部分的空气间隙，如图1-56a所示，该空气间隙应为0.2～0.4mm。否则，应调整或更换总成。

（3）传感器线圈的电阻检测　拔下传感器的导线插接器，用万用表电阻档在分电器的接线插座上，测量传感器各感应线圈的电阻，测量值应符合该车规定的标准。若电阻值太小，说明传感器线圈有短路故障，若电阻值为∞，则说明传感器线圈有断路故障。传感器线圈短路或断路时，应予以更换。

（4）传感器的输出信号检测　拔下传感器的导线插接器，将示波器分别与导线插接器上的G1—Ge、G2—Ge、Ne—Ge端子连接，用起动机带动发动机旋转，若示波器都有信号波形输出，且波形的频率和幅值随旋转的升高而增加，则说明传感器工作正常，否则，需更换总成。

> **111.** **叶片式空气流量传感器常见的故障是什么？如何诊断排除？**

空气流量传感器用于向ECU提供发动机进气量的电信号，以便ECU确定点火和喷油指令。空气流量传感器存在故障时，会使发动机起动困难、怠速不稳、容易熄火、加速不良、油耗上升。

叶片式空气流量传感器的常见故障是电位计滑片与碳膜电阻接触不良、传感器电阻值不当、测量板复位弹簧失效、传感器轴卡滞。其故障的检测诊断方法以丰田子弹头汽车2JZ-FE发动机的叶片式空气流量传感器为例说明如下。

（1）传感器的直观检查　检查传感器壳体有无损坏、叶片及轴转动有无卡滞、松旷等。若有，则更换传感器。

（2）传感器的电阻检测　将点火开关置于OFF位置，拔下空气流量传感器的导线插接器，拆下空气流量传感器，用万用表电阻档按图1-57所示部位检测下列端子间的电阻。

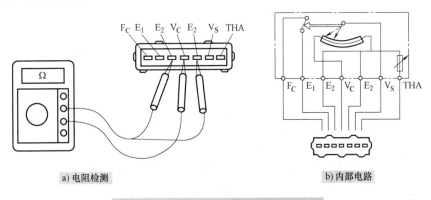

a) 电阻检测　　　　　　　　　　　　　　　　b) 内部电路

图1-57　叶片式空气流量传感器的检测

1）检测 V_S-E_2 端子之间电阻。检测时，慢慢转动测量板，观察测量板在全关、全开时的电阻值以及在开关过程中电阻的变化情况。正常时，电阻值应随测量板的转动而平缓变化，且在测量板全关、全开位置应符合标准。若电阻值超出标准范围，或者测量板转动时其电阻值忽大忽小、时有间断，则说明空气流量传感器不良，需更换。

2）检测 V_C-E_2 端子之间电阻。若电阻值不符合标准，则说明传感器内部电位计电阻异常或电路连接不良，需更换传感器。

3）检测 THA-E_2 端子之间电阻。正常时，THA-E_2 之间的电阻随温度而变。若在各种温度下其电阻值与标准值有较大偏差，则说明空气流量传感器中的进气温度传感器不良，应更换传感器。

4）检测 F_C-E_1 端子之间电阻。若测量板处于全关位置时，其电阻为∞；测量板稍有开启时，其电阻为0，则说明正常。否则，说明燃油泵开关不良，应更换传感器。

（3）传感器的信号电压检测　将喷油器的线束拔下，用起动机带动发动机转动，用万用表电压档测量 V_S-E_2 之间的电压，其电压值应随传感器叶片开度的增大而变小，如叶片全关时应为 3.7~4.8V，叶片全开时应为 0.2~0.5V。若传感器电源电压正常，其检测结果不符合标准，则说明传感器有故障，应更换传感器。

▶ 112. 卡门涡旋式空气流量传感器常见的故障是什么？如何诊断排除？

反光镜卡门涡旋式空气流量传感器的常见故障有发光元件与光电元件损坏、反光镜及板簧等有脏污或机械损伤、内部集成电路损坏等。其故障的检测诊断方法以丰田雷克萨斯 1UZ-FE 发动机的反光镜卡门涡旋式空气流量传感器为例说明如下。

（1）传感器的直观检查　检查传感器壳体有无开裂，进气入口端蜂窝状空气整流栅有无损坏，若有，则应更换传感器。

（2）传感器的电阻检测　将点火开关置于 OFF 位置，拔下空气流量传感器的导线插接器，用万用表电阻档测量传感器 THA-E_2 端子之间的电阻，如图1-58所示。THA-E_2 之间的电阻值应随着检测温度的变化而变化，并符合原车标准。若各种温度下的电阻检测值与标准值有较大偏差，则说明空气流量传感器中的进气温度传感器不良，应更换传感器。

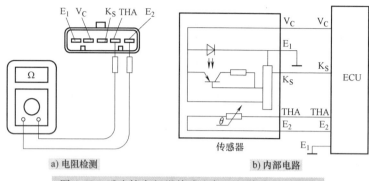

图 1-58 反光镜卡门涡旋式空气流量传感器的检测

（3）传感器的电压检测

① 检测电源电压。连接传感器，将点火开关转至 ON 位置，用万用表电压档测量 V_C-E_1 端子之间和 K_S-E_1 端子之间的电压，它们的标准电压应为 4.5～5.5V。

② 检测信号电压。使发动机怠速运转，用万用表电压档测量 K_S-E_1 端子之间的信号脉冲电压，其电压标准值为 2～4V。

③ 检测进气温度传感器电压。使发动机怠速运转，用万用表电压档测量 THA-E_2 端子之间的电压，其标准电压值应随进气温度而变，当进气温度为 20℃时，电压值应为 0.5～3.4V。

若检测结果不符合标准，则断开传感器插接器，在接通点火开关时，检测插接器（与 ECU 连接侧）相应端子的对地电压。若其电压正常，则说明传感器有故障，应予以更换。

113. **热丝式空气流量传感器常见的故障是什么？如何诊断排除？**

热丝式空气流量传感器的常见故障有热丝脏污或断路、热敏电阻或电路不良。其故障检测方法以日产 ECCS 所用的热丝式空气流量传感器为例说明如下。

（1）传感器的直观检查 检查传感器壳体有无开裂，防护网有无损坏。若有，则应更换传感器。

（2）传感器的信号电压检测 按图 1-59a 所示的连接线路，就车检测发动机下列工况时传感器 B、D 端子之间的输出信号电压。

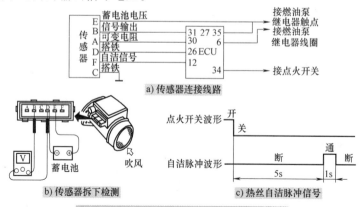

图 1-59 热丝式空气流量传感器的检测

1）接通点火开关，用万用表测量 B-D 端子的电压，正常值应小于 0.5V。

2）发动机在热机状态怠速运转，用万用表测量 B-D 端子的电压，正常值应为 1.0~1.3V。

3）发动机在热机状态高速运转（3000r/min），用万用表测量 B-D 端子的电压，正常值应为 1.8~2.0V。

提示

若检测的信号电压均正常，则传感器工作状况良好；若信号电压不正常，则进行下步检查。

〔3〕**拆下传感器检测**　传感器拆下后，将传感器电源端子输入蓄电池电压，然后检测传感器信号电压（图 1-59b）。正常时，不吹风的信号电压在 1.5V 左右，向传感器进气口吹风时的信号电压应会随风量的增大而上升，且变化灵敏。若电压低或无、风量变化时电压不变或变化很小，或电压变化明显滞后风量变化，均说明空气流量传感器存在故障，应予以更换。

〔4〕**传感器的自洁功能检测**　热丝式空气流量传感器在发动机上安装好后，拆下其传感器的防尘网，起动发动机，然后再使发动机熄火。在关闭点火开关 5s 左右时，看热丝是否被烧红约 1s 时间。若热丝不红，则需检测 F 端子的自洁信号（图 1-59c）是否正常，若无自洁控制信号，则应检查其线路和 ECU。若线路良好，且 ECU 有正常的自洁信号输出，则说明空气流量传感器存在故障，应予以更换。

〉 114. 进气压力传感器常见的故障是什么？如何诊断排除？

进气压力传感器是一种间接检测空气流量的传感器。它安装在发动机的进气歧管内，感知进气流量所形成的压力，并转换成电信号输入 ECU，以便进行燃油喷射和点火控制。进气压力传感器存在故障时，会使发动机起动困难、怠速不稳、容易熄火、加速不良、油耗上升。

目前汽车上多使用半导体压敏电阻式进气压力传感器，其传感器的常见故障是内部硅膜片损坏、集成电路烧坏、真空导入管接头处漏气或内部漏气等。其故障的检测诊断方法以丰田 2JZ-GE 发动机用的进气压力传感器为例说明如下。

〔1〕**传感器的直观检查**　检查传感器所连接的真空管有无破裂和松动、线路插接器有无松动等。

〔2〕**传感器电源电压的检测**　拔开传感器插接器后，将点火开关置于 ON 位置，用万用表电压档测量插接器 V_{cc}-E_2 端子的电压，如图 1-60 所示，其正常电压为 4.5~5.5V。若电压

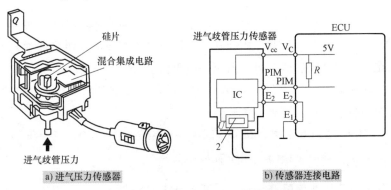

a) 进气压力传感器　　　　　　b) 传感器连接电路

图 1-60　进气压力传感器的检测

不正常，则应检查发动机 ECU 及其连接线路。

（3）传感器信号电压的检测　在电源电压正常的情况下，接入传感器，将点火开关置于 ON 位置，拔下传感器真空软管，然后用真空泵向传感器内施加不同的真空度，分别测量传感器 PIM-E$_2$ 端子的信号电压，正常时，传感器的信号电压应随真空度的增大而减小，其信号电压标准见表 1-3。若实测电压不符合标准，则说明进气压力传感器存在故障，应予以更换。

表 1-3　2JZ-GE 发动机进气压力传感器 PIM-E$_2$ 端子输出电压标准

输入压力/kPa	13.3	26.7	40.0	53.5	66.7	大气压
PIM-E$_2$ 端子间电压/V	0.3~0.5	0.7~0.9	1.1~1.3	1.5~1.7	1.9~2.1	3.3~3.9

> **115.** 线性可变电阻型节气门位置传感器常见的故障是什么？如何诊断排除？

节气门位置传感器用来感知发动机负荷大小和加减速工况，将发动机节气门的开度及开度变化转换成电信号，输送到 ECU，用于点火时间、燃油喷射、怠速、废气再循环、炭罐通气量等的控制。节气门位置传感器存在故障时，会使发动机起动困难、怠速不稳、容易熄火、加速不良、油耗上升。

线性可变电阻型节气门位置传感器的常见故障有传感器电位计滑动触头接触不良、怠速触点接触不良等。其故障的检测诊断方法以丰田雷克萨斯 1UZ-FE 发动机用的线性可变电阻型节气门位置传感器（图 1-61）为例说明如下。

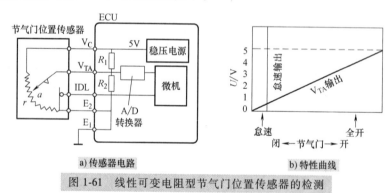

图 1-61　线性可变电阻型节气门位置传感器的检测

（1）用检测电阻法诊断传感器　拆下节气门位置传感器的导线插接器，用万用表电阻档测量传感器下述端子间的电阻。

1）检测 V$_C$-E$_2$ 之间的电阻，其阻值应符合原车标准，否则应更换节气门位置传感器。

2）检测 V$_{TA}$-E$_2$ 之间的电阻，其阻值应随节气门开度的增大而线性增大，不应出现中断现象，在节气门全闭和全开时，所测的电阻值应符合原车标准，否则应更换节气门位置传感器。在检测 V$_{TA}$-E$_2$ 之间的电阻时，轻轻拍动传感器，若电阻值波动较大，则说明传感器内部接触不良，应更换传感器。

3）检测 IDL-E$_2$ 之间的电阻，在节气门关闭时电阻值应为 0，在节气门稍有开启后其电阻值应为 ∞，否则应更换节气门位置传感器。

（2）用检测电压法诊断传感器　将点火开关置于 ON 位置，用万用表电压档就车测量传感器下述端子间的电压。

1）检测 V_C-E_2 端子、IDL-E_2 端子之间的电压，其电压值应符合原车标准。

2）检测 V_{TA}-E_2 端子之间的电压，在节气门全闭至全开过程中，其 V_{TA}-E_2 端子之间的电压应逐渐增大，如图 1-61b 所示。在节气门全开、全闭时所测的电压值应符合原车标准。

若所测端子间的电压值不符合标准，则应检查传感器线路和 ECU。若线路良好且 ECU 正常，则说明节气门位置传感器存在故障，应予以更换。

▶ 116. 开关型节气门位置传感器常见的故障是什么？如何诊断排除？

开关型节气门位置传感器常见故障有滑动触点与怠速触点、全负荷触点接触不良。故障检测时，拆下节气门位置传感器的导线插接器，在节气门处于一定位置时，用万用表电阻档检测传感器各端子之间的通断情况，如图 1-62 所示。

（1）怠速触点的通断性检测 测量连接怠速触点的 TL-IDL 端子之间的电阻，正常状态：节气门关闭时电阻为 0，处于导通状态；节气门开启时电阻为 ∞，处于断开状态。若 TL-IDL 端子之间的通断性不正常，则说明节气门位置传感器存在故障，应予以更换。

（2）全负荷触点的通断性检测 测量连接全负荷触点的 TL-PSW 端子之间的电阻，正常状态：节气门接近全开（大于 55°）时电阻为 0，处于导通状态；节气门小开度（小于 40°）时电阻为 ∞，处于断开状态。若 TL-PSW 端子之间的通断性不正常，则说明节气门位置传感器存在故障，应予以更换。

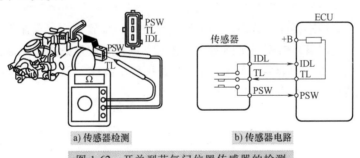

a）传感器检测　　　　b）传感器电路

图 1-62　开关型节气门位置传感器的检测

▶ 117. 温度传感器常见的故障是什么？如何诊断排除？

温度传感器主要包括进气温度传感器、发动机冷却液温度传感器。进气温度传感器随时给 ECU 提供发动机进气温度信号，冷却液温度传感器随时给 ECU 提供发动机冷却液温度信号，以便及时修正发动机的燃油喷射和点火正时控制。进气温度传感器、冷却液温度传感器存在故障时，会使发动机性能不良、怠速不稳、容易熄火、油耗上升。

进气温度传感器与冷却液温度传感器有相似的敏感元件、电阻值、电压降和温度特性，有相同的工作原理。其传感器常见的故障有内部线路接触不良或断路、敏感元件性能不良等。温度传感器可通过检测不同温度下的电阻来检验其性能的好坏，下面以热敏电阻式冷却液温度传感器为例说明其故障的检测诊断方法。

（1）就车检测法 关闭点火开关，拔出冷却液温度传感器的线束插头，用万用表电阻档测量两端子之间的电阻。若电阻值在温度低时大，温度高时小，且符合原车标准，则说明传感器性能良好。若电阻值趋于 ∞，说明传感器内部线路断路；若电阻值偏离标准，说明传感器敏感元件性能不良，这些表明传感器已损坏，应予以更换。

（2）**拆下检测法** 从发动机上拆下冷却液温度传感器，先按图1-63a所示方法置于加满水的烧杯中，然后将水加热，在不同温度下测量传感器两端子之间的电阻，并将测量的电阻值与标准值比较。通常，标准的电阻值随温度变化的范围如图1-63b所示。若测出的电阻值超出了图中的标准范围，则说明冷却液温度传感器有故障，应予以更换。

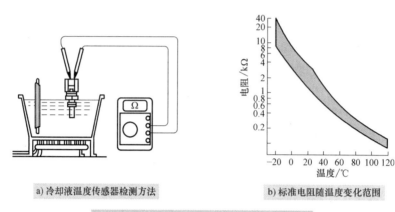

a) 冷却液温度传感器检测方法　　b) 标准电阻随温度变化范围

图1-63　发动机冷却液温度传感器的检测

> **118.** 氧传感器常见的故障是什么？如何诊断排除？

氧传感器用来检测发动机废气中的氧含量，向ECU输送空燃比信号，以便修正发动机的燃油喷射控制。氧传感器存在故障时，会使发动机废气排放超标、怠速不稳、油耗上升。

目前汽车上多使用氧化锆型氧传感器，其传感器的常见故障是陶瓷体破损、陶瓷元件表面积炭或积铅（铅中毒）、加热器损坏、内部线路接触不良等。图1-64a为加热型氧传感器的连接电路图，其氧传感器故障的检测诊断方法如下。

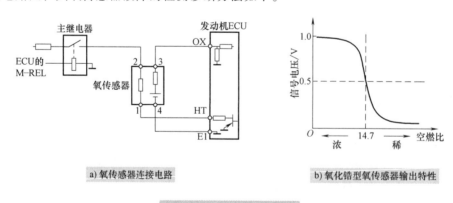

a) 氧传感器连接电路　　b) 氧化锆型氧传感器输出特性

图1-64　氧传感器的检测

（1）**氧传感器加热器的电阻检测** 关闭点火开关，拔下氧传感器插接器线束插头，用万用表电阻档测量传感器接线端中加热器1、2端子之间的电阻，其电阻值应符合原车标准。若电阻值不正常，则说明氧传感器存在故障，应予以更换。

（2）**氧传感器的信号电压检测** 将发动机热车至正常工作温度后，关闭点火开关，拔下氧传感器插接器线束插头。高速运转发动机，用电压表测量氧传感器3、4端子之间的信号电压。正常时，其信号电压应随混合气浓度的变化而变化，如图1-64b所示。若信号电压为零，则说明氧传感器损坏。若信号电压为 0.5V 或以上，则设法使混合气变稀，如拆下接在进气歧管上的曲轴箱强制通风管或其真空软管，再观测信号电压：如电压迅速下降，则表示氧传感器正常；如电压不变仍然持续偏高，则说明氧传感器损坏。若信号电压为 0.5V 以下，则设法使混合气变浓，如在进气管中加入丙烷，或部分地堵住空气滤清器进口，再观测信号电压：如电压迅速上升，表示氧传感器正常，如电压不变仍然持续偏低，则说明氧传感器损坏。

▶ 119. 爆燃传感器常见的故障是什么？如何诊断排除？

爆燃传感器用于发动机爆燃时向 ECU 提供相应的电信号，以便 ECU 进行推迟点火提前角的控制来消除发动机爆燃。爆燃传感器存在故障时，易使发动机爆燃，导致功率下降、油耗上升。

压电式爆燃传感器的常见故障有内部元件损坏、内部线路接触不良或搭铁等。其故障检测方法如下。

(1) 检测传感器输出端子是否搭铁　关闭点火开关，拔下爆燃传感器插接器，用万用表测量输出端与搭铁之间的电阻。一般电阻值很大，接近无穷大为正常；若电阻值很小或为 0，则说明输出端子搭铁，需更换爆燃传感器。

(2) 检测传感器的输出信号　起动发动机并使其怠速运转，用示波器检测爆燃传感器信号端子的电压波形。正常情况下应有电压波形显示，当用小铁锤敲击爆燃传感器附近的缸体时，其输出的电压波形应有相应的变化，敲击愈重，波形的振幅应愈大。若无输出信号，或输出电压波形不随振动的加剧而变化，则说明爆燃传感器损坏，应予以更换。

▶ 120. 怠速控制阀常见的故障是什么？如何诊断排除？

怠速控制阀的作用是通过 ECU 的控制，使发动机在所有怠速使用条件下，能以适当的怠速稳定运转。怠速控制阀存在故障时，会使发动机怠速不稳、容易熄火、油耗增加。

步进电动机式怠速控制阀的常见故障有内部电路短路、断路、接触不良，及线路插接器松动、锈蚀等。其故障的检测诊断方法以丰田汽车发动机使用的步进电动机式怠速控制阀为例说明如下。

(1) 怠速控制阀的初步检查　在发动机暖机后关闭点火开关时，仔细查听怠速控制阀是否有打开的"咔嗒"声。若无声响，则说明怠速控制阀没有工作。此时应检查发动机 ECU、怠速控制阀插接器及其线路，若这些均正常，则怠速控制阀存在故障。

(2) 怠速控制阀的电阻检测　关闭点火开关，拔下步进电动机的插接器，用万用表电阻档检查其端子 B1 或 B2 与 S1、S2、S3、S4 端子（图 1-65）之间的电阻，其电阻值应为 10～30Ω，且步进电动机各绕组电阻值应一致，否则说明怠速控制阀有故障，应予以更换。

(3) 怠速控制阀的动作检测　将蓄电池的正极连接至怠速控制阀插接器的 B1 或 B2 端子，而蓄电池的负极则按 S1、S2、S3、S4 端子的次序逐个连接，阀应能逐步关闭；若蓄电池的负极按 S4、S3、S2、S1 的次序逐个连接，则阀应能逐步打开。若阀不能如此动作，则说明怠速控制阀有故障，应予以更换。

▶ 121. EGR 电磁阀常见的故障是什么？如何诊断排除？

EGR 电磁阀的作用是通过 ECU 的控制，来调节 EGR 阀的开度处于最佳状态，从而使废

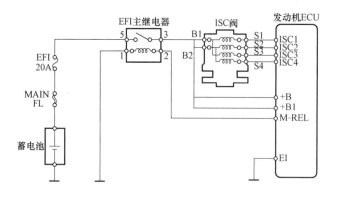

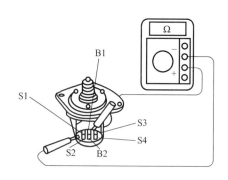

a) 怠速控制阀电路　　　　　　　　b) 怠速控制阀电阻检测

图 1-65　步进电动机式怠速控制阀的检测

气再循环流量控制在最佳范围。EGR 电磁阀产生故障时，会使发动机工作性能下降、NO_x 的排放增加。

　　EGR 电磁阀的常见故障：电磁阀线圈断路、短路，真空连接软管松动或破损，线路插接器松动、锈蚀或接触不良等。其故障的检测方法如下。

　　1）直观检查。检查与 EGR 电磁阀连接的真空管接头有无松动和破损，电磁阀插接器连接有无松旷、接触不良。若有，应予以修理或更换。

　　2）电磁阀线圈的电阻检测。关闭点火开关，拔下电磁阀插接器，用万用表电阻档测量电磁阀线圈电阻，其电阻值应符合标准，否则说明 EGR 电磁阀存在故障。

　　3）电磁阀的工作状况检测。按图 1-66a 所示的方法，将蓄电池电压施加于 EGR 电磁阀，EGR 电磁阀的软管接口 2 与通大气口 1 之间应相通，两软管接口 2、4 之间应不相通；而断开蓄电池电压时，EGR 电磁阀的软管接口 2 与通大气口 1 之间应不相通，两软管接口 2、4 之间应相通，如图 1-66b 所示。若检测结果不这样，则说明 EGR 电磁阀存在故障。

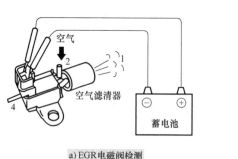

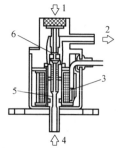

a) EGR 电磁阀检测　　　　　　　　b) EGR 电磁阀

图 1-66　EGR 电磁阀的检测

1—通大气口　2—去 EGR 阀　3—电磁阀线圈　4—通进气歧管　5—通气道　6—阀体

▶ 122. 发动机 ECU 常见的故障是什么？如何诊断排除？

　　发动机 ECU 是电子控制系统的核心，ECU 产生故障时会使发动机不能工作或工作不良。

ECU 常见的故障：元件老化、内部电路短路或断路；微机系统中的 CPU、存储器、接口电路等芯片或电路烧坏；微机裂损、搭铁不良等。ECU 故障的检测诊断方法如下。

(1) **利用故障诊断仪诊断 ECU** 利用汽车专用故障诊断仪，按照一定的操作方式进入系统的自诊断模式，即可方便地测出 ECU 故障。

(2) **利用万用表诊断 ECU** 在规定的检测条件下，利用高输入阻抗的万用表测量发动机 ECU 插座各端子的电路参数，与标准值比较即可判断 ECU 及其控制线路有无故障。

检查 ECU 常用的方法是电压测量法。检测时，先将 ECU 连同线束一起从车上拆下，不要拆下线束插接器，在蓄电池充足电的情况下接通电路或在发动机运转时，用万用表在 ECU 线束侧插接器处测量 ECU 各端子的工作电压，然后与标准值比较诊断 ECU 故障。若各传感器、执行器及其线路均正常，而 ECU 电压参数不符合标准，则表明 ECU 存在故障，应予以更换。

(3) **利用替换法诊断 ECU** 将性能良好的同型号的发动机 ECU 替换可疑的 ECU，若替换后，发动机电子控制系统电路的工作状态由异常变为正常，发动机能正常工作，则表示原 ECU 有故障。

123. 什么是故障自诊断？

故障自诊断是指利用汽车电控单元（ECU）的自诊断功能进行的故障诊断。自诊断功能就是利用监测电路来检测传感器、执行器以及微处理器的各种实际参数，并将其与存储器中的标准数据进行比较，从而判定系统是否存在故障。当判定系统存在故障时，电控单元将故障信息以故障码的形式存入存储器，并控制警告灯向驾驶人发出警告信号。故障自诊断后，维修人员可按特定方式，将故障码从计算机内读取，得到具体的故障信息，以便于诊断和排除故障。

124. 电控系统传感器怎样实现故障自诊断？

发动机电控系统 ECU 内存有各个传感器工作正常时输入的电信号范围，当传感器或电路出现异常输入信号，或超出存储范围或不能识别信号时，自诊断系统就判断该传感器或连接线路出现了故障。例如：冷却液温度传感器正常使用范围为 $-50\sim138\,℃$，其输入到计算机的电压信号范围是 $0.1\sim4.8V$（这一值已存入 ECU 作为判断标准）。当 ECU 检测到的电压信号超出标准范围，如果是偶尔一次，ECU 的诊断程序不认为是故障，但若不正常信号持续一段时间，则诊断程序即判定冷却液温度传感器或其线路存在故障；若冷却液温度传感器没有信号电压输出，则表明是线路断路或传感器损坏故障。确认冷却液温度传感器存在故障后，ECU 在存储故障信息及报警的同时，立即启用备用参数冷却液温度起动时 $20\,℃$、运行时 $80\,℃$对发动机进行控制，维持运行。

125. 电控系统执行器怎样实现故障自诊断？

发动机运转时，ECU 按照发动机工况不断向各执行器发出各种指令，而故障监控回路随时向 ECU 反馈其执行情况，若执行器不能正常工作，则 ECU 能及时得到故障信息，并进行故障信息存储、故障报警及启用安全保障措施，确保发动机停止运转或维持运行。例如，当电子点火器出现故障时，ECU 发出点火控制命令后，得不到电子点火器的反馈信号，ECU 便认为电子点火器已经不能正常工作，就会判断为故障。此时，ECU 在存储故障信息及报警的同时，立即向喷油器发出停止喷油的指令，以防可燃混合气过多地进入气缸和排气系统的三元催化转化器，造成转化器过量的氧化反应而被烧坏。

126. ECU 微机怎样实现故障自诊断？

对 ECU 微机故障的诊断是通过 ECU 内部的监视电路来实现的。监视电路中安装有独立于微机系统之外的计数器。当微机正常运行时，由微机的运行程序对计数器定时进行清零处理，这样，监视计数器的数值是永远不会溢出的。当微机出现故障时，微机就不能对这个计数器进行定时清零，致使监视计数器不能复位而造成溢出。自诊断系统则根据监视计数器的溢出信号即可判断微机出了故障。微机系统若发生故障，控制程序就不可能正常运行，这样便会使汽车因发动机控制系统故障而无法行驶。

> **提示**
>
> 为了保证汽车在微机出现故障时仍能继续运行，在 ECU 内设置了应急的后备电路。当 ECU 中微机发生故障时，ECU 则根据监视计数器的溢出信号自动调用后备电路完成控制任务，启用固定的控制信号，进入简易控制运行状态，使车辆继续行驶。采用备用电路工作时，故障指示灯点亮。

127. 怎样获取故障自诊断信息？

对于电控发动机汽车，接通点火开关后，若发动机电控系统故障警告灯亮起后不熄灭，或者汽车行驶中其故障警告灯亮起，则说明自诊断系统已检测到电控系统有故障。其存储在 ECU 存储器中的故障码信息，可利用汽车电控系统故障诊断仪或人工方法检测。检测时，按照一定的操作方式进入电控系统的自诊断模式，即可读取所有储存在 ECU 中的故障码和相应的故障信息。

128. 什么是汽车故障诊断仪？它有哪些功能？

汽车电控系统故障诊断仪是一种和车载故障自诊断系统专门配套使用的微型计算机，它通过汽车电子控制系统的故障检测通信接口与发动机 ECU 相连。从本质上看，其故障诊断仪相当于自诊断系统的终端设备，起人机交互的作用。

汽车电控系统故障诊断仪分为通用型和专用型两类。通用型诊断仪能检测各种车型电控系统故障，它通过换上不同的测试软件卡，来适应不同的车系或同一车系不同年代生产的汽车，典型的品牌有元征汽车解码器、金德汽车电脑诊断仪等。专用型诊断仪是针对某一类车辆的电控系统开发的诊断仪，它能更好地满足被测车型的各项要求，它一般适合各自汽车公司的 4S 店使用，典型的进口品牌有雪铁龙的 ELIT、通用的 TECH-2 检测仪等。

> **提示**
>
> 随着微机技术的发展，汽车电控系统故障诊断仪能完成的功能愈来愈丰富。早期的诊断设备汽车读码器，它只有读取和清除故障码的功能，其读出的故障码含义还需要从汽车的使用手册或维修手册中查出。后来的汽车解码器在读码器的功能上增加了显示故障码的内容，可以直接把故障码转换为相应的文字信息（解码）。现代的专用诊断仪除具有读码、解码等功能外，还具备读取动态数据流、系统状态测试、系统波形显示、系统参数调整以及系统匹配和标定，防盗密码设定等专业功能。

129. 汽车故障诊断仪如何检测电控系统故障？

不同的汽车故障诊断仪，其检测操作方法也有差异。对于通用型故障诊断仪，一般可按下述方法检测故障自诊断信息。

(1) **选择测试软件卡**　首先要详细阅读故障诊断仪使用说明书，根据被测车型，相应地选择亚洲车系、欧洲车系、美洲车系或 OBD-Ⅱ 测试卡。

(2) **连接诊断仪导线**　先将测试主线的一端插接主机的电缆插座，另一端通过测试接头与随车诊断插座相连。然后将仪器接通电源，根据具体情况可用电源接线连接主机和车上的点烟器插孔，或用双钳电源线直接与蓄电池相连。

(3) **将发动机进入检测状态**　打开点火开关（ON），使电子控制系统处于通电状态。

(4) **利用屏幕上的提示操作检测故障信息**　故障诊断仪能按程序进行故障检测，离不开屏幕上的菜单和提示。操作人员可根据屏幕提示，通过鼠标或键盘进行操作。当屏幕上显示出第一级菜单时，操作者可按所测试的车型选择测试卡，把测试卡装进主机，通电后屏幕显示测试卡号码，按下"确认"键，屏幕上显示出第二级菜单，即所选车系的各种型号车辆。此时，通过键盘操作选择被测车型菜单，按下"确认"键，屏幕上便显示出第三级菜单，进行功能选择。此时，通过鼠标或键盘操作选择读故障码功能菜单并按下"确认"键，屏幕上就显示出第四级菜单，进行被测试系统选择。此时，通过键盘操作选择发动机菜单并按下"确认"键，若电子控制系统有故障，屏幕会显示出故障码。若要查阅其故障含义，则应返回到第三级菜单，选择查阅故障码功能，再进入第四级菜单中的发动机，即可得到发动机电控系统故障信息。

(5) **深入检测**　必要时还可对发动机 ECU 及其控制电路、传感器、执行器等做更进一步的检测，如系统参数检测、控制性能检测等，以便获得更多的故障信息。

130. 人工法怎样进入电控系统自诊断测试状态？

人工法检测故障信息，不需要检测仪器，但必须让发动机 ECU 进入自诊断测试状态，才能读取故障码。进入自诊断状态的方法因车系而异，大致有下列几种。

(1) **跨接线短接法**　用跨接线或专用短接插头将专用诊断插座有关的两个端子短接，将点火开关处于 ON 位，则可就车读取故障码。日本丰田车系、本田车系属此类。

(2) **按压诊断按钮法**　将点火开关处于 ON 位，按压专用诊断按钮，则可就车读取故障码。瑞典沃尔沃车系属此类。

(3) **转动诊断开关法**　将点火开关处于 ON 位，转动 ECU 控制盒上的专用诊断开关，则可就车读取故障码。日本日产车系属此类。

(4) **空调控制面板按键操作法**　将巡航开关和点火开关处于 ON 位，同时按下空调控制面板上的 OFF 键和 WARMER 键，则可就车读取故障码。通用公司凯迪拉克高级轿车属此类。

(5) **循环通断点火开关法**　将点火开关在 5s 内由 ON→OFF→ON→OFF→ON 循环操作一次，则可就车读取故障码。美国克莱斯勒车系、北京切诺基汽车属于此类。

(6) **加速踏板操作法**　将点火开关处于 ON 位，在规定时间内将加速踏板连续踩下 5次，则可就车读取故障码。德国宝马 3 系、5 系、7 系、8 系轿车属此类。

131. 人工法怎样显示电控系统故障码？

人工法自诊断故障码的显示方式因车系而异，现代汽车主要有以下几种方式。

（1）用故障警告灯闪烁显示 当故障自诊断系统进入测试状态后，其仪表板上的发动机故障警告灯以一定的闪烁规律即闪烁次数和亮、灭时间的长短来显示故障码。大部分发动机电控系统的故障码采用这种显示方式，但不同型号的发动机，其故障警告灯的闪烁规律也不尽相同。

（2）用发光二极管闪烁显示 当故障自诊断系统进入测试状态后，装在发动机 ECU 上或装在故障检测插座上的发光二极管（LED）以特有的方式显示故障码。采用单个发光二极管时，其闪烁故障码的方式与仪表板上发动机故障警告灯的闪烁方式相同；采用两个发光二极管时，一般使用两种不同颜色的发光二极管，闪烁故障码时，其红色发光二极管闪烁的次数表示故障码的十位数，绿色发光二极管闪烁的次数表示故障码的个位数；采用四个发光二极管时，用发光二极管的亮、灭显示故障码，通常采用二进制编码方式，并排安装的四个发光二极管的亮灭显示四位二进制数，二极管点亮时从左到右依次代表十进制数字 8、4、2、1，熄灭时均代表数字 0，读取故障码时，将亮的发光二极管所代表的数字相加，即得所显示的故障码。

（3）用显示屏直接显示 当故障自诊断系统进入测试状态后，其仪表板上的显示屏直接以数字形式显示故障码。这种故障码的显示方式直接、简单，且不易误读，目前在许多高级轿车如凯迪拉克、林肯大陆上得到了应用。

132. 为什么要清除故障码？如何清除故障码？

发动机电控系统故障排除后，原故障码仍然会储存在 ECU 的存储器（RAM）中，其显示装置还会显示故障信号。因此，电控系统故障排除后，应清除 RAM 存储器中的故障码。故障码的清除方法如下。

（1）利用汽车故障诊断仪清除故障码 现代汽车电控系统故障诊断仪均有清除故障码的功能，只要将仪器与发动机故障检测通信接口相连，按照屏幕上的提示，选择清除故障码功能操作，即可方便地清除故障码。

（2）利用人工法清除故障码 原则上只要将储存故障码的 RAM 存储器断电就可清除其储存的故障码，但实际上不同车型的故障码清除方法也不尽相同。丰田系列轿车发动机电控系统故障码的清除方法是，将点火开关置于关闭位置，然后将熔断器盒内的 EFI 熔丝拿下 10s 以上，故障码便清除完毕；而有些发动机则需要经过若干个操作步骤才能清除故障码。

> **提示**
>
> 无论是哪一种发动机电控系统，只要将蓄电池搭铁线拆下 30s 以上，则可清除其储存的故障码，但同时也清除了 RAM 储存的自适应修正参数以及时钟和音响等装置的内存信息。因此，清除故障码最好是按相关车型维修手册所推荐的方法进行，不要随意断开蓄电池的连接。

133. 怎样读取与清除发动机电控系统故障码？

发动机起动后，观察仪表板上发动机故障警告灯"CHECK"，若点亮不熄，则说明发动机电控系统有故障。不同车系其人工读取与清除故障码的方法有所不同。下面以丰田系列轿车发动机电控系统为例，说明人工读取与清除故障码的方法。

（1）**进入自诊断状态** 将点火开关置于 ON 位，用跨接线将诊断插座的 TE_1、E_1 端子跨接，其诊断插座如图 1-67 所示。

（2）**读取故障码** 观察仪表板上"CHECK"灯的闪烁情况，读取故障码。丰田车系故障码为两位数，闪烁方式如图 1-68 所示。第一次连续闪烁的次数表示故障码的十位数，相隔 1.5s 后，第二次连续闪烁数为个位数。若有两个以上的故障码，则"CHECK"灯熄灭 2.5s 后再闪示下一个故障码，然后按数字从小到大的顺序逐个闪示。待全部故障码闪示完毕后，指示灯熄灭 4.5s 后，又重复上述闪示过程。拔下跨接线，"CHECK"灯便停止故障码的闪烁。

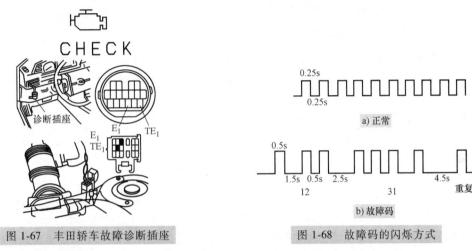

图 1-67 丰田轿车故障诊断插座

图 1-68 故障码的闪烁方式

（3）**清除故障码** 将点火开关置于 OFF 位，拆下熔断器盒内的 EFI 熔丝 10s 以上，故障码则清除。

> **134. 什么是 OBD-Ⅱ？它有何作用？**

OBD-Ⅱ是Ⅱ型车载诊断系统（On-Board Diagnostics）的缩写。OBD-Ⅱ采用了标准相同的 16 孔诊断插座、相同的故障码及通用的资料传输标准 SAE 或 ISO 格式，可用相同的诊断系统。从 1996 年起，全球所有的汽车制造厂商全面采用 OBD-Ⅱ标准诊断系统。

汽车运行时，OBD-Ⅱ会监视电控系统的运行情况。汽车正常运行时，汽车电控系统输入和输出的信号（电压或电流）会在一定的范围内有一定规律变化。当电控系统电路的信号出现异常且超出了正常的变化范围，并且这一异常现象在一定时间（3 个连续行程）内不会消失，ECU 则判断为这一部分出现故障，OBD-Ⅱ会将故障以代码形式储存到计算机，并点亮 OBD-Ⅱ故障指示灯（警告灯）。如果故障不再存在，监控器在连续 3 次未接收到相关信号后，将指令故障指示灯熄灭。当故障指示灯熄灭后，发动机暖机循环约 40 次，则故障码会自动从存储器中被清除。

当系统存在故障时，维修人员可用 OBD-Ⅱ读码器直接读取故障码，这样就可以迅速准确地找到故障所在。

> **135. 如何检查汽车是否配有 OBD-Ⅱ系统？**

将点火钥匙打到起动位置，如果发现"检查发动机"指示灯短暂闪烁，表明您的车辆装备有 OBD-Ⅱ系统。正常情况下"检查发动机"指示灯短暂闪烁后会自动熄灭，则表明系统一切正常。

136. 如何读取 OBD-Ⅱ故障码？

1）关闭发动机，点火钥匙处于关闭位置。

2）将一个 OBD 扫描工具（小型的手持式扫描设备等）连接到车辆的仪表板下的连接器接口。

3）将点火钥匙打到起动的位置（不必起动发动机）。

4）打开 OBD 扫描工具，读取故障码。

5）将点火钥匙打回关的位置，拔下读码器。

6）根据故障码查询故障原因，并进行相应维修。

137. OBD-Ⅱ故障码有何含义？

OBD-Ⅱ规定了 5 位标准故障码，如 P0100。第 1 位是字母，后面 4 位主要是数字。

首位字母表示设置故障码的系统，当前分配的字母有 4 个：P—动力系统；B—车身，C—底盘，U—未定义的系统。

第 2 位字符是 0、1、2 或 3，意义如下：0—SAE（美国汽车工程师协会）定义的通用故障码；1—汽车厂家定义的扩展故障码；2 或 3—随系统字符（P，B，C 或 U）的不同而不同。动力系统故障码（P）的 2 或 3 由 SAE 留作将来使用；车身或底盘故障码的 2 为厂家保留，车身或底盘故障码的 3 由 SAE 保留。

第 3 位字符表示出故障的系统：1—燃油或空气计量故障；2—燃油或空气计量（喷油器电路）故障；3—点火故障或发动机缺火；4—辅助排放控制系统故障；5—汽车或怠速控制系统故障；6—电控单元或输出电路故障；7—变速器控制系统故障；8—变速器控制系统。

最后两位字符表示触发故障码的条件。不同的传感器、执行器和电路分配了不同区段的数字，区段中较小的数字表示通用故障，即通用故障码；较大的数字表示扩展码，提供了更具体的信息，如电压低或高，响应慢，或信号超出范围。

OBD-Ⅱ故障码示例，P0100：空气流量计线路不良；P0102：空气流量计线路输入电压太低；P0103：空气流量计线路输入电压太高；P0104：空气流量计线路间歇故障。

四、点火系统

138. 点火系统的作用是什么？对点火系统有哪些要求？

汽油发动机气缸中的混合气，是用高压电火花点着而燃烧的，高压电火花是由点火系统产生。点火系统的功用：把汽车电源系统的低压电转换成高压电，并按发动机工作顺序适时地引入气缸形成电火花点燃混合气，使发动机正常工作。

为了保证汽油发动机在各种工况和使用条件下都能可靠与适时点火，对点火系统要求如下。

1）能够产生足够高的电压，一般是 20~30kV 的高压。当点火电压过低时，在正负电极之间不能形成电火花。

2）火花应具有足够的能量，一般是 50~80mJ 的点火能量，高能点火系统，其点火能量在 100mJ 以上。若点火能量过低，则高压电在电极间隙之间跳火时，其电能转变的热能太少，难以点着可燃混合气。

3）点火时间应适应发动机的工况。点火系统应按发动机的做功顺序和点火时间要求进行点火，否则就不能适时点着可燃混合气，发动机就不能正常工作。

139. **点火系统有哪些类型？各有何特点？**

按点火系统组成、产生高压电和配电控制方式不同主要分为传统蓄电池点火系统、电子点火系统、微机控制点火系统。

传统蓄电池点火系统是通过断电器触点接通或断开初级电路，通过点火线圈产生高压电。这样产生的高压电比较低、高速时工作不可靠、使用中还需经常检查和维护等，因此传统蓄电池点火系统正逐渐被淘汰。目前仅在个别载货汽车上使用。

电子点火系统是利用电子元件（晶体管）作为开关来通断初级电路，通过点火线圈产生高压电。电子点火系统具有点火能量大、耐久性好、可靠性高、结构简单、质量轻、体积小、使用和维修方便等特点，目前在汽车上得到了广泛使用。

微机控制点火系统以蓄电池和发电机为电源，由微机控制系统将低压电转变为高压电。它可分为有分电器微机控制点火系统和无分电器微机控制点火系统。微机控制点火系统具有点火控制精度高、点火性能好、经久耐用、使用维护方便等特点，目前已广泛用于各种中、高级轿车。

140. **传统点火系统由哪些部件组成？各部件有何作用？**

传统点火系统由蓄电池、点火开关、点火线圈、断电器、配电器、电容器、点火提前装置和火花塞等组成，如图1-69所示。其中断电器、配电器、电容器和点火提前调节装置一般制成一体，称为分电器。点火系统主要部件及功用如下。

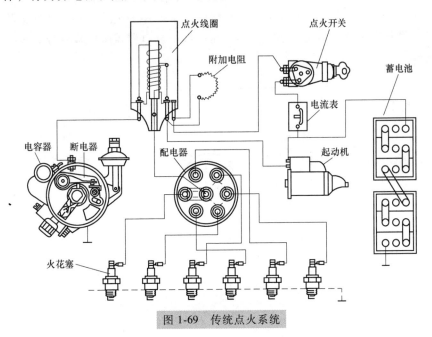

图 1-69 传统点火系统

（1）**蓄电池** 它提供低压直流电，一般为12V。

（2）**点火开关** 它用来关断和接通电路。

（3）**点火线圈** 它相当于变压器，将蓄电池电压转变为15~20kV的点火高压。

（4）**断电器** 它相当于电路开关，周期性地接通和断开初级电路，使初级电流产生变化，从而使点火线圈能变压。

（5）电容器 它与断电器触点并联，在点火线圈初级电路断开时，减小触点间产生的电火花，防止触点烧损，并可加速点火线圈中的磁通变化率，提高点火电压。

（6）配电器 它将点火线圈产生的高压电，按点火次序分配到各缸的火花塞上。

（7）火花塞 它在其电极间隙处放电产生电火花，点燃可燃混合气。

（8）点火提前装置 它用来及时地控制点火时间，保证点火提前角随发动机转速和负荷的变化而变化，使发动机获得较好的动力性和经济性。

▶ 141. 传统点火系统如何工作？

接通点火开关，发动机转动时，通过发动机凸轮轴驱动分电器轴转动，从而带动断电器凸轮一起旋转，使断电器触点不断地闭合和张开（图1-70）。

当触点闭合时，点火线圈初级绕组通电，其初级电流 i_1 从蓄电池正极→电流表→点火开关→点火线圈附加电阻→点火线圈初级绕组→断电器触点→搭铁回到蓄电池负极。在触点闭合期间，次级绕组产生的互感电动势不大，只有1500V左右，不能用于点火。

当触点断开时，点火线圈初级绕组断路，初级电流突然减小，点火线圈磁通量随之减小。磁通量的迅速变化，在次级绕组上产生很高的互感电动势。同时，与断电器凸轮同步旋转的分火头正好转到需点火缸的分电器盖旁电极，使次级绕组与该缸火花塞接通，火花塞电极两端电压迅速升高，当电压上升至击穿电压时，火花塞电极放电产生火花，点燃了混合气。此时，点火线圈次级电流 i_2 通路为：点火线圈次级绕组+→点火线圈附加电阻→点火开关→电流表→蓄电池→搭铁→火花塞电极→高压分线→分电器盖旁电极→分火头→中央高压线→次级绕组。

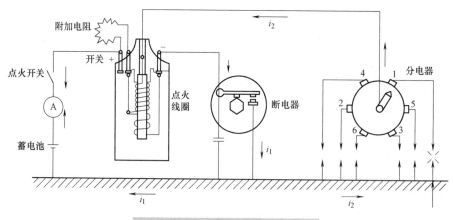

图1-70 传统点火系统工作原理图

▶ 142. 电子点火系统由哪些部件组成？如何工作？

电子点火系统主要由点火信号发生器（传感器）、点火控制器、点火线圈、分电器、火花塞等组成。图1-71为一汽大众捷达轿车的电子点火系统原理图。其分电器包括配电器、信号发生器和离心、真空点火提前装置。

接通点火开关，分电器轴转动时，点火信号发生器（霍尔传感器）产生脉冲电压信号，此脉冲电压信号经电子点火控制器放大电路处理后，控制串联于点火线圈初级回路的导通和断开。当输入点火控制器的点火脉冲信号使初级电路接通时，点火线圈初级储存点火能量；当输入点火控制器的点火脉冲信号使初级电路断开时，次级线圈产生高压，通过配电器及高压导线等将点火高压送至点火气缸的火花塞。

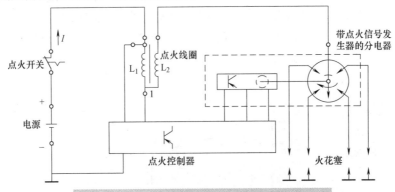

图 1-71　一汽大众捷达轿车电子点火系统原理图

143. 有分电器微机控制点火系统由哪些部件组成？如何工作？

有分电器微机控制点火系统一般由电源、传感器（包括曲轴位置与发动机转速传感器、节气门位置传感器、空气流量传感器、发动机冷却液温度传感器、发动机爆燃传感器等）、ECU、点火器、分电器、点火线圈、火花塞等组成，如图 1-72 所示。

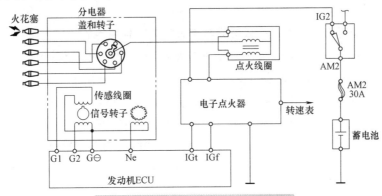

图 1-72　有分电器微机控制点火系统

> **提示**
>
> 发动机工作时，ECU 根据曲轴位置与发动机转速传感器提供的曲轴位置信号，判断出发动机各缸的活塞位置，并由这些脉冲信号计算出发动机转速值，再根据节气门位置传感器、空气流量传感器、发动机冷却液温度传感器、发动机爆燃传感器等提供的信息，对发动机的运行工况及工作过程做出精确判断，计算出对应的最佳点火提前角和初级电路导通时间，在最佳时刻向点火器发出控制信号，接通点火线圈的初级电路。经过最佳导通时间后，ECU 再向点火器发出控制信号，切断初级电路，使点火线圈的次级绕组产生高压，并经分电器依次送往各缸火花塞，在火花塞电极间产生电火花，点燃可燃混合气。

144. 无分电器微机控制点火系统由哪些部件组成？如何工作？

无分电器微机控制点火系统由低压电源、点火开关、ECU、点火控制器、点火线圈、火花塞、高压线和各种传感器等组成（图 1-73）。而有些无分电器点火系统取消了高压线，将点火线圈直接装在火花塞上方。

　　无分电器微机控制点火系统与有分电器微机控制点火系统的工作原理和各元件功能基本相同，不同的是无分电器点火系统具有电子配电功能，即在发动机工作时，ECU 除向点火器输出 IGt 点火控制信号外，还必须输送 ECU 内存储的判缸信号 IGd，以便控制多个点火线圈的工作顺序，按做功顺序完成各缸点火的控制。

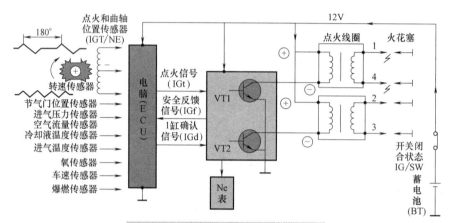

图 1-73　无分电器微机控制点火系统

▶ 145. 什么是独立点火？什么是同时点火？各有何特点？

　　独立点火（图 1-74a）是指一个缸的火花塞配一个点火线圈，各个独立的点火线圈直接装在火花塞上，独立向火花塞提供高压电，各缸直接点火。独立点火省去了高压线，使高压电能的传递损失和对无线电的干扰降低到最低水平，其线圈的初级电流设计得较大，确保了高速（≥6000r/min）运动时的点火能量，同时点火控制精度高。

　　同时点火（图 1-74b）是指两个缸共用一个点火线圈，当两相位缸接近上止点时，同时对两个缸进行的点火。其中一缸接近压缩行程上止点，为有效点火，另一缸接近排气行程上止点，为无效点火。同时点火的点火线圈少，驱动电路也相对简单，制造成本低，但一组线圈损坏后，同时就有两个气缸不能工作。

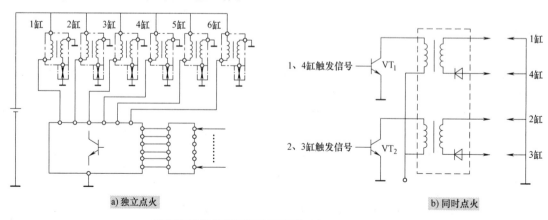

a) 独立点火　　　　　　　　　　　　　　　　b) 同时点火

图 1-74　无分电器微机控制点火系统点火方式

146. 什么是点火提前角？提前角过大或过小有何危害？

点火提前角是指火花塞开始点火时，活塞距压缩行程上止点所具有的曲轴转角。

如果点火提前角过大，混合气燃烧会在压缩过程中进行，则气缸压力将急剧升高，在活塞到达上止点之前就达到最高压力，正在向上运动的活塞将受到很大的阻力，不仅会使发动机功率降低、油耗增加，而且还会引起爆燃，加速运动机件磨损或损坏。如果点火提前角过小，在活塞到达上止点才进行点火，则会出现混合气一边燃烧、活塞一边下行的现象，燃烧过程将在气缸容积增大的情况下进行，这会导致燃烧最高压力降低，发动机功率下降。同时由于高温气体与缸壁接触的面积增大，使热传导损失增加，容易导致发动机过热，耗油量也会大大增加。

147. 什么是最佳点火提前角？如何保证点火提前角为最佳？

最佳点火提前角是指发动机动力性、经济性及环保性能处于最佳时的点火提前角。最佳点火提前角可使发动机在怠速时，将排放污染物降到最低；在部分负荷工况时，能保证发动机处于最低的燃油消耗；在大负荷和加速工况时，能使发动机获得最大的输出转矩；在负荷一定时，最佳点火提前角可使发动机发出功率最大，而油耗最低。

最佳点火提前角会随着发动机转速、负荷、工作过程等因素的变化而变化。对于传统点火系统和电子点火系统，它们是通过真空点火提前调节装置和离心点火提前调节装置来适时调节点火提前角实现的。如发动机负荷变大时，则真空点火提前调节装置将点火提前角适当减小；如发动机转速增加时，则离心点火提前调节装置将点火提前角适当加大。由于这种调节是机械的自动调节，很难保证在各种工况下，点火提前角处于最佳。但微机控制点火系统，其电控单元则可以通过发动机各传感器信息，根据发动机工况、工作过程随时修正点火提前角使其达到最佳。

148. 检查维护点火系统时应注意哪些事项？

1）保持点火系统的搭铁良好。包括传感器、电子点火控制器等，都必须保证搭铁可靠，以确保电路的稳定性和可靠性。要及时检查、清除搭铁部位锈蚀，保持接触良好。

2）检查高压导线的连接可靠。因为点火线圈二次电压很高，若接触不良可能引起发动机断火，也可能导致分电器盖、点火线圈、分火头等击穿。

3）点火线圈须配套使用，不要使用型号类型与车型要求不符的点火线圈，否则，将会使点火性能下降，甚至控制器及其他电子元件损坏。

4）避免水分进入点火装置。特别是洗车时，应注意点火装置不能进水，防止电子点火控制器件锈蚀。

149. 点火线圈常见故障有哪些？怎样检修点火线圈？

(1) 点火线圈常见故障

1）初级绕组或次级绕组断路、短路、搭铁，造成最高次级电压下降或不产生次级电压。

2）绝缘盖破裂漏电而使最高次级电压下降或不产生次级电压。

(2) 点火线圈检修

1) 点火线圈外观检查。检查点火线圈是否有裂纹，壳体是否变形；点火线圈填充物是否外溢、是否有漏电现象；点火线圈导线插头是否牢固，接线端子是否有烧蚀现象。若不正常，则应更换点火线圈。

2) 点火线圈绝缘性能检查。用万用表电阻档测量点火线圈任一接线柱与壳体之间的电阻值，阻值应为无穷大，否则说明点火线圈绝缘不良或有搭铁故障，应更换点火线圈。

3) 点火线圈电阻检查。用万用表分别测量初级绕组、次级绕组的电阻值，应符合原厂的数据规定。如果所测电阻值太小，则说明有短路；若电阻值过大以至无限大，则说明有断路。点火线圈有断路、短路故障，则应予以更换。

150. 配电器常见故障有哪些？怎样检修配电器？

(1) 配电器常见故障 分电器盖裂损，旁插孔之间有裂纹，绝缘不良、漏电；分火头裂损漏电，分火头脏污、烧损接触不良。配电器这些故障会影响发动机的起动性能和工作性能。因此，车辆每行驶 12000km 左右，要检查维护配电器。

(2) 配电器检修

1) 分电器盖的外观检查。拆下分电器盖，将高压线从分电器盖上拔下，检查分电器盖内外表面是否脏污、有无裂纹，如果分电器盖能看到裂纹，则需更换分电器盖。然后观察分电器盖中心电极是否破裂，侧电极是否过度磨损或烧蚀，电极周围是否有炭迹，再检查分电器盖中央插孔内的接触电刷有无弹性、电刷是否卡住或太短，若异常则需更换分电器盖。

2) 分电器盖绝缘性能检查。用万用表测量分电器盖各插孔之间的电阻，如图 1-75 所示。绝缘性能良好的，其电阻应在 50MΩ 以上。

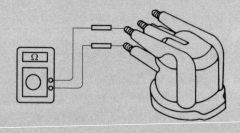

图 1-75　分电器盖绝缘性能检查

3) 分火头的检查。检查分火头有无裂纹、导电片头有无烧损、导电片是否脏污（图 1-76a）、分火头套在凸轮上端是否松旷等，如有异常，应予以更换。检查分火头有无漏电，既可用万用表通过测量其绝缘电阻来检查，也可用高压跳火的方法来检查。高压跳火检查漏电方法是：将分火头反过来（导电片朝下）平放在发动机机体的一个平面上，拔出分电器盖上的中央高压线，使高压线端离分火头导电片（或分火头插孔底面）3~5mm（图 1-76b），打开点火开关，转动发动机使点火系统产生高压，若高压线端头跳火，则说明分火头漏电，需要更换。

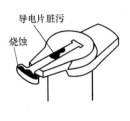

a) 分火头的直观检查　　　　　　　　b) 分火头的漏电检查

图 1-76　分火头的检查

> **151.** 怎样检查磁感应式点火信号发生器故障？

（1）**点火信号发生器线圈检查**　磁感应点火信号发生器线圈有无故障可用万用表检测线圈电阻进行判断。检测切诺基点火信号发生器线圈电阻时，将万用表的功能转换开关拨到电阻 R×10 档，两只表笔分别接传感器线束插头上的紫色与橙色导线（黑色导线为搭铁线）端子进行检测，标准阻值应为 400~800Ω（24℃时）。如阻值小于 400Ω，说明线圈短路；如阻值大于 800Ω，说明线圈断路。无论短路或断路，都应更换信号发生器。

（2）**点火信号发生器气隙检查**　用非导磁材料制成的塞尺检查信号发生器转子凸齿与定子磁头之间的气隙，正常值应为 0.2~0.4mm，否则予以调整。

> **152.** 怎样检查霍尔式点火信号发生器故障？

霍尔效应式点火信号发生器的常见故障是内部集成块烧坏、线路断脱或接触不良等，造成点火信号发生器信号过弱或无信号输出。故障检查方法如下。

将分电器插接器电源端子接上电源后，转动分电器轴，测其信号输出端的直流电压。电压应在某一规定范围内摆动。比如桑塔纳轿车的点火信号发生器，当转子叶片插入缝隙时，电压为 9V，而在叶片离开时则为 0.4V 左右。若测出电压偏离规定范围，则说明霍尔传感器有故障。

> **153.** 怎样检查光电式点火信号发生器故障？

光电式点火信号发生器的常见故障是发光元件或光敏元件脏污或损坏、内部电路断路或接触不良，这些故障使点火信号发生器信号过弱或无信号产生。其故障检查方法如下。

（1）**外观检查**　打开分电器盖，检查发光元件、光敏元件表面有否脏污，线路连接是否良好。

（2）**检测信号电压**　将分电器线路插接器的电源端子之间加 12V 电压，然后慢慢转动分电器轴，用万用表的直流电压档检测插接器的信号输出端子电压。如果电压在 0~1V 之间摆动（不同的车型，电压摆动幅度可能不同），说明信号发生器良好，否则需更换分电器。

> **154.** 火花塞常见故障有哪些？有何征兆？

（1）**火花塞积炭过多**　出现积炭后，容易造成发动机间歇断火，使之运转不稳。

（2）**火花塞沾有油污**　油污严重，会引起漏电，不能点火，致使发动机无法起动。

（3）**火花塞电极烧蚀**　火花塞电极烧蚀熔化或者电极端部烧蚀变形后，火花塞不能跳火。

（4）火花塞间隙不当　火花塞电极间隙过小会使电火花变得微弱，火花能量小，不易点燃混合气，而且容易形成积炭，造成短路而不能跳火；其间隙过大，所需的击穿电压就高，火花塞跳火的可靠性就较差，容易造成缺火，或根本不能跳火。

155. 怎样维护火花塞？

火花塞工作不正常，会引起发动机动力降低、油耗增加。因此，当汽车行驶 20000km 时，必须对火花塞进行维护。火花塞维护的主要内容是清洁、检查和调整，必要时还应更换火花塞。

（1）火花塞的清洁　维护时对火花塞的清洁工作如下。

1）除净螺纹积垢。

2）清洗火花塞。用汽油或酒精洗净火花塞瓷芯表面，保持瓷芯与壳体之间的空腔内无异物。

3）清除电极积炭。用铜丝刷刷洗，可先在煤油中浸泡一定时间，使之软化后再清洗，不允许用刮刀、玻璃砂纸或金刚砂纸来清理积炭。当积炭严重用上述方法无法清除时，可采用化学法进行火花塞退炭，将需清除积炭的火花塞放在退炭剂中浸泡 2~3h，当积炭溶解后将火花塞从退炭剂中取出，先用毛刷在热水中清洗，然后再用汽油清洗，清洗后用压缩空气吹净。

（2）火花塞的检查

1）检查火花塞螺纹，若螺纹损坏，则应更换火花塞。

2）检查火花塞电极，电极应无损坏、变形，中心电极绝缘柱上不能有裂纹，白瓷不能开裂，绝缘应无损坏，否则应更换火花塞。

3）检查火花塞电极间隙，电极间隙应符合标准，否则应予以调整。

4）检查火花塞积炭，有积炭应清除。当积炭严重渗入绝缘体内部时，应更换火花塞。

5）检查火花塞能否工作。把火花塞放在气缸盖上，用中央高压线对准接头螺钉作跳火试验，如两电极间有火花，则可初步判断良好；如无火花，则说明火花塞短路，应更换。

（3）火花塞电极间隙的调整　火花塞中心电极与侧电极之间的间隙称作火花塞电极间隙。各种车型的火花塞间隙不尽相同，一般应为 0.7~0.9mm，高能点火电极间隙为 1.0~1.2mm。当电极间隙不符合要求时，应予以调整。其调整方法如图 1-77 所示，如间隙过大，可用小锤轻轻敲打外电极，使其间隙正常；间隙过小时，则可利用螺钉旋具或金属片插入电极轻轻向外扳动侧电极进行调整，调整后的间隙测量可用火花塞量规或薄金属片进行。

156. 火花塞温度过高或过低有何危害？怎样解决？

火花塞要有适当的温度才能工作良好，没有积炭才能工作正常。实践证明火花塞绝缘体保持在 500~700℃ 温度时，落在绝缘体上的油滴能立即烧去不会形成积炭。通常称这个温度为火花塞的自洁温度。如果绝缘体裙部的温度低于自洁温度，就将形成薄层积炭，引起短路

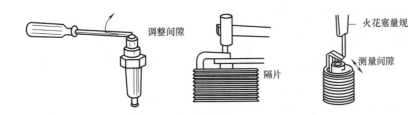

图 1-77　火花塞电极间隙调整

漏电，导致点火不良或不点火，使发动机不能正常工作。如果温度过高，例如超过 800℃时，则易产生炽热点火，导致发动机早燃或爆燃。

不同发动机上的温度会不一样，但为了解决火花塞温度过高、过低带来的危害，设计者利用火花塞绝缘体裙部的长度来确保火花塞温度合适，设计出冷型、热型火花塞。绝缘体裙部较短，受热面积小，吸热少，散热较快，裙部温度低些的火花塞，称为冷型火花塞，它适用于高速、高压缩比的大功率发动机；而绝缘体裙部较长，受热面积大，吸热容易，散热较慢，裙部温度高的火花塞，称为热型火花塞，适用于中低速、低压缩比的小功率发动机。

157. 如何区别热型、冷型火花塞？

火花塞热型、冷型可根据绝缘体在气缸中露出的长度（裙部）来判断。火花塞裙部在气缸中露出长的是热型火花塞，露出短的是冷型火花塞，如图 1-78 所示。

国产火花塞绝缘体裙部的长度分为 20mm、16mm、14mm、11mm 和 8mm 五种，其中绝缘体裙部的长度为 20mm、16mm、14mm 的三种，一般为热型；而裙部长度为 11mm、8mm 的两种为冷型。

158. 火花塞热特性是怎样标定的？

火花塞热特性的标定方法各国不尽相同。国产火花塞是用热值 1、2、3、4、5、6、7、8、9、10、11、12……表示。其中，当热值为 1、2、3 时，表示为低热值火花塞，该火花塞为热型；热值为 4、5、6 时，

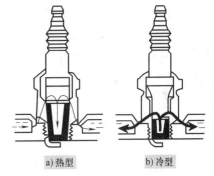

a) 热型　　　　b) 冷型

图 1-78　热特征不同的火花塞

表示为中热值火花塞，该火花塞为中热型；热值在 7 以上时，表示为高热值火花塞，该火花塞为冷型。即数字越小，表示火花塞越热；数字越大，表示火花塞越冷。

159. 怎样判断火花塞热特征是否合适？

使用中的火花塞热特性（冷、热型）是否适合，可从外表观察，看火花塞外表绝缘体颜色和电极颜色予以判别。

1）热特性（冷、热型）选用正常时，火花塞的绝缘体呈现黄褐色，没有积炭油污，中心电极与侧电极的跳火部位呈灰色。

2）火花塞过热，火花塞的绝缘体上虽无积炭，但外表呈现灰白色，严重时呈现起泡、烧毁状，电极亦呈现烧蚀状况。

3）火花塞过冷，绝缘体上积有灰色绒毛状物，或者被积炭和油污覆盖。

160. 怎样快速判断火花塞故障？

(1) 短路法 在发动机怠速或低速运转时，用螺钉旋具将火花塞短路，也就是将火花塞上部的接线螺母直接与气缸体连通，如果发动机的声音和抖动等无变化，则说明被短路的火花塞有故障。

(2) 感觉温度法 让发动机运转 10min 左右，熄火后用手触摸火花塞瓷芯，感觉温度较低的火花塞有故障。

(3) 试火法 也称为吊火法，当怀疑某一缸火花塞工作不正常时，可将该缸火花塞接线柱上的高压线拆下来，让高压线的尾端与接线柱保持 4mm 左右的间隙，使高压电同时击穿高压线尾端与接线柱间隙和火花塞电极的间隙，若发动机工作状况有所好转，则说明该缸的火花塞有故障。

(4) 直观检查法 直接观察火花塞有无裂纹、破损、电极严重变形等，若有，说明火花塞性能变差应更换。

161. 如何选用和更换火花塞？

火花塞维护时，若火花塞出现电极损坏、绝缘体损坏、螺纹损坏等现象，则应更换火花塞。另外，汽车每行驶 40000km 左右应更换 1 次火花塞。

(1) 火花塞的选用 一般按照汽车使用说明书的规定，选配相同型号相同热特性的火花塞。但在选用火花塞时，最好能根据发动机的特性及实际使用条件选用不同热特性的火花塞，甚至对同一台发动机，在季节不同、工作规范不同以及所用的燃油质量不同时，均应选用不同型号的火花塞。如对某一发动机来说，如果选用的火花塞积炭和油污比较严重，则说明选用的火花塞过"冷"了，应换用热型火花塞；反之，当发动机在工作中经常发生爆燃，且在停止点火后，仍要工作一段时间，则表示所选用的火花塞过"热"了，产生了炽热点火，应换用冷型火花塞。同一台发动机应选用同一规格的火花塞，不允许混用不同型号的火花塞。

(2) 火花塞的安装 为保证火花塞的密封性，在火花塞与发动机的机体之间必须装设密封垫圈，密封垫圈不能多装，也不能少装，以免影响火花塞的热特性。在安装火花塞时，应先用手将火花塞旋入螺纹孔，再用套筒扳手紧固，其紧固力矩要适当，确保火花塞的固定牢固可靠，但力矩不能过大，以免损伤气缸盖上的火花塞螺纹孔。

162. 代换进口火花塞应遵循哪些原则？

(1) 热值的选择 火花塞热值的选择应和发动机相适应。火花塞的热值可以从型号上查出，也可以从火花塞结构上区分。热值多数用数字表示，美洲式和日立公司火花塞数值大的为热型，欧洲式和日本电装公司 NGK 火花塞数字小的为热型。在结构上，中心电极短的为热型，长的为冷型。在普通轿车上，用 5 号热值的火花塞较多。

(2) 安装螺纹尺寸的选择 火花塞螺纹公称尺寸必须与原型号完全相同，否则装不上。火花塞螺纹旋入长度与气缸盖的尺寸有关。如果选用螺纹长度过长的火花塞，火花塞电极可能和活塞运动发生干扰，严重时会造成事故。如果选用螺纹长度过短的火花塞，会造成发火处位置不露，影响点火性能。故应严格按照原火花塞的实际厂家要求，选择火花塞的尺寸。

（3）六角对边尺寸的选择 有的汽车发动机受安装尺寸的限制，对火花塞六角对边尺寸有一个限值，选择时应考虑到拆装的方便。

（4）电极间隙的选择 火花塞电极间隙直接影响到点火性能。因此，选用代换火花塞时，要参考汽车厂家说明书上提供的火花塞调整间隙数据；如无数据，晶体管点火装置的火花塞，其电极的间隙应为 0.8~0.9mm；电子控制的无分电器电子点火系统火花塞电极间隙应为 0.9~1.2mm。

▶ 163. 火花塞跳火过弱怎么办？

火花塞跳火过弱故障的原因及排除方法如下。

> 1）接线头接触不良，应检查接线头、确保接触良好。
> 2）火花塞积炭严重或拧紧力矩过大导致火花塞产生裂纹，应清除积炭或更换火花塞。
> 3）分电器盖烧蚀或有裂纹，应修磨或更换。
> 4）高压线漏电，应更换。
> 5）防干扰器损坏，应更换。

▶ 164. 火花塞不跳火怎么办？

火花塞不跳火故障原因及排除方法如下。

> 1）火花塞损坏，应更换。
> 2）火花塞电极间隙过小，应调整。
> 3）火花塞积炭，应清除。
> 4）点火系统线路断路或接头松脱，应检修线路及接头。
> 5）高压线未接到位，应将高压线插好。
> 6）点火模块损坏，应更换。

▶ 165. 火花塞"淹死"怎么办？

发动机起动时，可能由于进入发动机燃烧室的油量过大，造成火花塞电极间有油而短路，俗称火花塞"淹死"，不能发出火花点火。

💡 提示

> 遇到火花塞"淹死"时，应首先卸下火花塞擦去电极表面的油迹，若电极上有积炭，也应予以清除。再用干净软布将火花塞擦拭干净，也可用电吹风吹干或用压缩空气吹干火花塞电极上的油渍。然后，装上火花塞即可使用。

▶ 166. 电子点火器常见故障有哪些？怎样检修？

（1）电子点火器常见故障 点火器插接器松动或接触不良；内部电子元器件短路、断路、漏电。电子点火器存在故障时，会使点火系统不能点火或点火性能不良、火花过弱。

（2）电子点火器检修

1）线路连接检查。首先查看电子点火器插接器是否松动或接触不良，然后拔开插接器仔细检查各端子有无锈蚀和弯曲，并用万用表检测电子点火器的搭铁端子电阻是否为0，为0表示搭铁良好。若有异常，则应修复；若线路连接、搭铁正常，则连接电子点火器插接器，进行下步检查。

2）高压跳火检查。在确认点火线圈、点火信号发生器工作状况良好及电子点火器电源供压正常的情况下进行检查，将分电器中央高压线拔出，用绝缘夹夹住高压线，使高压线端距离发动机缸体5~10mm，起动发动机，看是否跳火及火花的强弱。若跳火且火花强，则说明电子点火器良好；若无火花或火花弱，则说明电子点火器存在故障，需要更换。

167. 怎样用模拟信号检测电子点火器故障？

电子点火器类似于传统点火系的断电器，主要是起导通与截止作用，利用干电池模拟信号可以检查电子点火器的这一作用。其检测原理如图1-79所示，当电子点火器的信号输入端分别正接和反接1.5V的干电池时，则相当于给电子点火器输入两次模拟点火信号，而且改变极性。接通点火开关，分别用万用表测出正接和反接的电子点火器输出信号电压，以此判断电子点火器的导通与截止性能，从而确诊电子点火器是否存在故障。

1）若两次测得的电压分别为0（或<2V）和12V左右，则说明电子点火器性能良好。

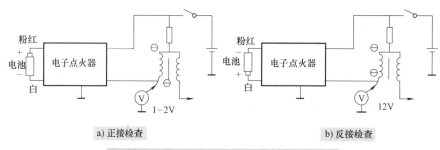

a) 正接检查   b) 反接检查

图1-79　电子点火器的导通与截止性能检测

2）若两次测得的电压均高，约为12V，则说明电子点火器存在不导通故障，导致初级绕组无电流通过。

3）若两次测得的电压均低，小于2V，则说明电子点火器存在不截止故障，导致初级绕组电流无变化而不产生高压。

4）若两次测得的结果都是在2V和12V之间，则说明电子点火器存在不能饱和导通和完全截止的故障，使初级电流减小或断流不彻底。

168. 什么是点火正时？怎样检测？

点火正时是指正确的点火时间，一般用点火提前角表示。若点火正时，则点火提前角就处于最佳状态。若点火不正时，则应修复或调整。点火提前角常用点火正时仪检测，其检测仪主要由闪光灯、传感器、整形装置、延时触发装置和显示装置构成（图1-80）。

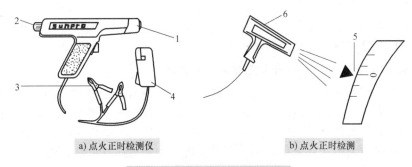

a) 点火正时检测仪   b) 点火正时检测

图 1-80 点火正时检测示意图

1—闪光灯 2—电位器旋钮 3—电源夹 4—点火感应传感器 5—正时标记 6—检测仪

在发动机飞轮或曲轴带轮上，一般都刻有正时标记，在与之相邻的固定机壳上也刻有标记。曲轴旋转至活动标记与固定标记对齐时，第一缸活塞刚好到达上止点。检测正时方法如下。

1）擦拭飞轮或曲轴带轮上的正时标记，使之清晰可见。

2）运转发动机至正常工作温度后待检。

3）检测仪连机。将检测仪的红色、黑色外电源夹分别夹到蓄电池的正极和负极上，将感应传感器夹持在第一缸高压线上。

4）调整检测仪电位器旋钮，使之处于初始零位。

5）置发动机于怠速工况下运转，打开闪光灯并使之对准正时标记（图1-80b）。

6）调整检测仪电位器旋钮，使活动标记与固定标记对齐。此时显示装置显示的读数即为怠速工况下的点火提前角。

7）用同样的方法，可分别测出发动机不同工况时的点火提前角。

169. 什么是初始点火提前角？怎样检测？

由曲轴位置传感器信号与曲轴转角对应关系确定的点火提前角称为初始点火提前角，其大小随发动机而异，一般为10°左右。电控电子点火系统的点火提前角由初始点火提前角、基本点火提前角和修正点火提前角等组成。初始点火提前角是点火系统正常工作的基础，在离心式和真空式点火提前装置正常工作的情况下，发动机的最佳点火提前角往往取决于初始点火提前角。检查点火正时就是检查初始点火提前角。

通常，在发动机怠速运转，离心式和真空式点火提前装置不起作用时的点火提前角认为是初始点火提前角。据此，可用点火正时仪来检测电子点火系统的初始点火提前角。检测时，将分电器真空提前装置上的真空软管拔下并堵住管口，其真空式点火提前装置实际不起作用，并让发动机怠速运转，由于转速较低，离心式点火提前装置不起作用或作用较小，此时测出的点火提前角就是初始点火提前角。若测出的初始点火提前角超出规定值，则应予以调整。

170. 怎样就车检测真空点火提前装置的性能？

就车检测时，先从分电器上拆下真空软管，接到手提式真空泵上，让发动机处于怠速工况，用正时仪检查点火提前角。扳动手提式真空泵手柄，如果随真空度增大而点火提前角平稳地变大，属正常；若提前角过大，可能是真空提前机构弹簧弹力不足；若提前角过小，可能是分电器活动底板不正常；若无提前，则为膜片损坏漏气。

若无正时仪和真空泵，可用嘴吸吮真空管作简单检查。嘴吸真空管时，膜片应能带动真空提前机构拉杆使分电器活动底板转动；否则，应修理。

171. 怎样就车检测离心点火提前装置的性能？

就车检测时，首先将分电器真空提前装置上的真空软管拔下并堵住管口，起动发动机，用正时仪检查点火提前角，逐渐踩下加速踏板，发动机转速随之增高，观察正时仪检测的点火提前角。若点火提前角随发动机转速的增加而平稳地变大，则说明离心式点火提前装置工作正常；若点火提前角不变或变化太小，则说明离心式点火提前装置有故障。

172. 如何判断发动机的点火顺序？

在装复分电器到火花塞间的高压线时，一定要知道该车的点火顺序，然后按要求正确连接，当弄不清该车的点火顺序时，应先取下分电器盖，摇动曲轴，明确分电器凸轮的旋转方向是顺时针还是逆时针（从分电器盖的上面往下看）。

当分电器的旋转方向明确后，将全部火花塞拆下，用棉纱或白纸堵住火花塞座孔，慢慢摇转曲轴，看清棉纱或白纸被爆发跳出的次序，此次序即为点火顺序。然后按调整点火正时的方法接好高压线即可。4缸发动机点火顺序是1→2→4→3 或 1→3→4→2；6缸发动机的是 1→5→3→6→2→4 或 1→4→2→6→3→5。发动机的点火顺序因车型不同而有所不同，1缸是指靠近散热器风扇的气缸。

173. 切诺基怎样对点火正时？

将切诺基分电器安装到发动机上时，对点火正时的方法如下。

1）拆下发动机第一缸火花塞，并用干净棉纱或拇指堵住火花塞座孔。

2）转动发动机曲轴，当棉纱冲出或拇指感到有压缩压力冲击时，缓慢转动曲轴，直到驱动带轮上的正时标记（缺口）对准缸体上的正时标记（海拔1200m以下为上止点前12°，海拔1200m以上为上止点前19°），如图1-81所示。

3）转动分电器轴，使分火头指向第一缸高压插孔位置，然后将分火头沿逆时针转动45°（1/8圈）。

4）使分电器壳体标记与缸体标记对齐，将分电器轴插入安装座孔内，拧进压板固定螺栓。

5）安装分电器盖，按1→3→4→2的点火顺序插好高压线。

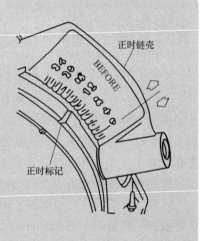

图1-81 正时标记

174. 切诺基怎样检验点火正时？

切诺基点火正时的检验方法如下。

1）起动发动机并预热到正常工作温度。

2）将分电器真空提前装置上的真空软管拔下并堵住管口。

3）连接正时灯。正时灯的红色导线夹连接蓄电池正极，黑色导线夹连接蓄电池负极，高压感应夹夹到第一缸高压线上。

4）将发动机转速升高到规定值（1600r/min），观察正时标记，若缺口与链壳上的刻度"12"（海拔1200m以上为"19"）对齐，则表示点火正时，否则就不正时，需要调整。

> 175. 切诺基怎样调整点火正时？

当点火正时检验结果不符合规定值时，应转动分电器壳体调整点火正时。顺时针方向转动壳体时，点火时刻推迟；逆时针方向转动壳体时，点火时刻提前，直到符合规定为止。最后拧紧分电器壳体的压板螺栓，并再次检验正时角度，检验完毕，接上真空提前装置的软管。

> 176. 发动机运转时怎样判断点火正时？

根据发动机加速运转时的声响及加速的快慢程度可以判断点火正时。起动发动机，使冷却液温度上升到80~90℃，在发动机由怠速运转突然将加速踏板踩到底时，若能听到轻微的敲击声并很快消失，而且发动机转速迅速上升，则说明发动机点火正时；若敲击声很大，则说明点火时间过早，即点火提前角过大；若完全听不到敲击声，发动机加速感到发闷，其转速不能随加速踏板的加大而迅速增加，排气管发出"突突"声，则表明点火过迟，即点火提前角过小。

> 177. 汽车行驶时怎样判断点火正时？

根据汽车加速行驶时的发动机声响及汽车的加速程度可以判断点火正时。使汽车满载，发动机冷却液温度为80~90℃，在平坦路面以直接档30km/h的车速行驶，突然将加速踏板踩到底，此时若有短促轻微的爆燃敲击声，瞬时声响又消失，其车速迅速提高，则说明点火正时准确；若在加速中有强烈的爆燃声如金属敲击声，且不消失，则说明点火过早；若在加速中听不到突爆声，且车速提高不快、加速发闷，则说明点火过迟。

> 178. 点火系统哪些故障会导致发动机不能起动？

起动发动机时，起动转速正常，供油系统正常，而发动机无着火迹象。这是点火系统故障导致的发动机不能起动。点火系统以下故障会导致发动机不能起动。

（1）**点火信号发生器故障** 点火信号发生器故障导致无信号输出而不能触发电子点火器工作。如磁感应式点火信号发生器感应线圈短路或断路，会导致无信号输出；其信号转子轴磨损偏摆或感应线圈与导磁铁心组件移动，会导致转子凸齿与铁心的间隙不当，造成信号过弱或无信号输出。

（2）**电子点火器存在故障** 电子点火器存在故障将不能及时通断点火线圈初级电流，不能使点火线圈次级绕组适时地产生高压。如电子点火器线路接触不良或断脱，会造成火花减弱或不能点火。如电子点火器内部电子元器件短路、断路、漏电，会造成：功率晶体管不能导通，使点火线圈初级绕组无电流而不工作；功率晶体管不能截止，使点火线圈初级绕组不能断路而不产生高压；功率晶体管不能工作在开关状态，即不能饱和导通和完全截止，使初级电流减小或断流不彻底，造成火花减弱或不能点火。

（3）**点火线圈故障** 不能产生点火高压，或点火高压太低，点火能量不够。如点火线圈初级或次级绕组断路、短路、搭铁，导致次级电压下降或无；点火线圈绝缘盖破裂漏电，导致次级电压下降或无；点火线圈本身点火性能不良，产生的点火电压过低。

（4）**分电器盖和分火头故障** 如分电器盖脏污、破损、绝缘不良漏电，会造成火花减弱而不点火或错火等；分电器盖导电处接触不良，会造成点火能量损失，使点火可靠性下降。如分火头绝缘部分有裂纹、积污而漏电，会造成点火线圈点火能量损失，火花减弱，严重时会导致点火线圈高压完全不送入各缸高压分线，使发动机不点火。

（5）**火花塞故障** 如火花塞积炭、积油；火花塞绝缘体起皱、破裂，电极烧蚀；火花塞间隙不当等，都会导致点火性能下降或根本不能点火。

（6）**点火系统的高、低压线路故障** 线路接头、插座连接不牢固，引起高、低压线路接触不良。另外，高压线损伤、漏电都会导致点火系统工作不正常。

（7）**发动机电子控制点火 ECU 故障** 点火系统不工作。

（8）**点火错乱不正时** 完全不能按发动机工作顺序点火。

179. 点火系统哪些故障会导致发动机动力不足？

点火系统性能不良会导致发动机运转无力，加速不良，动力不足。点火系统以下故障会导致发动机动力不足。

1）点火过迟，导致动力不足，加速不良。

2）个别缸不工作，导致动力不足。

3）电子点火器性能不良，导致高压火花过弱，动力不足。

4）分电器盖脏污、破损、绝缘不良漏电，分电器盖导电处接触不良，分火头漏电，点火能量损失，导致点火可靠性下降，动力不足。

5）火花塞绝缘体破裂漏电，电极油污严重或积炭过多，电极间隙过大或过小，导致点火可靠性下降，动力不足。

6）与电子控制点火系统有关的传感器失效，如节气门位置传感器、冷却液温度传感器、爆燃传感器、空气流量传感器、氧传感器等失效，会引起点火系统工作不正常。

7）发动机电子控制点火 ECU 故障，导致点火系统异常。

180. 怎样快速诊断点火系统故障？

首先察看点火线圈和分电器的高压导线、低压线路有无松脱，然后拔出分电器上中央高压线，使高压线端距发动机体 5~10mm，再接通点火开关，起动发动机，看高压线端与机体间是否跳火。

1）若有强烈的火花，如火花线较粗、呈蓝白色，且可听到较清晰的"叭、叭"声，则说明分电器至各气缸的分火装置、高压线及火花塞之间存在故障。此时可将中央高压线插入分电器盖，然后将高压分线从火花塞上拆下距发动机机体 5~10mm 作跳火试验，若无火花，则说明故障在分电器或高压分线上，可能是分电器盖绝缘不良、分电器盖导电处接触不良、分火头及高压分线漏电；若有火花，则说明故障在火花塞。

2）若无火花或火花很弱，则说明点火能量不足，故障可能是点火线圈性能不佳，或是电子点火器性能不良，或是发动机点火 ECU 及其线路存在故障。

181. 怎样快速诊断发动机某缸不点火故障?

在发动机怠速运转情况下,逐缸短路或拔下高压分线使其断火,观察发动机的反应。若断火时发动机转速没什么变化,则说明断火缸不工作,其故障可能是该缸火花塞工作不良,或该缸高压线路存在漏电现象,此时可将不工作缸的高压分线从火花塞上拆下距发动机机体5~10mm 作跳火试验,若无火花,则说明故障在分电器或高压分线上,若有火花,则说明故障在火花塞。

182. 怎样诊断微机控制点火系统故障?

检查微机控制点火系统故障时可用起动机起动发动机转动。

1) 检查信号发生器的信号电压,应为 1.5~5.0V 的交流电压,如无信号电压,说明信号发生器有故障。

2) 检查 ECU 是否有 5V 脉冲电压输出,如无,则 ECU 有故障。

3) 检查点火器接点火线圈次级端子是否有 12V 脉冲电压,如无,则点火器有故障。

4) 检查点火线圈的高压线是否有 12mm 的跳火(蓝火)距离,如无,则点火线圈有故障。

5) 检查各缸高压线是否有 12mm 的跳火距离,如无,则大多为分电器分火头或盖漏电。对无分电器电子点火系统无此项检查,因为各缸高压线即为点火线圈高压线。

6) 检查各缸高压线的电阻值和火花塞的状况。各缸高压线的电阻值应小于 20kΩ,否则应更换高压线;火花塞间隙应为 1.2mm,且瓷体应发白,否则应更换火花塞。

183. 怎样诊断霍尔式点火系统故障?

当发动机不能起动或行驶中发动机突然熄火而怀疑点火系统有故障时,诊断如下。

1) 首先断开点火开关,然后拔出霍尔式分电器盖上的中央高压线,并将其端头距发动机缸体 5~10mm,如图 1-82 所示。

2) 接通点火开关并使发动机转动,同时观察中央高压线端头与发动机缸体之间是否跳火。如火花跳火正常,说明故障不在点火系统;如无火花跳火,则可断定点火系统有故障。

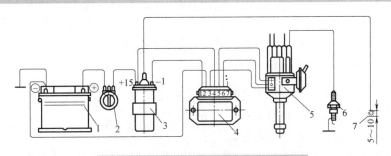

图 1-82 霍尔式点火系统故障诊断方法

1—蓄电池 2—点火开关 3—点火线圈 4—电子控制组件 5—内装传感的分电器
6—火花塞 7—发动机缸体

184. 怎样诊断霍尔点火系统电控部分故障？

霍尔点火系统电控部分包括点火控制器和霍尔传感器，其故障诊断方法如下。

1）断开点火开关，拆下分电器盖。

2）转动曲轴使触发叶轮的叶片离开霍尔式传感器的气隙（如用起动机拖动发动机旋转，则在叶片位置调好后，断开点火开关）。

3）拔出分电器盖上的中央高压线并将其端头距发动机缸体 5~10mm，如图 1-83 所示。

4）接通点火开关，用小螺钉旋具或薄铁片在霍尔式传感器的气隙中轻轻插入和拔出，即模拟触发叶轮的叶片在气隙中运动，同时观察高压线端头与发动机缸体之间是否跳火。如有火花跳火，说明控制部分工作良好；如无火花跳火，说明霍尔式传感器、点火控制器或控制线路有故障。

5）断开点火开关，拔出分电器壳体上的线束插头，取一根跨接线，将其一端接在信号电压输出线（绿白色导线）的连接插片上，如图 1-84 所示。

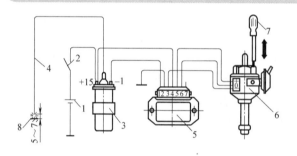

图 1-83　点火控制部分诊断

1—蓄电池　2—点火开关　3—点火线圈
4—中央高压线　5—点火控制器
6—霍尔式分电器　7—小螺
钉旋具　8—发动机缸体

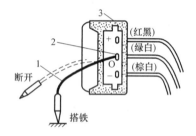

图 1-84　旁路霍尔式传感器方法

1—跨接线　2—信号电压输出线连接插片
3—分电器线束连接器插头

6）接通点火开关，将跨接线的另一端短时（不超过 1s）搭铁，同时观察跨接线搭铁瞬间高压线端头与发动机缸体之间是否跳火。如有火花跳火，说明点火控制器良好，故障发生在霍尔式传感器；如无火花跳火，说明点火控制器及其线路故障。

185. 电子点火系统火花弱的原因是什么？怎样排除？

电子点火系统火花弱故障原因及排除方法如下。

1）信号发生器故障，应检修或更换信号发生器。

2）点火控制器故障，应检修或更换点火控制器。

3）点火线圈故障，应更换点火线圈。

4）火花塞间隙过小、有积炭或脏污导致火花弱，应修复或更换火花塞。

5）配电器漏电，导致火花弱，应修复或更换配电器。

6）高压线路有漏电现象，导致火花弱，应检查并修复高压线路。

186. 电子点火系统无高压的原因是什么？怎样排除？

电子点火系统无高压故障原因及排除方法如下。

> 1）信号发生器故障，应检修或更换信号发生器。
> 2）点火控制器故障，应检修或更换点火控制器。
> 3）点火线圈故障，应更换点火线圈。
> 4）配电器漏电，导致无高压，应修复或更换配电器。
> 5）低压线路短路或断路，导致无高压，应检查并修复低压线路。

五、润滑系统

187. 润滑系统的作用是什么？有哪几种润滑方式？

发动机润滑系统的作用是将机油连续不断地输送到发动机运动件摩擦表面进行润滑，减少其摩擦阻力，减轻零件磨损。此外，流经摩擦表面间的机油还有以下作用：清洗带走磨屑，减轻零件磨损；冷却发动机零件，保证正常工作温度；附着在零件表面，避免零件锈蚀损坏；填充配合间隙密封、减振。

发动机根据各运动件的工作条件，对润滑强度要求不同，采用下面三种不同的润滑方式。

(1) 压力润滑　压力润滑是指以一定的压力将机油供入摩擦表面间隙内的润滑。这种润滑可以形成油楔，产生动压，使两摩擦表面分离，减少磨损，属于动压润滑。压力润滑常用于主轴承、连杆轴承及凸轮轴轴承等负荷较大、相对运动速度较高的摩擦表面。

(2) 飞溅润滑　飞溅润滑是指利用发动机工作时运动件（如曲轴连杆）激溅起来的油滴或油雾，或者利用喷射机油的油雾进入摩擦表面的润滑。飞溅润滑常用于气缸壁、活塞销、凸轮、气门挺杆等负荷较轻或相对运动速度较小的摩擦表面。

(3) 注油润滑　注油润滑是指通过润滑脂嘴定期加注润滑脂给摩擦表面的润滑。注油润滑常用于发电机轴承、水泵轴承、起动机轴承等负荷不大的辅助件摩擦表面。

188. 润滑系统由哪几部分组成？如何工作？

润滑系统主要由机油泵、机油集滤器、机油粗滤器、机油细滤器，以及机油压力表或机油压力报警器等组成。下面以 EQ1091 汽车发动机润滑系统（图 1-85）为例说明其工作原理。

在润滑系统中，机油按照一定方向循环流动。发动机工作时，机油泵将油底壳内的机油由集滤器入口，过滤掉比较粗大的杂质后吸入机油泵内，并以一定的压力分两路送出（图1-85）。大部分的机油，经机油粗滤器滤去较大杂质后流入主油道，主油道是贯穿发动机前后的油道，然后分别通过支油道去润滑曲轴主轴颈和连杆轴颈、凸轮轴轴颈、正时齿轮、摇臂轴轴颈等后流回油底壳；同时，飞溅的机油在润滑气缸壁与活塞、活塞销、气门导杆、气门挺杆、凸轮等零件后流回油底壳。另一小部分机油经机油细滤器限压阀流入离心式细滤器，滤去较细杂质后流回油底壳。

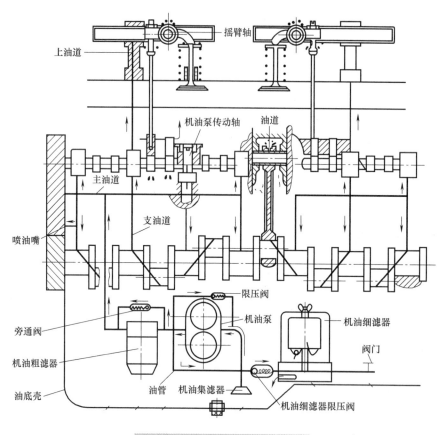

图1-85 发动机润滑系统示意图

189. 机油泵有何作用？怎样评定机油泵性能？

　　发动机润滑系统机油泵是压力润滑的动力源，为机油循环流动润滑提供压力和流量。

　　评定机油泵性能的指标：机油泵的泵油压力、泵油量；机械传动部分转动灵活，不摇晃，无卡阻和响声。机油泵装复后，技术状况是否恢复，须经过试验检查。检查方法：用手转动泵轴，应转动自如，无卡阻现象；将机油灌入油泵内，用拇指堵住出油口，转动泵轴应有机油压出，并具有明显的压力感觉，机油泵装回车上之后，当发动机温度正常时，车速与机油泵的压力值应符合厂方的规定要求。

　　一般车速在40km/h时，油压应在290~350kPa范围。如不符合，则调整机油限压阀，若调整仍达不到要求，则修复或更换机油泵。

190. 怎样检查维护机油泵？

汽车发动机多采用齿轮式机油泵。机油泵经长期使用，技术状态将逐渐变坏。如主、从动齿轮的磨损，轴与轴孔的磨损，会使齿轮啮合间隙增大，产生供油量减少和供油压力下降的故障。

(1) **机油泵壳体的检查与维修**　机油泵壳体使用后主要的损伤在于机油泵轴承座孔磨损、泵壳体裂纹和螺孔损坏等。晃动泵轴有明显松旷感觉时，除检查、修复泵轴外，也可将泵壳轴承孔用镶套法进行修复。机油泵壳上螺纹孔损坏后，应进行堆焊，重新钻孔攻螺纹修复。壳体破裂可用焊接法修复或更换。

(2) **泵盖的检查与维修**　机油泵在工作过程中，齿轮端面与泵盖的内端面会产生摩擦磨损。泵盖平面有轻微拉毛，可在平板上磨光；有明显台阶时，平面度误差大于 0.10mm 时，可磨平或车平。

(3) **泵轴的检查与维修**　用千分表检查泵轴是否弯曲，超过规定值，应校正。轴与轴套的配合间隙，一般为 0.03~0.08mm，最大不超过 0.16mm。从动齿轮轴向间隙一般为 0.02~0.05mm，大于 0.15mm 时，应修复或更换。

(4) **齿轮的检查与维修**　主、从动齿轮齿面上如有毛刺，可用油石磨光。主、从动齿轮端面的平面度误差不应超过 0.05mm。主、从动齿轮的啮合间隙，一般为 0.05~0.25mm，各点误差不大于 0.1mm，否则应修复或更换。齿轮磨损属于正常现象，若齿轮磨损不严重，可将齿轮翻面使用，若磨损超过允许限度，应成对更换齿轮。

主、从动齿轮端面与泵盖间的间隙，一般为 0.05~0.15mm，使用限度为 0.25mm。间隙不合适，可用增减泵壳与泵盖之间的衬垫厚度来进行调整。

191. 机油粗滤器有何作用？如何维护？

粗滤器是过滤式全流滤清器，串装在机油泵与主油道之间。它用来过滤机油中直径 0.08mm 以上的机械杂质与胶质，以确保发动机机油清洁，润滑系统油路畅通，并减少运动零件的磨损。如果机油滤清器发生堵塞，则会破坏发动机的正常润滑，使磨损加剧，易造成烧瓦拉缸故障，使机件损坏。因此，应加强对机油滤清器的维护，及时清洗或更换机油滤清器。

> **提示**
>
> 轿车用粗滤器，一般是不可拆的一次性滤清器，无须维护，但当汽车行驶一定里程或发动机定期更换机油时，必须同时更换机油滤清器。

对于可清洗或更换滤芯的机油滤清器，其维护的主要任务就是清洗或更换滤芯，当滤芯使用达到更换周期里程时，应更换滤芯，通常锯末滤芯的更换周期为 6000~8000km。更换滤芯时，应该：①放出滤清器内的沉淀物。②取出滤芯，用汽油清洗滤清器壳。③检查新滤芯（有破损应更换）并将其装入壳内，加入干净机油，拧紧滤清器盖固定螺栓。

> **提示**
>
> 更换机油滤清器或更换滤芯时，应安装好完整无损的密封垫，不得有漏油现象。

192. 机油细滤器有何作用？如何维护？

细滤器用来过滤机油中直径为 0.001mm 以上的细小杂质。细滤器过滤阻力较大，只能对机油进行部分的滤清，故与主油道并联，是分流式滤清器。目前，汽车发动机广泛采用离心式机油细滤器。

(1) 离心式细滤器工作状态检查　在发动机熄火 3~5min 之内，用手触摸滤清器外壳，若有轻微的振动感，或能听到滤清器的转子体发出的"嗡嗡"响声，则说明离心式滤清器工作状况良好；若无振感或听不到响声，则说明转子体工作不良，滤清效能差或根本就不起滤清作用。

(2) 离心式细滤器维护　当细滤器工作状态失常或汽车行驶 6000~8000km 时，应拆检并清洗转子体，清除转子体盖内壁杂质。清除转子体盖内壁沉淀物时，应用木片刮除并用煤油、汽油或柴油清洗转子体、转子体盖和喷嘴，严禁用铁丝疏通喷嘴，以免擦伤喷口。转子体总成装配时，密封橡胶圈应完好无损，转子体盖与转子体座两箭头记号应对正，锁紧螺母应按规定力矩拧紧。

193. 机油集滤器有何作用？如何维护？

机油集滤器采用浮动式滤网结构，装在机油泵进油管的进油口上。它用来滤去机油中较大的杂质，防止其进入机油泵。机油集滤器的维护如下。

1）拆下集滤器盖，取出滤网，清洗后用压缩空气吹净。

2）检查集滤器浮筒，如有裂纹及浮筒凹进太多或筒内有油污，须拆开整理和清洁后，再予以焊复。

3）装复时注意盖的夹脚要夹牢，以免脱落。截口及限止架的位置不要装错，集滤器浮筒上下浮动要灵活。

194. 润滑系统为什么要清洗？怎样清洗？

汽车运行时，发动机在高温、高压状态下工作，其润滑系统工作环境恶劣，如：机油受热生成胶质；配合件磨损产生金属磨粒；燃烧时生成炭渣及酸性物质；进气中带入灰尘等。因此，易使机油变质，颜色变黑，产生大量油泥，使机油逐渐失去润滑能力。经常换机油是有益的，但问题仍然存在，因为废机油中的油泥仍留在系统内，而且曲轴箱壁、配合表面上还留有一些有害积物。如果不进行润滑系统清洁，不清洗油泥和存积物，就加入新机油，则新机油就会被迅速污染，会严重影响润滑效果，加速发动机磨损。因此，更换机油前，应清洗润滑系统，或车辆行驶 20000km 时清洗一次。清洗润滑系统的方法如下。

(1) 用润滑系统清洗剂清洗　在更换新机油及滤清器之前，将润滑系统清洗剂从润滑油加入口加入，让发动机怠速运转 8~10 min 后，随旧机油一起放掉。其清洗剂能有效地清洗润滑系统各部油道和润滑油能接触的金属表面，并能迅速地将漆膜、积炭、油泥、黏性胶质及其他有害沉积物软化或溶解，以确保发动机内部机件的清洁，保证新机油品质、延长润滑油使用周期，使发动机达到最佳的工作性能。

(2) 用洗涤油清洗　待废机油放净后，向发动机油底壳内注入稀机油或经过滤清的优质柴油，其数量相当于油底壳标准油面容量的 60%~70%，然后使发动机怠速运转 2~3min，再将洗涤油放净。

> **195.** 如何检查发动机机油量？机油量过多或过少有何危害？

（1）机油量的检查　在发动机上装有机油标尺，用机油标尺可以检查机油量，步骤如下。

> 1）车辆停放在水平地面，将发动机停机后，等待几分钟，以便机油流回油底壳。
> 2）抽出机油标尺，用干净的擦布擦干，并把机油标尺重新插回直至挡住为止。
> 3）抽出机油标尺，察看机油面位置，看是否符合要求。油面高度在上限标记（Max）和下限标记（Min）之间，说明油量合适。

提示

　　如油面过低，则应检查有无漏油现象，然后加注规定的机油至适当的油面高度。但油面高度不能高于上限标记，在山区行驶的汽车或夏天持续在高速公路上行驶的汽车，油量可保持在上限标记附近。

（2）油量不适当的危害　发动机添加机油过多，超过机油标尺上刻线，则增大运转阻力，汽车耗油量加大，还容易烧机油引起积炭，损坏发动机。机油太少，低于机油标尺下刻线，则可能导致发动机润滑不足，会加大发动机磨损，如果长时间缺机油，最终会烧毁发动机。

> **196.** 如何检查机油压力？机油压力过高或过低有何危害？

（1）机油压力的检测　机油压力值通常根据汽车仪表板上的机油压力表或油压信号指示灯显示而测得。常用的检测方法是，当打开点火开关时，机油压力表指针指示为"0"，如装有机油压力信号指示灯则灯亮；发动机起动后油压信号指示灯在数秒内熄灭，机油压力表则显示某一较高数值，并随发动机温度升高而逐渐指示正常。

机油压力也可在机油压力传感器处外接油压表，在发动机正常工作时检测。

（2）机油压力异常的危害　发动机机油压力的大小取决于：机油的温度、黏度；机油泵的供油能力；限压阀的调整；机油通道和机油滤清器的阻力；曲轴主轴承、连杆轴承和凸轮轴轴承的间隙等。正常情况下，发动机在常用转速范围内，汽油机机油压力应为196～392kPa，柴油机机油压力应为294～588kPa。机油压力过高或过低，均属不正常状况。

提示

　　机油压力过低，会破坏发动机的润滑条件，造成润滑、冷却和清洁不良，活塞、曲轴及其大小轴瓦等发动机零部件得不到足够的润滑而磨损加快。机油压力过高，易使油封、油管压坏而产生漏油；机油易进入燃烧室，导致烧机油产生积炭。

> **197.** 如何检查机油消耗量？

机油消耗量过大，不仅表明润滑系统的工作环境恶劣，还可反映发动机的曲柄连杆机构、配气机构等部件磨损严重。因此，有必要对发动机的机油消耗量进行检测。目前常用的检测方法是机油标尺测定法和质量测定法。

（1）机油标尺测定法　测试前，汽车置于水平地面上，预热后停机，将机油加至油底壳规定的液面高度，然后在机油标尺上清晰地划上刻线，以记住这一油面位置。其后汽车投入实际运用，当汽车行驶若干里程后，停止运行，仍置汽车于原地点，按原测试条件，向油池内加入已知量的机油，使油面仍升至机油标尺上的原刻线，所加油量即为机油消耗量，此时再根据汽车行驶的里程即可算出每1000km所消耗的机油量。

（2）**质量测定法**　预热发动机至正常温度后停机，在水平路面上打开油底壳的放油螺塞，放出油底壳内机油，至机油由流变成滴时，拧上油底壳的放油螺塞，然后将已知质量的机油加入油底壳至规定的液面，使汽车投入实际运行。汽车行驶若干里程后，按同样的测试条件，放出油底壳内的在用机油，至机油由流变成滴时，拧上油底壳的放油螺塞，并称出其质量。加入和放出的机油质量之差即为机油消耗量，此时再根据汽车行驶里程即可算出每1000km所消耗的机油量。

提示

当机油消耗量过多时，说明发动机技术状况变差，应查明原因；当机油消耗量严重超标，如每1000km超过1.5L时，则应大修发动机。

198. 发动机机油压力过低的原因有哪些？如何诊断排除？

（1）**故障原因**

1）油底壳内机油不足。

2）机油黏度小，不符合要求。

3）限压阀技术状况不良或调整不当。

4）机油泵磨损严重，使供油压力过低。

5）机油集滤器滤网堵塞。

6）机油管接头松动或油管破裂。

7）机油粗滤器堵塞且旁通阀不能正常开启。

8）曲轴主轴承、连杆轴承、凸轮轴轴承间隙过大。

9）机油压力表及其感传器失效，或油压报警指示装置失效。

（2）**故障诊断排除**

1）检查机油量是否不足。拔出机油尺检查油面高度，如过低应及时加机油确诊。若正常，则进行下步检查。

2）检查机油黏度是否过小。用拇指和食指蘸少许机油，两指拉开，两指间应有2~3mm的油丝，否则机油黏度过小，使密封性变差，导致机油压力过低。若黏度正常，则进行下步检查。

3）检查油道的出油状况。拆下机油压力传感器，短时间起动发动机，若机油喷出量多而有力，则故障原因是油压传感器及其机油压力表失效，或油压报警指示装置失效，可用新配件进行替换来确诊故障；若机油喷出量少而无力，则进行下步检查。

4）检查机油滤清器。查看粗滤器滤芯是否脏污堵塞严重，粗滤器旁通阀是否堵塞不能开启，如有故障，则更换滤芯或机油滤清器，再进行试车检查，此时若机油压力正常，则说明原滤清器堵塞了油路；若机油压力仍低，则进行下步检查。

5）检查机油限压阀。如机油限压阀安装在发动机外表，则直接拆检限压阀，必要时更换限压阀元件，并重新调整限压阀后进行试车，若机油压力正常，则说明限压阀技术状况不良或调整不当；若机油压力仍低，则故障原因可能是机油泵磨损严重，集滤器滤网堵塞，机油管路泄漏，曲轴主轴承、连杆轴承、凸轮轴轴承的间隙过大所致，这些可在拆除油底壳后进行确诊。如机油限压阀在发动机内部，则限压阀的检查调整也需拆除发动机油底壳。

199. 发动机机油压力过高的原因有哪些？如何诊断排除？

(1) 故障原因

1）机油黏度过大，不符合要求。
2）限压阀技术状况不良或调整不当。
3）气缸体内通往各摩擦表面的分油道堵塞。
4）发动机曲轴主轴承、连杆轴承、凸轮轴轴承间隙过小。
5）机油压力表或机油压力传感器不良或失效。

(2) 故障诊断

1）检查机油的黏度。拔出机油标尺用手捻拭机油，凭经验判断机油黏度的大小，若黏度过大，则更换机油以确诊故障所在。若黏度正常，则进行下步检查。

2）检查机油压力表及其传感器。外表查看是否正常，必要时换用新机油压力表及其传感器，然后再运转发动机看机油压力是否正常。若机油压力正常，则说明原机油压力表或机油压力传感器失效；若机油压力仍高，则进行下步检查。

3）检查机油限压阀。如机油限压阀安装在发动机外表，则直接拆检限压阀，必要时更换限压阀元件，并重新调整限压阀后进行试车，若机油压力正常，则说明限压阀技术状况不良或调整不当；若机油压力仍高，则故障原因可能是缸体内通往各摩擦表面的分油道堵塞，对于新车或刚大修的发动机可能是主轴承、连杆轴承和凸轮轴轴承的间隙过小。如机油限压阀在发动机内部，则限压阀的检查调整需要拆除发动机油底壳。

200. 发动机机油消耗过多的原因有哪些？如何诊断排除？

(1) 故障原因

1）活塞与缸壁磨损严重，间隙过大。
2）活塞环装配不当，如锥面环、扭曲环上下方向装反，活塞环安装时有对口现象。
3）活塞环的端隙、背隙及边隙过大，活塞环弹力不足。
4）气门导管磨损过甚，气门杆油封损坏。
5）曲轴箱通风不良。
6）油底壳、气门室盖漏油，润滑系统有关部件向外部渗漏。
7）气压制动汽车的空气压缩机活塞与气缸壁间隙过大。

（2）故障诊断

1）检查发动机外部是否漏油。查看发动机外部有无漏油痕迹，重点检查主要漏油部位，如发动机前后油封、发动机气缸盖罩、气门室盖、油底壳衬垫等多处是否有机油渗漏，如漏油，则故障为密封不良或油封和衬垫损坏。若无外漏，则进行下步检查。

2）检查曲轴箱通风装置。若曲轴箱通风系统技术状况不佳、曲轴箱通风不良，则曲轴箱内气体压力和机油温度会升高，容易造成机油渗漏、蒸发，甚至进入气缸燃烧，使机油消耗过多。若正常，则进行下步检查。

3）检查发动机排烟。发动机工作时，若排气管明显地冒蓝烟，则说明机油进入燃烧室参与了燃烧。当发动机高速运转或急加速时，排气管大量冒蓝烟，同时机油加注口也向外冒蓝烟，则说明活塞、活塞环与气缸壁磨损过甚，或者活塞环的端隙、边隙、背隙过大、弹力不足，或者活塞环卡死、开口转到一起有对口现象，或者锥面环、扭曲环方向装反易产生泵油作用，使得机油容易窜入燃烧室。当发动机大负荷运转时，排气管冒蓝烟而机油加注口不冒烟，则表明气门导管磨损过甚，气门杆油封损坏，易使机油被吸入燃烧室。

4）对于采用气压制动的汽车，当松开湿储气筒放水排污开关后，若发现伴有大量油污排出，则表明空气压缩机的活塞、活塞环与气缸壁磨损过甚，导致大量机油在此泵出。

六、冷却系统

> **201.** 冷却系统的作用是什么？有哪几种冷却方式？

发动机冷却系统的作用是把发动机工作时受热零件吸收的部分热量及时散发出去，使工作中的发动机得到适度冷却，保持发动机在最适宜的温度下工作。冷却系统有风冷和水冷两种方式，由于水冷系统冷却可靠、冷却效率高、冷却均匀，冷却强度容易调节，而且发动机运转噪声小，故目前汽车发动机上广泛采用水冷式冷却系统。

> **202.** 冷却系统由哪几部分组成？如何工作？

水冷式发动机冷却系统主要由散热器、风扇、水泵、节温器、水套、水管、冷却液温度表等组成，如图 1-86 所示。有的水冷系统中还设有硅油风扇离合器，有的装有风扇电动机，有的还装有膨胀罐等，水冷系统的介质是冷却液。

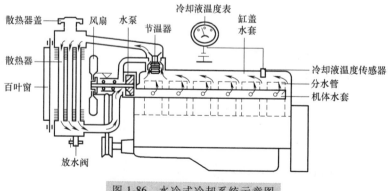

图 1-86　水冷式冷却系统示意图

发动机工作时，水泵将冷却液在水套和散热器之间进行强制循环，把热量带给散热器，同时冷却风扇旋转，对空气产生吸力，使空气通过散热器带走热量完成对发动机的冷却。其冷却强度取决于发动机热状态，高温时冷却强度要大，低温时冷却强度要小。冷却强度由冷却系统视需要自动调节。如节温器可根据发动机冷却液温度，自动控制冷却液的循环路线，实现冷却强度的调节：当发动机温度较低时，节温器主阀门关闭，冷却液不能流入散热器，只能从节温器的副阀门流入水泵，此时从水泵出来的冷却液经分水管、水套、出水口流回到水泵，由于冷却液不通过散热器，冷却液的温度不会下降，还会提高，使之满足发动机需要升温的工作要求；当发动机温度较高时，节温器主阀门开启，副阀门关闭，水泵将冷却液由散热器吸入，加压后经分水管流入气缸水套，冷却气缸后再从上部流到散热器，散热器带走热量，冷却液得到冷却，可保持发动机在所需的温度下工作。如风扇则可以根据发动机冷却液温度，通过电动风扇高、低档的转换及风扇的停、转来调节流经散热器的空气量从而调节冷却强度：冷却液温度高时，风扇高转速运转，冷却强度大；冷却液温度低时，风扇停转或低速运转，冷却强度小。

203. 散热器盖为什么要采用"空气-蒸汽阀"？如何工作？

现代汽车汽油机水冷系统均为闭式强制循环，所谓闭式就是水冷系统平时不与大气相通，这样可以避免冷却液的流失。但散热器工作时如果蒸汽压力过高，会使散热器有胀破的可能；如果冷却液减少或温度降低出现真空时，散热器有被大气压扁的可能。为解决这个矛盾，一般在散热器盖上装置有蒸汽阀和空气阀（图1-87）。

发动机正常状态时两个阀门均关闭，冷却系统与大气隔开。当散热器内的蒸汽因温度升高其压力大于蒸汽阀弹簧弹力时，蒸汽压力将压开蒸汽阀，水蒸气经逸水管流入膨胀罐，冷却系统内压力下降，防止了散热器胀坏。熄火停车后，散热器内的蒸汽因温度下降而导致压力小于空气阀弹簧弹力时，空气阀开启，膨胀罐的冷却液进入散热器内，避免了散热器出现较大的真空度而被大气压坏。

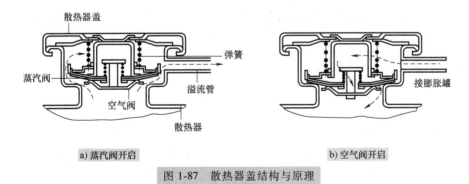

a) 蒸汽阀开启　　　　　　　　　　　b) 空气阀开启

图1-87　散热器盖结构与原理

204. 冷却系统膨胀罐有何作用？使用中应注意哪些问题？

（1）膨胀罐作用　膨胀罐通过软管与散热器盖相连（图1-88），为散热器提供冷却液补偿，并接受散热器的蒸汽。其作用如下。

1）把冷却系统变成永久性封闭系统，减少了冷却液的损失。
2）防止空气不断进入，避免了机件的氧化腐蚀。
3）使冷却系统中水汽分离，保持系统内压力稳定，提高了冷却系统的冷却效能。

（2）使用注意问题

1）散热器盖必须可靠密封，如果密封不严，冷却系统内部真空度建立不起来时，则起不到内部循环补偿作用。

2）膨胀罐盖和密封垫上的通气孔不要被堵塞，必须保持畅通，否则也会因为压力差无法建立、造成膨胀罐内的冷却液无法流回散热器内。

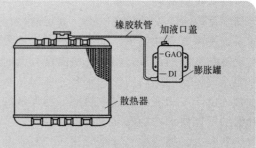

图1-88　膨胀罐连接示意图

3）膨胀罐第一次注入冷却液时，应注入2/3的冷却液，以保证系统正常工作。膨胀罐有两条水位标记线："DI""GAO"，当冷却液温度在50℃以下时，膨胀罐内液面高度应不低于"DI"线，补充少量冷却液可从膨胀罐口加入，添加时不应超过"GAO"线。

> **205.** 为什么要清洗冷却系统水垢？怎样清洗？

发动机长期使用后，冷却系统就会产生水垢。水垢不易传热，积聚较多时，会引起发动机过热；水垢积聚不匀，会导致传热不均而引起机件裂纹。因此，应视冷却系统水垢沉积的多少，对水垢进行清洗。建议每年清洗一次冷却系统，或更换冷却液时清洗冷却系统。

采用发动机冷却系统清洗剂可以有效地清除依附在缸体水道壁、散热器内部水垢、锈蚀，改善发动机散热性能，减少开锅现象，恢复冷却功能。其清洗步骤如下。

1）将冷却液全部放出，并将冷却系统清洗剂加入散热器并注满清水。

2）起动发动机，运转十几分钟。

3）关闭发动机，将清洗液排出。

4）加入清水运转发动机清洗一次。

5）注入新冷却液。

🔍 **提示**

不可直接将冷却系统清洗剂加入冷却液中；对于久未清洗或积垢严重的冷却系统，可增加清洗剂的用量和延长清洗时间；严格按冷却系统清洗剂的说明书清洗。

> **206.** 冷却系统渗漏有哪几种方式？常见的渗漏部位有哪些？

冷却液渗漏分为外部渗漏和内部渗漏：外部渗漏是指冷却液在密封不严处直接渗漏到发动机外部，常见的渗漏部位有冷却系统各软管接头、散热器及其盖阀、水泵及其密封垫等；内部渗漏是指冷却液通过冷却水道的裂纹或密封不严处直接渗漏到发动机内部油底壳或燃烧室，常见的渗漏部位有缸体、缸盖裂纹处，气缸垫密封等。

> **207.** 怎样检查冷却系统渗漏？

（1）直观检查

1）停机时直观检查冷却系统各部件有无冷却液渗漏的痕迹，主要查找冷却系统各软管接头、散热器及其盖阀、水泵及其密封垫等。

2）在发动机中等转速运转时，观察有无冷却液滴漏，此时冷却液带有一定压力，更易泄漏。

3）停机拔出机油标尺观察，若机油成白色或有水泡，则说明冷却液内部渗漏严重。

4）运转发动机，用手掌心迎向排气管的排气，若手掌心附着有水雾，则说明冷却液有内部渗漏。

5）拆下散热器盖，使发动机运转，查看加液口处是否有高温气体涌出或有大量气泡，若有则说明冷却液有内部渗漏。

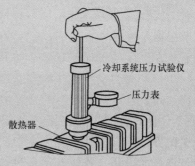

图 1-89　冷却系统压力检查

（2）**压力检查**　在发动机不工作时，将发动机冷却系统压力试验仪装到散热器加液口上（图 1-89），并保持密封状态。然后用试验仪的手动泵向散热器内加压至 100kPa。此时观察压力表：若压力表指针保持不动，表明冷却液不渗漏；若压力表指针缓慢回落，表明冷却系统有轻微渗漏；若压力表指针迅速回落，表明冷却液严重渗漏。

提示

当压力下降时，没有发现任何外部渗漏，可将发动机运转至正常工作温度后，再装上压力试验仪加压至 48kPa，并使发动机怠速运转，观察压力表，若压力上升，则表示冷却系统有内部渗漏。

> **208.** 怎样用堵漏剂修补散热器裂纹？

散热器芯破漏严重时，可用锡焊焊修。若散热器的裂纹在 0.3mm 左右，则可用堵漏剂进行渗漏修补。堵漏剂具有防腐作用，并对散热性能没有影响。使用堵漏剂修补的操作步骤如下。

1）清洗散热器。清洗可用 2%纯碱（碳酸钠）水在热循环下把散热器内壁、裂纹表面及水循环通道清洗干净。加入碱水后，发动机要在 80℃左右运转 5min，趁热把碱水放掉，加满清水，起动发动机，使水温升到 80℃后，再把水放掉。若水很脏，可用清水再冲洗一次。

2）根据冷却系统的容积，堵漏剂与水按 1∶20 的比例（质量比），在冷却系统中加入堵漏剂。

3）起动发动机，在 10~15min 内用怠速运转把冷却液温度升高到 80~85℃，并保持 15~20min，此时可适当加大节气门运转 10min 左右，然后再怠速运转 5~10min 停机。

4）等散热器完全冷却后，再以怠速第二次升温到 80~85℃，保持 10min。这一步最好在第二天进行，此后便可正常使用车辆。

提示

堵漏剂在冷却系统中要保留 3~4 天，切勿轻易放掉，保留时间愈长，效果愈好。

> **209.** 节温器常见故障有哪些？有何征兆？

节温器是控制冷却液流动路径的阀门。汽车发动机常用蜡式节温器，它内部装有石蜡，利用石蜡在温度较低时呈固态，温度较高时为液态时的体积变化来自动开启或关闭阀门（图1-90），以便自动调节冷却液温度。若节温器性能不佳或存在故障，则发动机冷却液温度可能过高或过低。节温器的常见故障有主阀门不能开启、开启或全开的温度过高、关闭不严。前两者将造成冷却液不能有效地进行大循环，致使发动机过热；后者将造成发动机升温缓慢，出现发动机温度过低现象。此外，随着节温器性能逐渐衰退，主阀门的开度将逐渐减小，造成进入大循环的冷却液流量减少，发动机将逐渐过热。

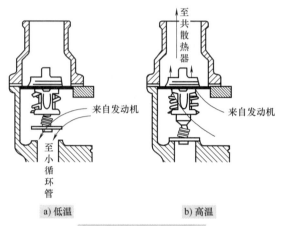

图1-90 节温器原理图
a) 低温　　　b) 高温

> **210.** 怎样就车检查节温器性能？

(1) 在冷却液温度升高过程中检查
冷车时，运转发动机，观察冷却液温度表的指示情况。若发动机工作时，冷却液温度很快升高，而当升至80~90℃后，即达到主阀门开启时刻的温度后，升温明显减慢，则说明节温器性能正常；若发动机工作时，温度上升很慢，长时间达不到正常工作温度，则说明节温器主阀门卡住没关闭，无小循环；若发动机工作时，温度一直飙升，直至温度表指针长时间指在红区，则说明节温器主阀门卡住不开启，无大循环。

(2) 在发动机高温时检查 若冷却系统冷却液足量、冷却液泵及散热器工作正常，则运转发动机。当发动机过热时，用手触摸缸盖的冷却液出口处和散热器进液口处，若两者的温差很大，则表明冷却液不能进入大循环，说明节温器失效。

> **211.** 怎样准确检查节温器性能？

拆下节温器，将其浸入可调温的热水容器中。通过测量节温器主阀门开启温度、全开温度及全开升程，来准确检查节温器的性能，不同车辆装用的节温器可能有不同的要求。如富康轿车发动机蜡式节温器，当冷却液温度低于89℃时，主阀门关闭，侧阀门打开；当冷却液温度为89℃时，主阀门开启，随着冷却液温度的升高，主阀门渐开，侧阀门渐关；当冷却液温度温升到101℃时，主阀门全开，侧阀门全关；节温器主阀门全开时最大升程为8mm。

🔍 **提示**

节温器的性能检查若不符合要求，则必须更换，而不要去修复。

> **212.** 冷却系统电动风扇高温不转的原因有哪些？怎样诊断排除？

采用电动风扇的发动机冷却系统，其冷却风扇驱动电动机很多是受温控开关控制。这种风扇一般有两档转速：冷却液温度高时，其风扇转速快；冷却液温度低时，风扇转速慢，甚至停转。若高温不转，可能的原因：电动机机构卡死或损坏；熔断器熔丝烧断或电路断路；温控开关损坏。其故障诊断排除如下。

　　1）发动机停机后用手转动风扇，若运转正常，说明电动机无机械故障。
　　2）若冷却液温度很高（100℃）但风扇不转，应检查熔断器。若熔断器完好，则应停机检查温控开关和电动机的功能。
　　3）直接用导线短接温控开关插头，此时相当于开关接通，如果风扇不转则为风扇或其电路故障；如果风扇运转，说明温控开关损坏，应换用新件。

▶ 213. 怎样检测冷却系统温控开关的性能？

温控开关性能检测的主要内容为电动风扇低、高速时的导通及断开温度是否符合要求。下面以桑塔纳轿车为例说明其检测方法。

将电动风扇的温控（热敏）开关放入加热的水中，改变水温，用万用表测量温控（热敏）开关的导通及切断，用温度计测量开关导通及切断时的水温。第1档，当水温达到93～98℃时导通，当水温达到88～93℃时断开为正常；第2档，当水温达到105℃时导通，当水温达到93～98℃时断开为正常。否则，说明电动风扇的温控（热敏）开关性能不良，应予以更换。

▶ 214. 发动机温度过高的原因有哪些？有何征兆？

汽车在行驶时，发动机温度过高，冷却液沸腾出现蒸汽，冷却液温度表指针长时间指在红区或冷却液温度警告灯闪烁。发动机温度过高的原因主要如下。

　　1）冷却液量不足，冷却效率降低，导致冷却液温度过高。
　　2）散热器风扇电动机或电动机温控开关出现故障，或冷却液温度传感器故障致使发动机 ECU 控制失调，使风扇不转或转速过低，导致冷却液温度过高。
　　3）节温器失效、卡死，使冷却液大循环受阻，散热能力下降，导致冷却液温度过高。
　　4）冷却液泵堵塞、损坏，或吸水能力低、压力不足，使冷却液完全不循环或循环量过小，导致冷却液温度过高。
　　5）散热器内芯管结垢过多，或散热片倾倒过多，使散热器散热效率下降，导致冷却液温度过高。
　　6）缸体内水套结垢过多，使缸体传热效率低，冷却液带走的热量少，导致冷却液温度过高。
　　7）气缸垫烧穿，或缸盖出现裂缝，使高温气体进入冷却系统，导致冷却液温度过高。
　　8）点火时间过晚、混合气成分过稀、发动机负荷过大，也会导致冷却液温度过高。

▶ 215. 怎样诊断排除发动机温度过高故障？

汽车行驶时，如果发动机负荷正常而温度过高，则进行下述检查处理。

(1) **检查散热器风扇的转动状况** 停车后打开发动机舱盖，观察散热器风扇转动是否正常，现代汽车多为电动双速风扇，其高低速取决于冷却液温度，如桑塔纳轿车在冷却液升温过程中，当冷却液温度在 93～105℃ 时，风扇以低速运转，当温度高于 105℃ 时，风扇以高速运转，既然发动机温度过高，则风扇应高速运转为正常。若发动机确实过热，但风扇不转，或转速太低无高速，则检查风扇电动机及其温控开关的好坏，若损坏则应更换新件；若电动风扇是直接由发动机 ECU 控制的，电动风扇出现高温低速运转或不运转，则可能是冷却液温度传感器故障，或 ECU 控制失调故障；若风扇转动正常，则进行下步检查。

(2) **检查冷却液量** 查看冷却液储液罐和散热器的冷却液面，若液面高度低于标准值较多，说明冷却液量不足，导致冷却系统散热差，使发动机温度过高。冷却液量严重不足时，冷却系统多是存在渗漏故障，应查明并排除故障后添加冷却液至标准液面高度。若液面高度正常，说明冷却液量足够，则进行下步检查。

(3) **检查冷却液流动状况** 使发动机运转，当冷却液温度表指示 90℃ 左右时，用手分别触摸缸盖和散热器进液口处，若两者的温差不大，则在发动机加速时，用手触摸散热器进液管，如感觉冷却液的流动随发动机转速的增加而加快，则说明冷却液循环良好，否则说明冷却液泵性能不佳或吸水能力低、压力不足。若缸盖与散热器进液口处两者温差很大，则说明冷却液循环不良，故障可能在节温器，可拆下节温器检查，若节温器正常，则说明冷却液泵有故障。当冷却液流动正常时，进行下步检查。

(4) **检查散热器表面** 查看散热器散热片是否倾倒过多，是否脏污，若是则进行维护或更换；若散热器表面正常，则进行下步检查。

(5) **检查冷却系统内漏** 拆下散热器盖，使发动机运转，查看加液口处是否有高温气体涌出或有大量气泡，若有则可能是气缸垫烧坏或者气缸体、气缸盖有裂纹漏气。若冷却系统无内漏，对于长期未清洗水垢的发动机，则故障可能是水套内、散热器积垢太多，可采用化学溶剂法清洗水垢。

(6) **检查非冷却系统故障** 在冷却系统正常情况下，发动机仍然过热，则应检查冷却系统以外系统引起的故障。例如，检查点火时间是否过晚、混合气成分是否过稀、燃烧室内积炭是否过多以及油底壳内机油量是否充足等，这些因素也会引起发动机过热。

> **216.** 发动机温度过低的原因有哪些？如何诊断排除？

冬季运行的汽车，发动机工作时冷却液温度长时间或全部时间低于正常工作温度。

(1) **故障原因**

1）节温器失效，主阀门卡在全开位置，使冷却系统无小循环。

2）散热器风扇电动机的温控开关故障，使风扇在低温时就进入运转，或风扇总是高速运转。

3）冷却液温度传感器故障，致使发动机 ECU 控制失调。

4）环境温度太低且逆风行驶。

(2) **故障诊断排除**

1）检查散热器风扇的转动状况。冷车时运转发动机，在冷却液升温过程中观察风扇，若冷却液温度表指示很低时，风扇就运转，或在低温时风扇以高速运转，则故障在散热器风扇温控开关，需要更换；若电动风扇是直接由发动机 ECU 控制的，电动风扇低温运转则可能是冷却液温度传感器故障，或 ECU 控制失调故障；若电动风扇正常，则进行下步检查。

2）检查节温器工作状况。运转发动机，在冷却液温度低于节温器主阀门开启温度下，用手触摸缸盖出液口处与散热器进液口处，若两者无温差或温差很小，则故障在节温器，可能是主阀门卡住常开，使冷却系统在低温就直接进入大循环，可拆检节温器确认故障。

七、起动系统

217. 起动系统的作用是什么？它由哪几部分组成？

起动系统的作用是提供一定的转矩，起动静止的发动机，使发动机进入自行运转。现代汽车都利用车载蓄电池作为电源，用起动机驱动曲轴飞轮来起动。起动系统主要由起动机、起动操纵机构和离合机构组成（图 1-91）。

起动机的作用是将电能转变为旋转动能，提供驱动曲轴运转的动力。起动机为直流电动机。这种电动机低速时输出转矩很大，能满足起动要求。

起动操纵机构的作用是将起动开关与起动机、发动机飞轮连接起来。现代汽车普遍采用电磁操纵式控制机构。由驾驶人通过起动开关操纵继电器（电磁开关），再由继电器操纵起动机电磁开关和齿轮副。

离合机构的作用是起动时，将驱动齿轮与电枢轴连成一体，并使驱动齿轮沿电枢轴移出与飞轮齿圈啮合，将起动机产生的转矩传递给发动机曲轴；起动后自动将起动机与飞轮分离，让起动机处于不转动状态。起动机的离合机构安装在电动机电枢的延长轴上，典型装置是单向离合器。

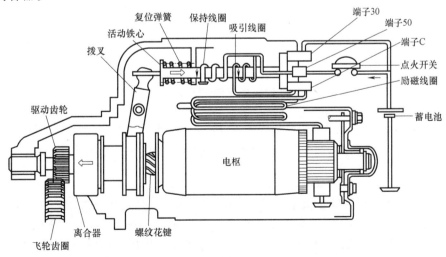

图 1-91　起动系统

218. 电磁控制式起动系统怎样工作？

当驾驶人转动点火开关至起动位置时，接通起动开关，起动机控制电路通电（图1-91），电磁开关的吸引线圈和保持线圈通电，产生很强的磁力，吸引电磁开关铁心右移，并带动拨叉绕其销轴转动，使驱动齿轮移出与飞轮齿圈啮合。与此同时，由于吸引线圈的电流通过起动机的转子绕组，转子开始缓慢转动，齿轮在旋转中移出，减小冲击，如果驱动齿轮与飞轮齿端相对，不能马上啮合，此时弹簧压缩，当驱动齿轮转过一个角度后，齿轮与飞轮齿圈迅速啮合。当铁心移动到使主电流开关闭合的位置时，主电路接通，吸引线圈被短路，失去作用，但保持线圈所产生的磁力足以维持驱动齿轮与飞轮齿圈啮合以及主电流开关闭合的位置。主电路接通后大电流就流向起动机的转子线圈，产生较大的转矩驱动飞轮曲轴，进行起动。当发动机正常运转后，驾驶人松开点火钥匙至正常工作位置，起动机控制电路断电，电磁开关铁心在复位弹簧作用下左移，起动机主电路断电，起动机停止转动，与此同时拨叉带动起动机驱动齿轮与飞轮分离。

219. 怎样检查起动系统电路？

起动电路电阻过大是导致起动机起动电压过低、起动困难的常见原因，利用万用表电压档就车检测起动电路的电压降，能方便判断起动电路中各接点的接触状态是否正常、线路电阻是否过大。

起动电路中万用表的检测点如图1-92所示，各点检测时，应将万用表的正极接线柱与电缆最接近蓄电池的正极端连接，将万用表的负极接线柱与所测电缆的另一端连接。其检测步骤如下。

1）将万用表的正负极接线柱按方向接入电压检测点（图1-92）。

2）转动点火开关使起动机运转，但发动机不得起动（可拔掉中央高压线）。

3）用万用表的电压档测出各点的电压。注意：每次检测时间不能太长，应尽快完成，以免烧坏起动机绕组。

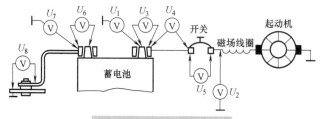

图1-92　起动电路检测点

起动机运转时，若 U_7 读数接近于零，U_1 与 U_2 读数接近，则说明起动电路的接触状况良好，导电正常；若 U_2 读数比 U_1 小得太多，则说明起动电路线路间存在高电阻，接触不良。

🔍 **提示**

通常，电缆两端电压降应低于0.2V（如 U_4），否则说明电缆电阻过大，应更换电缆；开关间的电压降应低于0.1V（如 U_5），否则说明其触点烧蚀接触不良，应修复或更换开关；接点的电压降应低于0.1V（如 U_3、U_6、U_8），否则说明接点接触不良，应查出高电阻原因，重新连接。

▶ **220. 怎样检查起动机性能?**

起动机性能可在图 1-93 所示的台架上进行,检查时应确保蓄电池充足电,方法如下。

> 1) 将起动机固定在专用台架上。
> 2) 给起动机驱动齿轮加上负载,如测力弹簧。
> 3) 给起动机通电,然后迅速读取电流表、电压表和转矩的示值。注意:此时起动机工作电流大,动作要迅速,一次试验时间不要超过 5s,以免烧坏起动机线圈和对蓄电池造成不利影响。

🔍 **提示**

> 若起动机检测时的工作电流、电压和转矩符合标准规定,则说明起动机性能良好。若电流大、转矩小,则说明磁场绕组或电枢绕组有匝间短路或搭铁故障,导致产生转矩的有效线圈匝数减少。若转矩和电流都小,则说明起动机内接触电阻过大或主电路接触不良,如电刷与换向器接触不良或电刷弹簧压力不足等。若检测过程中电枢轴能转动,则说明起动机的单向离合器打滑。

▶ **221. 怎样区分起动机电枢短路、蓄电池亏电和极柱接触不良故障?**

起动机电枢短路、蓄电池亏电和极柱接触不良时,起动机会转动无力。如果连续几次起动后,用手触摸蓄电池极柱,有明显发热现象,说明极柱锈蚀接触不良;连续起动几次,用手触摸起动机,起动机有明显发热之感,说明起动机内部短路;如果起动机和极柱均无明显的发热现象,则可认为是蓄电池电压不足,亏电严重。

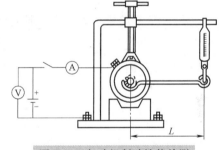

图 1-93　起动机制动性能检测

▶ **222. 起动机不转的原因是什么?如何诊断排除?**

接通点火开关至起动位置时,起动机不转,无任何动作迹象。

(1) 故障原因

> 1) 电源供电故障。蓄电池损坏或电量不足,起动电路导线断路,导线连接松动,接线柱接触不良。
> 2) 起动机故障。磁场绕组或电枢绕组有断路或短路,换向器与电刷接触不良,绝缘电刷搭铁,电枢轴弯曲与磁极卡滞,起动机轴承过紧或损坏卡死。
> 3) 电磁开关故障。电磁开关线圈断路、短路、搭铁,电磁开关触点烧蚀、接触不良。
> 4) 起动继电器故障。起动继电器线圈断路、短路、搭铁,起动继电器触点接触不良。
> 5) 点火开关故障。点火开关接线脱落、松动或接触不良。

(2) 故障诊断排除

1）按喇叭、开前照灯，看是否有电。若前照灯不亮、喇叭不响，说明蓄电池损坏，或蓄电池导线断路；若喇叭声响不正常，灯光暗，说明蓄电池电量不足，或导线接头松动，这些都表明电源供电存在故障。若喇叭声响、灯光正常，则进行下步检查。

2）用螺钉旋具将起动机电磁开关上的起动机电源接线柱与起动机磁场绕组接线柱短接，若起动机不转，则说明起动机存在电气或机械故障，可能是内部电路有断路或接触不良，也可能是起动机转轴机械卡死；若起动机转动正常，则进行下步检查。

3）用螺钉旋具将电磁开关接线柱与起动机电源接线柱相连，若起动机不转，则说明起动机电磁开关有故障；若起动机运转正常，则说明故障在起动继电器及其有关线路，可进行下步检查。

4）用螺钉旋具将起动继电器上连接蓄电池和连接起动机的两接线柱直接相连，若起动机不转，则说明两接线柱至电磁开关的线路断路或接触不良；若起动机能正常运转，则进行下步检查。

5）将起动继电器上连接蓄电池和连接点火开关的两接线柱直接相连，若起动机能正常运转，则故障在起动继电器至点火开关的导线或点火开关；若起动机不转，则说明是起动继电器故障，可能是其触点接触不良或继电器磁力线圈断路，应拆修或更换起动继电器。

223. 起动机转动无力的原因是什么？如何诊断排除？

接通点火开关至起动位置时，起动机转动缓慢无力，起动转速过低，起动发动机困难。

（1）故障原因

1）电源供电故障。蓄电池充电不足，起动电路导线连接松动，接线柱接触不良。

2）起动机故障。换向器与电刷接触不良，磁场绕组或电枢绕组有局部短路，起动机轴承过紧或松旷，电枢轴弯曲与磁极刮碰。

3）电磁开关故障。电磁开关接触盘和触点烧蚀而接触不良。

4）发动机方面故障。曲轴转动阻力过大。

（2）故障诊断排除

1）接通点火开关，在起动机转动无力时，用螺钉旋具将起动机电源接线柱与起动机磁场绕组接线柱短接，若起动机变得转动有力，则表明电磁开关接触盘和触点烧蚀而导电不良；若起动机转动状况不变，则进行下步检查。

2）检查蓄电池极桩与线夹、起动电路导线接头是否松动，在起动机运转时用手触摸导线连接处是否发热。若连接处松动或发热，则表明该处接触不良；若线路连接正常，则进行下步检查。

3）检查蓄电池是否亏电。对于一般蓄电池，需检查蓄电池端电压，若蓄电池端电压过低或起动机运转时端电压下降过多，则说明蓄电池性能不良。若蓄电池正常，则进行下步检查。

4）拆下起动机，对起动机进行空载性能和制动性能检查，若起动电流、转矩等参数不符合规定要求，则故障在起动机，应拆修起动机。若起动机工作正常，性能良好，则说明发动机曲轴的转动阻力过大。

224. **起动机空转的原因是什么？如何诊断排除？**

起动发动机时，起动机高速旋转，但发动机曲轴不转。

(1) 故障原因 飞轮齿圈有缺损；起动机驱动齿轮严重磨损或打坏；单向离合器打滑。

(2) 故障诊断排除

1）起动时，若起动机在空转的同时伴有齿轮的撞击声，则表明飞轮齿圈有缺损，或起动机驱动齿轮严重磨损或打坏，致使驱动齿轮不能进入啮合。

2）起动时，起动机驱动齿轮能与飞轮齿圈啮合，但起动机仍然空转，则表明起动机单向离合器打滑，其故障可能是单向离合器弹簧损坏或弹簧太软、单向离合器摩擦件磨损过甚。

225. **怎样延长起动机使用寿命？**

延长起动机使用寿命的方法是合理的使用和维护起动机，措施如下。

(1) 合理起动 起动机发动时，每次接通不得超过 5s，因为起动机是按短时间工作的要求进行设计的，工作时通过起动机绕组的电流很大。若继续再次起动，应停歇 10～15s。连续三次以上起动应在检查起动机电路没有故障的情况下，停歇 5min 以上进行。否则不但对蓄电池有害，而且会因大电流长时间通过磁场线圈和电枢线圈，会引起温度过高，破坏线圈绝缘，导致起动机烧毁。另外，发动机起动后，要立即放松起动开关，使起动机与发动机快速脱离啮合，以减少起动机的磨损。

(2) 定期维护 定期注油润滑，以减少运转阻力，减轻磨损；适时清理电刷架上的铜粉污垢，以免引起短路，损坏起动机。

八、发动机常见故障分析

226. **电控发动机不能起动，应怎样检查？**

1）检查电源蓄电池是否供电不足，若供电不足，则发动机难以起动。

2）检查起动系统。若起动机旋转无力、转速不高，则发动机难以起动。

3）检查点火系统。检查中央高压线及分缸线发火是否良好；检查各火花塞是否潮湿；检查点火是否正时。若点火系统存在故障，则发动机难以起动。

4）检查燃油系统。检查电动燃油泵、燃油压力调节器、喷油器、燃油滤清器及管路是否正常；检查燃油压力是否符合要求。若燃油系统不正常，则发动机难以起动。

5）检查空气供给部分。检查进气管路有无泄漏；检查真空管、软管连接是否松弛。若空气供给不正常，则发动机难以起动。

6）检查配气正时。若发动机配气正时失准，也会导致发动机难以起动。

7）检查气缸压缩压力。若气缸密封性不好，气缸压缩压力不足，则发动机难以起动。

227. 电控系统导致发动机不能起动的原因有哪些？如何诊断排除？

起动时，起动机带动发动机旋转轻快，点火系统及供油均正常，但发动机就是不能起动。

(1) 故障原因 发动机电控系统工作不正常，控制信号不良，导致发动机难以起动。电控系统不正常的可能原因如下。

> 1) 空气流量计（进气压力传感器）不良或其线路有故障。
> 2) 发动机冷却液温度传感器不良或其线路有故障。
> 3) 进气温度传感器不良或其线路有故障。
> 4) 发动机曲轴位置传感器线路断路、短路或传感器有故障。
> 5) 发动机ECU插接器连接不良或ECU本身故障。

(2) 故障诊断排除 利用故障诊断仪检测发动机电子控制系统有无故障码，若存在故障码，则按故障码显示的故障部位进行深入诊断排除；若无故障码但故障仍然存在，则说明电子控制系统无损坏故障，但性能不良故障往往无故障码，此时可读取发动机数据流进行诊断。如在数据流中发现发动机冷却液温度数据为80℃，但进气温度只有10℃，此时混合气必然过稀，若更换冷却液温度传感器后，发动机可以正常起动，则说明冷却液温度传感器的性能不良是导致发动机不能起动的真正原因。如空气流量计（进气压力传感器）、进气温度传感器性能不良，也会导致起动时混合气过浓或过稀，使发动机不能起动。

228. 点火系统导致发动机不能起动的原因有哪些？如何诊断排除？

(1) 故障原因 点火系统不正常，导致火花塞的火花太弱或根本无火，具体故障原因如下。

> 1) 低压电路导线断路、接头松脱、接触不良或短路。
> 2) 点火信号发生器线路断路、短路或信号发生器故障。
> 3) 电子点火器损坏或性能不良。
> 4) 点火线圈断路、短路、搭铁或性能不良。
> 5) 点火高压线漏电或断路。
> 6) 火花塞积炭严重，绝缘不良、漏电，电极间隙不合适。

(2) 故障诊断排除 将点火开关打开，逐次拔下火花塞上的高压线，使端头离缸体5~10mm，将发动机运转进行跳火试验。若各缸火花正常（呈粗、蓝白色），则故障在火花塞，可能是火花塞电极间隙不当、烧蚀有积炭，或绝缘体起皱、破裂。若各缸无火花跳过或火花很弱，说明点火系统有故障：应检查点火线路插接器连接是否松旷，控制线路有无短路、断路或接触不良；检查高压线是否老化、受潮、断路；检查信号发生器、电子点火器、点火线圈工作是否正常。

229. 燃油空气供给系统导致发动机不能起动的原因有哪些？如何诊断排除？

(1) 故障原因 燃油供给系统不正常，会导致供油不畅或油路阻塞而根本不供油，使发动机不能起动；进气系统不正常，漏气或堵塞，会导致发动机不能起动。具体故障原因如下。

1) 电动燃油泵电源及控制线路断路、短路或接触不良，或电动燃油泵故障。

2) 燃油滤清器堵塞、输油管路堵塞或泄漏。

3) 燃油压力调节器膜片破裂，或回油阀密封不严以及燃油供油压力调节不当。

4) 喷油器电源及其控制线路断路、短路或接触不良，或喷油器故障。

5) 空气进气软管破损、进气软管连接松脱、进气管衬垫密封不严等。

6) 空气滤清器堵塞或不畅。

(2) 故障诊断

1) 检查燃油压力。若压力过低，则应检查电动燃油泵工作是否正常，燃油滤清器是否堵塞，输油管路是否堵塞或泄漏，燃油压力调节器是否泄漏或供油压力是否调得过低。若这些部件工作不正常，且经维护还不能恢复正常，则应予以更换。若燃油压力正常，则进行下步检查。

2) 检查喷油器工作情况。若喷油器不工作，则应检查喷油器控制电路及ECU。若喷油器控制电路及ECU正常，则说明喷油器有故障，导致发动机不能起动。若喷油器正常，则进行下步检查。

3) 检查进气系统。查看空气进气软管有无破裂，进气软管连接有无松脱，进气管衬垫是否密封不严；查看空气滤清器是否堵塞、进气是否畅通。进气系统若漏气或不畅，则发动机不能起动的故障在此，应予以检修。

230. 电控系统导致发动机不易起动的原因有哪些？如何诊断排除？

起动发动机时有起动征兆，但难以起动。往往需要经过多次起动才能使发动机起动。

(1) 故障原因 发动机电控系统工作不正常，控制信号不良，导致可燃混合气过浓或过稀，使发动机难以起动。电控系统不正常的可能原因如下。

1) 空气流量计（进气压力传感器）不良或其线路有故障。

2) 发动机冷却液温度传感器不良或其线路有故障。

3) 进气温度传感器不良或其线路有故障。

4) 怠速控制阀不良或其线路有故障。

5) 发动机ECU插接器连接不良或ECU本身故障。

(2) 故障诊断排除 利用故障诊断仪检测发动机电控系统有无故障码，若存在故障码，则按故障码显示的故障部位进行深入诊断排除；若无故障码，则读取发动机数据流进行分析。若其电控元件性能不良，则应予以更换。

231. 起动系统导致发动机不易起动的原因有哪些？如何诊断排除？

(1) 故障原因 起动系统工作不正常，导致发动机难以起动。其具体故障原因如下。

1) 蓄电池电压过低，电容量不足。

2) 起动机转动无力，性能不佳。

3) 起动机、蓄电池或电源线路连接不良，使起动机起动时的起动功率下降，起动转速偏低。

（2）故障诊断排除　利用故障诊断仪检测蓄电池电压、起动电流和起动转速，以诊断故障。

> 1）起动时，若蓄电池的端电压低于 8V，则需检查蓄电池极柱、起动机电源接线柱及搭铁处的电缆连接是否良好，蓄电池是否容量不足等，必要时维护或更换蓄电池。
>
> 2）起动时，若电流过大且转速低，则起动机可能存在机械故障或电气故障，应检查：起动机轴承是否过紧，电枢轴是否弯曲碰擦磁极，电枢绕组、磁场绕组是否有短路或搭铁现象。起动时，若电流不大而转速低，则说明起动电路有接触不良故障，应检查：起动开关触点是否烧蚀或接触不良，电刷与换向器是否接触不良，或电刷弹簧压力是否不足等。

▶ 232. 点火系统导致发动机不易起动的原因有哪些？如何诊断排除？

（1）故障原因　点火系统工作不正常，导致火花塞点火能量小、火花弱，使发动机难以起动。点火系统具体故障原因如下。

> 1）点火电路导线插接器松脱、接触不良。
> 2）高压线漏电。
> 3）点火信号发生器工作不良。
> 4）电子点火器性能不良。
> 5）点火线圈性能不良。
> 6）火花塞积炭严重，绝缘不良、漏电，电极间隙不合适。
> 7）蓄电池电压过低。

（2）故障诊断排除　用示波器或发动机综合诊断仪检查点火系统点火波形，查看各缸点火电压、火花电压、火花持续时间。若不正常，则说明点火系统有故障，应检查信号发生器、电子点火器、点火线圈的性能；检查火花塞是否积炭、绝缘不良、漏电、电极间隙不合适；检查高压线是否老化、受潮、断路等，必要时进行换件重试。

▶ 233. 燃油空气供给系统导致发动机不易起动的原因有哪些？如何诊断排除？

（1）故障原因　燃油供给、进气系统工作不正常，会导致可燃混合气过浓或过稀，使发动机难以起动。空气燃油供给系统具体故障原因如下。

> 1）电动燃油泵供油压力过低。
> 2）燃油滤清器堵塞、输油管路堵塞或泄漏。
> 3）燃油压力调节器调节不当、工作不良。
> 4）喷油器工作不良或其线路有故障。
> 5）严重漏气，如空气进气软管破损、进气软管连接松脱，进气管衬垫密封不严等。
> 6）空气滤清器堵塞。

（2）故障诊断排除

1）检查燃油压力。若压力过低，则应检查电动燃油泵工作是否正常，燃油滤清器是否堵塞，输油管路是否堵塞或泄漏，燃油压力调节器是否泄漏或供油压力调节是否过低。若这些部位工作不正常，则应予以更换。若燃油压力正常，则进行下步检查。

2）检查喷油器控制线路。检查喷油器电源及控制线路、线路连接插接器等有无接触不良现象；检查喷油器电磁线圈有无短路现象。若有这些现象，则会使喷油器喷油量过少而导致发动机起动困难，应排除其故障。若检查正常，则进行下步检查。

3）检查喷油器。查看喷油器是否堵塞、阀口积炭是否严重，检查喷油器是否密封不严、漏油是否严重；检查喷油器的喷射质量，看其是否符合标准。若喷油器存在故障，应予以更换；若喷油器正常，则进行下步检查。

4）检查进气系统。检查空气滤清器是否堵塞；检查空气进气软管有无破裂，进气软管连接有无松脱，进气管衬垫密封是否不严。若有堵塞和漏气故障，则会导致可燃混合气过浓或过稀，使发动机难以起动，应予以检修。

▶ 234. 冷却液温度传感器损坏时车辆为何冷起动困难？

某电喷发动机汽车冬天多次冷起动，发动机不能着火。查找原因发现，汽车发动机各系统正常，唯有冷却液温度传感器损坏，后来更换冷却液温度传感器试车，发动机很容易起动。

为何冷却液温度传感器对发动机冷起动影响很大呢？原因是冷却液温度传感器信号是发动机控制系统修正喷油器喷油脉宽的一个重要参考信号，当冷却液温度传感器损坏后，它不能向ECU提供输入信号电压，ECU会确认冷却液温度传感器存在故障后，并启用以起动时 20℃、运行时 80℃的冷却液温度备用参数对发动机进行控制，这样在冷车低温条件下，喷油器则供应着 20℃相对应的燃油，供油量减少了，混合气变稀了，因此发动机冷起动就困难。

▶ 235. 冷却液温度传感器损坏时，车辆为何怠速不稳？

怠速时，发动机 ECU 根据冷却液温度传感器输入信号判断发动机热状态，对喷油量进行修正，低温时适当增大喷油量，加浓混合气来维持怠速稳定运转；高温时，适当减少喷油量，调稀混合气来防止怠速过高。若冷却液温度传感器不良使输出信号失真，或冷却液温度传感器损坏，则 ECU 会获得错误信号，造成修正不当，易导致怠速不稳。如冷却液温度传感器线路短路或断路，则 ECU 启用备用参数运行，固定采用 80℃的冷却液温度控制怠速，这样在实际温度较低时，往往使得怠速过低，导致怠速运转不稳。

▶ 236. EGR 阀控制失调时，车辆为何怠速不稳？

EGR 阀是废气再循环的控制阀门，而 EGR 电磁阀是用来控制 EGR 阀动作的。某电喷发动机怠速不稳，后来查找原因发现，汽车发动机各系统正常，唯有 EGR 阀控制失调。后来，拆下 EGR 阀，把废气再循环通道堵死，再在怠速下运转发动机，怠速就稳定了。这说明 EGR 阀损坏会导致怠速不稳。

正常情况下，EGR 阀只在发动机较高转速或中负荷时才开启。但当 EGR 电磁阀控制失调或失误，或 EGR 阀有故障时，在怠速工况下 EGR 阀就开启，则废气在低温、低速下参与循环进入燃烧室，使燃烧变得不稳定，从而导致怠速不稳甚至熄火。

237. 电控系统导致发动机动力性不足的原因有哪些？如何诊断排除？

发动机电控系统的某些部件产生故障时，系统会启用备用参数运行，这样就偏离了最佳控制，导致可燃混合气过稀，或点火正时失准等，使发动机动力性下降。

(1) 故障原因 引起电控系统不正常的可能原因如下。

1）空气流量传感器不良或其线路有故障。
2）节气门位置传感器不良或其线路有故障。
3）发动机转速传感器不良或其线路有故障。
4）发动机冷却液温度传感器不良或其线路有故障。
5）EGR 阀不良、EGR 电磁阀不良及其线路有故障。
6）爆燃传感器不良及其线路有故障。
7）氧传感器不良及其线路有故障。
8）可变配气系统的控制失调，使实际配气相位值偏离最佳配气相位值，从而使发动机充气效率下降，进排气阻力增大，使发动机动力性下降。
9）发动机 ECU 插接器连接不良或 ECU 内部有故障。

(2) 故障诊断排除 利用故障诊断仪检测发动机电子控制系统有无故障码，若存在故障码，则按故障码显示的故障部位进行深入诊断排除；若无故障码，则读取发动机数据流进行分析。若其电控元件性能不良，则应予以更换。

238. 点火系统导致发动机动力性不足的原因有哪些？如何诊断排除？

点火系统工作不正常，点火能量小、火花弱以及点火时刻不适当，都会影响发动机可燃混合气的燃烧质量，导致发动机动力性下降。

(1) 故障原因 引起点火系统工作不正常的可能原因如下。

1）低压电路导线插接器松脱、接触不良。
2）高压线漏电或端头接触不良。
3）点火线圈性能不良。
4）电子点火器性能不良。
5）火花塞积炭严重，绝缘不良、漏电，电极间隙不合适。
6）点火提前角过小或过大。
7）个别缸不点火。
8）蓄电池电压过低。

(2) 故障诊断排除

1）检查点火能量。点火能量小，点火可靠性差，易断火。将点火开关打开，拔下分电器端中央高压线，使端头离缸体 5~10mm，将发动机运转进行跳火试验。若火花强而有力，则说明故障在配电器、分压线或火花塞；若火花弱，则说明故障在信号发生器、电子点火器、点火线圈。再进行各缸跳火试验，若火花强而有力，则说明故障在火花塞，可能是火花塞积炭、绝缘不良、漏电、电极间隙不合适故障。

2）检查点火提前角。用点火正时仪或发动机综合检测仪检查发动机点火提前角。点火提前角偏离最佳值时，过小或过大都使动力性下降。若点火提前角不正常，则应予以检修。

3）检查各缸是否都工作。个别缸不工作会导致动力不足，利用单缸断火法检查各缸，若某缸断火后，发动机运转状态不变，则说明该缸不工作，则汽车动力不足故障在此。

> **239.** 燃油空气供给系统导致发动机动力性不足的原因有哪些？如何诊断排除？

燃油空气供给系统不正常，使可燃混合气过稀，导致发动机燃烧速率降低，动力性下降。

(1) 故障原因 引起燃油空气供给系统不正常的可能原因如下。

1）电动燃油泵供油压力过低。
2）燃油滤清器堵塞、输油管路堵塞。
3）燃油压力调节器调节不当。
4）喷油器工作不良。
5）空气滤清器堵塞，发动机充气效率下降，导致发动机动力性下降。
6）进气系统严重漏气，如空气进气软管破损、进气管衬垫密封失效或进气软管连接松脱等。
7）废气再循环阀损坏而漏气。

(2) 故障诊断排除

1）检查燃油供给系统管路。检查燃油滤清器是否堵塞，输油管路是否堵塞或泄漏，若有堵塞或泄漏，应予以更换。若正常，则进行下步检查。
2）检查燃油压力。若压力过低，则应检查电动燃油泵工作是否正常，燃油压力调节器是否泄漏或供油压力调节是否过低。若这些部件工作不正常，则应予以更换。若燃油压力正常，则进行下步检查。
3）检查喷油器性能。检查喷油器电磁线圈电阻，看是否符合标准；查看喷油器是否堵塞、阀口积炭是否严重；检查喷油器是否密封不严、漏油是否严重；检查喷油器的喷射质量，看其是否符合要求。若喷油器存在故障，应予以更换；若喷油器正常，则进行下步检查。
4）检查进气系统。检查空气滤清器是否严重堵塞；检查空气进气软管有无破裂，进气软管连接有无松脱，进气管衬垫是否密封失效；检查废气再循环阀有无损坏，是否密封不严。若进气系统存在故障，则应予以检修。

> **240.** 曲柄连杆和配气机构导致发动机动力性不足的原因有哪些？如何诊断排除？

曲柄连杆和配气机构磨损或损坏，导致气缸的密封不严，气缸压缩终了的压力过低，会导致发动机动力性下降。

(1) 故障原因

1）气缸磨损严重，气缸与活塞的配合间隙过大。
2）活塞环磨损严重，密封不良。
3）气门烧蚀严重，密封不良。
4）气缸垫烧蚀损坏，漏气。

(2) 故障诊断排除 用压力表测量气缸压缩压力，并与标准值比较，若气缸压力过低，则说明气缸密封不严。具体故障可进一步检查，此时在火花塞处向缸内加入少量机油，再检查气缸压力，若气缸压力回升，则为气缸壁间隙过大或活塞环密封不严，需拆修发动机；若气缸压力不变，则可能是进、排气门密封不严，或气缸垫损坏。

241. 电控系统导致发动机怠速不稳的原因有哪些？如何诊断排除？

发动机在怠速时，转速时高时低，运转不平稳，甚至熄火。

(1) 故障原因 发动机电子控制系统工作不正常，控制信号不良，导致发动机怠速不稳。引起电子控制系统不正常的可能原因如下。

1）开关型节气门位置传感器怠速触点不闭合。
2）空气流量传感器不良或其线路有故障。
3）发动机冷却液温度传感器不良或其线路有故障。
4）发动机转速传感器不良或其线路有故障。
5）怠速控制阀不良或其线路有故障。
6）EGR 阀不良、EGR 电磁阀不良及其线路有故障。
7）爆燃传感器不良及其线路有故障。
8）氧传感器不良及其线路有故障。
9）发动机 ECU 有故障。

(2) 故障诊断排除 利用故障诊断仪检测发动机电子控制系统有无故障码，若存在故障码，则按故障码显示的故障部位进行深入诊断排除；若无故障码，则读取发动机数据流或根据故障症状进行分析诊断；若电控元件性能不良，则应予以更换。

242. 活塞敲缸的原因有哪些？如何诊断？

活塞敲缸响的特征是：发动机在怠速或低速运转时，在气缸上部发出清晰而有节奏的"嗒、嗒、嗒"敲击声，在发动机低温时响声最为明显。

(1) 故障原因 活塞与缸壁间隙过大；活塞与缸壁间润滑不良。

(2) 故障诊断 最佳听诊部位在机体上部两侧，可利用听诊器或简易听诊杆触及该区域察听异响，其诊断排除方法如下。

1）变速诊断。发动机起动后，低温在怠速或低速运转时异响较为明显，而缓慢加速至中速以上运转时，异响减弱或消失，可初步诊断为活塞敲缸响。
2）改变工作温度诊断。若发动机冷机运行时异响严重，而发动机温度升高后异响消失或减弱，则诊断为活塞敲缸响，其故障原因是活塞裙部与缸壁间隙过大。
3）断火诊断。先将发动机控制在敲击声最明显的转速下运转，然后逐缸断火试验。若某缸断火后异响消失或减弱，则为该缸敲缸响。
4）加机油确诊。为进一步确诊某缸异响，可将发动机熄火，卸下有响声气缸的火花塞或喷油器，向气缸内注入少量机油（20~25mL），慢慢转动发动机，使机油附于缸壁和活塞之间，立即装上火花塞或喷油器，再使发动机运转察听，若异响短时间内消失或减弱，但过不久异响又重新出现，则说明该缸活塞与缸壁间隙确实过大。

243. 活塞销响的原因有哪些？如何诊断？

活塞销响的特征：发动机在怠速、低速和从怠速向低速抖动节气门时，发出清脆而又连贯的"嘎、嘎、嘎"的金属敲击声，加速时响声更为明显。

(1) **故障原因** 活塞销与销座孔、连杆衬套磨损严重，配合松旷；活塞销配合处润滑不良。

(2) **故障诊断** 最佳听诊部位在发动机上侧部或气缸盖，可利用听诊器或简易听诊杆触及该区域察听异响，其诊断方法如下。

> 1) 抖动节气门诊断。发动机怠速运转时，从怠速向低速急抖节气门，若能听到清脆而又连贯的"嘎、嘎、嘎"响声，且响声周期随发动机转速而变，同样转速下响声比活塞敲缸响连续而尖锐，则是活塞销响。
> 2) 改变工作温度诊断。若发动机冷机运行时响声较小，而发动机温度升高后响声更大，则诊断为活塞销响，其故障原因是活塞销与销座孔间隙过大。
> 3) 断火诊断。先将发动机控制在响声最明显的转速范围内运转，然后逐缸断火试验。若某缸断火后响声明显减弱或消失，而在复火的瞬间响声立即恢复或连续出现两个响声，则可断定为该缸活塞销响。

> **244.** 曲轴主轴承响的原因有哪些？如何诊断？

曲轴主轴承响的特征：发动机急加速时，发出沉重而有力的"刚、刚、刚"的金属敲击声，严重时机体发生很大振动；发动机转速越高，响声越大；发动机负荷越大，响声越明显。

(1) **故障原因** 主轴承盖螺栓松动；主轴承与主轴颈磨损严重，使配合间隙过大；主轴承减摩合金烧损或脱落；曲轴弯曲；机油压力太低或机油黏度太小，使主轴承润滑不良。

(2) **故障诊断** 最佳听诊部位在发动机曲轴箱两侧与曲轴轴线齐平的位置，可利用听诊器或简易听诊杆触及该区域察听异响，其诊断方法如下。

> 1) 抖动节气门诊断。先使发动机低速运转，然后微微抖动节气门，反复变更发动机转速，若"刚、刚、刚"的金属敲击声随发动机转速升高而增大，且在急加速瞬间更为明显，则诊断为主轴承响。
> 2) 变速诊断。改变发动机转速来比较响声诊断。若发动机在怠速或低速运转时响声较为明显，而高速时显得杂乱，则可能是曲轴弯曲所致；若发动机在高速运转时，机体有较大振动，机油压力过低，则说明主轴承间隙过大、减摩合金烧损或脱落。
> 3) 断火诊断。对1缸进行单缸断火，若断火后响声明显减弱，则说明第一道主轴承响；对最末缸进行单缸断火，若断火后响声明显减弱，则说明最后一道主轴承响；对任意相邻两缸同时断火，若断火后响声明显减弱，则为两缸之间的主轴承响。

> **245.** 连杆轴承响的原因有哪些？如何诊断？

连杆轴承响的特征是：当发动机突然加速时，发出"□、□、□"连续明显、轻而短促的敲击声，随着转速、负荷的增加其响声更加明显。

(1) **故障原因** 连杆轴承盖螺栓松动；连杆轴承与轴颈磨损严重，使配合间隙过大；连杆轴承合金烧毁或脱落；机油压力太低或机油黏度太小，使连杆轴承润滑不良。

(2) **故障诊断** 在加机油口处仔细察听连杆轴承异响比较明显，也可利用听诊器或简易听诊杆触及曲轴箱中部连杆轴承附近区域察听异响，其诊断方法如下。

> 1）变速诊断。使发动机怠速运转，然后由怠速向低速，由低速向中速，再由中速向高速加大节气门开度进行试验。若响声随着转速的升高而增大，在加速的瞬间更加突出，且比主轴承的响声清脆、缓和、短促，则诊断为连杆轴承响。
>
> 2）断火诊断。在怠速、中速和高速情况下，逐缸反复进行断火试验。若某缸断火后响声明显减弱或消失，而在复火的瞬间又能立即出现，则说明该缸连杆轴承响。
>
> 3）依据机油压力诊断。若响声严重，又伴随机油压力低，则可确诊为连杆轴承响。机油压力低的伴随现象往往是区别连杆轴承响与活塞销响、活塞敲缸响的重要依据。

246. 气门脚响的原因有哪些？如何诊断？

气门脚响的特征：发动机怠速时，发出有节奏的"嗒、嗒、嗒"响声，转速越高，响声越明显。

(1) 故障原因 气门脚间隙过大；气门脚处润滑不良；气门杆与气门导管配合间隙过大；气门头部与座圈接触不良。

(2) 故障诊断 发动机怠速下气门脚响声清脆而有节奏，在发动机周围就能听到较为清晰的响声，而在气门室或气门罩处听诊异响非常明显，其诊断方法如下。

> 1）变速、变温、断火诊断。若发动机怠速运转时响声明显，而转速增高时响声增大、节奏加快，但发动机温度变化、断火试验时响声不变，则可诊断为气门响。
>
> 2）用塞尺堵塞间隙诊断。将气门室盖或罩拆下，在怠速时用适当厚度的塞尺插入气门脚间隙中，逐个试验。当插入某个气门脚间隙中时，响声减弱或消失，即可诊断是该气门响，且由气门脚间隙过大造成。
>
> 3）分析诊断。若气门脚间隙正常，插入塞尺后，异响声不变，则可能是气门脚处润滑不良、气门与其导管配合间隙过大、气门头部与座圈接触不良所致。

第二章

底盘使用与维修

一、汽车传动系统

> **247.** 汽车传动系统的作用是什么？有哪几种布置形式？

汽车传动系统的主要功用：将发动机的动力传到驱动轮上，使驱动轮旋转；根据需要改变驱动轮的转速和转矩，实现汽车的前进和倒退；切断发动机与驱动轮之间的动力传递等。

根据汽车发动机与驱动桥布置的位置不同，汽车传动系统分为前置后驱、前置前驱、后置后驱、中置后驱和全轮驱动。其中，前置后驱动的布置形式在商用车中应用最广泛，货车普遍用这种形式；中置后驱应用较少，国内仅有少量进口大型客车是这种布置形式；乘用车中，特别是轿车，大多数采用前置前驱；后置后驱在大型客车中应用较多；多功能运动车和军用汽车普遍采用全轮驱动的形式。

> **248.** 前置后驱汽车传动系统由哪几部分组成？有何特点？

前置后驱汽车传动系统主要由离合器、变速器、万向传动装置（万向节、传动轴）、驱动桥（主减速器、差速器和半轴）等组成（图 2-1）。如果汽车采用自动变速器，则传动系统由自动变速器、万向传动装置、驱动桥组成。

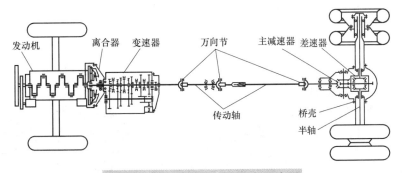

图 2-1　前置后驱汽车传动系统示意图

前置后驱汽车特点：轴荷分配均匀，操纵稳定性较好，能充分发挥汽车的动力性，但传动部件多、传动系统质量大。目前主要应用在中、高级轿车和载货汽车上。

> **249.** 前置前驱汽车传动系统由哪几部分组成？有何特点？

在前置前驱汽车传动系统中，变速器与驱动桥距离很近，且驱动桥还有转向功能，因此其传动系统一般由离合器、手动变速驱动桥（手动变速器、主减速器、差速器、半轴、万向传动装置、驱动轮轴）组成（图2-2）。如果采用自动变速器，则传动系统仅由自动变速系统和驱动桥组成。

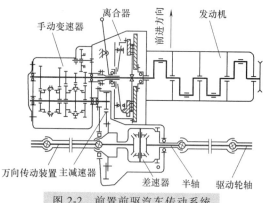

图 2-2　前置前驱汽车传动系统

前置前驱汽车特点：结构紧凑、质量轻，布置方便，操控性好，抗侧滑能力强，但结构复杂、前轮工作条件恶劣，汽车动力性难以充分发挥。目前主要应用于中、小型轿车。

▶ 250. 四驱汽车传动系统由哪几部分组成？有何特点？

四驱汽车传动系统一般由离合器、变速器、传动装置、分动器、前万向传动装置、前驱动桥、后万向传动装置、后驱动桥组成（图2-3）。

四驱汽车特点：各车轮均有驱动力，地面附着性能好，汽车通过性、动力性好，但结构较为复杂，成本高。目前主要应用于越野车、SUV车和高性能跑车。

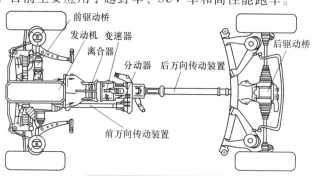

图 2-3　四驱汽车传动系统

▶ 251. 离合器的作用是什么？由哪几部分组成？

离合器安装于发动机与变速器之间，其功用是平顺传递或短时切断发动机动力，保证汽车平稳起步和便于换档，并防止传动系统过载。

手动变速器汽车普遍采用摩擦式离合器，它主要由主动部分（飞轮、离合器盖、压盘和传动片）、从动盘摩擦片、压紧装置（压紧弹簧）、分离机构（分离杠杆、分离轴承、分离套筒、分离叉）和操纵机构（踏板、拉杆）组成（图2-4）。

松开离合器踏板，离合器处于接合状态，用来传递动力。此时，压紧弹簧将压盘、飞轮及从动盘互相压紧。发动机工作时，飞轮旋转，发动机动力通过飞轮、压盘与从动盘摩擦片的摩擦作

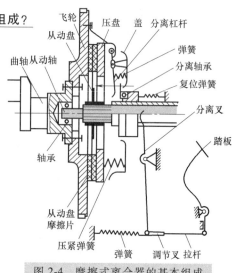

图 2-4　摩擦式离合器的基本组成

用传递到从动盘，再经从动轴输入到变速器。

踩下离合器踏板，离合器处于分离状态，用来切断动力。此时，拉杆拉动分离叉外端向后移动，分离叉内端则通过分离轴承推动分离杠杆的内端向前移动，分离杠杆外端便拉动压盘压缩压紧弹簧向后移动，使从动盘与飞轮端面出现间隙，解除了对从动盘的压力，于是离合器的主、从动部分处于分离状态而切断发动机动力。切断发动机动力可便于汽车换档，因为此时变速器齿轮不再传递转矩，容易退出原档位齿轮，也容易挂上新档位。

252. 什么是离合器踏板自由行程？自由行程过大或过小有何危害？

离合器踏板自由行程是指离合器踏板在消除离合器分离杠杆端面与分离轴承之间的间隙所移动的一段空程。若离合器踏板自由行程过小，则离合器片磨损后会使分离杠杆端部顶住分离轴承，离合器不能很好地接合使离合器打滑，同时易造成分离轴承早期损坏；若自由行程过大，则容易使离合器分离不彻底。因此，离合器踏板应具有合适的自由行程。但离合器踏板自由行程会随着离合器摩擦片的磨损而变化，故对离合器踏板自由行程应进行定期检查和必要的调整。

253. 如何检查、调整离合器踏板自由行程？

（1）**离合器踏板自由行程的检查**　将有刻度的直尺支在驾驶室地板上，先测出踏板完全放松时的高度，再测出按下踏板感到阻力明显增大时的高度，两次测量的高度差，即为离合器踏板自由行程（图2-5a）。各种车型的离合器踏板自由行程都有其规定的数值，不尽相同，如桑塔纳轿车离合器踏板自由行程为15～25mm，而奥迪轿车离合器踏板自由行程为10～15mm。

（2）**离合器踏板自由行程的调整**　当离合器踏板自由行程不符合该车的规定如过大或过小时，应进行调整。

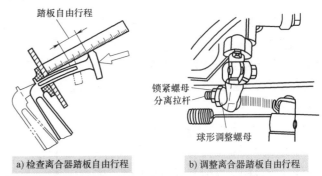

a) 检查离合器踏板自由行程　　　b) 调整离合器踏板自由行程

图2-5　离合器踏板自由行程的检查与调整

其调整方法和部位因离合器的操纵方式不同而有差异。机械操纵式离合器一般通过改变分离拉杆有效长度的方法来调整其自由行程。调整时，旋松锁紧螺母（图2-5b），当自由行程过大时，将调整螺母旋进，使分离拉杆有效长度缩短，则自由行程将减小；当自由行程过小时，将调整螺母旋出，使分离拉杆有效长度增长。调好后，将锁紧螺母锁牢。调整完毕，再检查一次踏板自由行程，确保其符合规定值。

254. 离合器在使用中应进行哪些维护？

1）检查和调整离合器踏板的自由行程，使其符合规定值。

2）检查操纵机构的技术状况。目检操纵机构各件，及时更换失去正常功能及有明显缺陷的零部件。如：分离轴承，有阻滞或有明显间隙感时，应更换；分离拨叉轴轴承磨损松旷，应更换；操纵传动杆件或钢索发卡或损坏，应更换。

3）离合器各部件的油嘴、轴承及各活动铰接处，必须按规定时间加注润滑脂。

4）当离合器摩擦面上有油时，离合器便会打滑。因此，在使用中，如果离合器打滑，则首先检查摩擦表面是否有油污，应拆开飞轮壳上的检视孔盖，检查离合器是否被油污染，如果摩擦表面有油污，应予以清洗，并查明油污的来源，给予排除。

255. 离合器打滑的原因有哪些？如何诊断排除？

离合器打滑时，汽车起步困难；上坡满载行驶深感动力不足，可嗅到离合器摩擦片的焦味。

（1）故障原因

1）离合器操纵系统调整不当，导致离合器踏板无自由行程。

2）从动盘摩擦片磨损逾限或压盘、飞轮的工作面磨损过甚，导致分离轴承压在分离杠杆上，使离合器踏板无自由行程。

3）从动盘摩擦片烧损、硬化、铆钉外露或有油污，使离合器摩擦副的摩擦系数过小。

4）压紧弹簧变形、损坏，使弹力不足。

5）压盘、飞轮、从动盘变形，导致传递转矩下降。

6）分离轴承运动发卡而不能回位。

7）离合器盖与飞轮的连接松动，使压紧力减弱。

（2）故障诊断排除
汽车静止时，分离离合器，起动发动机，拉紧驻车制动器操纵杆，把变速器换入一档，缓抬离合器踏板使离合器逐渐接合，同时加大节气门，若发动机无负荷感，汽车不能起步，发动机又不熄火，说明离合器打滑；汽车在行驶中，当加大节气门后，若发动机转速提高而车速不变，则表明离合器打滑。当离合器打滑时，可按下述方法诊断排除故障。

1）检查离合器踏板自由行程。若无自由行程，则应检查离合器操纵系统是否调整不当、踏板复位弹簧是否疲劳或折断、踏板操纵杆系是否卡滞、分离轴承是否不能回位、分离杠杆内端是否调整过高、离合器盖与飞轮的连接是否松动。若自由行程正常，则进行下步检查。

2）检查从动盘摩擦片。拆下离合器壳底盖，挂空档并踩下离合器踏板，转动从动盘摩擦片察看是否有烧损、硬化、铆钉外露或油污等现象。若有，则应更换从动盘摩擦片；若从动盘摩擦片完好，则进行下步检查。

3）拆下离合器检查。检查压紧弹簧是否变形损坏或弹力不足，检查压盘、飞轮、从动盘是否变形，以确定故障部位，并予以修复。

256. 离合器分离不彻底的原因有哪些？如何诊断排除？

离合器分离不彻底时，换档困难，汽车起步时发动机易熄火。

（1）故障原因

1）离合器踏板自由行程过大。

2）离合器分离杠杆调整不当，使其内端后端面不在同一平面，或其分离杠杆内端高度过低。

3）从动盘翘曲、铆钉松脱、摩擦衬片松动。

4）压盘受热变形，翘曲超限。

5）双片离合器中间压盘支撑弹簧弹力不均或个别弹簧折断、中间压盘调整不当。

6）从动盘毂花键槽与变速器第一轴花键齿卡滞。

7）离合器操纵机构中传动部分紧固螺栓松动或紧固螺栓失效。

8）离合器操纵机构卡滞，其离合器踏板踩不到底。

9）离合器液压操纵机构中油液不足，或管路中有空气。

（2）故障诊断排除　先将变速器处于空档，使发动机运转，再踩下离合器踏板，进行挂一档试验。若换档困难并伴有齿轮撞击声，强行挂入档位后汽车前冲，发动机熄火，则说明离合器分离不彻底。当离合器分离不彻底时，可按下述方法诊断排除故障。

1）检查离合器操纵机构是否卡滞，传动是否失效，保证其工作正常。

2）检查离合器踏板自由行程是否符合标准。若自由行程过大，则调整离合器自由行程至正常值，然后起动发动机检验调整后的情况。此时，若离合器工作正常，则说明其故障原因是离合器踏板的工作行程太小。若自由行程正常，则进行下步检查。

3）检查分离杠杆内端的后端面是否在同一平面。用手扳动分离拨叉，使分离轴承前端轻轻靠在分离杠杆内端。转动离合器一周，察看其接触情况。若只有部分分离杠杆内端与分离轴承接触，则离合器分离时其压盘会失去对于飞轮的平行状态，从而造成离合器分离不彻底，此时，需重新调整分离杠杆。若各分离杠杆内端的后端面在同一平面，则进行下步检查。

4）检查分离杠杆内端高度是否过低。若过低，则故障可能由此引起，其原因是分离杠杆内端高度调整不当或磨损过度，应重新调整分离杠杆。

5）对于双片式离合器，还应检查中间压盘的分离情况。若中间压盘及其从动盘在离合器分离过程中无轴向活动量，说明故障在此，可重新调整。调整后若还分离不彻底，可能是中间压盘支撑弹簧折断、过软或中间压盘本身轴向移动卡滞所造成。

6）经上述检查和调整后，若离合器仍分离不彻底，则可能是从动盘翘曲变形严重、从动盘铆钉松脱、摩擦片松动、从动盘摩擦片过厚、从动盘花键滑动卡滞所致，应修复从动盘。

7）对于离合器液压操纵机构，若在排除空气和添足油液后，离合器能分离彻底，则故障在其原液压操纵机构内有空气或油液不足，导致踩离合器踏板无力，有效行程减小。

▶ 257. 离合器发抖的原因有哪些？如何诊断排除？

离合器发抖时，汽车起步有轻微冲撞，不能平顺起步，严重时车身明显抖动。

（1）故障原因

1）分离杠杆变形或调整不当，各分离杠杆内端的后端面不在同一平面。

2）压盘、从动盘翘曲变形严重，飞轮工作端面的端面圆跳动超标。

3）压紧弹簧弹力不均匀，个别弹簧弹力减弱或折断。

4）从动盘摩擦片厚度不均、衬片破裂、表面不平、铆钉外露或松动。

5）从动盘毂花键槽与变速器第一轴花键齿磨损过甚、间隙过大。

6）从动盘摩擦片减振弹簧失效或折断，缓冲片破损。

7）发动机支架、变速器与飞轮壳、飞轮与离合器盖的紧固螺栓松动。

(2) 故障诊断排除 让发动机怠速运转，挂低速档，缓缓放松离合器踏板并轻踩加速踏板，使汽车起步，有振动感即离合器发抖。当离合器发抖时，可按下述方法诊断排除故障。

1）检查分离杠杆内端的后端面是否在同一平面。如不在同一平面，则会使主、从动盘接触不平顺引起离合器振动，应按规定进行调整。若正常，则进行下步检查。

2）检查发动机前后支架、变速器与飞轮壳、飞轮与离合器盖的紧固螺栓是否松动。如有松动，则离合器接合时会引起松动部件振动，应按规定力矩拧紧。若正常，则进行下步检查。

3）拆卸离合器检查。检查压盘及从动盘是否翘曲，摩擦片是否破裂、厚度不均、表面不平、铆钉松动，压紧弹簧或膜片弹簧是否断裂，减振弹簧是否失效，从动盘毂花键槽与变速器第一轴花键齿配合是否松旷等。若有异常，应予以修复。

258. 离合器异响的原因有哪些？如何诊断排除？

离合器在分离或接合的变工况时，出现连续或间断的比较清晰的响声。

(1) 故障原因

1）分离轴承磨损严重、缺油或损坏。

2）离合器踏板复位弹簧与分离轴承复位弹簧过软、折断或脱落。

3）双片式离合器中间压盘的传动销与销孔磨损松旷。

4）从动盘毂花键槽与变速器第一轴花键齿磨损松旷。

5）从动盘铆钉头外露、钢片断裂、减振弹簧折断或失效。

(2) 故障诊断排除

1）在变速器挂入空档、发动机怠速运转时，控制离合器踏板，利用离合器分离与接合时发出的响声诊断其故障所在。

① 踩下离合器踏板少许，使分离杠杆与分离轴承接触。若听到有"沙沙"的响声，则为分离轴承响；若润滑分离轴承后仍然发响，则说明轴承磨损松旷。若继续踩下离合器踏板少许，并略提高发动机转速，如金属摩擦的响声增大，则说明分离轴承损坏，应更换分离轴承。

② 将离合器踏板踩到底时，若听到一种"咔啦、咔啦"的响声，当反复改变发动机转速时，其响声会更明显，而松开离合器踏板后其响声消失，则对于双片式离合器，其异响多为中间压盘销孔与传动销磨损松旷撞击所致，对于单片式离合器，其异响多为离合器压盘与盖配合传力处松旷撞击所致，应进行修复。

2）在汽车起步时，控制离合器踏板，根据离合器发出的响声诊断其故障所在。

① 逐渐放松离合器踏板，在离合器将要接合时听到尖锐啸叫，随即踩下踏板，响声消失，放松踏板响声又出现，这是从动盘钢片破碎或铆钉头外露刮碰压盘或飞轮所致，应予以修复。

② 松开离合器踏板，在离合器接合、汽车起步时，若发出"咔""吭"的金属撞击声，

且重车起步时更为明显，则为从动盘毂花键槽与变速器输入轴花键齿配合松旷或从动盘减振器弹簧折断所致，应予以修复。

> **259.** 离合器从动盘结构如何？从动盘何时需要修复或更换？

从动盘结构如图 2-6 所示。从动盘的两个表面都铆有（或黏贴）摩擦系数较大的摩擦片，从动盘中间有齿毂，用以连接变速器输入轴并可在其上作自由移动，一般从动盘上都装有扭转减振弹簧，以提高离合器接合时的缓冲性能。

检修时，如从动盘及摩擦片技术状况良好，可继续使用。如摩擦片有轻微烧蚀、硬化，可用锉刀或粗砂布光磨后使用；如摩擦片有轻微油污，可用喷灯火焰烧去，或用汽油清洁。当摩擦片有严重磨损使其过薄，铆钉头露出，或摩擦片有破裂、严重烧蚀，则应更换摩擦片；当从动盘花键轴套与变速器第一轴花键轴配合松旷、从动盘整体严重地翘曲变形时，都应更换从动盘。

a) 离合器从动盘总成

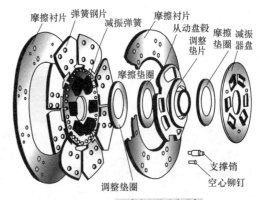
b) 离合器从动盘分解

图 2-6　离合器从动盘结构

> **260.** 怎样检修离合器从动盘？

从动盘是离合器中工作状况最恶劣和最易损坏的零件。若目测从动摩擦片有严重损坏、破裂、烧蚀等就要更换摩擦片；整体变形偏摆则需检测校正；若花键轴套与输出轴花键间隙超过规范则必须更换。

(1) 检查从动盘摩擦片磨损量　用游标卡尺测量铆钉头的深度（图 2-7），以检查摩擦片的磨损程度。若深度小于 0.3mm，则说明磨损严重，要更换摩擦片。

(2) 检查从动盘变形量　可通过从动盘偏摆来检查变形程度，用千分表在从动盘外周边缘上测量（图 2-8），其端面圆跳动量不

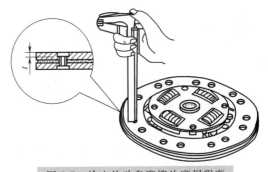
图 2-7　检查从动盘摩擦片磨损程度

应大于 0.4mm。若端面圆跳动量超过 0.4mm，则应用扳钳校正从动盘（图 2-9），或更换从动盘总成。否则，会引起汽车起步时离合器发抖；离合器分离不彻底、换档困难等故障。

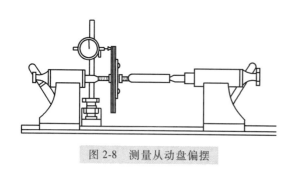

图 2-8　测量从动盘偏摆

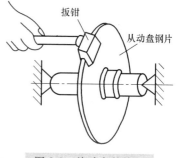

图 2-9　从动盘的校正

(3) 检查从动盘钢片与毂的连接状况　可用铁锤敲击检查，若铆钉松动或断裂，则需更换。

(4) 检查从动盘花键轴套与变速器输入轴花键轴的配合间隙　若间隙过大，会导致汽车起步或车速突然改变时发响。检查时将从动盘花键轴套装在变速器第一轴花键上，用手来回转动从动盘，不得有明显的松旷，若齿侧间隙超过 0.16mm，应更换从动盘毂或变速器输入轴。

▶ **261. 怎样更换离合器从动盘摩擦片？**

1) 拆除旧摩擦片。先用比铆钉直径小 0.4～0.5mm 的钻头，钻出铆钉头，然后冲下旧铆钉，取下旧摩擦片，并用钢丝刷去除从动盘的灰尘和锈迹。

2) 检查从动盘钢片与花键毂的接合，如有松动，应予以铆紧或用新铆钉重新铆合。

3) 检查从动盘钢片的翘曲变形量，超过极限时进行冷压校正。

4) 取用原车的新摩擦片及相应的铆钉。

5) 钻铆钉孔与埋头孔。将两片新摩擦片同时放在从动盘钢片的一边，对正位置用夹具夹紧，选用与钢片铆钉孔相适应的钻头，按照钢片上各孔位置将摩擦片钻透，再用与铆钉头直径相应的钻头在每片衬片的单面钻出埋头孔。含铜丝的摩擦片埋头孔深度为片厚的 2/3，不含铜丝的为 1/2。

6) 摩擦片与钢片铆合。把两片摩擦片分别放在钢片的两侧，埋头孔向外，在铆合摩擦片时，铆钉头的方向应交错排列，相邻铆钉头必须一正一反。铆时不可用力过猛，以免摩擦片开裂。

7) 最后对铆好的摩擦片进行质量检查。

▶ **262. 怎样检修离合器压盘总成？**

(1) 压盘的检修　压盘的一般损伤是工作平面磨损、擦伤、破裂和翘曲变形等。压盘变形检查：将压盘工作面放在平板上，用塞尺测量压盘工作面与平板的缝隙，压盘表面的平面度不得超过规定值。压盘表面磨出沟槽，其槽深不得超过 0.3mm。压盘的翘曲变形或沟槽可在平面磨床上磨平或在车床上车平。但严重变形或沟槽深度过大或有破裂缺陷的压盘应予以更换。

(2) 离合器盖的检修　若发现离合器盖有裂纹、破损或变形，应更换离合器盖或压盘总成。

(3) 膜片弹簧的检修　膜片弹簧若有簧片折断、烧伤、出现裂纹等缺陷，都应更换膜片弹簧。膜片弹簧分离指端部的磨损情况可用游标卡尺检测（图 2-10），其深度应小于 0.6mm，宽度应小于5mm，否则应更换膜片弹簧。膜片弹簧变形时，用专业工具盖住弹簧分离指内端（图2-11），然后用塞尺测量弹簧内端与专用工具之间的间隙，弹簧内端应在同一平面内，间隙不应超过0.5mm。否则，应用维修工具将变形过大的弹簧分离指翘起以进行调整。

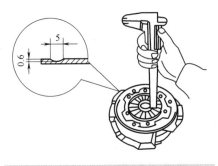

图2-10 检测膜片弹簧分离指端磨损量

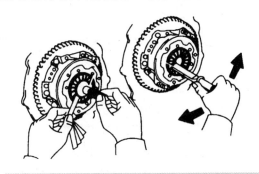

图2-11 检查、调整膜片弹簧分离指端部平齐度

> **263.** 怎样检查维护离合器分离轴承？

分离轴承检查方法如图2-12所示。用手固定分离轴承内圈，转动外圈，同时在轴向施加压力，分离轴承应灵活无响声。若轴承发卡或转动阻力大，则应更换分离轴承；若轴承有明显间隙感，轴向、径向间隙过大，或轴承滑动表面有损伤时，也应更换分离轴承。

目前汽车普遍采用自润滑免维护分离轴承，不需维护。但使用中要注意防尘、防水，弄脏后，切忌把分离轴承浸泡在汽油或煤油中，用棉纱擦去表面的油污脏物即可。

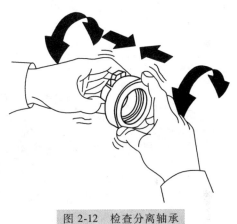

图2-12 检查分离轴承

> **264.** 怎样检查离合器的修复质量？

离合器维修质量检查内容主要有离合器接合、分离、打滑、异响状况。

(1) 离合器接合检查 使发动机运转，挂上一档，缓慢抬起离合器踏板，如能平稳起步，则表明其接合状况良好。

(2) 离合器分离检查 使变速器处于空档，发动机高速运转，踩下离合器踏板，挂一档或倒档，若各档能平稳接合，而汽车保持静止不动，则说明离合器可以彻底分离。否则，需再次对离合器进行调整。

(3) 离合器打滑检查 拉紧驻车制动器操纵杆，并锁止驱动轮，踩下离合器踏板，将变速器挂入一档。起动发动机后，一边提高发动机转速，一边慢慢放松离合器踏板，若发动机停转熄火，则表明离合器不打滑。

(4) 离合器异响检查 在汽车运行过程中，若踩下或松开离合器踏板，离合器均无异响，则离合器正常。

> **265.** 变速器的作用是什么？有哪几种类型？

变速器的功用是根据路面状况和行驶条件变化的需要，改变汽车的行驶速度，提供合适的汽车驱动力，并能按需切断或传递发动机动力，以及改变汽车动力输出方向，实现倒车行驶。

变速器类型很多，按操纵方式不同可分为手动变速器、自动变速器和手自一体式变速器。

266. 手动变速器由哪几部分组成？有何特点？

典型的三轴式5档普通齿轮手动变速器，安装布置在离合器之后，将发动机动力从离合器传给传动轴，它主要由变速传动机构和操纵机构组成（图2-13）。

（1）**变速传动机构** 变速传动机构主要由齿轮、轴、轴承、同步器和壳体等组成，其主要作用是变速、变矩和改变旋转方向。

（2）**操纵机构** 操纵机构主要由变速杆、拨叉、拨叉轴、拨叉块和自锁、互锁、倒档锁装置等组成，其主要作用是将变速器挂入所需要的档位。

手动变速器普遍采用普通齿轮变速器，它是一种定轴式齿轮变速器，具有结构简单、易于制造、工作可靠、传动效率高等优点。

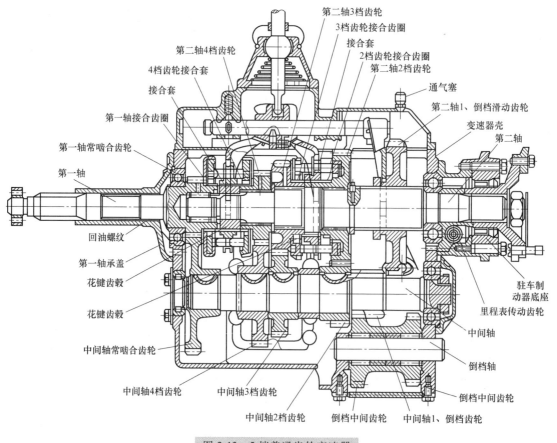

图 2-13　5 档普通齿轮变速器

267. 二轴式变速器结构怎样？有何特点？

轿车普遍使用二轴式变速器，图2-14所示为发动机横向布置的二轴式变速器结构。它主要由第一轴、第二轴、齿轮、同步器、操纵机构、主减速器和差速器组成。其结构特点如下。

(1) **结构紧凑** 变速器、主减速器、差速器连为一体，整个传动系统结构紧凑、工作可靠。

(2) **传动效率高** 前进档的动力传递采用两根轴来实现，各前进档动力只经一对齿轮传递，第二轴同时也是主减速器的主动轴，使得变速器结构简单，传动损失小、效率高，使用经济性好。

(3) **结构布置合理** 变速器取消了传统结构的中间轴，将输入轴与输出轴平行布置，提高了变速器输入轴和输出轴的支承刚度，可有效地延长变速器的使用寿命。

(4) **成本低、装配调整方便** 因为发动机横置，发动机的旋转方向与驱动轮一致，所以免除了主减速器中的弧齿锥齿轮，主减速器为单级斜齿圆柱齿轮传动，降低了成本且便于装配调整。

(5) **操作简单** MA 变速器各档采用同步换档，便于操作，有利于减少齿轮冲击和噪声。

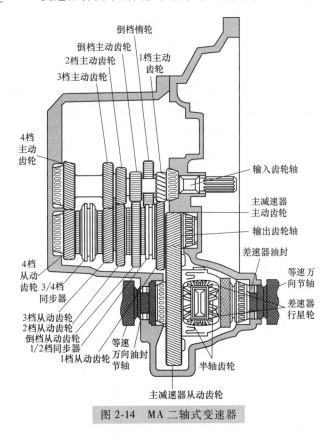

图 2-14 MA 二轴式变速器

> **268.** 普通齿轮变速器如何实现变速、变矩？

一对齿数不同的齿轮啮合传动时，若小齿轮带动大齿轮转动，则大齿轮转速降低；若大齿轮驱动小齿轮，则小齿轮转速升高（图 2-15）。普通齿轮变速器就是通过若干对不同齿数和大小的齿轮副相互组合、串联传动，获得不同的传动比来实现变速的。

a) 减速传动　　　　　　　　　b) 增速传动

图 2-15　齿轮传动原理

齿轮传递动力时，其输入功率等于输出功率。据此可得：输入轴转速 $n_入$ 与输入轴转矩 $T_入$ 的乘积等于输出轴转速 $n_出$ 与输出轴转矩 $T_出$ 的乘积。这样在齿轮传动变速的同时，也实现了变矩。即：减速必增矩；增速必减矩；速不变，则矩不变。汽车变速器就是利用这一关系通过改变传动比来获得输出轴转矩变化的。因此，可以说变速器实际上也是一个变矩器。

269. 什么是变速器传动比？它与变速器档位有何关系？

变速器传动比也称速比，是指输入轴转速与输出轴转速之比。通常用传动比来描述其变速性质，如传动比大于1，则是减速传动；传动比小于1，则是增速传动；传动比等于1，则是等速传动。为了适应汽车行驶阻力变化的需要，变速器通常设置多个传动比，即多个档位。每个档位对应一个确定的传动比，这就是有级变速。轿车和轻、中型货车变速器多采用 3~5 个前进档和 1 个倒档，重型汽车和越野车档位更多。

变速器传动比小的档位称为高速档，传动比大的档位称为低速档。传动比小于1的称为超速档，传动比等于1的称为直接档，传动比大于1称为减速档。好路面常用高速档，坏路或爬坡时常用低速档。超速档行驶经济省油，1档行驶驱动力最大。选择不同的档位，改变各轴不同齿轮的相互啮合，可以改变输出轴的转速和转矩。档位越低，减速增矩的作用越强。

270. 普通齿轮变速器怎样实现换档？

换档的实质就是改变传动比，而传动比的改变是通过齿轮啮合的变化实现的。图 2-13 所示的齿轮变速器，有 5 个前进档和 1 个倒档。其各档齿轮安装在不同的第一轴（输入轴）、中间轴、第二轴（输出轴）和倒档轴上，有的齿轮与轴固定，有的齿轮空套在轴上，必须通过接合装置才能实现动力的传递。换档需要通过操纵机构完成，其原理是通过变速杆的移动变换，改变拨叉轴和拨叉的相对位置，使所选档位的接合套与该档齿轮接合，于是所选档位齿轮啮合的传动比确定，而其他档位齿轮则处于空转状态；需要变换档位时，驾驶人操作变速杆；需要空档时，则变速杆不挂入任何档位，各档的传动齿轮均空转，动力切断而无输出。

271. 什么是同步器？如何实现同步换档？

同步器是指变速器内实现同步换档的装置。现代汽车手动变速器上都装有同步器，它能保证换档时，待啮合齿轮的切向速度相等同步，实现无冲击接合。惯性同步器（图 2-16）是利用摩擦原理同步的，换档时推动变速杆，其推力作用使接合套移动并推动锁环压在同步器摩擦元件锥面上，通过摩擦元件的相互摩擦作用使相接合的两锥面零件迅速达到同步，同时采用惯性锁止机构以保证相接合的两锥面零件在圆周速度未达到同步之前，其接合套不会进入啮合，只有在同步条件下，待啮合齿轮才能顺利进入啮合并挂入相应档位，从而实现无冲击换档。若同步器损坏，则会出现齿轮碰撞挂不上档或产生换档冲击。

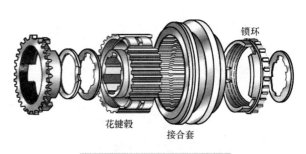

图 2-16 锁环式惯性同步器

272. 变速器中有哪些锁止装置？其作用是什么？

现代汽车手动变速器都设有档位自锁装置、互锁装置和倒档锁装置。自锁装置的作用是防止自动换档、脱档，并保证各档齿轮全齿长啮合；互锁装置的作用是保证变速器不会同时换入两个档位，以免运动干涉损坏传动零件；倒档锁装置的作用是防止在前进时误挂倒档而引发安全事故。

273. 变速器在使用中应进行哪些维护？

变速器的维护主要内容：检查和紧固变速器连接件，检查、添加和更换润滑油。具体工作如下。

1) 检查变速器前后的紧固螺栓，如有松动，应逐个拧紧。
2) 检查变速器上盖、侧盖和轴承盖的紧固螺栓，如有松动，应逐个拧紧。
3) 检查变速器所有紧固螺栓的弹簧垫圈，如有损坏，应更换。
4) 定期检查润滑油。如油量不足，应加足原车规定的润滑油；如油质变坏，应更换润滑油。
5) 检查通气螺塞通气孔的通气情况，经常清洗通气螺塞，保持通气孔的通气状态。
6) 检查箱体和各箱盖、轴承盖接合表面有无漏油痕迹，传动轴凸缘处有无漏油痕迹，加油螺塞和放油螺塞处有无漏油痕迹。如果冷车检查发现有明显的漏油痕迹，或热车后停车检查发现有滴油现象，应该查明漏油或渗油的地方，有针对性地更换油封、垫片，或紧固螺栓、加油螺塞、放油螺塞，或清洗通气螺塞。

274. 变速器跳档的原因有哪些？如何诊断排除？

汽车在行驶过程中，特别是重载加速或爬坡时，变速杆自动跳回空档位置，换档啮合副自动脱离啮合状态。

(1) 故障原因

1) 自锁装置的凹槽和钢球磨损严重或自锁弹簧疲劳、折断。
2) 换档拨叉及拨叉轴磨损严重，换档拨叉与拨叉槽配合间隙过大。
3) 换档拨叉及拨叉轴弯曲变形严重。
4) 换档齿轮、齿圈或齿套，在啮合部位沿齿长方向磨损形成锥形。

5）变速器轴与轴承磨损松旷，壳体变形，啮合齿轮的轴线不平行。

6）滑动齿轮与轴的花键磨损严重，配合间隙过大。

7）变速器轴轴向间隙过大。

（2）故障诊断排除　汽车在中、高速行驶时，采用突然加、减速的方法，使齿轮承受较大的交变负荷，检查是否跳档。逐档进行路试，若变速杆在某档自动跳回空档，即诊断该档跳档。当变速器某档跳档时，可按下述方法诊断排除故障。

1）检查该档的自锁能力。用手扳动变速杆检查挂档、退档的手感，若感觉阻力很小，则说明该档位的自锁能力差，故障在自锁装置，如拨叉轴凹槽和钢球磨损严重或自锁弹簧疲劳、折断等，应更换损坏的零件。若自锁能力正常，则进行下步检查。

2）检查换档齿轮的啮合情况。将变速杆重新挂入该档，然后拆下变速器盖察看换档齿轮的啮合情况。若换档齿轮或齿套未完全啮合，就用手推动跳档的齿轮或齿套，如能进入正确啮合，则故障为换档拨叉及拨叉轴弯曲或磨损过大、换档拨叉与拨叉槽配合间隙过大、换档拨叉固定螺栓松动所致，则应更换或修复故障件。若换档齿轮啮合良好，则进行下步检查。

3）检查换档齿轮的磨损状况。用手将换档滑动齿轮或齿套退回空档位置，检查啮合部位沿齿长方向是否磨成锥形，若为锥形，则容易跳档，应更换磨损件；若齿形良好，则进行下步检查。

4）检查换档齿轮的配合间隙。用手晃动换档齿轮，检查花键槽与花键的配合是否松旷，检查相啮合齿轮的轴向间隙或径向间隙是否过大，若配合松旷或间隙过大，则换档齿轮在传动中容易摆动而出现跳档，需修复使其间隙正常。若间隙正常，则进行下步检查。

5）检查变速器轴与轴承的磨损情况。若轴与轴承磨损松旷，轴向间隙过大，则容易导致跳档。若轴与轴承间隙正常，则故障可能是变速器壳体变形、轴线不平行产生轴向力所致。

275. 变速器换档困难的原因有哪些？如何诊断排除？

汽车行驶时，变速器不能顺利地挂入档位，挂档时往往伴有齿轮撞击声。

（1）故障原因　离合器分离不彻底，或离合器调整不当；变速杆弯曲变形及操纵机构调整不当；换档拨叉轴弯曲变形，拨叉轴与其导向孔配合过紧或缺油严重锈蚀；换档拨叉弯扭变形与拨叉轴不垂直；锁止装置弹簧的弹力过大，其锁止钢球或锁销损坏；同步器损坏。

（2）故障诊断排除　首先判断离合器是否能分离或分离是否彻底，在确定离合器工作正常的情况下，起动发动机进行汽车起步和路试的换档试验：由低速档顺序换到高档位，再由高速档顺序换至低档位。若某档位不能挂入或勉强挂入后又难以退出，或挂档过程中有齿轮撞击声，则说明该档位换档困难。当变速器换档困难时，可按下述方法诊断排除故障。

1）检查操纵机构。检查变速杆是否弯曲变形，对于长距离操纵式，还应检查变速杆行程是否足够，调整是否合适；拆下变速器盖，检查拨叉轴的运动情况，以确定拨叉轴是否弯曲变形，是否缺油锈蚀，是否与导向孔配合过紧；检查锁止弹簧的弹力是否过大，锁止钢球或锁销是否损坏；检查换档拨叉是否弯扭变形，拨叉与拨叉轴是否垂直。若有异常，予以修复。若变速器操纵机构正常，则进行下步检查。

2）检查同步器。对锁环式同步器检查的主要项目：同步器是否散架，同步器锁环内锥面螺旋槽、锁环的环齿、锁环的缺口是否磨损过度，同步器滑块是否磨损超标，花键毂的轴向槽是否磨损严重，同步器弹簧弹力是否过弱。若同步器损坏出现故障，则会导致换档困难，需更换或修复同步器。

276. 变速器异响的原因有哪些？如何诊断排除？

变速器在工作过程中发出不正常的响声，如"呼隆、呼隆"声及尖锐、清脆的金属撞击声。

(1) 故障原因

1）啮合齿轮的轮齿磨损严重，啮合间隙过大；齿轮内孔表面磨损严重，配合松旷；个别轮齿折断或齿面剥落、脱层及缺损；齿轮端面圆跳动或径向圆跳动超标。

2）轴承磨损严重，轴承内（外）座圈与轴颈（孔）配合松动；轴承弹子碎裂、滚道损坏。

3）变速器轴产生弯曲变形或其轴承松旷引起齿轮啮合间隙或位置不当。

4）齿轮或轴上的配合花键过度磨损。

5）同步器磨损严重或损坏。

6）变速器自锁装置损坏。

7）变速器缺少润滑油或油质不符合要求。

(2) 故障诊断排除

1）检查变速器内的润滑油，当油量不足或油质不符合要求时，换油再试，若异响消除，则故障为润滑不良所致。

2）汽车行驶时，若挂入任何档位，变速器均发出一种无节奏的"呼隆、呼隆"的响声，且车速越快，响声越大。汽车空档，离合器接合时，响声不减，而踏下离合器踏板，响声消失，则可诊断为第一轴轴承响。应更换损坏的轴承。

3）汽车行驶时，若将变速杆挂入任何档位都发出"呼隆、呼隆"的响声，而挂入空档时不响，则可诊断为第二轴或中间轴轴承响。应更换损坏的轴承。

4）起动发动机，使其怠速运转，将变速器置于空档，若变速器发出尖锐、清脆的金属撞击声，则多为常啮合齿轮响。若空档不响，挂入某档位就发响，则为挂入档位的换档齿轮响。应更换损坏的齿轮。

5）汽车路试时，若齿轮异响均匀而过大，则多为齿面磨损过甚、啮合间隙过大或花键配合间隙太大所致；若异响过大而不均匀，则多为齿面损伤、齿面变形、轮齿折断或齿轮轴变形所致。应更换损坏的零件。

6）汽车路试挂档时，若发出齿轮碰击声，则多为同步器损坏所致；或为变速器自锁装置中换档拨叉轴凹槽、钢球磨损严重及自锁弹簧疲劳、折断造成挂档时越位所致。应更换损坏的零件。

277. 变速器传动轴油封漏油的原因是什么？如何诊断排除？

变速器壳体内的齿轮油从差速器输出端与传动轴连接处的油封处渗漏。

（1）**漏油原因**　造成油封漏油的根本原因是油封刃口与传动轴轴颈的配合松旷。汽车在使用过程中，传动轴高速转动与油封产生摩擦，长期下去，油封与轴的配合就松旷，特别是汽车转弯行驶或在道路不平的路面行驶时，车轮在转动过程中会引起传动轴的振动，更容易使油封的唇口受振而松旷，减弱了封油的作用，导致漏油。

（2）**故障诊断排除**　将汽车运行一段时间后停车，在差速器传动轴左、右两侧油封处检查，根据漏油的现象或痕迹来确诊此处油封是否漏油。油封漏油时，应更换油封。

> **278. 变速器壳体常见的损伤有哪些？怎样检修？**

变速器壳体主要损伤表现为壳体变形、裂纹、轴承座孔磨损、螺纹孔损坏等。检修方法如下。

（1）**裂纹检修**　变速器壳体的裂纹可用检视法和敲击法检查，对于裂纹较小且在非重要工作面上的裂纹可用环氧树脂胶黏接，也可用焊接法修复。当轴承座孔等重要处出现裂纹时，必须更换壳体。

（2）**磨损检修**　变速器壳体上的轴承座孔磨损将破坏轴承的正确配合，从而影响轴和齿轮的正确工作位置。因此，当座孔径磨损较小时，也需用金属刷镀法修复；当座孔径向磨损量达0.05mm时，应更换壳体，或有条件的修理厂可用镶套法或金属刷镀法作恢复性修理。

（3）**变形检修**　当变速器壳体出现严重变形时，应予以更换。

（4）**螺纹孔损坏**　有条件时，可重新攻螺纹，否则需更换损坏件。

> **279. 变速器齿轮常见的损伤有哪些？怎样检修？**

变速器齿轮常见的损伤：齿面、齿端、齿轮内孔表面、花键齿的磨损，齿面疲劳剥落、腐蚀斑点及轮齿断裂等现象。由于齿轮的结构和使用条件不同，它们的损坏情况也不一致。一般规律如下：直齿轮的损坏多于斜齿轮；换档滑动齿轮的损坏多于常啮合齿轮；轮齿的断裂、齿端的磨损、齿面磨成锥形，多发生于接合套和套合齿。

对于齿轮的损伤除外部检视外，还可用样板、测齿卡或与新齿轮作对比检查。对于可与轴做相对运动的滑动齿轮，其内孔表面的磨损松旷，通常通过千分表测量齿轮和装在其内的滚针轴承、齿轮和内座圈或齿轮和轴之间的间隙来检查，其方法如图2-17、图2-18所示。

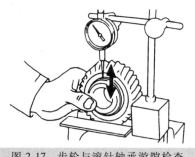

图 2-17　齿轮与滚针轴承游隙检查

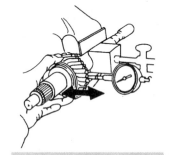

图 2-18　齿轮与轴间隙检查

💡 **提示**

　　对于齿面有轻微斑点，或齿顶有很小的剥落，在不影响质量的情况下可用油石修磨。而当齿轮磨损厚度超过0.2mm，或者细小斑点占齿面25%以上时，则必须更换齿轮。当齿轮游隙超过标准时，则表明齿轮内孔表面或轴颈表面或轴承有磨损严重处，需判明原因予以修复或更换。齿轮若出现任何形式的裂纹，则应更换。

> **280.** 变速器齿轮轴常见的损伤有哪些？怎样检修？

变速器轴常见的损伤主要有轴颈磨损、花键齿磨损和轴弯曲变形。其检修方法如下。

(1) **轴颈磨损** 用卡尺或百分尺测量轴颈的磨损情况，磨损严重时，可采用镀铬修复、刷镀修复或更换。

(2) **花键齿磨损** 花键齿磨损在受力一侧较为严重，一般可用与之相配的齿毂进行配合检查，当花键齿与套齿侧间隙过大时，应更换轴或齿毂。

(3) **轴弯曲变形** 用千分表检查变速器第一轴、第二轴的径向圆跳动，若最大径向圆跳动超过 0.06mm，则可采用冷压校正弯曲的轴或更换该轴。

另外，变速器轴若有任何形式的裂纹，则应予以更换。

> **281.** 变速器滚动轴承常见的损伤有哪些？怎样检修？

变速器滚动轴承常见的主要损伤：滚动体与内、外圈滚道的疲劳磨损，内、外圈配合表面的磨损，保持架的磨损、松动和断裂。当滚动轴承疲劳磨损使轴承径向间隙过大时，轴承运转有噪声，严重时还会引起振动。其检修方法如下。

1) 检查轴承滚动体和内、外圈滚道的状况。滚动体和内、外圈滚道应无裂纹、斑点、凹陷、鳞片状金属脱落及烧损变色等现象，否则应更换轴承。

2) 检查轴承的运转情况。用手指转动轴承，轴承应运转平稳，转动响声均匀，无间隙、不发卡、无摆动和杂音等现象，否则应更换轴承。

3) 检查轴承的径向和轴向间隙。检查时，用带架百分表在平板或平座上进行测量。检测轴承径向间隙时，一只手按住内圈不动，另一只手水平移动外圈，其百分表的移动量即为轴承径向间隙（图 2-19）；检测轴承轴向间隙时，用手按住外圈，同时用手指向上顶内圈，其百分表的移动量即为轴承的轴向间隙（图 2-20）。其径向间隙应不大于 0.30mm，轴向间隙应不大于 0.50mm，否则应更换其滚动轴承。

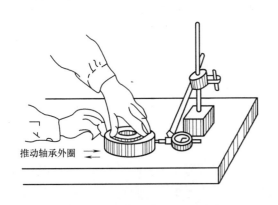

推动轴承外圈

图 2-19 测量轴承的径向间隙

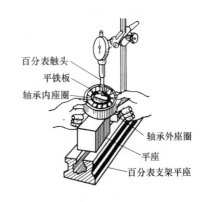

百分表触头
平铁板
轴承内座圈
轴承外座圈
平座
百分表支架平座

图 2-20 测量轴承的轴向间隙

4) 用量具测量滚动轴承内圈内径、外圈外径及相应的轴颈和轴承座孔的尺寸，其滚动轴承与轴颈及轴承座孔的配合应符合规定标准，否则应更换轴承或修理轴颈及轴承座孔。

282. 同步器常见的损伤有哪些？怎样检修？

轿车普遍采用锁环式惯性同步器，该同步器常见的损伤主要有锁环的磨损以及个别环齿的断裂。其检修方法如下。

（1）锁环内锥面螺旋槽磨损及检修 内锥面螺旋槽磨损严重时，将造成齿轮外锥面与锁环内锥面配合间隙增大，其摩擦副摩擦系数减少，内外锥面摩擦作用减弱，致使同步器的同步作用失效。检查同步器锁环的磨损，首先将同步锁环套在相应齿轮的锥面上，用力压紧同步锁环并转动它（图 2-21），应有明显的摩擦阻力，如果锁环很轻松地被转动，则表明内螺旋槽磨损严重；再用塞尺测量同步锁环与齿轮之间的间隙（图 2-21），标准间隙为 0.7～1.5mm，使用极限为 0.5mm。若齿环背隙小于 0.5mm，说明锁环内锥面磨损严重，则应予以更换。

（2）锁环齿牙的磨损及检修 锁环齿牙磨损的结果：一是沿轴向方向齿牙磨薄；二是齿牙尖端角发生改变，从而使同步器性能大为降低。对此，一般情况应予以更换，若齿牙角度改变不大，可用小锉修磨至标准角度。若有个别的环齿断裂，则应更换齿环。

（3）锁环上缺口的磨损及检修 锁环上的缺口磨损是由于长期使用及滑块摩擦所至。检验时，可将锁环、齿毂、齿轮及接合套等均装在轴上，并将接合套放入空档位置，使轴固定，让滑块处于缺口的中间位置，此时轻轻地拨动同步器锁环，当滑块的一侧与锁环缺口侧壁接触时，锁环上的齿牙顶端与齿环上齿牙的一侧平齐，若拨动接合套，则接合套的齿端倒角与锁环相应的齿端倒角正好相抵而不能进入啮合，则说明锁环上的缺口是符合要求的，滑块与锁环缺口另一侧壁的间隙正常（图 2-22）。若缺口因磨损变大，则锁环与缺口的间隙过大。此时锁环齿顶端位置发生了变化，这样会给换档带来困难。如遇操作不当、换档过猛或用力扳动变速杆时，就有可能将齿牙打坏。因此，检验时若发现锁环上的缺口磨损过大，则应更换新品。

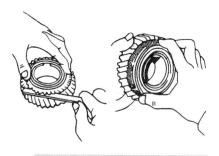

图 2-21 同步器磨损的检查

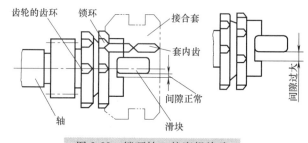

图 2-22 锁环缺口的磨损检验

283. 拨叉常见损伤有哪些？怎样检修？

拨叉常见的损伤是拨叉上端拨头的拨槽磨大，拨叉下部叉的端面磨薄或磨成沟槽，拨叉下部的叉体产生弯曲、扭曲变形。拨叉损坏后，可直接更换新件。若无配件，则进行检修，方法如下。

若拨叉上端拨头的拨槽磨大，超过原来的拨槽宽度 0.6mm，则应进行堆焊修复。一般拨叉的材料是中碳钢，为了防止焊接部位产生裂纹或局部变脆，焊接前，应先预热到 200～250℃，焊接后放在热砂或石棉粉中缓慢冷却。焊好拨叉的拨槽要经过加工（铣、刨或手工锉）达到规定的尺寸，再经过局部热处理使拨槽的表面有一定的硬度。安装前，先与拨叉轴试装，如果因为焊接使拨叉孔变形，可用铰刀修复。

若拨叉下部叉的端面磨损，端部厚度磨薄超过 0.3mm 或磨损沟槽深度超过 0.3mm，应进行堆焊修复。焊接方法与机加工方法同上，而热处理采用表面淬火，或叉的端面局部淬火。

拨叉下部叉体的弯曲、扭曲变形，可采用图 2-23 的装置来检查。只要拨叉下部的变形超过 0.3mm 就应矫正。矫正时，将拨叉的头部夹在台虎钳上，用大号活扳手夹住拨叉的叉部，矫正弯曲变形；用大号活扳手的柄部别在拨叉的两叉之间，矫正扭曲变形。也可用敲击法或冷压法修复矫正。在矫正过程中，边矫正，边检验，直至合格。

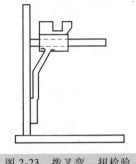

图 2-23 拨叉弯、扭检验

284. 拨叉轴常见损伤有哪些？怎样检修？

拨叉轴常见的损伤是拨叉轴弯曲变形、拨叉轴磨损、自锁钢球凹槽磨损和互锁钢球凹槽磨损。

若拨叉轴弯曲变形可用千分表检查，若最大径向圆跳动量超过 0.2mm，则可采用冷压校正拨叉轴或更换该轴。

若拨叉轴的磨损超过 0.15mm，或拨叉轴与箱盖拨叉轴孔的配合间隙超过 0.25mm，应修理拨叉轴。修理方法如下：将拨叉轴清洗后磨光，然后进行镀铬，镀铬后的尺寸应留有磨削余量，即大于需要尺寸，一般磨削余量在直径方向为 0.1 mm 左右。

若自锁钢球凹槽磨损和互锁钢球凹槽磨损，其磨损沟痕深度超过 0.7mm，则需要堆焊修复。堆焊的材料为高硬度合金钢，焊接后用手动金刚砂轮修整，使钢球凹槽符合要求。

285. 怎样检查变速器的修复质量？

变速器检修安装后，给变速器加注使用规定的润滑油。为保证修理质量，变速器装车后，应进行路试检查，主要检查换档位置及变速器工作状况。若检查符合下列要求，则说明修复质量好。

1）变速器操纵轻便、灵活、迅速、可靠。
2）变速器在任何档位无自动脱档或跳档现象。
3）变速器运转和换档时无异常响声。
4）变速器所有密封装置无漏油现象。

286. 什么是自动变速器？自动变速器汽车与手动变速器汽车有何区别？

自动变速器是指根据道路行驶条件能自动改变车速和驱动力的装置，自动变速汽车上装有自动变速器。

对驾驶人来说，手动变速器汽车有三个脚踏板：加速踏板、制动踏板和离合器踏板；而自动变速汽车只有两个脚踏板：加速踏板和制动踏板。

两种汽车上都有变速杆。手动变速器汽车的变速杆是换档的，它的每一个位置都对应一个确定的档位（图 2-24）；自动变速器汽车的变速杆是换位的，它的每一个位置对应着自动变速器的停车（P）、倒车（R）、空档（N）、自动档（D）位（图 2-25）。正常行驶的自动变速器汽车，变速杆放在自动档（D）上，汽车可以自动地实现高低档变换。

图 2-24　手动变速器汽车变速杆

图 2-25　自动变速器汽车变速杆

287. 自动变速器有哪些类型？各有何特点？

汽车自动变速器常见的有四种形式：液力自动变速器（AT）、机械无级自动变速器（CVT）、电控机械自动变速器（AMT）、双离合器自动变速器（DCT）。

（1）AT　AT 是目前汽车上应用最广泛的自动变速器，AT 几乎成为自动变速器的代名词。AT 变速系统由液力变矩器和机械变速器组成，它通过液力传递和齿轮组合方式来达到变速变矩。AT 的特点：承载能力强，传动平顺，可靠稳定，应用范围广；但结构复杂，传动效率低、损耗大，比较费油。

（2）CVT　CVT 是指通过机械传动无级控制速比变化的自动变速器。CVT 通过两个可改变直径的传动轮和传动钢带来传动动力，它可在相当宽的范围内实现无级变速，从而获得传动系统与发动机工况的最佳匹配。CVT 的特点：无级调速，动力传输连续，结构简单，效率高，比 AT 省油；但受传动钢带摩擦力限制，CVT 无法承载大功率输出，只适应小排量车型。

（3）AMT　AMT 是在干式离合器和齿轮变速器基础上加装微机控制的自动变速系统，它在操作上采用自动控制，而在功能上保留着传统机械式变速器的特性。AMT 的特点：结构简单，便于制造，工作可靠，传动效率高，油耗低；但换档冲击大，舒适性欠佳。适合大、中巴与载货汽车使用。

（4）DCT　DCT 是指在手动变速器基础上发展而来的，利用两个离合器实现自动换档而不间断动力传递的变速器。双离合器变速器主要由双离合器、机械变速器、自动换档机构和电控液压控制系统组成。DCT 的特点：结构简单，成本低，传动效率高，能耗低省油；但低速会顿挫。目前，普通轿车应用较多。

288. 电控自动变速器由哪几部分组成？它如何自动换档？

目前，汽车上广泛采用电控自动变速器（ECT）。AT 电控自动变速器主要由变速系统（液力变矩器、机械变速器）、电子控制系统（各传感器、ECU、电磁阀）、液压控制系统三大部分组成，如图 2-26 所示。

汽车行驶时，ECT ECU 根据各传感器提供的车速、节气门开度、发动机冷却液温度、ATF 温度、档位开关、模式选择开关等信号，经过计算、处理比较后，按照预先设定的换档规律，确定换档或锁止时机，然后将相应的控制信号输送给电磁阀，电磁阀则通过控制液压

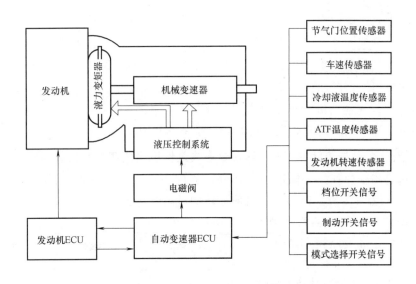

图 2-26 电控自动变速器组成及基本原理示意图

控制阀的工作，来完成 ECT ECU 下达的换档、锁止等命令，使汽车在各种使用条件下，实现自动换档，保证汽车顺畅行驶。

提示

实际操作自动变速器汽车时，驾驶人只需通过控制加速踏板，则汽车就会根据车速和踏板的踩踏程度等情况来自动换档。

289. 使用自动变速器有哪些优点？

电控自动变速器与普通手动变速器相比，其使用优点如下。

（1）**驾驶操纵方便** 驾驶自动变速器汽车，只需将变速杆置于 D 位，通过控制加速踏板，就可根据实际需要自动升档和减档，来改变汽车速度，操纵非常方便。

（2）**汽车动力性提高** 自动变速器汽车，换档时功率传递没有中断，换档时机准确无误，能自动适应道路阻力和车速的变化，可保证汽车有良好的加速性和较高的平均车速，汽车动力性得到提高。

（3）**汽车行驶平顺性变好** 自动变速器汽车可控制发动机在适宜的转速范围运转，能减少发动机振动和噪声；自动变速器通过电控系统，能精确地控制换档时机和品质，可平稳换档并减少换档冲击；自动变速器汽车起步容易且平稳无振动。这些都可有效地改善汽车的行驶平顺性。

（4）**汽车通过性增强** 自动变速器汽车起步时，驱动轮上的驱动力矩是逐渐增加的，因而振动小，附着条件好，可避免车轮打滑，使起步容易，且行驶平稳。自动变速器汽车的稳定车速可以很低，当行驶阻力很大时，发动机也不至于熄火，汽车仍能以极低速度行驶。在坏路面行驶时，因换档时没有动力间断，且无冲击，不会出现汽车停车现象。因此，汽车通过性增强。

（5）**汽车排放污染减少** 自动变速器汽车采用液力传动和自动换档技术，能把发动机限制在污染较小的转速范围内工作，因此能减少发动机排气中有害物质的含量。

（6）行车安全性提高 由于简化了驾驶操作，且省力省时，减轻了劳动强度，则驾驶人不易疲劳，可以把注意力集中于观察交通情况，可以大大地提高汽车运行的安全性。

（7）汽车使用寿命增加 自动变速器汽车起步、换档平稳，冲击载荷较小。特别是液力自动变速器汽车，其发动机与传动系统是液体连接，汽车行驶时可消除和吸收动载荷。因此，使用自动变速器后，可延长发动机和传动系统的使用寿命。

290. 什么是失速转速？失速转速过高或过低说明变速器有何故障？

失速转速是指变速杆处于前进档（D位）或倒档（R位）条件下，踩住制动踏板并完全踩下加速踏板（图2-27）时，发动机能运转的最高转速。

不同车型的自动变速器都有其失速转速标准值，如赛欧轿车AF13自动变速器失速转速标准值为（2400±150）r/min。若失速转速与标准值相符，说明自动变速器的油泵、主油路油压及各个换档执行元件工作基本正常；若失速转速高于标准值，则说明主油路油压过低或换档执行元件打滑；若失速转速低于标准值，则可能是发动机动力不足或

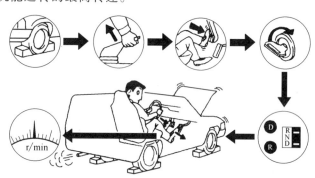

图2-27 检查失速转速

液力变矩器有故障。表2-1为赛欧轿车自动变速器失速转速失常的可能原因。

表2-1 失速现象及原因分析表

失速现象	故障可能原因
在D位和R位失速转速过高	①液位低或ATF泵输出功率不足 ②ATF滤网堵塞 ③油路压力过低 ④多片式离合器C3打滑
在D位失速转速过高	①油路压力过低 ②多片式前进离合器C1打滑 ③多片式离合器C3打滑 ④单向器F1存在故障
在R位失速转速过高	①油路压力过低 ②多片式倒档离合器C2打滑 ③多片式离合器C3打滑 ④制动器B2打滑
在D位和R位失速转速过低	①发动机输出功率不足 ②液力变矩器单向离合器故障

291. 什么是换档滞后时间？滞后时间过长说明变速器有何故障？

自动变速器换档滞后时间是指在发动机怠速运转时，拉紧驻车制动器操纵杆，将操纵手柄从N位换到D位或R位开始至感觉到轻微振动时为止的一段时间（图2-28）。

滞后时间的长短取决于自动变速器油路油压、油路密封情况以及离合器和制动器的磨损情况，因此可根据滞后时间的长短来判断主油路油压及换档执行元件的工作是否正常。下面

以赛欧 AF13 自动变速器为例进行说明。

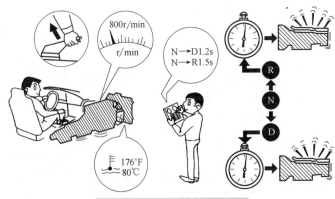

图 2-28　检查换档滞后时间

1）换档滞后时间的标准：N→D 滞后时间小于 0.7s；N→R 滞后时间小于 1.2s。

2）若 N→R 的滞后时间过长，则有可能：管路油压过低；多片式倒档离合器 C2、多片式离合器 C3 或制动器 B2 工作不良。

3）若 N→D 滞后时间过长，则有可能：管路油压过低；多片式前进离合器 C1、多片式离合器 C3 或单向离合器 F1 工作不良。

> **292.** 自动变速器油压异常有何危害？油压异常说明变速器有何故障？

正确的油路压力是自动变速器正常工作的先决条件，油压过高，会使自动变速器出现严重的换档冲击，甚至损坏控制系统；油压过低，会造成换档执行元件打滑，加剧其摩擦片的磨损，甚至使换档执行元件烧毁。

不同车型不同自动变速器的规定油压不完全相同，应以厂家提供的数据为标准。赛欧 AF13 自动变速器管路油压标准：D 位怠速时为 0.37~0.43MPa，失速转速时为 1.10~1.28MPa；R 位怠速时为 0.54~0.63MPa，失速转速时为 1.47~1.69MPa。若测得的压力与标准值不符，则说明 ATF 泵或液压控制系统有故障。表 2-2 是赛欧 AF13 自动变速器油压不正常的故障诊断表。

表 2-2　油压不正常故障表

序号	故障现象	故障可能部位
1	无管路压力或管路压力过低,比 D 位和 R 位的标准压力都低	①压力控制电磁阀故障 ②ATF 泵故障 ③初级调节阀功能故障
2	管路压力过高,比 D 位和 R 位的标准压力都高	①压力控制电磁阀故障 ②初级调节阀功能故障
3	仅比 D 位的标准压力低	D 位液压油回路故障
4	仅比 R 位的标准压力低	R 位液压油回路故障

> **293.** 如何判断自动变速器的换档质量？

将变速杆置于 D 位，踩下加速踏板，使节气门保持在 1/2 开度、全开或某一开度，让汽车多次起步加速，检查自动变速器升档情况。自动变速器在升档时发动机会有瞬时的转速下降，同时对车身有轻微冲击。若汽车加速良好，无明显换档冲击，则说明变速器换档质量好。若换档冲击太大，则说明自动变速器控制系统或换档执行元件有故障，其原因可能是油路油压过高或换档执行元件打滑。当发动机转速在非换档时有突然升速现象，则说明换档执行元件打滑。

294. 什么是锁止离合器？如何诊断锁止离合器技术状况？

汽车在高速运行工况，将液力变矩器的泵轮与涡轮刚性连接在一起的装置就是锁止离合器。锁止离合器装在液力变矩器内，锁止离合器接合（锁止）时，泵轮与涡轮直接连接，变液力传动为机械传动，传动效率高可达100%，提高了高速行驶时的汽车燃油经济性。

锁止离合器是否锁止，取决于发动机节气门开度和车速。当车速过低时，锁止离合器将处于分离状态。因此，路试诊断时，让汽车加速至超速档，以高于80km/h的车速行驶，并让节气门开度保持在1/2开度位置，使变矩器锁止离合器进入锁止状态。此时，快速将加速踏板踩下至2/3开度，同时检查发动机转速的变化情况。若发动机转速没有太大的变化（图2-29），说明锁止离合器处于锁止状态，

图 2-29　检查锁止离合器工作状况

工作正常；若发动机转速猛增，则表明锁止离合器没有锁止，工作不良，其原因通常是锁止离合器控制系统存在故障，或锁止离合器摩擦片磨损过甚导致打滑。

295. 怎样检查自动变速器汽车的发动机制动作用？

自动变速器汽车的前进低档位置（S、L或2、1）设置了发动机制动功能。因此，检查时将变速杆置于2位或1位，在汽车以2档或1档适当车速行驶时，突然松开加速踏板，检查是否有发动机制动作用。若松开加速踏板后车速即随之快速下降，则说明发动机有制动作用；否则，说明自动变速器电子控制系统或前进档离合器及强制制动器有故障。

296. 怎样检查自动变速器汽车的强制降档功能？

汽车加速能力与档位有关，档位越低，加速能力越强。因此，高速行驶超车时，往往降一档超车效果较好。自动变速器汽车具有这样的强制降档功能。

检查时，将变速杆置于D位，保持节气门开度为1/3左右，在以2档、3档或超速档行驶时突然将加速踏板完全踩到底，检查自动变速器是否被强制降低一个档位。在强制降档时，发动机转速会突然上升至4000r/min左右，并随着加速升档，转速逐渐下降。若踩下加速踏板后没有出现强制降档，则说明强制降档功能失效；若在强制降档时发动机转速升高反常，达5000~6000r/min，并在升档时出现换档冲击，则说明换档执行元件打滑。

297. 如何利用诊断仪诊断自动变速器电控系统故障？

现代汽车专用诊断仪的诊断功能强大，利用其诊断自动变速器电控系统故障十分方便。诊断时，将汽车专用诊断仪和汽车上的专用故障检测插座连接，按检测人员的要求，进行如下工作。

（1）故障码读取　按照一定的操作方式进入系统的自诊断模式，调出自动变速器故障码。通过故障码的读取，可对自动变速器电控系统中大部分传感器及开关线路的短路、断路、损坏所导致的无输出信号故障和执行器、电控单元的故障，进行诊断。

（2）故障码清除　当需要清除故障码时，操作汽车专用诊断仪，可快速方便地清除电控

单元存储器中的故障码，能免除人工清除故障码造成的众多麻烦。

（3）**电控系统工作过程检测**　诊断仪可对自动变速器 ECU 及其控制电路、传感器、执行器及开关等进行检测，并可将 ECU 的运行情况和各输入、输出电信号瞬时值，如各传感器的信号、ECU 的计算结果、控制模式以及向各执行器发出的控制信号等电路诊断参数在屏幕上显示出来，使自动变速器整个电控系统的工作情况一目了然。检测人员可将检测数据与标准值进行比较，从而准确判断故障发生的部位。

（4）**对汽车进行模拟试验**　通过诊断仪向自动变速器 ECU 发出指令，对汽车进行模拟试验。例如：模拟汽车加速、换档等各种行驶状态，检测自动变速器 ECU 发出的换档控制、锁止控制、油压控制等各种控制信号是否正常；或模拟某个电磁阀工作，检查其性能是否正常等。这种功能特别适合于诊断自动变速器电控系统执行器及其控制电路的故障。

▷ 298. 人工法怎样诊断自动变速器电控系统故障？

当无汽车专用诊断仪时，可以利用人工法读取故障码，然后根据故障码含义进行故障诊断。不过，不同公司电控自动变速器故障码的人工读取与清除方法不同，其故障码的含义也各不相同。下面以本田雅阁 BAXA 型自动变速器为例说明其电控系统故障的诊断方法。

1）用 SCS 短路接头与位于驾驶席侧仪表板下的维修检测插头连接，如图 2-30 所示。

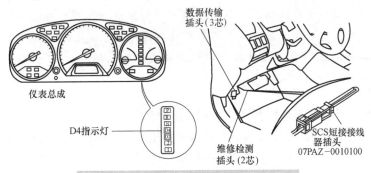

图 2-30　D4 指示灯及短路接头连接位置

2）接通点火开关，观察 D4 指示灯。D4 指示灯将以闪烁频率来显示故障码。故障码显示规律是：故障码的个位码以短闪形式显示，十位码以长闪形式显示，一个长闪等于 10 个短闪。图 2-31 所示的故障码分别为故障码 1、故障码 2、故障码 14。若电控系统出现多个故障，则 D4 指示灯在显示第一个故障码后，按一定顺序显示下一个故障码，检查时可依次记下这些故障码。

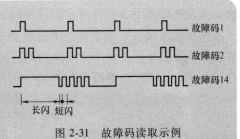

图 2-31　故障码读取示例

3）关闭点火开关，拆去短路接头。

4）利用故障码表诊断故障。故障码表反映故障码的含义，指出故障所在的电路。读取故障码后，即可根据故障码表，找出故障的症状及可能的原因，并进行故障诊断与排除。

5）故障码清除。关闭点火开关，从发动机舱盖下的熔断器/继电器盒中取下备用熔断器（7.5A），等候10s，即可清除故障码，然后重新安装备用熔断器（7.5A）。

> **299.** 变速器输入、输出转速传感器常见故障有哪些？如何诊断排除？

自动变速器转速传感器多为磁电式传感器，其常见的故障有传感器感应线圈短路或断路、传感器信号线短路或断路。自动变速器输入、输出转速传感器检测信号的原理相同，其结构及参数因车型不同而略有差异，但对其故障的诊断方法却基本相同，下面以输出转速传感器为例说明其常规诊断步骤。

（1）检查传感器动态信号　将汽车驱动桥用举升装置举起，在自动变速器 ECU 相应传感器信号端子之间接上电压表，使发动机运转，将变速杆置于 D 位，若电压表指针摆动，其电压在 0.5V 以上（电压随车速上升而增大），说明传感器有输出脉冲，其工作正常；若无电压或信号太弱，则进行下步诊断。

（2）检查转速传感器的电阻　关闭点火开关，拔出转速传感器的 2 芯插头，然后用万用表电阻档测量传感器两端子之间的电阻。传感器电阻的标准通常是几百欧到几千欧不等，因车型而异。

提示

若测出的阻值为零，说明传感器有短路故障；若阻值为∞，说明存在断路故障，只要阻值不符合标准，均应更换传感器。若测量值符合标准，则说明传感器本身电路无故障，但此时无动态信号，可能是传感器安装不当或传感器转子与磁极的间隙为零所致，也可能是传感器与自动变速器 ECU 端子之间线路的短路或断路故障引起，这可通过万用表对转速传感器信号电路进行检查而确诊。

> **300.** 档位开关常见故障有哪些？如何诊断排除？

档位开关存在故障时，可导致档位开关信号不正确，造成自动变速器工作失常。档位开关常见的故障有档位开关安装位置不当、档位开关内部触点接触不良等。档位开关一般故障的诊断方法，以丰田雷克萨斯 LS400 自动变速器档位开关为例说明如下。

用举升机举起汽车后，拔下档位开关线束插接器，检测各档位下各端子之间的通断情况。将变速杆置于各档位时，所测得的通断情况应与图 2-32 所示的相符。若有多个档位端子间的通断情况与标准不符，则应检查并调整操纵机构和档位开关的安装位置，再进行检测，若不能恢复正常，则应更换档位开关；若有个别档位端子不导通，说明档位开关内部触点接触不良，则应更换档位开关。

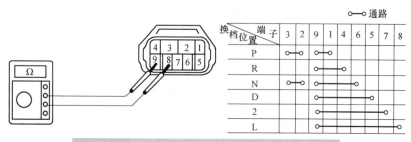

图 2-32　LS400 轿车自动变速器档位开关故障诊断

301. 自动变速器控制电磁阀常见故障有哪些？如何诊断排除？

自动变速器 ECU 是通过对各种控制电磁阀的通、断电，使其产生动作从而改变液压系统中的控制油路或控制压力的。因而控制电磁阀产生故障时，其自动变速器不能正常工作。控制电磁阀常见的故障有电磁阀线圈短路或断路、电磁阀阀芯阻滞、电磁阀电源或控制信号异常。自动变速器控制电磁阀的类型有脉冲式（如压力调节电磁阀）和开关式（如换档电磁阀）两种，尽管它们的工作方式有所不同，但其故障的诊断方法却基本相似，下面以开关式电磁阀为例说明其常规诊断步骤。

(1) 检查电磁阀的电阻　关闭点火开关，拔开电磁阀插头，测量电磁阀电阻，其标准电阻因车型而异，范围一般为 $10\sim40\Omega$，通常在维修手册中可查到。

若电阻值不正常，说明电磁阀存在短路或断路故障；若电阻值符合标准，则进行下步诊断。

(2) 检查电磁阀的动作　将蓄电池电源串联一个 20A 的熔丝，并按照规定的极性将电磁阀的两端子与蓄电池电源的正、负极作通电与断电的测试，注意是否听到"咔嗒"声。

若无声音，则表示电磁阀不能动作，原因是电磁阀阻滞或损坏，存在机械故障；若有"咔嗒"声，动作灵敏，则表示电磁阀的机械性能正常，其电磁阀本身无机械、电气故障，可进行下步诊断。

> **提示**
>
> 脉冲式电磁阀由于其线圈电阻较小（为 $1\sim6\Omega$），因而在进行电磁阀的动作检查时，应将蓄电池电源串联一个 $8\sim10W$ 的灯泡，不可直接与蓄电池电源相连，否则会烧毁电磁线圈。

(3) 进行路试检查　若自动变速器在小节气门开度时换档优良，而在重载或节气门全开时换档粗暴，则电磁阀可能存在渗漏故障。有的电磁阀在小节气门开度时工作很好，但当压力增加后会渗漏。

302. 怎样诊断自动变速器 ECU 故障？

(1) 利用 ECU 的故障自诊断功能诊断　自动变速器 ECU 存在故障时，电控自动变速器的自诊断系统会将其故障信息以故障码的形式存入计算机存储器。通过汽车专用诊断仪或人工读取 ECU 的故障码，可以诊断 ECU 是否存在故障。

(2) 利用 ECU 端子标准参数进行诊断　ECU 端子的标准参数由原厂提供，各种车型的标准参数也不尽相同。检测时，接通点火开关，按照规定的测量条件操作自动变速器，用万用表测试笔测试 ECU 各端子的电路参数。将测试值与各自相应的标准值进行比较从而诊断故障，若在检测中发现某一端子的实际工作参数与标准值不符，则表明 ECU 或控制电路存在故障。通过检测，若输入传感器、开关部分、执行器及控制线路正常，则表明 ECU 存在故障。

(3) 利用代替法诊断　将性能良好的同型号的自动变速器 ECU 替换可疑的 ECU 进行检查。若替换后，控制电路的工作状态由异常变为正常，自动变速器工作正常，则表示原ECU 有故障。

303. 如何快速诊断自动变速器机械及液压控制系统故障？

在确认自动变速器电控系统无故障后，自动变速器仍然不能正常工作，则表明机械或液压控制系统存在故障。机械及液压控制系统故障多集中在液压控制机构的堵、漏、卡和执行元件的磨损、失调等方面。

尽管每种车型自动变速器具体结构有所差异，但它们的工作原理及控制方法是基本相同的，造成每种故障的原因，特别是一些常见故障的原因，都具有一定的范围。因此，可通过参考常见故障的诊断方法来进行各种故障诊断。通常将自动变速器机械及液压控制系统常见故障的诊断方法制成诊断表，表中列出每种故障产生的各种可能原因和故障诊断步骤，人们可参考诊断表进行故障诊断。各种车型自动变速器的诊断表可由原车维修手册提供。

提示

只要根据不同车型、不同故障来灵活运用故障诊断表，就可以缩小故障的诊断范围，减少故障的诊断时间，提高故障的诊断效率。

304. 自动变速器无档怎么办？

自动变速器无论变速杆置于任何位置（倒档或前进档），汽车都不能行驶，其可能的原因主要是系统无油压、手动阀位置保持在空档或停车档位置、液力变矩器涡轮与输入轴花键打滑等。其检查方法如下。

1）检查自动变速器内有无油液以及液面高度是否正常。
2）检查自动变速器变速杆与手动阀摇臂之间的连接装置是否松脱。
3）测量自动变速器主油路油压是否正常。
4）拆下变速器油底壳，检查手动阀摇臂轴与摇臂间有无松脱，手动阀阀芯有无折断或脱钩。
5）拆卸变速器总成，取出变矩器，检查涡轮与输入轴之间的花键是否打滑。
6）分解自动变速器，检查油泵及其他部位是否正常。

若上述检查不正常，则进行修复处理。

305. 自动变速器打滑怎么办？

自动变速器汽车起步或加大节气门时，发动机转速升高很快，而车速升高缓慢。其可能的原因主要有油压偏低、换挡执行元件打滑以及阀体动作不良。其检查方法如下。

1）检查自动变速器油液的液面高度是否合适。
2）测量自动变速器各油路工作油压是否正常。
3）检查自动变速器油液的品质。若油液中有很多杂质，则应对自动变速器进行分解检修，同时清洗各控制阀体、变矩器及自动变速器油液散热器，以彻底清除残存在变速器内的杂质。若油液正常，则进行下步检查。
4）进行路试，以确定变速器出现打滑现象的具体档位和打滑程度，然后根据执行元件工作表分析变速器打滑的具体元件，进行分解检修。

306. 自动变速器换档冲击怎么办？

自动变速器汽车起步或换档时车辆出现严重的冲击，其故障原因是发动机怠速过高、系统工作油压过高、换挡时机过迟、储能减振器故障、节流阀故障以及换挡执行元件间隙不当。其检查如下。

1）检查发动机怠速是否过高。

2）检查自动变速器内油液液面高度及品质是否正常。

3）检查节气门位置传感器或节气门拉索是否正常。

4）测量自动变速器主油路油压是否正常。

5）进行路试，以确定变速器出现换档冲击现象的具体档位，然后根据执行元件工作表分析，检查相关执行元件的储能减振器和节流阀，检测相关执行元件的工作间隙，并修复使其换档正常。

➤ 307. 自动变速器不能换档怎么办？

自动变速器始终保持在某个档位，不能自动换档，其故障原因可能是电控系统的传感器有故障、档位开关信号不良、换档阀发卡以及换档执行元件打滑。其检查方法如下。

1）首先对自动变速器进行故障自诊断，根据故障码指示进行相应的检查。

2）检查节气门位置传感器信号是否正常。

3）检查车速传感器信号是否正常。

4）检查档位开关信号是否正常。

5）进行手动换档试验，确定故障是在机械系统还是电控系统。

6）拆卸阀体进行清洗，并检查阀体是否发卡。

7）分解变速器，检查换挡执行元件。

若上述检查不正常，则进行修复处理。

➤ 308. 传动轴发抖的原因有哪些？如何诊断排除？

汽车行驶传动轴发抖时，感觉有明显的振动，严重时车身发抖，车门、转向盘等振感强烈。

（1）故障原因　传动轴平衡运转条件破坏后会发抖，具体原因如下。

1）传动轴弯曲变形。

2）传动轴上的平衡片脱落或轴管损伤有凹陷。

3）传动轴安装时未按标记装配。

4）传动轴两端的万向节叉未装在同一平面。

5）传动轴万向节滑动叉花键配合松旷。

6）万向节配合处磨损松旷。

7）中间支承轴承磨损松旷。

（2）故障诊断排除

1）汽车在中高速行驶时，若呈周期性振动，且车速越高振动越大，则说明传动轴动不平衡，其故障可能是传动轴弯曲、装配标记未对正、平衡片脱落、传动轴管凹陷等，可停车后逐项检查确诊故障所在并进行修复。

2）汽车在各种车速下行驶时，若呈连续性振动，则说明传动轴转动松旷或转动轴不匀速运转，其故障可能是万向节配合处、滑动叉花键配合处、中间支承轴承等磨损松旷，或滑动叉安装错位使传动轴两端的万向节叉不在同一平面，可停车后逐项检查确诊故障所在并进行修复。

309. 万向传动装置异响的原因有哪些？如何诊断排除？

（1）故障原因

1）万向节十字轴及其轴承磨损松旷。

2）万向节叉孔与其轴承套筒磨损松旷。

3）凸缘盘连接螺栓松动。

4）万向节轴承润滑不良。

5）传动轴弯曲或装配不当。

6）传动轴上的平衡片脱落或轴管损伤有凹陷。

7）传动轴两端的万向节叉未装在同一平面。

8）传动轴万向节滑动叉花键配合处磨损松旷。

9）中间支承轴承磨损过甚或润滑不良。

10）中间支承支架固定螺栓松动

（2）故障诊断排除 可根据汽车不同运行工况及异响特征诊断万向传动装置的异响故障。

1）汽车起步或突然改变车速时，如发出"刚当"的金属敲击声，而当车速稳定时，响声较轻微，多是个别凸缘盘连接螺栓松动、万向节滑动叉花键配合松旷、十字轴轴承磨损松旷所致。

2）汽车行驶时，如传动轴发出刺耳的噪声，其频率随车速的增加而增大，多是万向节轴承或中间轴承润滑不良或损坏所致。

3）汽车中高速行驶时，如发出周期性异响，且车速越高响声越大，达一定车速时车身振抖，此时脱档滑行，振抖更烈，多为传动轴弯曲、平衡片脱落、轴管损伤、装配不当使传动轴动不平衡引起惯性力冲击所致。

4）汽车在各种车速下行驶时，如发出连续性异响，且车速越高响声越大，多为中间轴承支架垫环径向间隙过大、中间轴承松旷、中间支架固定螺栓松动、传动轴两端的万向节叉未装在同一平面引起振动冲击所致。

310. 驱动桥异响的原因有哪些？如何诊断排除？

（1）故障原因

1）齿轮或轴承由于磨损使配合间隙过大，产生松旷。

2）主、从动齿轮啮合不良。

3）主、从动齿轮间隙或轴承间隙调整不当。

4）差速器行星轮、半轴齿轮与垫片磨损严重，轮齿折断，半轴齿轮花键槽与半轴花键齿磨损松旷。

5）差速器壳连接螺栓松动。

6）主减速器润滑油量不足或油质不符合要求。

（2）故障诊断排除 当驱动桥异响时，可根据汽车路试的行驶工况、驱动桥声响的特征及其变化情况诊断故障部位。

1）汽车行驶，在急剧变化车速的瞬间或车速不稳定时，如驱动桥发出明显的金属撞击声，多为主减速器齿轮啮合间隙过大所致。

2）汽车挂档行驶时，如驱动桥发出连续的混浊噪声，而脱档滑行响声减弱或消失，多为主减速器锥齿轮齿面磨损严重、齿面损伤、啮合印痕调整不当使齿轮啮合不良所致。

3）汽车挂档行驶时，如驱动桥发出一种杂乱的"哗啦、哗啦"噪声，而车速越高，响声越大，而汽车脱档滑行时声音减小或消失，多为主减速器轴承磨损松旷所致。如汽车加速、滑行都响，多为轴承预紧度调整不当或轴承缺油引起轴承烧蚀所致。

4）汽车转弯行驶时，如驱动桥发响，而直线行驶时响声减弱或消失，则是行星轮、半轴齿轮的齿面严重磨损、损伤、轮齿变形所致。

5）汽车挂档行驶时，如驱动桥突然发出连续、强烈的"□、□"金属碰击声，多为其齿轮的轮齿折断。

▶ 311. 驱动桥过热的原因有哪些？如何诊断排除？

（1）故障原因

1）轴承装配过紧，或轴承预紧度过大。

2）齿轮啮合间隙过小。

3）驱动桥润滑油量太少、油质太差，润滑油黏度过大或过小。

4）油封过紧。

（2）故障诊断排除 汽车行驶一定里程后（一般为30~60km），用手触摸驱动桥壳各个部位，若轴承或油封处局部过热，则故障为轴承装配过紧或油封过紧所致；若驱动桥壳整体过热，则先检查润滑油的数量、质量及润滑油的黏度，当不符合要求时，换油再试。若故障消失，则说明驱动桥润滑不良；若故障依存，说明是齿轮啮合间隙过小。

▶ 312. 怎样检修轿车传动轴总成？

（1）检查传动轴弯曲变形 传动轴弯曲时，可将传动轴夹在车床上，用千分表抵在传动轴中间处测量，若摆差超过2mm时，应进行冷压校正或更换传动轴。

（2）检查传动轴万向节磨损状况 可采用就车检查或拆下检查法。

1）就车检查：将汽车慢行并使转向盘转到极限位置，若出现金属的撞击声，则可能是传动轴外侧万向节磨损松旷所致；若汽车在加速时，明显感到振动，则可能是传动轴内侧万向节磨损松旷所致；停车后，将汽车举起固定，在车底下用手晃动传动轴及转动车轮，感觉有松旷及撞击现象，则表明万向节磨损松旷。

2）拆下检查：将传动轴夹在台虎钳上（图2-33），按图上箭头所示方向来回拧动传动轴两端，若在万向节的径向方向有明显的间隙感，则说明该万向节磨损严重。对于磨损严重的万向节应予以更换，对于接差速器一侧的万向节在轴向应能自由平滑地滑动，否则，应更换传动轴总成。

（3）检查传动轴损伤 目检传动轴，有裂纹、断裂现象，或出现明显的扭曲，应立即更换；若传动轴上油封轴颈磨损过度，或出现明显沟槽时，应更换传动轴。轿车传动轴属免维修件，若传动轴出现故障或工作不良，则应更换传动轴总成。

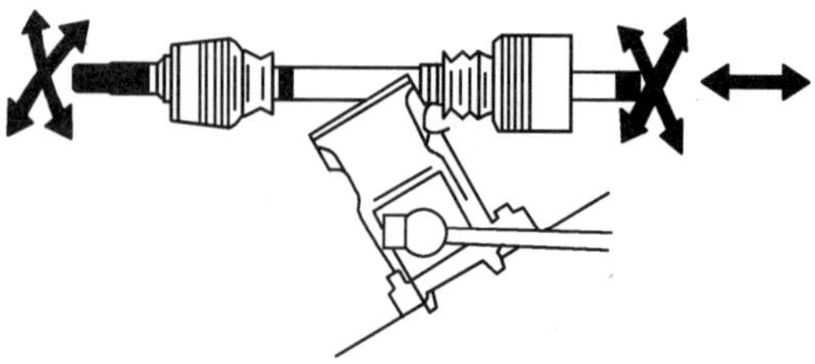

（4）检查中间支承轴承 中间支承轴承应转动顺畅，无明显间隙，无异响，若中间支承轴承内、外滚道受损、卡滞和游隙过大，则应予以更换。

图 2-33　检查传动轴万向节

（5）检查传动轴动平衡 传动轴出厂时已经过严格的动平衡试验，如果拆开，则应在传动轴上作配对标记，可用油漆标记。

（6）检查防护套 日常维护时应注意检查传动轴防护套是否破裂，若破裂，应更换防护套；同时应检查防护套卡箍是否断裂或变形，若断裂或变形应予以更换。

313. 轿车半轴与差速器间油封泄漏怎样检修？

轿车半轴与变速器差速器油封容易产生泄漏，其检修方法如下。

1）若从油封的外圆周长漏油，则应检查：

① 油封是否正确安装。若油封安装不正确或油封损坏，则应更换油封。

② 检查变速器外壳表面周围有无擦伤或凹痕。若其外壳有缺陷，则应更换变速器壳体。

2）若从油封的内圆周漏油，则应检查：

① 传动轴上有无凹痕、擦伤、磨损缺陷。若有上述缺陷，则应更换传动轴。

② 油封唇口上有无污物、切口和磨损。若有上述缺陷，则应更换油封。

314. 如何评价汽车传动系统技术状况？

在汽车技术状况等级评定中，或在汽车维修竣工检验时，需对传动系统进行总体评价。而传动系统传动效率、汽车滑行性能可用来评价汽车传动系统的总体技术状况。

传动效率是指传动系统输出功率与发动机输出功率的比值，其传动效率越高，说明传动系统的损耗功率越小，传动系统的技术状况越好。

汽车滑行性能是指汽车在空档时的滑行能力。反映汽车滑行性能的参数有滑行距离和滑行阻力。滑行距离是指汽车加速至某一预定车速后摘档，利用汽车具有的动能来行驶的距离。滑行阻力是指汽车空档、制动解除时，汽车由静止至开始移动所需的推力或拉力。若汽车滑行性能越好，即滑行阻力越小，或滑行距离越长，则说明传动系统的损失功率越小，传动效率越高。

提示

> 传动效率可在底盘测功机上检测，而滑行性能可用路试法或底盘测功机检测。

315. 汽车滑行距离与哪些因素有关？

影响汽车滑行距离的因素很多，主要如下。

（1）摘档车速 摘档滑行后的检测车速越高，则汽车的惯性越大，滑行距离越长。

（2）汽车质量 汽车的总质量越大，则汽车的惯性越大，滑行距离越长。

（3）**驱动轴数** 汽车驱动轴数越多，则汽车滑行的行驶阻力越大，滑行距离越短。

（4）**轮胎气压** 轮胎气压越低，则汽车滑行的行驶阻力越大，滑行距离越短。

（5）**道路条件** 良好路面，滚动阻力小，滑行距离长。

（6）**轮毂轴承** 车轮轮毂轴承预紧度调整过紧或不正常，或润滑不良会导致滑行距离缩短。

（7）**传动系统技术状况** 若传动系统安装正确、调整适当、润滑良好，则传动效率高，滑行距离长。

提示

为正确评价汽车传动系统的技术状况，检测滑行距离时，应严格控制道路条件、轮胎气压、检测车速，并按汽车整备质量大小、驱动轴数目进行分级评定。只有这样，才能用滑行距离的长短来评价传动系统的技术状况。

316. 怎样检测汽车滑行距离？滑行距离标准是多少？

（1）**滑行距离检测方法**

1）使车辆空载，轮胎气压符合规定，并走热汽车保证传动系统温度正常。

2）在纵向坡度不超过1%的平坦、干燥和清洁的硬路面上，风速不大于3m/s时，进行路试。

3）当被测车辆行驶速度高于规定车速（30km/h）后，置变速器于空档，开始滑行，在规定车速（30km/h）时用速度计或GPS汽车多功能检测仪测量滑行距离。

4）在试验路段往返各进行一次滑行距离检测，取两次检测的算术平均值作为检测结果。

（2）**滑行距离检测标准** 在汽车空载、轮胎气压符合规定值时，以初速30km/h的滑行距离，应满足表2-3的要求。若滑行距离过短，则说明汽车传动系统技术状况不良。

表2-3 车辆滑行距离要求

汽车整备质量 M/kg	单轴驱动车辆滑行距离/m	双轴驱动车辆滑行距离/m
$M < 1000$	≥130	≥104
$1000 \leq M \leq 4000$	≥160	≥120
$4000 < M \leq 5000$	≥180	≥144
$5000 < M \leq 8000$	≥230	≥184
$8000 < M \leq 11000$	≥250	≥200
$M > 11000$	≥270	≥214

二、汽车转向系统

317. 汽车转向系统的作用是什么？如何分类？

汽车转向系统是指用于改变或保持汽车行驶方向的专设机构，其功用是按照驾驶人的操纵要求适时改变汽车行驶方向，实现汽车行驶中的方向控制。按转向能源的不同，转向系统可分为机械转向系统和动力转向系统两大类。

机械转向系统以驾驶人的体力作为转向能源，其中所有传力件都是机械的，通常由转向操纵机构、转向器和转向传动机构三大部分组成。动力转向系统是兼用驾驶人体力和发动机动力作为转向能源的转向系统，它在机械转向系统基础上加设一套转向助力器而构成，动力转向主要有液压式和电动式两大类，现代汽车普遍采用液压式动力转向系统。

318. 汽车液压式动力转向系统由哪几部分组成？如何工作？

现代汽车液压式动力转向系统在车上的布置如图 2-34a 所示。它主要由转向盘、转向柱、动力转向泵、储液罐、转向控制阀、转向器、动力油缸和转向传动机构组成，其动力油缸固定在转向器壳体上，而动力油缸活塞操纵杆铰接在转向器齿条上，转向动力由此输出。

动力转向泵作为动力源产生液压，动力油缸活塞操纵杆及齿条作为动力传递机构来传递液压。转向时，发动机通过传动带驱动动力转向泵产生液压，转向液的流量及压力由泵内的调节器调节，油液由动力转向泵传送至转向齿轮机构的旋转式转向控制阀（图 2-34b），其转向控制阀则根据转向盘的转动情况调节液压并改变转向液的流向，引导压力油液流入动力油缸，推动活塞操纵杆及齿条做直线运动，以助转向车轮偏转，实现动力转向。而从动力油缸低压侧流回的转向液回流至储液罐过滤后，再次输送到转向泵进行循环工作。

提示

在整个转向过程中，驾驶人的操纵力仅用来控制旋转式转向控制阀，而转向轮的实际转向阻力则由动力转向泵提供的液压推力来完成，使转向省力、轻便。

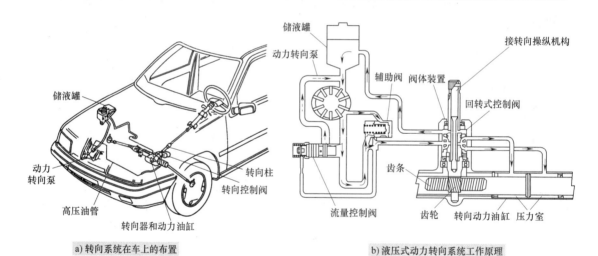

a) 转向系统在车上的布置　　　　　　　　　b) 液压式动力转向系统工作原理

图 2-34　汽车液压式动力转向系统

319. 齿轮齿条式转向器结构如何？有何特点？

齿轮齿条式转向器主要由齿轮、齿条及其啮合调整结构组成（图 2-35）。转向器壳体通过螺栓固定在车身上，转向齿轮通过轴承支承在壳体中，上端与转向轴相连，转向齿条水平布置与转向齿轮相啮合，并通过拉杆支架与转向横拉杆连接（图 2-35a）。转向时，驾驶人转动转向盘，通过转向轴带动转向齿轮转动，齿轮使齿条轴向移动，带动拉杆移动，使车轮偏转，实现转向。齿轮齿条磨损后，可通过压簧垫块、压簧自动调整保证其啮合正常，其压簧预紧力由调整螺塞调整（图 2-35b）。

齿轮齿条式转向器具有结构简单、加工方便、工作可靠、传动效率高、转向灵敏等优点，因此它在轿车、微型车、轻型货车上得到了广泛应用。

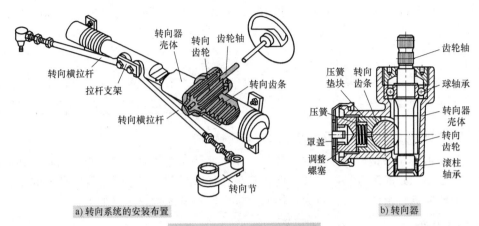

a) 转向系统的安装布置　　　　　　b) 转向器

图 2-35　齿轮齿条式转向器

320. 怎样检测转向盘转向力？转向力过大说明什么？

转向盘转向力是指在一定条件下转向，作用在转向盘外缘的最大切向力。检测时，将测力弹簧安装在被测的转向盘上（图 2-36），将汽车转向轮置于转角盘上，通过测力装置转动转向盘，使转向轮达到原厂规定的最大转角，在转向全过程中测出最大操纵力，该力即为转向盘转向力。

原地检测时，道路运输车辆的转向盘转向力不应大于 120N。对于轿车来说，其弹簧测力计的读数一般应为 29~40N。

提示

转向盘转向力受多种综合因素影响。若行驶系统技术状况良好，车轮定位、轮胎气压正常，而转向盘转向力过大，则说明转向系统存在故障。其故障可能是转向系统部件装配过紧、配合间隙过小、调整不当、润滑不良、传动杆件变形以及动力转向失效等。当转向盘转向力过大时，应调整转向系统。若调整无效，则需维护或修理转向系统。

321. 什么是转向盘自由转动量？自由转动量过大有何危害？

转向盘自由转动量是指汽车转向轮处于直线行驶位置静止不动时，转向盘可以自由转动的角度即游动量（图 2-37）。合适的转向盘自由转动量对于缓和路面冲击，避免驾驶人过度紧张

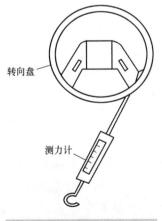

图 2-36　测量转向盘转向力

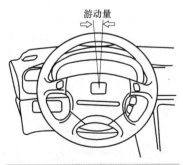

图 2-37　检查转向盘自由转动量

是有利的。但自由转动量过大，则直接导致汽车转向不灵敏，影响行车安全，同时由于转向系统内存在着较大的传动间隙而削弱了对转向轮的约束，从而导致汽车直线行驶不稳定。

> **提示**
>
> 各种车辆转向盘自由转动量的标准数值不尽相同。一般说来，轿车转向盘的自由转动量从中间位置向左或向右均不得大于10°，最大设计车速小于100km/h的载货汽车不得大于15°。

322. 转向盘自由转动量为何过大？如何检查？

转向盘自由转动量是转向系统内部各传动连接部件间隙的总反映。当转向盘至转向轮的传动链中一处或多处的配合松旷，如转向传动配合件磨损严重、连接松脱、装配和调整间隙过大时，则转向盘自由转动量会过大。转向盘自由转动量的检查步骤如下。

> 1）停放汽车，使前轮位于直线行驶位置。
> 2）用指尖向左右侧轻轻转动转向盘，在转向盘外周边缘上测量手感变重（即轮胎准备偏转）时的自由行程，即转向盘自由转动量（图2-37）。

转向盘自由转动量会随着转向器及其传动件的磨损而增大，因此应定期对转向盘自由转动量进行检查，如果转向盘自由转动量不符合要求，则应对其进行调整，使其符合要求。

323. 怎样调整转向盘自由转动量？

引起转向盘自由转动量不当的原因，主要来自转向器和转向传动机构。对于不同的转向系统，则有不同的调整方法。下面以轿车普遍采用的齿轮齿条式转向器转向系统为例说明其调整方法。

(1) 转向器齿轮与齿条啮合状态调整　通过转动调整螺塞（图2-35b），可使转向器齿轮与齿条处于最佳啮合状态，使转向盘自由转动量合适。调整完毕后，在转向全行程范围内检查转向时的松紧程度，应做到既转动自如，无犯卡现象，又无松旷感。若转向犯卡，自由转动量过小，说明调整螺塞拧进过多；若转向松旷，自由转动量过大，说明调整螺塞拧进过少或弹簧弹力过小，应加以检查并重新调节。

(2) 横直拉杆球头销的调整　调整时，取出螺塞上开口销，用偏置弯头螺钉旋具将螺塞旋到底，使弹簧座抵紧球头碗，然后再按各种车型的规定退回适当行程（如1/4～1/2圈），使螺塞槽口对正开口销孔，保持其弹簧具有合适的张力。检查球头销，以能在球座内活动而无松旷为宜。检查调整装复后，将开口销切实锁定，并加注润滑油脂。

324. 如何检查、调整动力转向泵传动带的张紧度？

发动机通过传动带驱动转向油泵工作。若传动带过松，传动带易打滑，将会导致油泵供油量降低，油压过低，使转向沉重；若传动带过紧，会导致油泵轴及轴承受力增加，会加快零件磨损，降低机件及传动带的使用寿命，同时发动机功率的消耗增加。因此，动力转向泵传动带的张紧度应调整适宜。

(1) 传动带张紧度的检查

> 1）传动带静挠度检查法。在动力转向泵传动带的中部施加100N的力，测量传动带的静挠度（图2-38），其挠度值应符合标准。一般轿车动力转向泵旧传动带的标准静挠度为13～16mm；新传动带的标准静挠度为10～12mm。若静挠度过大，则传动带过松；若静挠度过小，则传动带过紧。

2）传动带运转检查法。汽车停在干燥路面上，发动机运转使油液升到正常温度后，左右转动转向盘，当转向盘转到极限位置时，动力转向泵输出油压最大，此时传动带的负荷最大，传动带应能正常运转。如果传动带打滑，则说明传动带张紧度不够或油泵内有机械损伤。

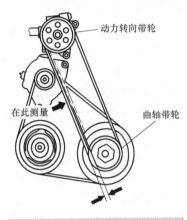

动力转向带轮

在此测量　曲轴带轮

图 2-38　传动带静挠度的检查

（2）传动带张紧度的调整　当传动带过紧或过松时，应调整传动带张紧度，其调整步骤如下。

1）松开张紧轮固定螺栓。

2）压紧张紧轮使传动带张紧，并同时拧紧固定螺钉。

3）起动发动机，将转向盘从左右极限位置之间连续转动几次，再关闭发动机。

4）重新检查传动带挠度。若传动带张紧度不符合标准，则重新调整直至符合要求为止。

5）传动带运转检查时，传动带应能正常运转，而不应打滑。

> **325.　汽车转向沉重的原因有哪些？如何诊断排除？**

液压助力转向汽车，本来转向应是很轻便的，但在汽车行驶中却感到转向困难、转向沉重。

（1）故障原因

1）储油罐缺油或油液高度低于规定要求。

2）各油管接头处密封不良，有泄漏现象。

3）转向液压回路中渗入了空气。

4）油管变形、油路堵塞。

5）动力转向泵传动带张紧力不足，传动带打滑。

6）动力转向泵内部磨损、泄漏严重，使油泵输出压力达不到标准。

7）油泵内调压器失效，使输出压力过低。

8）转向控制阀、动力油缸内部泄漏。

9）转向齿轮机构损坏。

10）转向器齿条压簧垫块调整不当。

11）转向柱轴、转向万向节转动不良。

（2）故障诊断排除

1）检查轮胎气压。确保轮胎气压符合按规定。

2）检查动力转向系管路。检查转向液压系统各油管接头是否泄漏，油管有无损坏、变形或裂纹。一旦发现油管有缺陷应予以更换；若油管接头泄漏，应予以拧紧，必要时更换油管重接。

3）检查储液罐油液。检查储液罐油液的质量和液面高度，若油液变质则应重新更换规定油液；若液面低于规定高度，则应找出油液液面过低的原因，重新加油使液面达到规定的液面高度。

4）检查油路中是否渗入空气。查看储油罐中的油液，若有气泡，说明油路中有空气渗入，此时应检查空气渗入系统内的原因，检查油管接头松动、油管裂纹、密封件损坏、储液罐液面过低等情况并排除故障，然后对液压系统进行排气操作，最后加注转向油液至规定的液面高度。

5）检查动力转向泵传动带。查看传动带有无损坏以及张紧程度，运转时看是否打滑。发现问题应按规定调整传动带紧度或更换新传动带。

6）就车重检。起动发动机，将转向盘向左、向右极限位置来回转动，若转向轻便，说明故障通过上述步骤已经排除；若左、右转向仍然沉重，则故障可能在动力转向泵、动力油缸或转向传动机构；若左、右转向助力不同，则故障可能在转向控制阀。

7）检测动力转向泵输出油压。若油压达不到原厂规定的压力，则说明动力转向泵有故障，可能是动力转向泵内部磨损、泄漏严重或调压阀失效；若油压可达到规定值，则故障可能在转向控制阀或动力油缸；若转向控制阀或动力油缸正常，则故障在机械转向系统。

8）检查机械转向系统。转动转向盘，查看与转向柱轴相关的元件是否转动灵活，查看转向万向节、各传动杆件球头连接部位是否过紧，查看转向节止推轴承是否缺油或损坏，发现问题应予以调整或更换重装，若这些均正常，则故障在转向器。应检查齿轮齿条转向器，调整齿条压簧垫块的压紧力，使齿条与齿轮的侧向间隙合适，保证齿条移动自如，对于弯曲的齿条应予以更换。

▶ 326. 汽车转向不灵敏的原因有哪些？如何诊断排除？

汽车转向时感觉旷量很大，汽车直线行驶时又感到行驶不稳定。

（1）故障原因

1）转向盘与转向轴配合松动。

2）转向万向节、传动轴花键磨损松旷。

3）转向器内齿轮与齿条的啮合间隙过大。

4）转向机构各连接部件间隙过大或连接松动。

5）转向节主销与衬套磨损松旷。

6）前轮毂轴承间隙过大。

（2）故障诊断排除

1）检查转向盘自由转动量。左右转动转向盘，若转向盘自由转动量正常，则故障的原因可能是前轮毂轴承间隙过大、主销与转向节衬套间隙过大，此时则应架起前桥用手扳动前轮检查前轮毂轴承间隙、转向节主销与衬套的配合间隙，以确诊故障部位；若转向盘自由转动量超标，则进行下步检查。

2）检查转向操纵机构。左右晃动转向盘，察看转向盘、转向轴、万向节、传动轴的传动是否松旷。若传动松旷，则故障在此；若传动正常，则进行下步检查。

3）检查转向器。检查时，一人抓紧转向横拉杆（即与转向齿条相连接的拉杆）固定不动，另一人左右转动转向盘，若自由转动量过大，则故障在转向器，说明其转向器内部传动间隙过大。若转向盘自由转动量不大，说明故障在转向传动机构，则进行下步检查。

4）检查转向传动机构。检查时，一人左右转动转向盘，另一人观察各拉杆球头销的动作情况，以确定转向传动机构连接部件间隙过大或连接松动的具体故障所在。

▶ **327. 汽车转向盘回正不良的原因有哪些？如何诊断排除？**

汽车转向完毕而驾驶人松手时，转向盘不能自动回到中间行驶位置，或回正不顺畅。

（1）故障原因

1）液压回路中渗入空气。
2）回油管路变形阻塞。
3）转向控制阀或动力油缸活塞发卡。
4）转向控制阀定中不良。
5）转向器齿条压簧垫块调整不当。
6）转向器齿条弯曲变形。
7）转向传动机构连接处过紧。
8）转向轮定位不当。

（2）故障诊断排除

1）检查油路中是否渗入空气。若有，故障可能在此，应对液压系统进行排气操作，排气后按规定加足转向油液；若无空气，则进行下步检测。

2）检查转向传动机构各连接处是否过紧。对各连接处球头销进行检查，若过紧，说明故障在此，应进行调节，保证其运动自如。若正常，则进行下步检测。

3）检查动力转向系统管路。察看动力油缸管路及回油管路是否变形阻塞，若变形，说明故障在此，应更换管路。若正常，则进行下步检测。

4）检查转向齿轮齿条机构。在车轮回正位置及车轮其他位置转动转向齿轮齿条机构，若转动力矩过大，则故障在此，应检查齿条弯曲及齿条压簧垫块的调整情况，必要时调整齿条压簧垫块压紧力或更换转向齿轮齿条机构。若正常，则进行下步检测。

5）检查转向控制阀。在不起动发动机的情况下转动转向盘，凭手感判断转向控制阀是否发卡及回位定中不良，若有怀疑，一般应进行拆卸检查。若转向控制阀性能不良，转向后不能迅速回位，则应更换转向控制阀。若正常，则进行下步检测。

6）检查动力油缸。拆下动力油缸检查，看油缸活塞是否发卡，对于损坏的零件予以更换。此时若转向盘回正不良故障仍未排除，则应检查和调整前轮定位。

328. 车辆发飘的原因有哪些？如何诊断排除？

转向盘居中时，汽车在向前行驶过程中难以保证驶向正前方向，总从一侧飘向另一侧。

(1) 故障原因

1）转向控制阀扭力杆弹簧损坏或太软，难以克服转向器逆传动阻力，使控制阀不能及时回位。

2）油液脏污使阀芯与阀套运动受到阻滞。

3）转向控制阀阀芯偏离中间位置，或虽然在中间位置但与阀套槽肩两边的缝隙大小不一致。

4）机械转向系统的传动间隙过大，或连接件松动，或磨损过甚。

5）转向轮定位不当。

6）轮胎压力或尺寸不正确。

(2) 故障诊断排除

1）检查车轴两侧的车轮。看其轮胎尺寸，轮胎气压是否一致；看其车轮转动是否阻滞。若其车轮尺寸不同，转动灵活程度不同，则故障在此，应予以排除。若正常，则进行下步检测。

2）检查转向传动机构各连接处是否过松。对各连接处球头销进行检查，若各部间隙过大，传动松旷，则故障在此，应予以排除。若正常，则进行下步检测。

3）检查转向油液是否脏污。若转向油液脏污，则可使阀芯与阀套运动受阻，导致车辆发飘，对于脏污的油液应进行更换。若转向油液正常，则进行下步检测。

4）检查转向控制阀。凭手感判断转向控制阀是否能回位定中，运动自如。通常应拆卸检查，察看转向控制阀扭力杆弹簧是否损坏或太软，转向控制阀阀芯与阀套槽肩两边的缝隙大小是否不同。若是，则转向车轮难以回到居中位置，说明故障在此。若转向控制阀正常，则进行下步检测。

5）检查车轴两侧的悬架元件是否损坏，车轮定位是否正确，以确诊故障所在。

329. 转向噪声过大的原因有哪些？如何诊断排除？

汽车转向时出现过大的噪声，如"咔嗒"声、"嘎嘎"声、"咯咯"声等。

(1) 故障原因

1）机械转向系统传动部件松动导致转向噪声过大。

2）动力转向泵损坏或磨损严重。

3）动力转向泵传动带轮松动或打滑引起噪声过大。

4）转向控制阀性能不良。

5）油管接头松动或油管破裂，使液压系统渗入空气导致噪声过大。

6）滤油器滤网堵塞，或是液压回路中有过多的沉积物。

(2) 故障诊断排除

1）转向时若发出"咔嗒"声，则可能是转向柱轴接头松动、横拉杆松动或球形接头松动、动力转向泵带轮松动，应检查这些部位，必要时进行紧固或更换损坏的部件。

若转向柱轴摆动严重，则应更换转向柱总成；若转向器安装过松，则应进行紧固；对连接处的润滑部位应进行必要的润滑，以消除其噪声故障。

2）转向时若发出"嘎嘎"声，且转向盘从一侧极限位置转到另一侧极限位置时，噪声更大，则可能是转向泵传动带打滑所致。此时检查传动带松紧程度及磨损情况，视需要张紧或更换传动带。

3）转向时若转向泵发出"咯咯"声，则可能是转向油液中有气泡，以致油液流动时产生气动噪声。此时首先应检查油面高度，若液位过低，则应检查、排除泄漏故障，并向储液罐加油液到正确位置。然后检查软管是否破损或卡箍是否松开，致使空气进入系统，必要时进行更换损坏的软管或卡箍。确认动力转向系统内液体有空气渗入后，应将空气从动力转向系统中清除，以消除气动噪声。若转向泵发出"嘶嘶"声或尖叫声，而转向液压系统无漏气现象，且传动带紧度正常，则说明油路有堵塞处或转向泵严重磨损及损坏，应予以修复或更换。

4）当转向盘处于极限位置或原地慢慢转动转向盘时，若转向器发出严重的"嘶嘶"声异响，则可能为转向控制阀性能不良，应更换控制阀进行对比检查，以确诊故障。

> **330.** 转向盘抖动的原因有哪些？如何诊断排除？

在发动机工作时，转动转向盘，转向盘抖动。尤其是当转向盘转到极限位置时，其抖动更甚。

(1) 故障原因

1）转向油泵传动带打滑。
2）储油罐液面过低，转向液压系统油路中有空气渗入。
3）转向齿轮机构故障。
4）转向油泵输出压力不足。
5）转向油泵内调压器活塞卡滞。

(2) 故障诊断排除

1）检查转向油泵传动带是否打滑或传动带有无损坏。必要时调紧或更换传动带。
2）检查储油罐液面是否符合规定，视需要加注转向油液。
3）检查转向液压系统的所有管接头，排除转向油液泄漏故障，然后排放油路中渗入的空气。
4）对转向油泵输出压力进行检查。若压力不足，则应更换油泵。

> **331.** 低速行车转向沉重、高速行车转向太灵敏的原因有哪些？如何诊断排除？

皇冠轿车采用电控动力转向系统，图2-39为皇冠轿车电控动力转向系控制电路和ECU插接器示意图。该车怠速或低速行车时转向沉重，而高速行驶时转向太灵敏。

(1) 故障原因 动力转向系统机械及油路故障；动力转向的ECU-IG熔丝烧毁；动力转向ECU插接器接触不良；车速传感器线束有断路或短路故障；动力转向电磁阀线圈有断路或短路故障；动力转向ECU故障。

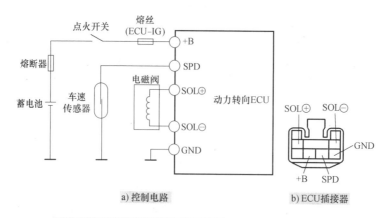

图 2-39 电控动力转向系统控制电路及 ECU 插接器

（2）故障诊断排除

1）检查转向系统机械及油路故障，如轮胎气压、前轮定位、悬架与转向连接件之间的连接情况以及动力转向泵的输出油压等，检查正常或排除以上故障后仍不能消除故障现象，则进行下步检查。

2）打开点火开关（ON），检查 ECU-IG 熔丝是否完好。若熔丝烧毁，应更换熔丝重新检查，若熔丝又烧毁，则表明此熔丝与动力转向 ECU 的 +B 端子之间的电路有搭铁故障；若熔丝完好，则进行下步检查。

3）拔下动力转向 ECU 插接器，检查动力转向 ECU 插接器的 +B 端子与车身搭铁处之间的电压是否为正常值（10～14V）。若无电压，则表明 ECU-IG 熔丝与 ECU 的 +B 端子之间的线束有断路故障；若电压正常，则进行下步检查。

4）检查动力转向 ECU 插接器的 GND 端子与车身搭铁处之间的电阻是否为零。若电阻不为零，则表明 ECU 插接器 GND 端子与车身搭铁处之间线束断路或接触不良；若电阻为零，则进行下步检查。

5）顶起汽车一侧前轮并使之转动，用万用表测量 ECU 插接器的 SPD 端子和 GND 端子之间的电阻。在车轮转动时，其正常的电阻值应在 0～∞ 之间交替变化，否则说明 ECU 的 SPD 端子与车速传感器之间的线束有断路或短路故障，或车速传感器有故障。若其电阻变化正常，则进行下步检查。

6）检查转向 ECU 插接器 SOL⊕端子或 SOL⊖端子与 GND 端子之间是否导通。若相通，则表明 SOL⊕端子或 SOL⊖端子与 GND 端子之间线路发生短路，或电磁阀有故障；若不导通，则进行下步检查。

7）用万用表检查 SOL⊕端子与 SOL⊖端子之间电阻，其正常值应为 6～11Ω。若阻值不正常，则表明 SOL⊕端子与 SOL⊖端子之间线路有断路或电磁阀有故障；若阻值正常，则可能是动力转向 ECU 故障，必要时可对 ECU 进行替换检查。

332. 电控动力转向系统故障如何快速诊断？

电控动力转向系统一般具有故障自诊断功能，以监测、诊断系统的工作情况，诊断系统故障。当电控系统出现故障时，其普通转向系统仍能正常工作，但电控系统将停止转向助力的控制，同时，其电控单元则将其故障信息以代码的形式储存于存储器内，以便备查。检修时，可利用其故障自诊断功能快速、准确地确定其故障类型和故障部位。通常是通过专用解码器或人工方法读取故障码，然后根据故障码的相应内容快速诊断故障。不同的车型，其故障码的含义也各不相同。表2-4为三菱轿车电子控制动力转向系统（EPS）的故障码及其含义。

表 2-4 三菱轿车电子控制动力转向系统故障码表

故障码	故障可能部位	故障码	故障可能部位
11	EPS 主电脑电源不良	13	EPS 电磁阀工作不良
12	VSS 车速信号不良	14	EPS 主电脑故障

333. 怎样检修转向操纵机构？

用双手握住转向盘，在径向和轴向用力摇动（图2-40），观察此时转向盘是否松旷。通过此项作业，可以了解转向盘与转向轴的装配状况、转向柱与支架的连接状况。据此重点检查转向柱紧固螺栓和螺母是否松动，检查转向万向节接头螺栓是否松动。根据检查结果，应对各松脱和松旷部位按规定力矩进行紧固、调整，若仍不能恢复至正常状态，则应拆下转向操纵机构进行检修。其检修主要内容如下。

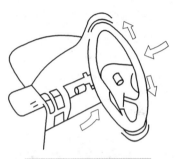

图 2-40 摇动转向盘

1）检查转向轴轴承和转向万向节轴承的间隙和运动情况，看是否有噪声、松动和磨损。如出现任何一种状况，则视具体情况更换万向节或轴承或转向柱总成。

2）检查转向万向节叉及万向节滑动叉的花键有无变形和裂纹，如有，则应更换。

3）用磁力探伤或其他方法检查转向轴及其花键有无裂纹，如有，则应更换。

4）检查转向轴有无弯曲变形，如有，则应更换。

334. 怎样检修齿轮齿条式转向器？

对转向器的维护检查及调整，一般不需对转向器进行解体，但当转向器出现故障，发卡或零件有损坏时，应对其进行解体检修，解体前应将转向器总成拆下。转向器零件在分解后，进行彻底清洗，以备检修。

1）检查转向齿轮、轴及轴承。齿轮齿面应无严重磨损或损伤，齿形磨损或变薄的齿轮必须更换；轴承若磨损严重，应更换；齿轮轴转动不平稳，并有松动或噪声，应更换齿轮轴及其轴承。

2）检查转向齿条。齿面不允许有划伤和严重磨损的痕迹，否则应更换齿条；检查齿条的弯曲程度，其弯曲值应小于0.3mm，否则将更换齿条。

3）检查转向器壳体有无裂纹或其他损伤，一旦发现缺陷，应更换。

4）检查转向齿条调节装置。若齿条压簧垫块磨损严重或损坏、弹簧弹力不足，则应更换。

5）检查转向齿条防尘套。防尘套若有老化、膨胀、弯曲、破裂等损伤，应更换。

335. 怎样检修轿车转向传动机构？

对于轿车转向系统，转向传动机构主要指转向器横拉杆、横拉杆接头及球头销连接处。转向传动机构长期使用后，会磨损松旷，这种松旷严重时将导致转向盘自由转动量过大、前束失准，使汽车转向性能变坏，故应进行检修。其检修方法如下。

(1) 就车检查

1）检查球头销是否松旷。检查时，由两人配合工作，一人双手握住转向盘左右来回轻轻转动，一人在车下观察，此时既要求转动灵活，又要求不松旷。发现松旷时应拆卸检查。

2）检查转向横拉杆外接头。检查由两人配合，一人握住转向横拉杆外接头，另一人将转向盘向左右两侧各转 1/4 圈并观察转向横拉杆外接头松动情况。如果出现松动，应更换横拉杆接头。

3）检查转向横拉杆内接头。检查时松开防尘套内端的箍圈，将防尘套移向横拉杆外端直至横拉杆内接头露出，将前轮向外推动，注意观察横拉杆内接头，如果出现松动，应将横拉杆更换。

(2) 拆下检查

1）用探伤法检查转向横拉杆、横拉杆接头、球头销是否有裂纹，若发现裂纹，一律更换。

2）检查横拉杆是否弯折，如果出现弯折必须更换。

3）对松旷的球头销，应检查球头销、球头碗的磨损情况，磨损严重时应更换。若弹簧弹力不够或弹簧折断，可更换其弹簧。

转向传动机构的故障多为球头销故障，而球头销故障多半是因缺少润滑而产生的。因此，对转向传动机构进行正常维护时，应对球头销进行定期润滑，还应检查油封是否漏油。

三、汽车行驶系统

336. 汽车行驶系统的作用是什么？它由哪几部分组成？

汽车行驶系统的功用是将汽车各总成及部件连成一个整体，承受和传递作用在车轮和路面间的力、力矩，支承汽车的总重以及缓和路面冲击、衰减振动，保证汽车正常行驶。

汽车行驶系统主要由车架、车桥、车轮和悬架等部件组成，如图 2-41 所示。轿车常采用承载式车身而无车架，因此轿车行驶系统主要由车桥、车轮和悬架等组成。

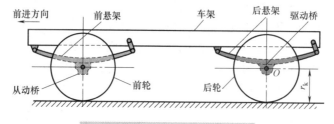

图 2-41 汽车行驶系统示意图

337. 汽车转向桥的作用是什么？它由哪几部分组成？

转向桥通常位于汽车前部，常称前桥。转向桥的功用是利用车桥中的转向节，通过转向机构的作用，使转向车轮偏转一定角度，实现汽车的转向行驶。另外，转向桥还具有承受载荷、传递力和力矩的作用。

整体式转向桥由前轴、转向节、主销和轮毂等部分组成（图2-42）。转向轮通过轮毂及其轴承安装在转向节上，转向节通过主销与前轴铰接，左右转向轮通过梯形臂和转向横拉杆相连。驾驶人通过转向器操纵转向节，转向轮则随转向节一道绕主销偏转一定角度，实现汽车转向。

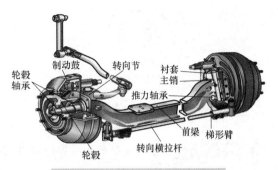

图 2-42　整体式转向桥结构

338. 什么是前轮定位？其作用是什么？

前轮定位也称转向轮定位，它是指前轮、转向节、前轴三者之间的安装所应有的相对位置关系。转向轮定位内容包括主销后倾、主销内倾、前轮外倾和前轮前束。其中，主销后倾角、主销内倾角和前轮外倾角是由结构设计时保证的，使用中一般不需要调整，而前轮前束则需要进行调整。对于前轮既转向又驱动的汽车，是没有完整主销的，它们可能是上下两半转销或球头销，但主销轴线还是存在的，它是转向轮绕其转动的轴线，因此对这种汽车来说，主销轴线就视为主销。合适的转向轮定位，可使汽车行驶稳定安全、操纵轻便，并减小轮胎及其他零部件的磨损。

339. 为什么要主销后倾？主销后倾角过大或过小有何危害？

在汽车纵向平面内，主销轴线向后倾斜的现象（图2-43）称为主销后倾，其倾斜的角度 γ 称为主销后倾角，一般 $\gamma \approx 2 \sim 3°$。整体式转向桥的主销后倾由钢板弹簧、车桥、车架装配时保证；轿车主销后倾由转向节、悬架及车身安装后形成，一般不可调。

合适的主销后倾能使转向轮产生回正的稳定力矩，实现自动回正，提高汽车直线行驶的稳定性。使用中若车架、车身、车桥、悬架变形，导致主销后倾角发生变化，则会破坏汽车的操纵稳定性。如主销后倾角过大，则汽车转向沉重，转向轮回正过猛；如主销后倾角过小，则高速行驶时回正不良。但由于现代汽车普遍采用扁平低压胎，其轮胎变形增加，使稳定力矩加大，可减小主销后倾角甚至接近于零，有的为负值。

340. 为什么要主销内倾？主销内倾角过大或过小有何危害？

在汽车横向平面内，主销轴线向内倾斜的现象（图2-44）称为主销内倾，其倾斜的角度 β 称为主销内倾角，一般 $\beta \approx 5° \sim 8°$。整体式转向桥主销后倾是由前轴制造时其主销孔向内倾斜形成；轿车主销后倾是由转向节、前悬架和车身安装后形成，一般不可调。

合适的主销内倾能使转向轮具有自动回正作用，还可使转向轻便。使用中在重力及冲击载荷作用下，前桥、前悬架和车身变形易导致主销内倾角过大。主销内倾角过大时，会使转向沉重，转向轮回正过猛。若车身变形导致主销内倾角过小，则汽车低速行驶时回正不良。

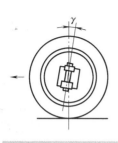

图 2-43　主销后倾

图 2-44　主销内倾和前轮外倾

> **341.** 为什么要前轮外倾？前轮外倾角过大或过小有何危害？

在汽车横向平面内，前轮安装后车轮中心平面向外倾斜的现象（图 2-44）称为前轮外倾，其外倾的角度 α 称为前轮外倾角，一般 $\alpha \approx 1°$。前轮外倾角由转向节轴颈外端向下倾斜的设计形成，一般不可调。

合适的前轮外倾可提高汽车行驶的安全性，并能使转向轻便。使用中在重力及冲击载荷作用下，前桥、前悬架和车身变形易导致前轮外倾角过小。前轮外倾角过小或为负值时，容易出现前轮"飞脱"的危险，造成行车不安全。若转向节、车身变形导致前轮外倾角过大，则轮胎容易产生偏磨，车轮容易摆振，轮胎滑动磨损严重。若两前轮的外倾角相差较大，则车辆易向正外倾角较大的一侧偏驶（图 2-45）。

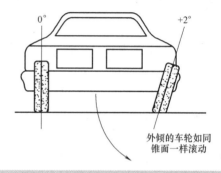

外倾的车轮如同锥面一样滚动

图 2-45　两前轮外倾角相差过大引起车辆偏驶

> **342.** 为什么要前轮前束？前束值过大或过小有何危害？

俯视前轮，两车轮前端向内束现象（图 2-46）称为前轮前束，其 $A - B$ 值称为前束值，各车型车轮前束规定值可能不同，一般为 $0 \sim 12$mm。$A - B = 0$，无前束；$A - B > 0$，正前束；$A - B < 0$，负前束。前束值的大小由转向梯形机构确定，可通过改变横拉杆的长度来调整。

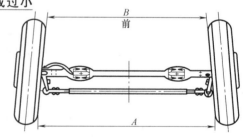

图 2-46　前轮前束

提示

合适的前轮前束可消除由车轮外倾而引起的两侧车轮向外张开的不良影响，确保汽车行驶的直进性。前束值过大或过小，都会使前轮产生摆振、侧滑，操控性变差，并增加行车阻力，使轮胎磨损加剧，严重时，轮胎呈羽毛状的磨损。

> **343.** 什么是后轮定位？其作用是什么？

后轮定位是指后轮与后轴之间安装的相对位置。后轮定位包括后轮外倾和后轮前束角。

后轮定位中：若前桥驱动，则后轮正前束角较多，后轮负外倾角较多。

提示

发动机前置前驱汽车，后轮是从动轮，当汽车行驶时，汽车的驱动力通过纵臂作用于后轴上，后轴将产生一定弯曲，如果后轮没有前束角，则车轮将出现前张（负前束）现象，而预先设置的前束角就可用来抵消这种前张产生的不良影响。后轮负外倾角可用来抵消当汽车高速行驶且驱动力较大时，车轮出现的负前束（前张），以减少轮胎的磨损；负外倾角还可增加车轮接地点的跨度，增加汽车的横向稳定性。

344. 后轮定位异常有何危害？怎样处理？

许多高级轿车都设置有后轮定位，对于前驱动和独立后悬架的汽车，若后轮定位不当，即使前轮定位良好，仍然会有不良的操纵性和轮胎早期磨损。

若后轮前束值过小，则对于前轮驱动、后轮从动的车辆，后轮容易出现前张现象；若后轮前束值过大，则汽车在正常行驶时，特别是在满载行驶时，难以与后轮运动外倾角相匹配，后轮侧滑严重。这些均会导致后轮行驶阻力过大，轮胎磨损加剧，行驶操纵性变差。因此，后轮前束应符合标准。当后轮前束超标时，应查明原因排除故障，根据标准予以调整，直至符合标准为止。

若后轮外倾角过大，则对于前轮驱动、后轮从动车辆，难以抵消汽车高速行驶且驱动力较大时后轮出现的负前束；若后轮外倾角过小，则对于采用独立后悬架车辆，其后轮运动的负外倾角会很大。这些会导致后轮外倾与后轮前束不匹配，造成轮胎磨损严重，汽车行驶性能和操纵性能不良。因此，后轮外倾角应符合标准。当后轮外倾角超标时，应检查后悬架系统零部件是否装配不良、是否弯曲变形或损坏，待找出原因排除故障后，重新测量后轮外倾角，直至符合标准为止。

345. 简易法怎样检查车轮前束？

在检查车轮前束之前，应使汽车满足下列条件：轮胎气压符合规定、各轮胎尺寸一致；车轮及轮胎无摆振现象；车轮轴承间隙正常；悬架系统的球头销无过大间隙；油液加满，汽车空载。

车轮前束可用钢卷尺进行简易测量。一般有"架车法"和"推车法"两种。"架车法"：将车轮架起离开地面少许，使车轮处于直行位置，用粉笔在轮轴中心线高度上的左右轮胎前边缘划上记号，量出两记号之间距离，然后将左右轮转180°，其记号则转至前轴后面，再量出两记号之间距离，其后端间距与前端间距之差即为前束值。"推车法"与"架车法"基本相似，只是将汽车停放于平直路面上，测量完轮胎前端后，向前推动汽车使车轮转180°后再测量轮胎后端。

346. 如何调整车轮前束？

若车轮测出的前束值不符合规定，则应对其进行调整，使之满足要求。车轮前束的调整，依据车型结构的不同，有所变化。下面以轿车为例，说明车轮前束的调整方法。

(1) 前轮前束的调整 前轮前束的调整依赖左、右转向横拉杆中的调整螺母进行。调整时，左右车轮对称调整，不可单独调整某一边，否则，左、右前轮的前束角不等，可能会出现跑偏、转向轮与车身干涉等现象。其调整步骤如下。

1）松开左、右转向横拉杆的锁紧螺母，然后按同一方向转动两个转向横拉杆，直到前轮处于直线行驶位置。

2）均匀转动两个转向横拉杆，直到前束调整至规定值为止。

3）调整结束后，按规定的力矩拧紧转向横拉杆锁紧螺母。

前轮前束调节完成后，应将转向轮处于直行位置，来检查转向盘是否居中。若转向盘不居中，则需对前轮前束进行重新调整，以保证转向盘居中、转向轮处于直行位置时前束值符合规定。

（2）后轮前束的调整　不少轿车后轮的前束不可调整，如富康轿车。但有的轿车后轮前束也可调整，如广州本田雅阁轿车，该车后轮采用独立悬架，其左、右后轮的前束应分开调整，其调整步骤如下。

1）使左右后悬架控制臂上的调整螺栓固定不动，松开各自调整螺栓上的锁紧螺母。

2）转动左右后悬架控制臂上的调整螺栓，将后轮前束调到规定值。

3）将各自的调整螺栓固定不动，再装上自锁螺母，并按规定的力矩拧紧锁紧螺母。

347. **为什么要检查四轮定位？何时检查四轮定位？**

四轮定位是指以车辆的四轮参数为依据的前、后轮定位。汽车在使用过程中，由于冲击力、载荷的作用，如果车身、车架、车桥、转向节发生变形或损伤，则可能导致四轮定位参数发生变化，这种变化会使汽车操纵性变差、行驶安全性变坏，会使汽车转向沉重、摇摆、发抖、跑偏、回正不良，轮胎磨损异常，严重时高速行驶车轮还可能脱离车桥，导致恶性交通事故。

一般来说，在下列情况需要检查四轮定位：汽车发生碰撞事故维修后；前后轮胎单侧偏磨、轮胎快速异常磨损；驾驶时转向盘过重或飘浮发抖；直线行驶转向盘向左或向右跑偏严重。

348. **车轮侧滑的原因是什么？怎样处理？**

在车轮定位中，若车轮外倾与车轮前束不匹配，则会导致车轮承受侧向力而发生侧滑。

当转向前轮外倾后，在车轮向前滚动时，车轮具有向外滚开的趋势，虽然在刚性前轴的约束下，前轮并不能真正地向外分开滚动，但前轴分别给两前轮向内的侧向力和轮胎在地面上的滑磨是实际存在的。因此，在汽车行驶时，前轴两车轮在向前滚动的同时向内侧滑（图 2-47a）。

当车轮具有前束后，在车轮向前滚动时，车轮具有向内滚动的趋势。虽然在刚性前轴的约束下，车轮并不能真正地向内收拢，但车轴分别给两车轮向外的侧向力及轮胎在地面上的滑磨也是实际存在的。因此，在汽车行驶时，同轴上的两车轮在向前滚动的同时向外侧滑（图 2-47b）。

车轮定位中，外倾与前束在车上同时存在，若车轮外倾与前束配合得当，则车轮在向前滚动过程中，车轮外倾与前束产生的作用于车轮的侧向力因其大小相等方向相反而抵消，车轮处于向前直行的滚动状态，无侧滑现象。若车轮外倾与前束配合不当，则两者产生的对车轮的侧向力失去平衡，车轮将会向侧向力大的一方侧滑。

车轮侧滑的程度用侧滑量来衡量。一般来说，这种侧滑量是微观的，宏观上难以觉察。当车轮侧滑严重（侧滑量超过 5m/km）时，说明车轮前束与车轮外倾不匹配，应加以调整或修复，否则不仅会加快轮胎的磨损，更重要的是会破坏汽车的操纵稳定性，影响行车安全。

💡 **提示**

> 通常车轮的外倾角不可调整，因而调整时只能调前束。绝大多数情况下侧滑不合格都可以通过前束调整得到解决，但侧滑调整合格后并不一定说明其车轮定位符合设计要求。因此，为确保行车安全，建议通过车轮定位参数的检测并调整来解决车辆的侧滑不合格问题。

▶ **349.** 什么是悬架？它有何作用？

悬架是指车架（或车身）与车桥之间的一切传力、连接装置的总称。悬架的作用是将车架（或车身）与车桥弹性地连接起来，传递各种力及其力矩，并缓和冲击、衰减振动，保证汽车正常行驶和乘坐舒适。

现代汽车悬架主要由弹性元件、减振器、导向装置和横向稳定杆组成，如图 2-48 所示。

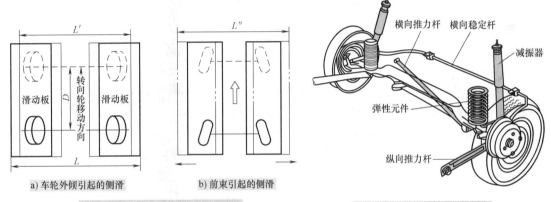

a) 车轮外倾引起的侧滑　　b) 前束引起的侧滑

图 2-47　车轮侧滑产生原理

图 2-48　悬架组成示意图

💡 **提示**

> 弹性元件用来缓和路面冲击，并承受和传递垂直载荷；减振器用来衰减车身振动；导向装置（纵、横向推力杆）用来传递纵向力、侧向力及其力矩，并保证车轮相对车身有正确的运动关系；横向稳定杆用来提高汽车抗侧倾能力。

▶ **350.** 什么是非独立悬架、独立悬架？各有何特点？

非独立悬架是指同轴两侧车轮安装在一整体式车桥的两端，车轮连同车桥通过弹性元件与车架或车身相连的悬架（图 2-49a）。常见的非独立悬架有钢板弹簧式、螺旋弹簧式、空气弹簧式和油气弹簧式悬架。非独立悬架特点：一侧车轮因路面不平或遇到其他障碍而相对于车架位置发生变化时，会直接影响另一侧车轮位置变化，故这类悬架汽车的行驶平顺性较差，轮胎偏磨严重。但非独立悬架结构简单、工作可靠，故被广泛应用于货车的前、后桥。

独立悬架是指两侧车轮分别独立地与车架或车身弹性连接的悬架（图 2-49b）。常见的独立悬架有麦弗逊式、横臂式、纵臂式、多连杆式、扭杆式独立悬架。独立悬架特点：一侧车轮相对于车架位置发生变化时，对另一侧车轮几乎没有影响。这类悬架的汽车因非簧载质量小，左右车轮运动相互独立，行驶中冲击载荷小，车架和车身的振动较小，汽车行驶的平顺性好。另外，独立悬架汽车的质心较低，行驶稳定性较好。独立悬架在轿车的前后桥中得到了广泛应用，如大多数轿车前桥采用麦弗逊式独立悬架，不少舒适性好的轿车后桥采用5连杆式独立悬架。但独立悬架结构复杂，制造成本高，维修不便，因而在货车上较少采用。

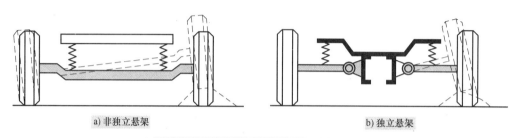

a) 非独立悬架   b) 独立悬架

图 2-49   非独立悬架与独立悬架示意图

▶ 351. 什么是被动悬架、主动悬架？各有何特点？

被动悬架是指悬架的刚度和阻尼系数不会随外部状态而变化的悬架。被动悬架特点：系统内无能源供给装置，在汽车行驶过程中，其刚度和阻尼不能人为地控制和调节，被动悬架很难兼顾汽车行驶舒适与操纵稳定性的要求，但被动悬架结构简单，造价低廉，一般的汽车绝大多数装用被动悬架。

主动悬架是指悬架的刚度和阻尼系数均能根据运行条件进行实时调节的悬架。主动悬架系统特点：采用油气悬架和空气悬架取代被动悬架的弹性元件和减振器，并配有能源供给和控制装置，其电控主动悬架，可通过电子控制单元来控制相应的执行元件，自动调节悬架的刚度和阻尼系数，来适应各种复杂的道路条件变化，从而改善汽车的行驶舒适性和操纵稳定性。主动悬架性能优良、车身高度可调，但系统复杂，造价昂贵，一般用在高档、豪华轿车上。

▶ 352. 悬架钢板弹簧为何要润滑维护？怎样润滑维护？

汽车在行驶过程中，钢板弹簧各片都会交变地产生弹性变形，各片之间会产生相互摩擦，以此缓和冲击并衰减振动，提高汽车行驶平顺性。如果钢板弹簧润滑不好，各片之间就会产生干摩擦，造成板片表面刮伤，加剧钢板弹簧的磨损，不仅影响行驶平顺性，而且极易导致钢板弹簧板片断裂。此外，钢板弹簧经常受到泥水的侵袭，板片容易锈蚀而损坏。为此，汽车每行驶一定里程，应在钢板弹簧间加注润滑脂维护。

🔍 提示

为减少维护工作量，可在不拆卸钢板弹簧条件下进行润滑。用千斤顶把车架顶起，卸去钢板弹簧负载，将钢板弹簧外部清洗干净，松开U形螺栓螺母，松开中心螺栓螺母，用简易工具把钢板撑开，用尖嘴油枪把石墨润滑脂注入钢板之间，注意不要将泥沙、铁屑带进钢板之间。润滑完毕后紧固其螺栓螺母即可。

▶ 353. 悬架螺旋弹簧有何特点？怎样检修？

悬架螺旋弹簧是用弹簧钢棒料卷制而成，它们有刚度不变的圆柱形螺旋弹簧和刚度可变的圆锥形螺旋弹簧。悬架螺旋弹簧特点：无须润滑、防污性强；螺旋弹簧单位质量的储能量较高；安装所需空间小、质量轻；无减振和导向作用，必须另加减振器和导向机构。

检查悬架弹簧，先进行外观目测检视，若弹簧有明显塑性变形，有裂纹等缺陷，则应更换。再检查弹簧弹力是否下降，方法有就车检查和拆下检查两种。就车检查时，可将轿车停放在平地上，各轮胎气压充至规定值，按规定部位测量车身高度，若车身某一侧高度低于规定值或左右侧车身高度均低于规定值，说明某一侧弹簧或所有弹簧的弹力下降；拆下检查时，可用专用仪器检测弹簧的弹力是否合适。若悬架弹簧弹力下降，则应更换弹簧。

▶ 354. 什么是扭杆弹簧？左、右扭杆弹簧为何不能装反？

扭杆弹簧是一根由弹簧钢制的扭杆。扭杆断面常为圆形，少数是矩形或管形，扭杆一端固定在车架上，另一端通过摆臂与车轮相连。当车轮跳动时，摆臂便绕着扭杆轴线摆动，使扭杆产生扭转弹性变形，以保证车轮与车架弹性连接。

悬架扭杆弹簧重装时，切勿将左、右扭杆弹簧装反，左右扭杆弹簧是不能互换的。因为左、右扭杆弹簧工作时承受的作用力方向相反，扭杆弹簧在热处理时作过不同方向的预应力处理以提高抗疲劳强度。安装时如果装错，则扭杆弹簧的性能会下降且容易折断。为使左右扭杆弹簧不装错，应注意查看扭杆弹簧上的标记。富康轿车后悬架左扭杆弹簧上有两道漆环标线，右扭杆弹簧上有一道漆环标线，如图 2-50 所示。

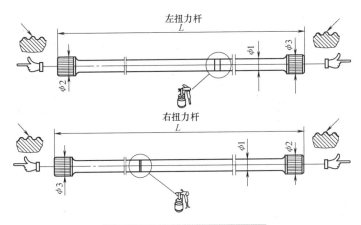

图 2-50　左、右扭杆弹簧标记

▶ 355. 悬架扭杆弹簧损坏有何危害？怎样检修？

扭杆弹簧，如花键出现严重磨损、装配后松旷，会导致汽车行驶平顺性变差，而且当汽车在不平路面上行驶时，悬架会发出异常的噪声；如果扭杆弹簧弹性减弱或弹簧变形或固定端磨损，会降低车身高度，改变车轮定位部分参数，这将导致汽车行驶稳定性变差及轮胎的过度磨损。因此，当扭杆弹簧出现损坏或故障时，应予以检修。

扭杆弹簧不得有明显的变形、损伤，否则应予以更换；扭杆弹簧表面若有刮伤、裂纹，其花键出现严重磨损、装配后松旷及挤压变形等缺陷，均应换新件；扭杆弹簧的弹力减弱时，也应予以更换。扭杆弹簧的弹力是否减弱，可通过后部车身高度的检测说明，若扭杆弹簧的安装位置正常，而车身高度小于标准值，则说明扭杆弹簧的弹力下降。

▶ 356. 悬架减振器是如何减振的？

目前，汽车悬架广泛采用双向作用筒式减振器（图 2-51）。这种减振器以油液为工作介质，活塞把缸筒分为上、下两腔，活塞通过活塞杆与车架相连，缸筒与车桥连接。当车轮受到路面冲击时，车架与车桥作往复相对运动，活塞在缸内作往复移动，减振器壳体内的油液便反复地从一个腔室通过一些窄小的孔隙流入另一腔室。孔壁与油液之间的摩擦以及液体分子的内摩擦便形成对振动的阻尼力，使车架的振动能量转化为热能，从而被油液与减振器壳吸收，散发到大气中。减振器阻尼力的大小随车架和车桥相对速度的增减而增减，并与油液的黏度有关。减振器反复作用会加速车架、车身振动的衰减，能改善汽车行驶的平顺性。

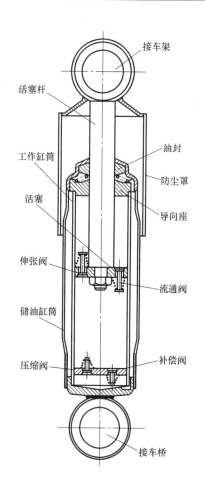

图 2-51　双向作用筒式减振器

（接车架、活塞杆、工作缸筒、活塞、伸张阀、储油缸筒、压缩阀、油封、防尘罩、导向座、流通阀、补偿阀、接车桥）

▶ 357. 对悬架减振器有哪些要求？

减振器的阻尼力越大，振动消除得越快，但会使弹性元件的作用不能充分发挥，而且过大的阻尼力还可能导致零件损坏。因此，对汽车减振器控制阻尼力的要求如下：在悬架压缩行程（车桥与车架相互靠近）内，减振器阻尼力较小，以便充分利用弹性元件的弹性，缓和冲击；在悬架伸张行程（车桥与车架相互远离）内，减振器阻尼力较大，以求迅速减振；在车桥与车架相对运动速度过大时，减振器能自动加大液流通道截面积，使阻尼力始终保持在一定限度之内，避免过大的冲击载荷。

为了获得更好的减振性能，有的汽车还使用阻力可调式减振器和充气式减振器。

▶ 358. 如何检查悬架减振器性能？

悬架减振器性能的好坏对汽车行驶的舒适性产生影响。当汽车振动严重，舒适性变差时，应对悬架减振器的性能进行检查。悬架减振器性能可就车检查，方法如下。

（1）振动检查　停车时，用手把车辆压下（图2-52），然后迅速地松手，使减振器处于工作状态，此时若车辆的反弹次数超过两次，则说明减振器工作效能差，性能不良，应更换减振器，该法适用于小型汽车。

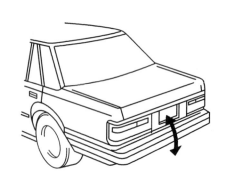

图 2-52　检查减振器

（2）触摸检查　让汽车运行一段时间停车后，迅速用手触摸减振器筒体，如果感到筒体发热、烫手，说明减振器工作正常，不缺油。若感觉筒体不发热或温度变化不大，则说明减振器失效或缺油。减振器缺油时，往往导致减振器发响并使减振器失去减振功能，使减振器失效。

> **359.** 横向稳定器在车上如何安装？怎样检查维护？

横向稳定器在车上的装配连接关系如图 2-53 所示，弹簧钢制成的横向稳定杆呈扁平的 U 形，横向安装在汽车前端或后端，稳定杆中部的两端自由地支承在两个橡胶套筒内，套筒固定于车架上。横向稳定杆的两侧纵向部分的末端通过支杆与悬架下摆臂上的弹簧支座相连。

当汽车转弯或两侧悬架垂直变形不等时，横向稳定杆则利用其自身被扭转产生阻止车身侧倾的反力矩，来减小车身的侧倾和摆动，保证汽车稳定行驶。因此，横向稳定器的损坏，将会破坏汽车的行驶稳定性，故应严格检查横向稳定杆及其连接杆。可就车检查：察看横向稳定杆有无裂纹、弯曲变形及损坏，若有，应予以更换；察看其是否有移动或松动，若横向稳定杆连接处松动，则应加以紧固；察看横向稳定杆弹性支座是否老化损坏或磨损严重，若是，则汽车高速行驶时会产生较大噪声，应更换弹性支座。

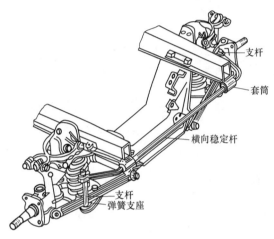

图 2-53 横向稳定器装配关系

> **360.** 车轮不平衡有何危害？怎样处理？

高速行驶的汽车，若车轮不平衡，则会引起车轮的跳动和摆振，这不仅影响汽车的行驶平顺性和操纵稳定性，而且车辆还难以控制，也影响汽车行驶的安全性，同时还加剧轮胎及有关机件的磨损和冲击，使汽车的有关机件容易受到损坏，缩短汽车的使用寿命。

对于不平衡的车轮，必须对其进行检测。若其不平衡量小于该车型的规定值，则说明该车轮相对平衡；若其不平衡量超标，则应进行平衡作业，以消除车轮的不平衡。平衡方法是，在车轮轮辋内、外侧两平面适当位置，加装适当质量的平衡块。当车轮旋转时，其平衡块产生的离心力及力偶，正好来抵消车轮动不平衡力及力偶的作用，使车轮处于平衡状态。

> **361.** 车轮严重不平衡的原因有哪些？怎样处理？

车轮严重不平衡的主要原因如下。

1）轮辋、制动鼓严重变形。

2）轮毂与轮辋加工质量不佳，如中心不准、轮胎螺栓孔分布不均、螺栓质量不佳等。

3）轮胎存在异常磨损、局部损坏或轮胎修补方法不当。

4）轮胎本身质量分布不均匀，如轮胎产品质量欠佳。

5）安装位置不正确，如内胎充气嘴位置不符合要求。

6）车轮平衡块脱落。

当车轮不平衡值过大时，通过平衡作业难以达到平衡要求，此时应对上述原因进行逐项排查，以确诊故障所在，并对其进行修复处理或更换车轮。

362. 如何检查车轮是否变形？

车轮的损坏形式以歪曲变形居多，而变形严重的车轮，其平衡性受到破坏，车轮高速旋转时会引起很大振动，因此应对车轮的变形振摆情况进行严格检查。

维修时通常是通过检查车轮的径向、轴向圆跳动来确认车轮是否存在歪曲变形。车轮的径向、轴向圆跳动的检查方法如下。

1）顶起汽车，用安全架支撑好。

2）检查车轮是否有明显的变形。

3）用图2-54a方法安装百分表，并缓慢转动车轮，以测量车轮的轴向圆跳动量。一般轿车前后轮轴向圆跳动标准值如下：钢制车轮为0~1.0mm；铝制车轮为0~0.7mm；维修极限为2.0mm。

4）用图2-54b方法安装百分表，并缓慢转动车轮，以测量车轮的径向圆跳动量。一般轿车前后轮径向圆跳动标准值如下：钢制车轮为0~1.0mm；铝制车轮为0~0.7mm；维修极限为1.5mm。

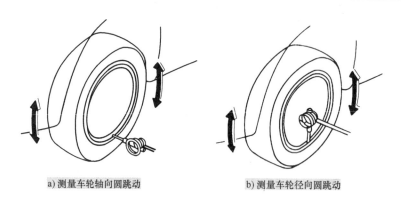

a) 测量车轮轴向圆跳动　　　　　　　b) 测量车轮径向圆跳动

图2-54　车轮跳动测量

363. 如何检修轮辋？

(1) **轮辋的清洗**　钢制轮辋应使用水管喷洗，轮辋上的胎圈座用钢丝刷或钢丝绒清理干净；铝合金轮辋应使用稀皂液或水溶液清洗，并用清水漂洗。对轮辋上的胎圈座一定要彻底清洗干净，以免影响密封性。不允许使用碱基洗涤剂或有腐蚀性溶剂来清洗铝合金轮辋，否则会损坏保护层。

(2) **检查轮辋**　检查钢制轮辋是否有生锈或腐蚀现象，检查钢制、铝合金轮辋是否有裂纹，胎圈座是否弯曲或损坏，螺母孔是否压延变形。若轮辋有上述的任何一种缺陷，均应更换轮辋，而不能通过焊接、加热或锤击来修复轮辋，因为这些操作会削弱轮辋的强度。

(3) **轮辋漏气的维修**　对于漏气的轮辋，可采用下列步骤进行维修。

1）用 80 号细砂纸清理轮辋漏气处周围的表面，并用抹布将磨下的磨粒清除干净。

2）在室温下，于漏气处涂一层强力硅胶密封剂，用油灰刀将密封剂均匀涂抹。

3）使密封剂凝固 6h 后即可安装轮胎。

364. 如何检查和调整轮毂轴承预紧度？

为减少车辆行驶阻力，要求车轮轮毂轴承能灵活转动，无轴向间隙，无卡滞现象。轴承过紧过松都会使轴承早期损坏，过松还会使车轮偏摆，轮胎磨损不均。因此，汽车行驶一定里程后，应检查和调整车轮轴承预紧度。

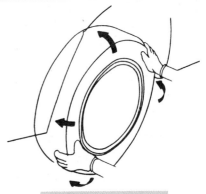

图 2-55　扳动轮胎检查

（1）**检查轮毂轴承预紧度**　先将汽车受检轮毂一端车轮的车桥架起，并确保安全支承。然后用手转动受检车轮数圈，再用双手扳动轮胎左右转动并上下摇动（图 2-55），重复做多次。如果没有松旷和阻滞的感觉，无噪声，则说明轮毂轴承预紧度正常；如果发现松旷或转动不自如，则应检查调整。

（2）**调整轮毂轴承预紧度**

1）拆下轮毂盖，支起前轮，松开轮毂轴承锁紧螺母和调整螺母。

2）将轮毂外轴承正位后，一面转动轮毂，一面拧进轴承调整螺母，直到用手转动轮毂感到很紧时，再将调整螺母倒回 1/6~1/4 圈，然后将锁紧螺母拧紧。

3）装上轮毂盖，放下前轮。

🔍 **提示**

　　调整后应达到的要求：当用手转动车轮轮毂时，轮毂转动灵活，无卡滞现象；当用手沿轴向推拉轮毂时，应无晃动感；路试后，用手触摸轮毂时，应无烫手的感觉；行驶中，车轮应无摆动现象。否则，说明轮毂轴承过紧或过松，应适当地将调整螺母拧松或拧紧。

365. 有内胎、无内胎轮胎各有何特点？如何选用？

汽车广泛使用充气轮胎。充气轮胎按组成结构不同，可分为有内胎轮胎和无内胎轮胎。

有内胎轮胎在外胎的内部有一个充有压缩空气的内胎，其轮胎特点是：轮胎强度大，充气压力较高，承载能力较强，便于修理；散热慢，行驶温度高，不适应高速行驶；内胎穿刺后马上漏气（图 2-56），胎压迅速降低，行驶安全性差。

无内胎轮胎内壁涂有一层用特殊配方的厚橡胶制成的气密层，轮胎安装在轮辋上就形成了充气的封闭内腔。轮胎

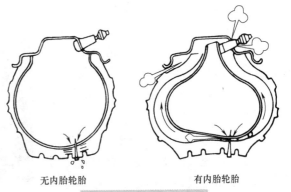

无内胎轮胎　　　　　有内胎轮胎

图 2-56　车轮静不平衡

特点：散热快，热量可直接从轮辋散出，轮胎温度低，适应高速行车；行驶安全性好，当轮胎被尖锐物刺穿后，气密层能自动紧裹刺穿物而保持较长时间不漏气（图2-56），即使将刺穿物拔出，由于气密层的作用，也能暂时保持气压，不至于立即停驶；胎体柔软，缓冲性能好，使用寿命长。

一般车速低、承载能力大的载货汽车和大型客车广泛采用有内胎轮胎；一般轻载、高速，要求舒适性好的轿车广泛采用无内胎轮胎。

366. 斜交轮胎、子午线轮胎各有何特点？如何选用？

按胎体帘线排列方向的不同，轮胎可分为斜交轮胎和子午线轮胎。

普通斜交轮胎是指胎体帘布层和缓冲层各相邻层帘线交叉且与胎面中心线呈小于90°角排列的充气轮胎（图2-57a）。帘布层通常由呈偶数的多层挂胶帘布用橡胶贴合而成；缓冲层位于胎面和帘布层之间，它用胶片和数层挂胶稀帘布制成，质软富有弹性。轮胎特点：胎体坚固，胎侧不易损坏，低速行驶舒适性好，轮胎噪声小，价格较低，滚动阻力大，使用寿命短。

a) 斜交轮胎　　　b) 子午线轮胎

图 2-57　轮胎的帘线排列

1—胎面　2—缓冲层　3—帘布层　4—带束层

子午线轮胎是指胎体帘布层帘线与胎面中心线成90°角排列，与帘布层轮胎的子午断面一致的充气轮胎（图2-57b）。子午线轮胎帘布层层数一般比普通斜交轮胎减少40%～50%，且无偶数限制，胎体较柔软，而带束层层数较多，极大提高了胎面的刚度和强度。子午线轮胎特点：帘布层数少，滚动阻力小，行车节油；帘线强度利用充分，承载能力大；胎体柔软，缓冲能力好，乘坐舒适；胎面耐磨性好，使用寿命长；接地面积大，附着性能好；能量损失小，行驶温度低，适应高速行车。

一般低速车辆、农用汽车广泛使用斜交轮胎；一般高速汽车，如轿车、客车、货车都在广泛应用子午线轮胎。

367. 什么是智能轮胎？它有何功能？

智能轮胎是指其内装有计算机芯片（图2-58），或将计算机芯片与胎体相连接，能够收集、传输有关自身所处环境的所有信息，并对这些信息做出正确判断和处理的轮胎。汽车智能轮胎能自动监控并调节轮胎的行驶温度、气压等参数，使其在不同情况下都能保持最佳的运行状态，提高汽车的使用性能。智能轮胎的主要功能如下。

(1) 轮胎内压监测　安装在轮胎内的充气压力监测装置，时刻检测胎内气压，一旦发现轮胎充气内压不足，该装置立刻向驾驶人发出警报，提示驾驶人停车检查轮胎或由车载电脑自动做出应急处置。

图 2-58　汽车智能轮胎

（2）**轮胎自动充气**　装备车载气泵可以及时补充轮胎充气内压。一旦轮胎漏气，轮胎充气内压监测装置将发出警报，车载电脑据此起动车载气泵，车载气泵向轮胎内腔充入气体，使轮胎恢复至合理的充气内压。

（3）**轮胎温度监测**　植入轮胎胎体内的微型传感器时刻探测、传输轮胎温度数据，而装在汽车驾驶室内的接收器/数据读出器，随时接收、显示轮胎温度数据。汽车行驶时，若轮胎温度过高，则监测系统会发出报警，提示驾驶人来预防爆胎。

（4）**历程可追溯性记录**　历程可追溯性记录是指轮胎在制造、出厂、使用、报废全过程中的每一阶段均形成资料，而且可以随时提档查阅。如果与远程信息系统链接，只要这条轮胎仍在路上使用，在信息网所覆盖的范围就能找到它。具有这种功能的轮胎一旦出现产品质量问题，汽车厂商和轮胎商可以很快确定召回范围，提高召回效率。

（5）**其他参数监测**　比如监测轮胎的受力、变形等动态力学状况，向汽车自动驾驶系统提供数据，使汽车实现稳定的驾驶状态。

> **368.** 如何识别轮胎标记？

轮胎尺寸标记如图 2-59 所示，其中 D 为外直径、B 为断面宽、H 为断面高、d 为轮辋名义直径（轮胎内直径）。充气轮胎一般习惯用英制表示，但欧洲国家常用米制。轮胎规格的表示方法多种多样，下面以实例的形式说明汽车轮胎规格的主要表示方法。

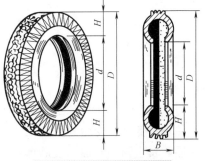

图 2-59　轮胎的主要尺寸

（1）**斜交轮胎**　我国斜交轮胎的规格用 $B\text{-}d$ 表示，轿车和重型载货汽车斜交轮胎的尺寸 B、d 单位均为英寸（in）。

1）轿车斜交轮胎。

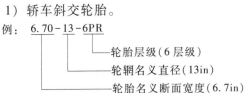

例：6.70-13-6PR

　　轮胎层级（6 层级）
　　轮辋名义直径（13in）
　　轮胎名义断面宽度（6.7in）

2）载货汽车斜交轮胎。

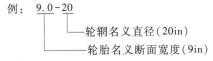

例：9.0-20

　　轮辋名义直径（20in）
　　轮胎名义断面宽度（9in）

（2）**子午线轮胎**　我国子午线轮胎的规格用 $B\text{ R }d$ 表示，其中 R 代表子午线轮胎。国产轿车子午线轮胎尺寸 B 为米制单位（mm）；载货汽车轮胎 B 有英制单位（in）和米制单位（mm）两种；而轮辋尺寸 d 为英制单位（in）。美国轿车子午线轮胎在规格前加"P"。

1）轿车子午线轮胎。

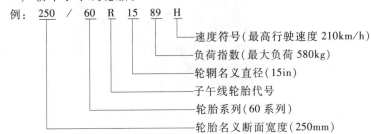

例：250 / 60 R 15 89 H

　　速度符号（最高行驶速度 210km/h）
　　负荷指数（最大负荷 580kg）
　　轮辋名义直径（15in）
　　子午线轮胎代号
　　轮胎系列（60 系列）
　　轮胎名义断面宽度（250mm）

2）载货汽车子午线轮胎。

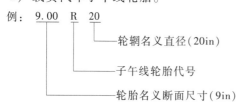

例： 9.00 R 20

- 轮辋名义直径（20in）
- 子午线轮胎代号
- 轮胎名义断面尺寸（9in）

标记中的轮胎系列是指的轮胎高宽比，也称轮胎扁平率；轮胎的速度是指在规定条件下、承载规定负荷、行驶规定时间所允许使用的最高速度；轮胎的层级（PR）是表示轮胎承载能力的相对层数；轮胎的负荷指数是指轮胎在规定的充气压力、规定的车速条件下，轮胎负荷能力的数字符号，每个数字符号代表了相应的负荷值（kg）。

> **369. 轮胎气压过高或过低有何危害？如何处理？**

轮胎气压过高或过低，对汽车的使用性能不利。如轮胎气压过低，会使轮胎的滚动阻力加大，汽车动力性变差，汽车油耗上升，同时汽车操纵性也受到影响；如轮胎气压过高，则轮胎与路面的附着性能下降，汽车制动距离延长，易发生侧滑；如轮胎气压过高过低都会使汽车舒适性变差。

轮胎气压过高或过低，会加剧轮胎的磨损，缩短轮胎的使用寿命（图2-60）。胎压过高时，造成胎体应力过大，胎冠中间部分磨损增加，严重时胎冠爆裂；胎压过低时，轮胎的刚度随之下降，造成汽车行驶时胎侧发生强烈弯曲，使胎体产生很大的应力，帘布层受到损害，同时，胎侧弯曲变形时，胎温升高，轮胎胎肩磨损加快（图2-61）。

为保持正常的轮胎气压，应定期检查和调整。检查轮胎气压应在轮胎处于冷态下进行，拧开轮胎气嘴的防尘帽，用胎压表检查轮胎气压（图2-62）。如气压过高，可通过气门芯放掉胎内一些空气；如气压过

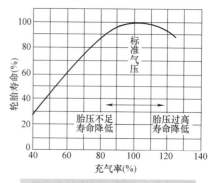

图2-60 胎压与轮胎寿命关系

低，则用压缩空气充压至规定值。轮胎气压规定值标注在轮胎的侧壁上，一般是表示常温条件的最高充气压力。

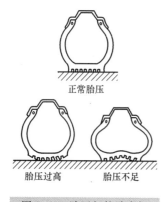

图2-61 胎压与轮胎磨损

图2-62 轮胎气压检查

370. 如何选配汽车轮胎?

(1) 选配轮胎方法 原则上应按照车辆使用说明书规定选用轮胎的规格牌号。实际选配时,轮胎的尺寸规格应符合原车的要求;轮胎的速度等级要与车辆最高行驶速度相适应;轮胎的负荷能力要与载质量相适应;轮胎的花纹要与道路条件相适应。轮胎的尺寸规格、速度等级及负荷能力均标记在胎侧,选用时必须认真核对,使轮胎的规格、性能完全符合该车型及运用条件的要求。

(2) 选配轮胎注意事项

> 1) 同一辆车所装的轮胎,其厂牌、花纹应一致,不允许混装不同规格的轮胎,否则会使轮胎磨损加剧、油耗增加、破坏汽车的操纵稳定性。
>
> 2) 换用新轮胎时,最好全车成套更换。如不能这样,应尽量避免只换一个轮胎,最少应把一根轴上的轮胎同时更换,不允许在同一轴上装用新旧差异较大的轮胎。轿车多是前轮驱动型车,它的前轮既是驱动轮,又是转向轮,其前轮胎磨损速度较快。因此,花纹最深的轮胎或新胎应装在前轮上,这样还可使前轮的摆振和侧滑减少,保证行车安全。

371. 什么是翻新轮胎? 怎样鉴别翻新轮胎?

旧轮胎经翻新后能继续使用的轮胎称为翻新轮胎。翻新轮胎的强度和安全性不如新胎,一般只装于车辆后胎与新胎并装使用,不宜用于前胎。翻新轮胎的价格较便宜,因此购买时应注意。鉴别翻新轮胎的方法如下。

(1) 察看轮胎标示 国家强制性标准《载重汽车翻新轮胎》规定:翻新轮胎必须标示"RETREAD"或"翻新"字样,还需标志翻新次数。如果有这些标示,则一定是翻新轮胎。

(2) 观察轮胎表面 通过目检,观察轮胎的色彩和光泽辨别是否是翻新轮胎。翻新后的轮胎颜色和光泽都比较黯淡,新轮胎胎面呈现蓝光,色泽较为自然。还可以通过观察胎面和胎侧的搭接部位来鉴别,翻新轮胎的胎面和胎侧之间搭接处不如新胎平整圆顺。

(3) 按压轮胎表面 检查时,用手指按压轮胎表面,一般新轮胎胎面上不会留下指纹,而翻新轮胎胎面摸上去会留有指纹,这是因为翻新轮胎胎面有一层蜡的缘故。

(4) 手扯胎面凸起物 如是用手扯轮胎胎面上的橡胶钉和磨损标记,如果不是很容易被扯下来,一般是新轮胎,如果很容易被扯下来,很可能就是翻新轮胎。这是因为翻新轮胎的磨损标记是翻新后重新贴上去的,容易撕开,而新轮胎则是和轮胎一体的,不易撕开。

(5) 刷划胎面 可用硬物在胎面上稍微用力划过,不会留下划痕的就是新胎。

372. 轮胎为什么要定期换位? 怎样换位?

(1) 轮胎定期换位原因 由于汽车在行驶过程中,前后轮的载荷、受力及功能不同,因而汽车轮胎的磨损不同,为保持同一台车的轮胎磨损均匀,延长轮胎的使用寿命,并使寿命趋于一致,轮胎应定期换位。轮胎每行驶 15000~20000km,应按一定的顺序进行一次换位。

（2）**轮胎换位方法**　普通斜交轮胎常采用交叉换位法（图2-63a）；子午线轮胎宜采用单边换位法（图2-63b）。

提示

> 子午线轮胎的旋转方向应始终不变，若换位后反向旋转，则会因钢丝帘线反向变形产生振动，导致汽车平顺性变差。因此，一些轿车使用手册均推荐子午线轮胎宜采用单边换位法。

（3）**轮胎换位注意事项**　为达到良好的效果，轮胎换位时应注意下列事项。

> 1）轮胎换位方法选定后，应按顺序定期换位，不能半途而废，否则对轮胎磨损不利。
>
> 2）对有方向性花纹的轮胎，换位后不能改变旋转方向。
>
> 3）轮胎有异常磨耗时，可在故障排除后提前换位。
>
> 4）前后车轮的轮胎帘线层数不同、承载负荷不同时不能随便换位。
>
> 5）轮胎换位后，应按所换的胎位要求，重新调整胎压至规定值。

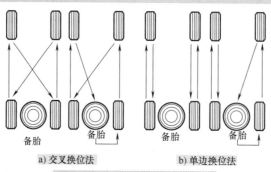

a) 交叉换位法　　　　　　　b) 单边换位法

图2-63　四轮二轴轮胎换位法

> **373.** 如何维护汽车轮胎？

（1）**加强轮胎的例行维护**　做到勤查气压、勤查胎温、经常检查轮胎有无损坏，并随时除去嵌入轮胎花纹中的杂物。

（2）**拆装轮胎要规范**　不正确地拆、装轮胎往往会使轮胎的胎圈部位变形或损伤，轻则影响轮胎的气密性或导致轮胎胎侧出现鼓包，重则使轮胎胎体帘线断裂而报废。因此，轿车轮胎的拆装必须使用轮胎拆装机，严禁直接用手工拆装。大车轮胎的拆装要严格按照操作规范进行。

（3）**轮胎修补或更换后要进行动平衡检验**　使用动不平衡的车轮，会使汽车行驶的振动和噪声加大，并且使轮胎出现不规则磨损而缩短轮胎使用寿命。因此，对修补或更换的汽车轮胎，应进行动平衡检验。

> **374.** 汽车使用时如何呵护汽车轮胎？

（1）**经常目测检查轮胎**　驾驶人应该养成一个良好的习惯，平时出车前，要坚持绕行车辆一圈，看轮胎有无破损、磨损是否正常、轮胎花纹是否嵌入杂物，发现问题及时处理可保护轮胎。

（2）保持合适的轮胎气压　轮胎气压标准是根据轮胎的构造、材料强度、实际负荷以及汽车的操纵稳定性、行驶平顺性、汽车的动力性及经济性的要求确定的，若轮胎气压过高或过低，不仅会破坏汽车的使用性能，还会使轮胎寿命下降。因此，汽车使用时其轮胎气压应符合规定值。

（3）防止轮胎超载　汽车在使用过程中不得超载，轮胎的负荷不应超过轮胎的额定负荷。超载行驶时，轮胎帘线所受压力增大，易造成帘线折断、松散和帘线脱层，当受到冲击载荷时，会引起爆胎，同时因接地面积增大，会加剧胎肩的磨损。

（4）轮胎应定期换位　轮胎定期换位可使整车轮胎磨损比较均匀，寿命趋向一致，有利于提高轮胎的使用寿命。

（5）避免高温暴晒　在夏季禁止将车辆停在烈日下暴晒，否则会引起轮胎早期老化。高温的轮胎应禁止用水泼浇，否则会导致轮胎各部分收缩不均而引起脱胶、变形，加速轮胎的老化，甚至会引起爆胎。

（6）视情驾驶保护轮胎　行驶时不要给轮胎以强烈冲击，有的驾驶人在路况不佳的路段高速行驶，不注意对沟壑、石块等障碍物的避让；有的驾驶人甚至驾车强行冲上公路和人行道间的台阶。这些均会导致轮胎的钢丝、帘线局部折断，是爆胎的一大隐患。行驶时应尽量避免轮胎接触油污、油渍等化学品，防止胎面发硬变形。

（7）轮胎漏气后要及时补胎　有的新手由于经验不足，当轮胎漏气处于低气压或瘪胎时仍然长距离行驶，这样会导致轮胎的钢丝和帘线过度扭曲疲劳，橡胶层脱胶，轮胎的强度大大降低。因此，当轮胎漏气后，应停车及时修补轮胎。

（8）轮胎修补要进行动平衡检验　车轮或轮胎修补后，装车前应进行动平衡检验。使用没经过有效平衡的车轮及轮胎，车辆行驶时会发生抖动，轮胎会出现不规则磨损，会缩短轮胎的使用寿命。

> **375.** 怎样驾驶汽车才能延长轮胎寿命？

1）起步要平稳，防止起步时车辆窜动，减少轮胎磨损。

2）尽量少用紧急制动，采用预见性制动。行车时注意观察车流、人流等各种情况，遇事提前减速，这样可大大减少使用紧急制动，从而减少轮胎的磨损。

3）提倡中速行车。因为高速行驶时，轮胎承受的冲击负荷、离心力、单位时间内接地次数引起的轮胎拉伸、压缩等均增大，易使轮胎损坏。

4）根据路面条件变化，采取相应对策。路面的好坏对轮胎寿命影响很大，应尽量选择优良路面行驶，若遇有铁路道口和不平路面时应减速行驶，路上遇有石块、锋利物时应即时处理。

5）注意轮胎温度，轮的最高允许工作温度在 80~90℃，若超过这一温度必须停车散热，绝对不能用放气降压的办法来企图降温，否则会适得其反，更不能用泼水降温，否则会使橡胶层骤冷，而影响橡胶层和帘线层的接合强度。

6）靠边停车时一定要注意不要让胎侧擦撞很硬的混凝土路缘，这对子午线轮胎、无内胎轮胎尤为重要，因为这些轮胎的胎侧较普通斜交轮胎薄。

> **376.** 使用磨光花纹的轮胎为什么不安全？

个别车主认为只要轮胎没破，即使轮胎花纹快磨光了仍可继续用。其实使用这样的旧轮胎是十分危险的，因为轮胎花纹磨光后，轮胎与路面的附着条件变差，制动时制动距离长且易侧滑甩尾，驱动时驱动力小且车轮易滑转而导致方向失去控制，尤其是遇上湿滑路面时，胎面花纹无法将轮胎下方的积水完全排出，更容易导致车辆失控。另外，磨光花纹的轮胎容易爆胎，因此高速行车很危险。

> **377.** 什么时候需要更换轮胎？

（1）胎面磨损接近磨损标记需更换　察看胎冠的磨损量（图2-64a），看其是否超过极限即磨损标记（图2-64b）。任何品牌的轮胎都会在胎面沟槽底部设置一个磨损标记，一般轿车轮胎的磨损标记高度为1.6mm，载重轮胎上的磨损标记高度为2.4mm。当轮胎花纹沟槽深度小于这个深度时，需要及时更换轮胎。

a）检查磨损　　　　　　　　　b）轮胎磨损标记

图2-64　检查胎面磨损

（2）轮胎破损时需更换　在日常用车过程中，轮胎或会被异物扎穿，或不小心撞到公路坎子，这些都会导致轮胎受损。轮胎受损的情况包括胎面裂缝、胎面鼓包、胎面橡胶缺失、胎侧刮伤严重、轮胎多次被异物扎穿等。尤其是鼓包，轮胎随时都会有爆裂的危险。只要发现轮胎出现这些受损情况，则要及时更换轮胎。

（3）轮胎年限到期需更换　不管怎么呵护轮胎，使用时间长了，轮胎也会逐渐老化。轮胎的使用年限通常在5年左右，超过这个年限，轮胎就会开始老化。轮胎老化的主要表现就是表面硬化，继而出现龟裂纹。老化的轮胎会失去应有的弹性，继续使用会导致胎面变形，存在爆胎风险。因此，轮胎年限到期后就需更换。

> **378.** 如何更换汽车备胎？

1）取出备胎。确保备胎正常完好、气压合适。

2）拆卸需换的轮胎。先拆下车轮装饰盖，再用套筒按对角顺序拧松轮胎螺母，然后把千斤顶顶在车门下铁槽的小缺口上（图2-65），将车顶起，最后将轮胎螺栓全部卸下并将轮胎拆下。

3）安装备胎。先将备胎螺栓孔对正，把备胎装入车轴，然后用随车套筒扳手将轮胎螺母分几次对角拧紧（图2-66）。先稍拧紧1，再稍拧紧对角的2，然后稍拧紧3再对角稍拧紧4，最后再拧紧5。这样分3~4次逐次拧紧，当拧紧到最后一次时，放下千斤顶用力紧固达到要求。

4）最后安装上车轮装饰盖。

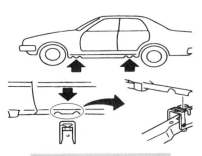

图 2-65 千斤顶顶车部位

图 2-66 轮胎螺栓拧紧顺序

　　轿车轮胎螺母的拧紧力矩是多少，要视轮胎螺栓的直径而定。如果轿车的轮胎螺栓直径为 12~14cm，那么一般来说拧紧的力矩是 120~140N·m，成年男子只要用随车的轮胎螺栓套筒用力拧紧即可，而不要用脚去踩套筒手柄或违规加接套管来拧紧。

▶ 379. 怎样用自然硫化胶膏修补无内胎轮胎？

　　对于轮胎上的硬伤钉孔，采用自然硫化胶膏修补，其步骤如下。

　　1）拔掉轮胎铁钉或剔除其中的杂物。

　　2）用补胎锉在轮胎内侧刺孔壁附近处锉磨。

　　3）将自然硫化胶膏注射入孔中。

　　4）待硫化后，再将高出胎面的部分切掉即可。

▶ 380. 怎样用维修塞修补无内胎轮胎？

　　对于 10mm 以下的轮胎刺孔，用维修塞修补，其步骤如下。

　　1）用补胎锉将轮胎刺孔壁修圆磨光，在轮胎刺孔内侧附近处锉磨抛光（图 2-67），以便维修塞与孔壁及轮胎内侧能良好接合。

　　2）在轮胎刺孔壁及刺孔内侧锉磨抛光处涂抹自然硫化胶浆。

　　3）选择一个合适的比刺孔稍大 1~2mm 的维修塞，并将其装入导入工具的孔里。

　　4）用硫化液体润滑维修塞和导入工具。

　　5）利用导入工具将维修塞从轮胎内侧进入穿孔，并用力挤压头部，使维修塞头部与轮胎内侧接触贴合。

　　6）使维修塞留在胎冠表面 0.8mm 处，并将伸出胎面的部分切除。

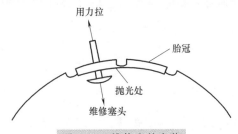

图 2-67 维修塞的安装

381. 怎样用冷补胎片修补无内胎轮胎？

对于较大的轮胎刺孔，可采用冷补胎片修补，其步骤如下。

1) 用补胎锉将轮胎内侧刺孔附近处修圆磨光。
2) 将硫化液体均匀地涂在轮胎内侧已磨锉的表面上，并使其自然晾干直至发黏。
3) 剥掉补胎片的护皮，使补胎片中心对准轮胎内侧穿孔，将补贴片贴到穿孔上。
4) 用压合工具在补胎片上前后移动，使补胎片与轮胎黏贴得更紧。

382. 汽车行驶跑偏的原因有哪些？如何诊断排除？

汽车直线行驶时，不能保持直线方向，而自动偏向一边。

(1) 故障原因

1) 两前轮轮胎气压不等、轮胎直径不等。
2) 前轮左右轮毂轴承松紧程度不一致。
3) 前后桥两侧的车轮有单边制动或单边拖滞现象。
4) 两前轮外倾角、主销后倾角、主销内倾角、前束角不等。
5) 前梁、后桥轴管及车架变形。
6) 左右悬架弹簧挠度不等或弹力不一。
7) 左右轴距相差过大，推力角过大。
8) 转向节弯曲变形。

(2) 故障诊断排除

1) 检查两前轮状况。查看两前轮胎磨损程度是否相同，两侧轮胎气压是否相等，若左右轮检查结果不同，则说明两前轮直径不等而导致自动跑偏。若左右轮直径相等，则进行下步诊断。

2) 用手触摸诊断。让汽车行驶一段时间后停车检查，用手触摸跑偏一侧的制动鼓（或制动盘）和轮毂轴承处，若感到温度过高，则说明故障由该轮制动拖滞或车轮轴承过紧引起。若温度正常，则进行下步诊断。

3) 测量轴距差、推力角诊断。检查车身两边车轮的轴距是否相等，推力角是否为零。若轴距不等，推力角过大，则故障可能是前、后桥或车架在水平平面内有弯曲变形或悬架杆件、转向节有变形或装配质量太差引起。若轴距相等，推力角正常，则进行下步诊断。

4) 测量车身高度诊断。在规定条件下检查车身两侧对称参考点的高度值，若高度值不同，则故障在两侧悬架弹簧的弹性不一致或有一侧的悬架杆件有变形，或承载式车身有变形。若高度值相同，则进行下步诊断。

5) 检查车轮定位。两前轮的外倾角、主销后倾角、主销内倾角、前束角不等也会引起汽车跑偏。通常，汽车可向前轮外倾角较大、前束角较小的一侧自动跑偏。这可通过检测转向轮定位参数进行确诊。

383. 汽车乘坐舒适性不良的原因有哪些？如何诊断排除？

汽车行车时，车身振动严重，且振动不能迅速衰减，汽车乘坐舒适性变差。

(1) 故障原因

1) 减振器不良或损坏。

2) 悬架系统弹性元件损坏。

3) 轮胎气压不正常。

4) 车轮动不平衡现象严重。

5) 轮胎磨损过甚或磨损不均。

6) 传动轴动不平衡。

(2) 故障诊断排除

1) 检查轮胎。察看轮胎的磨损及充气情况，若轮胎磨损不均，则可导致轮胎高速时失去动平衡而引起振动；若轮胎严重磨损且气压过高或过低，则轮胎会失去其应有的缓冲和减振功能而导致汽车的乘坐舒适性破坏。

2) 检查车轮。目检车轮是否有明显变形，并用百分表对轮辋进行径向、轴向圆跳动量检查，以确诊轮辋变形是否超标。若车轮变形严重，则车轮会动不平衡，会破坏汽车的乘坐舒适性。

3) 检查减振器。悬架的减振器多为不可拆卸式，系一次性部件，目检时，若减振器存在弯曲或严重的凹陷或刺孔，说明减振器损坏。正常情况下，只有在减振器泄漏严重并在外套能看到减振器油滴，车辆遇到路面冲击而车轮回跳过度时，才可确诊减振器损坏。

4) 检查悬架弹簧。目检弹簧是否有折断或损伤缺陷，对于弹簧的弹力可用仪器来检查。

5) 检查悬架杆件连接处橡胶衬套是否老化或损坏，其连接部位间隙是否过大。

6) 检查传动轴是否弯曲变形、平衡块有无脱落，传动轴管是否凹陷，必要时进行动平衡检验。

> **384.** 前轮摆振的原因有哪些？如何诊断排除？

汽车行驶时，两前轮围绕主销轴线摆振（俗称前轮摆头），感到转向盘发抖、行驶不稳定。

(1) 故障原因

1) 车轮变形，前轮的径向和轴向圆跳动量过大。

2) 前轮动不平衡量严重超标。

3) 前轮外倾角、前束值不符合标准或不匹配。

4) 主销后倾角、主销内倾角超标。

5) 前轮轮毂轴承松旷。

6) 转向节球销及纵横拉杆球销等连接处松旷。

7) 转向器主、从动部分啮合间隙过大。

8) 前梁或车架有弯、扭变形。

9) 前悬架杆件及转向节变形。

(2)故障诊断排除

1）检查转向传动机构各连接部位是否松旷。连接部位松旷后会减少对前轮摆振的阻尼作用，因而加大了前轮的摆头。在进行检查时，先左右转动转向盘，检查转向盘的自由转动量是否过大。若过大，则应逐一检查各球头销等连接部位是否松旷，以确诊故障部位并排除故障。

2）检查轮毂轴承、转向节球销间隙是否过大。转向轮毂轴承、转向节球销间隙过大，会减少对前轮摆振的约束，易导致前轮摆头。检查时，先支起汽车前部，使前轮处于卸载状态，然后在车轮的侧面用手上下左右摇动车轮。若有松旷感，则说明间隙过大，故障可能由此引起。

3）检查前轮胎是否正常。目检前轮胎花纹磨耗状况，并察看前轮是否装用了翻新胎。磨耗严重不均的轮胎及翻新质量差的轮胎其动不平衡量会过大，易引起前轮摆头。

4）检查前轮辋是否变形。可通过检测车轮轮辋的径向、轴向圆跳动量来反映其变形情况。检查时，将汽车前部支起，转动车轮，用百分表测量轮辋的径向、轴向圆跳动量（图2-68）。变形量超标的车轮易发生摆头现象。

5）检查前车轮是否平衡。检查方法是：支起汽车前部，用就车式车轮平衡机进行就车检测。前轮过大的动不平衡量，易造成车轮在高速范围内的强迫振动，是高速摆头的主要原因。若前轮动不平衡量过大，则应对前轮进行配重平衡，对难以动平衡的车轮应予以更换。

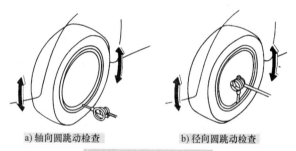

a) 轴向圆跳动检查　　b) 径向圆跳动检查

图2-68　检查轮辋变形

6）检查前轮定位是否合格。前轮定位中：前束值过小或过大，易造成前轮摆头并使轮胎磨损异常；前轮外倾角过小或过大，均不能与前束良好匹配，易造成前轮摆头并使轮胎磨损异常；主销后倾、主销内倾角过大，则稳定力矩大，前轮回正过猛导致摆头；主销后倾、主销内倾角过小，则稳定力矩小，前轮不稳定易摆头。导致前轮定位参数超标的原因可能是：悬架杆件变形、转向节变形、车身或车架某些部件变形等。检测前轮定位，当定位参数超标时，应查找原因，予以修复或调整，使其正常。

> **385.** 前轮胎磨损不正常原因有哪些？如何诊断排除？

前轮胎磨损速度过快，胎面磨损异常，如图2-69所示。

(1)故障原因　前轮胎气压过高或过低；前轮定位不正确，尤其是车轮外倾和前束不正确；前轮径向、轴向圆跳动量过大以及车轮动不平衡；前轮毂轴承松旷；转向节球销及纵横拉杆球销等连接处松旷；前轮胎长期未换位；前轴弯、扭变形或悬架杆件变形。

(2)故障诊断排除

1）察看前轮胎的胎面，如发现胎冠中部快速磨损（图2-69a），则为轮胎气压过高所致。其轮胎气压过高将增加单位接地面积的负荷，加速胎冠中部的磨耗。

2）察看前轮胎的胎面，如发现胎冠两肩磨损过快（图2-69b），则为轮胎气压不足所

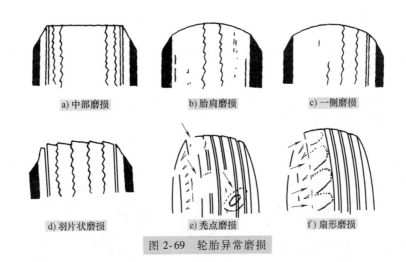

a) 中部磨损　　　　b) 胎肩磨损　　　　c) 一侧磨损

d) 羽片状磨损　　　　e) 秃点磨损　　　　f) 扇形磨损

图 2-69　轮胎异常磨损

致。其轮胎气压不足会使胎冠接地印迹增宽，并且由于轮胎中部弯曲略向外拱起，因此招致胎冠两肩着地，引起两肩磨损加快，同时当高速行车时，还会引起胎面开裂。

3）察看前轮胎的胎面，如发现轮胎外侧或内侧磨损过快（图 2-69c），则说明该前轮的外倾角不正常。若胎冠外侧偏磨损，说明前轮外倾角过大；若胎冠内侧偏磨损，说明前轮外倾角过小。

4）察看前轮胎的胎面，如发现胎冠出现羽片状磨损（图 2-69d），则说明前轮前束不正常。若左右轮胎冠上羽片的尖部指向汽车纵向中心线，则说明前束过大；若羽片的尖部背离汽车纵向中心线，则说明前轮存在负前束。此时应重点检查前轮的前束值，必要时予以调整。

5）察看前轮胎的胎面，如发现轮胎胎面局部出现磨光的斑点即秃点（图 2-69e），则说明前轮不平衡。当前轮不平衡时，前轮的振动会引起轮胎的定向磨损，最终导致斑点磨损。

6）察看前轮胎的胎面，如发现轮胎胎冠上一侧产生扇形磨损（图 2-69f），则由轮胎长期处于某一位置行驶而不换位或悬架位置不当所致。

7）察看左右轮两前轮的胎面，如发现一侧轮胎磨损较小且正常，而另一侧轮胎磨损异常严重，则说明磨损异常车轮的悬架系统及转向节部件不正常，支承件变形，造成单个车轮定位失常及车轮负荷过大，导致车轮磨损异常。若单个轮胎胎冠一侧磨损过大，则说明该车轮外倾角超标。若车轮外倾角过大，则轮胎胎冠外侧早期磨损，若车轮存在负外倾，则胎冠内侧磨损过大。

8）检查转向球销、轮毂轴承是否松旷。支起车桥，面对轮胎侧面，用手沿汽车横向反复推、拉轮胎顶部，并用撬杠上下撬动前轮。若这些部位松旷严重，则会改变车轮前束和外倾角的大小，从而使轮胎磨损异常。

9）检查前轮是否变形。支起车桥，转动车轮，用车轮跳动量测量仪检查轮辋与轮胎的径向和轴向圆跳动量。若其跳动量值超标，则会造成车轮严重振动，从而导致车轮不正常磨损。

10）检查前轴、悬架杆件是否变形。因为这些部位的变形会引起前轮定位参数发生变化，从而导致前轮磨损异常。

四、汽车制动系统

> **386.** 汽车制动系统的作用是什么？它由哪几部分组成？

汽车制动系统的功用是在行驶中强制减速甚至停车，或者在下坡时保持车速稳定，并能使汽车在坡道或平地停放而不滑动。

一般汽车的制动系统都有两套独立的制动装置（图2-70），即行车制动装置和驻车制动装置。行车制动装置是指汽车在行驶过程中使用的、用制动踏板来控制制动强度的制动系统；驻车制动装置是指汽车停驶后使其驻留原地不动的制动系统，因它是用手来操纵，故俗称手制动。每套制动装置都由产生制动作用的制动器和操纵制动器的传动机构组成。

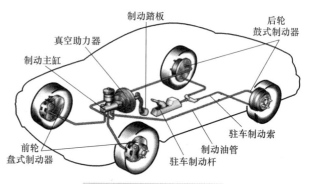

图 2-70　制动系统的组成

> **387.** 汽车为何采用双管路制动系统？常见的布置形式有哪些？

为确保行车安全，提高汽车制动系统的可靠性，现代汽车无论是液压式制动还是气压式制动，都采用两套独立的、互不相干的双管路制动系统，以避免在一套制动管路失效时，整车丧失制动能力。图2-71所示是两种常见的双管路布置方案。

(1)"前-后"布置（图2-71a） 如果某一套制动管路失效，会导致一轴车轮无制动，但另一套管路能提供制动力保证另一轴车轮具有制动力，当然制动效能会显著下降。这种布置的特点：若前轴制动失效，将会导致后轮抱死而失去稳定性；后轴制动失效，将会导致前轮抱死而失去转向能力。目前，货车的制动系统采用这种"前-后"布置的双管路系统较多。

(2) X 形布置（图2-71b） 如果一套制动管路失效，将使整车的制动效能降低一半，但不致丧失稳定性，因为每根轴无制动力一侧的车轮可以承受侧向力。

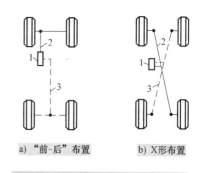

a)"前-后"布置　　　b) X形布置

图 2-71　双管路制动系统的布置

1—制动主缸　2—一套管路　3—另一套管路

采用这种管路布置的汽车其主销偏距应取负值（即前轮接地点在主销延长线与地面交点的内侧），这样制动时可通过前轮的转向来补偿左右轮两侧制动力不均而引起的跑偏。目前，很多轿车如神龙富康、广州本田等均采用这种 X 形布置。

> **388.** 什么是伺服制动系统？轿车常用哪种伺服制动系统？

兼用人力和发动机动力进行制动的系统称为伺服制动系统。正常情况下，制动能量大部分由发动机供给，而在动力伺服系统失效时，则全靠驾驶人供给。按伺服系统的输出力作用部位和对其控制装置的操纵方式不同，伺服制动系统可分为助力式（直接操纵式）和增压式（间接操纵式）两类。

轿车常用真空助力式液压伺服制动系统（图2-72），它是X形布置双回路液压制动系统。其伺服制动系统由真空单向阀、真空管及真空助力器组成。真空助力器安装在制动踏板操纵杆和制动主缸之间。伺服系统控制装置由制动踏板机构直接操纵，真空助力器则利用发动机进气歧管产生的真空对制动主缸增压，提供制动助力。而当真空助力器失效或真空管路无真空时，则制动踏板带动助力器操纵杆直接推动主缸推杆，使其产生制动压力，此时无助力作用。

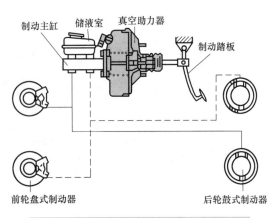

制动主缸　储液室　真空助力器

制动踏板

前轮盘式制动器　　　　　　　后轮鼓式制动器

图2-72　双管路真空助力式液压制动传动

> **389.** 轿车制动系统检修应注意哪些事项？

1）拆装制动系统时，不要损伤制动盘（制动鼓）、制动块（制动蹄片）、外部管路及放气螺钉。

2）不得将制动液溢出撒在车上以致损坏车漆。若制动液接触了车漆，须立即擦洗掉。

3）维修期间，油脂、机油、制动液不得触及制动块（制动蹄片）、制动盘（制动鼓）等摩擦表面。以免降低制动效果。

4）不要使用汽油、柴油清洗制动主缸、轮缸各部件，最好使用专门的清洗剂或制动液清洗零件。

5）在组装制动主缸和轮缸时，应在活塞密封圈和缸壁处施加干净的相同牌号的制动液。

6）维修时应更换橡胶件及检查不合格的零件；安装时，所有零件上不得有灰尘及污物。

7）安装制动器时，应在卡钳螺栓销、活塞防护套、销防护罩处施加润滑脂。

8）制动系统装配时应确保各零件的位置准确，装配完毕应恢复原状，以防降低制动效率。

9）制动主缸安装后，应对制动踏板的高度和自由行程进行检查，并视需要调整。

10）真空助力器通常不允许进行分解检修。

11）在更换驻车制动拉索、维修后轮制动器后，均应调整驻车制动系统。

12）制动系统检修安装完毕后，应加注制动液，并对制动系统进行排气。

13）制动系统维修完毕后应进行路试，汽车起步前应反复地踩制动踏板，使制动轮缸充满制动液，同时使制动部件正确就位，并保证有正常的制动踏板行程。

14）路试完毕后，检查制动管及制动软管接头有无泄漏，必要时，可重新拧紧接头。

> **390.** 鼓式制动器结构原理怎样？有何特点？

车轮鼓式制动器如图2-73所示，它主要有固定部分、旋转部分、张开机构、定位调整机构四大部分组成。

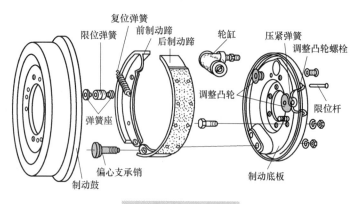

图 2-73　鼓式制动器

固定部分为制动底板和制动蹄，制动底板用螺栓与桥壳上的凸缘连接，用来安装或支承制动器部件，制动蹄上铆接或黏结有摩擦片，是固定的摩擦元件，制动蹄下端孔与制动底板上支承销的偏心轴颈作间隙配合支承，上端顶靠在轮缸的活塞顶块上；旋转部分为制动鼓，它用螺栓固定在车轮轮毂的凸缘上，随同车轮旋转，是旋转的摩擦元件；张开机构主要元件为轮缸和活塞，用来张开制动蹄；定位调整机构主要由两个调整凸轮和两个偏心支承销组成，用来保持和调整制动蹄和鼓具有正确的相对位置。

汽车行驶制动时，制动器轮缸内产生较高的油压，推动活塞使制动蹄张开，其上的摩擦片压向高速旋转的制动鼓上，产生摩擦力矩使汽车制动。制动解除时，制动蹄在复位弹簧作用下离开制动鼓复位，产生间隙，制动力消失。

提示

车轮鼓式制动器特点：制动效能高，能产生较大制动力，但热稳定性较差，因此货车车轮普遍采用鼓式制动器。

391. 如何检查调整鼓式制动器间隙？

制动器不工作时，其制动蹄摩擦片与制动鼓之间应有合适的间隙，其设定值由厂家规定。汽车使用过程中或在制动器解体检修后，必须检查和调整制动器间隙。

制动器间隙检查，制动鼓腹板边缘处开有一个检查孔，用塞尺可检查摩擦片与制动鼓之间的间隙。制动器不工作时，摩擦片与制动鼓的间隙，一般为 0.25～0.50mm，否则需要调整。

制动器调整分为局部调整和全面调整。在制动器使用过程中，由于摩擦片磨损造成制动器间隙变化时，应进行局部调整。当摩擦片磨损到铆钉头将要露出时，必须将制动器解体并更换摩擦片，若制动鼓磨损到一定程度时，也需要重新加工修整其内圆面。重新装配和安装制动器时，为保证蹄鼓的正确接触状态和间隙，应进行全面调整。

汽车鼓式制动器间隙调整方法，参见图 2-73。局部调整时旋转调整凸轮，可使制动蹄内外摆动，从而改变制动器间隙，使其符合规定。全面调整时，除了转动调整凸轮外，还要转动偏心支承销，转动偏心支承销，可使制动蹄上下、内外移动。通过这些调整不仅能改变制动器的间隙，还能使摩擦副的实际工作区域发生变化，有利于蹄鼓全面贴合。

> **392. 如何检查制动鼓？**

车轮制动器拆卸后，检查制动鼓的方法如下。

1）彻底清洁制动鼓，除去灰尘和污物。

2）用手指横向滑过制动鼓工作表面，直观地检查制动鼓制动表面的划痕及裂纹，任何大而深的划痕意味着必须重修制动鼓表面，任何裂纹的出现意味着必须更换制动鼓。另外，高度磨光的制动鼓表面会引起制动噪声及制动力不足。

3）检查制动鼓的磨损状况及变形状况。利用内径游标卡尺在制动鼓工作表面的圆周上多处测量制动鼓的内径（图 2-74）。当测量的直径超过允许的最大值时，应更换制动鼓。当制动鼓变形产生锥度或失圆而加工余量足够时，应对其进行加工修复。

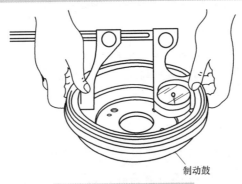

制动鼓

图 2-74 测量制动鼓内径

> **393. 制动鼓表面划痕、裂纹、磨损的原因是什么？如何修复？**

(1) 制动鼓表面划痕 大多数制动鼓的划痕是由道路砂粒或制动器灰尘被夹在制动蹄片和制动鼓之间作为磨料引起的。当然暴露的铆钉头或很硬的劣质摩擦片也会使制动鼓表面出现沟槽。对于较轻的表面划痕，可用细砂布抛光修平即可；带有中等严重程度的划痕，可在车床或制动鼓镗削机上进行加工修复。加工时须注意，同轴的两侧制动鼓的尺寸应一致，以保证同轴左右车轮产生的制动力相等，因此一侧制动鼓因缺陷进行切削加工时，则同轴另一侧制动鼓也必须用相同的加工方法切削加工到相同直径。

(2) 制动鼓裂纹 制动鼓上的裂纹是由过大的应力引起的，其裂纹可出现在任何地方，但常见的大多数裂纹出现在螺栓附近或凸缘的外边。小的裂纹常常难以看见或常常在加工修复后才发现，制动鼓一旦出现裂纹，则必须更换。

(3) 制动鼓磨损 汽车制动时，制动鼓与制动蹄摩擦片产生强烈摩擦会出现磨损。磨损较小可正常使用，但制动鼓磨损严重时，应更换制动鼓。

> **394. 制动鼓失圆的原因是什么？如何修复？**

制动鼓在使用后期，多半会出现不同程度的椭圆形即失圆。制动鼓失圆的主要原因：轮毂内轴承长期磨损后产生松旷，汽车行驶时使制动鼓与制动蹄摩擦片产生接触性摩擦而导致；另外，制动期间，制动鼓的工作温度较高、压力较大也会引起制动鼓失圆。

失圆严重的制动鼓在其直径上有较大变化，制动时会引起拖曳、卡住、制动踏板振动或脉动。当制动鼓失圆到足以引起车辆振动或当制动不平稳时，应在车床或制动鼓镗削机上对制动鼓失圆缺陷进行修复，若加工直径超过允许的制动鼓最大直径，则应更换制动鼓。

395. 怎样检查制动蹄片？

1）检查制动蹄摩擦片的厚度。摩擦片厚度的使用极限为1mm，多点测量每个制动蹄的摩擦片厚度，当磨损超过或接近使用极限时应予以换新。

2）检查制动蹄和摩擦片有无变形、裂纹或松动。若发现这些情况的任一种，则应更换制动蹄总成，切勿试图维修损坏的制动蹄和摩擦片。

3）当摩擦片被润滑脂、润滑油或制动液弄脏时，最好的办法是更换制动蹄摩擦片，并找出被油渍弄脏的原因，及时排除。

396. 怎样更换制动摩擦片？

制动摩擦片通常用铆钉与制动蹄连接。更换时，可换上带新摩擦片的制动蹄，也可只换摩擦片本身。如只更换摩擦片，可在制动蹄上先去掉旧的铆钉、废摩擦片及孔中的毛刺，换上新摩擦片，

提示

制动蹄摩擦片在车轴上应成组更换，以保证制动力平衡。

可用黏接和铆接的方法将摩擦片固定到制动蹄上（图2-75）。把摩擦片黏接到制动蹄表面需用专门的黏合剂和固化炉，而对大多数修理厂来说铆接更实用，这种方法比较快而且不需专门设备。更换摩擦片时，应清除全部毛刺和不平点，将新的摩擦片放在清洁的制动蹄上，先在新摩擦片的中心安装和紧固连接铆钉，然后交替向外在两端铆接。铆好后的摩擦片必须紧紧地贴合在制动蹄上，任两个铆钉之间，其摩擦片与制动蹄之间的间隙不得大于0.02mm，不能有任何松动现象。

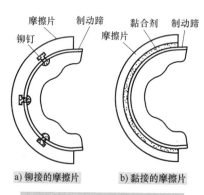

a) 铆接的摩擦片   b) 黏接的摩擦片

图2-75 摩擦片的铆接和黏接

目前大多数制动器摩擦片是预先磨过的，不需要另外的磨削，装上车后即可使用。

397. 怎样检修制动轮缸？

鼓式制动器轮缸除非正在泄漏或有泄漏痕迹，否则一般不拆卸和重装。检查泄漏可按图2-76所示方法，拉开每个轮缸的防尘罩，通常，看见有少量的制动液是正常的，因为制动液对活塞起作润滑作用。但防尘罩后面有大量的制动液是不正常的，说明制动液通过活塞密封圈向外泄漏。对于泄漏的制动轮缸应重点检查，并进行检修或更换，以防制动液流经制动鼓与制动蹄片表面。

图2-76 检查制动轮缸泄漏

提示

轮缸及活塞的工作表面必须光滑，如有轻微的擦伤和斑点，可用细砂布磨光；若发现明显的伤痕，如拉毛、划伤，则应更换。检查制动轮缸缸筒与活塞磨损情况，若缸筒磨损量超过0.1mm或缸筒与活塞配合间隙过大时，应更换轮缸总成。橡胶密封件不可重复使用，当轮缸检修时，无论活塞密封圈是否磨损、有无损坏，均应换新的同一型号密封件，制动轮缸防尘罩均应更换。对于轮缸或活塞，只要其中一件损伤，则需要同时更换。轮缸装配前，各零件应用制动液清洗，而不用汽油或煤油清洗。装配后，活塞在轮缸内应推动灵活而不发卡。

> **398. 怎样检修制动主缸？**

1）将制动主缸从车上拆下，将外部清洗干净，然后分解制动主缸。

2）用干净的制动液清洗制动主缸的各零件，并用干净的压缩空气吹干以待检查。

3）检查主缸孔的磨损情况。将活塞放在主缸中，用塞尺检查活塞与缸孔之间的间隙。如果间隙过大（大于0.15mm），必须更换主缸总成。

4）检查主缸孔壁面质量。主缸孔壁面必须光滑，无锈蚀。其壁面如有轻微擦伤和斑点，可用细砂布磨光，不能用砂纸研磨。如刻痕较深，请勿研磨或试图修整内径，而只能更换制动主缸。

5）检查储液罐是否损坏或破裂，检查过滤网是否阻塞，除去聚积的沉积物。

6）检查储液罐盖通气孔是否阻塞，应使其畅通。

7）更换所有的橡胶密封件。

8）更换所有损坏的零件。对于油缸或活塞，只要其中一件有损伤，则需同时更换。

> **399. 汽车行驶时制动鼓为何过热？怎样处理？**

(1) 制动鼓过热原因

1）制动鼓与制动蹄摩擦片间隙过小，行车时产生摩擦发热。

2）制动鼓变形，行车时导致制动鼓与制动蹄摩擦片经常摩擦而发热。

3）经常长时间制动。

(2) 处理方法

1）调整制动蹄摩擦片与制动鼓之间的间隙，使其符合要求。

2）检查制动鼓是否变形，若变形则进行加工修复。

3）尽量不要长时间或过负荷、强制性使用制动器，特别是下长坡时，应利用发动机或排气制动，以减轻制动器负担。

> **400. 盘式制动器结构怎样？如何工作？**

现代轿车前后轮普遍采用浮钳盘式制动器，其车轮制动器结构如图2-77a所示，主要由固定元件、旋转元件和制动轮缸组成。

固定元件主要有制动钳体和制动块，制动钳体用螺栓与支架相连，螺栓同时兼作导向

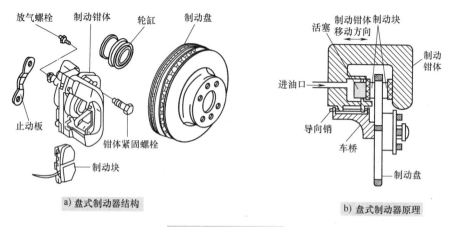

a) 盘式制动器结构　　　　　　　　　　b) 盘式制动器原理

图 2-77　盘式制动器

销，支架固定在轮毂轴承座凸缘上，钳体可沿导向销与支架作轴向相对移动，制动块是摩擦元件，装在制动盘两边，不工作时与制动盘存在间隙；旋转元件为制动盘，其工作表面为端面，它通过轮胎螺栓固定在轮毂上，随车轮同步旋转；制动轮缸设置在制动钳内侧，内有活塞。

汽车行驶制动时，制动器轮缸内产生较高的油压，活塞在制动液压力作用下，推动内制动块压向制动盘内侧面（图 2-77b），与此同时作用在制动钳体上的反力使制动钳体向内侧移动，从而带动外制动块压向制动盘外侧面。于是内、外摩擦制动块将随车轮旋转的制动盘两端面紧紧夹住，产生摩擦力矩，实现制动。

＞ 401. 盘式制动器有哪些优点？

现代轿车前后轮多采用盘式制动器，与鼓式制动器相比，盘式制动器的优点主要如下。

（1）制动稳定性好　盘式制动器的制动力矩与制动轮缸的活塞推力及摩擦系数呈线性关系，且制动块无自行增势作用，因此在制动过程中制动力矩增长较缓和，具有较高的制动稳定性。

（2）抗热衰退性好　制动盘对摩擦片无增势作用，因此当长时间制动受热后其摩擦系数的变化对其制动效能的影响较小，抗热衰退性好。另外，制动摩擦片尺寸不大，其工作表面的面积仅为制动盘面积的 6%～12%，散热性好，温升不高，使得热稳定性较好。

（3）抗水衰退性好　由于制动摩擦片对制动盘的单位压力高，易将水挤出，同时所沾之水在离心力作用下也易于甩掉，再加上摩擦片对制动盘的擦拭作用，制动器浸水后只需经 3～4次制动即能恢复正常，而鼓式制动器则需经过 8～9次制动方能恢复正常（图 2-78）。因此，盘式制动器抗水衰退性好。

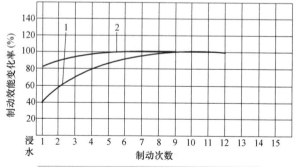

图 2-78　制动器的抗水衰退性和恢复特性

1—鼓式制动器　2—盘式制动器

（4）**尺寸小、质量轻** 在输出同样大小制动力矩的条件下，盘式制动器的质量和尺寸比鼓式要小，有利于轿车车轮的安装和减少汽车质量。

（5）**维修方便** 盘式制动器结构简单；制动盘与摩擦片间隙小，能实现间隙自动调整；摩擦片比鼓式的制动蹄片在磨损后更易更换，维修容易。

402. 如何检查、更换盘式制动器制动块？

制动块磨损严重，或磨损指示报警制动块至极限磨损时，应更换车轮制动器的制动块。

（1）**检查制动块的磨损情况** 用游标卡尺测量每一个制动块的厚度。如果制动块厚度小于维修极限或磨损不均匀，则应将制动器制动块成套更换，以保持制动力的良好分配。

（2）**制动块表面应清洁、完整无裂痕** 制动块若被油渍污染失效，则应更换新的制动块，并应查明该制动块被污染的原因，及时清除污染源，以免对新制动块重新污染。

（3）**检查内外制动块的磨损是否均匀** 若内侧制动块的磨损比外侧多，则需大修卡钳。若外侧制动块的磨损比内侧多，则总成的滑动元件可能黏附、弯曲或变坏，应重点检查这些部位。在任何情况下，制动块的不均匀磨损是制动卡钳需要维修、制动块需要更换的信号。

（4）**制动块的更换** 首先拆下旧制动块，注意不要损坏其传感器、活塞及防尘罩，然后装上新制动块及附件。安装完毕后，加注制动液，使制动轮缸充满制动液，同时使制动块在正确的工作位置上，并保证有正常的制动踏板行程。

403. 如何检修制动盘？

（1）**制动盘表面损坏和裂纹的检修** 彻底将制动盘表面清理干净，除去所有的锈迹，检查制动盘表面有无裂纹等损坏迹象。制动盘的热裂缺陷是由制动时产生的持续高温所引起。如果制动盘目检有裂纹、硬点及过深的刻痕（图2-79），则应更换制动盘。

（2）**制动盘表面磨损的检修** 制动盘工作表面有轻微的摩擦痕迹和制动磨损碎屑是正常的，在检修处理时将它们刮去即可。当制动盘摩擦痕迹过深、严重磨损或磨损不均匀时，则应用千分尺测量制动盘厚度。测量点应选在距制动盘外缘10mm、间隔大约45°的8个点处（图2-80）。如果制动盘的最小厚度小于最大修整极限，则须更换制动盘；如果制动盘最小厚度值大于最大修整极限但不平整，则可采用磨削或车削方法对制动盘进行加工修整，使其厚度及平行度修整在规定范围之内。

（3）**制动盘变形的检修** 制动盘的最大翘曲变形过大，转动时会引起制动盘左右摆动，并冲击制动块，导致制动振动严重，制动效果差，还会导致行车阻滞。制动盘的最大翘曲变形可通过轴向圆跳动量来反映。制动盘的最大翘曲变形，可用百分表检查。检查前，用车轮螺母及其平垫圈将制动盘牢靠地固定在轮毂上，然后按图2-81所示方法装上百分表，测量距制动盘外缘10mm处的轴向圆跳动量。将百分表调到零，转动制动盘一整圈，细心观察表中刻度，其指针的最大摆差即轴向圆跳动量，应在0.2mm以内。

若轮毂及轴承总成的横向偏摆度符合技术要求，而轴向圆跳动量超过0.2mm，则说明制动盘变形，应对制动盘进行加工修复或换新。制动盘变形的修复可在车床上进行，但应保证盘厚的最大修整极限；如果更换的新制动盘，其轴向圆跳动量大于0.2mm，则也应将其修整。

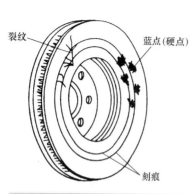

图 2-79　检查裂纹、硬点、刻痕

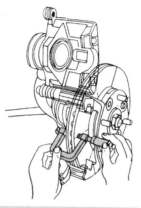

图 2-80　测量制动盘厚度

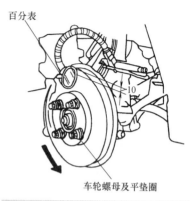

图 2-81　测量制动盘轴向圆跳动量

404. 如何检修制动卡钳？

1）拆下制动卡钳。

2）用清洁的液压油或无水酒精仔细地擦净制动卡钳的每个零件，然后用压缩空气吹干。

3）检查活塞表面有无划痕及锈蚀，检查活塞有无发卡现象。

4）检查卡钳轮缸壁有无磨损、划痕或损坏。必要时，予以更换。

5）检查卡钳体有无裂纹和损坏。必要时，予以更换。

6）更换所有的橡胶密封圈、防尘罩。

7）安装制动卡钳。

405. 盘式制动器间隙如何自动调整？

制动块与制动盘的间隙要适当。间隙过小易使制动块与制动盘在正常行驶时就接触摩擦，产生发咬拖滞现象，使制动器发热，同时要白白消耗发动机动力；间隙过大则制动时延误时间、不及时。如果左右车轮的制动器间隙不一致，车辆制动时会跑偏或甩尾。通常制动器间隙会随着使用时间增加而加大，但液压盘式制动器间隙可以自动调整，自动调整原理如下。

制动器摩擦片磨损后，其制动盘与制动块摩擦片之间的间隙靠活塞的油封-弹性密封环自动调整。弹性密封环由弹性橡胶制成，嵌在轮缸内（图 2-82）。制动时，液压油推动活塞，活塞向右移动，活塞的弹性密封环发生弹性变形 δ。当制动解除时，此时油缸内无油压，活塞可以在弹性密封环的弹性恢复力作用下返回 δ 距离，保持制动块与制动盘之间的间隙为设定间隙 δ（$0.01 \sim 0.15$mm）。如果制动块磨损或制动盘磨损存在过量间隙时，活塞行程增加，当活塞移动量超过弹性密封环弹性

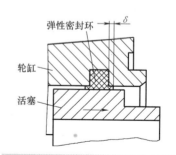

图 2-82　自动调整制动间隙原理

变形 δ 时，密封环在活塞上滑动，直到完全制动为止。但制动解除后，活塞在弹性密封环的弹性恢复力作用下仅退回 δ 距离，故制动块与制动盘之间的间隙仍为设定间隙 δ，从而达到

自动调整间隙保持δ间隙不变的作用。当活塞的弹性密封环发生老化或损坏时，应及时更换弹性密封环，以确保制动器能够自动调整制动间隙。

> **406. 什么是制动踏板自由行程？自由行程过大或过小有何危害？**

制动踏板自由行程是指制动踏板在自由状态最高位置，踏下制动踏板感到有阻力为止时，制动踏板所移动的距离。制动踏板自由行程是制动器间隙和制动力传动机构间隙的总体反映。因此，制动踏板自由行程过大，会推迟制动器开始起作用的时刻，会使制动迟缓而不灵，导致制动效能降低；自由行程过小，则不能彻底解除制动，造成制动拖滞，过多消耗汽车能量，经济性下降。因此，必须定期检查与调整制动踏板自由行程，使其满足要求。

> **407. 如何检查、调整制动踏板自由行程？**

(1) **制动踏板自由行程的检查**　检查前，将发动机熄火，踏下制动踏板数次，直到真空助力器中已无真空存在时为止。用直尺一端放置于制动踏板的前围板上，另一端接触制动踏板一侧，使制动踏板处于自由状态下的最大高度，用手轻压踏板，当感到有阻力时停止，其踏板移动的距离，即为制动踏板自由行程（图2-83）。各种车型的制动踏板自由行程都有其规定值，不尽相同，如夏利轿车制动踏板自由行程为3～7mm，而广州本田雅阁轿车制动踏板自由行程则为1～5mm。

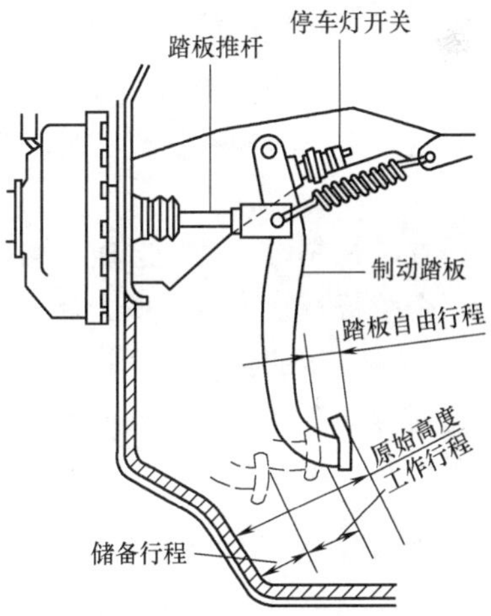

(2) **制动踏板自由行程的调整**　当制动踏板自由行程不符合该车规定时，则应进行调整，使其符合原车的要求。对于不同结构的制动系统，其制动踏板自由行程的调整方法也有所不同。

对于轿车液压真空助力制动系统来说，制动踏板自由行程是通过改变真空助力器推杆的长度来进行调整的。调整时，拧松固定螺母，转动真空助力器推杆，调整合适后将固定螺母拧紧即可。

图 2-83　制动踏板自由行程的检查

> **408. 如何检查真空助力器性能？**

许多轿车制动系统采用真空助力器作为制动助力装置。它安装在制动踏板推杆与制动主缸之间，其性能的好坏会直接影响汽车的行车安全。因此，检修时需检查真空助力器性能。

(1) **密封性能检查**　起动发动机，运转1～2min后关闭发动机。以常用制动踏板力踩制动踏板若干次，每次踩踏板的间隔时间应在5s以上，其制动踏板高度若一次比一次逐渐提高（图2-84），则表明真空助力器密封性能良好。否则，应检查发动机真空供给情况，若发动机运转时，提供的真空度正常，则表明真空助力器密封不良，应更换真空助力器。

(2) **负荷密封性能检查**　起动发动机，使发动机在怠速运转1～2min后，踏下制动踏板数次，并在踏板处于最低位置、保持踏板力不变的情况下，停止发动机运转。若发动机提供的真空度正常，而踏板高度在30s内无变化，则说明真空助力器密封性能良好。如制动踏板有明显的回升现象，则真空助力器有漏气故障。

（3）**助力功能检查**　在发动机熄火时，用相同的踏板力踩制动踏板若干次，以消除真空助力器的全部残余真空，并确认踏板高度无变化后，踩住制动踏板不动，然后起动发动机，此时若制动踏板略为下沉（图2-85），则说明真空助力器助力功能正常。如踏板不动，则助力器无助力作用，此时应先检查真空源是否提供了一定的真空度，然后检查真空管路、止回阀及真空助力器。

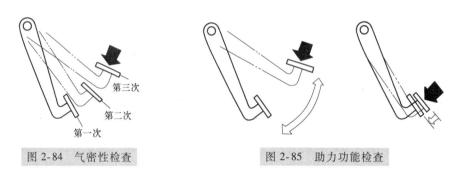

图 2-84　气密性检查　　　　　　图 2-85　助力功能检查

> **409.** 如何检查真空助力器真空止回阀？

真空止回阀位于发动机进气歧管和真空助力器之间。发动机进气歧管的真空通过真空止回阀到达真空助力器，但真空助力器的真空不能通过该阀回流。因此，真空止回阀的作用是保证发动机停转后，真空助力器内的真空能维持一定时间。

检查时，先将发动机怠速，然后关闭发动机并等待5min，再踩制动踏板施加制动，至少在一个踏板行程中应有助力作用。如果在第一次踩踏板时没有助力作用，则止回阀存在泄漏故障。进一步的检查：可将止回阀拆下，用嘴向止回阀进气歧管一端吹气，其气流应一点都不能通过。真空止回阀反向泄漏时，应予以更换。另外，真空止回阀有开闭受阻或卡住的现象也应予以更换。

> **410.** 如何检查真空助力器空气阀？

真空助力器空气阀若存在漏气故障，则汽车在行车无制动时，部分空气会进入真空助力器使膜片两侧腔产生压差，导致助力器自动工作，使车轮行车的阻滞力较大，导致汽车动力性、经济性严重下降。真空助力器空气阀故障可用下面两种方法检查。

（1）**通过车轮阻滞试验检查**

1）把车轮升离地面悬空。

2）踩制动踏板数次，以便清除真空助力器内的残余真空。

3）松开制动踏板，用手转动车轮，注意其阻力的大小。

4）起动发动机，并在怠速运转2min，然后关闭发动机。

5）再次用手转动车轮，如果阻力增加，则说明真空助力器的空气阀存在漏气故障，故障的原因是真空助力器解除制动后，让空气进入了真空助力器使膜片两侧腔产生压差，导致助力器自动工作，产生制动。此时应更换真空助力器。

（2）**直接检查空气阀密封性**　先让发动机怠速运转，放松制动踏板，然后悬一小束棉纱或纸条于空气阀进气口前面，如被吸入，说明空气阀密封不良，有漏气故障；如此时不吸入，而当制动踏板刚一踏下时便被吸入，则说明空气阀良好，无漏气故障。

▶ 411. 如何检修、调整真空助力器？

当真空助力器出现壳体破损或有裂纹、推杆弯曲或损坏、漏气、失去助力功能时，应更换真空助力器，真空助力器通常不允许进行分解检修。

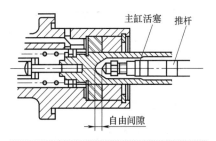

图 2-86　推杆至主缸活塞的自由间隙

在更换或调试真空助力器时，应注意检查和调整推杆到制动主缸安装面的距离，使真空助力器推杆与制动主缸活塞间有 2～3mm 的自由间隙（图 2-86）。只有这样，才能在解除制动时，使活塞完全回位，将膨胀孔彻底放开，使制动液回流储液罐，彻底解除制动。

▶ 412. 液压制动系统内空气有何危害？如何排出？

液压制动系统内若有空气侵入，则制动时将造成制动踏板无力，踏板行程过长，致使制动力不足，甚至制动失灵。因此需要对有空气渗入的液压制动系统进行排气。一般说来，制动系统维修后，或者制动系统进行清洗、换液后，或者制动液中渗入空气时，都需对制动系统进行排气。在进行排气之前，应先排除制动系统中存在的故障，并检查制动液压系统中的管路及其接头，如发现管路破裂或接头松动，应进行修理，以免制动系统排气完毕后，重新渗入空气。

制动系统常用的排气方法是利用脚踩制动踏板提供的制动管路压力，由远至近地对各个制动轮缸逐个地进行排气（图 2-87）。在开始进行排气时，制动主缸储液罐液面必须处于最高液位标记处，在排气过程中，要经常检查液位，至少使储液罐保持半满，以免液位过低时空气重新渗入制动系统，给每个轮缸排气之后都应检查液面，按要求及时补足制动液。其排气过程如下。

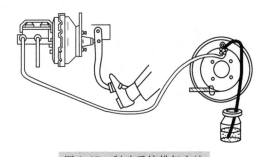

图 2-87　制动系统排气方法

1）发动机停转，检查储液罐液面高度，若液面不符合规定，应加注制动液。

2）在右后轮制动轮缸排气螺钉上接一根透明的塑料软管，另一端放入盛有制动液的容器内。

3）踩制动踏板数次，然后用力踩住制动踏板不动。

4）拧松右后轮排气螺钉，使空气从系统中排出，然后拧紧排气螺钉。注意应在轮缸油压消失之前拧紧排气螺钉。

5）慢慢将制动踏板完全松开。

6）重复 3）～5）操作步骤数次，直至从管中流出的制动液里没有气泡为止。

7）按由远至近的排气顺序即右后轮制动轮缸→左后轮制动轮缸→右前轮制动轮缸→左前轮制动轮缸的顺序，对其他的制动轮缸进行排气。

8）向储液罐中加注制动液至上限处。

9）踏下制动踏板，检查制动管路各个部位，不应有油液泄漏现象。

413. 液压制动汽车制动失效的原因有哪些？如何诊断排除？

汽车行驶时，踩下制动踏板，汽车无制动迹象，连踩数次制动踏板，也不能迅速减速和停车。

(1) 故障原因　制动踏板至主缸的连接部位脱落；制动管路破裂或接头处严重泄漏；制动主缸内无制动液或制动液严重不足；制动主缸、轮缸皮碗破裂。

(2) 故障诊断排除

1) 迅速踩下制动踏板诊断。踩下制动踏板时，若无连接感，则说明制动踏板至主缸之间的连接脱开，应采取紧急措施迫使汽车靠路边停车，在车下检视即可发现脱开部位。若感觉制动踏板连接正常，则进行下步检查。

2) 根据踩制动踏板的感觉诊断。连续踩几下制动踏板，若踏板不升高，同时又感到无阻力，则多为前、后制动管路破裂所致；踩下制动踏板，若稍有阻力感，则多为主缸无制动液或制动液严重不足所致；踩下制动踏板，若有阻力感，但踏板位置保持不住，有明显的下沉现象，则多为主缸、轮缸皮碗破裂或制动管路有严重泄漏所致。

414. 液压制动汽车制动不灵的原因有哪些？如何诊断排除？

汽车行驶时，将制动踏板踩到底，汽车减速过慢，制动距离过长。

(1) 故障原因

1) 制动踏板自由行程过大。

2) 制动管路和轮缸内有空气。

3) 制动管路或管路接头漏油。

4) 制动主缸、轮缸的皮碗、活塞、缸壁磨损过甚。

5) 制动主缸、轮缸的皮碗老化、发黏、发胀，使制动缓慢。

6) 制动主缸阀门损坏或补偿孔、通气孔堵塞。

7) 制动摩擦片与制动鼓（盘）的间隙过大，或接触不良。

8) 制动摩擦片硬化、铆钉外露或有油污。

9) 制动鼓（盘）磨损过甚或制动时变形严重。

10) 制动增压器、助力器效能不佳或失效。

11) 制动液不足或制动管路不畅通。

(2) 故障诊断排除

1) 检查储液罐制动液，若液面过低，则说明制动液压系统有泄漏故障，同时空气也容易渗入系统，这些均可导致制动力不足。

2) 连踩几脚制动踏板，若踏板逐渐升高，并有弹性感，则说明制动管路有空气。

3) 一脚制动不灵，但连踩几脚制动踏板时，其踏板位置逐渐升高且制动效能好转，说明制动踏板自由行程过大或制动摩擦片与制动鼓（盘）间隙过大。

4) 连踩几脚制动踏板，若踏板位置能逐渐升高，但升高后不能保持，有下沉感觉，则说明制动系统有漏油处，可能是制动主缸、轮缸、管路、管路接头漏油或制动主缸、轮缸磨损严重、皮碗破裂损坏或密封不良。

5）连踩几脚制动踏板，若踏板位置不能升高，则说明无制动液充入制动管路，多为主缸通气孔或补偿孔堵塞所致。

6）踏下制动踏板，若踏板高度正常，也深感有力且不下沉，但制动效果不好，则为车轮制动器故障，多为摩擦片硬化、铆钉头露出、摩擦片油污、制动鼓（盘）磨损及变形引起；若踏板高度合适，但踩踏板时感到很硬，则故障可能是制动液太稠、管路内壁积垢太厚、油管凹瘪、软管内孔不畅通或增压器、助力器效能不佳所致。

> **415.** 液压制动汽车制动跑偏的原因有哪些？如何诊断排除？

汽车在平路上制动时，在转向盘居中情况下，自动向左或向右偏驶，紧急制动时尤为严重。

(1) 故障原因

1）左、右轮制动摩擦片与制动鼓（盘）间隙不同。

2）左、右轮制动摩擦片与制动鼓（盘）接触面积相差过大。

3）左、右轮制动鼓（盘）的尺寸、新旧程度、工作面的表面粗糙度有差异。

4）左、右轮制动摩擦片材质各异、新旧程度不同或安装修复质量不一。

5）左、右轮制动蹄复位弹簧拉力相差过大。

6）左、右轮胎的新旧程度、磨损程度以及气压不一致。

7）个别轮缸活塞运动不灵活、皮碗发胀、油管堵塞或有空气。

8）个别制动卡钳呆滞、发卡，运动不灵活。

9）个别车轮摩擦片油污、硬化或铆钉外露。

10）个别制动鼓失圆或制动盘产生严重翘曲变形。

11）车架或车身变形、两边钢板弹簧刚度不等以及前钢板弹簧刚度过低。

(2) 故障诊断排除

1）路试检查。先减速制动，若汽车向左跑偏，则右边车轮可能制动迟缓或制动力不足；若汽车向右跑偏，则左边车轮可能有故障。再紧急制动，并下车观察车轮在地面上的拖印，若同轴两边车轮拖印不能同时发生，其中拖印短的车轮为制动迟缓，拖印轻或无拖印车轮为制动力不足。

2）找出可能制动迟缓或制动力不足车轮后，应仔细检查该车轮制动管路是否漏油、有无碰瘪，轮胎气压是否正常，轮胎磨损是否严重。若有问题，则制动跑偏故障可能由此引起；若正常，则进行下步检查。

3）对该车轮轮缸进行排气检查。排气时若发现有空气或排气后制动跑偏现象消除，则故障在该车轮轮缸内或管路内有气阻。若无空气排出，则进行下步检查。

4）检查该车轮制动摩擦片与制动鼓（盘）之间的间隙。若间隙过大，而调整正常后制动跑偏现象消除，则说明故障在该车轮的制动器间隙调整不当。若间隙正常，则进行下步检查。

5）深入检查该车轮制动器。分解制动器，检查制动器的技术状况：如制动盘或制动鼓是否变形严重，制动鼓（盘）尺寸及工作面的状况是否正常，摩擦片是否有硬化现象或有油污，轮缸活塞、制动卡钳运动是否发卡不灵活，活塞皮碗是否老化发胀，油管是否畅通等，以确诊故障部位。

6）若路试制动检查时，各车轮拖印符合要求，深入检查时左右车轮的状态、左右车轮制动器的技术状况、左右车轮的制动管路均正常，而制动仍跑偏，则说明跑偏故障不在制动系统本身，而故障可能是由车架或车身变形，或其他系统（如悬架、转向系统）的工作条件恶化所致。

416. 液压制动汽车制动拖滞的原因有哪些？如何诊断排除？

汽车行驶时，或汽车解除制动后，全部或个别车轮有制动拖滞，致使汽车行驶无力。

（1）故障原因

1）制动踏板无自由行程。

2）制动踏板复位弹簧脱落、拉断、过软或踏板轴锈蚀、卡住而复位困难。

3）制动主缸、轮缸皮碗发胀、发黏或活塞移动不灵活。

4）主缸活塞复位弹簧折断、预紧力太小。

5）制动鼓（盘）严重变形，制动摩擦片与制动鼓（盘）间隙过小。

6）制动蹄复位弹簧过软。

7）制动卡钳呆滞、发卡，运动不灵活。

8）制动油管碰瘪、堵塞或制动液太脏、太稠而使回油困难。

9）真空助力器的空气阀漏气。

（2）故障诊断排除

1）汽车行驶一段里程后，用手触摸各车轮制动鼓（盘）。若个别车轮制动鼓（盘）发热，则故障在该车轮制动器；若全部车轮的制动鼓（盘）都发热，则进行下步诊断。

2）全部制动鼓（盘）发热时，应首先检查制动踏板自由行程。若自由行程符合要求，则检查制动主缸。可将主缸储液罐盖打开，并连续踩下和放松制动踏板，看其能否回液。若不能回液，说明回液孔堵塞；若回液缓慢，说明皮碗、皮圈发胀或复位弹簧无力，则故障在制动主缸。同时还应观察制动踏板的复位情况，若制动踏板不能迅速复位，说明复位弹簧过软或折断。若制动主缸回液正常，且制动踏板复位正常，则进行下步诊断。

3）作车轮转动试验。松开制动踏板，让各车轮悬空并用手转动车轮，若各轮的转动阻力很大，则说明故障在各轮制动摩擦片与制动鼓（盘）间隙过小或调整不当；若各轮的转动阻力较小处于正常，则对采用真空助力器的制动系统，可将汽车变速器置于空档，使发动机处于急速运转，在松开制动踏板的情况下，再次用手转动车轮，若此时阻力增大，则说明汽车制动拖滞的故障是由真空助力器的空气阀漏气所致。

4）当故障在单个车轮制动器时，可顶起有故障的车轮，旋松制动轮缸排气螺钉，若制动液随之急速喷出，车轮也立即旋转自如，则说明油管堵塞致使轮缸不能回油。若车轮转动仍有拖滞，可检查制动间隙是否太小，若间隙正常，则进行下步诊断。

5）拆下制动器检查。检查轮缸活塞、皮碗、复位弹簧、制动鼓（盘）、制动摩擦片状况，检查制动蹄片支承销或制动卡钳的活动情况，以确诊故障部位。

417. 气压制动汽车制动失效的原因有哪些？如何诊断排除？

汽车行驶时，踩下制动踏板，汽车无制动迹象，不能迅速减速和停车。

（1）故障原因 储气筒无压缩空气；制动控制阀进气阀门打不开或排气阀门关闭不严；制动控制阀、制动气室膜片破裂或制动软管断裂；制动踏板至制动控制阀的连接脱开；制动管路堵塞。

（2）故障诊断排除

1）察看气压表有无气压。若气压正常，则检查制动踏板与制动控制阀之间的连接是否脱开。若脱开，则故障在此；若连接正常，则进行下步诊断。

2）踩下和抬起制动踏板诊断。踩下制动踏板，是否有严重的漏气声。若有，则故障为制动系统严重漏气所致，可能是制动气室膜片破裂、制动管断裂等。若无漏气声，则抬起制动踏板，察听制动控制阀是否有排气声。若有排气声，但整车仍无制动效能，则故障在制动控制阀至车轮的管路被严重堵塞；若无排气声，则为储气筒至进气阀的管路堵塞或进气阀打不开。此时可通过调整制动控制阀的最大气压调整螺钉，在确保进气阀打开的情况下，重新踩下并抬起制动踏板，若仍然听不到排气声，则说明故障是由储气筒至进气阀之间的管路严重堵塞所致；若能听到排气声，则说明故障是由制动控制阀调整不当使进气阀打不开所致。

3）无气压的诊断。若气压表指示压力为"0"，则起动发动机并运转几分钟。当气压表仍无压力指示时，可拆下空气压缩机的出气管，起动发动机，察听有无泵气声。若泵气声正常，应查明空气压缩机出气管经储气筒至气压表一段有无严重漏气；若无泵气声，且空气压缩机传动带性能正常，则故障在空气压缩机。

▷ 418. 气压制动汽车制动不灵的原因有哪些？如何诊断排除？

汽车行驶时，将制动踏板踩到底，汽车减速过慢，制动距离过长。

（1）故障原因

1）空气压缩机工作不正常，储气筒内空气压力不足。

2）制动管路及管接头漏气或不畅通。

3）制动控制阀或制动气室膜片破裂以及排气阀关闭不严。

4）制动踏板自由行程过大。

5）制动臂调整不当，使制动气室推杆行程不合适。

6）制动控制阀最大气压调整螺钉调整不当或平衡弹簧的预紧力过小。

7）制动摩擦片与制动鼓间隙过大或接触面积过小。

8）制动摩擦片质量不佳或使用中有表面硬化、油污、铆钉外露等现象。

9）制动鼓磨损过甚或变形严重。

10）制动蹄与支承销或制动凸轮轴与其支承套锈蚀或卡滞。

（2）故障诊断排除

1）运转发动机观察气压表诊断。让发动机中速运转数分钟，再观察驾驶室内气压表读数能否达到标准。若气压不足，则可能有如下故障：空气压缩机传动带太松，空气压缩机排气阀关闭不严，空气压缩机至储气筒之间的管道被堵塞或接头漏气。若气压正常，则进行下步诊断。

2）发动机熄火观察气压表诊断。当气压表指示压力正常后，让发动机熄火，再慢慢观察气压表。若气压自动下降，其可能有如下故障：制动控制阀漏气、制动控制阀至其储气筒或空气压缩机之间的制动管路漏气。若气压正常，则进行下步诊断。

3）踩制动踏板观察气压表诊断。当发动机熄火后，气压保持正常时，踩下制动踏板不动，观察气压表，若气压不断下降，则为控制阀至各制动气室之间有漏气之处，如制动控制阀排气阀关闭不严、管路接头漏气、制动气室膜片破裂漏气等，可根据漏气声判断故障所在。若气压下降后稳定，则进行下步诊断。

4）踩制动踏板看气压下降幅度诊断。当气压表指示压力正常时，将制动踏板踩到底，看气压表气压瞬间下降值是否在50kPa左右，若气压下降值大于50kPa，则故障在制动控制阀进气阀打开程度太小或平衡弹簧预紧力太小。检查并调整制动控制阀最大气压调整螺钉，调整后若情况有所好转，则故障在调整螺钉调整不当；若气压下降还是太少，则故障在平衡弹簧预紧力太小。

5）若上述检查调整均正常，但制动效果仍然不好，则应检查制动踏板自由行程是否过大，检查制动气室推杆动作是否良好，检查制动器摩擦片与制动鼓之间间隙是否过大。经过这些检查及调整后，若车辆制动不灵现象依然存在，则故障是由车轮制动器内部所致，可能是制动鼓磨损过甚或变形严重、制动摩擦片与制动鼓接触面积过小、制动摩擦片质量不佳或使用中有表面硬化、油污、铆钉外露等，须解体后确诊故障。

419. 什么是防抱死制动系统？它由哪几部分组成？

汽车防抱死制动系统（Anti-Lock Braking System）是指汽车在制动过程中防止车轮制动抱死拖滑的控制系统，简称ABS。电子控制防抱死制动系统是在汽车普通制动系统的基础上增加的一种主动安全装置，它主要由车轮转速传感器、ABS电控单元（即ABS ECU）、ABS压力调节器和警告灯等组成（图2-88）。

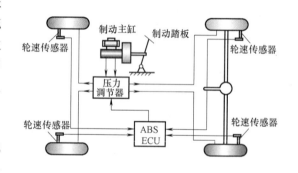

图2-88　ABS基本组成示意图

轮速传感器用来检测车轮速度，并向ABS ECU反映各车轮的运动状况。ABS ECU用来接受轮速传感器送来的信号，计算车轮的转速、加速度、减速度和滑移率，并进行分析、处理，然后向ABS压力调节器发出控制信号，使制动压力调节器按要求工作。ABS ECU还具有故障自诊断功能，当ABS出故障时，它可断开继电器、电磁阀及泵电动机电路而关闭ABS，存储故障信息，点亮ABS警告灯。ABS压力调节器用来调节制动系统的压力，它根据ABS ECU传送的控制指令，通过减压、保压、增压来调整作用在每个制动轮缸的油压，从而控制车轮的速度。ABS警告灯是一种黄色警告灯，用来警示ABS故障，以便驾驶人直观判断ABS的状况。

420. 防抱死制动系统有何作用？如何工作？

ABS的作用就是在紧急制动时防止车轮抱死，使汽车制动力更大，制动距离更短，并提高汽车抗侧滑、甩尾的能力。

常规制动时，如一般制动点制动、下坡控制车速过高的制动，车轮并不会趋于抱死状态，ABS只是处于准备状态而并不干涉普通制动器的正常制动。紧急制动时，每个轮速传感器，将关于各车轮的转速信号输入ABS ECU。若车轮即将抱死，ABS ECU则根据轮速传感器输入的信号判定车轮趋于抱死状态，输出指令控制 ABS 压力调节器，ABS 压力调节器则根据控制指令，对各自车轮制动轮缸的制动压力进行调节，制动压力历经降低、保持和升高等阶段，以保证车轮滑动率处于 20% 左右，防止车轮抱死拖滑，保持车轮与地面附着系数为最大值，侧向附着系数为较大值，从而在各种条件下可使汽车获得最大制动力，同时还可保证汽车制动时的方向稳定性。当 ABS 出现故障时，制动系统脱开 ABS 而恢复到普通的制动系统，仍可进行正常制动，但制动力增大后，可使车轮制动抱死，制动效果变差。此时，ABS 警告灯闪亮，以提示驾驶人进行维护。

▶ 421. 防抱死制动系统检修应注意哪些事项？

1）检修 ABS 之前，要确保普通制动系统工作正常。

2）在点火开关处于接通位置时，不要拆装 ABS 线束插头和电器元件，以免损坏 ABS ECU。

3）在拆下 ABS 高压管之前应首先泄压，以免高压制动液喷出伤人。在放制动液之前，必须将点火开关断开，然后反复踩下和放松制动踏板，直到制动踏板变得很硬时为止。

4）在维修过程中，要确保系统中电器元件和控制装置不能碰撞和敲击，否则极易引起损坏。

5）ABS 中电器元件及接头、接口，特别是 ABS ECU 的端子不能沾染油污，否则会引起线路接触不良或短路，影响系统正常工作。

6）制动液压系统没有完全装好时，不能接通点火开关，以免 ABS 泵通电泵油。

7）ABS 中的电器元件、ABS ECU、液压块、传感器很多都是不可维修的。若发生损坏，则整体更换。

8）要注意车轮转速传感器和传感器齿圈不能被污染。否则，车轮转速信号就不准确，从而影响系统控制精度，严重时导致无法正常工作。

9）若拆下或更换任何一个制动系统的液压机件和油管，应视情添加制动液，并必须按规范给制动液压系统排气。

10）要求供给 ABS 的电压正常，否则，正常的 ABS 也会工作不正常。

▶ 422. 怎样直观检查 ABS 故障？

直观检查就是直接检查容易触及的与 ABS 故障内容有关的部件。通过直观检查，常常可以发现 ABS 故障原因，并可及时排除，从而提高 ABS 故障诊断排除的效率。主要检查如下内容。

1）检查驻车制动是否完全释放。

2）检查制动储液罐液面是否符合规定。

3）检查所有的制动管路有无损坏变形和泄漏迹象。

4）检查 ABS 的所有熔断器是否完好，导线是否破损，插座是否牢固。

5）检查蓄电池容量和电压是否符合规定，正负极导线的连接是否可靠。

6）检查 ABS ECU 插接器连接是否牢靠。

7）检查电路连接处是否腐蚀、损坏、松脱或接触不良，ABS 的各搭铁线搭铁是否可靠。

8）检查轮胎磨损是否严重。

9）检查车轮转动有无阻滞，轮毂轴承间隙是否正常。

423. 怎样路试检查 ABS 故障?

路试检查就是通过汽车行驶时观察制动过程中发生的现象,来确认 ABS 故障。通常用下面几种方法判断 ABS 故障。

(1) 根据 ABS 警告灯判断故障 正常情况下,在点火开关接通或起动发动机时,ABS警告灯应闪亮 4s 左右时间(因车型而异)熄灭。在试车期间及停车过程中,ABS 警告灯应保持熄灭。若 ABS 警告灯点亮,则表明 ABS 有故障。

(2) 根据制动轮胎的印迹判断故障 试车在大于 40km/h 以上速度紧急制动时,若在路面上留下较长的拖印痕迹,则说明车轮制动抱死,ABS 存在故障。若制动效果好但只留下很短的拖印痕迹,则说明 ABS 工作正常,因为汽车在经历低速制动停车时,车轮会出现短暂的抱死状态。

> **提示**
>
> 用制动拖印痕迹判断 ABS 故障是一种最本质的方法,实用、准确,因而被广泛使用。

(3) 根据制动时汽车的方向稳定性判断故障 试车若以较小的制动强度制动,其方向稳定性较好,转向正常,但试车以较高的车速(如 60km/h)在弯道紧急制动时,汽车有严重的侧滑、甩尾现象,或转向失灵,则说明 ABS 存在故障或性能不良。因为 ABS 正常时,紧急制动,车轮不会抱死,汽车不可能出现侧滑、甩尾和丧失转向能力。

424. 怎样利用诊断仪读取 ABS 故障码?

在电子控制 ABS 中,一般都具有故障自诊断功能。当ABS 出现故障时,应利用其自诊断功能,采用一定方法进入系统的自诊断模式,读取故障码。将专用诊断测试仪与 ABS故障诊断通信接口相连,按照一定的操作规程,通过与 ABSECU 双向通信,从测试仪的显示器或警告灯上显示故障码或故障信息。例如:图 2-89 所示的 ELIT 检测仪是雪铁龙公司的专用诊断测试仪,检测时,ELIT 的通信插头应与驾驶室内仪表台左下方的 16 路诊断接口连接,它对 ABS 的检测具有系统

图 2-89　ELIT 检测仪

识别、读取故障码、删除故障码、参数测量、激活检测、ABS 的第二级排气等功能。

425. 怎样人工读取 ABS 故障码?

汽车电子控制 ABS 中设有自诊断插座,检测人员可按规定的操作,跨接诊断插座中的相应端子或其他方法,根据警告灯的闪烁规律,人工读取故障码。下面以雷克萨斯LS400 型轿车的 ABS 为例说明故障码读取方法。

1)将点火开关接通,脱开维修插接器接头。

2)用跨接线连接 TDCL 或检查用插接器的端子 T_C 和 E_1(图 2-90),使系统进入

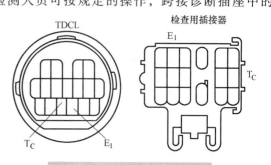

图 2-90　TDCL 和检查用插接器

自诊断模式。

3）ABS 警告灯则以闪烁的频率显示故障码。其正常码及故障码的闪烁规律如图 2-91 所示，若有两个或更多故障码，则数字最小的故障码首先显示。检测人员据此读得 ABS 故障码，其故障码的含义可通过本车维修手册查获。

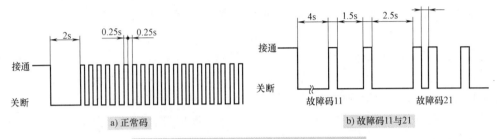

图 2-91　ABS 故障码及正常码闪烁显示实例

4）故障码读取完毕后，在端子 T_C 和 E_1 上取下跨接线，关闭点火开关。

> **提示**
> 有的汽车仪表板上具有驾驶人信息系统，检测人员可按照一定的自诊断操作程序，从信息显示屏上显示 ABS 故障码或故障信息。

426. 怎样根据故障码诊断 ABS 故障？

当读取故障码后，先根据车型在维修手册中查出故障码所代表的故障现象和故障部位，然后根据各故障码对应故障的诊断工艺流程、检查方法进行诊断，主要是对电路及其电控元件进行检查。诊断排除故障时，要严格按照维修手册中的规定方法和步骤进行。

> **提示**
> ABS 故障排除后，应对 ABS ECU 内的故障码进行清除。否则，ABS ECU 的存储器仍然记忆着原故障信息，行车时其警告灯会点亮。

427. 怎样根据故障征兆表诊断 ABS 故障？

当 ABS 无故障码显示，但故障依然存在时，则说明故障出现在 ABS 自诊断的范围之外。此时，可按被诊断车型的 ABS 故障征兆表提供的线索及故障诊断流程，通过检测工具对 ABS 电路及电控元件进行故障诊断并排除。表 2-5 为丰田雷克萨斯 LS 400 ABS 的故障征兆表。

表 2-5　ABS 故障征兆表

故障征兆	诊 断 步 骤
ABS 不工作	(1)检查故障码，再次确认输出的是正常码 (2)检查 IG 电源电路 (3)检查车速传感器电路 (4)用检测仪检查 ABS 执行器，若不正常，则检查液压系统是否漏油 (5)若以上都正常而故障依然存在，则更换 ABS ECU
ABS 功能减弱	(1)检查故障码，再次确认输出的是正常码 (2)检查车速传感器电路 (3)检查停车灯开关电路 (4)用检测仪检查 ABS 执行器，如果不正常，则检查液压系统是否漏油 (5)若以上都正常而故障依然存在，则更换 ABS ECU

> **428.** 怎样根据 ABS ECU 端子及电路参数诊断 ABS 故障？

ABS ECU 端子及电路都有规定的测量条件及相应的端子参数标准。当 ABS 出现故障时，其测量参数将会发生变化。此时，可通过检测工具测量其端子及相应的电路参数，与维修手册中的标准值比较进行故障诊断。诊断时，一般可通过插接器，检查 ABS 电控系统各有关电路的电压、电阻或导通情况，然后根据资料提供的故障诊断表诊断其故障部位。

例如：在 ABS ECU 插接器连接状态下，按照规定的检测条件，用万用表测量 ABS ECU 各端子的对地电压（图 2-92a），所测的电压值应在标准范围内，否则说明 ABS ECU、电控元件或电路有故障；在 ABS ECU 插接器断开状态下，在线束侧接头检测有关端子之间的电阻值或导通情况（图 2-92b），所测的电阻值或导通情况应符合标准，否则说明某电路或电控元件存在故障。

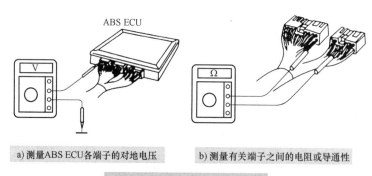

ABS ECU

a) 测量ABS ECU各端子的对地电压　　　b) 测量有关端子之间的电阻或导通性

图 2-92　检测 ABS 电路参数

> **429.** 如何检修 ABS 车轮转速传感器？

（1）车轮转速传感器转子齿圈的检查

1）检查前后轮转速传感器（图 2-93）转子齿圈是否断裂或损坏。

2）检查车轮转速传感器与传感器转子齿圈齿顶之间的空气间隙。将传感器转子齿圈旋转一整圈，测量空气间隙，其标准间隙为 0.3～1.2mm。如果空气间隙超过标准，则说明与其相连接的部件产生变形或轮速传感器安装不当。

3）检查前后轮转速传感器各个接点是否良好，有无锈蚀。如发现锈迹，应予以清除或更换传感器。

（2）车轮转速传感器电阻的检查　拔下车轮转速传感器的插接器，用万用表检查车轮转速传感器电阻。各车轮转速传感器线圈有标准电阻值，如富康轿车 ABS 电阻值为 $1600\Omega\pm320\Omega$（20℃ 时），相对搭铁线的绝缘电阻应大于 $20M\Omega$。若车轮转速传感器的测量值不符合标准，则应予以更换。

（3）车轮转速传感器输出信号的检查　检查时，将示波器连接在车轮转速传感器端子上，用举升器将汽车顶起，起动发动机并带动车轮旋转或转动车轮，使传感器转子以一定的速度旋转，检查车轮转速传感器的输出波形。若传感器波形的波幅大于规定值，则说明车轮

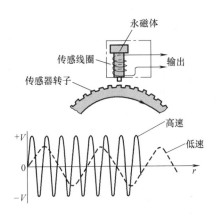

图 2-93 车轮转速传感器结构原理

转速传感器无故障；若无输出信号或输出信号波幅太小，则说明传感器存在着永久磁铁退磁或传感器安装不当故障。也可用万用表电压档检查车轮旋转时车轮转速传感器输出电压判断其输出信号是否正常。

> **430. 更换 ABS 车轮转速传感器应注意哪些问题？**

将损坏的车轮转速传感器拆除，并将新车轮转速传感器装上，更换时应注意下列问题。

1）保持传感器头部的表面清洁，不得碰撞和损坏转速传感器头部。

2）使传感器头部与转子齿顶之间的间隙符合标准，其标准值为 0.3~1.2mm。

3）小心不要扭曲、损坏转速传感器线束。

4）按规定的力矩（一般为 8N·m）拧紧传感器安装螺钉。

5）更换传感器后进行路试，确保 ABS 正常。

> **431. 怎样快速诊断 ABS ECU 故障？**

ABS ECU 出故障时会导致 ABS 完全失常。因此，当 ABS 工作不正常时，可怀疑 ABS ECU 存在故障。ABS ECU 故障的快速诊断方法如下。

（1）利用 ABS ECU 故障自诊断功能诊断 当 ABS ECU 出现故障时，ABS 警告灯会点亮。当用检测仪读取故障信息时，显示 ABS ECU 故障，则说明 ABS ECU 存在故障。

（2）利用比较法诊断 诊断时，利用性能良好的同型号的 ABS ECU 替换可疑的 ABS ECU，若 ABS 的工作状态由异常变为正常，则表示原 ABS ECU 有故障；若换上良好的 ABS ECU 之后，其 ABS 仍然工作不正常，则原 ABS ECU 可能无故障。

> **432. 博世 ABS 由哪几部分组成？常见的故障有哪些？**

博世防抱死制动系统主要由车轮转速传感器、液压调节器、电控单元、故障警报装置等组成，其博世 ABS 5.3 的控制电路如图 2-94 所示。博世 ABS 5.3 常见的故障有 ABS 泵电动机故障、车轮转速传感器故障、ABS 电磁阀故障、ABS ECU 故障等。

> **433. 博世 ABS 泵电动机故障的原因有哪些？如何诊断排除？**

接通点火开关，ABS 警告灯点亮；利用 ELIT 检测仪读出的故障信息为泵电动机故障。

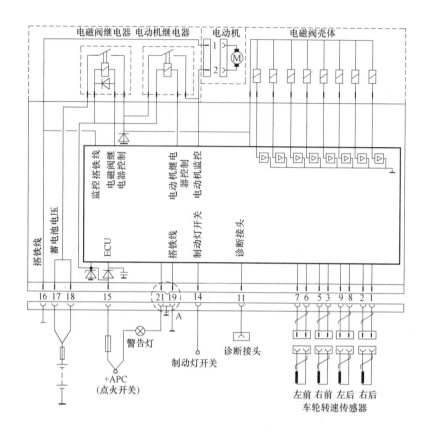

图 2-94　博世 ABS 5.3 控制电路

(1) 故障原因　泵电动机内部线路断路或短路；泵插接器松脱或接触不良；传递电路故障。

(2) 故障诊断排除

1）接通点火开关，ABS 警告灯常亮，用 ELIT 检测仪确认是 ABS 泵电动机故障信息。

2）用 ELIT 检测仪清除故障信息，确定无故障码。

3）症状模拟试验：水平或垂直地轻微摇动与 ABS 有关的插接器和线束；用手指轻轻振动液压单元及 ABS ECU 总成。

4）用 ELIT 检测仪重新检查故障码，看故障信息是否再现。若无故障码，则说明与 ABS 有关的插接器可能接触不良，引起间歇性故障。若故障信息再现，则进行下步诊断。

5）使用 ELIT 检测仪对泵电动机进行激活检测。将 ELIT 检测仪与车上的 16 路诊断接头连接（图 2-94），启动 ELIT 检测仪，在系统测试中进入 ABS 检测的多功能菜单，选择激活检测，然后移动光标，选择液压泵电动机，并按键确认即进行激活检测。检测时，若能听到泵的运行声，说明泵电动机正常，则故障可能在 ABS ECU，可更换 ABS ECU 后重试来确诊故障。

6）如果激活检测时，泵电动机不运行，则关闭点火开关，拔掉泵电动机的插接器，接通点火开关，用万用表的电压档检测泵电动机的输入电压，其电压值应为蓄电池电压。若电压值异常，则进行步骤 8）；若电压值正常，则进行下步诊断。

7）拔掉泵电动机的插接器，用万用表电阻档直接测量泵电动机电阻，其正常阻值 $R = 2\Omega$。当 $R = 0$ 时，表示泵电动机内部导线短路；当 $R = \infty$ 时，表示泵电动机内部导线断路。若泵电动机损坏，则应予以更换。

8）检查蓄电池电压及 ABS 熔断器，如正常，则故障在 ABS ECU，可更换 ABS ECU。

> **434.** 博世 ABS 电磁阀继电器故障的原因有哪些？如何诊断排除？

接通点火开关，ABS 警告灯点亮；利用 ELIT 检测仪读出的故障信息为电磁阀继电器故障。

(1) 故障原因 ABS 电磁阀继电器损坏；ABS 熔断器烧毁；ABS ECU 故障。

(2) 故障诊断排除

1）接通点火开关，ABS 警告灯常亮，用 ELIT 检测仪确认是电磁阀继电器故障信息。

2）用 ELIT 检测仪清除故障信息，确定无故障码。

3）症状模拟试验：水平或垂直地轻微摇动与 ABS 有关的插接器和线束；用手指轻轻振动液压单元及 ABS ECU 总成。

4）用 ELIT 检测仪重新检查故障码，看故障信息是否再现。若无故障码，说明与 ABS 有关的插接器及 ABS 电磁阀继电器可能接触不良，引起间歇性故障。若故障信息再现，则进行下步诊断。

5）用万用表电压档测量插孔 17、18-19、16 电压，其正常的电压值应为蓄电池电压即 12V。如果电压异常，则故障在蓄电池及 ABS 熔断器；如果电压正常，则故障在 ABS ECU，应更换 ABS。

> **435.** 博世 ABS 车轮转速传感器故障的原因有哪些？如何诊断排除？

接通点火开关，ABS 警告灯点亮；利用 ELIT 检测仪读出的故障为左后、右前、右后、左前车轮转速传感器故障。

(1) 故障原因 车轮转速传感器线圈断路或短路；ABS 插接器连接处接触不良；车轮转速传感器与 ABS ECU 不匹配；车轮转速传感器及其传感器转子安装不当，间隙不符合要求。

(2) 故障诊断排除

1）接通点火开关，ABS 警告灯常亮，用 ELIT 检测仪确认是车轮转速传感器故障。

2）用 ELIT 检测仪清除故障信息，确定无故障码。

3）症状模拟试验：水平或垂直地轻微摇动与 ABS 有关的插接器和线束；用手指轻轻振动液压单元及 ABS ECU 总成。

4）用 ELIT 检测仪重新检查故障码，看故障信息是否再现。若无故障码，则说明与 ABS 有关的插接器可能会引起间歇性故障。若故障信息再现，则进行下步诊断。

5）检查车轮转速传感器及其转子齿圈的状况和固定情况，确保车轮转速传感器安装正确，齿圈齿数符合要求。传感器与转子齿圈齿顶的间隙应为 $0.3 \sim 1.2$mm。

6）关闭点火开关，拔下 ABS ECU 插接器插头。

7）用万用表电阻档在 ABS ECU 插接器线束侧相应车轮转速传感器端子（图 2-94 中：左后轮转速传感器为 9-8；右前轮转速传感器为 5-3；右后轮转速传感器为 2-1；左前轮转速传感器为 7-6）处测量各车轮转速传感器线圈电阻。转速传感器在 20℃时的标准电阻值应为（1600±320）Ω。

若电阻值正常，则进行步骤 9）；若电阻值太小，说明车轮转速传感器或线路有短路故障；若电阻值太大，则插接器及线路可能接触不良；如果电阻 $R \to \infty$，则说明车轮转速传感器或线路有断路故障。当电阻值异常时，进行下步诊断。

8）拔下异常的车轮转速传感器的 2 通道插接器（图 2-94），直接测量车轮转速传感器电阻，若电阻值为 0 或 ∞，则说明有短路或断路故障，应更换有故障的车轮转速传感器；若电阻值正常，则说明原来检测的异常是由连接线路造成的，应检查线路连接和插接器的状况，排除其接触不良或短路、断路故障。恢复正常后，进行下步诊断。

9）清除故障信息，进行路试。若 ABS 警告灯点亮且显示同样的故障信息，则故障可能在 ABS ECU，可更换 ABS ECU 后重试来确诊故障。

> 436. 博世 ABS 车轮转速传感器无信息故障的原因有哪些？如何诊断排除？

车速大于 40km/h 时，没有速度信息，ABS 警告灯点亮；利用 ELIT 检测仪读出的故障为左后、右前、右后、左前车轮转速传感器无信息故障。

（1）故障原因 车轮转速传感器线圈断路或短路；车轮转速传感器线路与搭铁线短路；插接器连接处接触不良；车轮转速传感器及其传感器转子安装不当，间隙不符合要求。

（2）故障诊断排除

1）接通点火开关，ABS 警告灯常亮，用 ELIT 检测仪确认是车轮转速传感器无信息故障。

2）用 ELIT 检测仪清除故障信息，确定无故障码。

3）症状模拟试验：水平或垂直地轻微摇动与 ABS 有关的插接器和线束；用手指轻轻振动液压单元及 ABS ECU 总成。

4）用 ELIT 检测仪重新检查故障码，看故障信息是否再现。若无故障码，则说明 ABS 有关的插接器可能会引起间歇性故障。若故障信息再现，则进行下步诊断。

5）检查车轮转速传感器及其转子齿圈的状况和固定情况，确保车轮转速传感器安装正确，使传感器电极与转子齿圈齿顶的间隙为 0.3~1.2mm。

6）关闭点火开关，拔下 ABS ECU 插接器插头。

7）测量车轮转速传感器的输出电压。方法是将车桥顶起，转动相应车轮，用万用表电压档在 ABS ECU 插接器线束侧相应车轮转速传感器端子（图 2-94）处测量车轮转速传感器的输出电压，最小车速测量值：2.75km/h，对应电压 120mV。

若测得的电压值大于 0.1V，且随车轮转速的增加而升高，说明车轮转速传感器及线路正常，则进入步骤 11）；若测得的电压值过小或为 0，则为不正常，应进行下步诊断。

8）用万用表电阻档在 ABS ECU 插接器线束侧测量不正常车轮转速传感器端子之间的线圈电阻。标准电阻值应为（1600±320）Ω。

若电阻值正常，则进行步骤 10）；若电阻值异常，则进行下步诊断。

9）拔下异常的车轮转速传感器的 2 通道插接器（图 2-94），直接测量车轮转速传感器

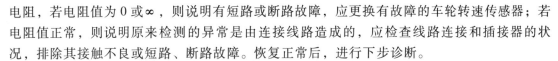

电阻，若电阻值为 0 或 ∞，则说明有短路或断路故障，应更换有故障的车轮转速传感器；若电阻值正常，则说明原来检测的异常是由连接线路造成的，应检查线路连接和插接器的状况，排除其接触不良或短路、断路故障。恢复正常后，进行下步诊断。

10）检查车轮转速传感器导线与搭铁线的绝缘电阻，其阻值应大于 20MΩ，否则为不正常，应更换车轮转速传感器，进行下步诊断。

11）清除故障信息，在车速大于 40km/h 时路试。若 ABS 警告灯点亮且显示同样的故障信息，则故障可能在 ABS ECU，可更换 ABS ECU 后重试来确诊故障。

> **437.** 博世 ABS 电磁阀故障的原因有哪些？如何诊断排除？

接通点火开关，ABS 警告灯点亮；利用 ELIT 检测仪读出的故障为 ABS 电磁阀故障。

(1) 故障原因　电磁阀电磁线圈短路或断路；电磁阀正极与搭铁线短路；ABS ECU 的信息与电磁阀实际控制不符。

(2) 故障诊断排除

1）接通点火开关，ABS 警告灯常亮，用 ELIT 检测仪确认是 ABS 电磁阀故障。

2）用 ELIT 检测仪清除故障信息，确定无故障码。

3）症状模拟试验：水平或垂直地轻微摇动与 ABS 有关的插接器和线束；用手指轻轻振动液压单元及 ABS ECU 总成。

4）用 ELIT 检测仪重新检查故障码，看故障信息是否再现。若无故障码，则说明 ABS 有关的插接器可能会引起间歇性故障。若故障信息再现，则进行下步诊断。

5）检查电磁阀电阻。用万用表电阻档检查各电磁阀线圈的电阻，若电阻为 ∞，则说明线圈有断路故障；若电阻值过小或为 0，则说明线圈有短路现象。若电磁阀存在故障，则应予以更换。如正常，则进行下步诊断。

6）检查电磁阀正极与搭铁线有无短路。用万用表电阻档检查电磁阀正极与搭铁线之间的电阻，若电阻值过小或为 0，则说明电磁阀正极短路。若电磁阀存在故障，则应予以更换。如正常，则进行下步诊断。

7）清除故障信息，进行路试。若 ABS 警告灯点亮且显示同样的故障信息，则故障可能在 ABS ECU，可更换 ABS ECU 后重试来确诊故障。

> **438.** 博世 ABS 传感器转子感应齿圈故障的原因有哪些？如何诊断排除？

接通点火开关，ABS 警告灯点亮；利用 ELIT 检测仪读出的故障为传感器转子感应齿圈的一致性故障。

(1) 故障原因　同侧车轮速度差别较大；车轮转速传感器干扰，转子感应齿圈故障。

(2) 故障诊断排除

1）检查各传感器转子感应齿圈的齿数是否相一致，是否有断齿现象，各感应齿圈应齿数一致，且安装情况良好，确保各车轮转速传感器电极与转子齿圈齿顶的间隙为 0.3～1.2mm。

2）检查每个车轮的制动力，各车轮制动力应趋向一致。

> **439.** 制动灯开关故障导致 ABS 失效的原因有哪些？如何诊断排除？

接通点火开关，ABS 警告灯点亮；利用 ELIT 检测仪读出的故障为制动灯开关故障。

（1）**故障原因** 制动灯开关损坏；制动灯电路熔丝烧毁。

（2）**故障诊断排除**

1）连接检测接线盒。

2）接通 ECU 插接器，打开点火开关。

3）使用万用表电压档测量插孔 14-19（图 2-94）的电压：当松开制动踏板时，其电压值应为 0V；当踩下制动踏板时，其电压值应近似为蓄电池电压，否则故障为制动灯电路熔丝烧毁。

4）关闭点火开关，断开 ECU 插接器，用万用表电阻档测量插孔 15-14（图 2-94）之间的电阻。当不接通制动灯（包括第三制动灯）测量时，松开制动踏板，测量值应为 ∞；踩下制动踏板，其测量值应为 0Ω。如测量值不符合要求，应更换制动灯开关。

> **440.** 蓄电池故障导致 ABS 失效的原因有哪些？如何诊断排除？

接通点火开关，ABS 警告灯点亮；利用 ELIT 检测仪读出的故障为蓄电池电压不正常。

（1）**故障原因** 蓄电池电压过低；传递线路接触不良；插接器接触不良。

（2）**故障诊断排除**

1）连接检测接线盒。

2）接通 ECU 插接器，打开点火开关。

3）使用万用表电压档测量 17、18-19、16（图 2-94）之间的电压，该电压为 ECU 电源电压，其正常值应为 $9.4V < U < 17.4V$，否则，应进行下步检查。

4）检查负荷线路，检查 ABS 熔断器，排除接触不良故障。如这些检查均正常，则可直接测量蓄电池电压，以确诊故障。

> **441.** 博世 ABS ECU 故障的原因有哪些？如何诊断排除？

接通点火开关，ABS 警告灯点亮；利用 ELIT 检测仪读出的故障为 ABS ECU 故障。

（1）**故障原因** ABS ECU 元件老化、内部电路短路或断路；微机系统中的 CPU、存储器、接口电路等芯片或电路烧坏；微机裂损、搭铁不良。

（2）**故障诊断排除**

1）接通点火开关，ABS 警告灯常亮，用 ELIT 检测仪确认是 ABS ECU 故障。

2）用 ELIT 检测仪清除故障信息，确定无故障码。

3）症状模拟试验：用手指轻轻振动液压单元及 ABS ECU 总成。

4）用 ELIT 检测仪重新检查故障码，看故障信息是否再现。若无故障码，则说明 ABS ECU 存在间歇性故障。若故障信息再现，则进行下步诊断。

5）拆下原 ABS ECU，换上工作正常的同型号的 ABS ECU 进行路试，此时若 ABS 工作恢复正常，则表明原 ABS ECU 有故障。

> **442.** ABS 警告灯不亮的原因有哪些？如何诊断排除？

接通点火开关后，ABS 警告灯总不亮。正常情况下，打开点火开关或起动发动机时 ABS

警告灯即亮，系统进入自动检测程序，完成检测后，该灯熄灭。

(1) **故障原因**　ABS 警告灯烧坏；ABS 线路或熔丝断路；ABS ECU 有故障。

(2) **故障诊断排除**

1）检查 ABS 线路及插接器有无接触不良及断路，熔丝是否断路，若不正常，则故障在此。若正常，进行下步检查。

2）更换 ABS ECU，接通点火开关，看警告灯是否亮后熄灭，若是则说明故障在 ABS ECU；若仍不亮，则说明故障是 ABS 警告灯烧坏。

> **443.** ABS 警告灯时亮时灭的原因有哪些？如何诊断排除？

汽车在正常行驶或制动中，ABS 警告灯一会儿亮，一会儿灭。正常情况下，接通点火开关，ABS 警告灯亮几秒后会熄灭，而 ABS 存在故障后，ABS 警告灯会亮起而不熄灭。

(1) **故障原因**　ABS 警告灯线路接触不良；ABS ECU 有故障。

(2) **故障诊断排除**　检修时，可先检查 ABS ECU 插接器、ABS 警告灯线路连接有无松动和接触不良现象。

1）若发现线路连接处松动或接触不良，则应将松动处重新连接好，对于接触不良之处，应先对接触不良点打磨干净后再连接牢固。

2）若经检查连接无问题，则说明 ECU 内部有故障，可对其修复或更换新件。

第三章
电气系统使用与维修

> **444. 汽车电气系统主要由哪些部分组成？**

汽车电气系统由电源系统和用电设备两部分组成。电源系统由蓄电池、发电机和调节器组成。用电设备包括照明系统、仪表系统、信号系统、起动系统、点火系统和辅助电器系统；在现代汽车特别是中高级轿车上，还包括发动机电子控制系统、自动变速器电子控制系统、防抱死制动电子控制系统、电子控制巡航系统、安全气囊控制系统、汽车空调系统和汽车音响系统等。

> **445. 汽车电气电路主要由哪几部分组成？**

汽车电气电路图看起来虽然很复杂，但任何一辆汽车的电气线路主要由以下几部分组成。

(1) **电源电路**　也称充电电路，由蓄电池、发电机、调节器及工作情况指示装置组成。

(2) **起动电路**　它由起动机、起动继电器、起动开关及起动保护装置组成。

(3) **点火电路**　它由分电器、电子点火控制器、点火线圈、火花塞及点火开关组成。

(4) **仪表电路**　它由仪表指示表、传感器、各种报警器及控制器组成。

(5) **照明与信号电路**　它由前照灯、雾灯、示廓灯、转向灯、制动灯、倒车灯等及其控制继电器和开关组成。

(6) **辅助装置电路**　它由各种辅助电器及其控制继电器和开关组成。

(7) **电子控制装置电路**　它由电子控制燃油喷射、自动变速器、电子控制防抱死制动装置、安全气囊、恒速控制、悬架电子控制、电子稳定程序系统等控制电路组成。

汽车的全车电路就是将这些电气设备按照它们各自的工作特性及相互之间的内在联系，用导线连接起来构成的一个整体。

> **446. 汽车电气电路有何特点？**

尽管各类汽车电气设备的数量不尽相同，形式可能不一，安装位置及接线可能具有差异，但它们具有以下几个共同的特点。

1）汽车上各电器的接线大多数采用单线制，而利用车体金属作为搭铁线。

2）汽车上两个电源（发电机和蓄电池）是并联的。

3）各用电设备并联，并由各自的开关控制。

4）安装有电流表的汽车，其电流表能反映蓄电池的充、放电电流大小。发电机向蓄电池充电的电流经过电流表，蓄电池供用电设备的电流也经过电流表，但起动机电流较大，因此起动机的电流一般不经过电流表。

5）安装有电压表的汽车，电压表并联在电源两端，电压表参加工作的时机受点火开关或电源开关的控制。

6）各用电设备都装有保险装置，以防止因短路而烧毁线束和用电设备（起动机除外）。

447. 汽车电路保护装置有哪些类型？更换时应注意什么？

汽车电路保护装置在用电设备或电路发生短路和过载时，将这些用电设备或个别电路与电源切断，以免电源、用电设备和电路遭损坏。汽车上常见的电路保护装置类型有易熔线和熔断器。前者用于保护主干电路，一般安装在蓄电池正极柱与线路之间；后者用于保护局部电路，常常集中安装于熔断器盒内。

提示

当电路因偶然原因造成熔丝烧断时，应更换同样容量（额定电流值）的熔断器，但不允许随意加大容量。若熔断器连续烧断，应及时查找并排除电路搭铁或短路故障，或更换造成电路超载的电气设备。

448. 汽车电气电路常见的故障有哪些？检查电气电路应注意哪些事项？

汽车电气电路常见的故障主要有断路、短路和接触不良三种。断路发生时，熔断器完好，但接通该电路开关，用电装置不工作；短路（搭铁）发生时，接通开关，熔断器烧断或导线发热有烧焦味，甚至冒烟、烧毁；电路连接处接触不良时，用电装置不能正常工作，例如灯光发暗等，在电流较大的电路中，接触不良处有发热、打火和烧蚀现象。

在进行技术维护、发现故障和检修时应对全车线路进行检查，检查时应注意以下几点。

1）固定状况。各电器和导线固定是否可靠，外体是否完好无损，零件是否完整无缺。

2）清洁和接触状况。导线上有无油迹、污垢和灰尘，各接触处有无锈蚀、油垢和烧蚀现象，导线连接是否良好，各搭铁处是否搭铁可靠，各插头是否插紧。

3）绝缘和屏蔽状况。导线绝缘层及其绝缘材料是否损坏或老化，导线裸露处是否用胶布包好，导线屏蔽层有无断裂和擦伤。

4）接线状况。各接线处导线的线号是否符合要求，各导线有无错乱和线头脱落现象。

5）熔断器状况。各熔断器是否完好，接触是否良好，是否符合该电路额定数值。

6）操作状况。各开关按钮工作是否正常，有无发卡、失灵现象。

449. 汽车电气电路断路的原因是什么？如何诊断检查？

汽车电气电路断路通常是线头脱落，连接处接触不良，开关失效，导线折断，该搭铁处不搭铁，插头松动或有油污等造成，导致电路无电。

汽车电气电路外露断路部位，一般容易查找。但当故障不在外表时，则需用万用表、直流试灯或刮火方法进行查找，注意当电路中有电子装置时，不允许使用刮火的方法。

提示

利用刮火的方法查找断路点时，需将发生故障的电路开关接通，用导线或铁丝在电路连接点处逐点搭铁，以判定各点是否有电，断路点在有电与无电的两点之间。利用直流试灯时，将直流试灯与负载关联，即一端搭铁，逐点判定该点是否有电，灯亮表示该点有电，不亮则无电，断路点在有电与无电的两点之间。

450. 汽车电气电路短路（搭铁）的原因是什么？如何诊断检查？

汽车电气电路短路（搭铁）通常是导线绝缘损坏，电器导电零件、线头裸露部分或脱落的线头与车体金属接触造成。

检查时，首先根据电路原理大致判断短路部位。当查找不出时，可将试灯串联在故障电路中。如果接通电路开关后，试灯不亮，说明短路点在电源与试灯之间；如果试灯亮，则说明短路点在试灯与负载之间。为了判定短路点的具体位置，应从负载开始，沿着线路定向逐点向试灯侧拆线检查，如拆下第一点试灯仍亮，拆下第二点试灯不亮，则短路点在这两点之间。

451. 汽车电气电路接触不良的原因是什么？如何诊断检查？

汽车电气电路接触不良通常是由于线头连接不牢，焊接不好，接触点氧化、脏污，插头松动所造成的。

检查时，用导线将待检查处关联，如果灯光亮度增大，则说明该接触处接触不良。切断电路开关，用万用表测量接触处的接触电阻，接触良好时，其电阻值应为零，按其所测数值大小，即可判定故障所在。

452. 怎样检查电气电路中的开关？

电气电路中开关种类繁多，但各种开关的检查方法都是相同的。即都是将开关与电路的多端接头断开，用万用表电阻档检查各接头间的导通情况，根据每一开关位置各接头间的电阻值是否符合标准值，判断开关的好坏，但需注意：不同车型的开关接线形式有所不同。

453. 怎样检查照明电路的控制继电器？

照明电路中有大量的控制继电器。继电器相当于电磁开关。在检查继电器好坏时，可使用与开关检查相同的方法：即用万用表来检查继电器各接线端子间的通断情况是否符合要求。所不同的是继电器还应检查其工作状态下的导通情况，即给继电器相应端子接入工作电压后，观察其导通的变化情况。

454. 汽车电源有哪几种？有何作用？

汽车电源由蓄电池和发电机两个电源并联而成，它们与全车用电设备并联连接。汽车电源的功用是为用电设备提供电能。发动机正常工作时，用电设备主要由发电机供电，但在起动等特定情况下，需蓄电池供电。目前，汽油车电源电压普遍采用12V，但柴油车电源电压采用24V。

455. 汽车为何要装蓄电池？蓄电池有何特点？

汽车蓄电池的功用：发动机起动时，向起动机、点火系统和仪表等供电；发动机低速运转或停转时，向用电设备供电；用电设备开启过多、发电机过载时，协助发电机向用电设备供电；发动机中、高速运转时，将发电机剩余电能转化为化学能储存起来。另外，蓄电池还相当于一个大电容器，能吸收电路中出现的瞬时过电压，保护电子元件，保持汽车电气系统电压稳定。

汽车蓄电池首先必须满足发动机起动的需要，即在短时间（5~10s）内，能向起动机连续供给强大的电流（汽油机 200~600A，柴油机 800~1000A）。因此，要求蓄电池容量大、内阻小，有足够的起动能力。此外，汽车蓄电池还应具有充电性能良好、使用寿命长、少维护或免维护等特点，以满足汽车使用性能的要求。

456. 汽车蓄电池结构如何？怎样工作？

汽车电源普遍采用铅酸蓄电池，它主要由极板、隔板、电解液和外壳组成，如图3-1所示。

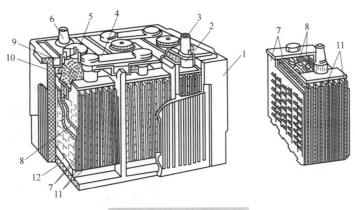

图3-1　汽车蓄电池构造

1—蓄电池外壳　2—电极衬套　3—正极柱　4—联条　5—加液孔螺塞　6—负极柱
7—负极板　8—隔板　9—封料　10—护板　11—正极板　12—肋条

(1) **极板**　极板分正、负极板两种，每种极板都由栅架和活性物质组成，其中，正极板上的活性物质为二氧化铅（PbO_2），呈深棕色，负极板上的活性物质为海绵状纯铅（Pb），呈深灰色。

一片正极板和一片负极板浸入电解液中，可得到2.1V左右的电动势。为增大蓄电池容量，常将多片正、负极板分别并联，焊接成正极板组和负极板组，安装时各片正、负极板相互嵌合，中间插入隔板后装入蓄电池单格内形成单格电池。把6个单格电池串联起来后，就构成了12.6V电压的汽车蓄电池，即通常标称12V的蓄电池。

(2) **隔板**　隔板是指隔在正、负极板之间的绝缘板。隔板有许多微孔，可使电解液畅通无阻。

(3) **电解液**　电解液是用纯硫酸和蒸馏水按一定比例配置而成的溶液，它加在每个单格电池中。电解液的作用是使极板上的活性物质发生溶解和电离，产生电化学反应。

(4) **壳体**　壳体用于盛装电解液和极板组。蓄电池壳体为整体式结构，壳体上有加液孔盖、连条和极柱。每个单格电池设有一个加液孔，可以加注电解液或检测电解液密度，孔盖上设有通气孔，便于排出蓄电池内部气体，防止壳体胀裂。

在蓄电池内，极板浸入电解液后，两极板之间的活性物质与电解液发生电化学反应，产生电动势。当蓄电池接入电路后，视情完成放电或充电过程。当接通用电设备时，蓄电池对外放电。此时，极板上的活性物质与电解液发生电化学反应，把内部的化学能转变为电能，其内部的导电依靠离子运动实现。当发电机向蓄电池充电时，把外部输入的电能转变为化学能，充电过程发生的电化学反应使得蓄电池恢复到原来状态。

🔍 **提示**

蓄电池是一种可逆的低压直流电源，在正常合理的使用条件下，蓄电池能反复进行充、放电循环，发挥供电和储电的特殊功能，因而又被称为二次电池或再生电池。国产蓄电池一般的充放电循环次数为 250~500 次。

▶ 457. 怎样检查蓄电池的技术状况？

（1）**常规检查** 检查蓄电池安装是否牢固，蓄电池导线与极柱连接是否坚固，接触是否良好；观察蓄电池外壳是否破裂。

（2）**状态检查** 现代轿车普遍采用免维护蓄电池。这种免维护蓄电池大多数在盖上设有一个孔形的密度指示器（图 3-2），俗称"电眼"。它会根据电解液密度的变化而改变颜色，通过不同的颜色来显示蓄电池的状态。通常，当电眼呈绿色时，表明蓄电池电量较足，蓄电池正常；当电眼呈黑色时，表明蓄电池电量不足，需要及时充电；当电眼显示淡黄色或没有颜色，表明蓄电池的电解液液面过低或内部有故障，需要修理或进行更换。

图 3-2 蓄电池状态显示

（3）**液面检查** 检查电解液液面是否在规定的位置。在塑料外壳的蓄电池侧面，标有两条液面线：max 标记和 min 标记。电解液液面应保持在两条液面线之间的范围内，在任何情况下，电解液的液面位置不得超过 max 标记和低于 min 标记。

▶ 458. 怎样维护蓄电池？

（1）**日常维护** 擦去蓄电池表面的灰尘、油泥以及残余的电解液，保持清洁干燥，防止自放电；清除极柱和导线接头上的氧化物，以免电阻增大。

（2）**免维护蓄电池的维护** 免维护蓄电池并非真正的免维护，而是说这种蓄电池在通常状况下不需要拿出来充电。对可加液的免维护蓄电池，必要时还要补充蒸馏水。

1）蓄电池充电。当电眼指示蓄电池需要充电时，应进行充电。在充电过程之前关闭点火开关和所有的用电器。一般情况下在小电流充电时，不必取下蓄电池连接电缆，但在快速充电之前，要取下两根连接电缆。将充电器电极卡夹夹到蓄电池电极上，再把充电器电源线连接进行充电。充电结束后先关闭充电器，然后拔下充电器电源插头，再把充电器电极卡夹从蓄电池上取下。

2）蓄电池加液。带有加液栓的蓄电池，当蓄电池的液面接近 min 标记时，用蒸馏水充满所有的蓄电池单格直至 max 标记，但不要充得过满超过 max 标记，否则蓄电池电解液能经排气孔流出，会导致车漆损伤和汽车的腐蚀损坏。蒸馏水充满后，必须用蓄电池栓塞密封所有的蓄电池单格。

▶ 459. 何谓蓄电池充电？

蓄电池是一种能量转换装置，将电源的电能转换为蓄电池化学能的过程称为充电。为使蓄电池保持一定容量和延长蓄电池的使用寿命，必须对蓄电池进行充电。

为使充电电流流过蓄电池，充电电源的电压必须克服蓄电池的电动势和内压降，因此其充电电源的电压应比蓄电池电压略高。

460. 何谓蓄电池恒压充电？有何特点？

在充电过程中，充电电压恒定的充电称为恒压充电。蓄电池在汽车上由发电机对其充电就属于恒压充电，其充电电压由充电系统的电压调节器控制。在充电初期，蓄电池的电动势较低，充电电压与电动势之差值较大，因此充电电流较大，电动势上升较快；随着充电时间增长，充电电压与电动势之差逐渐减小，充电电流随之减小；当电动势上升至充电电压时，充电电压与电动势之差为零，充电电流也减小到零，充电将自动停止。

恒压充电的特点：充电初期，充电电流较大，充电速度较快，充电 4~5h，蓄电池的容量即可恢复80%以上，因此充电时间短。同时，充电电流能随电动势的上升而逐渐减小到零，使充电自动停止，这就不必由人工调节充电电流。但恒压充电的电流大小不能调整，它不能保证蓄电池彻底充足电，因此不能用于蓄电池的初充电和去硫化充电。

461. 蓄电池恒压充电电压过低或过高有何危害？如何处理？

采用恒压充电时，如果充电电压选择过低，则充电电压与电动势之差值减小，充电电流随之减小，只需经过较短时间充电，就可出现充电电流为零的现象。在此情况下，蓄电池不可能充足电，长此以往，势必导致长期亏电而产生硫化，使用寿命会大大缩短。如果充电电压过高，充电电流就会显著增大。这样，即使在蓄电池充足电后，也还有一定电流继续充电，其结果必然导致过量充电。

提示

> 在汽车上，电压调节器控制的发电机的输出电压越高，过充电现象就越严重，电解液中水的消耗就越快，蓄电池使用寿命就越短。为此在采用恒压充电时，单格电池的充电电压一般都按基本充足电的特征电压2.4V进行选定。例如，在汽车上，根据全车电气系统电压等级的不同，其电压调节器控制的发电机输出电压就分别选定为14V和28V左右。

462. 何谓蓄电池恒流充电？有何特点？

充电电流恒定不变的充电称为恒流充电。在恒流充电过程中，随着蓄电池电动势的上升，要想保持充电电流恒定，就必须调高充电电压。在充电第一阶段，用较大电流进行恒流充电，当单格电池电压充到2.4V左右、电解液中开始产生气泡时，将充电电流减小一半转入第二阶段恒流充电，直到蓄电池完全充足电为止，这种充电方法又称为改进恒流充电或两阶段恒流充电。第二阶段充电电流较小，既可减少活性物质脱落，又能保证蓄电池彻底充电，因此，在充电间充电时得到广泛采用。

提示

> 恒流充电的电流可以任意选择，有益于延长蓄电池的使用寿命。充电电流可以任选，因此恒流充电既适用于蓄电池初充电，又适用于补充充电和去硫化充电。但恒流充电的时间长，充电电流需要经常调节。

463. 何谓蓄电池初充电？有何特点？

蓄电池初充电是指新蓄电池达到完全充电状态所进行的第一次充电。湿荷电蓄电池和存储时间超过规定期限（一般为2年）的干荷电蓄电池和免维护蓄电池，需要进行初充电，目的在于恢复存放期间极板上活性物质缓慢氧化或硫化而失去的电量。初充电对蓄电池的使用性能影响极大，若初充电不彻底，则会导致蓄电池永久性的充电不足，致使容量不足、寿命缩短。

初充电的特点是充电电流小，充电时间长（湿荷电蓄电池初充电时间为 45~65h，干荷电与免维护蓄电池初充电时间与存储时间有关）。这是因为新极板总是难免受到潮气空气的氧化，其电阻相对增大，采用小电流充电则可防止温升过高而影响充电质量。

▶ 464. 何谓蓄电池补充充电？何时需要补充充电？

蓄电池使用后的各次充电称为补充充电。蓄电池在汽车上由充电系统进行的恒压充电不能使蓄电池彻底充足，为了防止产生硫化，每隔两个月应进行一次补充充电。蓄电池在使用中出现下列容量不足的迹象之一时，必须及时进行补充充电。

1）起动无力（并非机械故障所致）时。
2）前照灯灯光暗淡，表示电力不足时。
3）电解液密度降到 $1.20g/cm^3$ 以下时。
4）冬季放电程度超过 25%，夏季放电程度超过 50% 时。

补充充电的全部充电时间为 13~16h。

▶ 465. 怎样给免维护蓄电池充电？

当免维护蓄电池的电眼颜色变成黑色时，必须进行蓄电池补充充电。其充电方法如下。

1）把蓄电池和充电机之间的电路接好。
2）将充电机电压调至 14.4V，电流调到最大值，开始进行充电。
3）补充充电一般采用定电流充电，在充电过程中，当电解液从通气孔溢出、冒出气体或电解液温度达到 45℃时，应每隔 1h 查看一次充电指示器，如未出现绿点可继续充电。若电解液温度超过 50℃应停止充电，待电解液温度降低后继续充电。
4）当充电至指示器出现绿色时，则完成充电过程。

🔍 提示

需要说明的是，免维护蓄电池的充电电流值应按出厂规定选择；使用或更换免维护蓄电池时应注意安全，面对蓄电池时最好佩戴眼镜，要远离火焰和火花源，以防引起蓄电池爆炸伤人。

▶ 466. 如何判断蓄电池的放电程度？

放电程度是反映蓄电池供电能力的重要指标之一。放电程度越小，则供电能力越大；反之，放电程度越大，则供电能力越小。

由蓄电池恒流放电特性可知，电解液密度与放电时间成直线规律下降。因此蓄电池放电程度可通过检测电解液密度进行判断。蓄电池从充足电到放电终了，其电解液密度下降 $0.16g/cm^3$ 左右。利用蓄电池电解液密度判断其放电程度，必须求出相同温度下的密度差。可利用下式将测量的电解液密度转换成 25℃时的密度 ρ_0，则 $\rho_0 = \rho_t + 0.0007\ (t-25)$，式中 t 为测量时的温度。

设蓄电池充足电时的电解液密度为 ρ_c，将其转换至 25℃时的密度用 ρ_{c25} 表示。蓄电池使用一段时间后，当温度为 t 时实测密度为 ρ_t，将其转换至 $25℃$ 时的密度用 ρ_{t25} 表示。则在相同温度（$25℃$）下的密度差 $\Delta\rho$ 为

$$\Delta\rho = \rho_{c25} - \rho_{t25}$$

设放电程度为 x，则有 $0.16 : 100\% = \Delta\rho : x$。因此，蓄电池的放电程度 x 为

$$x = \Delta\rho / 0.16 \times 100\%$$

> **467. 怎样检测蓄电池电解液密度？**

电解液密度可用吸式密度计或光学检测仪器检测。用吸式密度计检测电解液密度的方法：先用拇指适当压下橡皮囊后，再将密度计的橡皮吸管插入电解液中（图3-3），然后缓慢放松拇指，使电解液吸入玻璃管中，吸入玻璃管中电解液的多少以使浮子浮起为准。此时液面与浮子相交的刻度即为电解液的密度值。

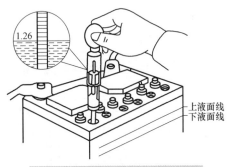

图3-3　检测蓄电池电解液密度

测量电解液密度时，必须同时测量电解液的温度，以便将不同温度时测得的密度值换算成标准温度（$25℃$）时的密度值。

> **468. 怎样就车起动判断蓄电池性能？**

当发动机正常时，在汽车上连续几次使用起动机，若都能顺利起动发动机，说明蓄电池存电充足，性能良好；若起动机旋转无力或不能旋转，说明蓄电池放电过多或有故障。

当接通前照灯并使用起动机时，若起动机旋转有力、灯光稍许变暗，说明蓄电池存电充足，性能良好；若起动机旋转无力、灯光暗淡，说明蓄电池放电过多；若不能带动发动机旋转，且灯光暗淡、灯丝变红甚至熄灭，说明蓄电池严重亏电或有硫化故障。

> **469. 蓄电池极板硫化的原因是什么？如何处理？**

蓄电池极板上生成白色粗晶粒硫酸铅的现象称为硫酸铅硬化，简称硫化。硫化主要是负极板硫化，硫化越严重，电容量越少，它是导致蓄电池寿命终止的主要原因。极板硫化的特征是充电或放电时出现异常现象，主要原因是蓄电池长期充电不足或放电后不及时充电，蓄电池液面过低，电解液密度过高，电解液不纯和气温变化剧烈等。

💡 **提示**

　　避免硫化的主要措施是保持蓄电池经常处于充足电状态，蓄电池在汽车上虽有充电系统为其充电，但只能保证基本充足，因此应定期取下送充电间彻底充电一次；对放完电的蓄电池应 24h 内送充电间充电；电解液液面高度应符合规定。

> **470. 怎样判断蓄电池硫化故障？**

当按正常充电电流充电时，如果蓄电池严重硫化，一开始充电其充电电压就会高达 16.8V 以上，并大量冒气泡；充电过程中电解液温升很快，而密度基本不变。这是因为蓄电池严重硫化后，内阻显著增大，所以内部压降和电解液温度升高，需要的充电电压相应的升高。由于硫化后粗晶粒硫酸铅很难还原，电解液密度基本不变。充电电流大部分用于电解水，因此产生大量气泡。

471. 蓄电池产生硫化故障后还能使用吗？

蓄电池产生硫化故障后，其内阻将显著增大，开始充电时充电电压较高，严重硫化时，实测充电电压高达 30V 以上，且温升较快。对于严重硫化的蓄电池，只能报废；对于硫化程度较轻的蓄电池，可以通过去硫化充电予以消除。

472. 怎样进行蓄电池去硫化充电？

去硫化充电是消除铅蓄电池极板硫化故障的一种充电方法。蓄电池去硫化充电过程如下。

> 1）将蓄电池完全放电，倒出蓄电池电解液，然后用蒸馏水冲洗两次，再加入足够的蒸馏水。
> 2）接通充电电路，将电流调到第二阶段充电电流（2~2.5A）进行充电。
> 3）当相对密度升到 1.15 以上时，倒出电解液，换加蒸馏水再次充电，直到密度不再增加为止。
> 4）以 20 小时率放电电流放电至单体电池电压降到 1.75V 时，再按上述方法进行充电，充电后又放电，如此充放电循环，直到输出容量达到额定容量值的 80% 以上后，即可投入使用。

473. 蓄电池极板活性物质早期脱落的原因是什么？如何处理？

蓄电池极板活性物质分别是二氧化铅、多孔金属铅，在长期使用中蓄电池不断充电和放电，极板活性物质进行氧化还原反应，体积发生变化，膨胀、收缩反复进行，活性物质逐渐变得松软脱落，应视为正常。但蓄电池极板出现早期大量活性物质脱落，则是一种不正常现象。

造成活性物质早期脱落的原因：蓄电池充电电流过大或长时间过充电，水被电解，产生大量的气体，在极板内部造成压力，使活性物质脱落；蓄电池大电流放电，尤其是低温大电流放电，硫酸铅迅速生成，体积膨胀，极板拱曲变形，促使活性物质脱落；蓄电池极板组松旷，安装不良，汽车行驶颠簸振动等也会加速活性物质脱落。

提示

> 避免极板活性物质早期脱落的措施：避免过充电和大电流长时间充、放电；安装搬运蓄电池应轻搬轻放，避免振动冲击；蓄电池在汽车上的安装应牢固可靠。

474. 怎样判断蓄电池活性物质脱落故障？

可根据下列特征判断：活性物质严重脱落后，由于电解液中沉淀物较多，充电时电解液浑浊并呈棕色液体；充电时电压上升过快，电解液过早沸腾，相对密度上升缓慢，充电终了现象提早出现；蓄电池放电时电压下降过快，输出容量显著减小。

475. 蓄电池自放电的原因是什么？如何处理？

蓄电池在无负载状态下，电量自行消失的现象称为自行放电，简称自放电。对于充足电的蓄电池，若每昼夜容量降低不超过 1%，属正常自放电；若每昼夜容量降低超过 2%，则为故障性自放电。

(1) 自放电原因

1）电解液不纯、含铅以外的其他金属杂质过多（如铁、锰、铜等离子），这些金属微粒在电解液中与正、负极板形成封闭微电池而放电。

2）蓄电池顶部不清洁，造成正负接线柱之间短路，导致自放电。外露式联条的蓄电池自放电更为严重。

3）蓄电池内部正、负极板短路，如隔板破裂、极板拱曲变形、活性物质严重脱落、极板组装时不慎落入金属杂质等，引起自放电。

（2）自放电处理　因电解液不纯而造成自放电，则应将蓄电池完全放电，倒出全部电解液，用蒸馏水反复冲洗后，加注规定密度的新电解液并进行充电；若因内部隔板损坏，则应更换隔板；加液螺塞要盖好，并保持蓄电池外表清洁干燥。

476. 怎样判断蓄电池短路故障？

蓄电池内部严重短路后，自放电现象非常严重。因此，当蓄电池自放电很快即每昼夜容量降低大大超过2%时，说明蓄电池严重短路。当蓄电池某只单池的极板严重短路后，在充电过程中，该单池的电解液密度基本不变并无气泡产生，恰似一潭死水，这是因为其活性物质不参加电化学反应所致，据此也可判断蓄电池严重短路。

477. 蓄电池使用时应注意哪些事项？

为保持蓄电池处于良好技术状态，延长蓄电池使用寿命，蓄电池在使用时应注意下列事项。

1）在车辆上安装蓄电池时，应先接正极柱上的连接线，后接负极柱上的搭铁线，这主要是防止扳手万一搭铁而造成蓄电池损坏。从车上拆下蓄电池时，则按相反步骤进行。

2）严禁长时间的大电流放电。使用起动机时，每次不得超过5s，再次起动时应停歇10~15s。

若连续3次不能起动发动机，则应查明原因，排除故障后再起动。

3）不要大电流充电和过充电，以防蓄电池极板活性物质脱落。实践证明：充电电压若增高10%~12%，则蓄电池寿命将缩短60%左右。因此，发电机调节器的电压值应严格调整到规定的范围。

4）避免过放电和长期亏电使用，以防蓄电池极板硫化。当汽车灯光暗淡发红，按喇叭声音不响亮，起动机运转无力时，蓄电池就不要再继续使用，应立即充电，使用中应尽量增多充电机会，经常保持在充足电的状态下工作。

5）冬季使用蓄电池，应注意经常保持蓄电池处于充足电的状态，以免电解液因密度低而结冰，致使蓄电池损坏。

478. 如何延长蓄电池使用寿命？

国内汽车蓄电池的使用寿命最长的可达8年，最短的只有半年。蓄电池的使用寿命与正确使用密切相关。为延长蓄电池使用寿命，应做到如下几点。

（1）及时充电　放完电的蓄电池，应在24h内送充电间补充充电。装在汽车上使用的蓄电池，每两个月应补充充电一次；带电解液存放的蓄电池，每月应补充充电一次。

（2）正确使用起动机　每次起动时间不得超过5s；如需再次起动，则应间歇10~15s时间；连续三次起动不成功时，应查明原因，排除故障后再起动。

(3) **蓄电池液面高度保持正常** 一般蓄电池，汽车每行驶 7500km 应检查一次电解液液面高度；对于免维护蓄电池，汽车每行驶 30000km 也应检查一次液面高度。电解液液面应保持在上、下液面线之间。液面过高容易溢出，液面过低容易产生硫化故障。当电解液量不足时，应补充蒸馏水。

(4) **通气孔应保持畅通** 加液孔盖或螺塞上的通气孔应保持畅通，以防壳体胀裂。

(5) **保持清洁** 发现蓄电池表面有灰尘和污物时应及时清除；送充电间充电之前，表面应擦拭干净。电解液洒到蓄电池表面时，应用抹布蘸浓度为 10% 的碱水擦洗，然后再用清洁抹布擦净；极柱和导线接头上出现氧化物时应予以清除。

(6) **固定牢靠** 蓄电池在汽车上应固定牢靠，以防汽车行驶时振动受损。

479. 如何储存蓄电池？

(1) **未灌电解液蓄电池的储存** 对新蓄电池的储存时间，不应超过产品使用说明书的规定，自出厂之日起，最长存放期不超过 2 年。放置蓄电池的储存室应干燥、通风，室温以 5~40℃ 为宜。蓄电池不能被阳光暴晒，离热源（如暖气设备）最小距离为 2m。不要将蓄电池重叠搁置，也不要直接放在地上，应按行排放于木架上。储存期间加液孔盖或螺塞应盖好，通气孔应加以密封。

(2) **带液蓄电池的储存** 将蓄电池充足电，拧紧加液孔盖或螺塞，通气孔保持畅通，存放在通风、干燥的室内，室温以 5~30℃ 为宜。存放期间，每月应进行一次补充充电。

480. 如何判别蓄电池极柱的极性？

对蓄电池充电和将充完电的蓄电池装回车上时，都需正确判别蓄电池极柱的极性。

一般在蓄电池正极柱上或在电池盖上正极柱周围标有 "+" 或 "P" 记号；在负极柱上或在电池盖上负极柱周围标有 "-" 或 "N" 记号。如果标记模糊不清，则可用以下方法进行判别。

(1) **极柱颜色区分法** 使用 15 天以上的蓄电池，其正极柱呈深棕色，负极柱呈深灰色。

(2) **外壳铭牌区分法** 面对蓄电池外壳上的铭牌，位于铭牌右上方的极柱为正极，左上方为负极。

(3) **电压表区分法** 把直流电压表的两表笔分别接蓄电池的两极柱，观察电压表指针摆动方向，若指针正摆，则表示电压表正极所连的极柱为正极；若指针反摆，则表示电压表正极所连极柱为负极。

(4) **极柱粗细区分法** 有的蓄电池极柱尺寸大小不一，较粗的为正极，较细的为负极。

481. 如何正确拆装汽车蓄电池？

(1) **从汽车上拆卸蓄电池**

1）将点火开关置于"断开"（OFF）位置。
2）拆开蓄电池固定夹板和正、负极电缆固定夹。
3）按先负极、后正极的顺序拧松蓄电池极柱上的电缆接头固紧螺栓，取下电缆。
4）从汽车上取下蓄电池。

（2）将蓄电池安装到汽车上

1）检查蓄电池壳体上有无裂纹和电解液渗漏的痕迹。若发现，则应予以更换。

2）检查蓄电池型号规格是否适合该型汽车使用。

3）检查电解液密度和液面高度是否符合技术要求，否则应予调整。

4）判别蓄电池正、负极柱和正、负电缆端子，以及确认安装位置后，再将蓄电池安放到固定架上。

5）将正、负电缆端子分别与正、负极柱连接并紧固。

6）在正、负极柱及其电缆端子上，涂抹一层润滑脂，以防极柱和端子氧化腐蚀。

7）安装固定夹板，拧紧夹板固紧螺栓。

▶ 482. 发电机由哪几部分组成？如何工作？

发电机的功用是将发动机的部分机械能变成电能，向除起动机以外的所有用电设备供电，并及时对蓄电池进行补充充电。目前，汽车上普遍使用交流发电机。国内外生产的汽车发电机结构基本相同，都是由三相同步交流发电机和硅二极管整流器两大部分构成。发电机主要由定子、转子、集电环、电刷、整流二极管、前后端盖、风扇及带轮等组成。

交流发电机的工作原理如图 3-4 所示，发电机的三相定子绕组按一定规律分布在定子铁心的槽中，彼此相差 120°角度。发电机转子上的磁场绕组通入电流后就会产生磁场，流经磁场绕组的电流称为磁场电流。当发动机带动发电机转子旋转时，磁场和定子绕组之间产生相对运动，定子绕组就切割磁力线并在三相绕组中感应产生频率相同、幅值相等、相位互差 120°角度的正弦交流电动势。通过改变磁场线圈电流的大小，即可控制交流发电机输出电压的高低。交流电经硅二极管整流，硅二极管具有单方向导电特性。当二极管处于正向电压时，二极管呈低电阻，处于"导通"状态；而加反向电压时，二极管呈高电阻，处于"截止"状态。利用硅二极管的这种单向导电性，就将发电机输出的交流电变成直流电作为汽车电源。

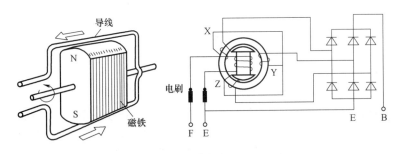

图 3-4 汽车发电机工作原理

▶ 483. 发电机在使用与维护中应注意哪些事项？

交流发电机结构简单、维护方便。若正确使用，则不仅故障少，而且寿命长。若使用不当，则会很快损坏。因此在使用与维护中应特别注意以下几点。

1）汽车交流发电机均为负极搭铁，蓄电池搭铁极性必须与发电机一致。否则蓄电池将正向加在整流二极管上，使二极管烧坏。

2）发电机运转时，不能用刮火花的方法来检查发电机是否发电，否则容易烧坏整流二极管及其他电子元件。

3）一旦发现发电机不发电或充电电流很小时，就应及时找出原因并排除故障。如果继续运转，那么故障就会扩大。如当一只二极管短路后，就会导致其他二极管和定子绕组被烧坏。

4）当整流器二极管与定子绕组连接时，禁止用绝缘电阻表或220V交流电源检查发电机的绝缘情况，否则将会损坏二极管。

5）汽车停驶发电机停止转动时，应断开点火开关，以免蓄电池长时间向磁场绕组放电，导致磁场绕组烧坏和蓄电池亏电。

484. 如何就车检查发电机技术状况？

汽车每行驶10000km，应就车检查交流发电机技术状况，主要检查项目如下。

（1）检查发电机驱动带 检查驱动带外观，如有裂纹或磨损现象，则应更换驱动带；检查驱动带挠度，在两个带轮之间驱动带中央部位施加50N压力，此时驱动带挠度应符合规定：新驱动带为5~10mm，旧驱动带为7~14mm。具体以车型手册规定为准，挠度不符规定的，应予以调整。

（2）检查发电机导线连接 检查各导线的连接部位是否正确；采用线束插接器连接的发电机，其插头与插座必须用锁紧卡簧锁紧，不得有松动现象。

（3）检查发电机有无噪声 检查时，逐渐加大发动机节气门，监听发电机声响。如有异响，则说明发电机存在机械故障，如轴承破碎、转子轴弯曲等，则需拆下发电机分解检修。

（4）检查发电机能否发电 发电机能否发电，直接影响蓄电池的起动性能和使用寿命。

1）将万用表置于直流电压DCV档，万用表的正极接发电机B端子；万用表的负极接发电机E端子或外壳，记下此时测得的电压即蓄电池电压。

2）起动发动机并将转速升到比怠速稍高，此时万用表指示的电压若高于蓄电池电压，说明发电机能够发电；若电压低于发动机未起动时的蓄电池电压，则说明发电机不发电。

485. 发电机不发电的原因是什么？如何诊断排除？

交流发电机不发电原因：交流发电机励磁线圈电路断路或短路；交流发电机与调节器之间的连接线，以及发电机、调节器与点火开关的连接线脱落、松动或接触不良；电压调节器有故障。

提示

首先检查发电机、调节器和熔丝盒等处的连接线是否松动或接触不良。若发现有接触不良时，可将发电机磁场接线柱上的黄色线从线柱上卸下，用螺钉旋具或其他一导线将该接线柱与发电机的外壳相连接后，起动发动机，使转速略高于怠速。这时查看电流表或电流指示灯，如果电流表有充电指示或指示灯灭，则说明发电机本身无故障。不发电的原因可能在调节器，需修理或更换调节器。若电流表无充电指示或电流指示灯亮，则说明交流发电机有故障。

486. 发电机过热的原因是什么？如何诊断排除？

交流发电机若长时间过热，会造成发电机发电电压不足或不发电。发电机运转中，用手抚摸感到烫手，轴承处有明显的甩油，可闻到烧焦的气味，说明发电机过热。发电机过热的原因：发电机线圈短路或外导线长期短路；轴承缺润滑脂或无轴向间隙；转子与线圈相互摩擦；转子与铁心相碰。发电机过热故障的诊断排除方法如下。

> 1) 用螺钉旋具搭在发电机外壳上感到振手，并且发电机运转中有异响，则表明发电机轴承松旷或电枢接触磁极，应予以修复。
> 2) 若电流表指示充电不足，则表明整流子或电枢线圈短路，应予以修复。
> 3) 若发动机温度过高，风扇传动带过紧，或调节器限额电流调整过大，也会引起发电机过热。
> 4) 按时检查发电机的轴承润滑脂，必要时可更换润滑脂。
> 5) 修装发电机时，应保证转子与铁心的间隙。间隙过大会导致灯光暗淡，过小会发生碰擦而过热。轴向的间隙不应超过 0.7mm。

若发现发电机已经烧坏失效，则需修复或更换发电机。

487. 如何不解体检测发电机故障？

不解体检测发电机故障的方法：先用万用表（指针式拨到 R×1 档；数字式拨到 OHM×200 档）检测发电机各接线端子之间的阻值，然后进行分析判断，确认故障。JFl32N 型内搭铁型交流发电机不解体检测诊断结果见表 3-1。对于外搭铁型和其他形式的交流发电机，虽然各接线端子之间的标准阻值各不相同，但是检测诊断方法都大同小异，此表的诊断可供参考。

表 3-1 JFl32N 型交流发电机的阻值 （单位：Ω）

万用表型号	F-E端子	B-E端子		B-N端子		N-E端子	
		正向	反向	正向	反向	正向	反向
MF47型	5~7	50~60	>10k	13~15	>10k	13~15	>10k
故障现象及原因	(1)电阻值无穷大，则磁场绕组断路 (2)电阻值大于标准值，则电刷与集电环接触不良 (3)电阻值小于标准值，则磁场绕组短路 (4)电阻值等于0，F端子搭铁，或两只集电环间短路	(1)正向电阻小于标准值，则二极管短路 (2)正反向电阻均为0，B端子搭铁，或正负整流板间绝缘垫未装，或正负极管中至少各有一只短路 (3)正向电阻大于标准值，则二极管断路		(1)正向电阻为无穷大，则N端子引线所连相绕组或正极管断路，或三只正极管均断路 (2)正反向电阻均为0，则正极管中至少有一只二极管短路		(1)正向电阻为无穷大，则N端子引线所连相绕组或正极管断路，或三只正极管均断路 (2)正反向电阻均为0，则负极管中至少有一只二极管短路	

488. 交流发电机代换的条件是什么？

若交流发电机损坏而又不能找到原车同型号发电机时，可用其他发电机代换。代换条件如下。

1）电压等级必须一致，否则与汽车蓄电池和汽车电气设备就不相配。

2）功率应与原车交流发电机的功率相等或稍大。如果选用的发电机功率不足，会影响蓄电池和发电机本身的寿命；如果选择的发电机功率过大，则不能充分发挥发电机的效率。另外，怠速时发电机输出功率应大于汽车满负载时输出功率的50%，以保证怠速时用电设备能正常工作。

3）发电机搭铁极性应与原发电机搭铁极性相同，否则不能与相应的电压调节器相配。

4）发动机和发电机之间的传动比要合适。如果传动比不合适，不但影响发动机低速充电性能，而且对发电机的使用寿命也有影响。汽油车的发动机与发电机的传动比一般为3：1，而柴油发动机与发电机的传动比则为4：1。

489. 发电机为何要配装电压调节器？它怎样调压？

交流发电机在结构一定、磁场强度不变条件下，其输出电压大小与发电机转速成正比，而发电机是由发动机带动运转的，其转速是由发动机转速决定的。当汽车正常行驶时，发动机的转速变化范围很大。这势必对发电机输出电压的大小有很大影响。为了使发电机电压在不同转速下均能保持一定，即能随发电机转速的变化而自动调节，使其电压值保持在某一允许的范围之内，汽车交流发电机必须配有电压调节器与其联合工作。

电压调节器在发电机电压超过一定值以后，通过调节发电机励磁电流，使发电机在转速变化时保持其端电压恒定。

490. 电压调节器调节磁场电流的方法有哪几种？

汽车交流发电机调节器的种类繁多、形式各异。虽然各种调节器都是通过调节磁场电流使磁极磁通改变来控制发电机的输出电压，但是调节器结构不同，调节磁场电流的方法也不相同。

1）单级电磁式调节器调节磁场电流的方法是通过触点断开与闭合，使磁场电路的总电阻值改变来调节磁场电流。

2）双级电磁式调节器调节磁场电流的方法是通过触点断开与闭合，使磁场绕组间断短路来调节磁场电流。

3）电子式电压调节器调节磁场电流的方法是利用大功率晶体管的开关特性，使磁场电流接通与切断来调节磁场电流。

4）电脑控制调节器调节磁场电流的方法是通过发动机ECU根据发电机的负载信号控制发电机电压调节器，适时地接通和断开发电机磁场电路，控制其励磁电流大小，从而有效快速地稳定发电机电压。电脑控制的调节器是一种新型调节器，在电控发动机汽车上得到了很好的应用，如上海别克、广州本田等轿车发电机使用这种调节器。

491. 什么是发电机电磁式电压调节器？其结构如何？

交流发电机电磁振动式电压调节器（简称电磁式调节器）是指通过一对或两对触点的断开与闭合，通过改变发电机磁场电路的电阻来调节磁场电流的调节器。

电磁式调节器的基本结构由电磁铁机构、触点组件和调节电阻三部分组成（图3-5）。电磁铁机构由铁心、线圈和磁轭组成。电磁铁就是绕有线圈的铁心，铁心固定在磁轭上，磁轭固定在调节器底座上。线圈称为磁化线圈，绕在铁心上。线圈一端经调节器接线端子 B 与发电机输出端子 B 连接，另一端搭铁而直接承受发电机的端电压。触点组件由触点 K、静触点支架、衔铁和弹簧组成。静触点固定在支架上，动触点固定在衔铁的一端，衔铁的另一端支承在磁轭上，可绕支点转动微小角度。弹簧一端挂在衔铁端部，另一端挂在支架上。触点 K 串联在发电机磁场电路中，当调节器不工作时，触点在弹簧拉力作用下保持闭合状态。

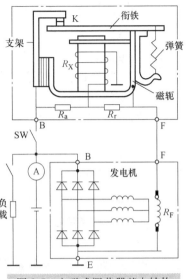

图 3-5　电磁式调节器基本结构

> **492.** **什么是发电机电子式电压调节器？其特点如何？**

交流发电机电子式电压调节器是指利用晶体管的开关特性，通过接通与切断磁场电路来调节磁场电流的调节器。交流发电机电子式电压调节器与电磁式调节器相比，具有以下特点。

1）调节电压稳定。电子调节器是利用晶体管的开关特性来控制发电机输出电压，不存在机械惯性和磁滞性，因此调节电压脉动幅度很小，发电机输出的平均电压值稳定。

2）工作可靠性高。电子调节器既无机械触点、衔铁等移动部件，也无固有振动频率。汽车行驶中剧烈的振动和冲击，对晶体管的开关特性毫无影响，因此工作可靠性高。

3）使用寿命长。由于没有触点，不存在烧蚀、变形等问题，其使用寿命取决于电子元件的使用寿命以及生产工艺的先进程度。目前电子调节器的使用寿命可达 16×10^4 km，是电磁振动式调节器使用寿命的 2~3 倍。

4）无须维修。现代汽车用电子调节器大都采用环氧树脂封装，以提高其防尘和耐腐蚀性能，因此无须也无法维修。

5）能满足大功率发电机的要求。通过选择不同功率的晶体管，即可满足发电机功率增大的要求。电磁式调节器受触点断开功率的限制，难以满足大功率发电机的要求。

6）对无线电干扰小。电子调节器既无触点产生电火花，也无电磁铁机构产生电磁波，因此不会发射强干扰信号。只有调节电压的脉动会产生微小的干扰信号。

电子电压调节器既无触点又无线圈，更无可动部件，电子调压器性能可靠，结构简单，因此在现代汽车发动机上得到了广泛应用。

> **493.** **什么是集成电路电压调节器？有何特点？**

集成电路电压调节器的主要部件是一块具有发电机电压调节器全部或部分功能的芯片。它是通过对汽车电源电压变化的检测，利用晶体管的开关特性控制硅整流交流发电机励磁电流的相应变化，来达到保持电压恒定的目的。

集成电路调节器除具有电子式电压调节器优点外，还具有超小型、安装于发电机内部（又称内装式调节器）、减少外接线、冷却效果好的特点，现广泛应用于轿车，如桑塔纳、奥迪等轿车就是采用集成电路电压调节器。注意：对于集成电路调节器必须是专用，是不能代换的。

> **494. 什么是内搭铁发电机及调节器？什么是外搭铁发电机及调节器？**

内搭铁发电机是指发电机的磁场线圈在发电机内部搭铁（发电机的励磁绕组连接在功率管的集电极和搭铁端之间）。内搭铁式发电机有一只电刷（负电刷）和壳体直接搭铁，即电刷一端直接搭铁。与内搭铁发电机配套使用的调节器称为内搭铁调节器。

外搭铁发电机是指发电机的磁场线圈通过调节器而搭铁（发电机的励磁绕组连接在功率管的集电极和B+之间），外搭铁发电机两只电刷（负电刷）和壳体绝缘，而通过调节器后再搭铁。与外搭铁发电机配套使用的调节器称为外搭铁调节器。

> **495. 怎样正确使用电磁式电压调节器？**

1）调节器与交流发电机的电压等级必须一致，否则充电系统不能正常工作。
2）调节器与交流发电机的搭铁形式必须一致。
3）交流发电机的功率不得超过调节器所能匹配的功率。
4）线路连接必须正确。
5）调节器必须受点火（或电源）开关控制。
6）汽车停驶时，应将点火（或电源）开关断开。

> **496. 怎样检查、调整电磁式电压调节器？**

(1) 检查调节器

1）直观检查。当充电系统出现故障，经检查确认发电机工作正常时，应进行电磁式调节器直观检查。先打开调节器盖，再目视触点有无烧蚀，各电阻及线圈有无烧焦现象和断路、搭铁等故障。若触点轻微烧蚀，可用"00"号砂纸打磨；若触点严重烧蚀或触点厚度小于0.5mm，应更换触点；动触点与静触点应对齐。

2）仪表检查。直观检查正常后，进行仪表检查。检查时，将电磁式调节器拆下，将数字式万用表置于OHM×200档，或指针式万用表置于R×1档，测量调节器各端子间的阻值，并与标准值比较，可判断电磁式调节器电气部件的技术状况。

(2) 调整调节器 电磁式调节器有高速触点间隙、衔铁与铁心间气隙，其调整就是调这些间隙，使其符合标准。以FT61型调节器为例，其衔铁与铁心间的气隙应为1.05～1.15mm，如不符合规定，可将静触点支架的固定螺钉拧松，根据需要向上或向下移动支架进行调整。其动合触点（高速触点）的间隙为0.25～0.3mm，如不符合规定，可通过改变高速触点的位置进行调整，由于高速触点间隙很小，因此调整必须仔细。

> **497. 怎样正确使用电子电压调节器？**

1）电子电压调节器与交流发电机的电压等级必须一致。
2）电子电压调节器与交流发电机的搭铁形式必须一致。
3）电子电压调节器必须垂直安装，其接线柱要向下，接线必须正确。
4）不要在通电的情况下打开调节器盖，随意拨弄电子元件，以防烧坏电子元件。
5）电子电压调节器在出厂时已调整好，使用中一般情况下不要轻易打开盖子随意调整。
6）交流发电机运转时，严禁将发电机输出接线柱和磁场接线柱短路来检查发电机是否发电正常，以免损坏调节器中的电子元件。

7）发动机熄火后，必须及时断开点火开关，否则发电机的磁场线圈和调节器的大功率晶体管通电时间过长会损坏。

498. 代换发电机电子电压调节器应注意哪些事项？

1）代换的电子电压调节器与原调节器的型号必须相同。

2）代换的电子电压调节器的功率应与原电子调节器的功率相等或十分接近。

3）内搭铁式交流发电机必须配用内搭铁式发电机电子电压调节器，外搭铁式发电机必须配用外搭铁式发电机用的电子电压调节器。

4）最高转速时调节器的调压性能差别不能太大。电子电压调节器相互代换时，虽然电压、功率在允许范围内，但仍然需进一步考虑最高转速时的调压性能。

5）具有温度补偿装置的调节器代换时，应选用带有温度补偿装置的电子电压调节器，以确保额定电压调整在 13.8～14.8V，以防炎热夏天或温度升高时损坏汽车用电设备。

499. 怎样判断电子电压调节器的搭铁形式？

如果因搭铁形式搞错而接错导线，则会造成调节器和充电系统故障。当不能确认电子电压调节器搭铁形式时，可用下法判断。连接电路如图 3-6 所示，图中 L 为汽车用的 5～10W 灯泡。

1）将可调直流电源的电压 U 调到 12V（28V 调节器则调到 24V）。

2）接通开关 K，若按图 3-6a 接线时小灯泡 L 亮，按图 3-6b 接线时小灯泡 L 不亮，则该调节器为内搭铁型调节器；若按图 3-6a 接线时小灯泡 L 不亮，按图 3-6b 接线时小灯泡 L 亮。则该调节器为外搭铁型调节器。

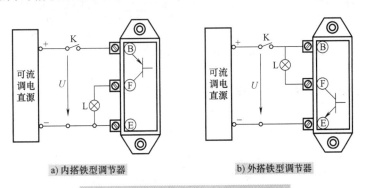

a) 内搭铁型调节器　　　　　　　　b) 外搭铁型调节器

图 3-6　电子电压调节器搭铁形式检测

500. 怎样判断电子电压调节器的技术性能？

判断电子电压调节器技术性能时，内搭铁型调节器按图 3-6a 所示电路连接；外搭铁型调节器按图 3-6b 所示电路连接。

检测电路接好后，先接通开关 K，然后将可调直流电源的电压 U 从 0V 逐渐调高，此时小灯泡 L 的亮度应随电压升高而增强。当电压 U 调到调节电压值（14V 调节器为 13.5～14.5V，28V 调节器为 27～29V）或略高于调节电压值时，小灯泡 L 应熄灭，这样的调节器是好的，装车后能够控制发电机电压。

在上述检测过程中，若小灯泡 L 始终发亮，则说明调节器已经损坏，可能是大功率晶体管短路或前级驱动电路的晶体管或稳压管断路，该调节器若装车使用，则将使磁场电流始终接通，发电机电压会随转速升高而失控，用电设备将有损坏的危险；若小灯泡 L 始终熄灭（灯泡未坏），则说明调节器也是坏的，可能是大功率晶体管断路或前级驱动电路的晶体管或稳压管短路。该调节器装车使用时，磁场电路将不能接通，发电机只靠剩磁发电而不能对外供电，长期使用就会导致蓄电池严重亏电。

501. 怎样利用外搭铁型电子调节器代用内搭铁型电子调节器？

若调节器失效，如有与失效调节器搭铁极性不同的调节器（系统电压一致），也可代用，但应将发电机的搭铁极性也更改为与调节器相同的搭铁极性。利用外搭铁型电子调节器代用内搭铁型电子调节器的方法如下：把交流发电机电刷架上搭铁接线柱 E 的搭铁片拆下（图 3-7 中用"×"表示），然后将原来接在调节器 E 接线柱的导线（图 3-7 中的标号为 3）接到新调节器的 B 接线柱上，再另用导线（图 3-7 中的标号为 4）将新调节器的 E 接线柱与交流发电机外壳相连，原来接在调节器 B 接线柱上的导线（图 3-7 中的标号为 1）与新调节器的 B 接线柱相连，原来接在调节器 F 接线柱上的导线（图 3-7 中的标号为 2）与新调节器的 F 接线柱相连。

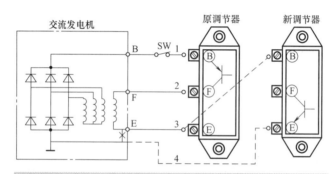

图 3-7 外搭铁型电子调节器代用内搭铁型电子调节器方法

502. 怎样利用内搭铁型电子调节器代用外搭铁型电子调节器？

如用内搭铁型电子电压调节器代替外搭铁型电子调节器，应先将交流发电机改为内搭铁型，使调节器与交流发电机的搭铁类型一致。用导线或搭铁片将交流发电机的磁场接线柱 F_1 搭铁，然后将原来接在调节器 B 接线柱上与磁场接线柱 F_1 相连的导线（图 3-8 中的标号为 2）拆下，并接到新调节器的 E 接线柱上，原来接在调节器 B 接线柱上与点火开关相连的

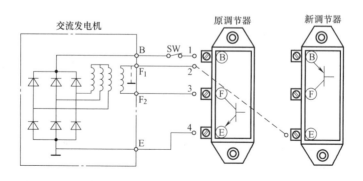

图 3-8 内搭铁型电子调节器代用外搭铁型电子调节器方法

导线（图 3-8 中的标号为 1）与新调节器的 B 接线柱相连，原来接在调节器 F 接线柱上的导线（图 3-8 中的标号为 3）与新调节器的 F 接线柱相连，原来接在调节器 E 接线柱上的导线（图 3-8 中的标号为 4）与新调节器的 E 接线柱相连。

> **503. 如何利用电压表判断发电机与调节器的工作状况？**

当怀疑汽车充电系统工作不正常时，可以用电压表检查发电机和调节器工作情况，步骤如下。

1）将电压表置于适当的量程（如 0 ~ 20V），并将电压表正极与发电机 B 接线柱相连，电压表负极搭铁或与蓄电池负极相连。

2）起动发动机，并使发动机以稍高于怠速稳定运转。

3）观察电压表读数变化。如果在起动前后，电压表指示读数不变（在 12.0 ~ 12.8V），表明发电机不发电。进一步检查发电机 F 接线柱，若有约 12V 的电压，表明发电机有故障；无电压则为调节器有故障或激磁电路有故障。如果起动后电压表指示读数上升到 13.5 ~ 14.5V，表明发电机及调节器工作正常；如果起动后电压表上升超过 14.5V，表明调节器失调或损坏；电压表读数略有上升但低于 13.5V，可能是发电机传动带打滑或发电机有故障。

4）提高发动机转速，电压表读数保持在 13.5 ~ 14.5V 的范围内为正常；超过 14.5V 为调节器有故障；低于 13.5V 为发电机及调节器有故障或传动带过松。

5）发动机中速转速，打开前照灯、鼓风电动机等大电流负载，电压表略有下降，但能保持在 13.5 ~ 14.5V 为正常；若低于 13.5V，表明发电机输出功率不足，应对发电机进行分解检查。

> **504. 电子电压调节器常见的故障有哪些？怎样检修？**

电子电压调节器常见的故障：发电机不发电；发电机电压过高，充电电流过大。

发电机不发电的原因是大功率晶体管或复合管断路，稳压管或小功率晶体管短路，续流二极管击穿短路。

当发电机电压过高、充电电流过大时，多数是调节器失调所致。其原因是大功率晶体管或复合管短路，稳压管或小功率晶体管断路。若发电机电压建立不起来无充电电流，应先检查发电机，如发电机正常，则一般是调节器故障。当确认是调节器有故障时，应从车上拆下检查和修理。

检修时可打开端子，取出印制电路板，仔细检查各焊接部分有无脱焊现象。对有疑问的电子元件，应将其上的线头烫开，然后用万用表进行测试，进一步确认它的好坏。断路、短路的三极管应予更换。用烙铁焊接电子元件时，一定要注意焊接时间不能过长，还要注意散热。

> **505. 怎样判断充电电路系统工作是否正常？**

汽车充电系统最为常见的充电指示方式有电流表式和充电指示灯式两种。判断发电机充电系统工作是否正常的方法如下。

(1) 电流表式充电电路　在装有电流表的汽车上，行驶过程中若充电电流由大到小，最后接近于 0，属于正常现象。因为汽车起动时，蓄电池给起动机提供了大量的电能，致使其端电压下降；当发动机运转后，发电机立即向蓄电池进行补充充电，直到蓄电池端电压达到调节器的限额电压值，电流表指示出的充电电流最小，表明蓄电池已被充足电。

汽车行驶时，若电流表始终指示充电电流很大，或经常烧坏汽车灯泡和熔丝，一般是调节器失调或接线错误而导致发电机输出电压过高；若电流表总是指在"0"位，或充电电流过小，或夜间开灯以后刚开始灯光较亮，以后越来越暗，则多为调节器有故障或发电机本身有问题。

(2) 充电指示灯式充电电路 在装有充电指示灯的汽车上，发动机中高速运转，充电指示灯不亮说明充电指示灯线路正常。也可通过按下汽车电喇叭按钮，或打开前照灯远光灯，来判断充电系统的工作是否正常。若电喇叭发出尖叫声或车灯很亮，则说明发电机输出电压过高。

> **506.** 怎样利用充电指示灯诊断充电系统故障？

在装备有充电指示灯的汽车上，利用充电指示灯来诊断充电系统故障的方法如下。

> 1）首先预热发动机，起动发动机后，使其怠速或将发电机转速控制在1200r/min左右运转10min，然后断开点火开关，使发动机停止运转。
>
> 2）接通点火开关，但不起动发动机，观察充电指示灯是否发亮。此时充电指示灯应当发亮，如果不亮，说明充电指示灯电路或充电指示控制器有故障。
>
> 3）起动发动机，逐渐加大节气门，使发动机转速逐渐升高到600~800r/min，而相应发电机转速升高到1200~2000r/min时，若充电指示灯自动熄灭，则说明充电指示灯电路正常，发电机能够发电。此时调节器工作是否正常，还需用电压表或万用表进行检测诊断。

> **507.** 充电指示灯不熄灭的原因是什么？如何诊断排除？

接通点火开关时，仪表板上的充电指示灯亮，但发动机起动后，充电指示灯不熄灭，或是在发动机正常运转过程中，充电指示灯亮起，这说明充电系统出现了故障。

(1) 故障原因

1）发电机故障。如定子绕组或磁场绕组有短路、断路或搭铁，磁场绕组有短路或搭铁，发电机多个整流二极管断路或短路等造成发电机不发电。

2）调节器故障。如调节器内部电子元件有短路而使大功率开关晶体管不能饱和导通或不导通，造成发电机不发电或电压很低，而调节器内部的短路则使充电指示灯亮起。

3）发电机传动带松弛。由于传动带松弛后会打滑，使发电机不转或转速过低而不发电。

(2) 故障诊断排除 充电指示灯点亮，说明熔丝和点火开关及指示灯的状态是正常的，此时进行下述检查。

1）检查发电机传动带及有无打滑，若不正常，则调节传动带张力或更换传动带；若正常，则进行下步检查。

2）检查导线连接状态，不正常时维修或更换导线。

3）拆检发电机及调节器，或更换电压调节器或交流发电机。

> **508.** 充电指示灯始终不亮的原因是什么？如何诊断排除？

接通点火开关直到发动机正常运转时，充电指示灯始终不亮。

(1) 故障原因

1）发电机电刷与集电环之间接触不良或发电机磁场绕组有断路，使发电机无励磁磁场而不发电，同时充电指示灯也因其搭铁不良而不亮。

2）调节器内部电子元件损坏而使晶体管不导通或晶体管本身断路，也使发电机无励磁电流而不发电，同时充电指示灯因搭铁不良而不亮。

3）发电机内整流二极管（VD_1、VD_3、VD_5，图3-9）短路，使充电指示灯两端均为蓄电池电压而不亮。

4）充电指示灯电路有断路，如熔丝、充电指示灯、发电机磁场接线柱到点火开关之间的线路连接等有问题。

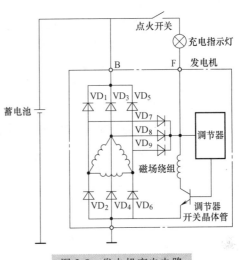

图 3-9　发电机充电电路

(2) 故障诊断排除

1）在不接通点火开关时，检测发电机磁场接线柱对搭铁电压。若有蓄电池电压，则说明发电机内整流二极管有短路，应拆修或更换发电机；若电压为0，则正常，进行下步诊断。

2）接通点火开关后再测发电机磁场接线柱对搭铁电压。若电压仍然为0，则需检查充电指示灯电路；若电压为蓄电池电压，则正常，进行下步诊断。

3）拆检发电机的电刷与集电环的接触是否良好和磁场绕组有无断路，若无问题，则需要检修或更换调节器。

509. 充电指示灯正常，但充电不良或不充电的原因是什么？如何诊断排除？

接通点火开关时充电指示灯点亮，发动机起动后和运转时充电指示灯也能熄灭，但蓄电池很快出现亏电现象。

(1) 故障原因

1）发电机发电不良，发电机定子绕组有短路、断路、搭铁，发电机磁场绕组有短路、搭铁，整流二极管断路或短路，发电机电刷与集电环接触不良等而造成发电机发电不良，使发电机经常处于不充电或充电电流过小状态。

2）调节器调节电压过低或内部电路有故障而造成发电机不充电或充电电流过小。

3）发电机至蓄电池的充电线路接触不良。

4）蓄电池极板严重硫化。

5）蓄电池有自放电故障或线路和开关中有漏电之处。

(2) 故障诊断排除

1）用万用表直流电压档检查发电机定子接线柱对搭铁电压。若电压为0，则说明发电机定子接线柱至蓄电池之间的线路有断路，应对其进行检修；若电压为蓄电池电压，则正常，应进行下步检查。

2）起动发动机，使发动机中速运转，在充电指示灯熄灭时，检测发电机定子接线柱对搭铁电压。如果电压仍为蓄电池电压，则需测试、检修或更换发电机与调节器；若电压有所升高，则进行下步检查。

3）在发动机中速以上运转时，检测发电机的输出电流和端电压，如图 3-10 所示。若电压在发动机转速升高时能达到 13.8～14.5V，且电流表指示有较大的充电电流，则说明发电机及调节器正常，蓄电池很快亏电的原因可能是蓄电池本身的故障或汽车电气设备和电路有漏电故障，应对其进行检查；若电压能迅速达到 13.8～14.5V，但无充电电流或充电电流很小，则应检查发电机定子接线柱至蓄电池之间的充电电路有无接触不良处。若无，则可能是蓄电池极板硫化严重。

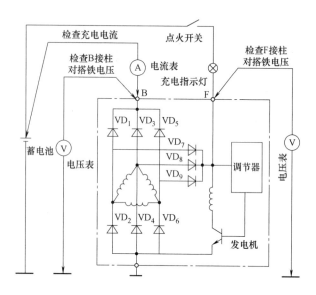

图 3-10　检查发电机及充电线路

> **510.** 充电指示灯时明时暗的原因是什么？如何诊断排除？

发动机稳定运转时，充电指示灯时明时暗，说明发电机电压波动很大并导致充电电流不稳定。

（1）故障原因　发电机电刷与集电环接触不良；发电机电压调节器不良；发电机外接电路或内部电路接触不良。

（2）故障诊断排除　用一前照灯灯泡直接接在发电机定子接线柱与搭铁之间，并使发动机中速稳定运转，若灯泡仍明暗闪烁，则说明发电机内部线路、电刷与集电环接触或电压调节器不良，需拆检发电机；若灯泡亮度稳定，则有可能是充电电路连接有松动之处，应予以检修。

> **511.** 前照灯有何作用？主要由哪些部件组成？

前照灯的用途是汽车在夜间行驶时，照亮车前的道路及物体，同时还可以利用远、近光变换信号超越前方车辆。前照灯装在汽车前部两侧，一般装四只（称四灯制），外侧两只采用双丝灯泡，内侧两只采用单丝灯泡（远光灯丝），需要远光时，四只灯同时发亮而加强照明。有的汽车前照灯装两只（称双灯制），内装双丝灯泡。前照灯由灯泡、反射镜、配光镜等三部分组成。

灯泡是前照灯的光源，汽车前照灯用灯泡有普通灯泡和卤钨灯泡，卤钨灯泡能避免灯泡黑化，具有体积小、发光强度大的优点。

反射镜由薄钢板冲压或由玻璃、塑料制成，其表面形状呈旋转抛物面，内表面镀银、镀铝或镀铬，然后抛光。反射镜的作用是将灯泡的直射（散射）光反射成平行光束（图 3-11），使光束增强几百倍甚至几千倍，保证车前方 150～400m 范围内得到足够的照明。

配光镜又称散光玻璃（图 3-12a），它是许多棱镜和透镜的组合。为使照明范围内照度均匀，配光镜需要将反光镜反出的平行光束进行整形，使平行光束在水平方向上扩散（图3-12b），在垂直方向使光束向下折射（图3-12c）。

直射光
反射镜
反射光束
光源

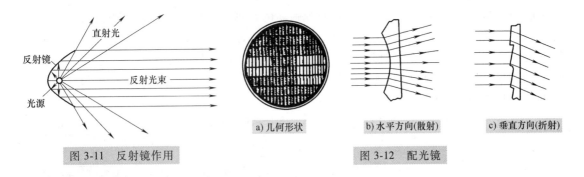

图 3-11　反射镜作用

a) 几何形状
b) 水平方向(散射)
c) 垂直方向(折射)

图 3-12　配光镜

512. 为什么采用双丝灯泡的前照灯能避免眩目？

眩目是指人的眼睛突然受到强光照射时，由于视觉神经受刺激而失去对眼睛的控制，本能地闭上眼睛或看不清暗路面和障碍物的生理现象。夜间行车时，强光束会造成迎面来车驾驶人眩目，很容易发生交通事故。

双丝灯泡前照灯的一根灯丝为远光，另一根为近光。远光灯丝的功率较大，位于反射镜的焦点；近光灯丝的功率较小，位于焦点上方（或前方）。由于近光灯丝射向反射镜下部的光线将向上反射而引起眩目，因此采用双丝灯泡的前照灯一般都在近光灯丝下方装有配光屏，以挡住近光灯丝射向反射镜下部的光束（图3-13）。当夜间行驶无迎面来车时，可接通远光灯丝，使前照灯光束射向远方，以利提高车速。当两车相遇时，接通近光灯丝，使光束倾向路面，从而避免迎面来车驾驶人眩目，并使车前50m内的路面也照得十分清晰，保证汽车夜间行车安全。

近光灯丝
配光屏
远光灯丝
a) 近光接通时
b) 远光接通时

图 3-13　具有配光屏的双丝灯泡

513. 汽车前照灯为何要定期检测、调整？

汽车前照灯在使用过程中，灯泡会逐渐老化，发光效率下降；反射镜污暗、聚光性能变差。汽车运行中的振动，也可能会引起前照灯安装位置错动，改变光束的照射方向。这些都会使夜间行车时，前方看不清或看不远，或给迎面来车的驾驶人造成眩目，易导致夜间行车事故的发生。因此，要定期检测和调整前照灯，使其具有良好的技术状况，以保障夜间行车的安全。

514. 汽车前照灯的基本要求是什么？

1）汽车装备的前照灯应有远、近光变换功能；当远光变为近光时，所有远光应能同时熄灭。同一辆车上的前照灯不得左右的远、近光灯交叉开亮。

2）所有前照灯的近光均不应眩目。

3）汽车前照灯光束照射位置在正常使用条件下应保持稳定。

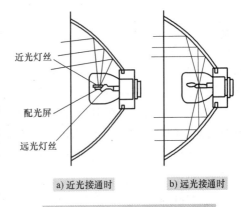

> **515. 汽车前照灯如何评价？其标准怎样？**

汽车前照灯用发光强度、光束照射位置评价。

（1）发光强度 发光强度是表示光源发光强弱的物理量，计量单位是坎德拉（cd）。前照灯就是一个光源，若前照灯发光强度越大，则受光物体照得越亮，驾驶人能看清物体的距离就越远。因此，前照灯应有足够的发光强度。汽车每只前照灯的远光光束发光强度应达到表 3-2 的要求；并且，同时打开所有前照灯（远光）时，其总的远光光束发光强度应不超过 225000cd。测试时，其电源系统应处于充足电状态。

表 3-2　前照灯远光光束发光强度要求　　　　　　　　（单位：cd）

机动车类型	检查项目					
	新注册车			在用车		
	一灯制	二灯制	四灯制	一灯制	二灯制	四灯制
三轮汽车	8000	6000	—	6000	5000	—
最高设计车速小于 70km/h 的汽车	—	10000	8000	—	8000	6000
其他汽车	—	18000	15000	—	15000	12000

注：四灯制是指前照灯具有四个远光光束；对于采用四灯制的机动车，其中两只对称的灯达到二灯制的要求时也视为合格。

（2）光束照射位置 如果把前照灯光线最亮的地方看作是光轴的中心，则光束照射位置可用该中心对某一水平、垂直坐标轴的偏离量来表示。前照灯的光束照射位置会影响驾驶人夜间行车的视野，会影响汽车前方路面的照明程度，会影响迎面来车驾驶人的视觉。因此，为确保行车安全，前照灯光束照射位置应适当，其标准如下。

1）前照灯近光光束照射位置：前照灯照射在距离 10m 的屏幕上时，乘用车前照灯近光光束明暗截止线转角或中点的高度应为 $0.7 \sim 0.9H$（H 为前照灯基准中心高度），其他汽车应为 $0.6 \sim 0.8H$。汽车前照灯近光光束水平方向位置向左偏不允许超过 170mm，向右偏不允许超过 350mm。

2）前照灯远光光束灯照射位置：能单独调整远光光束的前照灯，照射在距离 10m 的屏幕上时，要求光束中心在屏幕的离地高度，对乘用车为 $0.85 \sim 0.95H$（但不得低于前照灯近光光束明暗截止线转角或中点高度），对其他机动车为 $0.8 \sim 0.95H$；机动车前照灯远光光束水平位置要求，左灯向左偏应小于或等于 170mm，向右偏应小于或等于 350mm，右灯向左或向右偏均应小于或等于 350mm。

> **516. 汽车前照灯维护应注意哪些事项？**

1）安装前照灯时，应根据标志安装，不得倾斜和倒置，以免影响灯光照射角度。

2）前照灯配光镜应保持清洁，若有污垢应及时擦洗干净。

3）半封闭式前照灯更换灯泡时，要注意不要让湿气及灰尘等进入，并保持其良好的密封性。

4）换用全封闭型前照灯，必须注意搭铁极性不能装错，通过灯罩可看到，两根灯丝共同连接的灯脚为搭铁电极，较粗的灯丝为远光灯丝，较细的为近光灯丝。

5）更换灯泡时，应在前照灯电路断路时进行，要带上干净的手套，不要用手直接接触灯泡壳；普通充气灯泡不应与卤素灯泡互换。

> **517. 怎样清洁汽车前照灯反射镜灰尘？**

新型汽车前照灯反射镜表面的镀层主要有银、铬、铝等三种材料。如反射镜上稍有灰尘，可用压缩空气（或打气筒等）吹净即可。

1）如果反射镜是镀铬的，由于其硬度较高，可用麂皮沾无水酒精由反射镜内部向外成螺旋状轻轻地擦拭干净。

2）如果反射镜是镀银、镀铝的，由于其硬度较差，清洁时，只能用清洁的棉花蘸热水进行清洗，但决不能擦拭，以免损坏反射镜镀层。

有些汽车，在反射镜的表面上涂有一层透明的保护漆膜，以保护反射镜使其不致发暗或产生白斑。在清洁这类反射镜时，一定要注意不要破坏了这层漆膜。

> 518. 怎样快速诊断汽车灯光故障？

汽车灯光不亮时，快速判断车灯故障的方法如下。

（1）检查熔断器 检查中不仅要查熔断器是否熔断，而且还应查出被熔断的原因。若出现某熔断器熔断频繁或一开灯就熔断，原因多为该灯电路短路。检查时，可用导线一端接熔断器盒，另一端接灯光线（应预先将原灯光线拆除），若灯光亮度正常，说明熔断器盒至灯泡间导线有短路，应进一步检查。若熔断器正常，又有正常电压，则进行下步检查。

（2）检查灯泡 灯泡灯丝熔断是造成灯光故障的常见原因。通常用目测的方法检查，若灯泡黑蒙蒙的或灯丝熔断，均应更换新灯泡。若灯丝频繁熔断，多为交流发电机调节器损坏后导致交流发电机输出电压过高引起。对此，可通过用万用表检测交流发电机输出电压来确认。

（3）检查搭铁 若以上检查均正常，灯泡电源线又有正常电压，则应检查灯泡搭铁线是否搭铁不良或线路断路等。可取一导线一端接灯泡搭铁极，另一端与车架或蓄电池负极相连，若灯光亮度变为正常，即可确认为搭铁不良，应检查灯线搭铁部位，同时还应检查灯座电极的接触状况，有的灯座因锈蚀、氧化造成接触不良，而导致灯泡不亮或昏暗的现象较为常见，应引起注意。

（4）检查线路 新型汽车的灯光电路中大多还有一些控制电器，例如有前照灯受灯光继电器及变光开关的控制，转向灯受闪光器的控制。若前照灯远、近光均不亮，应检查变光开关、灯光继电器是否能控制灯光电路等。如用直观检查不能找出故障原因时，可用导线短路继电器（或变光器）试验。若灯亮，说明继电器（变光器）损坏，应重换新件；若灯仍不亮，则说明电路有断路之处，应对电路进行检查。

> 519. 如何调整前照灯光束？

为了保证夜间行车安全，在汽车维护中，应对前照灯光束照射的方向和距离进行检验，必要时予以调整。光束调整方法有调试仪调整和屏幕调整，其中后者应用较广，具体方法如下。

1）汽车轮胎气压符合标准，前照灯表面清洁，汽车空载。

2）将汽车置于黑暗空间内平坦的地面上，前照灯距屏幕10m，屏幕垂直于地面且与前照灯表面平行（图3-14a），在屏幕上画出前照灯的水平中心线和垂直中心线。

3）接通灯光开关，调整其光束。调灯时以一只灯为单位调整，首先遮蔽其他前照灯，然后拧动上下左右光束调整螺钉（图3-14b、c），使主光束（光度最高点）处于规定高度。前照灯上下左右调整时，必须拧入调整。若需拧松调节时，应完全拧松后再作拧入调整。

当远光调好后，应开启近光灯，检查屏幕上是否有明显的明、暗截止线，其高度是否符合规定，直到调到符合标准规定要求为止。

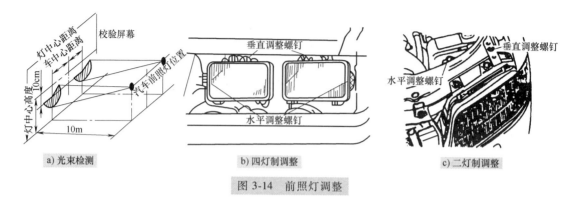

a) 光束检测　　　　　　b) 四灯制调整　　　　　　c) 二灯制调整

图 3-14　前照灯调整

520. 前照灯不亮的原因是什么？如何诊断排除？

接通车灯开关至 2 档或 3 档时，示宽灯和仪表正常，前照灯远近光灯均不亮。

（1）故障原因　引起灯光不亮的主要原因有灯泡损坏、熔断器熔断、灯光开关或继电器损坏及线路断路或短路等。

（2）故障诊断排除　检查熔丝，如有熔断应予以更换。检查车灯电源线有无电压，若有电应检查灯丝及其搭铁线；若无电应逐步向前排查，检查灯光变光开关，必要时给予更换；检查灯光总开关前照灯档位是否接触不良，必要时给予修理和更换，检查灯光继电器的线圈及触点是否正常，若均无问题应检查各处接线情况是否有松动、脱落或断路，必要时进行紧固和更换。

521. 前照灯灯光暗淡的原因是什么？如何诊断排除？

打开前照灯，灯光暗淡，亮度不足。

（1）故障原因　蓄电池端电压过低；发电机不发电或发电量不足，输出电压低；散光玻璃或反射镜太脏；开关、导线等处有接头松动和锈蚀现象，使电阻增大。

（2）故障诊断排除　检查蓄电池，如电压不足应进行补充充电。检查前照灯电源线电压是否过低，若正常，检查其搭铁情况是否良好，无问题则检查前照灯是否反射镜、配光镜过脏，若是，则拆开前照灯，予以清洁，并对灯座接触部位和接头部位也进行清洁处理。若车灯电源线电压过低，则应逐步往前排查开关、继电器及导线，看是否有接触不良致使电压下降过大；均无问题应检查发电机传动带松紧度，修复或更换发电机，检查电压调节器，必要时给予调整、修理或更换。

522. 远光灯不亮的原因是什么？如何诊断排除？

打开前照灯变光时，只有近光，而远光灯不亮。

（1）故障原因　变光器损坏、线路断路或短路、灯丝烧断、灯座接触不良。

（2）故障诊断排除　先将车灯开关接至前照灯档，接通变光开关，观察远光指示灯。若指示灯亮，说明远光灯线接点至线束导线断路，大概两远光灯丝烧坏，此时可在左或右接线板远光灯接线柱上用试灯检查：试灯亮，为两远光灯丝烧坏；试灯不亮，为远光指示灯线至线束导线断路。若指示灯不亮，为可靠起见，先检查远光指示灯技术状况。若良好，连接变光灯的电源线接柱和远光线接柱，观察前照灯及远光指示灯：亮，表明变光开关损坏；仍不亮，表明远光指示灯线结点至变光开关之间导线断路。

523. 近光灯不亮的原因是什么? 如何诊断排除?

打开前照灯, 近光灯不亮。

(1) 故障原因 变光器损坏、线路断路或短路、灯丝烧断、灯座接触不良。

(2) 故障诊断排除 将车灯开关打开, 连接变光灯开关的电源线接柱和近光灯线接柱, 观察前照灯: 亮, 为变光开关损坏; 仍不亮, 为变光开关至线束导线断路或两近光灯丝烧坏。可在左或右接线板近光灯接线柱上用试灯检查: 试灯亮, 为近光灯丝烧坏; 试灯不亮, 为变光开关至线束导线断路。

524. 尾灯不亮的原因是什么? 如何诊断排除?

汽车行驶中, 其他灯光工作正常, 只有尾灯不亮。

(1) 故障原因 尾灯灯丝烧断, 尾灯搭铁不良或尾灯电路有断路。

(2) 故障诊断排除 检查时, 先拆下尾灯灯泡, 检查灯丝是否烧断。若灯丝完好, 再用试电笔或螺钉旋具将尾灯电源线接线柱对搭铁刮火, 若无火花, 表明尾灯电路中有断路处, 找出断路处, 连通导线; 若有火花, 则表明尾灯搭铁不良。

525. 制动灯不亮的原因是什么? 如何诊断排除?

行车制动时, 汽车的制动灯不亮。

(1) 故障原因 制动灯灯丝烧断、搭铁不良、制动灯开关失灵或线路中有断路。

(2) 故障诊断排除 检查时, 先拆下制动灯灯泡。检查灯丝, 若灯丝完好, 可在踏下制动踏板的同时, 用螺钉旋具或导线将制动灯电源线接线柱与搭铁刮火, 若有火花, 制动灯不亮, 表明搭铁不良; 若无火花, 表明可能是制动灯开关失灵或电路有断路处。再用螺钉旋具或导线将制动灯开关的两接线柱短路, 若制动灯亮, 则说明制动开关有故障, 应予更换或修理; 若制动灯仍不亮, 表明电路中有断路处, 找出后予以排除。

526. 转向灯不亮的原因是什么? 如何诊断排除?

拨动左、右转向灯开关, 转向灯都不亮。

(1) 故障原因 电源经闪光继电器到转向开关的电源线之中有断路处, 或是闪光继电器或转向开关有故障。

(2) 故障诊断排除

1) 检查闪光继电器电源线头是否有电。若无电, 应检查该线至电源间是否断路。若有电, 用螺钉旋具将闪光继电器两接线柱连接, 这时转向灯亮, 说明闪光继电器有故障, 应更换。若不亮, 则进行下步检查。

2) 检查闪光继电器。打开闪光继电器盖, 检查线圈、电阻是否完好。若电阻发热, 而触点又不能闭合时, 可按下活动触点, 此时若转向灯亮, 表明继电器有故障, 触点间隙过大时应进行调整。若按下活动触点使触点闭合时转向灯仍不亮, 可用螺钉旋具将触点短接, 此时若灯亮, 则说明触点氧化; 若不亮, 则进行下步检查。

3) 用螺钉旋具将闪光继电器两接线柱短接, 若转向灯不亮, 则可能是转向开关有故障, 进行下步检查。

4) 可用螺钉旋具分别接通转向开关电源线与左、右灯线接线柱。若灯亮, 表示转向开关有故障，应拆下检修或更换。

▶ 527. 示宽灯、尾灯和仪表灯均不亮的原因是什么？如何诊断排除？

灯光开关接至1档时，示宽灯、尾灯和仪表灯均不亮。

(1) 故障原因　灯光开关损坏、线路断路、熔断器熔断、插接器松脱、灯泡灯丝烧断。

(2) 故障诊断排除　首先检查熔断器是否损坏。若损坏，更换熔断器后开灯检查熔断器是否再次熔断。若再次熔断，大概是电路或开关有短路故障，可采用断路检查法进行检查。若正常，可检查灯光开关相应的接柱上的电压是否正常。若电压不正常，则大概是灯光开关相应的档位损坏。若电压正常，则应检查相应的灯泡是否损坏。

▶ 528. 蓄电池液面过低报警装置由哪几部分组成？如何工作？

蓄电池液面过低报警装置由铅棒和加油塞构成的传感器，VT_1、VT_2构成的放大器，发光二极管构成的警告灯等组成，如图3-15所示。传感器安装在蓄电池单格内（一般为正极侧第三格），当电解液液面高度为$10 \sim 15mm$时，铅棒与电解液化学反应后，产生约为$+8V$的信号电压，使VT_1导通，VT_2因无正偏压而截止，警告灯中无电流通过而不亮。当电解液液面低于10mm时，铅棒无法与电解液接触，信号电压为零，故VT_1截止，VT_2得到正偏压而导通，警告灯中有电流通过，警告灯亮。从而提醒驾驶人补充蒸馏水。

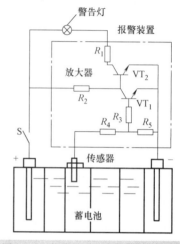

图3-15　蓄电池液面过低报警装置

▶ 529. 怎样诊断蓄电池电解液面过低报警装置故障？

蓄电池液面过低报警装置的故障：点火开关闭合警告灯亮；蓄电池电解液面高度低于10mm时，警告灯不亮。

点火开关闭合警告灯亮故障诊断。产生此故障时，应检查警告灯与报警装置之间的电路是否搭铁，若无搭铁，则故障可能由VT_2短路（图3-15）引起。

蓄电池电解液面高度低于10mm时，警告灯不亮故障的诊断。产生此故障原因是蓄电池至报警装置的电路断路，可能是蓄电池→警告灯→报警装置的电路断路；也可能是报警装置内部电路断路或VT_2损坏，应分别检查确定。

▶ 530. 机油压力报警装置由哪几部分组成？如何工作？

机油压力报警装置有膜片式和弹簧管式两种。图3-16所示为弹簧管式机油压力报警装置，它由装在仪表板上的警告灯和装在发动机主油道上的弹簧管式传感器两部分组成。传感器内的管形弹簧一端与发动机主油道连接，另一端与动触点连接，静触点经导电片与接线柱连接。当润滑系统机油压力低于允许值时，如EQ1092汽车低于50kPa时，管形弹簧几乎无变形，动静触点闭合，警告灯中有电流通过，灯亮，提

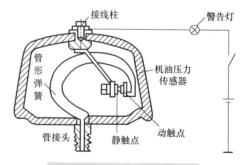

图3-16　机油压力报警装置

醒驾驶人注意。当润滑系统机油压力达到允许值时，管形弹簧变形程度增大，使动静触点分开，警告灯中无电流通过，灯灭。

> **531. 机油警告灯闪亮的原因是什么？**

1）机油油量不足。如果机油油量不足，就会使机油泵的泵油量减少或因进空气而泵不出油，致使机油压力下降而报警。

2）机油黏度太低。发动机运转时，机油黏度太低会加大机油在润滑间隙中的泄漏量，从而导致油压降低而报警。

3）机油泵损坏。当机油泵零部件损坏或因磨损、装配等问题出现间隙过大时，将会导致机油泵不出油或出油不足，会使机油压力降低而报警。

4）堵塞、漏油。机油管路中有漏油、堵塞现象，机油滤清器、吸油盘堵塞均会使机油压力降低而报警。

5）回油阀损坏或失灵。若主油道回油阀弹簧疲劳软化或调整不当，阀座与钢珠的配合面磨损或被脏物卡住而关闭不严时，回油量明显增加，主油道油压会随之下降，而导致报警。

6）轴承配合间隙过大。曲轴、凸轮轴轴承间隙因装配或磨损后过大时，机油易在间隙中泄漏，导致机油油压降低而报警。

7）发动机温度过高。当发动机温度过高时，机油容易变稀，配合间隙中机油会大量流失而导致油压下降报警。

> **532. 怎样诊断机油压力报警装置故障？**

机油压力报警装置的故障：接通点火开关时警告灯不亮；发动机正常工作后警告灯常亮。

(1) 接通点火开关，警告灯不亮　接通点火开关，警告灯不亮的故障通常由电路断路、警告灯损坏、机油压力传感器触点接触不良所致。

检查时可接通点火开关，拆下机油压力传感器接线柱上的导线直接搭铁，查看警告灯是否点亮。若警告灯亮，故障为传感器触点接触不良；若警告灯仍不亮，则应用万用表逐点检查从接线柱导线至蓄电池正极之间的每一点是否有蓄电池电压。断路点在有电压和无电压的一段电路上。若警告灯前端有电压而后端无电压，则为警告灯损坏，应予以更换。

(2) 发动机正常工作后警告灯常亮　这一故障通常由警告灯后的电路短路或机油压力传感器损坏导致触点无法分开所致。

检查时可先从接线柱上拆下导线，若此时警告灯熄灭，则故障由机油压力传感器触点短路所致，应予以更换；若警告灯不熄灭，则故障由警告灯出线端至机油压力传感器的电路搭铁短路所致，应及时排除。

> **533. 冷却液温度报警装置由哪几部分组成？如何工作？**

冷却液温度报警装置由冷却液温度警告灯、双金属片式温度传感器等组成，如图 3-17 所示。当发动机冷却液温度达到或超过极限温度时，传感器内双金属片受热变形，使其内动静触点闭合，警告灯中有电流通过，灯亮。提醒驾驶人及时停车检查和冷却。当发动机冷却液温度正常时，传感器内双金属片受热变形程度小，其内动静触点断开，警告灯中无电流通过，灯灭。

534. 怎样诊断冷却液温度报警装置故障？

冷却液温度报警装置的故障：冷却液温度超过工作温度时，警告灯不亮；接通点火开关后，冷却液温度正常时，警告灯常亮。

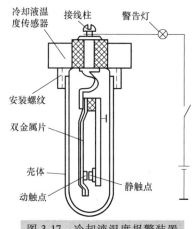

图3-17 冷却液温度报警装置

(1) 警告灯不亮 冷却液温度超过工作温度时，警告灯不亮的原因是冷却液温度传感器损坏、警告灯损坏、电路断路。

检查时，可接通点火开关，拆下传感器接线柱上的导线直接搭铁，查看警告灯是否点亮。若此时警告灯亮，则说明冷却液温度传感器损坏，应予以更换；若警告灯不亮，则应用万用表逐点检查从接线柱导线至蓄电池正极之间的每一点是否有蓄电池电压。断路点在有电压和无电压的一段电路上。若警告灯前端有电压而后端无电压，则为警告灯损坏，应予以更换。

(2) 警告灯常亮 接通点火开关后警告灯常亮的原因是冷却液温度传感器触点烧结、警告灯后的电路搭铁短路。

检查时可先从接线柱上拆下导线，若此时警告灯熄灭，则故障由冷却液温度传感器触点烧结短路所致，应予以更换；若警告灯不熄灭，则故障由警告灯出线端至冷却液温度传感器的电路搭铁短路所致，应及时排除。

535. 燃油量报警装置由哪几部分组成？如何工作？

燃油量报警装置由仪表板上的燃油量警告灯和负温度系数热敏电阻传感器等组成，如图3-18所示。当油箱燃油量较多时，热敏电阻完全浸泡在燃油中，由于其散热快，温度低，阻值大，警告灯电路中相当于串联了一个很大的电阻，流过警告灯的电流很小，警告灯不亮。当燃油减少到热敏电阻露出油面时（规定值以下），温度升高，散热慢，电阻值减小，流过警告灯的电流增大，警告灯点亮。

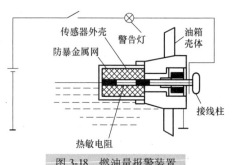

图3-18 燃油量报警装置

536. 怎样诊断燃油量报警装置故障？

燃油量报警装置故障：无论燃油箱中有无燃油警告灯常亮；燃油箱中无油时，警告灯不亮。

(1) 警告灯常亮 无论燃油箱中有无燃油，汽车行驶时警告灯常亮是由警告灯出线端至燃油量传感器的电路搭铁短路或传感器损坏造成的。检查时可拆下燃油量传感器接线柱上的导线，若警告灯熄灭，则故障为传感器短路所致，应予以更换；若警告灯不灭，则说明警告灯出线端至传感器的电路有搭铁故障。

(2) 警告灯不亮 燃油箱中无油时，警告灯不亮是由警告灯电路断路或传感器断路所致。检查时应拆下传感器接线柱上的导线直接搭铁，若警告灯亮，则故障由传感器断路所致，应予以更换；若警告灯仍不亮，则说明警告灯电路断路，可用万用表检查电路断路处并予以排除。

> **537.** 制动系统低压报警装置由哪几部分组成？如何工作？

气压制动汽车，必须装备制动系统低压报警装置。常见的制动系统低压报警装置由仪表板上的红色警告灯、装在制动系统储气筒或制动阀压缩空气输入通道中的低气压报警传感器等组成，如图3-19所示。当制动气压下降到规定值时，作用在膜片上的压力减小，复位弹簧使动触点与静触点闭合，电路接通，警告灯亮，提醒驾驶人注意。当气压达到规定值后，作用在膜片上的压力增大，压缩复位弹簧使触点断开，电路切断，警告灯熄灭。

> **538.** 怎样诊断制动系统低压报警装置故障？

制动系统低压报警装置常见故障：接通点火开关时警告灯不亮；储气筒气压达到正常值时，警告灯不熄灭。

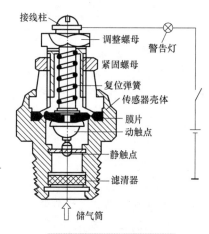

图3-19 低压报警装置

(1) 接通点火开关时警告灯不亮 一般情况下在接通点火开关时，由于储气筒内气压较低，警告灯应点亮。若此时警告灯不亮，则故障可能是报警电路断路、警告灯损坏、传感器触点接触不良。检查时，可拆下传感器接线柱上的导线直接搭铁，观察警告灯是否点亮。若警告灯亮，则故障为传感器内部触点接触不良，应予以更换；若警告灯不亮，则应用万用表逐点检查从接线柱导线到蓄电池正极之间的每一点是否有蓄电池电压，断路点在有电压和无电压的一段电路上。若警告灯前端有电压而后端无电压，则为警告灯损坏，应予以更换。

(2) 储气筒气压正常时警告灯不熄灭 这种故障是由警告灯出线端电路搭铁短路、传感器触点烧结、传感器膜片破裂引起。检查时，可拆下传感器拉线上的导线，若警告灯熄灭，则故障是由传感器内部触点烧结或膜片破裂所致，应更换传感器；若警告灯不熄灭，则故障是由警告灯出线端后的导线搭铁短路引起，应排除短路故障。

> **539.** 制动灯信号断线报警装置由哪几部分组成？如何工作？

制动灯信号断线报警装置由仪表板上的警告灯、电磁线圈与舌簧开关构成的控制器等组成，如图3-20所示。汽车制动时，制动灯开关闭合，电流分别经点火开关、制动灯开关、控制器两并联线圈、左右制动信号灯、搭铁，使制动信号灯亮。同时两线圈所产生的磁场相互抵消，舌簧开关维持常开状态，警告灯不亮。当某一侧制动信号灯线路出现故障时，控制线路线圈中只有一个有电流通过，通电的线圈产生电磁吸力使舌簧开关闭合，警告灯亮。

> **540.** 怎样诊断制动灯信号断线报警装置故障？

制动灯信号断线报警装置的故障：接通点火开关警告灯点亮；制动时某一边的制动灯不亮，警告灯也不亮。

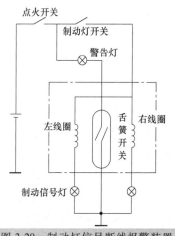

图3-20 制动灯信号断线报警装置

(1)接通点火开关警告灯点亮 该故障由舌簧开关短路、警告灯出线端电路搭铁引起。检查时可用万用表测量舌簧开关两端的电阻值。若测得电阻值为∞，则故障为警告灯至舌簧开关电路短路；若测得电阻值为零，则说明舌簧开关短路，应予以更换。

(2)制动时一边制动灯不亮、警告灯也不亮 该故障由警告灯损坏、舌簧开关损坏、点火开关→警告灯→舌簧开关电路断路所致。检查步骤如下。

1）接通点火开关，用万用表电压档检查舌簧开关进线接柱之前的每一电路连接点与搭铁之间的电压值，应为蓄电池电压。断路点在有电压与无电压之间的一段电路上。若警告灯之前有电压而之后无电压，则警告灯损坏。

2）断开点火开关，检查舌簧开关出线接柱与搭铁之间电阻值，应为零。若为∞，则电路断路。

若上述二步检查均正常，则故障是舌簧开关损坏。

541. 制动液面报警装置由哪几部分组成？如何工作？

制动液液面报警装置由安装在仪表板上的警告灯和安装在制动液储液罐内的浮子式传感器等组成，如图 3-21 所示。

制动液充足时，浮子式传感器随制动液上浮，处于较高位置，其内永久磁铁与舌簧开关的位置较远，对舌簧开关的吸引力较弱，故舌簧开关仍处于常开状态，警告灯电路无法接通，警告灯不亮。制动液不足时，浮子式传感器随制动液下浮，当下浮到规定值以下时，永久磁铁与舌簧开关的位置较近，磁场力使舌簧开关闭合，警告灯电路被接通，警告灯亮，提醒驾驶人注意，防止制动效能下降而出现安全事故。

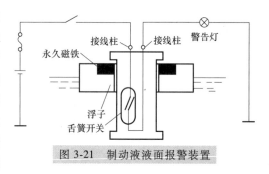

图 3-21 制动液液面报警装置

542. 怎样诊断制动液面报警装置故障？

制动液面报警装置的故障：接通点火开关，无论制动液储液罐内是否有油液，警告灯均点亮；接通点火开关，制动液储液罐内无油液时，警告灯不亮。

(1)警告灯总亮 接通点火开关，无论制动液储液罐内是否有油，警告灯均亮。产生此故障的原因是浮子卡死、舌簧开关烧结。检查时，可从储液罐中拆下传感器，用手拨动浮子总成，查看有无卡死现象。若无卡死现象，则故障由舌簧开关烧结引起；若有卡死现象，应予以排除或更换传感器总成。

(2)警告灯不亮 接通点火开关，制动液储罐内无油液时，正常情况警告灯应点亮，但却不亮。其故障是由电路断路、警告灯损坏、舌簧开关接触不良造成。检查时可接通点火开关，测量图 3-21 所示传感器左端接线柱是否有蓄电池电压。若无蓄电池电压，则点火开关至接线柱之间的电路断路，应排除。若有蓄电池电压，可从储液罐上拆下传感器，将浮子放到最下端，测量右端接线柱是否有蓄电池电压，若无蓄电池电压，则故障为舌簧开关触点接触不良；若有电压，则应检查右端接线柱→警告灯→搭铁电路是否断路，警告灯是否损坏。

> **543.** 制动摩擦片磨损过量报警装置怎样工作？其故障如何诊断？

制动摩擦片磨损过量报警装置的作用是当制动摩擦片磨损到使用极限厚度时点亮警告灯，发出报警信号。它主要由检测触点、警告灯和检测电路组成，图 3-22 是两种结构形式的制动摩擦片磨损过量报警装置的原理图。

(1) 报警原理 在图 3-22a 所示的装置中，是将一个金属触点埋在制动摩擦片内部。当制动摩擦片磨损至使用极限厚度时，金属触点与制动盘接触而使警告灯与搭铁接通，仪表板上的警告灯便会亮起，以示警告。

在图 3-22b 所示的装量中，则是将一段导线埋设在摩擦片内部，该导线与电子控制装置相连。当接通点火开关后，电子控制装置便向摩擦片内埋设的导线通电数秒进行检查，如果摩擦片已磨损到使用极限厚度，并且埋设的导线已被磨断，电子控制装置则使警告灯亮起，以示制动摩擦片需要更换。

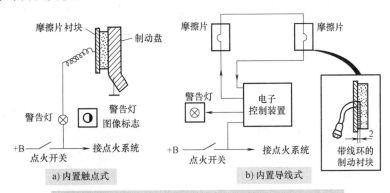

图 3-22 两种结构形式的制动摩擦片磨损过量报警装置

(2) 故障诊断 制动蹄片磨损过量报警装置的故障主要是电路断路或警告灯损坏。检查时可接通点火开关，采用逐段测量电压的方法检查断路部位；或采用逐段测量电路电阻的方法检查断路部位，并判断警告灯是否损坏。

> **544.** 空气滤清器堵塞报警装置怎样工作？其故障如何诊断？

(1) 报警原理 空气滤清器堵塞报警装置由警告灯、与空气滤清器滤芯内外侧相连通的气压式开关传感器等组成（图 3-23）。气压式传感器是利用其上、下气室产生的压力差，推动膜片移动，从而使与膜片相连的磁铁跟随移动。磁铁的磁力使舌簧开关开或闭，控制警告灯电路接通或断开。若空气滤清器滤芯未堵塞，则传感器上、下气室间压差小，膜片及磁铁的移动量小，舌簧开关处于常开状态；若空气滤清器滤芯被堵塞，则传感器上、下气室间压差增大，膜片及磁铁的移动量增大，磁铁磁力吸动舌簧开关而闭合，警告灯电路被接通，警告灯亮。

(2) 故障诊断 接通点火开关，无论空气滤清器是否堵塞，警告灯均亮，其故障可能是舌簧开关烧结分不开，或传感器与警告灯连接线路搭铁。

接通点火开关，无论空气滤清器是否堵塞，警告灯均不亮，其故障可能是下气室泄漏通大气，或警告灯电路断路，或警告灯损坏。

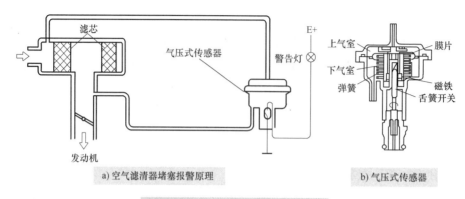

a) 空气滤清器堵塞报警原理　　　　　　b) 气压式传感器

图 3-23　空气滤清器堵塞报警装置

545. 除霜装置由哪几部分组成？如何工作？

汽车风窗玻璃在空气湿度较大、车内外有一定温差的条件下易结霜，刮水器和风窗玻璃洗涤器无法清除，影响驾驶人视线，因此汽车上安装有除霜装置。一般汽车前、侧风窗玻璃是利用空调产生的冷、暖气，达到清除霜层的目的，但后风窗玻璃是使用电热丝加热进行除霜。

后风窗玻璃除霜系统主要由除霜器（导电膜）、控制开关和指示灯等组成（图 3-24）。除霜器是在后风窗玻璃的内表面镀上数条相互并

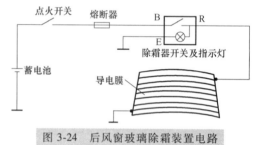

图 3-24　后风窗玻璃除霜装置电路

联的导电膜，形成如电热丝一样的加热电阻。当导电膜通电，便可对玻璃进行加热，从而清除或防止表面结霜。

546. 怎样诊断排除除霜装置故障？

除霜装置常见故障：除霜器不除霜；除霜器有时工作有时不工作。造成故障的原因：熔断器或控制电路断路；加热丝或开关损坏；控制电路不良。其故障诊断排除步骤如下。

1）首先检查熔断器是否熔断，如果熔断则更换相同规格的熔丝；如没熔断，进行下一步检查。

2）检查除霜器开关。将除箱器开关周围装饰板拆下，接通点火开关，用跨接线将开关的 B 和 R 端子跨接（图 3-24），观察除霜器工作情况。如除霜器工作正常，则开关损坏，应修理或更换；如除箱器仍不工作，则进行下步检查。

3）检查所在电路及插接件是否断路或松脱。将后窗除霜器（电热丝）两侧的两个插头拔下，接通点火开关，用万用表测量两个插头间的电压应为 12V 左右。如无电压，应进一步检查搭铁线及电源线是否有断路或接触不良（用万用表测量电阻即可）；如有 12V 左右电压，则进行下步检查。

4）检查除霜器加热丝。一个人在后窗外用手电筒逐行缓慢照射加热丝，另一个人在车内仔细观察加热丝，如发现加热丝某处存在亮点，则该处为断路处，应用专用加热丝修理工具修复。

547. 怎样诊断排除车速里程表故障？

车速里程表的常见故障：车速里程表不工作；车速表指针不稳；车速表指针大幅度摆动；车速里程表异响等。

1）车速里程表不工作。应拆下车速里程表软轴，检查车速里程表传动软轴是否折断。用手旋转里程表转动轴，检查里程表转动轴是否卡死。

2）车速表指针不稳。车速里程表不稳大多是由转速里程表传动软轴安装曲率半径过小引起，检查时应注意里程表软轴的连接走向。

3）车速表大幅摆动。车速表大幅摆动故障主要由软轴的轴向间隙过大，造成软轴与车速里程表的转轴不时脱开引起，应更换长度合适的软轴。

4）车速里程表异响。车速里程表异响的原因是里程表润滑不良或软轴内缺油导致干摩擦；或软轴安装曲率半径过小。

548. 怎样诊断排除发动机转速表故障？

发动机转速表常见故障有指针不动或指针指示不稳。

（1）发动机转速表指针不动　首先检查发动机转速表输入电压是否正常，若发动机转速表输入电压不正常，则应检查发动机转速表输入电路是否断路；若发动机转速表输入电压正常，则应检查发动机转速表的信号输入端是否有信号输入，若有信号输入，则检查发动机转速表搭铁电路是否正常。若上述检查都正常，则说明发动机转速表损坏，应予以更换。

（2）发动机转速表指针指示不稳　发动机转速表指针指示不稳可能由转速表电源输入电路、信号输入电路接触不良或发动机转速表内部电子元件损坏所致。此时，可先检查外部电路是否接触不良。若接触不良，应予以排除；若接触良好，则应更换发动机转速表。

549. 电喇叭结构怎样？如何工作？

汽车上都装有喇叭，用以引起行人和其他车辆的注意，保证行车安全。一般采用电喇叭，它是利用电磁振动使金属膜片产生音响的装置。电喇叭结构如图3-25所示。

当按下喇叭按钮时，电喇叭内部通电，电流由蓄电池正极→线圈→活动触点臂→触点→固定触点臂→按钮→搭铁→蓄电池负极。线圈通电后产生磁力，吸动上铁心及衔铁下移，使膜片下拱。衔铁下移中将触点分开而切断电路，则线圈电磁吸力消失，上铁心、衔铁及膜片又在触点臂和膜片自身弹力作用下退回原位，触点又闭合，电路重新接通。如此循环，使膜片不断振动，产生较

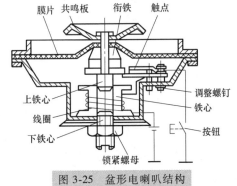

图3-25　盆形电喇叭结构

低频率的基频振动，并促使共鸣板产生一个比基频振动强、分布较集中的谐振。基音和谐音混合成音量适中、和谐悦耳的声音。

550. 怎样调整电喇叭音调和音量？

电喇叭音调的高低取决于膜片的振动频率。而盆形电喇叭通过改变上下铁心之间的间隙

来改变膜片的振动频率。需要调整音调时，拧松锁紧螺母（图3-25），旋入下铁心，上下铁心之间的间隙减小，音调升高；旋出下铁心，上下铁心之间的间隙增大，则音调降低。调到合适的音调后，旋紧锁紧螺母。在调整时应注意，铁心周围的间隙要均匀、平正、不能歪斜。否则工作中容易发生互相碰撞，使喇叭产生杂音。

电喇叭音量的大小取决于膜片的振动幅度，而振动幅度由通过线圈的电流大小决定。电流越大，振动幅度越大，音量越大；电流越小，振动幅度越小，音量越小。触点式电喇叭音量可通过改变触点接触压力来调整。旋出调整螺钉（图3-25），触点接触压力增大，触点闭合时间相对延长，流过线圈电流增大，音量增大；旋入调整螺钉，则会抵消触点臂自身的部分弹性，使电喇叭音量减小。

上述音调和音量的调整是相互影响的，因此应反复调整，直至符合要求为止。注意：为了保持规定的音质音量，有一些电喇叭是全密封的，不允许调整，坏了就整个更换。

551. 电喇叭不响的原因是什么？怎样诊断排除？

发动机能起动，但按喇叭按钮时喇叭不响。

（1）故障原因 喇叭线圈烧坏，不工作；喇叭熔丝烧断；喇叭继电器损坏；喇叭开关失灵；控制线路出现故障。

（2）故障诊断排除

1）打开点火开关，一人按下喇叭开关不动，另一人用万用表测量喇叭两接线之间的电压，正常应为蓄电池电压。如电压正常则说明故障在喇叭自身，可能是喇叭线圈烧坏，更换喇叭即可。

2）若无电压显示，则说明供电不正常，可能是喇叭继电器、导线及喇叭按钮有故障，进行下步检查。

3）用导线短接喇叭继电器的两主电路触点，如喇叭仍不响，说明故障在供电电路，可能是喇叭电路中的熔丝烧断或线路连接处有断脱，需更换熔丝或连接线路。

4）若喇叭响，则说明故障在继电器控制线路、喇叭按钮或喇叭继电器上，可用分段短路法进一步诊断故障部位。

552. 电喇叭音响不正常的原因是什么？怎样诊断排除？

发动机能起动，但按喇叭按钮时音响异常。

（1）故障原因 上下铁心气隙过大或过小；触点间压力过大或过小；喇叭膜片有破裂。

（2）故障诊断排除

1）当音调尖锐而刺耳时，应增大铁心气隙。

2）当音调低哑时，应适当减小铁心气隙。

3）当音调低哑，而铁心气隙合适时，应检查喇叭膜片是否破裂，破裂时需更换。

4）当喇叭声响较大时，应调小触点间压力。

5）当喇叭声响较小时，应调大触点间压力。

6）由于铁心气隙和触点压力相互影响，因此要反复调整，使两者都达到理想值，实现喇叭声音悦耳、清晰、音量适中。感到满意后，将锁紧螺母拧紧。

553. 安全气囊系统的作用是什么？它由哪几部分组成？

汽车安全气囊系统是一种被动安全装置，它可对驾驶人及前排乘员起辅助安全保护作用，因此，安全气囊系统也称为辅助乘员保护系统（Supplemental Restraint System，SRS）。电子控制安全气囊系统主要由传感器、电控单元（ECU）、气体发生器和气囊组成（图3-26）。

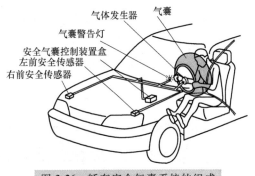

图 3-26 轿车安全气囊系统的组成

安全气囊系统的碰撞传感器用来检测汽车碰撞强度，并将其转化为电子信号传送给电控单元；电控单元用来接收传感器的碰撞信号，并进行分析判断，发出指令，引爆气体发生器；气体发生器用来产生气体，能在极短时间内（30ms）将气体充满整个气囊；气囊用来充气，在发生碰撞时以缓冲人体与车体的撞击。

554. 安全气囊系统如何工作？

当汽车受到前方一定角度范围内的高速碰撞且超过某一设定强度时，安装在汽车前端的碰撞传感器和与 SRS 控制装置装在一起的碰撞传感器就会检测到汽车突然减速的信号，并将信号传送到 SRS ECU，其 ECU 则根据预先设置的程序进行数学和逻辑判断后，立即向气体发生器发出点火指令，启动充气装置，使气囊迅速充气膨胀，在人体与车内构件之间铺垫一个气垫，将人体与车内构件之间的碰撞转化为弹性碰撞，并通过气囊产生的变形来吸收人体碰撞产生的动能，从而使驾驶人及前排乘员免遭严重伤害。

555. 检修安全气囊系统故障应注意哪些事项？

1）在排除安全气囊系统故障、拆下蓄电池负极电缆端子之前，必须先读取故障码，以便准确诊断故障。

2）SRS 检修工作必须在点火开关转到 LOCK 位置，并将蓄电池负极电缆端子拆下 20s 或更长一段时间之后才能开始。这是因为 SRS 装有备用电源，如果检修工作在拆下蓄电池负极电缆端子 20s 之内就开始进行，则其备用电源有能力供电，检查时就有可能引爆气囊。

3）在检修过程中，为防止对 SRS 传感器产生冲击而引爆气囊，应在检修工作开始之前，先将碰撞传感器拆下。

4）在拆卸 SRS 部件和与 SRS 相关的装置、仪表板或转向柱之前，应先断开气囊插头，以免引爆气囊。

5）即使发生轻微碰撞而安全气囊并未张开，也应对 SRS 碰撞传感器、SRS 气囊组件进行检查。

6）SRS 零部件的工作可靠性要求极高，其所有的零部件均为一次性使用部件，绝不要修复使用。更换零部件时，必须使用新品，并且不允许使用不同型号车辆上的零部件。

7）不要检测点火器电阻，否则有可能导致气囊引爆。检测其他部件电阻和检测 SRS 故障时，必须使用高阻抗万用表，否则可能导致 SRS 电路损坏或安全气囊意外引爆而造成人身伤害。

8）严禁拆解气囊，因为气囊内部没有任何可维修部件，引爆后的气囊已不能再次使用。

9）不要将 SRS 传感器、SRS ECU 放置在高温热源附近，应将其置于无灰尘、阴凉、干燥之处。

10）安装 SRS 前，应仔细检查其零部件，若有不适当的装卸或摔落迹象，则必须更换新件。

11）在 SRS 总成或零部件表面上，均标有说明标牌或注意事项，使用与检查时必须照章行事。

12）当 SRS 检修工作完成后，必须对 SRS 警告灯进行检查。当点火开关转到 ON 或 ACC 位置时，若 SRS 警告灯亮 6s 左右后自动熄灭，则说明 SRS 正常。

556. 如何利用 SRS 警告灯诊断安全气囊系统故障？

安全气囊系统是否正常，根据 SRS 警告灯诊断效果较好。其诊断方法因车系不同而不尽相同，下面以雷克萨斯 LS400 轿车电子控制安全气囊系统为例进行说明。

1）若将点火开关转至 ON 位置后，SRS 警告灯点亮，并在 6s 后自动熄灭，则表示安全气囊系统正常。

2）若点火开关转至 ON 位置，SRS 警告灯一直点亮或闪烁，则表示安全气囊系统存在故障。

3）若发动机起动后汽车正常行驶时，SRS 警告灯亮起，则表示安全气囊系统存在故障。

4）若点火开关转至 ON 位置后，SRS 警告灯一直不亮，则说明 SRS 警告灯系统电路有故障。

557. 如何利用 SRS 自诊断系统诊断安全气囊系统故障？

在 SRS 控制装置中专门设计有自诊断系统和相应的检测电路。安全气囊系统一旦发生故障，自诊断系统能将其诊断，并控制仪表板上的 SRS 警告灯点亮以警示驾驶人，同时将其故障信息以故障码形式存入 SRS 控制装置的存储器中。若检测人员要获得 SRS 自诊断信息，则需要进行一定的操作，使系统进入自诊断状态，来读取故障码。可用专用诊断仪读取故障码，读取故障码后，可根据故障码表内容诊断故障，表 3-3 为雷克萨斯 LS400 轿车 SRS 故障码表。

表 3-3　雷克萨斯 LS400 轿车 SRS 故障码表

故障码	故　障　诊　断	故障可能部位
正常代码	SRS 正常	—
	SRS 电源电压过低	蓄电池；SRS ECU
11	SRS 点火器电路搭铁；前安全气囊传感器线路搭铁	前安全气囊传感器；SRS 气囊组件；螺旋电缆；SRS ECU；配线
12	SRS 点火器引线与电源线短路；前安全气囊传感器引线与电源线短路；前安全气囊传感器引线断路；盘簧式电缆与电源线短路	SRS 气囊组件；传感器电路；SRS ECU；盘簧式电缆；配线
13	SRS 点火器电路短路	SRS 点火器；SRS ECU；盘簧式电缆；配线
14	SRS 点火器电路断路	SRS 点火器；SRS ECU；盘簧式电缆；配线
15	前安全气囊传感器线路断路	前安全气囊传感器；SRS ECU；配线
22	SRS 警告灯电路断路	SRS 警告灯；SRS ECU；配线
31	SRS ECU 故障	SRS ECU
41	SRS ECU 曾记忆过故障码	SRS ECU

> **558.** 什么是驱动防滑转系统？它有何作用？

汽车驱动防滑转系统（Anti Slip Regulation，ASR）是指汽车在驱动过程中防止驱动轮发生滑转的控制系统。汽车防滑转系统有时也称为驱动力控制系统（TRC）。采用防滑转系统的汽车，在起步、加速、驱动行驶时，其 ASR 通过对驱动轮驱动力矩的控制，能防止驱动轮滑转，特别是防止汽车在附着系数不对称路面或在转弯行驶时驱动轮的滑转，能充分利用轮胎和地面的附着系数，从而使汽车具有良好的加速性、方向稳定性、操纵性和行驶通过性。

> **559.** 驱动防滑转系统由哪几部分组成？如何工作？

驱动防滑转系统主要由 ASR 传感器（轮速传感器、辅助节气门位置传感器、主节气门位置传感器）、ASR ECU、ASR 制动压力调节器和警告灯等组成，典型的 ASR 如图 3-27 所示。

汽车驱动力大于驱动轮与路面间的附着力是汽车发生加速滑转的直接原因。汽车在附着系数小的路面行驶，会经常出现驱动轮滑转现象。要防止驱动轮滑转，就必须对驱动力矩加以控制，适当降低汽车驱动力。

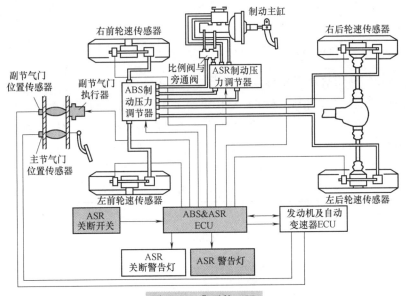

图 3-27　典型的 ASR

汽车行驶时，ASR ECU 根据各车轮转速传感器产生的车轮转速信号，确定驱动轮的滑转率。当驱动轮滑转时，ASR ECU 则根据车速、驱动轮速、路面条件和驾驶人踩加速踏板的动作来实现其防滑转控制，使滑转率达到最佳状态。如当驱动轮滑转率超过限定值时，ASR ECU 则指令驱动步进电动机逐渐关闭辅助节气门，使发动机输出转矩降低，驱动轮的驱动力减小，从而抑制驱动轮滑转；如果驱动轮滑转率仍超过限定值，ASR ECU 则又发出控制信号，控制 ASR 制动压力调节器工作，对驱动轮施加适当制动，使驱动轮速下降，将驱动轮滑转率控制在最佳范围内。当汽车在附着系数不对称路面行车时，若处于泥泞路面的驱动轮产生滑转，则 ASR ECU 控制 ASR 制动压力调节器对滑转驱动轮进行制动，同时发动机对另一侧无滑转驱动轮施加正常力矩，其效果相当于差速锁的作用，好路面的驱动轮可获得较大的驱动转矩，使整车的驱动力达到最大值，从而提高了汽车的行驶能力，增强了汽车的通过性。

560. 如何诊断驱动防滑转系统故障？

对于 ASR 故障的诊断，往往需要通过 ASR 电路图的分析，采用一定的步骤，利用 ASR 的自诊断、专用检测仪器诊断及人工的深入诊断来综合进行。其 ASR 故障诊断及排除的一般步骤如下。

1) 对 ASR 系统进行初步检查。

2) 确认故障情况和故障症状。

3) 利用专用检测仪器或人工法读取 ASR 自诊断的故障情况，初步确定故障部位。

4) 根据读解的故障信息，利用必要的工具如专用诊断仪、检测盒、万用表等对故障部位进行深入的快速检查，确诊故障的部位和故障原因。

5) 排除故障。

6) 删除故障信息。

7) 检查 ASR 警告灯是否仍然持续点亮。若警告灯仍然持续点亮，则说明 ASR 中仍有故障存在，或故障已经排除，而故障信息未被删除，应继续排除故障或重新删除故障信息。

8) 当 ASR 警告灯不再点亮后，进行路试，确认 ASR 恢复正常。

561. 如何利用故障征兆表诊断 ASR 故障？

当读取故障码时，显示正常码，而 ASR 仍然工作不正常，则说明故障超出 ASR 自诊断的范围，此时应先根据维修手册中提供的故障征兆表进行初步诊断，然后则根据其故障诊断流程进行故障确诊并排除故障。不同的汽车可能有不同的 ASR 故障征兆表。雷克萨斯 LS400 轿车可根据表 3-4 所列的 TRC 故障征兆表诊断。

表 3-4　TRC 故障征兆表

故障征兆	故　障　诊　断
TRC 工作不正常	(1) 检查故障码，再次确认输出的是正常码 (2) 检查 IG 电源电路 (3) 检查液压系统是否漏电 (4) 检查车速传感器电路 (5) 检查空档起动开关电路 (6) 如以上检查均正常,而问题仍然存在,则应更换 ABS/TRC ECU
TRC 警告灯故障	(1) 检查 TRC 警告灯电路 (2) 检查 ABS/TRC ECU
TRC OFF 警告灯故障	(1) 检查 TRC OFF 警告灯电路 (2) 检查 ABS/TRC ECU
不能进行故障码检查	(1) 检查 TRC 警告灯电路 (2) 检查诊断电路 (3) 检查 ABS/TRC ECU
即使在 N 位或 P 位, TRC 泵电动机仍在工作	(1) 检查空档起动开关电路 (2) 检查 ABS/TRC ECU

562. 什么是巡航控制系统？它有何作用？

汽车巡航控制系统（Cruise Control System）是指汽车在运行中不踩加速踏板便可按照驾驶人的要求，自动保持一定行车速度的控制装置，简称CCS。根据其特点，又称恒速控制系统、车速控制系统或自动驾驶系统。

汽车在好路面、高速长距离行驶时，采用巡航控制系统，可以在驾驶人不操纵加速踏板的前提下，保证汽车匀速行驶。

563. 巡航控制系统由哪几部分组成？如何工作？

电子巡航控制系统主要由巡航控制传感器、操作开关、巡航控制ECU和执行器等组成，典型的电子巡航控制系统组成如图3-28所示。

驾驶人通过控制开关向巡航控制ECU输入设定车速，其ECU中的存储器对设定车速进行记忆作为目标车速。巡航行驶时，车速传感器向巡航控制ECU输入实际车速信号，于是巡航控制ECU对两车速进行比较，当实际车速偏离设定的巡航车速时，其ECU就根据车速的偏离程度，计算出节气门应有的开度，向巡航控制执行器发出控制信号，使执行器动作来调节节气门开度，使汽车在设定的车速下稳定行驶。汽车在巡航控制状态时，一般当车速低于40km/h时，巡航控制ECU将取消巡航控制；当汽车减速度大于 $2m/s^2$ 时，以及汽车制动灯开关动作时，其ECU也自动取消巡航控制，以确保行车安全。

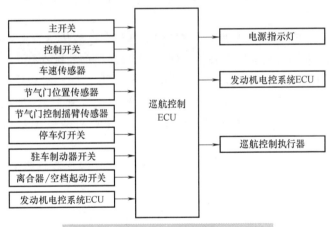

图3-28 典型电子巡航控制系统的组成

564. 什么是电子稳定程序系统？它有何作用？

汽车电子稳定程序系统（Electronic Stability Program）又称汽车稳定性控制系统，简称ESP。汽车在受侧向力作用和转向时，侧向力常常接近附着极限，易使车辆出现侧滑、激转或转向反应迟钝等丧失稳定性的危险情况。而ESP则可根据汽车行驶时的实际情况，实时调整车辆的运行状态，使车辆能够按照驾驶人的意图行驶，保证车辆在制动、驱动、转向行驶过程中都具有良好的操纵性和方向稳定性。

565. 电子稳定程序系统由哪几部分组成？如何工作？

ESP主要由ESP传感器、电控单元以及执行器等组成，典型组成部件如图3-29所示。

ESP传感器包括车轮转速传感器、转向盘转角传感器、横向偏摆率传感器、横/纵向加

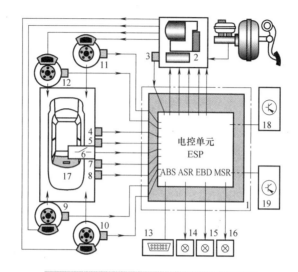

图 3-29　汽车 ESP 的组成及原理示意图

1—ESP 电控单元　2—液压控制单元　3—制动压力传感器　4—侧向加速度传感器　5—横
向偏摆率传感器　6—ASR/ESP 按钮　7—转向盘转角传感器　8—制动灯开关　9～12—车轮转
速传感器　13—自诊断接口　14—制动系统警告灯　15—ABS 警告灯　16—ABS/ESP 警告灯
17—车辆驾驶状态　18—发动机控制调整　19—变速器控制调整

速度传感器、制动压力传感器、制动开关信号传感器等，这些传感器用来检测汽车运动的有关状态参数，随时向电控单元发送信号，以便 ECU 判定汽车的运动状态。ECU 是 ESP 的控制中心，集 ABS、EBD、ASR、MSR、ESP 的电控单元为一体，组成一个综合信息处理系统，根据传感器收集的信息分析汽车失稳程度，计算出恢复汽车稳态所需的各项调节参数（转矩、驱动力、制动力等），并控制执行器。执行器主要有液压控制单元，受控于 ECU，用来调节系统压力，保证汽车正常行驶。

汽车电子稳定程序系统工作时，ECU 根据汽车行驶时传感器收集的车轮转速、转向角度、侧向加速度及横向移动等信息，通过执行器对车轮制动器和发动机动力进行控制，调节车轮纵向力大小，使其在最佳范围，从而使车辆在转向、制动、驱动或受侧向力作用时具有良好的操纵性和方向稳定性。

566. 电子稳定程序系统如何控制车轮侧滑？

汽车在转弯高速行驶或在侧向力作用下，车轮容易侧滑导致汽车失控。当汽车在弯道或湿滑路面高速行驶时，如果后轮产生侧滑，汽车侧向甩尾，ESP 则立即把制动力施加到转弯的外前轮上，使汽车产生相反的回正力矩，恢复直线行驶，如图 3-30a 所示；如果前轮产生侧滑，ESP 则立即把制动力施加到两个非驱动的后轮上（外大内小），使汽车产生相反的回正力矩，恢复直线行驶，如图 3-30b 所示。因前轮为驱动轮，应使后轮采用"先拉后摆"的办法恢复直行，对两后轮还可用"占空比方式"调节制动力的大小。

567. 电子稳定程序系统如何协调汽车转向？

汽车在高速行驶急速转向过程中，由于汽车惯性力较大，有时显得转向不足，有时又显得转向过度，但电子稳定程序系统就可以很好地协调汽车转向，来抑制转向不足或转向

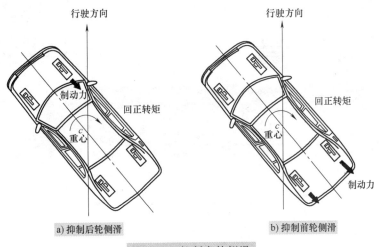

a) 抑制后轮侧滑　　　　　　　　　　b) 抑制前轮侧滑

图 3-30　抑制车轮侧滑

过度。

如汽车高速行驶出现障碍物时，驾驶人向左急转向，但汽车惯性力是向前的，与转向轮方向不一致，会出现转向不足状态，ESP 立即制动左后轮，产生向左的转矩，迅速向左转向，消除转向不足状态，如图 3-31a 所示。

如高速行驶时，当汽车向左急转向绕过障碍物后，需急速向右转向恢复直线行驶，ESP 立即制动右前轮，恢复直行状态。当惯性力较大时，会使汽车产生转向过度状态，严重时会造成向左甩尾现象，此时 ESP 又立即制动左前轮，产生向左的转矩，消除转向过度，使汽车平稳地回到直线行驶状态，抑制了转向过度，如图 3-31b 所示。

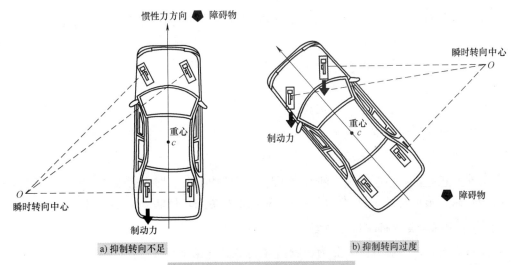

a) 抑制转向不足　　　　　　　　　　b) 抑制转向过度

图 3-31　抑制转向不足和转向过度

第 四 章

车身及附件使用与维修

一、车身维护

> **568. 什么是汽车美容？**

汽车美容（Auto Beauty）是指针对汽车各部位不同材质所需的维护条件，采用不同汽车美容护理用品及施工工艺，对汽车进行的维护护理。我国传统的汽车美容被简单地理解为洗车→打蜡→交车。而现代汽车美容不只是简单的汽车打蜡、除渍、除臭、吸尘及车内外的清洁服务等常规美容护理，还包括利用专业美容系列产品和高科技设备，采用特殊的工艺和方法，对漆面增光、打蜡、抛光、镀膜及深浅划痕处理，全车漆面美容，底盘防腐涂胶处理和发动机表面翻新、轮胎更换维修、钣金、车身油漆修补等一系列养车技术，使汽车经过美容后外观洁亮如新，漆面亮光保持长久，以达到"旧车变新，新车保值，延寿增益"的功效！

> **569. 汽车为什么要美容？**

汽车美容的根本原因在于它能改善汽车的部分性能并具有良好的审美功能，主要体现如下。

（1）**能保持车体健康、靓丽**　及时清除车表尘土、酸雨、沥青等污染物，保持车表清洁，防止漆面及车身其他部件受到腐蚀和损害。汽车打蜡不但能给车身以光彩亮丽的视觉效果，而且具有防紫外线、防酸雨、抗高温。

（2）**能为车主增添自信**　汽车与车主朝夕相伴，无疑它早已成为车主形象表征的重要组成部分，汽车美容可协助车主塑造一个全新的自我。

（3）**能美化城市、道路环境**　随着汽车保有量的增加，道路上行驶的各种汽车装扮着城市的各条道路，形成一条条美丽的风景线，对城市和道路环境起着美化作用。

> **570. 汽车美容有哪几种类型？**

根据汽车的实际美容程度，分为一般美容、修复美容和专业美容。

（1）**一般美容**　一般美容就是人们普通所说的汽车美容，即洗车、打蜡。这种美容是将汽车表面上的污物、尘土洗去，然后打蜡，增加车身表面的光亮度，起到粗浅的"美容"作用。

（2）**修复美容**　汽车修复美容是对车身漆膜有损伤的部位，先进行漆膜修复，然后再进行美容。这种美容的工艺过程为砂平划痕→涂快干原子灰→研磨→涂快干底漆→涂底色漆→涂罩光漆→清除接口。汽车修复美容必须在比较正规的汽车美容中心进行，它需要必要的设备和工具，必须有一定的修复美容工艺，才能满足汽车美容的基本要求。但是，这种美容并非很完善，对整车而言，只是对车身的漆膜部分进行维护护理。

（3）专业美容 专业汽车美容不仅仅包括对汽车的清洗、打蜡，更主要的是根据汽车实际需要进行维护。它包括对汽车护理用品的正确选择与使用、汽车漆膜的护理（如对各类漆膜缺陷的处理、划痕的修复美容等）、汽车装饰、汽车防护及精品的选装等内容。

> **571.** 轿车美容的主要内容有哪些？

现代轿车美容的主要内容有车身美容、内饰美容和漆面美容，具体如下。

（1）车身美容 车身美容内容包括高压洗车，去除沥青、焦油等污物，上蜡增艳与镜面处理，新车开蜡，轮辋、轮胎、保险杠翻新与底盘防腐涂胶处理等。

（2）内饰美容 内饰美容项目有车室美容、发动机美容及行李舱清洁等。其中，车室美容包括仪表台、顶篷、地毯、脚垫、座椅、座套、车门内饰的吸尘清洁保护，以及蒸汽杀菌、冷暖风口除臭、室内空气净化等项目。发动机美容包括发动机冲洗清洁、喷上光保护剂、做翻新处理及三滤、散热器、蓄电池等清洁、检查、维护项目。

（3）漆面美容 漆面美容项目有氧化膜、飞漆、酸雨处理，漆面深浅划痕处理，漆面部分板面破损处理及整车喷漆等。

> **572.** 什么是汽车装饰？汽车为何要装饰？

通过在汽车外部和车室内增加一些附属物品，以提高汽车表面和内室的美观性、实用性、舒适性，这种行为称为汽车装饰。所增加的附属物品，称为装饰品。根据汽车被装饰部位的不同，汽车装饰可分为外部装饰和车身室内装饰。

汽车外部装饰主要是根据车主的需要、要求而进行，其目的是使汽车更安全、更靓丽，并提升汽车的档次，从而显示车主的时尚和品位。

车身室内装饰可为车主营造温馨与舒适的空间。一般原汽车的内饰多为冷色调，较为精致，但时间长后给人以压抑感。车主可通过选择一些暖色调或更趋家居感的饰件来装点车厢。

> **573.** 轿车外部装饰的主要内容有哪些？

轿车外部装饰主要是对汽车顶盖、车窗、车身周围及车轮等部位进行装饰，其主要内容如下。

1）汽车漆面的特种喷涂装饰。

2）彩条及保护膜装饰。

3）前阻风板和后翼子板装饰。

4）车顶开天窗装饰。

5）汽车风窗装饰。

6）车身大包围装饰。

7）车身局部装饰。

8）车轮装饰。

9）底盘喷塑保护装饰。

10）底盘 LED 灯带装饰等。

574. 轿车室内装饰的主要内容有哪些？

车室内装饰主要项目如下。

1）汽车顶篷内衬装饰。

2）侧围内护板和门内护板装饰。

3）仪表板装饰。

4）座椅装饰。

5）地板装饰。

6）内室精品装饰。

575. 轿车室内装饰的原则是什么？

在给轿车进行室内装饰时，为了保证装饰效果与原车风格统一，同时又不失时尚与品位，要遵循下列原则。

（1）**协调** 饰品颜色必须和汽车的颜色相协调，不可盲目追求高品位、高价位，以免弄巧成拙。比如浅色车内饰改装应尽可能地避免配以深色的座套及红色的地毯等，否则容易给人一种不协调的感觉。

（2）**实用** 根据车内空间的大小，尽可能地选用一些能充分体现车主个性的小巧、美观、实用的饰物，如茶杯架、香水瓶、储物盒等。

（3）**整洁** 车内饰品应做到干净、卫生、摆放有序，给人整齐划一、自在清爽的感觉。

（4）**安全** 车内饰品绝不能妨碍驾驶人的安全行车或乘员的安全，如车顶部吊物不宜过长、过大、过重；后风窗玻璃上的饰物不要影响倒车视线等。

（5）**舒适** 车内饰品的色彩和质感要符合车主的审美观。车内空间不大，因而香水的味道不宜太浓，最好清新自然一些。

576. 车身为什么要养护？

轿车车身在长期使用过程中，由于风沙尘土的吹打，雨滴泥水的冲击，树胶、虫尸、鸟粪和油污的侵害，大气中各种工业排放物、酸、碱及阳光中紫外线的侵蚀，以及人为护理操作方法的不当等诸多因素的影响，车身表面的喷涂层将会出现老化、失光和损坏。另外，车身中像铰链、玻璃升降器等附件在频繁使用过程中造成的变形、磨损；车门、发动机舱盖等部件的运行轨迹偏移；车身密封件的磨损、变形、老化；防腐与装饰涂层脱落、褪色等诸多现象，都会不同程度地导致车身部件机能下降、定位失准、密封状况劣化、金属材料锈蚀和车身的外观感变差等。

车身的养护主要是为了防止喷涂层早期老化和损坏，消除车身表面的损伤，保持车身应有的机能，将车身以最美的形象展现在世人面前。另外，做好车身的养护，经常保持车身清洁，有利于随时发现车身钣金件的损伤，以便及时加以修理，延长汽车的使用寿命。

577. 如何选用汽车清洗剂？

根据现代车身漆面的特点，车身表面清洗时，不能用洗衣粉、洗洁精等含碱性成分较大的普通洗涤用品。长期使用这些洗涤用品进行洗车会使车身漆面失去光泽，严重的会使车漆干裂，造成不可挽回的损失。因此，一定要使用专用的清洁液或清洁香波。专业的洗车香波均含有界面活性剂、功能性高分子材料等，具有较强的渗透能力和溶解能力，可大大降低界面间的张力，既能有效去除车体表面的各类顽固污垢，同时具有除雾、防锈功能，并且不含有害物质，长期使用不会损伤车体表面及皮肤。在进口汽车美容用品中有汽车清洗香波、清洗及上蜡香波，其 pH 值均为 7.0，属专业汽车美容用品。汽车各部位的清洗按材质的不同使用不同的专业清洗剂。这些清洗剂都是根据现代汽车技术的要求，按照独特的配方和生产工艺制造出来的，是一般民用清洗剂所不能替代的专用清洗剂。车身清洗剂主要用于清洗汽车表面灰尘、油污等，且在清洗的同时进行漆面护理。越高档的汽车越应注意清洗剂的选择，以免清洗剂损伤漆面。

> **578.** 什么是水系清洗剂？有何特点？

水系清洗剂一般由多种表面活性剂配制而成。它不同于除油脱脂剂，其配方中不含碱性盐类，但具有很强的浸润和分散能力，能够有效地去除车身表面的尘埃、油污。目前，国内外汽车专业美容行业中广泛采用水系清洗剂，如不脱蜡洗车液，这种洗车液是近年来国内外推广使用的水系清洁剂，它具有操作简便、挥发慢、不易燃、对环境无污染等特点而倍受客户的欢迎。常用的水系清洗剂有英特使 M-2000 洗车液、龟博士 P-612 不脱蜡洗车液等。

> **579.** 什么是二合一清洗剂？有何特点？

二合一清洗剂又称二合一香波，是一种高级表面清洁剂，主要由多种表面活性剂配制而成。它将清洁、护理合二为一，既有清洗功能，又有上蜡功能，可以满足快速清洗兼打蜡的要求。如上光洗车液，上蜡成分是一种具有独特配方的水蜡，在清洗作业中，它可以在漆面形成层蜡膜，增加车身鲜艳程度，有效保护车漆，可以作为汽车的日常护理用品。常用的二合一清洗剂有英特使 M-2001 香波。

> **580.** 什么是增光型清洗剂？什么是脱蜡清洗剂？各有何特点？

(1) 增光型清洗剂 增光型清洗剂是一种集清洁、增光、保护于一身的洗车液，使用时能够产生丰富的泡沫，具有良好的清洁效果，其独特的增光配方可以在车漆表面形成一层高透明的蜡质保护膜，令漆面光洁亮丽，给人焕然一新的感觉。常用的增光型清洗剂有增光洗车液。

(2) 脱蜡清洗剂 脱蜡清洗剂含有柔和性溶剂，具有较强的溶解功能。它不仅可去除车身油垢，而且能把原有车蜡洗掉。脱蜡清洗剂主要适用于重新打蜡前的车身清洗。

> **581.** 怎样利用清洗剂除垢？

熟悉清洗剂的除垢机理，有利于正确使用清洗剂来清洗汽车表面。清洗剂除垢包括润湿、吸附、溶解、悬浮、去污五个过程，具体如下。

(1) 润湿 当清洗剂与汽车表面上的污垢质点接触后，由于清洗剂溶液对污垢质点有很强的润湿力，使被清洗物的表面很容易被清洗溶液所润湿，并促进它们之间有充分的接触。清洗溶液不仅能润湿污垢质点表面，而且能深入到污垢聚集体的细小空隙中，使污垢与被清洗表面结合力减弱、松动。

(2) 吸附 清洗剂中的电解质形成的无机离子吸附在污垢质点上，能改变对污垢质点的静电吸引力，便于清洗，并可防止污垢再沉积。

（3）**溶解**　清洗剂将污垢溶解在清洗剂溶液中，增加了去污作用。

（4）**悬浮**　清洗剂中表面活性物质能在溶解的污垢质点表面形成定向排列分子层，使污垢质点和周围的水溶液牢固地连接在一起，清洗时容易使表面上的污垢脱落，然后悬浮于清洗剂中。

（5）**去污**　最后用高压水枪将污垢冲掉。

提示

通过润湿→吸附→溶解→悬浮→去污的过程不断循环，或综合作用，可以将汽车表面上的污垢清除干净。

582. 怎样清洗车身表面？

清洗车身的方法多样，如果用压力喷头冲洗，水压不要太高，先用分散水流冲洗，使硬泥湿润，再集中水流冲洗。如果使用汽车洗涤剂清洗，则应用大量清水冲清。清洗顺序应从上到下，擦洗要用软而清洁的毛巾、海绵或麂皮，向车表面按下的力不要太大，避免硬质物刮伤油漆表面。洗完车后，可用麂皮或软而清洁的毛巾擦干车身表面，擦车时，向一个方向擦，尽可能以车头车尾为纵方向直线一次擦拭到底，避免往复和旋转擦车，以免留下痕迹。车身冲洗时还应注意以下几点。

1）在车身表面冷却后清洗，也不应在温度太低的情况下清洗，以免破坏表面蜡膜及漆膜。

2）不要在强烈阳光直射下清洗（图4-1），因为自来水中的矿物质含量高，阳光下干涸的水滴会在车身上留下矿物质斑点，这些斑点不仅不雅，长时间附在车身上还会渗透到漆面内，使车身黯淡无光。

图4-1　不要在烈日下洗车

3）需用清洁剂清洗时，应使用汽车专用洗涤剂，不可用家用清洁剂，因为这类用品碱性较强，会破坏车身漆面的保护蜡膜，使车身很快失去光泽，加快漆面老化，油漆脱落并产生金属锈蚀和锈穿等。

4）冬天，在使用高压水清洗车身时，不要将高压水喷嘴直接对准锁芯，否则容易冻结锁芯。

5）在雨中或泥泞道路上行驶过的车辆，应尽可能在车身漆面的泥水干燥之前用清水冲洗干净。雨后要及时擦车，以免车身上雨渍中的酸性物质损害漆膜。

6）切勿用汽油、煤油、强碱水和酒精等擦洗车身表面和有机玻璃表面，也不允许干擦车身。

583. 车身清洗后怎样保持漆面的光泽和美观？

为了保持轿车油漆表面的光泽和美观，预防漆膜受到阳光和有害物的侵蚀，清洗过的车辆，待车身表面干燥后，用上光剂在油漆表面上光。车身上光剂主要有增光乳液、自发光乳液、硅酮等高分子材料喷涂蜡，这类上光剂材料易在车身漆膜表面生成高分子护膜，从而起到养护漆膜、增加光洁度、防紫外线、酸碱等侵蚀的功效，并使漆膜不沾灰尘，同时也增强了车身的装饰效果。利用高分子乳液状喷涂蜡，喷到漆膜表面的用量少、使用方便，通常比易分解的矿物蜡或生物蜡类制品更为有效，能更好地保护漆膜。上光时，将喷涂蜡直接均匀地喷涂至车身表面即可。上光喷涂时，车身应处于常温，避免高温使用。

▶ 584. 如何去除车身表面的污物？

车身表面沾上沥青、油渍、工业废物和昆虫尸体之类，往往用水冲洗不干净，为使轿车车身美观及延长涂层的使用寿命，应合理地除去车身表面的各类用水冲洗不掉的污物。

车身上的沥青渍和保险杠上的沥青渍或汽油渍，不要刮除，也不要用汽油或织物去污剂，而应使用专用去污产品如焦油去除剂及时清除。

对外部装饰件和轻合金的清洁，可先用肥皂水或加入少量去污剂如或洗涤剂的水清洗，接着用大量的清水冲刷。

车窗玻璃的清洁，使用车窗洗涤剂或者硅酮去除剂，可有效地消除车窗玻璃上的普通油滴、油脂、橡胶迹、塑料胶和灰尘膜。轿车后窗玻璃上往往有加热的电热丝，因此，清洁后窗玻璃时，其擦洗方向应与电热丝方向平行，不应竖擦以免造成电热丝损坏。刮水器的刮水片，可先用一半水和一半甲醇的溶剂进行清洁，然后再用清水清洗刮水片。

▶ 585. 什么是洗车泥？它有何作用？

洗车泥又称洗车去污泥，是由超细纤维及固体胶经过反复密炼而成。洗车泥具有细、黏的特点，经反复擦洗，可以擦入车体因氧化而产生的细孔、斑状，可以黏除车体上的自然氧化、水垢、鸟粪、虫尸、铁粉、酸雨、树胶以及不当护理的残留物质，可以在不损伤车漆的情况下，清除漆面的有害残留物质。

▶ 586. 车身为何有静电？车身静电有何危害？

汽车在行驶过程中由于摩擦而产生强烈的静电。虽然汽车所带电量有限，其电压不足以给车和人造成严重的后果，但即使是很微小的电流，也会让人觉得不舒服，严重的时候，静电会引起头痛、失眠和烦躁不安等症状，甚至能引起各种心血管疾病，如心律失常、心动过速、房颤等；车身静电能加重吸附灰尘，时间久了会形成一层坚硬的交通膜薄膜，使原来艳丽的车身变得暗淡无光；在加油站加油时，若车身静电产生电火花，则易引发火灾，造成重大损失。因此，车身在养护时应去除其静电。

▶ 587. 养护中怎样去除静电？

一般用水清洗不能彻底清除车身静电。但用专用清除车身静电的汽车美容护理用品可有效清除车身静电。如汽车专用清洁香波，这种清洗用品的 pH 值为 7.0，是一种绝对中性的车身清洁剂。它含有阴离子表面活性剂和其他有效清洁成分，在喷涂于车身表面后会与车身自带的静电荷发生作用，将电荷从漆面彻底清除掉。使用前先用高压水将沾在车身表面的污物冲净，再将汽车专用清洁香波按使用说明的要求进行稀释，然后喷涂在车身表面上，或用海绵蘸上稀释的清洁液擦到车身表面。擦洗时要注意全车的范围，不要有遗漏的地方。保持片刻后用高压水把泡沫冲掉，车身静电可以有效去除，使用效果非常理想。

588. 轿车为何要适时上蜡？

适时的给轿车车身上蜡，可以有效地在漆膜上形成保护膜，既可防止污物黏结在车漆面上及渗入漆膜内破坏漆膜、腐蚀车身，又可起到车身美容的作用，还可以在高速行驶时减少空气阻力，节约用油。要保持车容的整洁亮丽，延长车身的使用寿命，打蜡维护是必不可少的。但是频繁打蜡、干脆不打蜡或车蜡越贵越好、专挑价贵的进口车蜡使用，这些做法都是不恰当的。要做好打蜡维护，必须要了解车蜡的特性，正确地选用车蜡，掌握打蜡的时机，按规范的操作程序适时的给轿车上蜡。

589. 轿车适时上蜡的主要作用有哪些？

(1) **上光** 经打蜡的车辆，都能不同程度地改善其漆面的光洁程度，使车身恢复亮丽本色。

(2) **护漆** 车蜡形成的蜡膜能使车身漆面得到保护，并防止氧化。另外，车蜡可对来自不同方向的入射光产生有效反射，防止入射光线穿透透明漆，导致底色漆老化变色，延长漆面的使用寿命。

(3) **防水** 汽车经常暴露在空气中，免不了受到风吹雨淋，车蜡能使车身漆面上的水滴附着减少 60% ~ 90%，高档车蜡还可以使残留在漆面上的水滴进一步平展，呈扁平状，最大限度地减少水滴因强烈阳光照射时的聚焦作用造成漆面暗斑、侵蚀和破坏。

(4) **防紫外线** 日光中的紫外线较易于折射进入漆面，防紫外线车蜡能充分地考虑紫外线的特性，使其对车表的侵害最大限度地降低。

(5) **防静电** 车蜡形成的蜡膜能可以防止空气、尘埃与车身漆面的直接摩擦，可有效防止车身表面静电的产生，还可大大降低带电尘埃对车表的附着。

(6) **其他作用** 车蜡还具有防酸雨、防盐雾等作用，选用时可根据需要灵活掌握。

590. 车蜡的种类有哪些？

车蜡的主要成分是聚乙烯乳液或硅酮类高分子化合物，并含有油脂成分。但由于车蜡中所含的添加成分不同，使其物质形态性能上有所区别，进而划分为不同的种类。

1）按车蜡的物理状态不同可分为固体蜡和液体蜡两种。在日常作业中，液体蜡应用相对较广泛，如龟牌车蜡、即时抛等。

2）按车蜡生产国别不同可大体分为国产蜡和进口蜡。目前国内汽车美容行业中使用的车蜡，中高档车蜡绝大部分为进口蜡，有进口蜡垄断之势；低档蜡中国产蜡占有较大的份额。常见进口车蜡多来自美国、英国、日本、荷兰等，例如美国龟博士系列车蜡、英国特使系列车蜡、美国普乐系列车蜡等。国产车蜡最常用的如即时抛等。

3）按车蜡作用不同可分为防水蜡、防高温蜡、防静电蜡及防紫外线蜡多种。

4）按车蜡功能不同可分为上光蜡和抛光研磨蜡两种。国产上光蜡的主要添加成分为蜂蜡、松节油等，其外观多为白色和乳白色，主要用于喷漆作业中表面上光。国产抛光研磨蜡主要添加成分为地蜡、硅藻土、氧化铝、矿物油及乳化剂等，颜色有浅灰色、灰色、乳黄色及黄褐色等多种，主要用于浅划痕处理及漆膜的磨平作业，以清除浅划痕、橘纹、填平细小针孔等。

▶ 591. 车蜡有哪些特性？

车蜡的用途不同，则特性就不一样。如去污蜡具有去污、除锈、防垢、保持漆膜光亮、恢复漆面及金属面鲜艳色泽的特性；保护蜡具有除去油污、沥青，并能生成稳定的防水保护膜、防止生锈的特性；亮光蜡具有光亮持久，品质稳定，在漆膜上形成保护膜，防止氧化、酸蚀、雨水侵蚀，使漆膜不粘灰尘的特性；抗静电蜡具有防止漆膜面产生静电，最大限度地减少静电对灰尘、油污吸附的特性；特级水晶乳蜡具有抗紫外线，不伤害新车的光亮透明层，它具有上蜡、清洁、显色、保护、防泼水、防氧化一次完成，并产生高光亮度的特性。

🔍 提示

了解各种车蜡特性、使用方法、适用范围和注意事项，对合理选用车蜡具有帮助作用。

▶ 592. 常用车蜡有哪些？有何特点？

(1) 龟牌车蜡　龟牌车蜡是国内市场占有率最高的一个车蜡品牌。龟牌车蜡采用超强渗透保护配方，可安全去除污点而不损坏表面涂层（透明漆、金属漆），可快速去除油漆表面、保险杠、窗户和车架上的各种污垢，恢复表层的昔日光彩而不会留下新的隐患。

🔍 提示

龟牌冰蜡、白金蜡、极限蜡、去污蜡受到很多车主欢迎。

(2) 3M 车蜡　3M 车蜡在国内的市场占有率仅次于龟牌车蜡，3M 车蜡中最受欢迎的一款是 3M 水晶硬蜡。3M 水晶硬蜡，能使车漆保持光亮颜色，并具有去划痕的效果，还适于新车。

(3) 英特使玫瑰红镜面蜡　它由人工蜡和天然蜡混合而成，适于新车及金属漆面轿车，能够在漆面上形成两层蜡膜，上层能抵御紫外线和含酸碱雨水的侵蚀，下层能对漆面添加油分，养护漆面，并能防御有害物质的渗透。抛光后使用英特使玫瑰红镜面蜡效果更好。

(4) 英特使钻石镜面蜡　它是一种高级美容蜡，具有钻石般高贵品质，含巴西天然棕榈蜡及特别色彩增艳剂，用后可防止各类有害物质对漆面的侵害，车身光如镜面，特别光亮，且长时间保留。适于各种颜色的高级轿车。

(5) 绿宝石金属蜡　它是由各不相同的蜡提取物及含无毒研磨剂聚合物组成的特别混合物，用后车身可迅速光亮，耐清洗，并延长漆面寿命。适于金属漆车身表面。

(6) 红景天三重蜡　它是由三种不同蜡提取物高度熔炼而成，是多种独特品质的组合产品，无论车漆表面干燥或湿润均可使用，且可一次性抛光整个漆面，省时省力，甚至在暴晒环境下作业也有较好效果。本蜡防护功能卓越，可耐受各种清洗剂清洗，保持时间长。适于各种高级轿车。

(7) 汽车水晶蜡　它耐磨、透明，不易被分解，可长时间保持车漆光亮如新，抗紫外线、耐酸雨、防油污、沥青等。使用时只需薄薄涂一层，立刻光彩照人。较一般车蜡持久 5~10 倍。

(8) 汽车水彩蜡　它能使漆面很快去污、去氧化膜及水渍，并覆盖一层光滑、坚韧保护膜。具有省时、省力、清洁、维护、抗氧化等功效。使用后，汽车表面亮丽光滑，并可防紫外线、静电、酸雨等对漆面的影响。

(9) 汽车油蜡 它能使漆面很快去污、去氧化膜及水渍，并覆盖一层光滑、坚韧的保护膜。

(10) 汽车漆面用粗蜡 它用于漆面瑕疵研磨处理，能去除漆面细尘粒、砂纸痕、轻微氧化失光、沥青、酸雨痕等，并有抛光之功效，可使漆面恢复如新。

(11) 汽车镜面抛光蜡 它主要用于处理一般粗蜡、细蜡抛光后遗留的抛光痕，处理后漆面能产生镜面反射光泽，且保持时间长，是一种品质优良的抛光机用的镜面抛光剂。

593. 怎样清除车身残蜡？

无论是新车还是旧车，所有的车身漆面都是要上蜡保护的。使用时间长久后如要再上蜡，则要将车身残蜡彻底去除干净。若残蜡不清除干净，则上新蜡时会因两次蜡的品种和上蜡的时间不同，极易产生局部新蜡附着不牢的现象。要针对不同的车蜡采用不同的开蜡水，新车开蜡应采用树脂开蜡水，在用车采用蜡质开蜡水。使用时可将开蜡水按比例稀释后喷涂于车身表面，停留 3~5min，然后用高压水冲去即可。

🔍 提示

> 清除残蜡的开蜡水虽然对环境无害，不易燃、不腐蚀，但具有强碱性，使用时要注意劳动保护。

594. 怎样正确选车蜡？

目前，市场上车蜡种类繁多，有固体和液体之分，又有高、中、低档之别，既有去污用的，也有补色用的，还有国产和进口之分。由于各种车蜡的特性、使用方法、适用范围、注意事项不尽相同，其产生的作用和效果也不一样。在选择时必须慎重，选择不当不仅不能保护车体，反而会对车身表面产生不良影响，严重的还会令车漆褪色或变色。因此，选用合适的车蜡是保证车身打蜡维护质量的关键和前提。

选择车蜡时，要求根据汽车漆面特点与颜色、车辆新旧程度、车辆行驶环境因素和各种车蜡的使用特性等因素进行综合考虑。一般来说，对于高级轿车，可选用高级车蜡，新车最好选用彩涂上光蜡，以保护车体的光泽和颜色；夏天阳光照射强，最好选用防紫外线的车蜡加以保护；行驶环境较差时宜选用防护作用较强的树脂蜡；普通车可以选用普通的珍珠色或金属漆系列车蜡；深色车漆宜选用黑色、红色或绿色系列的车蜡；浅色车漆则选用银色、白色或珍珠色系列车蜡。

595. 选择车蜡应注意哪些事项？

1）不能错用浅色漆与深色漆的抛光蜡。浅色漆用了深色漆的抛光蜡会使漆膜颜色变深，出现"花脸"；反之，漆膜颜色会变淡，严重影响外观。

2）分清机蜡和手蜡。机蜡配合专用抛光机使用，手蜡直接用手涂擦抛光。机蜡用手抛费工费时且效果不佳，机抛手蜡则浪费严重。

3）区分漆膜保护增光蜡与镜面处理蜡。镜面处理蜡是对漆面进行增光处理的专用蜡，其保护作用不如保护增光蜡。保护增光蜡含有许多成分，可在漆膜上形成一层保护膜，抵御外界紫外线、酸雨、静电粉尘、水渍等的侵害。

4）尽量不用砂蜡。因为一般的砂蜡对漆面有很强的研磨作用，处理不好极易将漆膜磨穿而造成不必要的损失。

5）新车不要选用含研磨剂的车蜡，否则会使新车表面的光洁度下降。

6）应尽量采用成套的系统产品，不配套的车蜡产品其打蜡效果往往不会令人满意。

▶ 596. 汽车什么时候上蜡？

汽车上蜡间隔时间的长短对车身护养的质量及维护费用有较大影响，间隔时间过长，车身表面的漆膜可能遭到破坏；而打蜡间隔时间过短，打蜡频率过高，则维护费用过多，同时也可能对车身表面造成伤害。因此，应选择正确的上蜡时机，确定合适的上蜡频率。

通常，上蜡频率应根据车身表面的实际情况、车辆行驶的环境、停放的场地以及气候条件等因素综合考虑确定。一般新车在购回 5 个月内不必急于上蜡，过早上蜡反而会破坏新车表面的原装蜡，造成不必要的浪费。

在车库停放的、行驶环境良好的车辆，以 3~4 个月上一次蜡为宜；露天停放的车辆，一般 2~3 个月上一次蜡为好；或者用手触摸车身感觉不光滑时，就需要上蜡。

▶ 597. 怎样给车身表面上蜡？

给车身表面上蜡，按照下列程序操作效果较好。

1）上蜡前的准备。将待上蜡的车辆停在阴凉处，防止车体发热而使车蜡附着性能变差，影响打蜡效果。用清水或专业洗车水对车身进行彻底的清洗，把车身外表的灰尘、泥土、残蜡、油泥、污垢等清除干净，并擦干车身。

2）车身上蜡。上蜡应使用专用的工具或蜡桶附带的工具，使用液体车蜡时应先摇匀，将少量蜡挤在海绵上，遵循先上后下的原则，先涂抹车顶、前后盖板，再涂布车身侧面等，打蜡时手的力度要保持均匀，按住海绵在车身上直线往复式涂抹（图 4-2a），不宜环形涂抹（图 4-2b），蜡膜应尽力做到厚薄均匀，整个打蜡过程要连续进行，一次完成，不可涂涂停停。车身均匀涂蜡后，等待 5~10min，即可用羊毛球或干净柔软的干毛巾进行手工擦亮，一些快速水蜡可以边涂边擦亮，而抛光蜡则需用抛光机进行抛光擦亮。

3）上蜡后的检验。上蜡完毕后，若车身表面干净整洁、光亮如新、手感光滑、车蜡均匀、车表没有残蜡或打花，则说明打蜡效果良好。若喷上水不四处流散，而是附着在蜡上，则证明打蜡的效果不佳，应重新上蜡。

a）正确上蜡：直线往复式涂抹

b）错误上蜡：环形涂抹

图 4-2　车身上蜡

4）上蜡后的处理。车身上蜡后，要仔细检查，并及时清除车灯、车牌、车窗、门缝处留下的残蜡，以免产生腐蚀或变色。若想车蜡保护车身漆膜的作用时间较长，则可在上完蜡的车身上喷抹一层护车素。这种护车素还可提高车身表面的光亮度，并兼有防晒、防雨、防酸的作用。

598. 车身漆面为何会失光？

轿车在使用了一段时间后，车身漆面失去光泽，其原因如下。

1）洗车不当。洗车时选用碱性较强的清洗剂，久而久之，漆面易出现失光。

2）擦车不当。车表附有尘埃，不宜用抹布或毛巾擦拭。因尘埃中有一些硬质颗粒状物质，在擦拭时，易使车表漆面出现细小划痕。

3）没上蜡保护。不注意日常上蜡保护。日常保护中不上蜡或不及时打蜡，使漆面受到紫外线、酸雨等不应有的侵蚀。

4）暴露环境恶劣。汽车行驶环境中存在酸雨和盐雾及其他化学微粒，会对漆面造成一定腐蚀。汽车停放环境恶劣，无停车库房时，沿海区域易受盐雾侵蚀；化学工业区易受到化学气体及酸雨侵蚀；北方冬季易受寒冷风雪的侵蚀；炎热季节高温辐射，加速漆面氧化。

5）汽车运行中形成交通膜，造成漆面失光。

6）透镜效应。透镜效应是指当车表漆面上存有小水滴时，由于水滴呈扁平凸透镜状，在阳光照射下，对日光有聚焦作用，焦点处温度可高达 $800 \sim 1000^{\circ}C$，从而导致漆面被灼蚀，出现用肉眼看不见的小孔洞现象。若透镜效应灼伤范围大，分布密度高，漆面就会出现严重程度的失光。

7）自然老化。车辆在运行及存放中，既使您对车辆各方面保护工作都很细致，漆面暴露在风吹、日晒及雨雾环境中，久而久之，也会出现自然氧化、老化现象。

599. 为什么给车身表面抛光？抛光方法有哪些？

当车身漆膜失去光泽，且不能以打蜡来重新恢复其光泽的情况下，就应给车身表面抛光。漆膜抛光是汽车美容维护中最为主要的组成部分，抛光技术的高低直接关系到汽车美容的最终效果。因此，对汽车的抛光要谨慎从事，不要让美容变成毁容。

抛光方法有手工抛光法和机械抛光法之分。机械抛光法效率高，抛光质量好，适用于大批量小轿车的平整部位的施工；手工抛光法应用灵活，适应范围广，对拐弯抹角等部位的抛光效果好。具体选择何种方法，要视情况而定，切不能过于随意。目前，汽车维修市场多选用机械抛光法，但局部漆面的抛光又需手工抛光法配合，两者经常结合使用。

600. 如何选用车身抛光材料？

目前市面抛光材料很多，有抛光剂、抛光膏、含有研磨剂的车蜡以及含有研磨剂、去污剂、还原剂、光亮剂等多种成分的全能抛光剂。一般抛光剂，可以去除轻微氧化和污垢，抛光剂中的滋润成分可以深入漆面，使漆面展现柔和的自身光泽。选用全能抛光剂时，其抛光程序较为简单，抛光完毕后，车身即可光亮如新；选用不含防腐成分的抛光剂时，其抛光后还需要再上蜡。目前多选用全能抛光剂。

601. 怎样给车身表面抛光？

给车身表面抛光程序如下。

1）抛光前的准备。将车身漆面彻底清洁，展现漆膜的本来面目，以利于根据漆面损伤的程度进行抛光；用大毛巾覆盖车窗玻璃和刮水器。

2）将海绵抛光盘用水充分润湿后，安装在抛光机上，将抛光机调整好转速，空转 5s，将多余水分甩净。

3）将抛光剂摇匀，倒在海绵抛光盘上少许，用抛光盘在漆面上涂抹均匀。

4）起动抛光机（图 4-3），将抛光机海绵抛光盘轻轻地放于漆面，保持与漆面相切，力度适中，速度保持一定，沿车身方向直线来回移动，抛光盘经过的长条轨

图 4-3　车身抛光

迹之间相互覆盖 1/3，不漏大面积漆。按从上到下的适当顺序抛光，整个抛光过程不应有间断，最好一气呵成。在抛光时应保持抛光盘和漆面处于常温状态。

5）对于车身边角不宜使用抛光机抛光位置，采用手工方法抛光，用干毛巾沾抛光剂抛光。手工抛光边角、棱角时，不要用力过大，因为这些地方漆膜较薄。注意：车身塑料部件不能抛光。

6）漆面抛光后，用纯棉毛巾将整车清洁干净。

7）若抛光剂不含防腐成分，则抛光后还需要再上蜡。有的车身抛光后，再涂一层抛光增艳剂，其增艳剂渗入车漆后，发生还原变化，使漆膜达到增艳如新的效果。

8）抛光后的验收。车身抛光后，若漆面色泽一致，出现自然光泽，和抛光前相比，亮度有明显改善，接近于新车，则说明抛光效果较好。

> **602.** 什么是车身封釉？车身为何要封釉？

汽车封釉就是依靠振抛技术将釉剂反复深压进车漆纹理中，形成一种特殊的网状保护膜，从而提高原车漆面的光泽度、硬度，使车漆能更好地抵挡外界环境的侵袭，有效减少划痕，保持车漆亮度。封釉后的车身漆面能够达到甚至超过原车漆面效果，使旧车更新、新车更亮，并同时具备抗高温、抗氧化、抗腐蚀、耐水洗、增光等特点。

> **603.** 如何给车身漆面封釉？

车身封釉步骤如下。

(1) 车身清洗　把车身清洗干净，注意不要有污物残留，残留物会在擦拭车身时造成摩擦而损坏车漆。用一些特别的去污材料，擦去车漆表面的铁锈、飞漆、尘粒和树脂等杂质。

(2) 车身打磨　由于长期积存的尘土、胶质、飞漆等脏污很难靠清洗来去除，因此经过清洗的车漆表面仍然是毛毛糙糙的，这就需要进行全面的打磨处理。用较柔软的兔毛轮配以静电抛光剂研磨，除去汽车漆面附着的杂物和氧化的层面，使细小的伤痕拉平填满。

(3) 深度清理　使用静电抛光轮，配以增艳剂，在旋转的同时产生静电，将毛孔内的脏物吸出并将车漆表面细微的划痕磨平。同时，增艳剂可以渗透到车漆内部，使之恢复原有的艳丽。

(4) 振抛封釉　把釉倒在车身上，用封釉机把釉从头到尾封一遍。在专用振抛机的挤压

下，晶亮釉被深深压入车漆的微孔之内，形成牢固的网状保护层，附着在车漆表面，达到增艳如新的效果（图4-4）。

（5）**无尘抛光**　用无尘纸轻抛一遍车身漆面，可使漆面焕然一新、光亮照人，如同镜面（图4-5）。

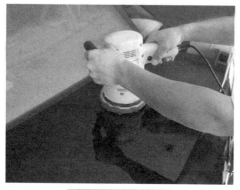

图4-4　振抛封釉

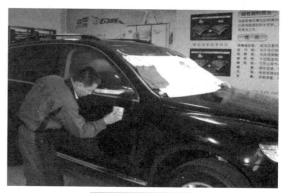

图4-5　无尘抛光

提示

> 封釉后，8h内切记不要用水冲洗汽车。因为在这段时间内，釉层还未完全凝结，将继续渗透，冲洗将会冲掉未凝结的釉，接下来的一个星期内也应尽量避免水淋。封釉是上蜡的替代品，一般封釉之后半年之内可不用上蜡。

604. 什么是车身镀膜？

汽车漆面镀膜就是在车漆表面镀一层保护膜，使漆面在物理上得到一层隐形防护罩。车漆的主要成分是树脂，分子间隙比较大，镀膜后膜液中的硅素、二氧化硅、纳米无机硅等小分子元素可以充分渗透到车漆分子间隙里和微孔中，在其表面形成一层具有极其坚固、细致、持久的网状保护膜，将车漆与外界完全隔离，从而有效保护车漆，使漆面保持新车般的光亮效果。

605. 车身镀膜有哪些作用？

车身漆面镀膜具有如下作用。

（1）**抗氧化、老化**　汽车镀膜后，将车漆与空气完全隔绝，能有效防止外界因素导致的车漆氧化、变色等。

（2）**耐腐蚀**　车身镀膜后，其坚硬的膜层在自身不会氧化的同时也防止外界的酸雨、飞虫、鸟粪等对车漆的腐蚀和损害，并防止车漆的褪色。

（3）**耐高温**　车身镀膜后，其镀膜的玻璃晶体本身具有耐高温的特质，能有效反射阳光将外部的热辐射进行有效反射，防止高温对车漆的伤害。

（4）**防划痕**　镀膜层可以将车体表面的硬度提高到7H，远高于车蜡或釉的2H～4H的硬度，能更好地保护车漆不受沙砾的伤害。

（5）**更加靓丽**　车身镀膜后，能够大大地提高车漆表面清漆的清澈度，使车漆看上去更加光彩夺目。

（6）**易清洗**　镀膜具有超强的自洁性和拨水性，不易黏附灰尘、污物，清洗时只用清水即可达到清洗的效果，使车辆保持高清洁度和光泽度。

（7）**超稳定性**　镀膜性能持久稳定，保护漆面时间可达一年以上，远远超过打蜡和封釉。

▶ 606. 如何给车身漆面镀膜？

汽车美容店给漆面镀膜的步骤如下。

（1）**检查**　检查车身有无掉漆、凹点等现象。

（2）**普通洗车**　清洗车身，若车上有沥青点要用沥青清洗剂进行处理。

（3）**洗车泥洗车**　湿润洗车泥，用湿毛巾衬垫，在车漆表面湿润的情况下，按板块均匀用力、纵横交错、不遗漏的对车漆表面进行擦洗。

（4）**黏贴美纹纸**　用专用美纹纸把车漆边缘或车身装饰件、塑料件等位置进行黏贴保护。

（5）**研磨抛光**　采用机用研磨机加研磨剂，进行抛光研磨。采用机械抛光机，加上镜面处理剂抛去研磨旋印，达到漆膜镜面抛光效果。处理完毕后，轻轻地将美纹纸撕下，并清洗车辆。

（6）**镀膜**　镀膜分涂膜和擦膜两个过程。

> 1）涂膜。将镀膜剂充分摇动均匀，倒在海绵（图4-6）或专用镀膜巾上，按横→纵→横顺序，以分块形式将其均匀地涂抹在车漆表面上（图4-7）。
>
> 2）擦膜。用专用超细纤维毛巾先横向再纵向擦拭刚刚镀过膜的漆面，擦匀擦亮，直至车身漆面光洁如新。

图4-6　倒镀膜剂

图4-7　涂膜

🕐 **提示**

镀膜应在常温下进行，不要在阳光直射下镀膜。擦膜时用力应均匀，避免产生划痕；等待时间不要超过3min，以免膜液开始结晶！

（7）**全车检查**　镀膜完后，要进行全车检查，以保证漆缝无粉尘，漆面无印迹，车门擦干等效果，然后再请客户确认交车。

🕐 **提示**

镀膜后2h内不要沾水；7天内不要洗车；若7天内下雨，则雨过天晴后用清水冲洗一下即可。

镀膜剂的新产品，使得车主可以自己动手完成镀膜。其镀膜步骤是普通洗车→专用清洁剂洗车→镀膜剂涂擦车身→擦拭车身镀膜剂→硬化剂涂擦车身→车身光亮如新→镀膜完成。

> **607.** 怎样处理车身漆膜的浅划痕？

车身漆膜浅划痕包括发丝划痕、浅度划痕。发丝划痕一般是指手摸无感觉的细划痕；浅度划痕是指漆膜被破坏，但没有露出底漆的划痕。漆膜划痕的产生主要是由于汽车维护不当如不正确的洗车、擦车、抛光以及汽车在运行中的轻微摩擦。由于浅划痕未伤及面漆，可采用抛光的方法来处理，具体处理措施如下。

1）用高压水清洗、去除车车身表面浮尘、泥土及污物，并擦干车身。

2）当车身划痕处污垢较重时，可用清洗剂，或用美容粗蜡，并利用抛光机的海绵抛光盘，以中速抛光，可一次轻易去除细小划痕、砂痕、氧化层等缺陷。

3）在发丝划痕或浅度划痕处涂用美容手蜡或水晶镀膜蜡，并进行手工抛光，可有效地清除其划痕，可使漆膜长久保持镜面效果。

还可以在车身划痕处清洗干净后，直接利用抛光的方法恢复漆面。可用抛光轮配合抛光增艳剂，除去汽车漆面附着的杂物和氧化层，使发丝划痕和浅度划痕拉平，同时增艳剂渗入车漆，发生还原变化，使漆面达到增艳如新的效果。

> **608.** 怎样处理车身漆膜的中度划痕？

中度划痕是指面漆被破坏，露出了底漆的划痕。当划痕较多时，车身就会伤痕累累，不仅严重影响美观，而且还会降低车辆使用寿命。因此，应采取相应措施对表面漆膜划痕进行维护。中度划痕，由于漆膜划伤到底漆层，但尚未划破底漆层，故可采用补漆方法处理，具体措施如下。

1）用高压水清洗、去除车身表面浮尘、泥土及污物。

2）使用脱蜡洗车液除去划痕处及划痕周围的残蜡、污垢，并用清水洗清，然后擦干。

3）用漆笔或喷枪，将底漆均匀涂抹在划痕处，涂抹面积应尽可能小，涂抹1~3层。

4）确定汽车中涂层漆和面漆的种类、牌号，或可代用的涂料品种。

5）采用电脑配漆或找出相应的划痕漆。

6）将配好的漆倒入微型喷枪，先将喷枪在废纸上试喷，直到喷射均匀为止。

7）按底漆→中涂层漆→面漆→罩光清漆的顺序在划痕处底漆上喷漆。喷涂每一种漆时均按喷涂→干燥→打磨的程序分别进行。喷涂时，将喷枪放到距离划痕约50mm处，以常速对划痕覆盖式喷涂，上漆一定要量小层多，细致薄涂，一层干涸后再涂第二层，直至将划痕全部覆盖为止。

8）将划痕周边溅出的漆，用蘸过稀释剂的净洁布擦掉。

9）进行打蜡、抛光处理，恢复车身漆面。

> **609.** 怎样处理车身漆膜的深度划痕？

深度划痕是指伤及了底漆，露出了汽车基体金属的划痕。对车身漆膜的深度划痕，如不及时的维护，则划痕处就会氧化生锈，由表及里，伤至基体，乃至腐蚀周围漆面。因此，应根据车身划痕的程度，采取相应措施对表面漆膜的深度划痕进行维护。由于深度划痕已经伤及底漆，露出金属，但对金属无损伤，故可采用加含有原子灰的底漆及补漆方法来处理，具体维护措施如下。

1）用高压水清洗、去除车身表面浮尘、泥土及污物。

2）使用脱蜡洗车液，除去划痕中的残蜡、污垢。

3）使用600号砂纸，将划痕棱角打圆。

4）在露出的金属处涂一层防锈的氧化中和剂，以达到防锈的目的。

5）使用含有原子灰的底漆涂于划痕处，应涂2~3层。

6）待底漆干燥后打磨，再按中度划痕处理方法补漆，然后打蜡、抛光，恢复车身漆面。

▶ 610. 怎样处理车身面漆的刮伤？

对于车身面漆稍有刮伤而未刮透面漆层的轿车，采用最简便的涂装维修工艺进行维护，可以达到较好的效果。车身面漆刮伤的维护修复工艺如下。

1）用高压水清洗、去除车身表面浮尘、泥土及污物。

2）使用脱蜡洗车液除去面漆刮伤处的残蜡、油膜和其他异物。

3）在面漆刮伤处进行打磨抛光。根据刮伤情况，选用适当的磨石或磨片，或砂纸对刮伤表面层进行打磨。打磨抛光，一般用手工，也可用电动抛光机。打磨抛光，直至光滑平整，目测看不出刮痕为止，注意不能磨穿面漆层。打磨抛光后，因面漆层都是原来涂层，颜色应是完全一致。

4）打蜡抛光。选用适当的车蜡，在已打磨光洁的面漆涂层上，打蜡并进行抛光处理，直至漆膜平整光亮。在打蜡抛光时，也可将轿车表面同时打蜡抛光一遍，再涂上光蜡，至漆膜清晰光泽显目为准。必要时，还可涂一层增艳剂，使车身更加艳美。

5）质量检验。修复后，若面漆刮伤处表面色泽均匀光亮，与原装完全一样，则说明表面清理和打蜡抛光的效果较好。

▶ 611. 鸟粪、昆虫尸体、酸雨对漆膜有何影响？

汽车在行驶及停放过程中，车身不可避免地会遇到鸟粪、昆虫尸体等污物以及酸雨。它们对车身漆膜存在不同程度的侵蚀作用。

鸟粪、昆虫尸体等污物有很强的酸性，当车身漆膜上聚积了鸟粪、昆虫尸体等污物时，其酸性对漆膜和车身具有很强的腐蚀性，能使漆膜失去光泽。其腐蚀程度与鸟粪等污物的多少和聚积的时间成正比，即聚积越多，聚积时间越长，则腐蚀程度就越严重。

酸雨是指含有较高酸性（pH）的雨水。当汽车受到酸雨袭击后，漆膜就遭到酸性腐蚀。金属漆受到酸雨浸湿之后，漆中含有的铝片将会与酸发生化学反应使漆膜腐蚀。硝基漆和磁漆对酸雨的浸湿最为敏感。罩有透明清漆的面漆，虽然其清漆有一定的保护作用，但酸雨仍能腐蚀清漆，同样会损伤漆膜，只不过需要的时间长一些。漆膜侵蚀后，会呈现出一些类似水滴干后的印迹，并使漆膜褪色，其中褪色程度取决于颜色本身。例如，黄面层发生酸雨损坏时出现白点或暗褐点，适中的蓝色变得发白，白色却像褪了色的粉红，而适中的红色成了紫色。有时漆膜损坏处具有清晰可见的白圈，其中心颜色发暗，严重时漆膜出现点蚀状况。

鸟粪、酸雨等对漆膜损坏的类型有三种：即漆膜出现印迹与变色损伤、漆膜轻微损伤和漆膜点蚀损伤。喷清漆可增加一层保护层来抵抗鸟粪和酸雨等的侵蚀，因此喷有2~3层清漆的新型汽车可减少车身面漆的腐蚀和损坏。

▶ 612. 怎样消除鸟粪、昆虫尸体、酸雨侵蚀车身的隐患？

当发现鸟粪或昆虫尸体或车身受到雨淋时，应及时进行彻底清洗，最好使用专用洗车液清洗，然后用清洁的水冲洗，并擦拭干净，消除鸟粪、昆虫尸体、酸雨等腐蚀漆膜的隐患，确保车身表面漆膜的清新美观。

当车身表面漆膜受到鸟粪、酸雨等侵蚀后，一般可采用清洗、打磨抛光、打蜡的方法维护。但为了使维护效果更好，漆膜的使用寿命更长，应根据漆膜的受损程度确定相应的维护方法。

613. 怎样消除车身漆膜的印迹与变色损伤？

当鸟粪、昆虫尸体和酸雨等腐蚀使车身漆膜出现印迹、变色时，只是漆膜的表面受到腐蚀，面漆罩光层受到损伤但并未穿透漆膜。维护修复的方法：先用高压清水冲洗车身表面，除去印迹、变色处的浮尘、泥浆、砂粒等，并擦拭干净，再用除蜡剂清洗，然后用浓度适中的碳酸氢钠溶液（1汤匙碳酸氢钠溶液溶于1L水中）进行中和处理，然后用高压清洁水彻底冲洗并擦干，最后用护理车蜡进行打蜡抛光维护，能使车身光亮如新。

614. 怎样消除车身漆膜的轻微损伤？

当车身漆膜出现白环、中心呈暗色时，漆膜具有轻微损伤，其腐蚀已进入了面漆层。此时，应先用高压水冲洗并用干净布擦净，然后在损伤的漆膜处用浓度适中的碳酸氢钠溶液进行中和处理，再用手工抛光受损部位，并仔细检查面漆的受损情况。如果受损面积较大，可在损伤处涂上抛光膏或抛光剂，采用抛光盘进行抛光。在抛光时，应尽量减少抛光范围，注意漆膜的损伤状况。当面漆层未伤透，可用2000号砂纸水磨并抛光，最后用护理车蜡进行打蜡抛光处理。

615. 怎样消除车身漆膜的点蚀损伤？

当车身漆膜出现点蚀状时，其腐蚀已进入了底涂层。这种损伤的维护和修复，相对来说比较麻烦，可按如下步骤进行。

1）清洗表面。用高压水冲洗车身表面，以清除浮尘、污垢等。

2）清除旧涂层。将点蚀状损伤的旧涂层彻底清除干净，若底涂层已受损伤，则应清除受损伤的旧底涂层，使其露出清洁平整的基体金属。

3）喷涂底漆。工艺过程如下：在基体金属上进行喷涂前的磷化处理→清洗干燥→喷涂底漆。

4）喷涂中涂层漆。在喷涂底漆干燥并磨平后，即可喷涂中涂层漆。

5）喷涂面漆。其工艺过程如下：打磨、抛光并干燥中涂层漆→喷涂面漆→打磨、抛光并干燥→喷涂罩光层漆。

6）打蜡抛光。在喷涂罩光层漆后，对修复表面进行打磨、抛光并干燥，然后进行打蜡、抛光，再涂上光蜡。

616. 车身表面锈斑是如何形成的？它有何危害？

车身表面锈斑是指在车身面漆上能用视觉容易看到的具有锈色的斑点，其锈斑损伤处用手触摸有明显的砂粒状或起伏不平的感觉。车身表面锈斑一般来说是由飘浮在空气中的工业散落物——微细铁粒落下并黏在车身表面所致。这种铁粒长时间黏附在车身上，由于空气和雨水的作用，使车身表面产生锈斑，如果对锈斑不加以消除，甚至可以把涂层蚀穿，导致基体金属锈蚀。因此，应对车身表面锈斑加以修复维护。

617. 怎样处理车身表面锈斑？

根据车身表面锈斑产生机理可知，做好汽车的日常维护，经常洗车，保持车身的清洁，是防止车身表面产生锈斑的有力措施。通常，车身表面锈斑出现初期，锈斑往往没有伤透面漆层，此时可采用下列修复维护步骤。

1）将汽车开到阴凉地带，清洗汽车表面。

2）用液体洗涤剂和液体去污蜡彻底清洗车身表面锈斑部位，并将该部位擦干。

3）使用清洗剂，或美容粗蜡，并利用抛光机的海绵抛光盘对受损部位进行打磨抛光，以消除汽车表面锈斑、划痕、砂痕、氧化层等缺陷。

4）在打磨抛光处打蜡，并进行手工抛光，可有效地清除汽车表面锈斑。

5）处理完毕后，若在面漆上还留有小坑，则可采用专用的油漆修补喷罐，喷涂同标号颜色的油漆至小坑表面，修补后的油漆可在空气中干燥。

▶ 618. 保险杠等硬塑料部件常见的问题有哪些？

1）容易弄脏。保险杠安装在车的前端和后端的下部，是车身前后最突出的部位。行车中，容易受到路面泥水的飞溅和砂粒的冲击，容易弄脏保险杠表面。

2）容易出现划痕。保险杠大部分都是用塑料制成的，由于所处的位置特殊，在行车中，容易受到刮碰和冲击，使保险杠的外部出现不同程度的划痕损伤。

3）保险杠漆膜与车身漆膜不一致。保险杠等塑料件上喷涂的面漆，一般与车身面漆不同，大多使用丙烯酸漆、丙烯酸磁漆或丙烯酸底漆加光亮漆层。在损伤后修补时要使用相同的塑料件面漆。局部修补时，容易出现面漆色泽的差异。

▶ 619. 保险杠等硬塑料部件怎样美容养护？

1）清洗保险杠等硬塑料部件。采用塑料件清洗液，对保险杠的表面进行彻底清洗，去除污物或油垢，彻底干燥，擦干或风干均可。

2）在保险杠等塑料部件表面涂用亮光蜡。亮光蜡能在漆膜上形成保护膜，能防止氧化、酸水的侵蚀；光亮持久，品质稳定；还能使漆膜不粘灰尘。操作时，将亮光蜡直接均匀地喷涂在清洁而干燥的保险杠漆膜上，即可达到对保险杠等塑料部件的美容维护目的。

▶ 620. 保险杠等硬塑料部件怎样翻新养护？

当保险杠的漆膜在使用中受到了损伤，甚至穿透底漆层，但尚未使保险杠塑料件断裂时的喷漆维护，称为翻新维护，其操作要点如下。

1）清洗保险杠等硬塑料部件。选用清洁剂，对保险杠漆膜进行彻底清洗，然后用干净的拭布擦拭干净。

2）对漆膜损伤部位进行修复。根据保险杠材质，采用相应漆膜修复工艺进行修复，为保持保险杠面漆色泽一致，应将保险杠面漆全部重新喷涂一遍，然后在其表面涂用亮光蜡，进行美容维护。

▶ 621. 车内仪表板如何养护？

汽车仪表板，大部分是用塑料制品加上蒙皮组成，一些高级豪华车则用真皮制作。仪表板在驾驶室内，不受风吹雨淋，工作环境较好，不易受到划伤和腐蚀。其仪表板养护的主要任务是清洁和上蜡。由于汽车仪表板结构复杂，边边角角多，清洁养护应小心细致。

（1）**仪表板的清洁**　选用专用的"仪表板清洁剂"进行清洁护理，这类产品能保持车内人造革及真皮的光泽；使灰尘无法脏污；不会损伤漆膜。使用时直接将清洁剂喷涂到仪表板表面上，然后用干净的拭布擦拭干净即可。

（2）仪表板的上蜡　选用专用的仪表板蜡进行上蜡维护，这类产品具有洗涤、上光及防尘效果；有良好的去污能力、抗静电功能，能防止灰尘吸附与沉淀；还具有防老化功能，能在被处理的物品表面形成一层保护薄膜，可防止或延缓塑料、橡胶制品的老化，并使仪表板表面靓丽如新。使用时先将仪表板蜡均匀地喷涂在清洁的表面上，然后用干净的拭布轻轻擦拭即可。

622. 车内座椅如何养护？

座椅的外表绝大部分都是用人造革制作的，内有一定形状的泡沫塑料填充。有的还在人造革的外部加上座套。装饰豪华的座椅，其表皮是用真皮精工制作的，这种座椅的外部一般不加座套。对座椅的养护主要是清洁，清洁时应根据座椅外表的实际情况，采用相应的方法。

（1）座椅清洗的常用方法　在座椅不是很脏的时候，建议使用长毛刷子和吸力强的吸尘器配合去尘，此种方法对不同材质的座椅都有良好的清洁效果。对于较脏的座椅，要进行几个步骤才能彻底打扫干净。首先，用毛刷子清洗较脏的局部，如较大的汗渍、油泥等，然后，用干净的海绵蘸少量的中性洗涤液，在半干半湿的情况下全面擦拭座椅表面，最后，用吸尘器再对座椅进行清洁，以消除多余水分，使座椅干爽起来。

（2）人造革座椅的清洗方法　这类座椅可采用擦拭法清洗，即先用半湿毛巾进行擦拭，擦拭时，应从上往下逐一擦拭，然后用干的清洁毛巾再擦一遍即可。如果局部有油污、印痕未擦掉时，可用毛巾蘸上一点仪表板清洁剂进行擦拭，即可去除。

（3）真皮座椅的清洗方法　可选用皮革乙烯材料清洗剂进行清洗。这种清洗剂能保护车内真皮座椅饰品，恢复其表面光泽；可防止因恶劣环境影响而提前老化；可使真皮座椅焕然一新。使用时，先将此清洗剂均匀地喷涂到座椅表面上，然后用干净的软布擦拭干净即可。

（4）座套的清洗方法　座套是座椅的装饰和保护用品，其制作的材质绝大部分是化纤、棉、毛等混纺制品，可选用多功能清洁柔顺剂进行清洗。多功能清洁柔顺剂去污力强，尤其对丝绒及地毯表面可起到清洁、柔顺、还原着色和杀菌等功效。手工使用时，将适量的清洗剂喷洒到座套上，然后用软布轻轻擦拭，再用干布擦净即可。还可拆下座套清洗。

623. 车身顶篷内衬如何养护？

汽车顶篷内衬，一般用人造革或化纤混纺材料制作。其顶篷内衬面积较大，保持其表面清洁对美化室内环境具有重要作用。因此，对顶篷内衬的养护主要是清洁。在清洁时，应按具体顶篷内衬的材质选用相应清洗方法。

（1）顶篷内衬常用的清洗方法　先用大功率吸尘器和刷子清除顶篷内衬的灰尘，然后用中性洗涤液清洗，再用拭布擦干。但需注意：顶篷内填充物是隔热吸音的材料，易吸收水分，因此抹布要保持干燥。

（2）人造革制成的内衬表面的清洗方法　当内衬表面不太脏时，先用半湿毛巾擦拭一遍内衬表面，然后用干毛巾再擦拭一遍即可；当内衬表面污垢较严重时，可用毛巾蘸上全能泡沫清洗剂涂在内衬表面上，然后用干毛巾或擦布进行擦拭即可。

（3）化纤、棉、毛混纺材料制作的内衬表面的清洗方法　可用多功能柔顺剂进行清洗。人工清洗时，先将该清洗剂喷涂在顶篷内衬上，然后用拭布擦拭即可。若有喷抽机时，可采用喷抽机清洗，选用低泡柔顺剂作清洗剂，先在内衬表面上喷涂该清洗剂，然后再用喷抽机吸出污液，再用拭布擦干即可。

624. 车身镀铬件如何保持光亮？

车身镀铬件养护的好坏能使汽车外观的视觉效果截然不同。为了使爱车更加漂亮，在每次洗车之后不要忘了将各个电镀件清洁擦拭一遍，并用专用的镀铬金属抛光剂维护上光。方法如下。

（1）**清洗镀铬件表面**　用轿车洗涤剂清洗镀铬件表面，清洁污垢，再用浸水的抹布拭干净，然后用柔软干净的抹布把表面拭干。

（2）**擦拭镀铬件表面**　将铬清洁剂涂到污垢表面，然后用柔软干净的抹布将斑痕或黏附物拭净，直到把清洁剂擦到透明为止。

（3）**涂蜡保护**　将固体蜡或铬防护剂全面均匀地涂在镀铬件表面，形成保护膜可有效保护镀铬件表面。

（4）**镀铬件表面上光**　在涂蜡层半干时，用柔软的擦布在镀铬件表面进行抛光，最后再更换一块干净的擦布抛光，直至镀铬件表面光亮如新。

625. 汽车玻璃为什么要贴膜？

选择适当的车膜贴在汽车玻璃上，具有如下作用。

（1）**隔热**　采用合适的汽车隔热膜，对太阳辐射热的阻隔可达83%。在炎热夏天可使车内冷气需求下降60%，变得凉爽舒适，可以少开或不开汽车空调，有效节省能源。

（2）**护肤**　过强的紫外线会对人的皮肤造成伤害，甚至引起皮肤癌等疾病。普通车窗玻璃只可以阻隔19%的紫外线侵害，而高质量的专业太阳膜紫外线阻隔率可达99%。因此，贴膜可以使肌肤免受阳光紫外线的伤害。

（3）**防爆**　意外汽车事故可能因车窗玻璃飞溅而引起人身伤害。隔热防爆膜贴上后，可在汽车最薄弱的车窗构筑一道坚韧屏障，在突发意外时，能有效地黏着碎裂玻璃而不使其飞溅，起到保护车内乘员的作用。

（4）**舒适**　过热、眩光引起的头晕眼花可能导致安全事故，汽车贴膜可减少来自太阳、雪地和其他光源（如夜间迎面的车前照灯）产生危险眩光，有助于安全驾车。

（5）**防盗**　窃贼盗窃车内物品通常是寻找最容易得手的汽车作为袭击目标。只经过钢化的玻璃，无疑不能有效防止被盗。贴上汽车安全膜，可增强车窗抗爆性能，大大延长实施偷盗行动的时间。实验表明，当贴上高质量的汽车安全膜以后，击碎一块玻璃的时间从几秒会延长至数十秒。据警方统计，10s的时间就足以让犯罪分子心中发慌，知难而退。

（6）**私密**　贴膜后可增强车内私密性，营造私密空间，阻挡他人窥视车内的欲望，并减少车内物品偷窃的机会。

图4-8　汽车贴膜

626. 如何自己动手贴车膜？

给汽车贴膜，去维修店一般价钱较高，那么自己给汽车贴膜（图4-8），不仅价钱便宜，还可享受自己动手的乐趣。给汽贴膜的方法如下。

（1）清洁车窗玻璃密封胶条　车窗密封胶条内存留的沙石、灰尘会对贴膜造成影响，还会伤害到车膜，因此在贴膜前需要用吹风枪、刮板等清洁密封胶条内部。

（2）清洁内外侧玻璃　虽然贴膜是在内侧玻璃上进行的，但外侧玻璃因为定型的需要同样要进行清洁。在玻璃上喷水，先用硬刮板把玻璃上的明显污垢刮干净，然后再用软刮板把玻璃上的水迹刮干净。这样反复操作即可完成玻璃的清洁，如果污垢过多，外侧玻璃可使用黏泥进行清洁，内侧则使用专用的去污剂进行清洁。

（3）外部定型　在外侧玻璃上喷水，利用清水将膜附着在外侧玻璃上，进行外部定型。如果车窗玻璃的弧度较大，车膜在玻璃上会出现褶皱，这是需要用风筒和刮板对车膜进行烘烤定型，以使车膜和玻璃之间形成完好的贴合。

（4）裁膜　根据玻璃的大小形状，去掉周围多余的部分，对车膜进行细致的剪裁。车膜顶部需比车窗顶部略低几毫米，以防止玻璃升降过程中造成卷边。

（5）贴膜　撕去车膜背面的保护膜，在内侧玻璃和车膜上喷水，将二者贴合在一起，并仔细修正车膜边缘使之与车窗配合完好。

（6）赶水　将车膜背面撕下的保护膜再次喷水附着在车膜上，用专用刮板刮压表面，使车膜与车窗之间的水分排出，使之黏贴紧密。黏贴保护膜的意义则在于避免刮板直接作用于车膜上，造成车膜的损伤。用刮板把膜刮平，最后把保护膜撕下。

（7）粘贴警示贴　用麂皮把车窗角落留下的水迹擦拭干净，将警示贴黏贴在玻璃升降控制开关上，提醒车主3日内不要升降玻璃，以免造成车膜移位或卷边。

▶ 627. 汽车贴膜后应注意哪些问题？

汽车贴膜后3~7天，由于车膜与玻璃尚没有完全的贴合，因此应注意下列几点问题。

> 1）贴膜后3天内不要升降车窗，因为车膜与车窗玻璃还没有完全贴合好，升降车窗可能造成车膜的移位和打卷。
> 2）贴膜后一周内不能清洗车膜，避免造成车膜脱落。
> 3）贴膜后一周内不要开启后窗除雾线开关，以免除雾线通电发热导致车膜变形。
> 4）不要让空调风对着车膜吹，以免剧烈的热胀冷缩，导致车膜脱落。
> 5）不要用尖锐物将膜的边缘拨开，以免进入脏东西。
> 6）贴膜后车膜与玻璃之间如有云雾状水雾，请不必担心，2~3周内它会自然干透消失。
> 7）贴膜2~3周后可以清洗，可用不起毛的布等柔软物品蘸有洗涤灵的水擦拭，但不能用含酒精或氨水的溶液清洗，因为这种清洗液会影响车膜的性能。

▶ 628. 什么是底盘装甲？为什么要底盘装甲？

底盘装甲实际上就是在底盘上涂一层具有多功能的坚固物质，形成一种防锈、防撞、隔声的涂层，就像给爱车底盘穿了一层盔甲，可防止飞石和沙砾的撞击，避免潮气、酸雨、盐分对车辆底盘金属的侵蚀，防止底盘生锈和腐蚀。底盘装甲的主要作用如下。

（1）防腐蚀　附着在底盘上的泥土，洗车后积存在底盘的污水，以及潮湿的空气、酸雨、融雪剂等都会对车辆底盘进行腐蚀，导致使用一段时间后的车辆底盘锈迹斑斑。底盘装甲后，其涂层可以很好地避免外界污物、水汽对底盘的侵蚀，为底盘提供良好的保护。

（2）**防石击** 车辆在行驶中溅起的小石子猛烈撞击到底盘上，会对底盘相关部件上涂有的保护漆膜造成损坏，导致金属部件缺少防护而生锈。而底盘装甲后的具有弹性的树脂保护层可在石击时对底盘起到很好的保护作用，即便砾石以 3000N 的力冲击都不能击破它。

（3）**隔声降噪** 车辆行驶中噪声主要由轮胎噪声和道路噪声组成，其中大部分噪声从底盘传入车厢内，而底盘装甲后具有出色的密封性，在一定程度上隔声降噪，并抵御噪声从底盘侵入车内，从而提高车辆在行驶中的舒适度。

（4）**减缓冲击** 汽车行驶时路面障碍物托住或碰上底盘，往往会对车辆底盘带来很大的伤害。而底盘装甲后的弹性涂层会在底盘轻微触底时起到一定的缓冲作用，减少路面上凸起对底盘的冲击；当底部被路面凸起剐蹭时，底盘装甲会减轻对底盘的伤害。

> **629. 如何给汽车加装底盘装甲？**

先准备好底盘装甲胶等用材和必要的工具，然后按下列步骤进行底盘装甲。

（1）**清洁** 升高汽车，用外部清洗剂去除底盘上黏结的油泥和沙子，如有锈迹应铲除、砂光。用高压水枪冲洗底盘，清洁后用干布、压缩空气将预喷涂部位弄干，保证底盘需喷涂的部件彻底清洁，达到无尘、无油。

（2）**保护** 利用报纸和遮蔽带将不能喷涂的部位包覆，如排气管、发动机、传动轴、三元催化器、镀锌板类散热部件、各种管线及接口、螺钉；利用大张塑料薄膜包覆轮胎；利用遮蔽膜包覆整个轮毂，并沿车身裙边贴好。

（3）**喷涂** 将底盘装甲各组分材料依次喷涂到底盘的施工部位，如底盘钢板、翼子板、油箱外壳等处，至少喷 3 层，厚度约为 4mm，并对涂层局部进行修补。

（4）**清理** 不慎黏在车身及其他地方的底盘胶请用专用清洁剂去除；清除遮蔽用的报纸、塑料薄膜、黏贴胶带、并清洁场地，至此施工完毕。

提示

喷涂完毕后，等待风干，一般 20～30min 即可。用手轻触底盘装甲，装甲表面若干，车即可上路。涂层完全固化时间为 3 天左右，在此期间，不影响汽车的使用。

> **630. 什么是发动机护板？其作用如何？**

发动机护板又称发动机下护板（图 4-9），主要是围绕车型及发动机周围大梁的原车孔位量身设计的发动机防护装置。其设计理念首要是防止路面凸起的石块撞击而造成发动机损坏；其次是为了防止在行驶过程中，泥土、污水侵入发动机舱，导致发动机故障。

发动机护板的作用：保持发动机舱清洁，防止路面积水、灰尘进入发动机舱；防止汽车行驶过程中轮胎碾压后卷起的沙石等硬物撞击发动机，防止发动机受损及出现故障；防止凹凸不平路面及硬物对发动剐的剐碰，保护发动机能正常安全运行。

图 4-9 发动机护板

提示

　　发动机加装护板后，车体与地面的间隙是降低的，这在一定程度上会影响汽车通过性。因此，经常在城市道路行驶的汽车，由于路况好，没有必要安装发动机护板。若汽车经常行驶在坑洼、石子、泥沙、雨水多的路面，则可考虑安装发动机护板。

631. 发动机护板有哪几种？各有何特点？

发动机护板多种多样，不同材质种类的护板，其特性不同。

(1) 硬塑树脂护板　这种护板生产工艺简单，质量轻、价格低，但使用中护板容易破碎，冬季更是如此，且受损伤破碎之后无法修复起不到长期的保护作用。

(2) 钢质护板　这种护板扎实、抗冲击性强，不易损坏，可以最大程度的保护发动机重要零件，但不足是质量较重。

(3) 合金护板　有铝合金、钛合金等护板，它们质量轻，抗冲击性比硬塑树脂护板强。钛合金强度比铝合金高，而密度比铝合金小，但钛合金价格高些。合金护板总体来说，价格较高，但其强度却远远不如钢质护板，且破损修复难度较大。

(4) 合金塑钢护板　这种护板采用全新创新型高分子塑钢材料，根据原车量身定做，质量轻、韧性强、耐高温、抗冲击性较强。但材料采用的是进口高分子聚合物，造价成本高，因而合金塑钢护板价格比较高。

632. 如何选购发动机护板？

可根据汽车类型选购发动机护板。

1）轿车类。轿车发动机护板可选择钢质护板或合金护板，因为轿车发动机一般离地高度不大，首先需要考虑的是防止凹凸地面对发动机的拖挂和撞击。当然，合金塑钢护板也可选择，因为其抗冲击性较强。

2）微型车类。微型车、面包车一般选择硬塑树脂护板，它能够对路面的泥土有一定的防护作用，当然选择合金塑钢护板会更好。

3）越野车。越野车一般都用于非正常道路行驶，因此发动机护板是不可缺少的主要部件，一般选择非常坚固的钢质护板。

633. 汽车天窗有哪些功用？

汽车天窗安装于汽车的顶部（图4-10），一般由玻璃窗、密封橡胶条和驱动机构组成。很多人比较看重汽车天窗，认为天窗可以提升车辆的档次，是车型高端的象征。天窗主要具有如下功用。

(1) 舒适享受　有天窗的汽车，自然采光好，打开天窗还可享受阳光沐浴，在城市观光、旅游行驶时，能感到特别的温馨、舒适。

图 4-10　汽车天窗

(2) 快速换气　汽车高速行驶时，如果想开车窗改善车中空气质量，往往会使车中乘员不舒适，不仅噪声大，而且人脸被风吹得难以承受。此时，若将天窗打开，则可利用负压换气原理，依靠汽车行驶的气流在车顶快速流动形成的负压，将车内污浊的空气顺畅地从天窗抽出，自然清新空气会从车头进入很快充满车室。

(3) 降温节能　天窗在夏天的作用最大，尤其是在炎热的天气中停放较长时间后，要想尽快将车中的热气赶出车外，这时除了开空调外，打开天窗利用汽车行驶中形成的负压抽出燥热的空气就可以迅速降温。另外，高速行车时，开启天窗比开启侧车窗空气阻力系数小，因此可减少燃油的消耗从而节能。

(4) 除雾方便　在雨季可以利用天窗迅速除雾。在南方夏秋等雨水较多或温差较大的季节，如果行车过程中车窗紧闭，会造成车内外温差，前风窗玻璃和侧窗都容易形成雾气。虽然可以开空调降雾，但车中温度又会让人不舒服，此时，驾驶人只要让天窗处于后翘通风位置，可轻易消除前风窗玻璃的雾气，而且既不必担心车外恶劣脏污的环境，也不必担心雨水被吹进车内。

634. 如何正确使用汽车天窗？

汽车电动天窗在开启和关闭过程中，应轻松自如、关闭严密，不应发出难听的噪声。在颠簸的道路中最好不要完全打开天窗，否则会因天窗与滑轨之间的振动太大而引起相关部件的变形，甚至会损坏天窗电动机。在天窗结冰时，不要强行开启天窗，以免损坏天窗电动机。

日常使用天窗时，要关注天窗开启的声响和密封性。若天窗打开时发出干涩的摩擦声，甚至卡住不动，则说明天窗轨道变形或润滑不良；若天窗即使关闭很紧，但下雨天还渗水，则可能是天窗密封圈在使用中老化密封不严或排水口被灰尘堵塞引起。若天窗开启有异响或雨天有漏水现象，则要立即进行养护或修复。

635. 如何正确养护汽车天窗？

(1) 平时保持天窗清洁　在平时洗车时，要顺便检查天窗的胶条及凹槽内有无沙尘、树叶或小树枝等脏东西，及时清洗或处理干净，并确保排水口不被灰尘堵塞。

(2) 适时清洁润滑天窗　如果汽车常在风沙大的地方使用天窗，最好每个月用湿海绵轻擦天窗滑轨上的灰尘或泥沙；在春秋两季，可以隔一个季度用湿海绵清洁一次密封圈。清洁润滑天窗时，将天窗完全打开，先用干净的海绵或软布擦拭滑轨上的灰尘（图4-11），再用不易吸附灰尘的润滑剂，对天窗的滑轨和传动机构进行润滑，最后将天窗完全关闭打开反复几次，再用软布擦拭掉多余的润滑剂。天窗的玻璃面板可用软布和清洁剂清洗。

图 4-11　清洁天窗

(3) 停放车辆天窗的养护　车辆在准备长期停放前，可用滑石粉或胶条专用的润滑剂涂抹天窗周围的胶条。如果天窗周围是绒质材料，只要用清水和干净的布擦拭即可。

二、车身修复

> **636.** 车身维修具有何种地位？

自从有了汽车，汽车的碰撞事故几乎不可避免。而在轿车碰撞中，损坏最严重的轿车部件就是车身，因此车身维修必不可少。

轿车车身是汽车钣金技术和美学的集中体现，是汽车制造中较昂贵和较复杂的部分，也是最容易损坏的部分。一般来说，轿车车身的价格占全车价格的 60%~70%，因而在使用中对车身的维护十分重要。轿车车身占自重的 50%~60%，制造车身需消耗大量贵重材料，而修理车身，从金属板料一项来讲，就可节约 75%~78%，故其修理价值十分可观。对汽车维修企业来讲，一般轿车车身维修任务只占修理厂的 30%，而轿车车身维修的收入却占修理厂的 70%，这充分反映了轿车车身维修的地位及其重要性。伴随着汽车工业现代化的进程，高质量的车身维修，理所当然地成为维修企业追求的目标。

> **637.** 对车身维修的基本要求有哪些？

现代轿车车身维修技术正在摆脱传统作业方式的束缚，已远远不是简单的钣金工作，而是集检测、钣金、钳工、涂装等多种作业技能融为一体的新技术。为适应复杂的车身结构、多样化的车身附属设施和人们对轿车操纵稳定性、舒适性及外表美观的需要，对车身维修的基本要求如下：

1) 确保车身各检测参考点位置准确，使汽车各总成具有确切的相对位置关系。
2) 消除车身因长期使用导致结构件的强度劣化现象，使车身整体强度得到恢复。
3) 恢复车身各部件原有机能，改善车身的性能和外观。
4) 恢复车身附属设施和装饰的原有机能，以适应人们对舒适性和美观的高要求。

> **638.** 车身维修的基本方法有哪些？如何选择？

一般交通肇事引起的车身损伤大多数属于重度损伤，对车身损伤选择何种修复方法是保证修复质量的重要因素。通常重度损伤汽车既有外伤又有内伤。其内伤是指在外力作用下车体、车身骨架的弯曲、歪扭等损伤及转向轮定位的失准等；而外伤主要是指汽车车身钣金件表面的损伤。目前，车身修复有两种基本方法。

方法一：对重度损伤的车身钣金作外部造型装饰性的恢复修理，对车身的整体变形不作或者无能力作彻底的恢复性修整。这种修复结果是汽车外观钣金活还真不错，可就是驾驶转向不稳，操纵性变差，油耗增加，轮胎非正常磨损严重。

方法二：先治内伤，后治外伤。即对重度损伤的车身先进行整体矫正及检查，恢复车身的原始几何尺寸，保证转向轮的正确定位，然后进行车身钣金外表的恢复性修理，使汽车的技术状况恢复到原车标准。

提示

比较两种修复方法可知，方法一是"修表不修里"的钣金修复方法，它只注意外表美观装饰性的修理，而忽视汽车内伤本质性的修复。用该方法修复出厂的汽车，其动力性、经济性、操纵稳定性、安全性必将恶化，因此对重度损伤的车身，应坚决杜绝使用这种方法。而方法二采用的是对车身损伤进行标本兼治的方法，是正确、合理的方法。用该法修复的轿车，能恢复其原有的使用性能，因此对重度损伤的车身，应选择标本兼治的方法二。

639. 车身维修的工艺流程如何？

考虑到车身修理的复杂性，车身修理的工艺流程应当视为履行工艺操作的一套连续章法，旨在达到所要求的修理质量水平。损伤车身经外观检查、诊断后，可依据其诊断鉴定的结果，并结合本修理厂的设施、技术等条件，确定出经济适宜的排除车身故障的相应工艺方法，制定出车身修复计划，编写出车身钣金修复的工艺流程。图 4-12 为轿车车身修理的工艺流程图。

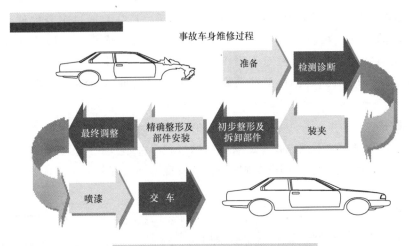

图 4-12　轿车车身修理的工艺流程图

640. 车身常见损伤及原因有哪些？

轿车车身在长期的使用过程中很容易受到碰撞以至损伤。车身钣金件常见的损伤有磨损、裂纹、断裂、腐蚀、脱焊、金属板面凸凹、折皱、弯曲和歪扭等。车身损伤主要有以下几个方面的原因。

(1) 工作条件恶劣引起损伤　汽车车身长期处在严酷条件下工作，易引起损伤。如汽车在凹凸不平路面行驶时，车身总是在不断振动，使车身表面承受着交变载荷，在这些载荷作用下，车身钣金表面在应力集中和结构薄弱的部位，将产生裂断；车身长期处于风吹雨打、日晒夜露场合，其化学作用能造成钣金件腐蚀；车身在风沙冲击下，其摩擦作用可造成车身表面划伤、保护层破坏；在不平路面高速行车的突然加速、紧急制动、急转弯等可造成车身裂纹、变形等损伤。

(2) 意外损伤　汽车发生重大的意外事故，如撞车、坠崖等引起损伤，主要表现在车身表面的凹陷与凸起、钣金件的撕裂与折皱、车身的弯曲与歪扭、车身焊接部位的脱开与断裂等。

(3) 车身结构设计缺陷引起损伤　车身结构设计不合理或存在缺陷导致损伤，如部件间连接不牢固造成断裂或松脱；部件结构强度不够，引起裂纹、撕裂、板面凸凹；构件结构不合理，引起车身断裂、磨损和腐蚀。

(4) 车身制造工艺不良引起损伤　车身制造工艺不良导致损伤，如车身装配质量不好可引起车身断裂和腐蚀；车身加工质量不好，可引起车身变形和断裂等损伤。

车身钣金件受到损伤的情况及原因往往不是单纯的一种，而是多种组合，分析诊断时应注意。

641. 车身碰撞损伤的形式有哪些？

汽车车身碰撞，实际上是物体间的相互机械作用，这种作用的结果使车身发生变形和破坏，即车身损伤。车身损伤的形式多种多样，按其损伤的原因可分下列几种形式。

(1) 直接损伤 它是指车身与其他物体直接接触而导致的损伤。直接损伤的特征是，车身接触处以擦伤、撞痕、撕裂为主要形态的损坏，其损坏是显著的。

(2) 波及损伤 它是指碰撞力作用于车身并分解后，其分力通过车身构件过程中，在薄弱环节上形成的损伤。根据力的可传性，碰撞力在分解、传播、转移的过程中，比较容易通过强度或刚度高的构件，但对于强度、刚度较弱的构件，就十分容易形成不同程度的损伤。波及损伤的特征是：在某些薄弱环节形成以弯曲、扭曲、剪切、折叠为主要形态的损坏。

(3) 诱发损伤 它是指部分车身构件发生变形后，同时引起相邻或装配在一起的其他构件的变形。它与波及损伤的不同点在于，它在碰撞过程中并不承载或很少承载，而主要是关联件的压迫、拉伸导致的诱发性损坏。诱发损伤的特征是间接损伤，多以弯曲、折断、扭曲形态出现。

(4) 惯性损伤 它是指汽车运动状态发生急剧变化，由强大惯性力作用下而导致的损伤。汽车碰撞时，其车身产生强大的惯性力阻碍车身的运动而引起车身变形。图4-13所示为车身侧向碰撞，其车顶的惯性力阻碍车顶随撞击点右移，而导致车顶相对向左翻折的损坏。惯性损坏的主要特征：在车身装配的结合部位或强度、刚度的薄弱环节产生局部弯曲变形、拉断、撕裂和撞伤等形态。

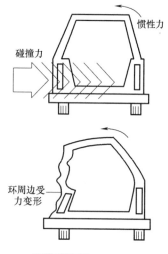

图 4-13　惯性损伤

642. 轿车车身损伤常见的部位有哪些？

当汽车受到撞击（图4-14）时，汽车前部车身由于吸收冲撞的大部分能量而折合收缩，而碰撞冲击波作用于车身的各个构件上，使冲击能量不断地被吸收、衰减，在传递冲击能量时，各个构件最终以不同的变形体现出来，严重时导致车身产生断裂等损伤。

轿车车身产生断裂损伤的部位多在侧围立柱与门槛和顶边梁的连接处、车身开口框架的转弯连接处、前立柱与前围挡板、前围横梁的连接处、底板加强梁结构的连接处、前后纵梁等处。产生腐蚀损伤的部位多为车身底部外露构件、挡泥板、车身上设计的流水槽等部位。

轿车车身几何尺寸易受到破坏的部位多为前、后风窗玻璃安装口、车门开口、发动机舱盖开口、前后纵梁等处。

643. 轿车前端碰撞容易导致车身损伤的部位有哪些？

前端碰撞是指车头撞上另一辆车或其他

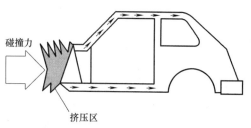

图 4-14　车身变形与碰撞能量传递

物体的碰撞（图 4-15），这是一种经常出现的碰撞。其碰撞力的大小取决于车重、车速、撞击物以及撞击面积。如果碰撞较大，将会造成保险杠后移，使前侧梁、保险杠座、前翼子板、散热器支架和发动机舱盖锁支柱等发生弯曲变形，由此还会诱发前轮定位失准等。如果碰撞程度特别剧烈，会使直接损伤变形的范围进一步扩大，翼子板与车门挤到一块使车门开闭困难；发动机舱盖的铰链翘起并触及前围板；前纵梁发生弯曲并引起前横梁的变形，使前轮定位严重失准。更严重的碰撞则会使保险杠、翼子板、散热器、纵梁等严重损坏，冲击力波及的结果可使窗柱、车门前柱弯曲，前横梁、发动机支架等错位，并诱发车门下垂、车身底板和前围板拱曲等。

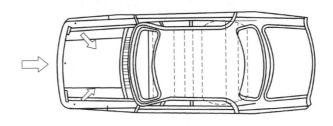

图 4-15　车身前端碰撞

644. 轿车后端碰撞容易导致车身损伤的部位有哪些？

后端碰撞主要是由倒车或追尾造成，如果碰撞较重，不仅会使后保险杠、行李舱等发生严重损坏，还会使后横梁弯曲。当然，更大冲击力的波及作用，同样也会导致车身壁板、底板、后围板乃至车顶、窗柱、门柱等变形。

645. 轿车侧面碰撞容易导致车身损伤的部位有哪些？

侧面碰撞（图 4-16）是最危险的碰撞，即使较轻也会使车身壁板受到变形损伤。较为严重的碰撞还有可能使车门、中柱、车顶等发生变形，使前后车身偏移等。尤其是前车身或后车身受到垂直方向上侧面的重度碰撞时，所产生的冲击波还会转移到车身的另一侧。当前翼子板的中心位置受到碰撞时，前轮会被推进去，振动波会从前悬架横梁传至前纵梁。这样，就会诱发悬架横移损伤，

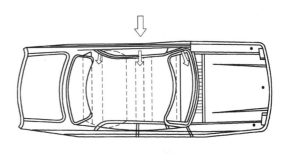

图 4-16　车身侧面碰撞

前轮定位参数变化。侧面碰撞有时还会影响到发动机、转向系统部件的正确装配。

646. 轿车碰撞后为何操纵稳定性变差？应怎样处理？

承载式车身轿车各总成均安装于车身上，因此车身变形将破坏汽车总成间的合理安装关系及车轮的定位参数。而车身变形是肇事车常见的损伤，其原因是汽车受冲撞时，车身在冲击力作用下，车身构件产生变形。冲击变形往往发生在支持车身整体强度的基础结构或车身与行驶装置的结合部位上。即使非重度冲击，有时也会导致车身整体定位参数发生变化，从

而使车轮定位失准。在车身修复过程中，人们通常对冲撞所造成的车身外观变化的修理较为重视，却往往忽视由整体或局部构件变形引起的装配位置变化及其对汽车行驶性能的影响。值得重视的是车身整体定位参数失准带来的不良后果，不仅是严重的，有时甚至是灾难性的。如轿车车身变形导致的车轮定位参数发生变化，就会破坏汽车操纵稳定性，严重时，其轿车高速行驶容易引起交通事故。因此，对碰撞车身的修理，首先应确保车身各检测参考点的位置恢复至标准位置，以保证汽车车身整体定位参数正确，使车身上各总成具有正确的相对位置关系，使汽车操纵稳定性复原。

647. 轿车的车身强度为何会劣化？应怎样处理？

车身整体强度劣化是指车身关键结构件强度、刚度状况不足，使车身整体强度下降而导致的不良技术状况。轿车承载式车身是以焊接方式将车身横梁与车身骨架组焊在一起，并分别担负不同功能的车身构件组合。

车身承受冲击、振动、过载等原因引起的局部变形；金属焊接后表层氧化、脱落加之防腐处理不当而引起的锈蚀；焊接技术不佳或焊接工艺不当造成的焊口断裂；生产工艺、设计方案、材料缺陷等造成的薄弱环节等诸多因素；都会使车身结构件等技术状况变坏，导致车身整体强度劣化，严重时还会诱发不测事故的发生。

在车身维修中，应注意对车身零件和关键结构件强度、刚度、损伤、锈蚀等技术状况的点检，有针对性地采取矫正、补强、防腐处理等修理措施，去除车身的故障隐患，及时消除车身整体强度劣化现象。

648. 轿车车身及附件容易出现哪些损坏？应怎样处理？

轿车在长期使用过程中，车身中像铰链、玻璃升降器等附件在频繁使用过程中容易造成变形、磨损；车门、发动机舱盖等部件的运行轨迹容易偏移；车身密封件容易磨损、变形、老化；防腐与装饰涂层容易脱落、退色，这些都会不同程度地导致车身零件机能下降，启闭定位失准、密封状况劣化、金属材料锈蚀和车身的外观感变差等。

为保证车身及其附件的使用性能和外观质量，需要通过对车身及附件的维修、美容、装饰来消除上述的诸多不正常现象，来恢复车身各部件原有机能，以改善车身的性能和外观。

649. 轿车碰撞后为何要对车身进行检测诊断？

现代轿车广泛采用承载式车身，轿车行驶时各种载荷均由车身承受，因此汽车发生碰撞、翻车等意外事故时，车身容易产生变形及损坏等故障。在车身的维修过程中，检测诊断是重要的一步。对车身受损的程度、范围及受损部件进行检测诊断是彻底修复一辆汽车的前提，是提高维修效率的关键，同时，它还是制定车身修理工艺规程及车身修复方法的重要依据。另外，对车身进行检测诊断也是矫正变形汽车的需要。

一般来说，对交通肇事轿车车身，其损伤中心部位的附近，其构件的弯曲和扭曲变形容易发现，但在车身其他部位由此而产生的轻微变形却难以觉察，则只有通过检测诊断确定。消除损坏的前提是发现损坏，而发现损坏的途径就是正确使用仪器、设备，通过一定的方法对车身进行检测诊断（图4-17）。

650. 车身检测的基本方法有哪些？

(1) 直观检查　直观检查也称目检。对于任何车身损伤故障首先进行的是目检。其车身

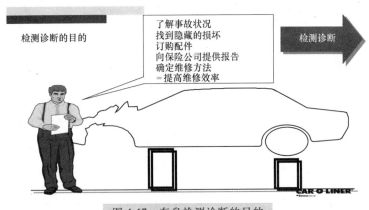

了解事故状况
找到隐藏的损坏
订购配件
向保险公司提供报告
确定维修方法
＝提高维修效率

检测诊断的目的

检测诊断

图 4-17　车身检测诊断的目的

的局部变形或损伤，一般通过目检可以进行诊断。对于没有车身测量系统的修理厂，其目检是主要方法。

（2）**仪器测量**　它是利用车身测量系统或仪器检测车身尺寸或变形。对于现代轿车车身的检测光凭目检是远远不够的，还得依赖于车身测量系统对车身进行检测。在现代车身维修技术中，检测占据着极其重要的地位，因为检测所得到的数据是车身故障诊断的可靠依据。可以想象，没有仪器测量的车身检测，是难以诊断车身位置偏差的，这样修复的车身会破坏车身本身的定位作用，而装配在车身上的总成（如转向机构、悬架系统等），将会改变其理想位置，从而破坏汽车的操纵稳定性。因此，对变形损伤车身的检测必须采用车身测量系统或仪器。

> **651.** 什么是车身检测基准？常用的检测基准有哪些？

在车身损伤检测中，其车身检测基准就是车身的尺寸参照基准。常用的检测基准有基准面、中心线和参照点。

（1）**基准面**　基准面是一个假想的与汽车底面平行且与底面有一定距离的平面。它被用来作为所有车身垂直轮廓测量的参照基准，车身参照点的高度尺寸都是以它为基准获得。

（2）**中心线**　中心线是指将汽车分成左右相等两半的中心平面在俯视图上的投影线。中心线位置通常写在整车俯视图的尺寸表中，在有些汽车上能看到中心标记，即车顶和车底板上做的一系列标记点，这些点都在中心面上。中心线是车身横向尺寸的参照基准，利用它，可以方便、迅速地测量横向尺寸。

（3）**参照点**　参照点是指车身维修时用来测量、检验车身是否恢复至原来尺寸的一些特殊点。参照点具有标准的位置参数，是车身维修的检测基准。这些参照点通常是车身上便于测量的特殊点，如孔、特殊螺栓、螺母、板件边缘或车身上的其他部位。为便于车身的检测和维修，现代轿车车身尺寸图中都注明了参照点及其标准位置参数，图 4-18 为车身矫正机测量系统配套使用的某轿车车身检测参照点及标准尺寸参数图，图中第一行数字 1～12 为检测参照点序号；第二行字母 H～F 为检测触头的型号；第三行符号为检测触头的形状；第四行数字为检测参照点的相对高度尺寸，即专用检测触头在规定条件下所显示的标准高度尺寸。

> **652.** 利用参数法怎样诊断车身故障？

参数法是指根据测量工具实际测得的变形车身参照点的数据，与同参照点的标准参数比

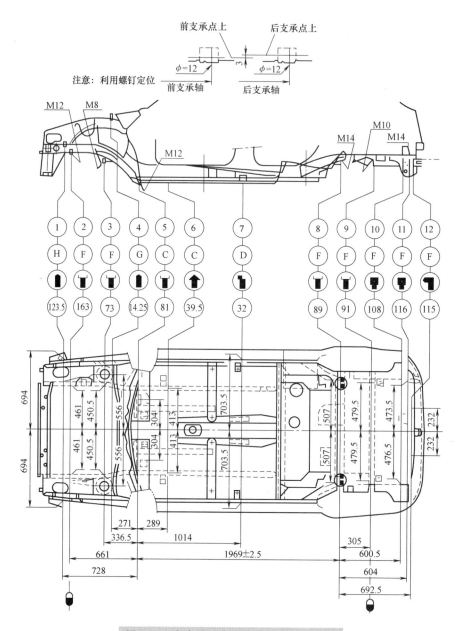

图 4-18　车身检测参照点布置及尺寸参数

较，从而诊断车身变形故障的一种方法。这种方法以车身图样或技术文件中的规定来体现基准目标，通过对车身的定位尺寸进行测量，可以准确地诊断车身的变形范围及其损伤程度，这是一种比较可靠也较为流行的方法。但这种方法要求修理者有车身技术文件和参照点的标准数据。

> **653.** 利用对比法怎样诊断车身故障？

对比法是指依赖测量工具实际测得的变形车身参数，与相同车身定位参数对比，从而诊断车身变形故障的一种方法。这种方法以相同汽车车身同部位的实测参数来体现基准目标，其诊断的精确程度主要取决于目标车身以及测量点的选取。

为提高诊断的精确程度，所选择的目标车身应完全符合技术文件规定的状况，车身应无损伤，且要求与被测车辆同一厂家、同一年份、同一车型。有条件时，还可通过增选车辆数目来提高目标基准的准确性。若没有可供选择的车身作为对比条件，可利用车身构件的对称性原则进行诊断，如当车身只有一侧损坏时，可测量另一侧的尺寸作为标准值，与受损一侧对比，确定损伤情况。对于测量点的选取，应以基础零件和主要总成在车身上的正确装配位置为依据，尽量利用车身壳体已有的无损伤参照点。很显然，当修理者手中无车身检测尺寸资料时，用该法较好。

> **654.** **典型的台式测量系统由哪几部分组成？各部分有何作用？**

典型的台式测量系统主要由车身矫正机工作台、测量纵桥、滑动横臂、垂直套管、检测触头和测量架等组成（图 4-19）。

测量纵桥：置于矫正机的工作台上，从车头通到车尾，能体现车身检测的基准面和中心线。

滑动横臂：安装在纵桥上，相当于测量横桥，可前后移动，测量纵向尺寸；也可左右移动，测量横向尺寸。

垂直套管：安装在滑动横臂上（图 4-20），垂直套管上部接检测触头，其触头可上下移动，以测量高度尺寸；垂直套管在滑动横臂上左右移动，可测量横向尺寸。

检测触头：安装在垂直套管上（图 4-20），它配有多种型号，可用于不同车型、不同位置的参照点检测。

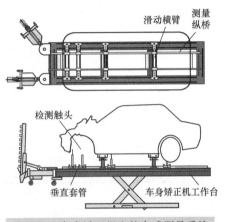

图 4-19 车身矫正机上的台式测量系统

测量架：通过横桥安装在纵桥上，用于支柱、车窗等车身上部的测量，如图 4-21 所示。

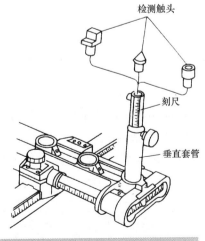

图 4-20 垂直套管及检测触头的安装

图 4-21 用测量架检测车身

655. 利用台式测量系统怎样检测车身？

先将车身按规定的定位点夹装在矫正机上，再将测量纵桥在矫正机的工作台进行定位，并初步安装其他测量装置。检测时，先根据车身参照点的位置，选择规定的检测触头，调节测量装置，使检测触头与当作参照点的螺栓或孔洞相配合，再对车身的规定参照点进行检测。最后将参照点的实测值与标准值比较，从而诊断车身各部变形损伤情况。若某参照点的两种数据相同，则说明该处位置正常；若两种数据有差异，则说明该处变形。其差异越大，说明变形就越严重。

每种车型都有其测量系统用的尺寸图表，它是车身检测诊断的标准。台式测量系统则根据各车身的其尺寸图表来检测诊断各种车身。在车身维修过程中，利用测量系统可以进行定位修复（图4-22）；利用测量系统可以控制其拉伸过程，提高其矫正质量（图4-23）；利用测量系统可以在最终调整阶段进行精确整形，能确保修复后的车身质量为原车质量。

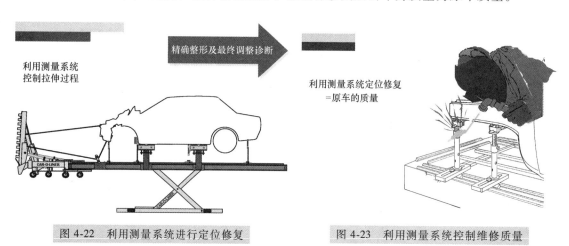

精确整形及最终调整诊断

利用测量系统
控制拉伸过程

利用测量系统定位修复
＝原车的质量

图4-22 利用测量系统进行定位修复　　　图4-23 利用测量系统控制维修质量

656. 车身故障诊断的基本步骤是怎样的？

轿车车身的损坏，绝大部分是由碰撞引起，车身碰撞故障的主要表现形式是车身变形，其检测诊断的基本步骤如下。

1）以目检确定车身碰撞位置。

2）以目检确定碰撞力的方向及其大小。

3）初步检查车身部件可能发生的损伤以及与之有关的其他部件的损伤（如悬架、发动机等）。

4）沿着碰撞路线系统地检查部件的损伤，包括无任何损伤痕迹的隐形损伤。可通过间接方法进行检查，例如，支柱损伤可以通过检查车门的配合状况来确定。

5）测量车身各参照点的位置尺寸，并与各参照点位置的标准尺寸比较，以诊断车身变形情况。

6）用适当的工具或检测装置检查整个车身的损伤情况。

7）对车身的所有故障做出诊断。

657. 怎样目检车身的损伤部位？

先从总体上查看车身是否有扭曲、弯曲变形，然后，查看车身各个部位，确定损伤位置以及查看所有的损伤是否都由同一碰撞引起。

　　碰撞力具有容易穿过车身坚固部位，最终抵达并损坏薄弱部件，而后扩散深入至车身部件内的特性，因此，查找车身损伤的方法，应是沿着碰撞力扩散传递的路径，按顺序逐步检查，直至找到车身薄弱部位，确认出变形损伤情况。通常，损伤的迹象在碰撞点附近比较显著，当能量在邻近的结构逐渐消散时，其损伤的程度也相应减弱。但应注意，当碰撞点上的损伤迹象不明显时，能量却可能穿过碰撞点而传递至车身内部很深的地方，可能车身内部某薄弱环节的损伤更严重。车身损伤容易从下列部位检查中发现。

> 1）车身构件油漆层、内涂层及保护层产生裂纹和剥落，说明有碰撞力传递和构件变形。
> 2）各钢板间的连接点错位，说明其相连钢板变形或连接处损坏。
> 3）车身构件截面突变处，易产生应力集中现象，其构件容易断裂或产生裂缝。
> 4）构件的棱角和边缘处，当传递冲击力时，其变形损伤较明显。
> 5）车身侧边构件有严重的凹痕或凸起，说明车身侧边有碰撞。

658. 怎样利用车身各部配合状况及间隙诊断车身故障？

　　车身各部的配合及间隙是有严格要求的，若目检值与标准相差较大，说明相关构件变形严重。通过车身可拆卸部位的装配间隙、与车身基体的高低差及平行度的检查可发现车身构件是否变形。如通过简单地开关车门及观察车门的下垂（图4-24）、间隙情况可诊断支柱的变形故障，因为车门是以铰链装在车身支柱上的，但车门铰链在使用一段时间之后，总要趋向下垂，因此将车门提升起来进行细心的检查，对正确判断车身支柱故障是非常必要的，否则容易产生错判。检查车门与顶侧板或车门槛板的间隙及水平差异，可以判断相应构件是否变形损伤。

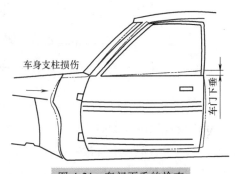

图 4-24　车门下垂的检查

　　检查车身构件是否损伤的另一个较好的方法是比较汽车左右侧各对称的相应部件间隙是否相同，从而找出变形构件。这种方法在无间隙检查标准时最为实用，但该法要求车身一侧是未损伤的。

659. 怎样利用车身对称性诊断车身故障？

　　利用车身的左右对称性，运用对角线测量法可测出车身变形。图4-25是用滑轨式测距尺或钢卷尺测量车身侧面损伤的示意图，它以车身两侧面对称性为基础，以一侧没损伤为前提来检测另一侧损伤的侧面。对车身侧面的损坏，首先可通过观察车门的开关来目检。如果开关不灵活，门边与门框交接处呈不规则带状及漏水，就要进行精确测量，比较左右侧面对角线长度可测出车身变形（图4-25）。

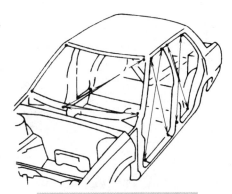

图 4-25　车身侧面参考点测量

660. 怎样利用对角线测量法诊断车身故障?

车身不少钣金件如发动机舱盖、前后车窗、车顶板等在正常情况下其对角线是相等的，若车身变形，其对角线则未必相等，据此通过对角线测量法可诊断车身故障。对角线测量法通常是在车身截面上选四个点，用钢卷尺测量两条对角线长度，加以对比，判断车身受损情况（图 4-26）。其对角线测量能在没有截面标准尺寸的条件下，确定其截面是否变形。这种方法在无车身修理数据的场合得到了普遍应用，但在车身两侧损坏基本一致或车身钣金件损坏而对角线长度基本相等时无法使用。

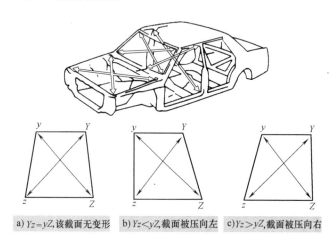

a) $Yz = yZ$, 该截面无变形   b) $Yz < yZ$, 截面被压向左   c) $Yz > yZ$, 截面被压向右

图 4-26　对角线测量法

661. 怎样利用中心量规诊断车身故障?

中心量规如图 4-27a 所示，它由两个滑动时总保持平行的横臂、中心销及挂钩组成。中心量规上的中心销，不管横臂的宽度为多少，它都保持在量规的中心位置。有许多中心量规上左、右侧各有一个立尺，且立尺是可以调节的，以保证量规与底的距离合适。单个或双个量规不能用于实际检查，通常是将三个或四个中心量规挂于车身的基准孔上（图 4-27b），通过目测检查中心销是否处于同一条轴线上、各量规的横臂是否相互平行，就可十分容易地对车身的各种弯曲、翘曲或扭曲变形做出诊断。

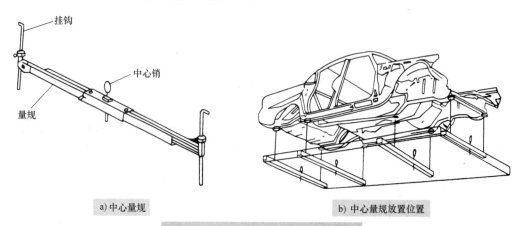

挂钩

中心销

量规

a) 中心量规　　　　　　　　　　　　　　b) 中心量规放置位置

图 4-27　中心量规及其在车上的放置

在对车身变形的整体检查诊断中，常用四个中心量规，首先在两个无明显损伤的位置上挂好两个中心量规，以此为基准，再在有明显损伤的地方悬挂两个中心量规，然后用视线检查它们是否平行或存在着中心销间的错位，以确定车身的变形情况。

使用中心量规诊断车身变形，有如下规律：当中心量规平行、高度一致、中心销位于同一轴线时，说明车身无变形；当中心销发生左右方向偏离时，可以诊断为水平方向上的弯曲；当中心量规平行但高低位置发生错落时，则可诊断为垂直方向上的弯曲。

中心量规在车身变形诊断中用途很广。采用专用中心量规，还可以诊断车身支柱的损伤情况。检查时，将专用中心量规挂于车身壳体骨架的基准孔上，通过目测中心销、垂链及平行尺是否平行，中心销是否处于同一轴线上，可以对车身支柱、骨架的变形做出相应诊断。

▷ 662. 怎样检查轻度损伤车身？

1）检查车身损伤部位、变形程度、裂纹、表面锈蚀及车身松旷情况。

2）检查发动机舱盖。发动机舱盖合上后：检查是否完全锁牢；检查发动机舱盖与左右翼子板间隙、发动机舱盖与前照灯间隙是否符合装配要求，接合处是否平整。

3）检查车门。车门开关时对其他部位有无刷碰现象；车门闭合时能否可靠地锁紧；车门与框的间隙是否符合装配要求；门铰链润滑状况是否良好、车门是否能圆滑自如运动；车门玻璃升降时是否有异响、是否发卡、是否过重。

▷ 663. 怎样敲击修整钣金件凸凹面？

车身钣金件出现凸凹损伤后，可采用敲击法修正，其操作方法是利用抵座和锤子配合，通过敲击挤压，迫使凸鼓收缩回来，从而使钣金件整平。其矫平秘诀是，在正确时间内用适度的力敲打正确的点。用锤敲打时，摆动手腕使锤子成圆弧运动。

在锤击过程中，抵座始终起支撑作用，每当用铁锤敲击时，抵座都要从金属上稍微回弹（图 4-28a），以迫使金属隆起。铁锤在抵座上敲击修理，适应于较小的凹陷、凸起或折损，使其恢复原状。铁锤在抵座上敲击修整凸面时，应先使锤子与抵座中心对正（图 4-28b），

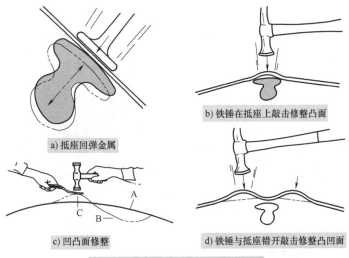

a) 抵座回弹金属

b) 铁锤在抵座上敲击修整凸面

c) 凹凸面修整

d) 铁锤与抵座错开敲击修整凸凹面

图 4-28　敲击修整钣金件凸凹面

然后轻握锤子以手腕的力量进行敲击。铁锤与抵座敲击修整凸凹面时，应将抵座放在金属板凹陷处最深部位的背面（图 4-28d），而锤击点是凸凹不平的较高部位，铁锤实际上并没有敲打在抵座上而是错开的，锤子的敲击逐渐将凸凹不平的较高部位向下压，抵座的压力使凹陷的端面向上顶，直至最后整平。图 4-28c 是钣金件凸凹不平锤击修复的案例：C 为凸起，B 为凹下，抵座垫在 B 处，修平刀放在凸起顶上，用铁锤敲打。当凸鼓修平后，凹陷由于抵座反作用力回弹，最后恢复为原状 A。

> **664.** 怎样用惯性锤拉出器拉出钣金件凹陷？

当钣金板面凹陷部分不便安放抵座敲击或某些凹陷部位敲击修复效果不好甚至不宜敲击时，可用惯性锤拉出器拉起凹陷。惯性锤拉出器由金属拉杆、惯性锤和牵引连接装置组成。

用惯性锤拉出器拉出凹陷的方法：先将拉杆的一端用定位装置与凹陷部位固定，然后用手使锤在拉杆上迅速滑动并冲击把手，利用惯性锤的惯性力，冲击杆端，慢慢地拉起凹陷（图 4-29）。对凹陷拉伸的效果取决于拨动惯性锤力的大小和滑动速度的高低以及拉杆与凹陷处的连接牵引情况。用惯性锤拉出器消除凹陷是车身修理中常用的方法，其效果较好，方便快速。

惯性锤拉出器拉杆与凹陷板件的连接方式有如下几种。

（1）旋入方式 该方式利用尖锐螺旋锥，钻入薄板类车身构件的凹陷处，实现拉杆与凹陷构件的可靠连接。旋入方式的操作必然会在修复的凹陷构件上留下螺旋锥孔，故拉伸完毕后应逐一将孔补焊并用砂轮、锉刀等工具磨平。旋入方式所能承受的拉伸力较小，常用于薄板件的凹陷。

（2）焊环方式 该方式是在钣金件表面凹陷处最严重的部位，焊上一定数量的用于连接拉杆的拉环。凹陷面积较大时，也可以并列焊接多个拉环并穿上拉轴，以使拉伸力能均匀地作用于变形表面。凹陷拉平后，应去掉拉环并对焊接处进行打磨。

（3）销钉牵引方式 该法用销钉点焊枪将销钉焊到金属板件的凹陷处，并在销钉上连接惯性锤拉出器，实现拉伸。凹陷拉平后，也应将销钉打磨下来，并修磨其表面。这种方法特别适用于车门上小范围的凹折。

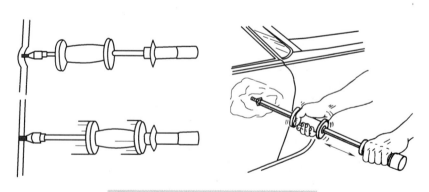

图 4-29　用惯性锤拉出器拉出钣金凹陷

> **665.** 怎样用拉杆拉出钣金件凹陷？

用拉杆拉出钣金件凹陷需要先在凹陷部分钻一个或数个孔，孔径为 3mm 左右，然后将拉杆的弯曲端（钩头）插入小孔钩牢，再用力向外拉伸。对于车身上薄板构件的凹陷，可用图 4-30a 所示的手拉杆拉起。小的凹陷或皱折可以用一根拉杆拉平。但大的凹陷应用多个拉杆同时拉伸效果较好（图 4-30b）。当凹陷低点在拉上来的同时，其隆起的部分可用锤敲打下去（图 4-30c），这种同时进行的敲打和拉伸易使板面恢复到原形，可以减少金属延伸的危险。

在拉伸时，拉力要均匀、适当，另外，凹陷拉平后，应用气焊或锡焊将拉伸用孔焊封，并再作适当修锉。

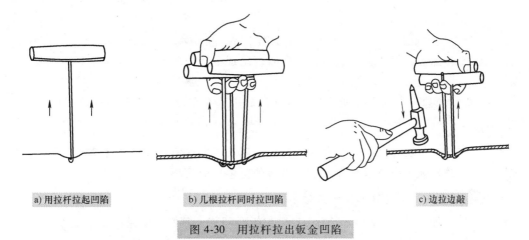

a) 用拉杆拉起凹陷　　　　b) 几根拉杆同时拉凹陷　　　　c) 边拉边敲

图 4-30　用拉杆拉出钣金凹陷

▶ 666. 怎样用吸盘拉出钣金件凹陷？

车门与车身壳体外蒙皮等薄板类零件，极易发生大面积凹陷。这种凹陷的特点是，表面变形大，凹陷浅且过渡较为圆滑；金属板的变形呈弹性状态，局部未发生较大的延伸变形。对于这种凹陷，用吸盘拉起是最佳的选择。

真空吸盘是一种简单的吸附工具（图 4-31）。操作时，先将吸盘吸附在凹陷表面处，然后手拉吸盘，利用吸盘与钣金件凹陷表面的真空起吸附作用，将凹陷拉平复位。

这种用吸盘拉起凹陷的作业方法，免去了其他方法所需的拆装内围板、车内装饰件及钻孔、焊孔等

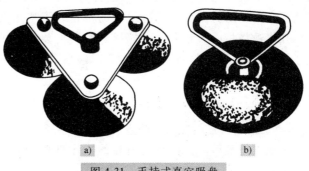

a)　　　　　　　b)

图 4-31　手持式真空吸盘

麻烦，并且能可靠地保护表面涂层，也不需要再作表面修整，确实是一种简单、方便、得心应手的凹陷修复方法。不过，该法的使用工具有一定的局限性，它仅适合于修复呈弹性变形且面积较大的凹陷损伤。

▶ 667. 怎样用热缩法修复钣金件凸凹面？

热缩法修复是利用钣金件局部加热并迅速冷却使其局部金属收缩，达到整形目的的。热缩法的实质是通过热胀冷缩移动凸起处变形时受拉伸的金属，使金属恢复到应有的形状和厚

度，但不影响周围的未受损伤的弹性金属。例如在车身钣金件变形区域中心处的局部位置加热至暗红，被加热区域膨胀并试图向加热区域的边缘扩展，由于周围的区域又冷又硬，阻碍了它的扩展，当加热继续进行时，局部将变厚。此时，如果红热区域突然冷却，钢板将产生收缩，其表面区域也将收缩，从而修复凸凹变形面。用热缩法修复的步骤如下。

1）用乙炔-氧火焰加热凸起的最高处，使金属至樱红色，此时受热金属变得柔软并堆积起来，形成向上凸起。

2）趁热轻轻敲击加热区周围，使金属分子之间相互靠拢。敲击时一般不需用抵座垫着，除非金属发生塌陷。

3）当金属上红色消失时，用锤子和抵座配合，轻轻敲击加热点周围，使之平整。然后用水冷却加热区域，使金属收缩。此时若出现少量的变形，应在加热下一点之前予以矫直。

4）按照凸起高度顺序排列，对各点进行加热压平和冷却，直到板面金属恢复到原来的轮廓。

注意：加热面不要超过凸起部分面积；加热温度不宜过高，但加热速度一定要快；当收缩过度时，应使用铁锤与抵座配合敲击，来拉伸受影响的区域。

> **668. 怎样用钣金整形夹修整钣金凹陷？**

钣金整形夹如图4-32所示，它用于轻微的钣金凹陷，其修复质量高于手工敲平。

一般轻微的钣金凹陷，可用木锤粗略敲平后，再用整形夹的辊子来回滚压，以恢复原来的形状。整形夹的辊子有多种形状，可供交换选用。

例如汽车翼子板被撞，欲将凹陷下部分整平时，可不必拆下翼子板，用该整形夹即可修复。修复时，可先拆下车轮及其附件，选择适当的辊轮装于整形夹上，用木锤将板面大致敲平，然后将整形夹装于汽车翼子板的凹陷部位，并调整压力调节螺钉，使辊子之间施以轻微的压力。将整形夹均匀地来回滚压，整压整平撞凹部分，该法效果较好。

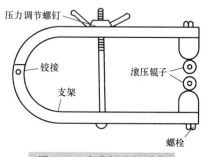

图4-32　车身钣金整形夹

> **669. 怎样用车身锉修复微小凸凹缺陷？**

钣金件修复后，若有无法消除的微小凹陷及工具留下的痕迹，为使表面光滑，还应锉平。

钣金件的锉平，可用车身锉进行。锉削时，握住手柄向前推动完成一个切削行程，握住锉的前部控制向下的压力和方向，尽可能使它的行程长一些。锉刀回程时应抬离已锉过的表面，以保证表面锉得光滑。

当锉削相对平一些的区域时，握锉呈30°角，并直着推出（图4-33a），也可以直着握锉并呈30°角推锉（图4-33b）。锉削时先沿一个方向锉，然后沿大致垂直方向锉。当在曲面板件上锉削时，可直着握锉并直着推锉或直着握锉并呈30°角或更小一点角度向两侧推锉（图4-34）。

在用车身锉锉削的过程中，通过观察锉痕，容易发现钣金件表面的低点（凹陷）和高点（凸起）。这样，在修复过程中应"拉出"各个低点，敲平各个高点，然后再用车身锉锉

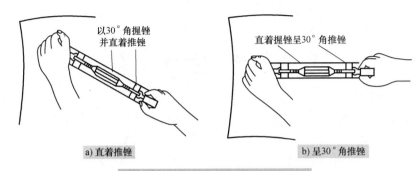

a) 直着推锉　　　　　　　　　　b) 呈30°角推锉

图 4-33　锉削平面区域的两种方法

平并检查是否平整，如此反复进行这一过程，直至钣金件锉平。

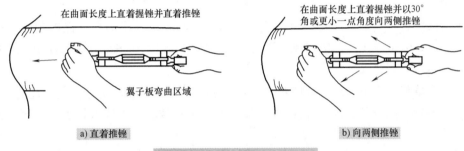

a) 直着推锉　　　　　　　　　　b) 向两侧推锉

图 4-34　锉削曲面的两种方法

▷ 670. 怎样修复车身钣金件裂纹？

钣金件表面裂纹的修理可采用气焊或二氧化碳气体保护焊修复。施焊时，应使裂纹两侧金属板面对齐平整，然后在裂纹边缘处先焊上一点，如裂纹长度在 50mm 以下，应从裂纹尾部开始焊接，沿裂纹走向，向外边缘施焊，如裂纹较长，则应间隔焊上几点，焊后再平整一次，然后采取分段焊（图 4-35）。先焊接图中 AB 段，次焊 CD 段，再焊 BC 段，最后焊 DE 段。这样可防止因焊缝温度过高引起熔池塌陷，同时也避免了因温度过高引起焊缝金属的过烧，以及热胀冷缩过大引起板面的严重翘曲变形，保证焊修质量。

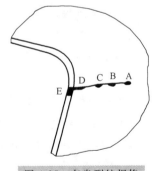

图 4-35　车身裂纹焊修

焊完后，应在焊缝内侧垫上抵座，用锤子在外侧沿焊缝轻轻敲击，以消除焊缝的残余应力，并进行修磨平整。

对于轻微裂纹、擦伤的修补可采用相应的黏合剂修补，完成后外层再喷涂油漆。

▷ 671. 怎样用车身填料填充钣金不平处？

金属钣金件微小不平缺陷可用车身填料来进行覆盖（图 4-36），使其平整。车身填料填充修复步骤如下。

(1) 金属表面预处理　先清洁修理区域表面，再磨削或打磨表面，使其出现裸露的金属。

(2) 混合填料和硬化剂　一般根据质量比按 10% 的硬化剂、90% 的填料（也可按罐上标明的比例）混合，使其混合均匀。

（3）**涂抹填料** 在混合之后应立刻涂抹混合好的填料，因为填料固化很快。涂抹过程：首先在修理区域涂抹一薄层填料，使劲按压使填料进入打磨痕迹和凹陷处，以便结合得更结实，形成的填层厚度不应大于3mm。在修理区域以外边缘涂抹一些填料，可保证更好的附着性。当这层固化后，涂抹更多的填料使修理区域形成正确的轮廓。

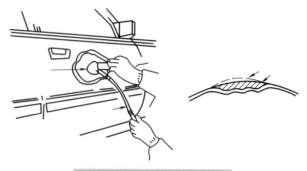

图4-36 凹面车身填料修复

（4）**锉削填料** 当填料固化至半硬化程度（15~20min），使用车身锉锉削填料。锉削时，要以30°~40°角握住锉，使它轻轻滑过半硬填料的表面，在多个方向上锉削，当填料比平面稍高一点时，停止锉削。

（5）**打磨填料** 锉削之后，打磨掉所有锉削痕迹。首先使用40号粒度砂轮进行打磨，然后用80号粒度的砂纸除去所有的刮痕，最后使用180号粒度的砂纸将表面打磨光滑直到令人满意。

（6）**修整边缘** 修整边缘包括打磨修理区直到填料和原有油漆光滑地连接到一起。修整时必须使用细砂纸，如180号粒度的或更细的。修整边缘常用打磨机进行。修整好的边缘其填料与板面平滑连接。

▶ 672. 车身钣金件锈蚀怎样修复？

车身钣金件基体金属生锈的修复方法如下。

（1）**表面处理** 对于基体金属表面锈蚀，应先磨掉锈层，然后用除锈剂涂抹锈蚀表面，除去锈蚀严重的表面后还应进行打磨，以进一步除去侵入金属内部的锈斑。打磨时，注意保护附近的未腐蚀表面，最好在附近表面上黏贴防护条。打磨完毕，应清洁修理表面。

（2）**涂抹车身填料** 将车身填料和硬化剂混合后，用刮刀涂抹在凹陷部位，并用适当的压力使填料与修理表面附着良好，其涂层应该较薄。

（3）**打磨修复面** 当车身填料硬化后，用180号砂纸打磨填料，使其与周围的板面平齐。最后用压缩空气吹净填料修复面，并待涂底漆。

▶ 673. 车身钣金件小锈穿孔怎样修复？

在金属板反面的锈蚀往往易被忽视，一旦锈蚀波及表面漆层出现起泡或凸起时，实际上，板面金属已经锈穿。当磨掉锈斑和油漆时，就会露出锈穿的小孔。这种小锈穿的修复步骤如下。

（1）**表面处理** 先用砂轮对锈穿部位进行打磨，用尖锤清除松散正反面锈皮及锈层，修平锈穿孔。然后将除锈剂涂抹到磨削表面，使之隔离板面与空气、水分的接触，避免进一步腐蚀。

（2）**涂敷车身填料** 选择防水并含有玻璃纤维的车身填料，将填料与硬化剂按比例混合后，用刮刀填入小孔内并压平。当小孔填料硬化后，将表面打磨光滑，并用布清除其表面的砂粒灰尘。然后在其填充过的孔上面涂抹一层一般的车身填料。当此填料固化至半硬化程度时，将填料凸起部位锉平。

（3）修整表面　当填料完全硬化后，将修理部位打磨到与金属板面平齐，并清除表面砂粒和灰尘，然后待涂底漆。

674. 车身钣金件大锈穿孔怎样修复？

车身大锈穿孔的修复步骤如下。

（1）进行表面处理　先用防护条遮盖附近未损伤表面，然后用砂纸或砂轮磨掉锈穿部位的油漆和铁锈，并用锤子、铁皮剪刀清除锈穿孔洞周围的锈坏金属，再轻轻地敲平孔洞边缘，并用 50 号砂纸和磨盘磨掉钢板表面的锈斑，然后在锈蚀孔周围的打磨表面包括反面都涂抹除锈剂，以进一步除锈和提高防腐能力。

（2）修补锈穿孔　选用玻璃纤维加强的填料和玻璃纤维布来填充。使用含有长玻璃纤维的填料可以得到最大的强度，对于锈穿的大孔洞，为了获得应有的强度，在孔洞中应置入玻璃纤维补钉。所谓的玻璃纤维补钉实际上是一块或几块大小尺寸不同的由填料黏在一起的玻璃纤维布，它可以视修理部位尺寸的大小临时制作。

> **提示**
>
> 修补时，在锈穿修补处，涂上调好的填料，并将玻璃纤维补钉置于锈穿修补处，然后在上面盖上一块涂有薄层填料的塑料薄膜。再用刮刀修正薄膜上的不平处和凸起部分，当刮刀经过锈穿中心位置时，施加适当压力，压出所有气泡，使薄膜的边缘与周围的金属达到同样高度。让补钉硬化并取下塑料薄膜。必要时，在填料仍处于类似橡胶状态时，用粗齿油脂锉修平凸起处。

按需要混合足够的玻璃纤维填料，用刮刀填入修补处被压下陷的部位。涂抹填料时，从边缘向中心涂抹，直至填满压痕和各凹陷处，并施压予以刮平。

（3）修整修补表面　修整处填料干燥后，应进行打磨和整形。先用 50 号砂纸打磨，再改用 80 号砂纸打磨直至板面平齐，然后用干净布擦拭修补处，并用压缩空气吹去所有残余的砂粒。检查合格后，其修补面待涂底漆。

675. 重度损伤车身修复为何要矫正？

重度损伤车身的主要损伤形式是车身壳体及其基础件（车身框架、梁柱）产生弯曲、歪扭、挤压等严重变形，部分钣金件产生严重的折叠或撕裂。对于这种重度损伤的车身，其修复属于基础修复，如果没有车身的矫正，则其他的任何修复都不能保证汽车的使用性能。正确的矫正汽车能消除车身构件的变形及变形产生的内应力，使车身结构恢复原样，使汽车具有正确的安装和定位尺寸，能提高修理质量，保证车身修复后具有原车的操纵稳定性和使用安全性。

676. 怎样矫正变形车身？

现代轿车车身的矫正大多数在车身矫正机上进行。车身矫正机使用高功率的液压设备、机械夹具、牵引索以及测量系统对损伤车身进行矫正。矫正时，首先应将车身固定在矫正机的工作台上（图4-22），利用测量系统对规定的参考点进行测量，找出变形部位、程度及方向，再确定矫正方案，包括夹具安装、牵引形式、牵引方向、矫正顺序等，然后以工作油缸为动力，通过牵引索按照计划的牵引方式，先后次序及作用力的方向、大小，与变形相反的方向进行拉伸矫正。实际上矫正车身的过程就是把变形车身的参考点恢复到理想位置的过程。

矫正一定要缓慢而谨慎地进行，要密切注视车身的运动。如果工作状态正常，继续执行，如果不正常，应找出原因，并调整牵引的角度和方向，再试着进行。矫正时，通常从中心部分向外开始工作，首先是长度矫正，然后是侧面损坏矫正，最后进行高度矫正。

车身矫正时，应先粗矫正，后细矫正，分多次矫正，矫正时加力不可过猛，应逐渐加大；矫正力不可过大，以免造成矫正过度或产生新的损伤。

677. 矫正变形车身应注意哪些问题？

1）重视矫正安全。要求正确使用矫正设备；牵引索各连接点应稳固连接，以防在牵引过程中脱落伤人及损坏车身；严禁操作人员站在牵引索和夹具旁边，以防牵引索断裂及夹具损坏伤人。

2）矫正前，应拆卸那些靠近车身损伤部位而妨碍车身矫正的部件。

3）车身固定除在矫正机上的常规固定外，还应根据矫正作业时牵引力的方向追加固定点，以确保矫正时不发生新的损坏变形。

4）车身矫正时，为避免造成新的损伤，应在矫正工具与钣金件的接触处垫上垫板。

5）对于车身的某些部件，若用撑顶、推挤效果更好，则可利用矫正机矫正工具的巧妙布置，作撑顶、推挤矫正。

6）矫正车身时，应适度矫正，而不能矫正过度。矫正过度，会造成不可修复错误。因为车身矫正时拉长容易，但过度后，让其缩短则是很难。

7）矫正时应边矫正，边测量，以免过度矫正或矫正不足，从而保证矫正精度。矫正机上如果采用先进的测量系统，则可随时知道矫正量的大小及矫正是否合适。

678. 车身矫正为何要消除残余内应力？怎样消除？

为提高矫正的效率和质量，拉伸时在变形区应消除残余内应力。如果不消除残余内应力，则车身的变形就不可能彻底矫正，整体车身的定位将会受到破坏。图4-37所示为典型的残余内应力引起的变形现象，其车门与车顶的缝隙不均衡，车门难以开关。为减少或避免矫正过程中产生的残余内应力，拉伸应逐步进行，冷拉伸时，可在变形区域用锤敲击消除内应力；热拉伸时，可在变形区域加热消除内应力；也可在拉伸的同时用锤击和加热消除内应力（图4-38）。值得注意的是加热消除内应力时应严格控制加热温度。监视加热温度的最好方法，是使用热蜡笔、热力软化精或热力涂料。用蜡笔在冷的部分上作标记，当温度接近临界值时，标记将液化，此时应停止加热。热蜡笔是非常准确的，并且比变色棒控温技术更加精确。

679. 车身修复时怎样进行防锈与密封处理？

车身维修中的防锈与密封，对车身的维修质量影响极大，处理不好，容易造成腐蚀的隐患。因此在修复车身构件时，应对车身构件搭接部位涂敷防锈剂。对于镀锌构件，还应打磨重新镀锌防腐。对于有密封要求的车身构件，在相互搭接的焊接面上，还应涂焊接密封胶。

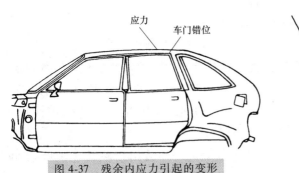

图 4-37 残余内应力引起的变形

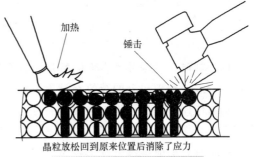

晶粒放松回到原来位置后消除了应力

图 4-38 热消除内应力方法

车身需要焊接时，其竣工后应在焊接处涂车身密封剂，在密封连接的情况下，加导电的密封胶，以阻止空气、泥水等的渗入使接缝部位的金属锈蚀。涂密封胶前应先将焊缝及其周围清理干净，然后用胶枪沿焊缝涂密封胶，其胶枪嘴直径应大致与焊缝相等，涂密封胶过量时用手指将其抹平。

对于新构件，焊接后原有的防锈层已经被破坏，因此对其焊缝应喷涂防锈剂，以防锈蚀。

▶ 680. 修复时车身钣件为何要镀锌？采用什么方法镀锌？

轿车车身的许多钢板都镀锌，特别是车身外表面钢板都两面镀锌。但车身上镀锌钢板在经过焊接或修补后，其镀锌层通常会受到破坏，为了尽可能获得接近于原件的修理质量，提高钣金件的防腐能力，对于破坏的钣金件锌层，必须重新镀锌。

车身钣金件的镀锌采用电刷镀的方法进行。电刷镀是电镀的一种，它是在工件表面进行局部快速电镀并具有独特工艺的一项新技术。它具有设备简单、工艺灵便、镀积速度快、镀层与基体金属结合强度高、镀层均匀、镀后不需加工、对环境污染小等优点。

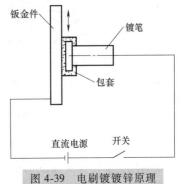

图 4-39 电刷镀镀锌原理

电刷镀镀锌的基本原理如图 4-39 所示。表面处理好的钣金件（阴极）与直流电源的负极相连，镀笔（阳极）与电源正极相连，阳极镀笔上包有吸水纤维布包套，工作时其包套浸满了带有锌离子的溶液。刷镀时，先接通电源，然后镀笔包套在钣金件待修复表面来回相对运动，则金属锌离子在电场力作用下沉积在钣金件修复表面形成镀锌层，从而达到快速镀锌的目的。其刷镀时间越长，镀锌层越厚。

▶ 681. 在车身钣金件局部怎样镀锌？

在车身表面钣金件局部镀锌，宜采用电刷镀镀锌。电刷镀镀锌工艺如下。

(1) 表面准备 先用 280 号砂纸对钣金件损伤表面磨光除锈，然后用无脂溶剂对其表面清洗除油，以提高表面附着力。

(2) 仪器及材料准备

1）将整流器负极连接零件，将整流器正极连接阳电极（镀笔），并在阳电极上固定好包套。

2）把整流器接到 220V 电源上。

3）用清水将所选的包套浸湿，以便锌液容易渗入。

4）将锌液倒一些于储液盒内，以方便阳电极包套浸液之用。

5）将调整流器上的电位器调整到适当位置，以保证有合适的刷镀电流。

（3）刷镀 根据被镀表面的特点选择合适的镀笔及包套，然后将镀笔的包套浸透锌液，再将装有浸透锌液包套的镀笔在被镀表面上来回摩擦（即刷镀），如图4-40所示，则锌离子在电场力作用下沉积于被镀表面。锌层刷镀厚度控制在 $10\mu m$。操作者在 $0.01m^2$ 的面积上镀锌 $2min$，其表面锌层厚度为 $10\mu m$。锌液的正常消耗量为 $1L/m^2$。

（4）镀后处理 先用自来水大量冲洗已镀锌的修复表面，然后用细砂纸（1000～1200号）进行抛光镀锌修复表面，然后将其擦净、干燥，再立即进行涂漆，以免表面氧化。若表面氧化，则要重新抛光。

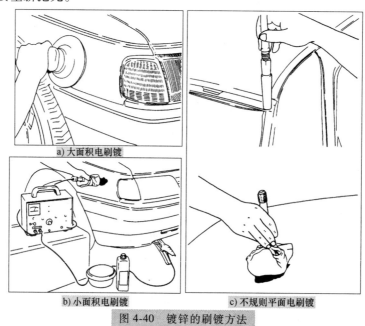

a) 大面积电刷镀

b) 小面积电刷镀　　　　　　　c) 不规则平面电刷镀

图4-40　镀锌的刷镀方法

682. 车身高强度钢板件和变形构件修理时应注意什么问题？

轿车设计上对车身受力强度大，经常处于交变负荷的恶劣受力件一般采用高强度钢板构件。这些高强度钢板构件在修理时可采用电阻焊或MAG电弧焊，应遵守修理工艺中规定的切割和焊接方法。禁用任何性质的吹管焊和钢板钎焊。

高强度钢板构件在修理时必须禁止使用热修理方式，因为这样会使钢板强度局部变弱，以至不能适应承受高负荷的要求，容易断裂。厚钢板结构件尤为如此。因此，修理中应采取冷修理方式来恢复零件的正确形状。对于高强度构件，若出现轻微的折痕也会使强度减弱，损伤严重时，应更换部件。

车身钣金构件，特别是结构件（如纵、横梁等）的变形损伤，修复时应恢复原状，不允许有折痕及其他损伤，否则会削弱构件强度。如果修理不能达到质量要求，应果断更换构件。

683. 车身镀锌钢板构件修理时应采取哪些措施？

镀锌钢板构件在修理过程中，在板件的焊接区必然会使镀锌层受到破坏，为了避免焊接区的腐蚀,最好采取以下措施。

1)用专门的平刃钻头钻去焊点,以分开要更换的零件。

2)在分开原焊合的零件时,仅能用砂轮打磨原焊缝突出的部位,使其脱开。

3)避免用砂轮对新零件的焊接区进行打磨,以免破坏镀锌层,尽可能使用金属刷或纤维刷进行清理作业,以免损坏镀锌层。

4)为了确保点焊的金属板边缘表面得到良好的保护,应做到:

① 在该区域喷涂一层 $50\mu m$ 厚的锌漆;或利用镀锌设备在打磨区重新镀锌。

② 在密封连接的情况下,加导电密封胶。

684. 怎样检查、调整发动机舱盖?

发动机舱盖是轿车最重要的板件之一,它的变形及损坏将直接影响汽车的美观。若发动机舱盖损坏,则要进行更换。发动机舱盖更换后,应放下发动机舱盖将其落位到底,检查发动机舱盖与车身平面是否平齐,注意高度是否有较大误差。检查发动机舱盖与左右前翼子板间隙、发动机舱盖与前照灯间隙。若发动机舱盖与车身不平整或发动机舱盖的位置不符合要求,则应进行调整。发动机舱盖的调整是通过调整铰链、边缘缓冲块和发动机舱盖锁闩实现的。调整时参看图 4-41,方法如下。

1)稍微松开发动机舱盖每个铰链螺栓。

2)借助发动机舱盖铰链的加长孔,对发动机舱盖进行左右前后调整。

3)必要时可移动发动机舱盖边缘缓冲垫,调整发动机舱盖在前部和边缘处与车体齐平。

4)调节发动机舱盖锁闩,使发动机舱盖前边缘的高度合适,将锁闩左右移动,以使锁闩眼位于锁闩的中心。

5)调整完毕后,拧紧所有的螺栓。

6)检查发动机舱盖能否正常地开启和锁定。

7)对发动机舱盖铰链及锁闩处施加润滑脂。

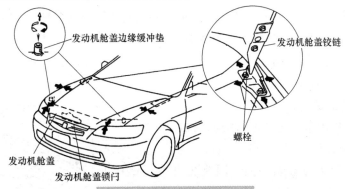

图 4-41 发动机舱盖的调整

685. 怎样检查、调整车门?

车门是使用最多的车身部件。在汽车使用过程中,它们被成千上万次地打开、关闭,以实现乘员的上车和下车,并保证行车时乘员的安全。车门必须准确安装以便关闭和打开方便,行车时车门应无振颤,密封良好不漏水。车门安装后,应检查车门是否与车身相吻合,然后检查前后车门与门底边缘及车身之间的间隙是否相同;检查车门边缘和车身边缘是否保持平行；检查车门与周围部件是否平齐，如检查结果不符合要求，则应对车门的位置进行调整。

(1) **门锁挡块的调整** 调整门锁挡块可使车门外板与车身平整及锁头与挡块正确配合。门锁挡块固定在门柱上，调整时，松开螺钉，移动挡块至合适位置，然后紧固螺钉。

(2) **车门扭曲变形的调整** 对于图 4-42a 所示的车门扭曲变形，可于适当部位垫上保护垫和木块再用手推车门的另一侧，或直接用手向扭曲变形相反的方向扭转车门，如图 4-42b 所示，使扭曲变形得以恢复，注意：调整时用力不可过猛、过大，以免车门矫正过度或局部损伤。

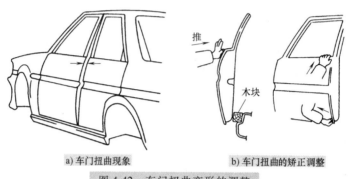

a) 车门扭曲现象　　　　　　b) 车门扭曲的矫正调整

图 4-42　车门扭曲变形的调整

(3) **车门高度差的调整** 对于正常车门和车身，车门装上后应于车身平整。若车门与车身表面高度不一，则应检查原因予以调整。如车门板边缘与翼子板边缘曲率不一，就会出现高度差，对此，应先通过诊断确定属于那一方构件变形，然后有针对性地将其调整矫正过来。若属于翼子板边缘向内弯曲引发的高度差，则可采用有包布的撬板向外撬，将变形撬出，使车门与车身平齐。

车门调整好后，车门与车身相应部位的间隙、高低差及平行度指标均应符合要求，同时车门在开启和关闭时应轻便有力，关门时则能闩紧，且无撞门现象。

> **686.** 怎样检查天窗关闭和开启的力度是否正常？

轿车天窗玻璃关闭及开启的力度在一定程度上反映了天窗的技术状况，因此检查天窗玻璃关闭力及开启拉力很有必要。

(1) **检查天窗玻璃关闭力**

1）将一块维修用布放在天窗玻璃的前边缘，并在其上面钩上弹簧秤（图 4-43）。

2）按下开关使天窗玻璃关闭，同时测出将玻璃停下所需的力。方法是当玻璃停止移动时立即读出弹簧秤上的读数，然后迅速松开开关和弹簧秤。其关闭力一般在 200～290N 为正常。

3）如果关闭力不在技术规格范围内，则有故障，需拆下天窗电动机检查。

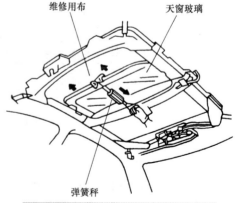

图 4-43　检查天窗关闭和开启力度

(2) **检查天窗玻璃开启拉力**

1）用维修布护住天窗玻璃的边缘，并将弹簧秤钩在维修布上。

2）拉弹簧秤，测出打开天窗玻璃所需的力，其拉力值一般不高于 40N 为正常。

3）如果所测之力高于 40N，则有故障，须检查侧边间隙及玻璃高度的调整情况。

687. 怎样检查车身密封性？

车身密封性检测可利用水压试验台进行总体泄漏测试，而一旦发现大致泄漏区域，则可利用水软管喷水进行局部测试，从而确定泄漏区域的精确位置。为确定泄漏位置，测试时让一位检测人员留在车辆内部，车身漏水测试步骤如下。

1）使车辆接受 10~20min 的 155kPa 的水雾（图 4-44）。

2）在测试风窗玻璃密封性时，将台架设置距离风窗玻璃拐角 600mm，同时喷嘴指向为向下大约 30°角以及向车辆后部 30°角，将水流对准风窗玻璃的角落测试。

3）在测试车辆侧面密封性时，设置台架使喷嘴的指向为向下大约 30°角以及向车辆后部为 45°角，将水台架对准后侧板的中心测试。

4）在测试后车窗以及行李舱盖密封性时，将台架设置距离后窗拐角 600mm，同时喷嘴的指向为向下大约 30°角以及向车辆前部 30°角，进行测试。

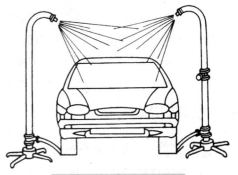

图 4-44　车身的密封性

在车室内观察有无漏水，即可确定车身密封性好坏。利用漏水现象可以确定漏水区域。

688. 车身漏水怎样维修？

根据漏水位置，必须拆除某些内部部件，其维修步骤如下。

1）从车辆的内部或者外部，在泄漏区域内割掉一部分黏合剂堵缝。

2）清理并拆卸该部位上所有松散的旧黏合剂。

3）在去除旧黏合剂的地方涂抹接合车身和接缝的黏合剂。

4）让黏合剂风干几小时。

5）测试是否还有泄漏，确保无漏水现象。

6）如曾拆除装饰物，则将其安装上。

689. 车身密封条漏水怎样维修？

在密封条漏水维修之前，尝试通过调整密封条或者对其填以衬垫来修理漏水，仍未奏效，则应更换密封条。其密封条更换步骤如下。

1）从车上拆卸密封条。

2）从车辆接合面除去陈旧黏合剂或者泡沫密封带的所有痕迹。

3）给车辆安装密封条。

4）在接合处精密调整密封条，以确保适当配合，根据情况使用顶级密封剂。

5）如果使用黏合剂，则在再次检查是否有水泄漏之前应让黏合剂固化。

690. 固定车窗漏水怎么维修？

固定车窗漏水的修理步骤如下。

1）如果泄漏区域是隐藏的，则拆除车窗装饰饰件。

2）为了剥开尿烷密封，必要时可拆除任何辅助密封或者窗侧饰件。

3）在泄漏区域内的车窗上喷洒一小些水，同时仔细向外推车窗，标记泄漏范围。

4）使用利刃修剪泄漏点处尿烷材料任何坑洼不平之处，并且在泄漏点两侧剪出75~100mm。

5）用水在泄漏区域清除任何灰尘。

6）使用气压软管将泄漏区域吹干。

7）如有必要，涂加底漆，但不要在现有尿烷上涂加底漆。

8）给修理区域涂加新的尿烷，用平刃工具将尿烷压入修理区域。

9）对原来的泄漏区域进行漏水测试。

10）继续将黏合剂压入泄漏区域，或者根据需要加涂黏合剂。

11）若剥开尿烷密封而拆除过辅助密封或者窗侧饰件，则应将其安装上。

12）若为检修泄漏区域而拆除过车窗装饰饰件，则应将其安装上。

三、汽车用品及选购

691. 什么是车载导航仪？它有什么作用？

车载导航仪是指利用车载 GPS（全球定位系统）配合电子地图来进行行车定位、导航的仪表（图4-45）。它能让您在驾驶汽车时随时随地知晓自己的确切位置，能方便、准确地告诉您去往目的地的最短或者最快路径，是驾驶人的好帮手。车载导航仪主要作用如下。

图 4-45　车载导航仪

(1) **路线规划**　GPS 导航系统会根据您设定的起始点和目的地，自动规划一条线路。其规划线路可以设定是否要经过或避开某些途径点。

(2) **地图查询**　可以在操作终端上搜索您要去的目的地位置；可以记录您常要去的地方位置信息，并保留下来，也可以和别人共享这些位置信息；还可以模糊查询您附近或某个位置附近的如加油站、宾馆、取款机等信息。

(3) **自动导航**

1）语音导航。用语音提前向驾驶人提供路口转向、导航系统状况等行车信息，使您无须观看操作终端，而只通过语音提示就可以安全到达目的地。

2）画面导航。在操作终端上，会显示地图，以及汽车现在位置、行车速度、目的地距离，规划的路线提示，路口转向提示的行车信息。

3）重新规划线路。当您没有按规划的线路行驶，或者走错路口时，GPS 导航系统会根据您现在位置，为您重新规划一条新的到达目的地的线路。

(4) 倒车后视 倒车时，导航仪屏幕会自动显示车后的倒车画面，使倒车更加方便、安全。

692. 如何选购车载导航仪？

随着车载导航仪功能的更加丰富，新车车主安装车载导航仪的需求越来越多。面对市场上众多的车载导航仪品牌，应熟悉车载导航仪的选购技巧。其方法如下。

(1) 看导航地图准确性 导航地图是整个产品的核心，车载导航仪好用与否，地图及其准确性是关键。其地图覆盖面应广泛，地图的更新服务应及时。选择一两个您所熟悉的路段，或是新近开张的酒店，看看导航仪是否能够准确显示汽车的位置，因为街道、路段总是在不断地变化，其导航仪系统也必须提供定期更新服务。最好买质量可靠的品牌货，这样不仅可以避免导航仪不导航，还可以自动升级地图，避免二次购买。

(2) 看 GPS 搜星速度 一般而言，GPS 搜索卫星速度在几十秒，搜星速度的快慢是反映 GPS 导航仪产品好坏的重要标准。搜星速度受产品性能、天线以及导航软件算法控制的影响。好的导航仪，内部电路结构优化合理，硬件配置高，搜星速度快，输入要找信息，导航仪能够很快呈现。若 GPS 卫星信号接收模块的芯片是第一代或第二代的，则比较落后，导航过程易死机，导航搜星速度慢，这就意味着您的汽车到路口时需要等待 GPS 告知您怎样走之后，您才能开车行走，若按正常车速行驶，则会给驾驶带来很多麻烦。2014 年后主流机型配置 256M 缓存、8G 内存的导航仪，其运行速度较快。

(3) 看图像显示效果 车载导航仪的图像显示，以在阳光和阴暗状态下能看清屏幕、看清屏幕字体为准。为了适应不同的天气和光线条件，图像显示屏幕下必须有足够强的亮度，还要有足够的大小和高的分辨率。7in（1in＝25.4mm）左右的屏幕、高清的效果较好。

(4) 听语音播放质量 语音导航时，一般声音比较清晰、不失真的产品较好，反之则质量有问题。另外，检测时，还要看 GPS 播放的内容是否准确。

693. 什么是行车记录仪？它有什么作用？

行车记录仪是指记录车辆行驶途中的影像及声音等相关资讯的仪器。其实就是一个汽车摄像机，它可以通过高清镜头摄影，能将车辆行驶途中的影像、声音、车况资料等进行完整的记录。通俗一点说，行车记录仪就是汽车使用的"黑匣子"。行车记录仪的作用如下。

1）为驾驶人提供有力证据。当意外交通事故发生时，驾驶人可根据行车记录仪的记载资料立刻拿出证据，保障驾驶人的各方面权益不受侵害。

2）有助于交警快速处理交通事故。利用行车记录仪的影像资料可以快速、真实、准确地协助交警公平、公正、合理的处理交通事故。事故车辆既可快速撤离现场恢复交通，又可保留事发时的有效证据，营造安全畅通的交通环境。同时可避免自己遭到不公正的待遇。

3）防止专业碰撞人敲诈勒索和拦路抢劫。专业碰撞人或车辆可以制造出各种各样的交通事故，没有行车记录仪时有嘴也说不清，但行车记录仪可以回放事情经过，还以驾驶人清白。对于拦路抢劫者，行车记录仪可以提供破案的决定性证据，如事故发生现场和案犯的外貌特征等。

4）记录旅途风景。行车记录仪相当于车上的录像机，开车时边走边录像，可以为您记录下旅途的风景，必要时可以制作成保存，以便随时回放旅途风景，享受温馨的快乐生活。

694. 如何选购行车记录仪？

面对市场上良莠不齐，功能却都大同小异的行车记录仪，怎样才能选到合适的行车记录仪？在选购的时候，需要对产品的有关参数、性能及价格进行分析，才能最后视情而定。

(1) 像素 对于一款专业摄像的行车记录仪来说，最关键的就是它的像素。摄像头的像素越高，成像就越好。但像素越高，价格也就越昂贵。一般来说，正规500万像素的行车记录仪就已经能够达到720P的摄影效果，而800万像素的甚至可以延伸为1080P的摄影效果。对于普通车主来说，一款500万像素或者800万像素的行车记录仪就已经足够。当然想要追求更高品质的像素，也可选择1200万像素的行车记录仪。

(2) 图像处理器 高像素行车记录仪需要搭载性能稳定的图像处理器。市面上的主要图像处理器大致有安霸、联咏、太欣、SQ。美国安霸是目前市面上价格最昂贵，也是最好的图像处理器。而性能稳定的联咏图像处理器，则占据了市场的半壁江山。

目前录制视频格式为MOV的均采用安霸方案，avi格式的为联咏或太欣方案。如果行车记录仪达不到每秒30帧，在1080P的摄影模式下，视频会卡顿，不流畅。而在720P摄影模式下，最少也需要达到人眼能够适应的每秒24帧，才可以看到流畅清晰的视频画面。

(3) 镜头 目前市面上销售的行车记录仪镜头材质有全塑料、全玻璃以及塑料玻璃合成三种。这三种镜头，只有全玻璃镜头是最好的。玻璃比塑料更清晰，显示画面更清楚。行车记录仪在使用中会受热，镜头也会受热，玻璃受热后不会变形，使用寿命更长。

(4) 拍摄广角 行车记录仪需要记录车辆前面的影像（图4-46），当车辆从旁边经过的时候，很多行车记录仪就没办法拍摄了。理论上用180°的拍摄广角，就能看见车辆前方的全部景象。但实际上，行车记录仪的广角最好是在120°、140°左右，如果镜头拍摄的角度太大，拍出来的画面会扭曲，关键时刻可能无法帮助车主还原现场。行车记录仪有70°、90°、120°、140°广角。对于家用汽车来说，120°已经足够使用，当然140°可记录更多信息，不过价格会高些。

图4-46　拍摄广角范围

（5）**夜视效果** 夜间开车路况比白天复杂，行车时容易发生磕磕碰碰，且碰瓷事件大多都发生在晚上。因此，行车记录仪必须具备超高的夜视效果，以便能清晰记录夜间行车状况。有些行车记录仪在夜间的拍摄效果真的很差，选购时一定要注意。用户可以选择同一画面分别在光线充足和昏暗的情况下进行视频录像，然后进行对比确定。

（6）**电源接口** 行车记录仪一般都同时具备内置电源和外置电源，其中内置电源一般为锂电池，少部分会使用 5 号电池。行车期间，行车记录仪大部分都是通过点烟器取电。因此，对于内置电源的要求不需要过高。

（7）**体积大小** 国内多数行车记录仪停留在摄像头与显示屏一体化的设计中，其安装大部分利用支架黏贴在风窗玻璃。如果其屏幕尺寸过大，则会使行车记录仪体积增大，不便于固定在后视镜范围附近。另外，行车记录仪体积小，有利于隐蔽性安装，可减少砸窗被盗的风险。

（8）**价格** 行车记录仪便宜的有 200 多元，贵的有 2000 多元。在千元以内的范围内，200 元的价格差距已经足以在产品质量上提升一个档次，而超出千元的产品差别更多的是在高端功能上，比如增加安全预警、GPS 导航等功能。因此，对于一般的行车记录仪，选择400～800 元价格的产品，其质量、性能及功能都已经足够使用。

695. 如何选购汽车坐垫？

好的汽车坐垫（图 4-47）不仅能提高车主在开车过程中的舒适度，而且还能保持身体的驾驶姿势，提高车主的个人品位。现在坐垫市场上有各式各样的汽车坐垫，可通过下列方法选到好的坐垫。

（1）**选类型**

1）普通绒垫。档次较低，价格便宜，易起静电。

2）纯棉坐垫。版型好看，坐上去舒服，经过防静电处理。

3）亚麻坐垫。通风透气，舒适感好。

4）仿毛皮坐垫。款式多样，价格适中，适合普通家庭轿车使用。

图 4-47 汽车坐垫

5）纯羊毛坐垫。摸上去毛茸茸的，给人温暖舒适感觉，价格贵，达数千元，甚至上万元，适合中高档汽车使用。

（2）**看外观** 一般好的汽车坐垫，从外观上看，其色彩光泽鲜亮而生动。若是劣质坐垫则会颜色黯淡，看上去很容易掉色，没有立体感，颜色搭配不协调等。

（3）**试手感** 好的汽车坐垫，摸上去，会感觉到细腻、柔滑、没有一点瑕疵的感觉，反之劣质的坐垫手感自然会粗糙，手工不精细。

（4）**闻气味** 靠近坐垫，可用灵敏的嗅觉去鉴别坐垫。一般质量好的坐垫，在出厂的时候，经过多次消毒，是可防虫蛀、防细菌生长的，其坐垫是没有任何异味的。反之劣质的坐垫会发出各种异味，多闻几次会觉得恶心头晕。

696. 如何选购真皮座椅套？

座椅套是用来装饰座椅的，它应表达出车主的情趣，体现出车主的个性。它是汽车内饰中相当显眼的一部分，对汽车整体的装饰风格有重大影响。不管选择皮套还是布套，始终要牢记两大标准：一是舒适，二是美观。真皮座椅套美观耐用，触感舒适，档次高，是高贵豪华的象征。同时真皮座椅套，与人体表皮功能接近，透气性好，冬暖夏凉；真皮座椅套表面平滑，容易打理，一擦如新。但真皮座椅套一次购买价格较高，怎样选到较好的真皮座椅套？可用如下方法选购。

(1) 查看皮质 目前市场上汽车真皮座椅套的材质主要采用进口和国产的黄牛皮、水牛皮。

黄牛皮是专业汽车真皮座椅套最常见的原料，黄牛皮表面细腻手感柔软，毛孔细小，粒面细致、表面薄、抗张强度大；各部位厚薄较均匀，部位差小，质地结实又非常具有韧性，因而加工出的座椅套极为美观、舒适耐用。水牛皮次于黄牛皮，其表面粗糙、纤维粗松、强度较低，外观较黄牛皮稍差，但结实耐磨，现在水牛皮后期加工工艺不断改进和完善，加工出的汽车真皮座椅套也相当不错。好的汽车真皮座椅套皮面光滑，皮纹细致，色泽光亮，价格昂贵，适合高档车和追求完美的客户所选用。

(2) 检查皮厚 检查汽车真皮座椅套的皮厚，汽车真皮越厚越好，越厚越耐用。从皮料的侧面看，专业汽车真皮座椅套皮厚为 $1.2mm \pm 0.2mm$，好的皮料厚薄均匀。

(3) 闻查气味 真正好的真皮是没有刺鼻味道的，只具有一点淡淡的皮料特有的清香，若闻出皮料有太多的溶剂味或涂料味，则说明其皮的质量比较差。

(4) 查看做工 汽车真皮座椅套驾驶人经常接触，必须要看着赏心，用着舒心。一套高标准的汽车真皮座椅套应做工精细，缝制应双针明线对称，单针针距均匀，不跳针，不断线，针孔小，直线平直，弧度圆润，折皱自然，均匀，线条流畅，几何尺寸对等。

(5) 查看效果 安装好的真皮座椅套应紧贴座椅，饱满，皮套在座椅上无移位无松动。好的真皮色泽光亮柔和，无反光感，不变色，无异味，表面手感好，韧性强，用手轻按，有明显的纹理发散感觉。

697. 如何选购拖车绳？

车辆抛锚需用拖车绳应急拖车。想安全拖车，必须使用安全的拖车绳。拖车绳选购方法如下。

(1) 选拖车绳的材质 拖车绳一般有尼龙和钢丝的，两者各有所长，尼龙绳使用轻便，钢丝绳结实可靠。对于一般的轿车，尼龙绳（图4-48）就够用了，且质量轻又便于存放和携带。

(2) 选拖车绳的粗细和宽度 拖车绳的结实与否，与它的粗细和宽度密不可分。薄一些的拖车绳，必须要宽一些才行；若是圆形麻绳，要粗一些才结实。通常，拖车绳要有2.5的安全系数，若车重为2t，则可选择5t负载的拖车绳；若是越野车，其拖车环境不好，则可适当加大拖车绳的负荷能力。

(3) 查看拖车绳的挂钩 挂钩的好坏是拖车绳结实度的关键，绳子再结实，挂钩不牢固也白费。在看拖车绳时，要注重

图4-48 尼龙拖车绳

看看挂钩是否耐用，很多挂钩质量较差，轻轻一拉就损坏了，这样的拖车绳不安全。另外，要仔细查看挂钩接口是否牢固，拖车绳和挂钩的连接处是否结实。

（4）查看拖车绳的长度　拖车绳过长、过短都不好，过长的绳子容易让后面的车压到拖车绳，过短怕不够用。合适长度是 3～4m，这样两车既保证了足够距离，又能及时把车拖起来。

698. 什么是防滑链？它有何作用？

防滑链是指绑在轮胎上用来防滑的链条，一般是由钢链或橡胶链制成。按照结构可以把防滑链分为两种：一种是已经接成罩状的防滑链；另一种是交叉安装的几根单独的防滑链，它比较简单便宜，但安装不如前者方便。

防滑链能有效增强车辆在冰雪道路行驶的附着力，能提高在冰雪道路上行驶的稳定性，具有起步不打滑、行驶不侧滑、制动距离短的优点。在冰天雪地里、在陡峭的坡道行驶，装上合适的防滑链，可以提高汽车行驶的安全性和通过性。

699. 如何选购防滑链？

（1）根据汽车质量选　中、重型货车，其总质量较大，一般选用铁质防滑链（图4-49a），它比橡胶或牛筋防滑链效果好，经久耐用；家用轿车类，其质量小，一般选用橡胶或牛筋防滑链（图4-49b、c），它比铁质防滑链噪声小，安装方便，防滑效果不错，同时它对轮胎的损伤较小。

a) 铁质防滑链　　　　　　　　b) 橡胶防滑链　　　　　　　　c) 牛筋防滑链

图 4-49　防滑链

（2）根据行驶条件选　对于只是偶尔一次或者并非总是要走冰雪道路的车辆，为减少对轮胎的损伤，可选择橡胶或牛筋质防滑链；对于经常跑冰雪道路的货车或轿车，为提高防滑效果，增加行车安全性，可选铁质防滑链。

（3）轿车优先选择橡胶防滑链　牛筋防滑链，又称聚氨酯防滑链，其主要构成是塑料，它外观漂亮，质量较轻，但在严寒、低温时，极易变脆变硬而产生断裂，给雪地行车安全造成威胁。同时，牛筋防滑链在安装过程中由于链体遇低温变硬，很难与胎面完整贴合。

橡胶防滑链采用纯橡胶，它具有较高的弹性以及耐寒性，具有极强的抗拉性和延展性，且能在-40℃的低温下不出现断裂情况。橡胶防滑链由于延展性好，安装起来更方便，其防滑链与胎面能达到完整贴合。

橡胶防滑链与牛筋防滑链相比，性能好些。因此，为了冰雪道路行车安全，应优先选择橡胶防滑链。不过价格上牛筋防滑链便宜些，若不经常使用，也可选择牛筋防滑链。

四、汽车空调系统的使用维护

700. 什么是汽车空调？其主要功能有哪些？

汽车空调是指汽车的空气调节，即采用制冷和采暖方法，调节车内的空气温度、湿度、气流速度、洁净度等参数，从而为人们创造清新舒适的车内环境。完整的汽车空调有通风装置、暖气装置、冷气装置和空气净化装置组成。汽车空调的主要功能是调节温度、调节湿度、通风净化。

调节温度通过制冷制热来体现，汽车空调制冷与家用空调原理相同，是利用制冷剂R134a压缩释放的瞬间体积急剧膨胀需要吸收大量热能而使车室内温度降低的原理制冷；汽车空调制热则是利用汽车发动机余热供暖，一般以发动机冷却循环水作为暖风的热源制热。

调节湿度是通过制冷装置冷却降温，去除空气中的水分，再由采暖装置升温以降低空气的相对湿度。空调制冷过程就是除湿的过程，在湿度较大的阴雨天气或是温差太大的时候车内的玻璃上容易起雾，打开空调除雾就是一个除湿的过程。

通风净化是指通风和净化。通风分为内循环和外循环，使用内循环时车内空气基本不与外界交流，使用外循环时位于发动机舱盖下的新风口会将外界的空气源源不断的送进来，以保持车内空气的清新。空气净化需通过炭罐装置、空气过滤装置和静电除尘式净化器等一套较完整的空气净化系统装备来完成。

701. 怎样合理使用汽车空调？

汽车空调的日常使用是否合理，不但能影响其使用效率和燃油消耗量，而且还影响其使用寿命。在使用空调时，应做到如下几点。

1）先打开车窗透气，后再开空调。上车后，如果车里温度非常高，应该先把车门、车窗打开，释放积聚在车内的热气，等到车厢内外温度相近时，再关闭车门、车窗，启动空调内循环，这样用空调效果更好，同时也能保证车里的空气流动，对人体健康有利。

2）通常情况下，汽车内温度调到 20~25℃ 比较合适，如果该车空调不是全自动恒温，可先把温度设定在最低，风速开到最大，等到觉得冷时，先把温度调高一点，再把风速降一点，如还冷，同样再将温度调高些，然后将风速降下来，反复这样操作直到感觉温度合适为止。

3）正确调整空调冷/热出风口方向。根据冷空气下沉、热空气上升的原理，开冷气时，应将出风口向上；开暖气时，应将出风口向下。

4）正常行驶时，应避免降温控制开关时间置于最低档位，最好不要超过 2h，以防蒸发器过度结霜，同时更不应频繁开启和关闭空调，以防损坏空调系统。汽车在上长坡时，要尽量少用或不用空调，因为此时发动机的负荷较大，使用空调会导致发动机过热。

5）停车使用空调的时间不能过长，以免散热器冷凝压力过高而损坏制冷系统，不应在发动机怠速运转条件下使用空调在车内长时间休息，若同一场地内停放车辆较多，应将车头避开前面的排气管口方向，间距至少 8m 以上，以免前车的废气被吸入车内。

6）在车室内空气进气口附近不能堆放物品，以防进气口被堵而导致空调系统空气流通受阻，影响空调效果。

7）每次停车时，应提前几分钟关掉空调，稍后开启自然风，这样可以消除空调管道与外界的温差，保持空调系统的相对干燥，以免因潮湿造成大量霉菌的繁殖。

702. 怎样正确维护汽车空调？

(1) 清洁空调系统 汽车空调系统在使用过程中，空气会在空调滤清器、鼓风机、蒸发器、冷凝器以及风道中流动。长期使用后，上述装置的表面会积累许多尘埃、水分和其他污垢物，如不加以清除，则会导致制冷效果差及出风量小等故障，同时还会对人体呼吸系统及皮肤造成损害和过敏反应，直接影响乘员的健康。因此，一般情况下每行驶7000km左右需要对空调滤清器进行一次清洁，每行驶20000km需更换空调滤清器。另外，应经常性清理汽车散热器前面的冷凝器，去除冷凝器上的灰尘、泥土、树叶等异物，还要冲洗空调的鼓风机，并对冷凝器、蒸发器表面尘污进行处理，蒸发器每3~4年要拆下彻底清洗。

(2) 定期检查空调各部件 要定期检查空调传动带的松紧度，传动带过松会出现打滑现象，使空调的工作效率降低。要经常检查空调系统各软管有无磨损、老化现象，空调系统中大量采用橡胶软管，如果这些软管有磨损或老化，则待环境温度升高、制冷系统工作时就会爆管，导致制冷剂、冷冻机油泄漏甚至系统完全失效。要注意制冷剂是否泄漏，检查压缩机零件表面、软管、管子接头处是否有油迹，如果油迹很多，说明系统泄漏，应及时进行修理。检查冷凝器、蒸发器是否严重脏污，发现问题可用压缩空气吹掉或用压力清水冲洗干净，做到及时处理。另外，还应检查风窗玻璃前下方的空气入口栅，及时清除杂物，把空调进、出风口之间的风道洗净，清除空调进、出风口的灰尘等各种杂质，使空调吹出来的凉风清新宜人。

(3) 定期开启空调 如果空调长时间停用，一般情况下应每半月左右开启一次，每次工作10min左右，这样可保持压缩机和密封件的良好润滑，防止压缩机内部生锈及压缩机活塞粘死而发生拉伤，同时还能防止制冷管路的老化，保证整个系统的循环畅通。

703. 怎样目检空调制冷系统是否正常？

1）观察空调上各种开关、按键、旋钮、熔断器等是否处于正确位置或有无松动。

2）观察冷凝器表面是否清洁，冷凝器表面如附有泥土或杂物，会影响制冷效果。如过脏，应及时用水将其清洗干净。

3）观察空调制冷系统所有连接部位及压缩机油封、前后盖板密封垫、检修阀等是否有油渍。若发现某处有油渍，则表明该处有泄漏现象。要想确定细微泄漏点及泄漏的准确位置，可采用皂泡检漏或染料检漏或电子检漏方法检测。

4）观察空调系统各软管的状况。汽车空调使用大量的橡胶管，一旦发现橡胶管老化、鼓泡、龟裂、磨损渗漏等现象要及时更换。

5）观察储液干燥器上玻璃窗内制冷剂的流动状态。观察时应使发动机低速运转，温度调节旋钮旋至最大冷却档，排气风扇高速运转5min以上。若窗口清晰、液态透明、无气泡，出风口冷则正常，提高或降低发动机转速时会出现少量气泡；若窗口偶尔出现气泡，而且制冷剂呈乳白色混浊状，观察膨胀阀是否结霜，有霜则表明有水分，没有霜则可能是制冷剂不足或有空气；若观察窗玻璃上有油渍、玻璃窗内什么也看不见，出风口不冷则表明制冷剂严重不足或已泄漏完；若窗口出现纹状油渍或黑油状泡沫，则说明冷冻润滑油过多或变质。

704. 怎样触摸检查空调制冷系统是否正常？

触摸检查主要是通过手触摸部件感觉温度或温差的高低来判断。注意：用手触摸高压侧的管道时，要试探性地接触，以免手被烫伤。空调制冷时的检查方法如下。

1）用手感受车内冷气风口吹出的冷风温度及风量，若温度较低、风量较大，则正常。

2）用手触摸压缩机进口和出口管路，若有明显的温度差，则正常。

3）用手触摸冷凝器输入和输出管路，若输出管温度较低，则正常。

4）用手触摸干燥过滤器输入和输出管道，若其温度相同，则正常。

5）用手感受膨胀阀输入和输出管路，若输出口温度较低，输入口温度较高，则正常。

705. 检查制冷剂泄漏的常用方法有哪些？怎样检查？

检查制冷剂泄漏的常用方法有三种：皂泡检漏法、染料检漏法、电子检漏法。

（1）皂泡检漏法 让汽车空调制冷系统工作，将较浓的肥皂水用软刷涂抹在可疑之处，若有气泡出现，说明有泄漏，然后反复涂抹几次，准确判断出泄漏部位。若制冷剂已泄漏完，则必须充入惰性气体（如氮气）检测。此法最大的优点是能准确判断出泄漏位置，且价格低廉，操作简单。

（2）染料检漏法 将染料（红色、黄色）经加注口引入空调系统中，然后将空调系统运转片刻，如有泄漏就会在漏点位置呈现染料，便于观察，其染料对制冷系统无害。

（3）电子检漏法 电子检漏仪工作原理如图4-50所示，其核心部分是一对电极，阳极由铂制成，铂被加热器加热而带正电，其阳离子就会从阳极射到阴极并产生电流。若有制冷剂气体从两电极间流过，回路中的电流就明显增大，据此可以检测出制冷系统是否泄漏。电子检漏法：首先打开电源开关，将检漏仪的灵敏度调整到合适，然后将检漏仪的探头沿空调制冷系统的管路进行检测，当有渗漏时，泄漏警告灯闪亮同时发出警告信号。

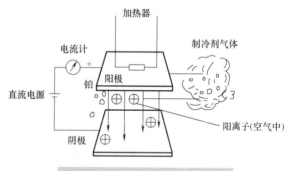

图4-50 电子检漏仪的工作原理

706. 汽车空调无冷气的原因是什么？

开启汽车空调后，车内无凉爽感觉或温度下降太慢，其可能的故障原因如下。

1）点火开关熔断器烧断，使空调压缩机电磁离合器不工作。

2）空调开关接触不良，使空调压缩机电磁离合器不工作。

3）空调系统电路有断路或接触不良，使空调压缩机电磁离合器或鼓风机不工作。

4）压力开关或温度传感器不良。

5）压缩机传动带过松或断裂，使压缩机不工作。

6）压缩机故障，使其工作不正常。

7）压缩机电磁离合器有故障。

8）膨胀阀有故障。

9）制冷系统管路堵塞，造成制冷剂不循环或循环不畅。

10）管路泄漏，制冷剂严重不足或无制冷剂。

707. 汽车空调冷气时有时无的原因是什么？

开启空调后，车内时而有凉意，时而又无凉爽感觉，其可能的故障原因如下。

1）压缩机传动带松弛。

2）压缩机电磁离合器打滑。

3）制冷剂中含有过多的水分。

4）控制线路有接触不良之处。

708. 汽车空调冷气不足的原因是什么？

开启空调后，无论车速的高低，车内总是不够凉爽，其可能的故障原因如下。

1）压缩机传动带松弛。

2）压缩机性能不良。

3）压缩机电磁离合器打滑。

4）膨胀阀有故障。

5）冷凝器有阻塞。

6）制冷系统中有空气、制冷剂不足或是制冷剂过多。

7）储液干燥器有阻塞。

8）压缩机润滑油过多。

9）温度传感器或空调控制器有故障。

709. 汽车空调冷气风量不足的原因是什么？

开启空调后，风口凉，但感觉风量不足，以至于车内不够凉爽，其可能的故障原因如下。

1）蒸发器结霜。

2）冷却空气通道有渗漏空气现象。

3）空气进口有阻塞。

4）鼓风机及电动机有故障。

710. 汽车空调在低速时无冷气的原因是什么？

开启空调，在低速时车内无凉意，只有在车速很高时才有凉爽感觉，其可能的故障原因如下。

1）压缩机传动带松弛。

2）压缩机性能不良。

3）冷凝器有阻塞。

4）制冷系统中有空气或制冷剂不足，或制冷剂过多。

711. 汽车空调采暖效果不佳的原因是什么？

打开暖风系统后，出风口没暖风吹出，或长时间暖风温度不高，其可能的故障原因如下。

1）发动机工作冷却液温度过低。

2）暖风旋钮操作不正确。

3）鼓风机（风扇）损坏或工作不正常。

4）加热器芯体损坏或工作不正常。

5）暖风系统的水、气管路泄漏，或水、气管路有凹陷、扭曲、弯曲等受阻不通畅。

712. 空调压缩机不转或运转不良的原因是什么？

空调压缩机不转或运转不良可能由下述原因引起。

1）传动带松弛，其张紧度不符合规定。

2）压缩机内部有故障使传动带打滑，用手转不动压缩机驱动轴。

3）蓄电池电压不足，压缩机运转时传动带打滑。

4）电磁离合器线圈短路或断路使传动带空转，压缩机不工作。

5）离合器接合面油污引起离合器打滑。

6）离合器转子与吸铁之间的间隙过大使离合器接合不紧。

7）空调开关及控制线路有故障。

713. 空调蒸发器鼓风机不转或风量不足的原因是什么？

蒸发器鼓风机不转或风量不足可能由下述原因引起。

1）驱动鼓风机的电动机熔丝熔断，或电动机有故障。

2）鼓风机电路导线断路或连接松脱。

3）可变电阻器断路。

4）鼓风机开关故障，在各档位使鼓风机转速不符合要求。

5）蒸发器污垢、滤网堵塞、通风不良使其风量不足。

6）送风通道及风口接合处密封不良，产生漏风。

714. 制冷系统管路会出现哪些故障现象？

1）管路凹陷，在凹陷部分的两端会出现温度差，有时会结露。

2）过滤器堵塞，在堵塞两侧会产生温度差。

3）膨胀阀阀口出现冰堵，使吸气压力和排气压力偏低，其原因为湿气不能被储液干燥器完全吸附，储液干燥器失效。

4）储液干燥器进口与压缩机排气阀之间的管路出现堵塞，使制冷系统高压压力升高，引起压缩机产生故障。

5）储液干燥器出口与压缩机吸气阀之间的管路出现堵塞，使制冷系统低压压力太低，同时高压也有所下降。

6）压缩机吸气阀滤网堵塞，使制冷系统低压压力升高。

7）制冷剂管路破裂、发生制冷剂泄漏。

715. 冷凝器、储液干燥器、膨胀阀、冷风输送管道容易出现哪些故障？

冷凝器常见故障有盘管破漏，翅片变形及积累污垢，使制冷剂泄漏，流经冷凝器的空气不足，导致排气压力过高，还会导致发动机冷却液温度升高，产生过热现象。

储液干燥器由于吸湿材料达到饱和状态及过滤网杂质过多，就会引起通道的堵塞，使储液干燥器外部出现结露或结霜现象，空调制冷效果变差。

膨胀阀常见故障有针阀动作不符合要求及膨胀阀形成"冰塞"现象，前者可能由感温包内气体泄漏、感温包松动及包外的绝热胶带松脱导致膨胀阀关闭及开度过小或过大；后者则为制冷剂中的水分超过规定，在通过膨胀阀时冻结成冰，形成"冰塞"，堵塞阀孔，截断制冷液的流动，使车内的冷气供应产生停顿，当"冰塞"现象消失时，又可正常制冷，如此循环，制冷效果变差。

冷风输送管道长期使用后，可能产生老化，锈蚀，破损，在送风过程中产生阻碍或泄漏，使风量减少，制冷效果变差。

716. 检测制冷系统高、低侧压力有何作用？

空调制冷系统正常工作时，制冷循环系统压力值：低压侧压力为 $0.15 \sim 0.2\text{MPa}$，高压侧压力为 $1.45 \sim 1.5\text{MPa}$。若空调制冷系统由于某种原因而导致制冷效果变差或不制冷的故障，则制冷循环系统的压力值会发生变化。因此，利用压力表组测出制冷循环系统高压侧与低压侧的压力值，看是否在规定范围内，就可快速判定是否产生故障以及进行故障诊断。

717. 制冷系统高、低压过低的故障征兆是什么？如何排除？

(1) 故障征兆

1) 储液干燥器进出口间的温差大，从玻璃观察窗内看到有气泡。
2) 膨胀阀的进口温度低，可能结霜，进、出口间温差巨大。
3) 低压管接头附近的温度明显低于蒸发器出口附近的温度。
4) 冷气流量不足或过低，车内送入的冷风欠凉。

(2) 故障原因

1) 制冷剂加注不足或有泄漏。
2) 储液干燥器内部有阻塞，储液干燥器与膨胀阀间的高压管路被阻塞。
3) 膨胀阀调整不正确，膨胀阀的关闭量比规定值多，膨胀阀的出口和进口可能阻塞。
4) 低压管被阻塞或压扁变形，某些管路接头松动。
5) 压缩机故障，蒸发器结冰等。

(3) 故障排除　可更换储液干燥器、膨胀阀，检查并修理失效零部件，检查压缩机润滑油有无杂质，必要时更换压缩机，用压缩空气吹除阻塞物，从制冷剂中除去水分或更换制冷剂。

718. 制冷系统高、低压过高的故障征兆是什么？如何排除？

(1) 故障征兆

1) 汽车空调制冷效果差。
2) 当用水泼到冷凝器上后，压力立即下降，冷却风扇的抽吸能力不足。
3) 低压管路不冷，压缩机停止后，高压值很快降低到约 196kPa，然后缓慢下降。
4) 低压管接头附近的温度明显低于蒸发器出口附近的温度，翅板上有时结霜。
5) 发动机冷却液温度上升，产生过热现象。

(2) 故障原因

1) 循环制冷剂加注过量，造成供给蒸发器的制冷剂液体过多影响低压侧压力升高，同时影响蒸发器内制冷剂的蒸发量，使相应的吸热量减少，导致制冷量减少。
2) 冷凝器冷却性能不良，散热片间存有污垢，风扇运转不正常。
3) 膨胀阀开度调整不正确及温度阀有问题。
4) 制冷循环系统中存有空气。
5) 发动机冷却系统出现故障。

（3）**故障排除** 减少制冷剂直至达到规定压力，清洗冷凝器，检查修理冷却器风扇，系统内若存有空气则需要更换干燥过滤器，反复抽真空并重新加注制冷剂，调整或更换膨胀阀，检查修理发动机冷却系统。

> **719.** 制冷系统高压过高而低压过低的故障征兆是什么？如何排除？

（1）**故障征兆** 冷凝器上部和高压侧偏热，而储液干燥器并不热，冷气不冷，高压管处结霜。

（2）**故障原因** 制冷系统内有杂质，导致压缩机和冷凝器间的高压管或高压元件被堵塞。

（3）**故障排除** 检查高压管或高压元件堵塞部位，对失效零部件进行修理或更换。

> **720.** 制冷系统高压过低而低压过高的故障征兆是什么？如何排除？

（1）**故障征兆** 压缩机停止工作后，高低压侧的压力很快相等。工作时高低压侧的温度无差异，没有冷气，压缩机吸气管出现小水珠或结霜。

（2）**故障原因** 压缩机工作不正常，其排量不能变化，内部密封装置损坏，膨胀阀损坏。

（3）**故障排除** 更换压缩机及膨胀阀，抽真空重新加注制冷剂。

> **721.** 制冷系统高压较低而低压有时呈负值的故障征兆是什么？如何排除？

（1）**故障征兆** 空调系统不起作用，送入车内的冷气不冷，在膨胀阀前后的管路上可见小水珠或结霜。

（2）**故障原因** 膨胀阀堵塞，感温包可能损坏；制冷剂中存有水分；制冷剂量不足。

（3）**故障排除** 检查感温包的位置和安装情况，必要时更换感温包、膨胀阀或补充制冷剂。

> **722.** 制冷系统高压过高而低压呈负值的故障征兆是什么？如何排除？

（1）**故障征兆** 空调制冷效果差，车内出现断续送冷风现象。

（2）**故障原因**

1）干燥剂吸湿能力达到饱和，制冷系统内存有水分。

2）高压侧被异物堵塞，制冷剂不流动。

3）制冷循环系统内的水分冻结，堵塞了膨胀阀阀孔，导致制冷剂不循环流动，送冷风暂停，当堵塞的冰融化后，制冷循环系统恢复正常工作。

（3）**故障排除** 应经常更换干燥剂，反复抽真空排出制冷循环系统中的水分，重新加注制冷剂，必要时更换膨胀阀和储液干燥器。检查压缩机润滑油有无杂质，并用压缩空气吹除异物。

> **723.** 怎样排放汽车空调制冷剂？

汽车空调系统在进行拆卸部件、系统检修等许多维修项目之前，都必须首先放出系统中的制冷剂。排放制冷剂时，须注意环境通风，并不能有明火，否则将产生有毒气体。排放制冷剂的操作方法如下。

1）关闭压力表组上的高、低压手动阀（图4-51），将压力表组的高、低压软管分别连接到空调系统的高、低压检修阀上，将中间软管端头用干净布罩上或放入量杯中。

2）缓慢打开高压手动阀，让制冷剂从中间软管排出，注意阀门开度要小，否则冷冻油将随制冷剂一同排出。

3）观察高压表，当其压力降到 0.35MPa 以下时，逐渐打开低压手动阀，使制冷剂从高低两侧同时排出。

4）随压力下降，逐渐开大两个手动阀，直到制冷剂完全放出为止。

若想回收制冷剂，在上述操作的基础上可将中间软管接到真空泵入口，真空泵出口接到回收罐上，然后开启真空泵，便可将制冷剂回收到罐中。

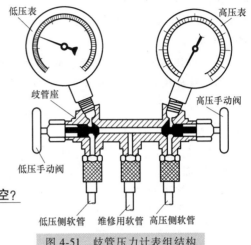

图 4-51 歧管压力计表组结构

> **724. 汽车空调为什么要抽真空？怎样抽真空？**

给汽车空调抽真空是为了排除制冷系统内的空气和水汽，抽真空后可降低水的沸点，水汽化成蒸汽后被抽出制冷系统。因此，抽真空时时间越长系统内残余的水分就越少。为最大限度地将系统内的空气及湿气抽出，必须采用重复抽真空法，即第一次抽真空完毕后，再连续抽 30min 以上。抽真空步骤如下。

1）将歧管压力计上的两根高、低压力软管分别与压缩机上的高低接口相连，将歧管压力计上的中间软管与真空泵相连（图 4-52）。

2）打开歧管压力计上的手动高、低压阀，启动真空泵，并观察两个压力表，将系统抽真空至 98.70~99.99kPa。

3）关闭歧管压力计上的手动高、低压阀，观察压力表指示压力是否回升。若回升，则表示系统泄漏，此时应进行检漏和修补。若压力表指针保持不动，则打开手动高、低压阀，启动真空泵继续抽真空 15~30min，使真空压力表指针稳定。

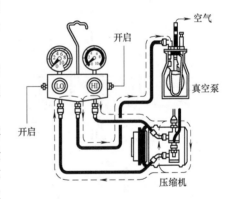

图 4-52 空调抽真空

4）关闭歧管压力计上的手动高、低压阀。

5）关闭真空泵。

> **725. 怎样充注空调制冷剂？**

当对制冷系统抽真空达到要求，且经检漏确定制冷系统不存在泄漏后，即可向制冷系统充注制冷剂。充注前，先确定充注制冷剂的数量，因为充注量过多或过少，都会影响空调的制冷效果。压缩机铭牌或发动机舱盖上一般都标有所用制冷剂的种类及其充注量。

充注制冷剂的方法有两种：一种是从压缩机高压阀充注，称为高压端充注，充入的是制冷剂液体。其特点是安全、快速，适用于制冷系统的第一次充注，即检漏、抽真空后的系统充注。另一种是从压缩机低压阀充注，称为低压端充注，充注的是制冷剂气体。其特点是充注速度慢，可在系统补充制冷剂的情况下使用。

(1) 高压端充注制冷剂

1）当系统抽真空后，关闭歧管压力计上的高、低压手动阀。

2）将中间软管的一端与制冷剂罐注入阀的接头连接起来（图4-53）。打开制冷剂罐开启阀，再拧开歧管压力计软管一端的螺母，让气体溢出几秒，把软管中的空气赶走，然后再拧紧螺母。

3）拧开高压侧手动阀至全开位置，将制冷剂罐倒立，以便从高压端充注液体制冷剂。

4）从高压端注入规定量的液体制冷剂，然后关闭制冷剂罐注入阀及歧管压力计上的手动高压阀，再将仪表卸下。特别注意：充注时不可开启压缩机，不可拧压力计上的手动低压阀，以防产生液压冲击。

（2）低压端充注制冷剂 通过歧管压力计上的手动低压阀，可向制冷系统的低压侧充注气态制冷剂。

1）按图4-54所示，将歧管压力计与压缩机和制冷剂罐连接好。

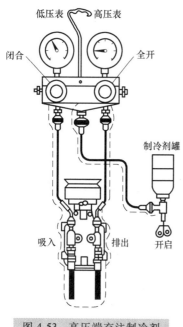

图4-53 高压端充注制冷剂

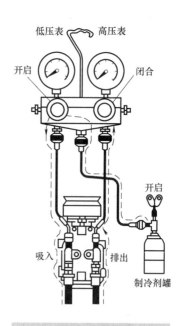

图4-54 低压端充注制冷剂

2）打开制冷剂罐，拧松中间注入软管在歧管压力计上的螺母，直到听见有制冷剂蒸气流动的声音，然后拧紧螺母。目的是排出注入软管中的空气。

3）打开手动低压阀，让制冷剂进入制冷系统。当系统压力值达到0.4MPa时，关闭手动低压阀。

4）起动发动机，将空调开关（A/C）接通，并将鼓风机开关调至最大，设定温度调到最低。

5）再打开歧管压力计上低压侧手动阀，让制冷剂继续进入制冷系统，直至充注量达到规定值。

6）在向系统中充注规定量制冷剂之后，从干燥瓶的观察孔观察，确认系统内无气泡、无过量制冷剂。随后将发动机转速调至2000r/min，鼓风机风量开到最高档。若环境温度为30～35℃，系统内低压侧压力应为0.147～0.192MPa，高压侧压力应为1.37～1.67MPa。

7）充注完毕后，关闭歧管压力计上的手动低压阀，关闭装在制冷剂罐上的注入阀，使发动机停止运转。将歧管压力计从压缩机上卸下，动作要迅速，以免过多制冷剂泄出。

> **726.** **怎样加注空调冷冻机油？**

冷冻机油是制冷式压缩机的专用润滑油，具有润滑、冷却、密封、降噪功能。冷冻机油不足时可能造成压缩机卡死，过量时则造成制冷不足。正常情况下，冷冻机油的消耗量很少，一般不需添加。但发现系统有严重泄漏时，或修复或更换空调压缩机、冷凝器、储液器、蒸发器时需要更换或添补冷冻机油，添加时一定要保证是同一牌号的冷冻机油，否则可能会生成沉淀物。压缩机冷冻油加注方法有直接加注、抽真空加注和压缩机吸入加注。

(1) **直接加注**　若在抽真空前加注冷冻机油，可采用直接加注法。该法简单，先用量杯量取所需的冷冻机油量，然后从压缩机的旋塞口将所取的冷冻机油倒入即可。

(2) **抽真空加注**　抽真空加注冷冻油的方法如下。

1）按抽真空的方法先对制冷系统抽真空，抽完后关闭真空泵和高低压手动阀。

2）选用有刻度的量筒，盛入比所要补充量还要多的冷冻油。

3）将连接在压缩机上的低压软管从歧管压力计上拧下来，并将其插入盛有冷冻油的量筒内，如图4-55所示。

4）起动真空泵，打开歧管压力计上的手动高压阀，补充的冷冻油就从压缩机的低压侧进入压缩机中。当冷冻油量达到规定量时，停止真空泵的抽吸，并关闭手动高压阀。

5）加注冷冻润滑油后，还应接着对制冷系统抽真空、灌注制冷剂。

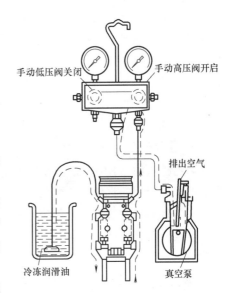

手动低压阀关闭　　手动高压阀开启

排出空气

冷冻润滑油　　真空泵

图4-55　抽真空加注冷冻机油

(3) **压缩机吸入加注**　该法是利用压缩机本身抽吸作用，将冷冻油从低压阀处吸入，这时发动机一定要保持低速运转。

第 五 章

汽车油液的合理使用

> **727.** 汽油牌号的含义是什么？

汽油的牌号用辛烷值表示。辛烷值是表示点燃式发动机燃料抗爆性的一个约定数值。测定辛烷值的标准燃料，由抗爆性很好的异辛烷和抗爆性极差的正庚烷两种烷烃混合而成。汽油的辛烷值就是汽油与相同抗爆性的标准燃料相比所具有相当于异辛烷的体积百分数。汽油的辛烷值越高，抗爆性越好，发动机越不易爆燃。我国车用汽油、车用乙醇汽油（E10）均按研究法辛烷值（RON）划分。车用汽油（Ⅳ）有 90 号、93 号、97 号三个牌号；车用汽油（Ⅴ）有 89 号、92 号、95 号和 98 号四个牌号。牌号越大，则辛烷值越高。

> **728.** 什么是车用乙醇汽油？它有何特点？

车用乙醇汽油（E10）是指在汽油组分油中按体积混合比加入 10% 的变性燃料乙醇后，作为汽油车燃料用的汽油。乙醇的辛烷值较高，汽油中加入乙醇可以提高汽油的辛烷值，同时乙醇作为含氧化合物加入汽油中，可改善燃烧特性，减少一氧化碳和碳氢化合物的排放。另外，乙醇的来源广泛，可以缓解石油资源紧张的需求。目前加油站加的汽油 E10 就是乙醇汽油。

> **729.** 如何选择合适的汽油牌号？

汽油牌号越大，则抗爆性越好，但油价也越高。为保证汽车使用的经济性，在发动机用油不爆燃的前提下，尽量选用较低的汽油牌号。汽油牌号的选择方法如下。

(1) 根据汽车使用说明书要求选用汽油牌号 汽车发动机的结构条件不同，汽车的抗爆性能就不一样，因而汽油牌号应按说明书要求，以正常运行条件下不发生爆燃为前提选用。

(2) 根据发动机的爆燃倾向选用汽油牌号 发动机爆燃倾向越严重时，汽油的抗爆性应越好，汽油牌号应选得越高。通常，发动机压缩比越高，其爆燃倾向越严重，应选用高牌号汽油；高原地区空气密度小，发动机工作时，压缩终了的气缸压力和温度较低，发动机不易爆燃，汽油牌号可选低些；炎热夏季高温条件行驶的汽车，其发动机爆燃倾向严重，应选用高牌号汽油。

(3) 根据经验选用汽油牌号 驾驶人还可以根据用油时的感觉，发动机的运行状况，凭经验选出最适应自驾汽车的汽油牌号。通常，加速时发动机有严重的敲缸声，若选用高一牌号汽油时声音消失，则说明原汽油牌号选低了，应选高一牌号汽油。

> **730.** 汽油牌号什么情况可选低些？

高原地区的汽油牌号可选低些。在海拔较高的高原地区使用汽车时，因空气密度小，压缩终了的气缸压力和温度较低，发动机不易爆燃，因而汽油牌号可选得低些。

在道路条件好、寒冷冬季、汽车经常轻载行驶的条件下，发动机不易爆燃，此时汽油牌号可选得低些。

汽油牌号低选后，如果汽车加速时，发动机没有严重的敲缸声和振动，则说明低选是可行的。这种低选，可节省油费，而对汽车没有什么不良影响。

731. 柴油牌号的含义是什么？

车用柴油的牌号按凝点划分。凝点是指在规定条件下，柴油冷却到液面不能移动时的最高温度。柴油的凝点越低，说明其低温流动性越好。为使柴油机在低温条件下能可靠工作，其柴油应具有良好的低温流动性。车用柴油（V）有六个牌号，即 5 号、0 号、-10 号、-20 号、-35 号、-50 号。柴油牌号越低，说明凝点越低，低温流动性越好，越适用低温条件下使用。

732. 如何选择合适的柴油牌号？

柴油凝点越低，则低温流动性越好，但油价也越高。为保证汽车使用的经济性，在发动机用油低温不失去流动性的前提下，尽量选用较高凝点的柴油。

柴油牌号选择，通常是根据当地月风险率为 10% 的最低气温与凝点温度相比确定，所选用的柴油凝点应比当地月风险率为 10% 的最低气温低 4~6℃。据此，各牌号车用柴油适用范围如下。

5 号车用柴油：适用于风险率为 10% 的最低气温在 8℃ 以上的地区。

0 号车用柴油：适用于风险率为 10% 的最低气温在 4℃ 以上的地区。

-10 号车用柴油：适用于风险率为 10% 的最低气温在-5℃ 以上的地区。

-20 号车用柴油：适用于风险率为 10% 的最低气温-14℃ 以上的地区。

-35 号车用柴油：适用于风险率为 10% 的最低气温在-29℃ 以上的地区。

-50 号车用柴油：适用于风险率为 10% 的最低气温在-44℃ 以上的地区。

733. 机油有何作用？其性能等级如何划分？

机油是指发动机润滑油，它具有润滑、冷却、清净、密封和防蚀的作用。机油分为汽油机机油和柴油机机油两个系列。机油使用性能分类，世界各国广泛采用美国石油学会（API）的使用性能分类法，它根据机油在发动机试验评定中所表现的润滑性、清净分散性、抗氧抗腐性、抗磨性、抗泡沫性等确定其性能等级。

汽油机机油代号中，第一个字母"S"表示汽油机机油，"GF"表示以汽油为燃料的、具有燃油经济性要求的乘用车发动机机油。"S"与其后面的字母或"GF"与其后面的数字代表汽油机机油的质量等级，如 SD、SE、SF、SG、SH、SJ、GF-1、GF-2、GF-3、GF-4 等。柴油机机油代号中，第一个字母"C"表示柴油机机油，"C"与其后面的字母代表柴油机机油的质量等级，如 CC、CD、CD-Ⅱ、CE、CF-4 等。机油级别越靠后或序号越大，则性能越好。

734. 什么是单级机油？什么是多级机油？

机油黏度分类，世界各国广泛采用美国汽车工程师学会（SAE）的黏度分类法。我国根据黏度等级将机油分为单级油和多级油。

单级油是冬（低温型）、夏（高温型）专用油，它采用含字母 W（代表冬季）和不含字母两组黏度系列。低温型黏度等级有 0W、5W、10W、15W、20W、25W 等六个低温黏度级号，W 前的数字越小，其低温黏度越小，低温流动性越好，适用的最低气温越低，适用于冬天寒冷地区。高温型黏度等级有 20、30、40、50、60 等五个高温运动黏度级号，数字越大，其黏度越大，适用的最高气温越高，适用于温度较高地区。

多级油是指能够同时满足低温和高温正常润滑要求的、具有多黏度等级的机油。这类机油低温黏度小，100℃运动黏度较高。多级油由低温黏度级号和高温黏度级号组合表示，例如 5W-20，在低温使用时，它具有 5W 的黏度级，在 100℃使用时，它又具有 20 的黏度级，多级油可以四季通用。

> **735.** 如何认识机油牌号？

机油牌号应包括机油的性能等级、黏度等级和机油的类别。汽油机机油牌号的标记如：SF10W-30 汽油机机油（图 5-1a）、SE 30 汽油机机油。柴油机机油牌号的标记如：CD20W-50 柴油机机油（图 5-1b）、CC 30 柴油机机油。

> **736.** 什么是通用机油？

通用机油（图 5-2）是指能够同时满足汽油机和柴油机使用的机油。通用机油牌号的标记如：SJ/CF-4 10W-30 或 CF-4/SJ 10W-30，前者表示其配方首先满足 SJ 汽油机机油的要求，后者表示其配方首先满足 CF-4 柴油机机油的要求，两者均需同时符合 SJ 汽油机机油和 CF-4 柴油机机油的全部质量指标。其牌号标记的 10W-30 反映的是黏度等级，它是一种多级油。

a) SF10W-30汽油机机油　　　b) CD20W-50柴油机机油

图 5-1　发动机机油

图 5-2　通用机油

> **737.** 汽油机机油性能等级如何选择？

一般是按照汽车使用说明书中的规定，选用汽油机机油的使用性能等级。除此之外，还可根据其发动机工况、使用条件和生产年代来选用使用性能等级。通常，发动机的最大功率、转矩、转速越大，对机油的使用性能等级要求就越高。汽车使用条件恶劣时，对机油的使用性能等级要求较高，如有下列情况，机油就应提高一个等级。

1）经常处于停停开开使用状态的出租车，易产生低温油泥。

2）长期低温、低速行驶的汽车，易产生低温沉积物。

3）长期高温、高速行驶的汽车，机油容易氧化变质。

4）长期在灰尘大的场所行驶的汽车，机油容易污染变质。

5）较新型号汽车，或近年生产的汽车，由于对高使用性能的追求和对低排放污染的控制，要求机油的使用性能等级较高。

▶ 738. 柴油机机油性能等级如何选择？

一般是按照汽车使用说明书中的规定，选用柴油机机油的使用性能等级。除此之外，还可根据柴油机的强化程度及运行条件来选用其使用性能等级。柴油机的强化程度越高，柴油机的机械负荷和热负荷越大，机油的工作条件越苛刻，则要求选用的机油使用性能等级就越高。通常，柴油机强化程度一般时，可选用 CC 级柴油机机油；强化程度较高时，应选用 CD 级以上的柴油机机油。

运行条件可影响机油的工作环境。对运行条件苛刻的柴油车，如林区运材车、高速公路行驶的重负荷货车、重载矿用汽车等，宜选用更高使用性能等级的柴油机机油。

▶ 739. 低等级机油能代替高等级机油吗？

高等级机油在油膜形成、润滑效果、清净分散、抗氧抗腐、抗磨抗泡、动力提升、静音效果、发动机起动等各方面都优于低等级机油，因此低等级机油绝不能代替高等级机油，这会造成发动机机件的过早损坏。而高等级机油可代替低等级机油，但价钱较高，经济上不合算。

▶ 740. 机油的黏度等级如何选择？

机油的黏度等级主要是根据环境温度来选择，同时还应考虑发动机工况和技术状况对其黏度的要求。为保证发动机高、低温运转时润滑正常，应根据季节、气温来选择机油的黏度等级（表 5-1）。为避免冬夏季换油，应尽量选用多级油。另外，发动机重载低速时，机油的黏度应选得大些；发动机轻载高速时，机油的黏度应选得小些；发动机磨损严重时，机油的黏度应选得大些；发动机走合期或新发动机，机油黏度应选得小些。

表 5-1　不同黏度等级机油适用的气温和季节

黏度等级	适用的气温范围/℃	适用的季节
30	0~30	夏季
40	0~40	夏季
50	5~50	夏季
5W-30	-30~30	冬夏通用
5W-40	-30~40	冬夏通用
10W-30	-25~30	冬夏通用
10W-40	-25~40	冬夏通用
15W-30	-20~30	冬夏通用
15W-40	-20~40	冬夏通用
20W-50	-10~50	冬夏通用

▶ 741. 机油黏度过大或过小有什么危害？

机油黏度是机油流动时，其分子之间摩擦阻力的量度。若机油的黏度过大，则机件运动时需克服的阻力大，功率损失增加；若机油的黏度过小，则不能在高温摩擦表面上形成牢固的油膜，使机件不能得到正常的润滑而加大磨损。为保证发动机能正常润滑，机油应具有适当的黏度。但是机油的黏度会随使用温度变化：温度上升则黏度变小，温度降低则黏度增大。为保证发动机在大温差范围内工作时具有良好的润滑性，获得适当的黏度，应使用多级机油。

742. 轿车发动机常用的机油是什么等级？

我国轿车发动机经常选用多级通用机油，部分轿车机油的使用性能等级及黏度等级的选用见表5-2。

表 5-2　我国部分轿车机油规格

汽车公司	车型	使用性能等级	黏度等级
东风雪铁龙	毕加索、爱丽舍	SJ/CF	10W-40
广州本田	本田雅阁	SL/GF-3	5W-30
上海通用	别克、赛欧	SL/GF-3	5W-30
天津丰田	威驰	SL/GF-3	5W-30
长安福特	嘉年华	SL/GF-3	5W-30
重庆长安	长安铃木	SF	15W-40

743. 机油长期使用后为何会变质？

机油在长期使用过程中，受高温的影响，燃烧产物的作用，机油会逐渐被氧化变质；随着外部尘埃的逐渐混入，机油中的酸性物质、胶质、铁屑、灰尘等慢慢地增多，机油的颜色渐渐变黑，氧化加剧；另外，油蒸气和水蒸气形成微小的水滴与机油构成乳浊液，使机油变稀，破坏润滑表面的油膜，机油中的水分还能促进油泥的形成，并减弱添加剂的抗氧化性和分散性，导致机油的性能劣化而失去应有的功能。

744. 怎样快速判断机油的品质？

将发动机预热停机后，等待几分钟。用擦净的机油标尺插入曲轴箱再取出，以油标尺上油滴为研究对象，察看机油是否变质、含水、变色、变稀或杂质过多。若油滴呈乳浊状并有泡沫或含黄白色乳化油膜，则机油中含水量极高；若油滴表面颜色暗淡，甚至完全失去光泽或颜色很深，说明机油内抗氧化添加剂失效，机油已氧化变质；若油滴有汽油味，说明机油里已混入汽油，机油被稀释。

用手指捻机油，可简单检验机油的品质。用油标尺滴一滴机油在食指、拇指间，两指头搓捏，若有细粒感，说明机油含杂质多；两指头分开，油丝长度若大于3mm，表明黏度过大；两指头搓捏若无滑腻感，手指分开后油丝长度小于2mm，说明机油被冲得过稀，黏度太小。

745. 怎样用滤纸斑点判断机油的品质？

用滤纸斑点判断是通过比较在用机油与新机油在滤纸上扩散的斑点图形，分析在用机油的清净分散能力及污染程度，来确定发动机油的品质。

从发动机正常热工况下取出油样，用规定尺寸的滴棒把第3或第4滴机油滴在专用滤纸上，油滴将经纸内多孔性孔隙向外延伸，2~3h后油滴就在滤纸上形成了斑痕（图5-3）。根据油膜层流理论，在机油向外扩散时，随着油膜厚度减薄，能够携带的杂质颗粒尺寸越小；根据机油清净分散剂性能的不同，油滴携带杂质向外扩散的程度也不一样。因此，油

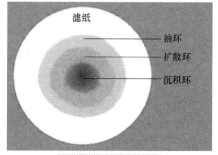

图 5-3　滤纸油斑

滴扩散的斑痕特征，可以代表机油中杂质颗粒的分布情况以及清净分散能力。

滤纸斑点图形分成三个区域，即沉积区、扩散区和油环区。沉积区，为深色的核心圆状，是沉积机油内粗颗粒杂质的区域；扩散区为浅色的环形区，是悬浮在机油内的细颗粒杂质向外扩散时留下的痕迹；油环区为半透明区，是机油最后扩散形成的痕迹。

若机油中杂质粒度小，清净分散剂性能良好，则杂质颗粒就会扩散较远，沉积区与扩散区的杂质浓度及颜色深浅程度差别较小；若机油中杂质粒度大，清净分散剂性能丧失，则杂质就集中在沉积区，沉积区与扩散区的杂质浓度和颜色深浅程度差别较大。

基本判断：油斑沉积区的色度可表示机油的污染程度，色度越深，则污染越重；油斑扩散区的宽度则反映机油的清净分散能力，扩散区越宽，则机油清净分散越好，若无扩散区，则说明机油中清净分散剂已消耗殆尽；而油环区的颜色代表了机油的氧化程度，从明亮、浅黄到深褐，反映的是氧化加深的程度。清洁机油具有色彩明亮均匀一致的斑痕；可用机油具有油环区明亮、扩散区较宽的斑痕；污染严重的机油具有沉积区深黑、扩散区狭窄的斑痕。

746. 机油何时需要更换？

变质后的机油，润滑性能不良，抗磨损性能下降，会加剧零件的磨损。因此，对在用机油应适时更换。根据换油准则的不同，机油的更换可分为定期换油、按质换油和油质监测下的定期换油三种。

(1) 定期换油　定期换油就是按照汽车行驶里程或使用时间对机油使用性能的影响规律来更换机油，当机油使用到一定时间或里程，必须进行更换。

一般按汽车制造厂商推荐的换油周期换油，大部分汽车换油周期是 5000～10000km，部分高档类车辆，当达到换油里程时车内会出现换油提示。实际使用中，路况、车况、机油品质，都会影响换油周期。如长期在市区行驶，汽车停车、起步频繁，会加剧发动机磨损、加速机油污染，因此须缩短换油周期。定期换油不需对在用机油的质量进行鉴定、化验，操作简单、方便，目前国内普遍采用这种换油方法。

(2) 按质换油　按质换油就是根据发动机在用机油的质量更换机油，当能够反映在用机油质量的一些代表性项目指标达到了换油指标要求时，应更换机油。

在实际使用中，在用机油的变质速度与使用时间或里程的长短不是成比例的，在相同的使用时间或里程内，机油的主要性能指标变化是有差别的，这主要取决于汽车的技术状况和使用条件。如果汽车技术状况较好、使用条件较好，机油变质速度就较为缓慢，到了定期换油周期时油质仍然较好；如果汽车技术状况不好、使用条件差，机油变质速度就比较快，使其未到定期换油周期时油质就已经很差了。因此，采用定期换油的方法就容易造成不该换的换了，浪费了油料；而该换的没有换，润滑条件无法保证，使机件磨损增加。

由于定期换油的不合理性，随着在用机油化验技术的进步，按质换油正在逐步取代定期换油。实行按质换油，必须配备一定数量、具有监测化验能力的技术人员和必要的化验设备，在汽车维护时，按规定对在用机油进行监测、化验。当在用机油检测指标达到规定极限时，必须更换机油。

(3) 油质监测下的定期换油　油质监测下的定期换油是指在规定了发动机换油期的同时也监测在用机油的某些理化指标，必要时可提前报废的一种换油方法。它是定期换油和按质换油的一种综合方法。这样不仅可及时更换不适用的机油，更为重要的是能够发现发动机的隐患，以便提前采取措施加以消除，从而避免造成重大损失。

747. 不同品牌、不同级别的机油能混用吗?

不同厂家所生产的机油，内部添加剂是不同的，一旦混用，会发生理化反应，造成润滑不良;不同品牌、不同级别的机油，是根据各种发动机的工作特点和工作环境的要求，添加了不同添加剂的，从而使它的黏度、抗磨性、抗腐蚀性、抗氧化性、清净分散性都是不同的，如果混合后使用，会使发动机机油的性能下降，甚至会损坏发动机。因此，不同品牌、不同级别的机油最好不要混合使用。添加机油时，最好将原机油全部放出后再加入新机油。

748. 如何更换机油?

一般汽车更换发动机油步骤如下。

1) 适当预热发动机，但温度不能过高。停机后，彻底排出机油。

2) 视需要清洗润滑系统，并更换机油滤清器。

3) 使用新的垫圈，重新安装好放油螺塞。

4) 按发动机说明书的要求，加注推荐的适量机油，使油面上升到规定的高度。

5) 运转发动机 3min，待发动机熄火数分钟后，检查机油是否渗漏，同时检查油面高度是否合适。应确保油面高度符合标准，且无漏油现象。

749. 汽车齿轮油性能等级有哪些?

汽车齿轮油是指汽车驱动桥、手动变速器、转向器等齿轮传动部件所用的润滑油。它具有润滑、冷却、清净、密封和防蚀的作用。

齿轮油的使用性能可通过其性能等级来反映。API 根据齿轮类型、承载能力、使用场合、使用性能，将齿轮油分为 GL-1、GL-2、GL-3、GL-4、GL-5 和 GL-6 六级，见表 5-3。GL 后的序号越大，级别就越高即越高级，越能满足齿轮在更苛刻的条件下工作。

表 5-3　汽车齿轮油 API 使用性能分类

分类	使 用 说 明	用 途
GL-1	低齿面压力、低滑动速度下运行的汽车螺旋锥齿轮、蜗轮式驱动桥以及各种手动变速器规定用 GL-1 齿轮油。直馏矿油能满足这类情况的要求,可以加入抗氧剂、防锈剂和消泡剂改善其性能,但不加摩擦改进剂和极压剂	汽车手动变速器,包括拖拉机和载货汽车手动变速器
GL-2	汽车蜗轮式驱动桥,其负荷、温度及滑动速度的状况,用 GL-1 级齿轮油不能满足要求时,规定用 GL-2 齿轮油。通常都加有脂肪类物质	蜗轮蜗杆传动装置
GL-3	滑动速度和负荷比较苛刻的汽车手动变速器和弧齿锥齿轮的驱动桥规定用 GL-3 级齿轮油,这种使用条件要求齿轮油的承载能力比 GL-2 级齿轮油高,但比 GL-4 级齿轮油低	苛刻条件下的手动变速器和弧齿锥齿轮的驱动桥
GL-4	在高速低转矩及低速高转矩下运转的各种齿轮,特别是客车和其他各种车用的准双曲面齿轮,规定用 GL-4 级齿轮油	手动变速器、弧齿锥齿轮和使用条件不太苛刻的准双曲面齿轮
GL-5	在高速冲击负荷、高速低转矩、低速高转矩条件下运转的各种齿轮,特别是客车和其他车用的准双曲面齿轮,规定用 GL-5 级齿轮油	适用于准双曲面齿轮及其他各种齿轮,也可用于手动变速器
GL-6	高速冲击负荷下运转的小客车和其他车辆的各种齿轮,特别是高偏置准双曲面齿轮,偏置大于 5cm 或接近大齿圈直径的 25%,规定用 GL-6 级齿轮油	轿车齿轮、高偏置准双曲面齿轮

我国参照 API 分类法，根据齿轮的形式和负载情况，把汽车齿轮油分为普通车辆齿轮

油、中负荷车辆齿轮油、重负荷车辆齿轮油三个级别。其中，普通车辆齿轮油相当于 API GL-3，中负荷车辆齿轮油相当于 API GL-4，重负荷车辆齿轮油相当于 API GL-5。

750. 汽车齿轮油黏度等级有哪些？

汽车齿轮油黏度广泛采用 SAE 分类法。我国参照 SAE 分类法，将汽车齿轮油按黏度 150Pa·s 时的最高温度和 100℃ 的运动黏度分为 70W、75W、80W、85W、90、140 和 250 等黏度等级，其中带 W 的表示冬用齿轮油。齿轮油的黏度按牌号的递增而增大。将两个适当的单级油进行组合，可得到同时符合两个黏度等级的多级油，主要有 80W-90、85W-90、85W-140 等。

751. 如何选择汽车齿轮油的性能等级？

按照汽车使用说明书中的规定选用齿轮油的使用性能等级。通常情况下，中外合资生产的轿车或进口汽车的驱动桥必须使用重负荷车辆齿轮油 GL-5，手动变速器可选用中负荷车辆齿轮油 GL-4。国产汽车的准双曲面齿轮驱动桥，可以选用 GL-4 或 GL-5 齿轮油，弧齿锥齿轮和圆柱齿轮驱动桥可以选用普通车辆齿轮油或 GL-4 齿轮油，手动变速器选用 GL-4 齿轮油或普通车辆齿轮油。为减少用油级别，在汽车各传动装置对齿轮油使用性能要求相差不大的情况下，可选用同一使用性能级别的齿轮油。

注意：高等级的齿轮油可代替低等级的齿轮油，但经济上不合算；而低等级齿轮油不能替换高等级的齿轮油，以免加剧磨损；各使用性能等级的齿轮油不能互相混用。

752. 如何选择汽车齿轮油的黏度等级？

齿轮油的黏度应既能保证低温条件下的车辆起步，又能满足油温升高后的润滑要求。齿轮油的黏度等级主要是根据使用环境的气温来选择。一般是对照当地冬季最低气温来选用适当黏度等级的齿轮油，见表 5-4。

表 5-4 根据当地冬季最低气温选择黏度等级

黏度等级	70W	75W	80W	85W	90	140	250
冬季最低气温/℃	−55	−40	−26	−12	−10	10	—

通常，江南地区以及冬季气温不低于−10℃ 的地区，全年可使用 90 号齿轮油；气温特别高时（或大功率或柴油车等）才使用 140 号齿轮油；在江北地区全年都使用 80W 或 85W 齿轮油；气温低于−26℃ 的地区冬季应使用 75W 齿轮油。

为避免冬夏季换油，应尽量选用黏温特性好、黏度指数高的多级齿轮油。如年环境温度在−25~49℃ 的地区，可全年使用 80W-90 齿轮油；环境温度在−15~49℃ 的地区，可全年使用 85W-90 齿轮油。

753. 汽车齿轮油何时需要更换？

汽车齿轮油在使用过程中，其性能会逐渐劣化，因此应适时更换汽车齿轮油。汽车齿轮油的更换多采用定期换油，一般国产载货汽车行驶 30000km、乘用车行驶 40000~50000km 更换一次齿轮油。但按质换油仍是在用汽车齿轮油更换的发展方向。

754. 什么是汽车制动液？制动液应具有哪些性能？

汽车制动液是指汽车液压制动系统中传递制动压力使车轮制动的工作介质，俗称刹车油。制动液的优劣，直接影响汽车制动性能。因此，应把制动液视为安全油料，重视制动液的使用。汽车制动液应具有下列性能。

1）良好的高温抗气阻性。汽车长时间制动会产生大量摩擦热，使制动系统温度升高。如高温抗气阻性好，则在高温时可防止制动液蒸发使制动系管路充有蒸气，产生气阻，引起制动失灵。

2）适当的黏度。制动液应在较宽的温度范围内保持适当的黏度，这样制动液就具有很好的流动性，能保证迅速传递压力，确保制动系统的安全可靠。

3）良好的橡胶适应性。制动液与系统的橡胶配件接触时，橡胶配件不应产生软化、溶胀、溶解、硬化和紧缩等不良现象，以免制动失灵。

4）良好的抗腐蚀性。制动液长期与铸铁、铜、铝及其他合金制成的制动装置接触，要求制动液对金属不产生腐蚀。

5）良好的稳定性。制动液在长期保存及使用中，当工作环境温度发生变化时，制动液的性质不应发生明显的物理化学变化，不允许生成胶质和油泥沉积物。

6）良好的溶水性。要求制动液吸水后能与水互溶，不产生分离和沉淀，以免在高温时形成水蒸气产生气阻，在低温时形成冰栓，堵塞制动管路。

755. 什么是平衡回流沸点？它对制动液性能有何影响？

平衡回流沸点是指在大气压力下，在加热冷凝回流系统内，试样在规定的回流速度下沸腾的温度。为保证行车安全，要求制动液高温抗气阻性好，必须要有较高的沸点。但多数制动液不是单体化合物，没有固定的沸点，因此用平衡回流沸点作为其高温抗气阻性的评定指标，平衡回流沸点越高，制动液高温抗气阻的能力就越强。

🔍 提示

由于制动液吸湿含水后，其平衡回流沸点（湿沸点）显著下降，汽车高级制动液也把湿平衡回流沸点作为一个重要的控制指标。湿沸点是指制动液含水率为3.5%时的平衡回流沸点，其湿沸点越高越好。

756. 汽车制动液如何分类？

SAE制动液分类法，是一种按最低平衡回流沸点及相应使用条件的分类方法，其分类见表5-5；美国联邦政府运输部（DOT）以SAE为基础，制定了要求更加苛刻的DOT制动液分类法，其特点是进一步提高平衡回流沸点，并控制最低湿沸点，其制动液分类见表5-5。

我国参照制动液ISO和DOT的分类方法，制定了强制标准GB 12981—2012《机动车辆制动液》。该标准按机动车辆使用工况温度和黏度要求的不同，将制动液分为HZY3、HZY4、HZY5、HZY6四种级别，分别对应国际通用产品DOT3、DOT4、DOT5或DOT5.1，见表5-5。

表5-5 制动液按标准分类

分类方法	制动液级别	最低平衡回流沸点		适应气候条件
		干沸点/℃	湿沸点/℃	
SAE	SAE J1703	150	—	严寒
	SAE J1704	190	—	正常
	SAE J1705	232	—	高温

（续）

分类方法	制动液级别	最低平衡回流沸点		适应气候条件
		干沸点/℃	湿沸点/℃	
DOT	DOT3	205	140	正常
	DOT4	230	155	高温
	DOT5	260	180	极高温
GB 12981—2012	HZY3	205	140	正常
	HZY4	230	155	高温
	HZY5	260	180	极高温
	HZY6	250	165	极高温

> **757.** 什么是合成型制动液？它有何特点？

合成型制动液是以高分子醇醚和酯类化合物为主要组分，配合各种添加剂制成的制动液。合成型制动液具有性能稳定、沸点高、吸湿性小、无金属腐蚀性、与橡胶配伍性好等优点，而且具有优异的高低温性能，适合在各种汽车上使用，适合汽车在高原、平原、高温、低温等气候条件不同的地区使用，能确保汽车在高温、低温、严寒、潮湿气候条件下的行驶安全。

> **758.** 如何选用汽车制动液？

1）根据汽车生产厂家使用说明书推荐的质量等级、品牌、型号等进行选择。车辆使用说明书在给出了标准品牌号外，一般还提供了可供代用的品牌号。用户应尽可能选用标准品牌号的产品，缺乏时才考虑选用代用品。如果推荐的代用品牌也缺乏，才可以选择相应等级的代用品；对有特殊要求的制动系统，应加注特定牌号的制动液。

2）尽量选择合成型制动液。因为合成型制动液具有优良的性能，能满足不同地区、不同季节、不同气候条件、不同工作温度、不同制动负荷、不同汽车制动的要求。

3）按照国家标准或 DOT 标准，尽量选择高质量等级制动液。各等级制动液的主要特性和推荐使用范围见表 5-6。

表 5-6　汽车制动液的主要特性和推荐使用范围

级别	制动液的主要特性	推荐使用范围
HZY3	具有良好的高温抗气阻性能和优良的低温性能	相当于 DOT3 的水平，我国广大地区均可使用
HZY4	具有优良的高温抗气阻性能和良好的低温性能	相当于 DOT4 的水平，我国广大地区均可使用
HZY5	具有优异的高温抗气阻性能和良好的低温性能	相当于 DOT5、DOT5.1 的水平，供特殊要求或极高温地区的车辆使用

> **759.** 制动液使用应注意哪些事项？

1）不同规格的制动液不能混用，否则会因分层而降低制动效能。

2）制动液中不能有水分和矿物油混入，以免制动液的性能变差。

3）制动液装入系统前应进行检查，如发现杂质或白色沉淀等，应过滤后再用。

4）更换制动液时，应将制动系统清洗干净。

> **760.** 制动液什么时间更换？

关于制动液的更换周期，目前尚无统一规定，通常是根据汽车生产厂商或制动液生产厂商规定的时间进行更换。制动液的更换周期主要以行驶里程和使用时间来确定。一般使用低级别制动液的中、低档车辆，换油周期为 3 万~4 万 km 1 次；使用中、高级别制动液的中、高档车辆，换油周期为 5 万~6 万 km 1 次；另外，在对制动系统进行修理或更换制动主缸、制动轮缸的活塞、皮碗等零部件的同时，需要更换制动液。

▶▶ 761. 自动变速器使用什么液压油？其液压油有何作用？

自动变速器使用专用液压油，称为自动变速器液压油，缩写为 ATF。它是自动变速液压系统和液力变矩器的工作介质，同时又起着冷却、润滑的作用。为了满足自动变速器工作的需要，自动变速器液压油由矿物油（或合成润滑油）与各种添加剂混合制成。正常的自动变速器液压油是粉红色、清澈透明、无混杂物、无杂味的清洁油液。常用的牌号有 Dexron、Dexron Ⅱ、Dexron Ⅲ 和 F 型。不同的自动变速器使用的液压油可能是不同的牌号（使用手册及维修手册有说明），不同牌号液压油的工作特性有所不同，因此更换液压油时切不可用其他牌号的液压油代替，更不能用一般的液压油顶替，否则会造成自动变速器的损坏。

▶▶ 762. 自动变速器油液面过高或过低有何危害？怎样检查 ATF 油面高度？

ATF 油面的高低对自动变速器性能影响极大。油面过低时，变速器油泵容易吸入空气，使空气混入自动变速器油内，会降低液压控制装置的液压，从而导致变速器中的离合器和制动器容易打滑，使加速性能变坏；油面过低时还会加速变速器油的氧化，加快变速器油的变质，使变速器内齿轮润滑不良而易于损坏。油面过高时，容易造成变速器油异常发热，使油质变差，导致润滑不良，从而加快变速器齿轮的磨损；过多的变速器油容易引起控制阀体上的排油孔阻塞而造成排油不畅，影响离合器、制动器的平顺分离，使换档不稳定；另外油面过高，在车速很高时自动变速器内部压力将会过高，使变速器油容易泄漏。因此，应适时检查 ATF 油面的高度。

🔍 **提示**

检查时，将汽车置于平路上，发动机及变速器处于正常工作温度，在发动机怠速运转时，将变速杆在所有档位上都停留片刻，再回到 P 位，然后拔出油尺，并擦干油尺后，将其放回且全推到底，再拉起油尺查看液面高度。ATF 油面必须位于油尺所示的液面最大值和最小值之间，油面过高时应将多余的油液放掉，油面过低时应检查变速器上是否有泄漏，确认正常后，添加 ATF 直至达到油尺上指定的液面位置。

▶▶ 763. 如何鉴别自动变速器油的好坏？

抽出油位测量尺，用无绒毛纸擦干净，将油位测量尺重新插入加油管后再抽出来检查。

先观察油位测量尺中变速器油滴的颜色，再嗅一下油液的气味，然后用手指捻一下油液，则可根据油的颜色及其污染程度判断自动变速器油的品质。若油液透明、呈粉红色且不含杂质或颗粒，则油质正常；若油液呈深褐色，甚至黑色，或将油液滴在吸湿的白纸上，观察到有很多深色颗粒，说明变速器中油液的杂质太多，不能再使用，应该更换自动变速器油和滤清器；若油液呈乳白色，说明 ATF 内有水渗入，应更换自动变速器油；若油位测量尺上的油液不能擦干净，说明油位测量尺表面上有一层胶，这是由于自动变速器油氧化造成的，应该更换自动变速器油和滤清器。

▶▶ 764. 如何根据 ATF 的状况诊断自动变速器故障？

自动变速器油的状况是自动变速器工作状态的集中反映，因而可根据变速器油品质的变化情况，判断变速器是否有故障。具体判断如下。

1）当 ATF 有金属屑或黑色颗粒时，说明变速器齿轮、离合器或制动器存在严重磨损。

2）当 ATF 有烧焦味时，说明自动变速器油工作时，油液的温度太高，应检查油面是否过高或过低，油液冷却器、滤清器或管路是否堵塞，自动变速器的离合器及制动器是否打滑。

3）当 ATF 变成深褐色、棕色时，说明自动变速器部件高负荷运转，或某些部件打滑、损坏而引起变速器过热；说明变速器油使用时间过长。

上述三种情况，均表明 ATF 的品质恶化，应及时更换。此时应查找和消除污染变质的来源，清除变速器和变矩器上的所有污染物，添加新的 ATF，并且检查油位。

> **提示**

　自动变速器油底壳内若有少量金属颗粒或摩擦材料属正常现象，但 ATF 中若金属颗粒多、油液烧焦较为严重，则说明自动变速器技术状况恶化，应更换或修复自动变速器总成。

765. 自动变速器油更换周期是多少？

自动变速器油是有使用寿命的。当油液变质时，自动变速器油会使自动变速器不能正常工作甚至损坏变速器，此时要更换自动变速器油。自动变速器油的更换周期是以行驶里程数或使用时间为准，若在车辆使用手册中同时给出了这两个指标，则哪一项指标先到就先执行。

使用中大约隔 2 万 km 或 6 个月应该检查一次油液品质，如果油液品质变坏，应该及时更换。一般情况，每正常行驶 6 万~8 万 km，必须全部更换自动变速器油。车辆使用条件较好时，更换周期可取 8 万 km，使用条件恶劣时更换周期采用 6 万 km 或更短。

766. 怎样更换自动变速器油？

1）行驶车辆，使自动变速器工作到正常温度后，再停车，关闭发动机。

2）拆下自动变速器油底壳上的放油螺塞，将油底壳内的液压油放净。如果自动变速器油底壳上没有放油螺塞，应拆下整个油底壳放油。

3）拆下油底壳将其清洗干净。注意应将吸附铁屑的磁性螺塞或专用磁铁上的铁屑清洗干净。

4）拆下自动变速器液压油散热器油管接头，用压缩空气将散热器内的残余液压油吹出，再装好油管接头，同时装好油底壳和放油螺塞。

5）从自动变速器加油管中加入规定牌号的液压油，加到冷态下的油位高度。

6）起动发动机，让汽车行驶至自动变速器达到正常工作温度，再次检查油面高度是否在油尺刻线的上限附近。如果油面过低，应继续加油，直至满足规定要求；如果油面过高，应打开放油螺塞放油，如果没有放油螺塞的可从加油管往外吸。一定要保证油面高度在规定范围内。

7）按上述方法换油时，变矩器内的液压油是无法放出的。若液压油严重变质，需要全部更换时，可先按上述方法换上新油，然后让汽车行驶 5~10min，让油液充分循环后，再次按上述方法换上新油即可。

767. 什么是冷却液？什么是防冻液？

冷却液是水冷式发动机冷却系统中用于循环带走高温零件热量的冷却介质。防冻液是指具有防冻功能的冷却液。现代汽车发动机冷却液是由乙二醇、丙二醇、乙醇等化学物质分别与水按一定比例混合而成，并加入防腐剂、清洁剂、防垢剂和着色剂等添加剂的混合液，其"冰点"一般在-25℃以下，具有防冻功能，其"沸点"一般在105～108℃。

768. 发动机冷却液有哪几种类型？各有何特点？

发动机冷却液有乙二醇-水型、丙二醇-水型、乙醇-水型等三种类型，其各自特点如下。

乙二醇-水型冷却液具有沸点高、挥发损失小、冰点低（最低-68℃）、热容量大、冷却效率高、流动性好等特点。它可冬季防冻，夏天防沸，全年通用，长期使用，故被称为长效冷却液。

丙二醇-水型冷却液具有沸点高，不易蒸发和着火，对金属腐蚀小等特点。其不足是丙二醇降低冰点的效率低，配制同一冰点的防冻液时，丙二醇的用量比乙二醇、乙醇的多，成本较高。因此，这种防冻液用得较少。

乙醇-水型冷却液具有流动性好、散热快、乙醇来源广、配制简单等特点。其不足是易燃，使用不安全；易挥发，而导致冰点升高。

提示

目前汽车发动机用得最多的是乙二醇-水型的冷却液，它按冰点不同可分为-25号、-30号、-35号、-40号、-45号和-50号六个牌号。

769. 发动机冷却液冰点为何不能过高？冰点过高怎么办？

冷却液冰点是指冷却液开始结冰的温度。若冷却液冰点过高，而环境温度低于冷却液冰点，则汽车长时间停放时，发动机会因冷却液结冰而被冻裂，会损坏发动机。因此，冷却液冰点不能过高。

当今冷却液的冰点一般在-15～-68℃，其冷却液冰点与乙二醇、丙二醇、乙醇所占的比例有关，改变冷却液的成分和所占比例，可得到不同冰点的冷却液（表5-7）。因此，当冰点过高时，可加相应的浓缩液或乙二醇、丙二醇、乙醇的比例来调低，直至冰点合适。

表5-7 冷却液冰点与其成分的比例关系

冰点/℃	乙二醇-水型乙二醇的质量分数（%）	丙二醇-水型丙二醇的质量分数（%）	乙醇-水型乙醇的质量分数（%）	冰点/℃	乙二醇-水型乙二醇的质量分数（%）	丙二醇-水型丙二醇的质量分数（%）	乙醇-水型乙醇的质量分数（%）
-5	—	21	11.3	-30	47.8	61	41.1
-10	28.4	32	19.7	-35	50.9	69	48.1
-15	32.8	43	25.5	-40	54.7	73	54.8
-20	38.5	51	31.0	-45	57.0	76	62.2
-25	45.3	58	35.5	-50	59.9	—	70.0

770. 如何选用发动机冷却液？

1）选择和自己车型相符的发动机冷却液。一般每款车型都有专用的冷却液，购买时可按照汽车使用说明书的要求选用规定品牌和类型的冷却液，这样的冷却液其质量值得信任，防冻、防沸和防腐蚀的效果显著，对发动机的冷却效果较好，可放心使用。

2）根据当地冬季最低气温选用适当牌号的冷却液，其冰点应低于最低气温10℃左右。在我国北方大部分地区，最起码要选冰点低于-35℃的冷却液。

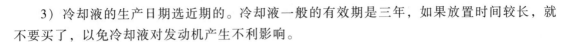

3）冷却液的生产日期选近期的。冷却液一般的有效期是三年，如果放置时间较长，就不要买了，以免冷却液对发动机产生不利影响。

771. 冷却液使用应注意哪些事项？

1）不同厂家、不同类型、不同牌号的发动机冷却液不能混用，以免起化学反应、沉淀或生成气泡，降低使用效果。

2）冷却液可以制成一定冰点的产品直接加注使用，也可以制成浓缩液，由用户加水稀释后使用。稀释时，应使用蒸馏水，切勿使用硬水配制，以免产生沉淀。

3）加注冷却液前，应检查冷却系统的密封性，确保无泄漏。冷却液加注不要过满，一般只能加到冷却系统总容量的95%，以免升温后膨胀溢出。

4）在更换冷却液时，应先将冷却系统用净水冲洗干净，然后再加入新的冷却液。

5）乙二醇-水型冷却液，每年应检测一次冷却液密度，需要时，可视情加入适量的水。

6）乙二醇是有机溶剂，使用中要注意不得将其洒溅到橡胶制品或油漆表面，更应注意不要接触皮肤，若不慎洒溅上，应立即用清水冲洗以免造成机件腐蚀或皮肤损伤。

7）乙醇-水型冷却液容易挥发，使用中应注意防火，在发动机温度过高时，不要打开散热器盖，也不要让发动机立即熄火，以免因冷却液急剧升温而突然喷出，造成人员损伤或失火。因乙醇和水挥发使液面降低时，应及时添加适量的乙醇和少量的水。

772. 发动机冷却液多长时间更换？怎样更换？

发动机冷却液长期在高温状态下使用，必然会导致变质，使用性能下降。因此，必须定期更换。原则上，一般为两年或每行驶4万~5万km更换一次。实际上，只要使用维护得当，注意观察补水壶，冷却液不缺，可连续使用3~5年不更换。发动机冷却液更换方法如下。

1）放出冷却液。拧下散热器盖，打开散热器放水阀，放出冷却液（防冻液）。

2）冲洗冷却系统管道。将连自来水的橡胶管插入散热器加水口，打开自来水开关，使自来水连续不断地流经发动机冷却系统冲洗。在冲洗时，要使发动机怠速运转，直至散热器放出清水为止。

3）关上散热器放水阀。冷却系统冲洗干净后，将自来水放净，并关上散热器放水阀。

4）加注冷却液。从散热器加液口加入冷却液，使冷却液充满散热器。拧开储液罐盖，加入冷却液，并达到"Max"刻度线，注意不要超过"Max"刻度线。

5）盖上散热器盖和储液罐盖，并拧紧。

6）补加冷却液。起动发动机，怠速运转2~3min，然后拧开散热器盖。此时若冷却系统由于排除了部分空气，冷却液面有所降低，则再补充冷却液，使冷却液达到"Max"刻度线。

773. 用水代替发动机冷却液行吗？

发动机冷却液的功能并不仅仅是冷却和防冻，它还有沸点高、泡沫倾向低、黏温性能好、防腐和防垢等特点。用普通的水代替冷却液不行，原因如下。

1）冰点高。水的冰点是0℃，而我国大部分地区的冬季最低温度都会低于0℃，如果用水来充当冷却液，那么冷却管路中的水在冬季就会结冰。而水结冰以后体积会膨胀很多，这样就有可能损坏发动机和冷却系统。

2）沸点低。水的沸点是100℃，比冷却液低，因而工作时容易"开锅"，热稳定性不好，冷却效果差。

3）水垢多。普通水冷却时，在发动机和冷却系统内部易产生水垢，而水垢的导热系数很小，是铸铁的1/25，黄铜的1/50。有了水垢之后冷却液的热传导性大大降低，发动机温度升高，腐蚀加重，这又促使水垢增加，形成恶性循环，水垢还可能堵塞冷却系统管路，造成更大的事故。

4）腐蚀重。普通水无防腐添加剂，冷却水工作时，与金属部件接触，易腐蚀金属部件，会损坏发动机水冷系统。

> **提示**

当然，有时行驶在路上，发现车辆冷却液温度表温度过高、一时找不到冷却液添加时，可以找一些瓶装纯净水来临时补充一下，这个问题不大。而随后等你方便时，还是要更换冷却液为好。

774. 汽车冷却系统误加普通水后应如何处理？

发动机体内若加注的是普通水，冬季如需长时间停机则必须将水放干净，以防冻结阻塞。因水结冰后易增大自身体积而胀坏散热器、水泵、机体。应特别注意放水时将水排除干净，最好在发动机放水过后再怠速运转少许时间，以便将水泵系统内含有的水及时地被吸净、甩干，这样，水泵就不会因水的结冰在下次初起动时转动阻力增大而将外壳胀破，损坏水泵。

如果有现存的冷却液，则可在冷却系统排水干净后，加入适量的冷却液。

775. 如何检查动力转向液？

1）将汽车停放在平坦的地面上。

2）在发动机怠速时，转动转向盘数次，使转向油液温度达到80℃左右。

3）检查转向液是否起泡或乳化，如果转向液起泡或乳化，则表示转向液内已渗入空气，此时应进行排气操作。

4）检查转向液油质。转向油液一般偏红色，并且具有一定的透明度，而长时间使用的转向油液则会变黑。若转向油液变质或使用期限已到，则应更换油液。

5）检查储油罐油位高度，确保油位在储油罐的油位上限和油位下限之间，如图5-4所示。

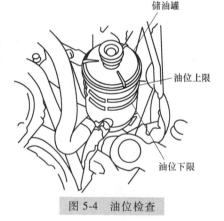

图5-4 油位检查

储油罐
油位上限
油位下限

当油液没有变质，油液中也没有渗入空气，而只是油面高度低于油位下限，此时可能有泄漏，应检查并修理泄漏部位，然后按需添加汽车使用说明书推荐的油液，使油位达到上限附近。

776. 为何要定期更换动力转向液？其更换周期是多少？

动力转向系统是精密系统，需要精细的维护。当转向液长期使用后，会出现污染劣化，并失去润滑性能，并导致漆膜等沉积物生成。若不及时更换转向油液，极易造成转向泵、控制阀的损坏，使汽车出现转向困难，转向盘发抖及汽车跑偏等故障。因此，应定期更换转向油液。

动力转向液更换周期一般较长，高达 4 万~6 万 km，或汽车每使用三年，需更换动力转向液一次。另外，在动力转向油液检查时，若发现其油液变质及有杂质，则应及时更换。

777. 如何更换动力转向液？

1）用千斤顶或举升器将轿车前部顶起，并稳固地支撑。

2）卸下储油罐的回油软管，从储油罐及回油软管上放出旧油至适当的容器中（图 5-5）。小心不要把旧油洒到车体或零部件上，以免损坏车漆，若溅洒应立即擦净。

3）使发动机怠速运转，一面排油，一面将转向盘连续地左右转到极限位置，直到油液排尽，再关闭发动机。

4）将回油软管重新安装到储油罐上。

5）向储液罐加注规定的动力转向油液至油位上限。

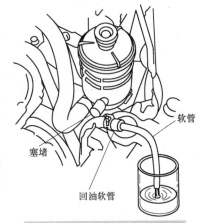

软管

塞堵

回油软管

图 5-5　排除转向系统的旧油

6）起动发动机并且怠速运转，然后转动转向盘从左极限到右极限位置若干次，以便排出转向液压系统中的空气。

7）重新检查油位，必要时可加注规定的转向液压油，使油位至储油罐上限。

778. 动力转向油液渗入空气的原因是什么？有何危害？

转向液压系统渗入空气的主要原因：油管接头连接不牢或接头损坏；油管破裂或重新连接油管后没有进行排气或排气不干净；在更换转向油时排气不干净；储油罐油面过低等。

当汽车转向液压系统渗入空气后，由于空气的可压缩性，造成汽车转向操作不稳、忽轻忽重，影响汽车的转向安全性。为保证汽车转向省力，操作平稳安全，应及时地对转向液压系统中的空气予以排出。

779. 怎样判断动力转向油液渗入空气？

1）将变速器置于空档。

2）起动发动机，使发动机怠速运转。

3）将转向盘置于中间位置，检查转向储油罐内油面高度。

4）将转向盘向左或向右转到极限位置时，检查转向储油罐液位有无变化。若储油罐液位变化较大，则说明转向系统油液中有空气；储油罐液位变化很小，则系统内无空气。

另外，还可以在发动机怠速时，多次转动转向盘至左、右极限位置，在停机后查看储油罐转向液的状况来判断系统内是否渗入空气。若转向液起泡或乳化严重，则表示转向液内已渗入空气。

780. 怎样排除动力转向油液中的空气？

在对动力转向系统进行排气前，应先检查储油罐油位高度，并据需要添加动力转向油液。待液面合适后，便可按下述方法排气。

1）将汽车前部用千斤顶或举升器顶起，并用支架牢靠固定。

2）转动转向盘，从左极限位置转到右极限位置，来回转动 3~5 次。

3）起动发动机，使之怠速运转，并左右转动转向盘至极限位置 3~5 次。

4）将汽车前部放下，在发动机怠速运转的状态下，来回再转动转向盘 5~8 次，使油温升高，然后将转向盘置于中间位置，检查并记录储油罐内油面高度。

5）关闭点火开关，使发动机熄火，待其停止转动 3~5min 后，再查看储油罐内油面高度，并与步骤 4）的油面高度进行比较，若两次无差值或差值小于 5.0mm，而且油液中无气泡或乳化现象，说明系统内空气已排净。否则，仍需重复 4）、5）两步骤，直至空气被排净为止。

6）检查油位，根据需要可向储液罐中加注油液至规定油位。

> **781. 液压动力转向系统泄漏的常见部位有哪些？怎样检查排除？**

液压动力转向系统常见的泄漏部位有动力转向泵油封处、泵壳体与泵盖端处、转向控制阀体外壳顶部的油封处、动力转向油缸处、动力转向泵与转向控制阀及动力油缸的各油管接头处。

检查方法：首先起动发动机，然后左右转动转向盘若干次，每次都转到极限位置（注意：在极限位置停留不得超过 5s），使转向泵输出最大压力，从而使整个动力液压管路系统产生最大压力，此时在转向泵管路连接处及动力转向泵、转向控制阀、动力油缸的常见泄漏点处检查泄漏。

🔍 提示

液压动力转向系统的油液泄漏主要是由于油封及密封圈损坏或老化、壳体或金属件破裂、油管渗漏或油管接头松脱等原因造成，因此可通过更换油封、损坏件或紧固接头予以修复。

第 六 章

汽车驾驶技巧与应用

782. 驾驶人上、下汽车的动作要领有哪些？

上、下汽车要注意安全，动作自然潇洒，并防止额头碰及汽车门栏。

（1）上汽车的动作要领　上车前应注意观察周围情况，在确保安全情况下，左手打开车门上车坐好，并将车门顺势关紧，保持正确驾驶姿势。其具体要领如下。

1）上车前绕行汽车一周（图6-1a），观察车体周围有无行人、障碍物，轮胎、车灯等是否良好，车身表面有无异常，车身下的路面有无油水滴痕等，熟悉整车情况及周围环境。

a) 绕行一周　　　　b) 开门　　　　　c) 上车　　　　　d) 关门　　　　e) 确认关好车门

图 6-1　上车动作要领

2）开门。驾驶人站在汽车左驾驶室门外，观察车后的交通情况，以便看清车后的静态障碍、过往车辆和行人，左手握住门把打开车门（图6-1b）。

3）上车。按右脚、腰部、上身、左脚的顺序上车（图6-1c），左手拉住车门，防止车门开得过大。

4）关门。轻轻地关闭车门，把车门拉到离关闭位置10cm左右，再用力（图6-1d）。

5）确认关好车门（图6-1e）。

（2）下汽车的动作要领　将车停稳，前后观察，在确认安全的情况下打开车门下车，随手关紧车门并锁好。其具体要领如下。

1）观察。下车开门前应观察（图6-2a）、确认周围的交通情况，特别是汽车后方的情况，看有无来车和行人，以防碰撞车门事故发生。

2）开门。确认安全后用左手打开车门，随后左手握住车门的内把手，推开车门约10cm，前后观望一下，再次确认安全后方可将车门完全推开（图6-2b）。

3）下车。先迈出左脚着地（图6-2c），然后右脚从驾驶室抽出，并转动身体，随即两脚落地站稳。

4）关门。左手先将车门关至3/4处稍用力推车门（图6-2d），将车门关牢。

5）锁门。用钥匙或电子钥匙将车门锁好，并轻拉门把确认车门是否锁好（图6-2e），各个车门都应锁好。

    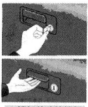

a) 观察　　　　　　b) 开门　　　　　　c) 下车　　　　　　d) 关门　　　　e) 锁门并确认锁好

图6-2　下车动作要领

783. 如何调整驾驶座椅？

驾驶人个头有高矮之分，手脚有长短之异，千差万别。如果固定汽车驾驶座椅，不同体格的人驾驶汽车，其座位与驾驶人的身体很难保证协调。因此，汽车驾驶座椅是可调整的，有的还实现了电动调整。

（1）座椅前后位置调整　驾驶人应根据自己的身高、胖瘦来调整座椅的前后位置。调整时，驾驶人一手握住转向盘，另一手控制座椅调节柄，在抬起座椅调节柄时，驾驶人脚着地不动，屈伸膝关节，使座椅随身体前后滑动（图6-3a），直到感觉前后位置适当，再松开座椅调节柄。

（2）座椅靠背的调整　驾驶人应根据自己背靠在椅上的感觉来调整。调整时，驾驶人操纵座椅靠背调节装置（图6-3b），上身前倾或后仰，直到后背全部靠在座椅上感觉舒适为止。

a) 前后位置调整　　　　　　b) 靠背调整

  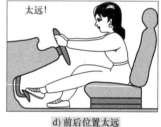

c) 前后位置太近　　　　　　d) 前后位置太远

图6-3　座椅的调整

784. 如何调整转向盘？

手握转向盘时，有人两臂极力伸展，有人感觉转向盘太高，这些都会导致驾驶汽车不灵活、不便捷。为了保证不同身材的驾驶人与转向盘有合适的位置关系，很多轿车都设置可调转向盘，可对其高度及角度进行适当调整。图6-4为上海大众帕萨特轿车转向盘的调整示意图，调整时，将转向柱下方的手柄下压，将转向盘视需要按图示方向调整高度或角度至正确位置，然后上推手柄，使其锁定。对于没有装备可调转向盘的汽车，可通过座椅前后位置调节来保证驾驶人与转向盘之间合适的距离。

提示

转向盘调整后必须对着驾驶人的胸部而切勿正对着脸，驾驶人胸部与转向盘之间至少应保持25cm距离，否则，发生事故时，安全气囊触发膨胀后将不能发挥保护作用，甚至还可能严重伤害驾驶人。

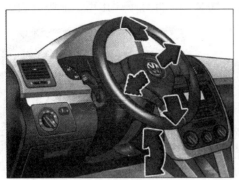
a) 调整方法

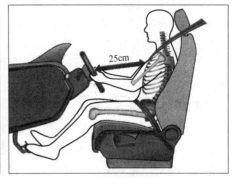
b) 注意最短距离

图 6-4　转向盘的调整

785. 如何调整后视镜？

坐在驾驶席上有时会感到后视镜不能很方便地看到后方，侧面后视镜的位置也不合适，只能看见地面或天空，盲区和死角太大等。在这种情况下，驾驶人就必须对后视镜进行调整，使之与自己适应。

后视镜可以用手简单调节，如果是装有遥控后视镜的汽车，就没有必要到车外去一一调节了。后视镜位置调节时，驾驶人应正确地坐在驾驶座位上，摆好驾驶姿态。

(1) **内后视镜调整**　保持正确坐姿，面向正前方，手握内后视镜边缘进行左右上下翻转调整，调整到只要转动眼睛就能看到后窗全部视野。在一般的驾驶情况下，从内后视镜里是看不到自己的，而上、下位置则是把远处的地平线置于镜面中央，如图 6-5a 所示。

(2) **左侧后视镜调整**　左侧后视镜一般要求：上、下位置应把远处的地平线调整至镜面中央，即镜上侧 1/2 是天空，镜下侧 1/2 是道路；左、右位置则调整至车体占据镜面范围的 1/4，即镜内侧 1/4 是车体，镜外侧 3/4 是道路和其他物体，如图 6-5b 所示。

(3) **右侧后视镜调整**　驾驶座位于左侧，驾驶人对车右侧情况的掌握不是那么容易，再加上有时路边停车的需要，因此右侧后视镜一般要求：上、下

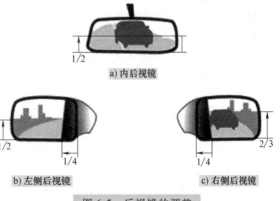
a) 内后视镜

b) 左侧后视镜　　　　　c) 右侧后视镜

图 6-5　后视镜的调整

位置调整时镜面中地面面积应留得较大，约占镜面的 2/3，即把远处地平线置于后视镜的 2/3 位置；左、右位置则调整至车体占据镜面范围的 1/4，即镜内侧 1/4 是车体，镜外侧 3/4 是道路和其他物体，如图 6-5c 所示。

倒车时左右侧后视镜可根据需要调整，必要时应调整至能观察到两后轮触及地面的情况。

786. 安全带有什么作用？怎样正确使用安全带？

安全带是驾驶人和乘员最重要的安全装置之一。安全带的作用就是在汽车发生事故时，

将驾乘人员束缚在座位上，防止发生二次碰撞；同时安全带有缓冲作用，能吸收大量的撞击能量，化解巨大的惯性力，减轻驾乘人员的伤害程度。汽车交通事故调查表明，如果系安全带，正面撞车死亡率可减少57%，侧面撞车死亡率可减少44%。

只有正确使用安全带，才能达到保护驾乘人员的目的。驾驶人通常采用三点式安全带，其正确的佩戴方法是，三点式安全带的胯带应系得尽可能低些，紧贴臀部，刚刚接触大腿为合适；三点式安全带的肩带应经过肩部，斜挂胸前（图6-6）。

图6-6　正确佩戴安全带

> 💡 **提示**
>
> 安全带不得压在坚硬的或易碎的物体上，如衣服里的钢笔、眼镜或钥匙等，否则发生事故时将会给使用者造成可以避免的伤害。

▶ 787. 如何保持正确的驾驶姿势？

正确的汽车驾驶姿势如图6-7所示。驾驶人进入座椅之后，身体轻靠座椅的后背，胸部稍挺，保持上身端正，使身体轴线与转向柱对正，两只手分握转向盘左右两侧适当的位置，目视前方、顾及两旁，两脚均匀分开成八字形，右脚以脚跟做支点放在加速踏板上，左脚放在离合器踏板旁。

要保持正确的驾驶姿势，在驾驶前应根据驾驶人的需求，将座椅高度或靠背倾斜角度调至适当位置，使驾驶人感到舒适自然，视野开阔，手、足得以自由活动，能顺利地操纵转向盘、变速杆、踏板和按钮等机构。

图6-7　正确的驾驶姿势

▶ 788. 发动机起动后为什么要先暖机后起步？

发动机温度过低时，机油黏度较大，摩擦阻力较大，机油不能及时顺畅流入至所有润滑部位，造成润滑不良。若发动机温度过低时汽车就起步运行，则发动机的负荷就会加大，发动机磨损会加剧，会缩短发动机寿命。若怠速运转几分钟，让发动机暖机，使其温度升高，机油的温度也升高，这样机油黏度会下降，流动性提高，发动机各部位的润滑效果变好，再加载起步，则发动机承载能力加强，磨损会很少。同时，发动机温度升高后，会改善燃油的雾化状况，使混合气的燃烧效果变好，发动机的动力会更强，有利于克服汽车起步时的较大阻力。

▶ 789. 发动机冷却液的最佳温度是多少？

发动机冷却液温度可以间接反映发动机温度、机油温度、发动机舱内空气温度，它对汽车的燃油经济性、动力性及发动机的使用寿命都有较大影响。通常，发动机冷却液的最佳温度区间是80~95℃。

若冷却液温度过高，则发动机温度过高、进气温度过高，将导致发动机产生早燃、爆燃等不正常燃烧，功率下降、油耗增大，发动机寿命下降。若冷却液温度过低，则发动机的传热损失增大，燃烧速率下降，导致有效功率下降、油耗增大；同时冷却液温度过低，则发动机温度、进气温度过低，燃油不易挥发，混合气变稀，使燃烧火焰传播速度减慢，导致功率下降、油耗增大；另外，冷却液温度过低，还会使机油黏度过大，润滑性能变差，摩擦阻力增大，发动机磨损加剧，油耗增大。因此，保持发动机冷却液处于最佳温度，可使汽车具有良好的经济性、动力性并延长发动机使用寿命。

🔍 提示

　　驾驶人要经常观察发动机冷却液温度表或冷却液温度警告灯，当温度过高或过低时，都必须采取相应措施，确保发动机冷却液温度最佳。

＞ 790. 手动变速器汽车怎样起步？

　　汽车起步时，由于惯性较大，需要较大的驱动力，故选用一档或二档起步。手动变速器汽车的起步操作顺序如下。

　　1）关好车门，系好安全带，保持正确的驾驶姿势。

　　2）将变速杆置于空档、汽车处于驻车制动位置，起动发动机，使其维持在较高的怠速运转，以快速使发动机升温至50℃左右。

　　3）观察车辆四周及后视镜，察看、注意有无妨碍起步的情况。对于夜间、浓雾天气及视线不清时，应注意开前、后车灯。

　　4）踏下离合器踏板，将变速杆挂入一档（图6-8）。

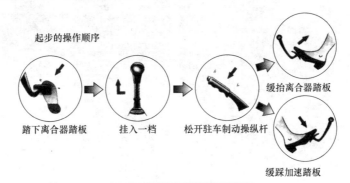

起步的操作顺序

踏下离合器踏板　　挂入一档　　松开驻车制动操纵杆　　缓抬离合器踏板　　缓踩加速踏板

图6-8　汽车起步操作顺序

　　5）握稳转向盘，解除驻车制动。

　　6）稍踏加速踏板，缓抬离合器踏板，同时再适当踏下加速踏板，使汽车平稳起步。在起步中如遇发动机动力不足，将要熄火，应立即稍踏离合器踏板，并适当踏下加速踏板，重新起步。汽车平稳顺利起步的关键是正确选择档位并合理把握好离合器踏板与加速踏板之间的配合。

＞ 791. 手动变速器汽车怎样选择档位？如何换档？

　　现代手动变速器汽车均采用多档变速器，档位越多，适应道路条件变化的能力就越强。而档位越低，则克服道路阻力的能力就越大。汽车行驶时，要根据路面及交通情况，经常变换档位，及时调整车速。当起步、上坡、通过阻力大的路段时需要大的驱动力，应选用低速档（一档或二档），但使用低速档时，车速低，发动机转速高，温度容易升高，燃油消耗大，噪声较大，因此，低速档行驶的时间应尽量缩短；当通过良好路面，需要提高行驶速度、节约燃油时，应选用高速档（最高档或次高档）；当汽车转弯、过桥、过交叉路口、坡道、会车及通过一般困难路段时，应选用中速档（中间档位），它是由低档到高档或由高档到低档时的过渡档位。行车时，应尽量使用高档位，以减轻机件的磨损和降低油耗；切勿低档位高速行车，也不能高档位低速行车。

目前，各类汽车的手动变速器广泛采用同步器，使得汽车的换档操作简单、方便。换档方法：抬起加速踏板，踩下离合器踏板，先将变速杆直接靠在需挂入的档位，待同步器同步后，再挂入档位，然后边松离合器踏板边踩加速踏板，直至离合器踏板完全抬起。

▶ 792. 怎样判断所选档位是否合适？

踩下加速踏板，若感到发动机动力过大（转速过高），说明原来的档位已不适应，应及时换入高一级档位，加档后如不出现动力不足和传动部分抖动现象，则表明档位选择适宜。若车速下降，发动机动力不足，说明原档位已不适应，要及时换入低一级档位，如减档后汽车不出现突然降速现象，则表明档位选择适宜。高档位低速行车或低档位高速行车，都是选档不合适的表现。

▶ 793. 自动变速器汽车变速杆位置如何选用？

自动变速器汽车的变速杆，绝大多数装置在驾驶舱地板上，也有的位于转向柱上。变速杆操纵位置的设置数目及其排列，不同的车型略有不同，目前流行的具有七个变速杆位置的排列，一般如图6-9所示。自动变速器的变速杆位置选用如下。

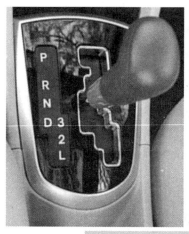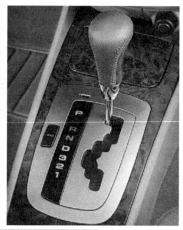

图6-9　自动变速器变速杆位置排列

（1）P位（停车）　停车用。在P位下变速器齿轮处于空转状态，不传递动力，但通过锁止机构将变速器输出轴锁止，以防止车辆移动。起动发动机时，建议挂此位。

（2）R位（倒车）　倒车用。在R位，变速器输入轴与输出轴转向相反，使车辆向后行驶。R位只有在汽车停下后才能应用，在此位置时发动机不能起动。

（3）N位（空档位）　在N位，变速器齿轮处于空转状态，不传递动力。下列情况可使用N位：遇到交通阻塞汽车停车时，与汽车制动器同时使用；汽车行驶或停车时，需起动发动机；汽车被牵引时。

（4）D位（前进位）　在七个操纵位置的自动变速器上，D位是自动前进档位（1~4档）。在此位，变速器可实现1、2、3和4档间的自动换档。它常用于正常的市区或良好的公路条件，只要条件允许，应选择D位。在D位自动变速器换到4档（超速档）时，发动机转速、燃油消耗及噪声水平都会降低。在此位置不能起动发动机。

(5) 3位（前进位）　3位是自动前进档位（1~3档），在此位下，变速器可实现1、2、3档位间的自动换档。在市区交通繁忙情况下，若采用D位，则汽车在快慢经常变化的驾驶过程中，自动变速器总在3档和4档之间产生循环跳档，易加快自动变速器的磨损。若采用3位行车，则可避免这种现象发生。因此，3位常用于市区交通繁忙的情况。在此位置不能起动发动机。

(6) 2位（前进位）　2位为强制前进低档位（1~2档），在此位变速器只能在1、2档位间自动换档。在该位行驶，车辆上坡时可获得更好的动力性，而当车辆下坡时，变速器可逆向传递动力，实现发动机制动，因此该位常用于颠簸崎岖的道路上或在下坡时要求发动机制动的场合。在此位置不能起动发动机。

(7) 1位（前进位）　1位在有的车上称为L位。1位时，自动变速器将被锁定在1档。在该位行驶，汽车将会获得最大的驱动能力和最强的发动机制动效果。因此，1位常用于上陡坡或在下坡时要求发动机制动的场合。在1位行驶时，自动变速器不会自动换档，高速行车时，不要将变速杆挂到1位，因为这种操作会严重损坏自动变速器和发动机。在此位置不能起动发动机。

自动变速器变速杆应挂入何位，与汽车的行驶条件有关。通常，在正常的市区或公路条件下，变速杆应置于D位；在市区交通繁忙情况下，变速杆应置于3位；在上大坡或下坡需要发动机制动时，可根据需要使用1位或2位，但1位的爬坡能力最强，发动机制动效果最为显著。

794. 自动变速器汽车怎样起步？

1）将变速杆置于P位或N位。
2）踩下制动踏板（或拉驻车制动，或既踩制动踏板又拉驻车制动）。
3）打开点火开关，起动发动机。
4）让发动机预热一段时间后，将变速杆置于D位，然后松开驻车制动，再松开制动踏板。
5）慢慢踩加速踏板，逐步提高车速。注意，踩加速踏板不要过快，以免汽车起动时车轮滑转，加快轮胎磨损，增大油耗。

795. 自动变速器汽车为何要先制动再起动发动机？

自动变速器汽车先制动再起动发动机，安全性好，同时还可防止变速器早期损坏。如果不踩制动踏板或用驻车制动，变速杆在N位时打点火开关，起动后汽车有可能会向前或向后慢慢运动，通常称为"蠕动"，这种蠕动会造成不必要的剐蹭，同时也给驾驶人造成紧张不安全。若在P位起动，虽然汽车不会蠕动，但制止蠕动靠的是P位的止动棘爪，蠕动力由棘爪承受，P位的止动棘爪是防止停车情况下车辆移动的，让它承受每次起动时的蠕动冲击力会容易损坏。

796. 如何选择自动变速器的换档模式？

为了适应不同条件下的经济性和动力性要求，电子控制自动变速器上一般都装有换档模式选择开关。模式选择开关一般提供经济模式、动力模式和雪地模式三种不同模式选择。

(1) 经济模式　自动变速器的经济模式通常为缺省选择，无须按任何键，不论变速杆在什么位置，只要发动机起动，即自动进入经济模式。自动变速器在经济模式下工作，其计算机控制变速器自动换档时，以省油为优先，可降低燃油消耗和噪声水平。一般汽车在城市道路、良好路面行驶时，选择经济模式，以提高汽车燃油经济性。

（2）动力模式 自动变速器在动力模式下工作时，计算机控制变速器自动换档时以动力性考虑为优先，发动机可在较高的转速下进行换档，汽车可获得更好的加速性能。进入动力模式时，需要操纵控制开关，如按下变速杆上的 S 键（图 6-10a），仪表板上的指示灯将 S 点亮，则自动变速器进入动力模式。如果要恢复经济模式，再按下变速杆上的 S 键，仪表板指示灯 S 即将熄灭。一般汽车在上坡及山路上行驶，或汽车遇到较大阻力，或汽车加速超车时，可选择动力模式，以增强汽车动力性。

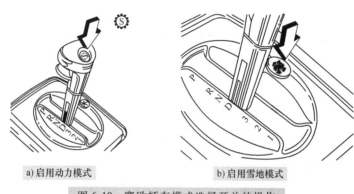

a) 启用动力模式   b) 启用雪地模式

图 6-10　赛欧轿车模式选择开关的操作

（3）雪地模式 自动变速器在雪地模式下工作时，计算机能控制自动变速器适应汽车在低附着系数路面上的起步，防止驱动轮打滑。进入雪地模式时，需要操纵控制开关，如将变速杆置于 D 位并按压变速杆旁边的 ＊ 键（图 6-10b），则启用 ＊ 键指示灯将点亮，此时自动变速器进入了雪地模式，并关闭了经济模式和动力模式，如果取消雪地模式，自动变速器将自动进入经济模式。一般汽车在雨雪等滑溜路面上起步或行驶，可选择雪地模式。

797. 如何正确使用手自一体变速器？

手自一体变速器属于自动变速器的一种，它具有手动和自动换档功能。手自一体变速器能充分发挥自动变速器操作方便的优势，克服自动变速器经济性稍差的不足，并提高驾驶的乐趣。但很多人买手自一体变速器车辆后，把它当普通自动变速器使用，前进时总是 D 位，根本没用过手动模式，这样其变速器的良好性能不仅发挥不了，还会加剧变速器的磨损，缩短其使用寿命。

（1）手自一体变速器变速杆位置 手自一体变速器变速杆位置因车型不同而异，通常如图 6-11 所示。手自一体变速器的手动模式有多种标注，多为"M"，有的为"S"，有的只有"＋、－"号。尽管如此，但它们的手动换档方法基本相同。

（2）手自一体变速器换档方法 手自一体变速器有 A/M 两种模式，其自动模式与普通自动变速器完全相同，但手动模式与真正的手动变速器换档不同，它只有单纯的上推加档和下推减档，不用离合，其实质就是把自动档电脑控制的加减档改为手动。

使用手动换档模式时，需要把变速杆切换至 M（或 S）位（图 6-12），然后根据情况进

图 6-11 手自一体变速器变速杆位置

行升降档操作（图 6-13），此时仪表板中的显示屏会出现当前档位信息（图 6-14），使驾驶人知道当前档位，以便换档操作。

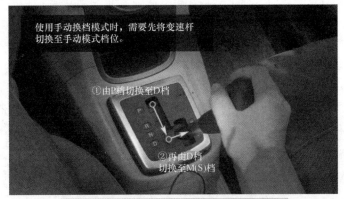

图 6-12 手自一体变速器切换到手动模式

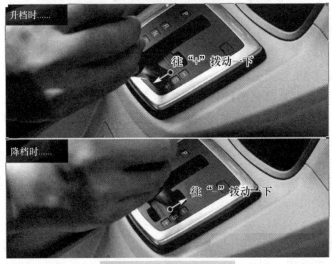

图 6-13 手动模式换档

(3) 手动模式适用场合 在良好路面、城市道路上，汽车行驶时多用自动模式，也可用手动模式。但在下列场合必须使用手动模式。

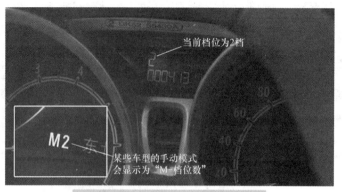

当前档位为2档

M2

某些车型的手动模式
会显示为"M-档位数"

图6-14　手动模式换档的档位显示

1）下长坡行驶。采用手动模式可以利用发动机制动，可提高行车安全性。一般是坡度越陡，则档位应选得越低。而A/MT的自动模式无发动机制动功能。

2）上大坡行驶。采用手动模式可以根据坡度大小选择合适的档位，坡度越大，则档位选得越低。上坡时，若只使用A/MT的自动模式，则变速器会自动加减档换档，寻找合适的档位上坡，这样会加快变速器的磨损，缩短其使用寿命。

3）复杂道路条件行驶。在复杂道路条件下，道路阻力变化莫测，采用手动模式行驶，选择相对低点的档位，可以顺利通过。若使用A/MT的自动模式，则变速器为了适应道路阻力的变化，需要不断频繁地变换档位，容易导致变速器磨损加剧。

提示

对于手自一体变速器汽车，总是使用自动模式操作是不对的，而应根据道路行驶条件适当变换操作模式，如汽车在上坡、下坡，或在复杂路面行驶时，可选择手动模式操作汽车。

798. 使用自动变速器汽车应注意哪些问题？

1）发动机起动时，应将变速杆置于P位或N位，同时踩下制动踏板并拉紧驻车制动器，以防意外事故发生。

2）汽车起步时，应先将变速杆移入正确位置后，再踩加速踏板，而且不能踩得过猛，应缓缓踩下，否则容易加剧自动变速器内的执行机构如离合器、制动器的磨损，严重时还可能造成零部件的事故性损坏。

3）汽车行驶时，除非必要，尽量不要将加速踏板猛踩到底，因为这样会出现立即强制性地换入低档，即"强制低档"，容易使发动机的转速过高，从而造成自动变速器内摩擦件的磨损和ATF温度的升高，对自动变速器的使用不利。

4）汽车行驶时，特别是高速行驶时，不能选用N位滑行，这很容易烧坏变速器。因为这时变速器输出轴转速很高，而发动机却在怠速运转，ATF油泵供油不足，润滑状况恶化，易烧坏变速器。有些驾驶人为了节油，而选用N位滑行，结果只能是得不偿失。

5）汽车超车时，往往要迅速踩下加速踏板，利用"强制低档"来提高汽车的加速能力。但要注意的是，一旦车辆的加速要求得到满足时，应立即松开加速踏板，否则，对自动变速器的油液和摩擦件使用不利。

6）汽车上坡时，应视坡度的大小和坡道的长短选择变速杆位置。当坡度小、坡道短时，可选择 D 位或 3 位。当坡度大、坡道长时，必须选择 1 位或 2 位，若选择 D 位，则容易出现"循环跳档"现象，如在 D 位直接档上坡时，由于驱动力小于坡道阻力，汽车自动减速降档，而降档后汽车驱动力增加，当其超过坡道阻力时，汽车又自动加速升档，这样就不断地进行降档和升档循环，加速换档执行元件的磨损。

7）汽车下坡时，除踩制动踏板外，同时可利用发动机制动。当车速降至 30km/h 时，可将变速杆置于 1 位或 2 位，使汽车获得最有效的制动。

8）汽车高速行驶时，不允许将变速杆自 D 位拉向 2 位或 1 位，否则会"强制低档"，加快自动变速器内摩擦件的磨损和 ATF 温度的升高。

9）在变速杆换档过程中，不要下踩加速踏板；在车辆未停稳之前，不允许将变速杆从前进档位拉向 R 位，也不得将变速杆从 R 位拉向前进档位。否则，会造成自动变速器内部的离合器和制动器等损坏。

10）汽车被牵引时，应将变速杆置于 N 位，而且车速不得超过 30km/h，每次连续被牵引的距离不得超出 80km。否则，自动变速器内部会因无法润滑而容易损坏。

▶ 799. 怎样通过加速踏板调节车速？

利用加速踏板调节车速简便易行，其调节范围在本档位的最高车速和最低车速之间。

提速时，匀速踩下加速踏板（图 6-15），但不要一下踩到底，使车速迅速提高，待车速调到所需车速时，保持加速踏板不动，即可停止加速过程而保持所调的车速。若大幅快速踩踏加速踏板，则提速快；若缓速踩踏加速踏板，则提速慢。

减速时，匀速放松加速踏板（图 6-15）到适当位置且保持不动，则发动机输出的转矩下降使车速减慢到低速状态下匀速行驶。当松抬加速踏板缓慢时，则减速慢。

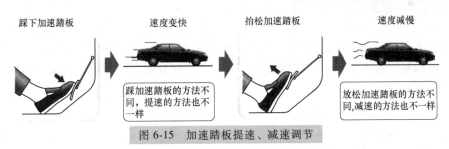

图 6-15　加速踏板提速、减速调节

保持车速不变时，也可通过微调加速踏板调节。当加速踏板位置一定时，由于道路阻力发生变化而使车速变化，适当微调加速踏板可维持车速不变（图 6-16）。

图 6-16　加速踏板维持车速调节

> **800.** 怎样通过制动踏板调节车速？

在行车中经常会遇到一些突发的情况需要迅速降低车速，仅靠放松加速踏板很难达到预期降速效果。因此，需要利用制动踏板强制性降低车速。用制动踏板调节车速的方法如下。

1）放松加速踏板。

2）适度踏下制动踏板，根据降低车速的需要和快慢程度，调整踏下制动踏板位置或力度（图6-17）。

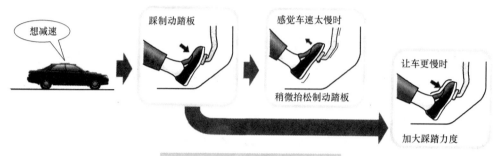

图6-17　利用制动踏板调节车速

3）当车速降到所需车速后，迅速放松制动踏板，停止制动降速过程。

4）适度踏下加速踏板保持车速，防止速度持续下降。

提示

采用制动踏板降低车速不可踩得过急、踩得过多；制动踏板调节车速要有预见性，提前控制，少许制动，可使汽车降速平滑，能提高汽车行驶平顺性和使用经济性。

> **801.** 上坡怎样驾驶车辆？

1）上坡起步。上坡起步关键在于克服上坡阻力，防止汽车后溜。因此，除按平路起步要领和操作外，还要注意驻车制动杆、离合器踏板和加速踏板操作的密切配合。具体操作：踏下离合器踏板，挂上1档；左手握稳转向盘，右手将驻车制动杆向后拉紧，右脚踏下加速踏板，两眼注视前方，同时缓抬离合器踏板；当离合器开始接触，感觉到发动机吃力，汽车欲起步行驶时，放松驻车制动杆，并缓抬离合器踏板，继续踏下加速踏板即可起步。汽车起步后，完全放松离合器踏板，不要猛烈加油。若车辆发生倒溜，应立即踏下制动踏板和离合器踏板，同时拉紧驻车制动杆，将车辆停住，重新起步。

2）上坡行驶。汽车起步后，若觉动力有余，则应逐渐换入高一级档位，动作要迅速、准确。汽车上坡时，若感动力不足，应及时减档，以免发动机熄火。

提示

通过短而不陡的坡道时，若路面宽阔，视线良好，可利用惯性加速冲坡；通过长而较陡的坡道时，既要利用高速惯性冲坡，又要及时变换档位，不能用高速档位勉强行驶，以免发动机过载缩短机件使用寿命，也不宜过分使用低速档冲坡，以免发动机超速运转而损坏。因此，必须掌握"高档不硬撑，低档不硬冲"的操作方法，使汽车保持充足动力徐徐而上。

> **802.** 下坡怎样驾驶车辆？

1）下坡起步。下坡起步的操作要领和平路起步相同，但由于存在下坡助力，其起步加速时间可大大缩短，起步更为容易。下坡起步时，一般采用2档或3档起步，放松驻车制动杆后，汽车溜动时再松抬离合器踏板，不要用高速档起步，以免损坏机件。

2）下坡行驶。由于下坡时有助力作用，应提前轻踏制动踏板，及早控制车速。下坡转弯、视线不清、交通情况不明时，车速应低些。下长坡时，最好利用发动机制动、排气制动等辅助制动，以降低行车制动器的温度，保证汽车具有良好的制动效能。在缓、直坡道下坡行驶，可加档操作，由低速档换入高速档，其换档动作要快。下坡利用发动机制动时，为提高制动力，常需进行减档操作，由高速档换入低速档。

注意：下坡时，档位越低，发动机制动效果越好。因此，坡道越陡，则档位应选得越低。选择档位的原则是，用几档上坡，则应是几档下坡。

▶ 803. 驾驶时怎样调控安全车速？

汽车行驶速度越高，行车安全性越差。行车中，驾驶人要根据道路、交通的实际情况合理控制车速，做到该快则快，该慢则慢，既要考虑高速行车，又要考虑运行安全，应严格遵守交通规则的限速规定，坚决反对盲目开快车，杜绝交通事故发生（图6-18）。调控安全车速方法如下。

(1) 利用档位变化控制车速 道路条件或汽车工况变化时，可变换档位控制车速。如起步之后只要是道路条件允许，就应尽快由低速档加至高速档，以尽快提高车速；道路条件好时，可用高速档高速行车；道路条件差时，可用低速档低速行车。

(2) 利用加速踏板控制车速 在一般道路上行驶时，如遇有情况变化，一时还拿不准怎样处理时，应先松抬加速踏板，充分利用发动机的制动作用减速、观察，待情况明了时，再视情加油继续行驶。另外，汽车超车、加速行驶都可利用加速踏板控制车速。

● 开得飞快确实潇洒，但是……

注意：行车的速度一定要在能控制的范围之内才行。

图6-18 控制车速防止交通事故

(3) 利用制动控制车速 下坡时，利用制动可以控制车速不过高；正常行驶时，利用制动可以减速达到目标车速。在运用制动控制车速时，应根据行车条件变化确定制动的力度，确保行车的连续性以及控制车速的准确性和平稳性。

▶ 804. 汽车行驶时应保持多大的跟车距离？

汽车在道路上行驶，为避免发生追尾，必须保持一定的跟车距离即间距（图6-19）。两车同向行驶间距应随车速和交通条件的变化而变化，车速越高，路面越滑溜，其行驶间距就应越大。在高速公路上行车时，为保证行车安全，同向行驶间距值（m）一般应大于车速值（km/h），如车速为50km/h，则最小间距应为50m，车速为90km/h，则最小间距应为90m。在市区行车时，同向行驶间距应保持在20m以上，在繁华地区应保持在5m以上。在冰雪道路、雨雾天气视线不清时，同向行驶间距还要适当加大。

图 6-19　汽车跟车距离

> **805. 汽车行驶时怎样确定跟车的安全间距？**

高速同向行驶的跟车间距（图 6-20）一般用肉眼是很难目测的，但用读秒方法测算还是比较准确的。测算方法：汽车行驶时，驾驶人选定汽车前方某一标识物（电线杆或广告牌）作记时开始，到自己的车辆到达前方的标识物为止，以读秒 1s、2s、3s……的方式测算，当车辆时速在 50km/h 时，假如读秒的时间为 2s，那么你与前车的车距则为 28m，是 3s 的话，则车辆间距是 42m。理论和实践表明，跟车间距采用 3s 法是比较安全的。因此，通常采用 3s 法确定安全间距。

图 6-20　汽车安全间距

> **806. 汽车行驶时应保持多大的侧向间距？**

侧向安全间距是指相对方向车辆交会或同一方向车辆超车、变更车道以及同一方向不同车道的车辆并行时，两车之间以及车与行人、路侧隔离物之间应保持的安全距离。驾驶人在行车时与旁侧车辆的横向间距不能留得太窄；在混行车道上，切勿盲目贴近自行车和行人，要尽量拉大与自行车及行人的侧向间距。

汽车侧向安全间距与车速有关（图 6-21），一般，车速在 40 ~ 60km/h 时，同向行驶车辆的侧向最小安全间距为 1.0~1.4m；异向行驶为 1.2 ~ 1.4m；车速为 30km/h 时，车辆的侧向最小安全间距为 0.57m。另外，侧向间距也应随气候条件和道路条件的不同而变化，冰雪路滑、

图 6-21　侧向安全间距

雨雾天气视线不清时，侧向间距应适当加大。若不能保证足够的安全侧向间距，则应降低车速行驶。

> **807.** 怎样进行会车操作？

会车时，汽车应靠道路右侧通过（图6-22）。会车前，应根据双方车辆的速度、车型、装载情况以及道路状况、视线好坏、气候条件、交通条件和驾驶技术水平等因素来调整自身车辆的速度及行驶位置。会车时，选择有利的会车地点，适当降低车速，握稳转向盘，同时顾及道路两侧情况，保持两车间留有足够的侧向间距，从而安全迅速地会车。

图 6-22　会车

提示

在道路上正常会车，可适当加大两车的侧向间距，减速交会，会车后，从后视镜观察确认无车辆超越时，再缓缓地驶向正常车道。会车处若遇有障碍物，则应按右侧通行规定，让前方无障碍物的车辆先行，不可争道。两车在没有划中心线的道路和狭路、窄桥、便道等处会车时，应减速慢行靠右通过，会车有困难时，有让路条件的一方应礼让对方车辆先行。遇雨、雾、黄昏等视线不清的情况会车时，应降低车速，开启示宽灯，加大两车侧向间距，必要时停车避让。夜间会车，在距来车150m以外，应互闭远光灯改用近光灯。

> **808.** 怎样进行超车操作？

一辆车经过另一辆车的侧面，从后面行驶到前面的过程就是超车（图6-23）。

超车前，要认真观察被超车辆的行驶速度、道路宽度、有无交会车辆，充分估计本车的增速能力、超车所需的时间和距离。在条件成熟时，打开左转向灯发出超车信号，向前车左侧接近、鸣喇叭，确认安全后，从被超车的左边超越。超越后，在左侧行驶一段距离，在不妨碍被超车辆正常行驶的情况下，变左转向灯为右转向灯，逐渐驶入正常行车路线。超车时，若突遇对面来车，则应握稳转向盘，慎用紧急制动，及时尽快减速，让被超车辆驶离，然后尾随其后，待机再超。

图 6-23　超车

超越停放的车辆时，应减速鸣号，注意观察停放车辆的动态，并保持较大的侧向间距，以防停止的车辆突然起步驶入路中，或车门突然开启有人下车，或车辆前方有人横穿道路。

提示

下列情况不得超车：前车已发出转弯信号或前车正在超车时；前车时速已达后车最高时速限制时；与对面来车有可能会车，距离对面来车150m以内时；在超越区视线不良，如有风沙、雨、雾、雪时；通过繁华街道、交叉路口、隧道、铁路道口、急弯路、窄路时。

809. 怎样进行倒车操作？

倒车主要用于狭窄场地的掉头、进出车库等。倒车是驾驶人经常进行的一项操作，因此，必须熟练掌握倒车技术。

(1) 倒车时的观察方法 根据汽车的轮廓、交通环境及视线条件等，倒车时驾驶人观察车后常采用的方法有如下三种。

1）通过后窗向后观察。驾驶人左手握住转向盘上缘，上身向右侧转，右臂依托在靠背上端，头转向后窗，两眼注视后方目标进行倒车（图6-24a）。

2）通过左侧向后观察。驾驶人将头部从左车门玻璃窗口探出车外或打开左车门，左手扶着车门，右手把握转向盘上缘，头转向左后方，两眼注视后方目标进行倒车（图6-24b）。这种观察视线受到一定的局限性，因此倒车时应给车辆右方留有一定的余地。

3）通过后视镜向后观察。驾驶人两眼注视两边后视镜和内后视镜，根据后视镜观察的后方目标进行倒车（图6-24c）。但后视镜视线范围有限，因此只适用于短距离倒车。

a) 通过后窗向后观察

b) 通过左侧向后观察

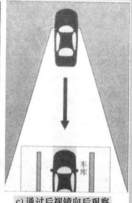
c) 通过后视镜向后观察

图6-24　倒车时的观察方法

(2) 倒车方法 倒车时，应先观察好周围的情况，同时选定倒车目标。然后，把变速杆换入倒档，并发出倒车信号，选择适当的观察方法，用与前进起步同样的操作顺序进行倒车。倒车中要稳住加速踏板，控制好车速，不超过 5km/h 为宜，不得忽快忽馒，以防熄火或因倒车过猛而造成危险。常用的倒车方法有直线倒车和转向倒车。

1）直线倒车。直线倒车时，应保持前轮正向倒退，并通过转向盘来及时修正倒车方位。如发现车尾偏斜时，则应立即将转向盘向车尾偏斜的反向转动，待车尾摆正后，迅速将转向盘回正。

2）转向倒车。转向倒车时，应掌握"慢行车，快转向"的操作原则，同时还要随时注意整个车辆与周围物体的接触情况。转向倒车时，转向盘转动的方向，就是车尾摆动的方向，如欲使车尾向左（右）转弯，则转向盘也应往左（右）转动，弯急多转，弯缓少转，一般当车尾将接近所选定的目标时回正转向盘，摆正车头。

810. 怎样进行预见性制动？为什么要预见性制动？

预见性制动是指驾驶人在行驶中，根据已发现的车辆、行人、地形的变化，或预见将会出现的复杂局面和情况，足以影响其以原有车速安全通过时，提前采取的减速或停车的措

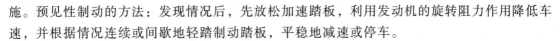

施。预见性制动的方法：发现情况后，先放松加速踏板，利用发动机的旋转阻力作用降低车速，并根据情况连续或间歇地轻踏制动踏板，平稳地减速或停车。

> **提示**
>
> 　　预见性制动能保证汽车安全行车、节约燃料、减少轮胎磨损和延长机件使用寿命。因此，驾驶人在行车中要集中精力，对观察到的情况进行全面分析，做出正确的判断，如需减速或停车，应尽量使用预见性制动。

811. 怎样进行点制动？为什么要点制动？

点制动是指汽车在行驶中需要减速时，驾驶人使用制动器进行的轻微制动。点制动的方法：驾驶人间歇地轻踏制动踏板，产生制动力，使汽车减速行驶，也可在下长坡时维持等速行驶。

点制动时车轮制动力小，车轮不会抱死，其制动时的方向稳定性好。因此，点制动在冰雪路面、泥泞滑溜路面制动效果较好。

812. 怎样进行紧急制动？

紧急制动是指汽车在行驶中突然遇到紧急情况时，驾驶人迅速、正确地使用制动器，在短距离内停车的一种制动。紧急制动的方法：握稳转向盘，迅速放松加速踏板，急速踩下制动踏板，必要时可同时拉驻车制动杆，发挥汽车的最大制动力，迫使汽车尽快停住。

紧急制动时，由于惯性力较大，对汽车各部件都有较大的冲击；对于无 ABS 的汽车，车轮制动抱死，汽车将失去抵抗侧滑的能力，其方向难以控制，同时车轮抱死拖滑会加剧轮胎的磨损。因此，行车时应尽量避免紧急制动。在冰雪路面、泥泞溜滑路面及转向时，最好不用紧急制动。

注意：不需要紧急制动的驾驶最理想，但在万一情况下，用紧急制动来避险也是非常必要的。及早准确把握交通信息，可减少紧急制动的次数。

813. 什么是发动机制动？如何利用发动机制动？

发动机制动是指利用发动机内摩擦阻力和进排气阻力对汽车驱动轮进行的制动。用发动机制动时，驾驶人放松加速踏板，不脱开发动机的连接，在汽车惯性力作用下，驱动轮通过传动系统迫使发动机高速旋转，这时汽车需克服发动机内摩擦阻力和进排气阻力，消耗汽车行驶的动能从而实现制动。发动机被拖动的转速越高，发动机转动的阻力矩就越大，制动作用就越强。驱动轮反拖发动机时，档位越低，传动系统传动比越大，则发动机转速越高，发动机内阻力矩消耗的能量越多，驱动轮上的制动力就越大，制动效果越显著。因此，利用发动机制动时，变速杆挂入第 1 档时制动力最大。利用发动机制动不需要安装其他设备，也不需要对发动机做任何改造，因此发动机制动是驾驶人常用的一种方法。

汽车下坡时可利用发动机制动，坡度越大则档位应选得越低，以便得到更大的制动力；汽车减速时，可利用发动机制动来提高减速效果。

利用发动机制动可减轻行车制动器的负担，避免车轮制动器长时间制动而过热，降低行车制动器温度，可提高汽车制动效能的恒定性，这对于下长坡制动和山区使用的汽车具有重要作用。

利用发动机制动时，其产生的制动力需经差速器传递，由于差速器具有平均分配转矩的特性，发动机制动力可以平均分配到左、右驱动车轮上，能有效防止汽车制动侧滑、跑偏，这对于在低附着系数路面（如冰雪路面）上的行车制动是非常有利的。

注意：汽车紧急制动时，不能利用发动机制动。因为紧急制动时，汽车的减速度很大，发动机飞轮产生的惯性力偶矩将大于发动机内阻力矩，会使制动力减少。

814. 什么是排气制动？如何利用排气制动？

排气制动是指利用装在排气管后面的排气节流阀产生的排气阻力对驱动轮进行的制动，它实际上也是一种发动机制动，只不过是制动强度比较大而已。制动时关闭排气节流阀，切断油路、电路，利用发动机急剧增加的排气阻力而增大发动机转动的内阻力矩，从而增大驱动轮的行驶阻力而实现制动。

汽车下坡时维持一定车速、汽车减速、汽车紧急制动时，都可使用排气制动。汽车在滑溜路面上利用排气制动可减少侧滑、跑偏，提高汽车制动时的方向稳定性。

提示

> 排气制动功率非常之大，可达发动机有效功率的80%~90%，因此多用于重型载货汽车或矿用自卸汽车上。由于排气制动具有发动机制动的所有优点，因而对于山区行驶的车辆，排气制动是一种比较理想的辅助制动。

815. 驾驶有防抱死制动系统车辆时应注意哪些问题？

汽车行驶时，只有正确操作和使用ABS，才能充分发挥ABS的作用，才能在紧急情况下取得良好的效果。驾驶ABS汽车制动时应注意如下问题。

1）紧急制动时，将制动踏板一脚踩到底，始终不放松。一般来说，在制动力缓缓施加的情况下，ABS多不发挥作用，只有在制动力猛然增加使车轮转速骤减、车轮趋于抱死时，ABS才生效。因此，驾驶装有ABS的汽车，紧急制动时应快速踩下制动踏板。

2）在溜滑路面行车紧急制动时，应将制动踏板踩到底，不用点制动。驾驶装有ABS和没装ABS的汽车，紧急制动最大的不同点就在于"刹死"与否。没有ABS的汽车制动时，常采用连续点制动可防止汽车失控，而有ABS的制动则不存在制动抱死问题，应一脚踩到底，以加大汽车的制动力，提高制动效果。

3）驾驶ABS车辆制动时，也应谨慎从事，不可粗心大意。因为ABS只能提供较好的制动性能，而并不能随便减少制动距离，绝对的不侧滑。因为低附着系数路面其附着力照样很低，溜滑的路面它照样溜滑。尽管ABS为驾驶人提供了转向时的可控能力，可它本身并不能完成汽车的转向操作。因此，驾驶ABS汽车时，制动车速照样不能过高，转弯时应尽量避免紧急制动，行车时要注意转向盘控制。

4）当ABS出现故障时，对汽车的制动操作应与未装ABS的汽车相同。因为ABS出故障后，ABS功能完全丧失，汽车紧急制动时，车轮可以抱死，汽车的制动效能和方向稳定性都变差。

816. 使用驱动防滑转系统应注意哪些问题？

汽车行驶时，只有正确使用ASR，才能充分发挥ASR的作用。使用ASR应注意如下问题。

1）汽车行驶时，应将ASR选择开关按键按下（图6-25），使ASR有机会参加工作，以便提高汽车的驱动、行驶性能。但在附着系数较高的良好路面上行车时，由于路面附着力足够，因而ASR往往不会起作用。

2）在溜滑路面行驶时，发动机节气门不能太大，车速不能过高。因为这种路面附着系数很低，驱动轮容易滑转，节气门太大只能使ASR经常工作，浪费能量。

3）在不对称路面行车时，ASR能显著提高汽车的通过性，此时汽车应低速行驶，以充分发挥高附着系数一侧驱动轮的附着作用，增加汽车的驱动力，提高汽车动力性和通过性。

4）汽车驱动行驶时，不能过于依赖ASR的作用。因为ASR只能改善或提高汽车行驶的驱动能力和方向稳定性，但并不能改变路面的特性，如溜滑的路面它照样溜滑，低附着系数

图 6-25　ASR 按键

路面其附着力照样很低。因此，在驾驶装有ASR的汽车时，还是要根据路面的行驶条件细心操作，在路况较差时，应低速行车，以确保汽车具有良好的行驶性能。

5）汽车行驶时，若ASR警告灯持续点亮，则说明ASR存在故障。为确保汽车具有良好的驱动、行驶性能，应检修ASR。

817. 有防滑转系统的汽车有哪些优点？

装有防滑转系统的汽车，与不装备ASR的汽车相比较，具有如下优点。

(1) 汽车动力性好　ASR能使汽车充分利用驱动轮的最大附着力，使汽车获得较大的驱动力，因而可提高汽车的起步能力、加速能力和爬坡能力。尤其在附着系数小的路面，或者在不对称的附着系数路面，汽车动力性的提高更加显著。

(2) 汽车方向稳定性好　ASR能使汽车行驶时，保证汽车驱动轮也获得较大的侧向附着力，因而可提高汽车抵抗侧滑的能力，使汽车在驱动过程中具有良好的方向稳定性，对于后轴驱动汽车可减少后轴侧滑的危险，对于前轴驱动汽车可避免汽车失去转向能力。这对汽车在湿滑的路面上起步、加速、转弯行驶来说，显得尤为重要。

(3) 汽车通过性好　由于ASR能够充分利用驱动轮的最大附着力，因而汽车在溜滑路面行驶时通过性较好。尤其是汽车行驶在不对称的附着系数路面时，汽车的通过性将会显著提高。

(4) 汽车驾驶性能好　由于ASR极大地改善了汽车的行驶性能，在很大程度上使驾驶人操作汽车得心应手，大大减少驾驶汽车的紧张程度，提高驾驶的舒适性。如当汽车遇到恶劣的路面状况时，驾驶人可以减少在转向盘和加速踏板上的很多动作，使得驾驶容易，驾驶性能好。

(5) 驱动轮胎磨损减少　由于消除了驱动轮的滑转现象，使得驱动轮胎的磨损减少。

818. 如何使用电子稳定程序系统？

ESP开关按键（图6-26）安装在仪表台的中控台上。发动机起动后ESP开关自动接通，按下此键则关闭ESP，再按此键则ESP接通。

1）在高速公路高速行驶时，应使ESP接通，此时ESP时刻监视汽车的行驶，当遇到车

身失控或者已经失控时会自动启动干预对策，使行车安全性好。

2）在城市路面行驶时，车速较低，可关闭ESP。因为低速行驶时，汽车操纵性、安全性都较好，开启ESP效果不明显，而开启ESP后还会消耗能量，使汽车燃油经济性变差。

3）开启ESP时，驾驶汽车也应谨慎从事，不可粗心大意。因为ESP只能提供较好的操控性，但它不能改变路面的状况、交通环境、行

图6-26 中控台上的ESP开关

驶条件、驾驶水平。因此，当汽车在溜滑路面、山区多弯条件行驶时，还是应低速行车。

> 819. 有电子稳定程序系统的汽车有哪些优点?

(1) 汽车的操作稳定性好 ESP通过各种高灵敏的智能传感器，时刻监测车辆的行驶状态，并通过计算分析判定车辆行驶方向是否偏离驾驶人的操作意图。当车辆偏离了驾驶人的意图或有侧滑失控危险时，ESP能立刻识别出危险情况，并提前裁决实施可行的干预措施（如对车轮独立的施加制动力；在特殊工况对变速器干预；通过发动机管理系统减小发动机转矩），来防止车辆侧滑，保证车辆稳定行驶，从而提高汽车的操作稳定性。

(2) 汽车的方向控制能力强 ESP能够实时监控驾驶人的操控动作、路面反应、汽车运动状态，并不断向发动机和制动系统发出指令，通过主动调控发动机转速，并调整每个轮子的驱动力和制动力，来修正汽车的过度转向和转向不足。

(3) 汽车的驱动能力大 ESP能够在汽车驱动时，如起步、加速及溜滑路面行驶时防止车轮打滑，提高轮胎与路面的附着能力，增强汽车的驱动能力。当驾驶人加速过猛时，它能自动地使发动机转矩适应车轮对地面的传递能力。

(4) 汽车的制动性能好 ESP能够在汽车紧急制动时防止车轮抱死，能在结冰及溜滑路面上行驶时，减少制动距离，防止侧向滑移。这样驾驶人在转向及溜滑路面紧急制动时，能显著改善汽车的制动性能。

> 820. 什么时候不宜使用电子稳定程序系统?

下列情况下不宜使用ESP，应关闭ESP。

1）驾驶人想玩漂移或激烈驾驶。此时若开启ESP，则因ESP的干预达不到驾驶人特意想要的境界和效果。

2）在路况条件差时的省油驾驶。如汽车在冰雪或疏松路面，或弯曲地段较多的路面行驶，需要省油，此时若开启ESP，则因ESP经常的干预措施如驱动时施加制动力等，汽车就会费油。

3）城市路面低速行驶，汽车操纵稳定性较好，不需要使用ESP。关闭ESP可提高汽车的燃油经济性。

> 821. 如何合理使用汽车巡航控制系统?

汽车巡航控制系统操作开关（图6-27），由驾驶人直接操控，用于巡航控制系统的开闭、巡航车速的设定及取消。

(1) 巡航控制系统的使用方法

1) 按下巡航控制开关 ON/OFF 键，仪表中巡航指示灯亮起，车辆做好巡航准备。

2) 踩下加速踏板，当车辆加速至某一车速（一般 40km/h）以上，达到希望的合适速度后，按下 RES+键，车辆开始巡航。

3) 当想要提升或降低巡航速度时，可以通过 RES+键或 SET-键来调整速度。

图 6-27　汽车巡航操控开关

4) 按取消巡航键（CANCEL）或踩下制动踏板时，车辆取消巡航，进入巡航准备状态。

5) 再次按下 ON/OFF 键，仪表中巡航指示灯灭，巡航功能关闭。

(2) 巡航控制系统使用注意事项

1) 在不使用巡航控制系统时，应将巡航控制主开关置于关闭状态。

2) 在交通条件不畅，或道路条件较差，或雨、冰、雪等恶劣气候，或重载行驶时，不要使用巡航控制系统，因为此时汽车的可控性较差。

3) 汽车上、下陡坡行驶时，最好不要使用巡航控制系统，因为道路阻力变化太大，汽车可控性较差，车速难以稳定。

4) 汽车巡航行驶时，对装备手动变速器的汽车，切不能在未踩下离合器踏板的前提下将变速杆移置空档，以免造成发动机超速运转，导致损坏。

5) 使用巡航控制系统时，应注意观察仪表板上的"CRUISE ON-OFF"指示灯是否闪亮，若闪亮，则表明电子巡航控制系统存在故障。发现故障时，应停止使用巡航控制系统，待排除故障后再使用巡航控制。

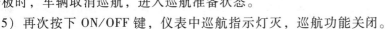

822. 使用巡航控制系统有哪些优点？

(1) 自动控制汽车恒速行驶　在高速公路上行车时，打开巡航控制系统，CCS 能根据行车阻力自动控制节气门开度，调节发动机动力，使汽车按驾驶人设定的车速稳定行驶。无论是上坡、下坡或平路行驶或是在风速变化的情况下行驶，只要在发动机功率允许的范围内，汽车的行驶速度就能保持不变。

(2) 减轻驾驶人劳动强度　巡航控制系统实现了部分自动驾驶，汽车在上坡、下坡或平路行驶时，驾驶人只需掌握好转向盘，而可避免频繁的踩加速踏板和换档，这样就可大大减轻驾驶人长途行车时的劳动强度。

(3) 降低油耗、减少污染　巡航控制系统工作时，始终使汽车燃油的供给与发动机功率之间处于最佳配合状态，能节省燃油。巡航控制系统实现定速行驶，其加速踏板及制动踏板的踩放次数大大减少，能降低耗油，行车较为经济。巡航控制系统能选择在最有利的车速和发动机转速下运行，能改善发动机燃烧过程，使燃油燃烧完全，热效率提高，降低油耗，减少有害气体 CO、HC、NO_x 排放，有利于节能和环保。

(4) 提高行驶舒适性　巡航控制系统工作时，车速恒定，可以减少变速引起的惯性冲击，大大提高乘坐的舒适性。

（5）**延长汽车使用寿命** 巡航控制系统工作时，车速恒定，额外惯性力减少，可使机件损伤减少，汽车故障减少，汽车使用寿命延长。

（6）**提高行车安全性** 巡航控制系统工作时，由于减轻了驾驶人的劳动强度，驾驶人不易疲劳，能集中精力控制转向盘，因而能提高行车安全性。巡航控制系统还能确保驾驶人的操作优先权，这为驾驶人的安全驾驶提供了有利条件。

823. 什么是汽车的行驶稳定性？

汽车行驶稳定性包含纵向稳定性和侧向稳定性。纵向稳定性是指汽车上坡或下坡时，汽车抵抗绕后轴或前轴翻车的能力。由于道路条件好，轿车纵向翻车的可能性很小，故汽车行驶稳定性主要是指侧向稳定性。侧向稳定性是指汽车抵抗侧翻和侧滑的能力。由于汽车高速转弯行驶的离心力较大，汽车往往沿离心力所指的侧向翻车和滑移，故侧向稳定性主要是指汽车转弯行驶的稳定性。

824. 如何提高汽车的行驶稳定性？

提高汽车行驶稳定性的措施如下。

（1）**转弯处降速** 转弯越急，车速应越低。在经常行驶的良好干燥路面上，汽车转弯行驶一般能满足侧向稳定性条件，但车速低些，行驶更安全，既不会侧滑，更不会侧翻。

（2）**路滑处降速** 路面越滑，汽车转弯行驶时，在离心力作用下越易产生侧滑，因此路滑处车速应降低。

（3）**尽量使质心降低** 对于越野车和载货车，在装载货物时，要注意质心不能过高，否则会破坏汽车抗侧翻的稳定性条件，从而导致侧向翻车。

825. 怎样提高驾驶技术？

为保证汽车安全行驶，驾驶人应有熟练高超的驾驶技术。熟练的驾驶人在驾驶车辆过程中，能够对车辆的速度、位置、所处的空间以及与周围各种动态或静态物体的间距了如指掌，能够在遇到紧急交通情况时迅速做出正确判断，并采取有效措施，化险为夷，保障汽车的安全行驶。

驾驶人应加强基本功训练，努力锻炼应变能力，灵活掌握操作要领，做到遇事不慌，沉着冷静，操作自如，紧急情况时，能果断迅速处理。通常，紧急情况处理的原则是：先踩制动踏板后打方向，转向盘不能只打不回，以免造成新的危险。

826. 如何适应新驾驶的车辆？

当驾驶一辆没有驾驶过的车辆或车型时，千万不要过高估计自己的驾驶水平。除了检查新驾驶的车辆各部件的正常状态外，还要有一个熟悉、掌握的其驾驶操作的过程。如对转向盘转动的灵活度，离合器踏板、制动踏板的自由行程，制动的灵敏度，加速踏板、变速器、喇叭及各部件的操作力度，包括视线等都要有一个适应和调节过程。这个过程需要经过一定的行驶里程，一般是三个步骤：30～50km 为初步了解；300～500km 为基本了解；500～1000km 为成熟期。经过了这三个步骤，方可操纵自如，得心应手，发挥出您的驾驶水平。

827. 汽车高速行驶为何不安全？

高速行车极不安全，十次车祸九次快，这是公安交通管理部门对实践经验的总结，也是汽车驾驶人公认的教训，它正确反映了车辆事故的客观规律。高速行车不安全的原因主要有以下几点。

(1) 高速行车制动距离长 车速与制动距离是成平方的关系变化，因此，高速行驶时，必然使制动距离大大延长，使制动非安全区扩大，危险增大，汽车行驶的安全性能下降。

(2) 高速行车冲突点多 高速行驶的汽车要经常超越正常中速行驶的车辆，如果在公路上车辆流量较大，势必经常处于跟车和加速超车的状态。每超越一辆车，就多出现一次冲突的机会。另外，超越汽车时经常变道，因而与交会车辆形成冲突的可能性也增多。因此，超速行驶其冲突点多，使得出事故的机会增多。

(3) 高速行车操控性差 汽车高速行驶时，空气升力大，汽车容易发飘，方向容易失控；汽车高速行驶制动时，后轮容易侧滑，前轮容易失去转向能力。这些都将使得汽车的方向难以控制，使汽车操纵稳定性变差，容易导致安全事故。

(4) 高速行车冲击力大 汽车肇事在瞬时会表现出较大的冲击力，车速越高，冲击力越大，破坏性就越严重。因此，从汽车冲击力来分析，超速行车的事故，造成的破坏程度是非常严重的。

(5) 高速行车视觉差 车速增高，人眼分辨物体的最小距离增大，视点远移，双眼看到的范围缩小。车速越高，驾驶人越注视远方，视野越窄；车速越高，驾驶人越看不清近处的景物。当车速 40km/h 时，驾驶人注视点在车前约 180m，可视范围 95°；当车速 70km/h 时，注视点在车前约 360m，可视范围 65°；当车速 100km/h 时，注视点移至车前约 600m，可视范围只有 40°。由此看出，车速增高时，驾驶人的视觉变差。因此，高速行驶容易引发交通事故。

> **828. 雨天行车有何特点？怎样安全行车？**

雨天行车的环境恶劣，其特点是车辆行驶路滑，驾驶人视野变差，行人注意力分散。雨天更要重视车况，出车之前，对汽车应进行必要的检查（图 6-28），如检查发动机舱盖的封闭情况，刮水器和制动器的技术状况等，发现故障要及时排除，确保车况良好。雨天安全行车的方法如下。

图 6-28 雨天行车前要检查

(1) 保持良好视野 雨天行车，能见度较低，要谨慎驾驶，及时使用刮水器擦净风窗玻璃上的雨水，并随擦净风窗玻璃上的霜气，使驾驶人具有良好的视野。

(2) 适当控制车速 雨天行车，路面湿滑，对汽车转向、制动都不利，因此要适当控制车速。在尾随其他车辆行驶时，应降低车速，适当加大与前车的纵向安全距离，以便安全行车。遇到较薄的水层，不能高速行车，以免出现滑水现象，使汽车的方向不可控制。会车、转弯时，应提前减速，缓慢转动转向盘，靠右侧慢慢通过，能见度在 50m 以内时，车速不准超过 30km/h。

(3) 合理使用制动 雨天行车，路面滑溜，若紧急制动导致车轮抱死，则汽车容易侧滑、转向失灵，方向难以控制。因此，雨天行车时，应尽量少用紧急制动。一般车速较低，可采用预见性制动。必须加大制动强度时，可间断地轻踩制动踏板，随时修正方向，防止汽车出现跑偏和侧滑。转弯时，更不能急踩制动踏板，以防汽车制动时失去转向能力和侧滑甩尾。雨天汽车涉水后，行车时应多踩几次制动踏板，以提高行车制动器温度，蒸发制动器中的水分，恢复制动器的性能。

（4）谨慎加速超车　雨天行车，汽车应尽量少变更车道，行驶中要随时注意前车的行驶速度和方向，绝不可因前车速度慢而强行超车。尤其是在高速公路上，由于各车道的车速相对较高，驾驶人的视角变窄，加上路面湿滑，强行越线超车时，转动方向易使车轮打滑，进而造成与其他车辆发生碰撞，引发车辆侧翻等意外事故。在较窄路面上应避免超车，以防汽车打滑驶出路面。在良好路面必须加速超车时，应特别谨慎小心，把握超车机会，正确控制转动方向，进行超车。

（5）防止行车撞人　雨天行车，驾驶人必须精神高度集中，随时准备对突发事件做应急处理。在有着众多自行车与行人的道路上行驶，驾驶人应关注行人的动态，应减速慢行多鸣笛，耐心避让，必要时可选择安全地点停车，切不可急躁地与行人和自行车抢行，防止撞倒行人。

▷ 829. 雾天行车有何特点？怎样安全行车？

雾天行车，能见度低，视线不清（图6-29）；雾天行车，路面潮湿，制动性能变差。这些对行车安全极为不利，严重时易导致汽车发生碰撞事故。要重视雾天行车的安全，在出车之前，对汽车应进行必要的检查，如检查刮水器、防雾灯、前照灯、示宽灯、制动灯、喇叭、喷洗风窗玻璃装置是否完好无损，制动系统、转向系统是否可靠有效，发现故障要及时排除，确保车况良好。雾天安全行车的方法如下。

图6-29　雾天行车

（1）正确使用灯光　雾天能见度低，视野差，行车时应根据雾情打开前雾灯、后雾灯、尾灯、示宽灯和近光灯，充分利用灯光来提高能见度，增大可视距离，使驾驶人看清前方车辆、行人与路况，也让来车和行人在较远处发现车辆。当能见度小于500m大于200m时，必须开启近光灯、示宽灯和尾灯；当能见度小于200m时，必须开启前雾灯、后雾灯、近光灯、示宽灯、尾灯。但雾天行车不要使用远光灯，因为远光灯射出的光线会被雾气漫反射，在车前形成白茫茫一片，使驾驶人反而看不清前方。如果雾太大，应选择安全地点停车，并开灯警示他人。

（2）严格控制车速　在雾中行车应尽量低速行驶，跟车行驶应有足够的行车间距。当能见度小于500m大于200m时，车速不得超过80km/h，与同一车道的纵向行车间距必须在150m以上；当能见度小于200m大于100m时，车速不得超过60km/h，其纵向行车间距应在100m以上；能见度小于100m大于50m时，车速不得超过40km/h，其纵向行车间距应在50m以上；当能见度小于50m时，行驶车速应控制在30km/h以下；当能见度在5m以内时，汽车应停驶。

（3）细心谨慎驾驶　雾天行车事故多，因此，在雾天开车，应细心谨慎，始终保持高度的注意力，密切关注路面及周围的环境，正确判断各种车辆的动态。汽车应尽量靠车道的中间行驶，注意小心盯住路中的分道线，不能轧线行驶。视线不好时勤用喇叭，以警告行人和其他车辆，当听到其他车辆喇叭声时，应立刻鸣笛回应，以提示他人。会车时，应按喇叭提醒来车注意，并关闭防雾灯，以免给对方造成炫目感，若对方车速较快，可以主动减速让行，必要时靠边停让。应尽量避免超车，如必须超车，则应选择平直宽阔的路带，在保证安全的原则下超越；超越路边停放的车辆时，要注意道路左侧的交通情况，在确认安全时，适时鸣喇叭，从左侧低速绕过。雾天行车，路面潮湿，在气温低、湿度大的时候，路面还极易形成薄霜，因此应尽量少用紧急制动，以防制动时汽车方向不可控制而导致交通事故，可采用点制动或预见性制动。

> **830.** **冰雪道路行车有何特点？怎样安全行车？**

冰雪道路（图6-30）行车时，路面与轮胎之间的附着系数低、附着力小，汽车行驶时抵抗滑动的能力减弱，汽车的制动性、操纵稳定性较差。对于冰雪道路的行车安全要特别重视，在出车之前，应对汽车的制动、转向等安全部件应进行必要的检查，确保车况完好。冰雪道路安全行车的方法如下。

图6-30　冰雪道路行车

（1）正确起步　起步时，可以采用比平常高一级的档位，慢抬离合器踏板，轻踩加速踏板，使发动机在不熄火的情况下输出较小动力，以适应冰雪路面汽车起步不滑转，保证汽车平稳起步。

（2）低速行驶　在冰雪路面行车，应控制车速，使汽车低速行驶，最高时速不得超过30km/h，以确保安全。应尽量保持均匀的行驶速度，避免车辆剧烈振动，以防汽车失去控制。需要加速时，应缓缓踩下加速踏板，不要加速太急，以防驱动轮滑转，使汽车方向稳定性变差。需要减速时，应换入低速档，充分利用发动机制动进行减速。行车时，应加大行车间距，纵向行车间距一般应在50m以上。

（3）缓慢转向　在冰雪路面转向时，要提前缓抬加速踏板平稳减速，适当加大转弯半径，不可急转猛回转向盘，以防侧滑，而应匀顺缓慢地转动转向盘，实现平稳转向。

（4）谨慎会车　应谨慎对待会车，会车时要提前减速，选择宽平的安全路段，加大两车的侧向间距，靠路段右侧徐徐通过。若相遇地段不易会车，可由一方后退让路，决不可硬挤会车，右侧处于安全地位的车辆不要争道抢行。

（5）合理制动　尽量采用预见性制动，善于利用发动机的阻力制动，灵活地多用驻车制动，合理地少用行车制动，尽量避免紧急制动，以防汽车制动时方向不可控制。若遇紧急情况必须制动时，切不可将制动踏板一脚踩死，而应间歇、缓慢地踩踏制动踏板，并辅以驻车制动。当制动侧滑时，要稍松抬制动踏板，同时要顺着侧滑的方向转动转向盘，以免侧滑加剧。

> **831.** **夜间行车有何特点？怎样安全行车？**

夜间行车（图6-31）的特点是驾驶人视觉差、易疲劳。因此，驾驶人必须做好夜间出车前的准备工作：按需要作适当休息，保证睡眠充足，精力充沛；对汽车进行必要的检查和维护，保证车况良好，灯光有效，制动转向可靠；携带必要的随车工具、常用备用件、应急灯以及紧急停车时的警告标牌，以备急需之用。汽车夜间驾驶应细心观察，准确判断，谨慎操作，其安全行车的方法如下。

图 6-31　夜间行车

（1）**灯光使用**　夜间行车，灯光具有照明和信号的双重作用，应根据情况正确使用。

1）起步时，应先开启近光灯，看清道路后再起步。

2）行车时，当看不清前方 100m 处物体时，应开启前照灯。车速在 30km/h 以内，可使用近光灯，灯光应照出 30m 以外；车速超过 30km/h 时，应使用远光灯，灯光应照出 100m 以外。

3）在有街灯的路上行驶，可只用近光灯或小灯。

4）通过有指挥信号的交叉路口，在距交叉路口 50～100m 的地方减速慢行，变远光灯为近光灯或小灯，转弯的车辆须同时开转向灯。

5）在雨、雾中行车，应使用防雾灯或近光灯，不宜使用远光灯，以免出现眩目的光幕妨碍视线。

6）在路旁临时停车时，应开启示宽灯、尾灯，以提醒他人。

（2）**车速控制**　夜间道路上的交通流量小，外界干扰少，驾驶人一般比较容易高速行车。但由于夜间驾驶人视觉变差，再加上汽车在亮暗处行驶变动时，眼睛有一个适应过程，夜间行车速度应比白天低。即使道路平直、视线较好，也应考虑到夜间对道路两侧照顾不周的弱点，随时警惕突然事件发生，要注意控制车速不要过快。驶经繁华街道时，由于霓虹灯以及其他灯光对驾驶人的视觉有干扰，应低速行车。如遇下雨、下雪和下雾等恶劣天气需低速小心行车。在驶经弯道、坡路、桥梁、狭路及视线不清的地段，更应减速行车，并随时准备制动或停车。

（3）**会车**　夜间会车首先要降低车速，选择交会地段，并主动礼让。在距对面来车 150m 以外，将远光灯改用近光灯，控制车速，使车辆靠道路右侧，保持直线行驶。当对方不改用近光灯时，应立即减速并用连续变换远、近光灯的办法来示意对方。若示意无效，感觉对方灯光刺眼无法辨别路面，则应靠路右侧停车，开小灯停让。

（4）**超车**　夜间行车，尽量避免超车。必须超车时，应事先连续变换远、近灯光告知前车，在确实判定可以超越后，进行超车。

（5）**倒车、掉头**　夜间行车必须倒车、掉头时，应仔细观察路面情况，注意障碍物及四周的安全界限，并在进退中留有余地。

832. **汽车怎样安全通过桥梁？**

公路上的桥梁形式多样，其结构材料不尽相同，承载能力各不一样。因此，汽车通过桥梁时，要根据桥梁的特点，采取正确的驾驶方法，保证汽车安全通过。

汽车上桥前要减速，驶临桥梁时，应看清桥头附近的交通标志，严格遵守限载、限速规定，与前车保持必要的安全间距上桥行驶，在桥上车速要均匀，尽可能避免变速、制动和停车，以免产生动载荷和交通阻塞，确保汽车顺利通过桥梁。

> **提示**
>
> 对于过拱桥、吊桥、浮桥、便桥、木桥等时，应提前鸣号、减速，必要时应下车察看确认后才可通过。

> 833. 汽车怎样安全通过铁道？

穿越铁路前，汽车应先减速，注意有无火车驶来，听从铁路道口管理人员的指挥。如栏杆已经放下，应立即停车；如栏杆虽未放下而指挥人员发出警号时，应根据汽车所处的位置采取措施：若车已进入栏杆内，靠近铁路，则应迅速加大节气门通过；若车距铁路尚远，则应停在栏杆之外。

汽车通过无人管理的铁路道口（图 6-32）时，要提前换入低速档，减速慢行，察看交通情况，在视线不好的铁路道口还要停车瞭望，必要时下车观察，确认安全方可通过，真正做到"一停、二看、三通过"。发现有火车马上通过时，不得抢行；火车通过时，汽车起步不要过早，以免发生碰撞事故。

图 6-32　汽车过铁道

穿越铁路时，应迅速通过，不得在铁路区段内变速、制动、停车；过铁路道口时不得换档，以免熄火或挂不进档而停在道口发生危险。若汽车在铁路道口发生故障，则必须千方百计地设法使汽车立即离开，不得任其停留，以免引起恶性交通事故。

> 834. 汽车怎样安全通过隧道、涵洞？

进入隧道（图 6-33）前，应注意交通标志和文字说明的规定，并严格遵守。汽车提前减速，在距离隧道口约 50m 处开启前照灯和示宽灯，以便及早发现隧道口内的情况。

过单向隧道时，应观察对面有无来车，有通行条件时，开灯缓行通过；若对面有车驶入

图 6-33　汽车过隧道

隧道或有停车信号，应及时在道口靠右侧停车，待来车通过或有放行灯光信号后，再驶入隧道，做到红灯亮停车，绿灯亮通过。过双向隧道时，应靠道路右侧，注意来车交会，并视情开启灯光，一般不宜鸣号。汽车驶出隧道后，应及时关闭车灯，按正常速度行驶。

提示

通过涵洞前，应注意涵洞的高度和宽度，应观察对面有无来车，确认可通行后缓行通过。

835. 出车前、行车中、收车后对车辆主要检查哪些内容？

无论是自己经常驾驶的车辆，还是驾驶其他车辆，驾驶人都要养成出车前、行车中和收车后检查车辆的习惯，及时发现隐患，保证车辆具备安全行驶的基本条件。

(1) **出车前的检查** 环视汽车检查：看看灯光装置有无损坏，车身有无倾斜，停车地面有无漏油、漏水痕迹；检查各轮胎外表有无损坏，轮胎和备胎气压是否正常，轮胎螺母有无松动；检查车门、发动机舱盖、行李箱盖和车身玻璃状况是否正常。进入驾驶室检查：看看后视镜是否干净，角度是否合适；检查转向，晃动并转动转向盘，感觉其间隙和连接是否正常；检查制动，踩下并稳住制动踏板，感觉其连接是否正常；观察仪表显示，看看机油、燃油等仪表是否正常，如有红色的故障灯报警，则需要排除故障才能出车；检查车灯、喇叭工作是否正常；检查证件、牌照及随车工具是否齐备；检查乘车人员是否安坐，门窗是否关好；检查周围安全情况。检查符合要求时，方可出车。

(2) **行车中的检查** 观察各仪表指示及工作状况是否正常，尤其要注意燃油、机油指示状况；检查转向是否灵活可靠；检查制动系统是否工作正常；检查离合器、变速器是否操作便利；倾听发动机及行车系统有无异响；注意行车中有无异味产生。行驶中出现任何不正常情况，都应立即停车查明原因，排除故障后方可继续行车。

(3) **收车后的检查** 检查车辆各部有无损坏，必要时进行适当的维护，或及时排除车辆故障，使车辆经常保持最佳技术状态，确保下次出车的行驶安全。

第 七 章

汽车使用性能的合理利用

> **836.** 什么是汽车排量？排量对汽车性能有何影响？

汽车排量是指发动机排量，它是发动机各气缸工作容积之和，其气缸工作容积是指活塞从上止点到下止点所扫过的容积。排量反映发动机吸排空气量的能力，排量越大，供应的燃油越多，因而汽车动力性越好，但汽车的经济性就越差。

高级豪华轿车要求车速高，动力性好，需配大排量发动机；而微型轿车对经济性要求高，且阻力小，只需配小排量发动机。

> **837.** 发动机最大功率、最大转矩参数对汽车有何意义？

功率是指单位时间内所做的功。发动机最大净功率是指发动机带全套附件、节气门全开时所输出的极限功率。它是发动机在某一特定转速下发出的，而在其他转速发出的功率都比它小。如标致 408 轿车发动机的最大净功率 103kW（6000r/min），它表示该发动机在 6000r/min 时可以产生最大功率。若排量相同，而功率较大，则说明功率大的发动机是高强化发动机，或是涡轮增压发动机。通常，发动机最大功率越大，其汽车的最高车速也越高。

转矩是指转轴能克服外部阻力转动的能力。发动机最大转矩是指发动机节气门全开时曲轴能对外输出的极限转矩。发动机最大转矩只有在某一特定转速下才能产生，而在其他转速能产生的转矩都比它小。如标致 408 轿车发动机的最大转矩 150N·m（4000 r/min），它表示该发动机在 4000r/min 时可以产生最大转矩。通常在传动系统参数一定时，发动机最大转矩越大，其汽车克服道路阻力的能力越强，其爬坡能力、加速能力也越大。

提示

一般来说，高车速需配大排量、高功率发动机；而低车速需配小排量、低功率发动机；越野车因道路条件差，阻力大，则需配大转矩发动机。

> **838.** 什么是汽车的最高车速？

汽车最高车速是指汽车在水平良好的路面（混凝土和沥青）上满载行驶所能达到的最高行驶速度。

提示

汽车最高车速越高，则汽车提高平均行驶速度的潜力越大，因而汽车的动力性就越好。随着汽车制造业水平的提高，汽车最高车速有增加的趋势。轿车常行驶于良好的路面，追求高的动力性，因此轿车最高车速较高，范围在 140~300km/h。在我国道路条件下，轿车行驶根本达不到最高车速，但它仍是动力性的象征。货车和客车的主要技术参数是载质量或载客量，因而其最高车速相对较低，为 80~130km/h，它对长途运输车辆的平均行驶速度影响最大。

▷ 839. 什么是汽车的加速时间？

汽车加速时间是指汽车在干燥、清洁、平直的良好路面上，由某一低速全力加速到某一高速所需的时间。常用原地起步加速时间和超车加速时间来表示汽车的加速能力。

原地起步加速时间是指汽车由 1 档或 2 档起步，并以最大的加速强度，选择恰当的换档时机逐步换至最高档后到某一预定车速所需的时间。一般常用 0→100km/h 的秒数来表明汽车的原地起步加速能力。原地起步加速时间越短，则使用低速档的时间就越短，汽车平均行驶速度就越高，这对市区车辆有较大影响，因此，轿车对原地起步加速时间特别重视，其加速时间短。例如，中级轿车起步从 0→100km/h 所需时间为 10~17s；高级轿车加速时间更短，如宝马 M5 轿车、法拉利 SA APERTA 超级跑车从 0→100km/h 所需的时间分别为 4.4s 和 3.6s。

🕐 提示

超车加速时间是指用最高档或次高档由 30km/h 或 40km/h 全力加速行驶至某一高速所需的时间。它对长途运输车辆的平均行驶速度及安全行车有较大的影响。若超车加速时间越短，则表示加速性能越好，超车能力越强，超车时两车并行的行程短，行驶安全性高，平均行驶速度大。

▷ 840. 什么是汽车的最大爬坡度？

坡度是指道路坡度角正切值的百分数。最大爬坡度是指汽车在良好路面上满载等速行驶所能通过的最大坡度，也是汽车最低档时的最大爬坡度。常用最大爬坡度来反映汽车的上坡能力。

汽车类型不同，则对最大爬坡度的要求不一样。由于货车在各种路面上行驶，故要求具有较高的爬坡能力，一般货车的 i_{max} 在 30% 左右。而越野车由于在差路或无路条件下行驶，故应有更高的爬坡能力，通常越野车的最大爬坡度在 60% 左右，爬坡能力特强的越野车其最大爬坡度可达 70%~100%，如陆虎的 i_{max} 就是 100%。轿车通常在较好路面行驶，一般不强调其爬坡能力，但由于轿车第 1 档的加速能力大，故轿车的爬坡能力也强。

🕐 提示

汽车最大爬坡度越大，说明汽车行驶的通过性越好，它对山区行驶车辆的平均行驶速度有很大的影响。

▷ 841. 汽车实际爬坡时能否超越最大爬坡度？

汽车的实际爬坡度往往比汽车最大爬坡度大，这是因为汽车实际爬最大坡道时，不是等速上坡，而是减速上坡，这样可以利用惯性上坡。另外，大多数汽车倒车上坡时，其最大爬坡度会更大，这是因为大多数汽车的倒档传动比较 1 档的传动比大，因而其倒档具有更强的爬坡能力，这样当汽车前进爬坡过不去时，或许可用倒车爬坡通过。

> **842.** 如何评价汽车动力性？

汽车动力性是指汽车在良好路面上直线行驶时由汽车受到的纵向外力决定的、所能达到的平均行驶速度，表示汽车以最大可能的平均行驶速度运送货物或乘客的能力。

从获得尽可能高的汽车平均行驶速度的观点出发，汽车的动力性可由汽车的最高车速、加速时间、最大爬坡度等指标评价。最高车速高，说明该车的驱动功率大，在各种路面高速行驶的可能性大，因而平均速度高，动力性好；汽车加速时间短，说明汽车在单位时间内提高汽车动能的能力强，驱动功率大，因而汽车起步较快，超车迅速，能提高汽车的平均行驶速度，动力性好；最大爬坡度大，说明汽车克服外界阻力的能力强，汽车在各种路面行驶的通过性好，具有潜在提高汽车平均行驶速度的能力，因而动力性好。

最高车速、加速时间、最大爬坡度在新车使用手册上都有说明。不同类型的汽车，对于动力性评价参数的要求会有不同：对于轿车，往往要求较高的最高车速和较短的加速时间；对于货车，则偏重考虑最高车速和最大爬坡度；对于越野车则更加关注最大爬坡度。

> **843.** 什么是底盘功率？底盘功率有何意义？

底盘功率是指汽车发动机动力经传动系统至驱动轮输出的功率。它是汽车发动机和传动系统工作过程的输出参数，它完全取决于发动机发出的功率和传动系统的机械效率。汽车在使用过程中，发动机、传动系统的技术状况会逐渐下降，其底盘功率将减小，因此用底盘功率能评价在用汽车的动力性。

常用发动机在额定转矩和额定功率时的底盘功率作为在用汽车动力性评价指标。额定转矩时的底盘功率可反映在用汽车通过最大坡度的能力，额定功率时的底盘功率能反映在用汽车高速行驶的能力。因此，汽车底盘功率越大，说明汽车提高平均行驶速度的能力越强，汽车动力性越好。

> **844.** 发动机技术状况怎样影响汽车动力性？

发动机是汽车动力的来源。当发动机使用时间过长，磨损过甚而导致技术状况不良时，会使发动机的功率、转矩下降。

发动机功率下降后，汽车比功率减少，即发动机最大净功率与汽车最大允许总质量之比值减少，汽车单位质量的功率减少，因此，汽车高速行驶的能力减弱，汽车动力性变差。

发动机的转矩下降后，汽车克服最大道路阻力的能力下降，因此，汽车的加速能力和上坡能力都会变差。

> **845.** 底盘技术状况怎样影响汽车动力性？

汽车底盘技术状况从多方面影响汽车动力性，其中传动系统技术状况影响最大。

(1) 传动系统影响　汽车行驶时，发动机发出的功率需经传动系统传至驱动轮。若传动系统润滑不良、装配调整不当，则传动系统在传递动力过程中，其功率损失会过大，从而导致驱动轮得到的实际功率减少，使汽车动力性下降。

传动系统的功率损失主要由变速器、万向传动装置、主减速器等处的功率损失组成。其中变速器和主减速器的功率损失占主要部分。传动系统的功率损失分为机械损失和液力损失两大类。机械损失主要由齿轮传动副、轴承、油封等处的摩擦引起，其功率损失的大小与齿轮啮合的对数、传递转矩的大小等因素有关。液力损失主要由润滑油的搅动、润滑油与旋转零件之间的表面摩擦引起，其功率损失的大小取决于润滑油的品种、温度、箱体内的液面高度及齿轮等旋转零件的转速等。若传动系统正常工作条件破坏，技术状况不佳，则会使传动系统的功率损失过大。

（2）其他系统影响　汽车底盘其他系统的影响，如行驶系统技术状况不良，则汽车的行驶阻力会增大，汽车行驶平顺性、操纵稳定性会变差，汽车高速行驶是不可能的，致使汽车的平均行驶速度降低，动力性变差；如转向系统、制动系统技术状况不良，则会直接影响汽车的行车安全，迫使汽车低速行驶，汽车的动力性就得不到充分发挥。

▶ 846. 轮胎状况怎样影响汽车动力性？

轮胎状况决定了轮胎的滚动阻力和附着性能。汽车行驶时轮胎的滚动阻力和附着性能对汽车动力性产生较大的影响。

过大的轮胎滚动阻力会消耗较大的功率，导致汽车后备功率下降，动力性变差。当汽车子午线轮胎换用普通斜交轮胎时，轮胎的滚动阻力会加大；在硬路面上行驶的汽车，如果轮胎气压比标准气压低，则轮胎的滚动阻力变大；在松软路面上行驶的汽车，如果轮胎气压比标准气压高，则轮胎的滚动阻力会变大。

驱动轮胎与道路间的附着性能变差时，汽车驱动轮胎的附着力就减少，会导致汽车驱动力变小，发动机的动力就不能充分发挥，汽车动力性会下降。如：轮胎花纹磨光时，其附着力就会大幅下降；宽轮胎换用窄轮胎时，其附着性能会变差；轮胎花纹选择不当，如硬路面选用粗而深的轮胎花纹，软路面选用细而浅的花纹都会使其附着系数减少。

▶ 847. 行驶条件怎样影响汽车动力性？

行驶条件中的气候和路面条件对汽车动力性影响较大。汽车长时间在高温条件下工作，由于发动机过热，进气温度高，引起功率下降，致使汽车动力性降低；汽车行驶在高原地区，由于充气量与压缩压力下降，引起发动机功率下降，导致汽车动力性下降；汽车在坏路面行驶时，路面和轮胎间的滚动阻力较大，附着系数较小，汽车的动力性下降；汽车在湿滑路面行驶时，轮胎与路面的附着条件变差，驱动轮容易滑转，发动机输出的动力难以充分发挥，汽车动力性下降。

▶ 848. 如何改善或提高汽车动力性？

使用中改善或提高汽车的动力性的主要措施如下。

（1）加强汽车的技术维护　对汽车进行定期的检查、维护，保证发动机具有良好的技术性能，发出足够大的功率和转矩；确保底盘具有良好的技术状况，减少汽车行驶时的功率损失，使汽车具有尽可能大的驱动功率；确保车身表面光滑，消除凹凸不平的缺陷，减少高速行驶的空气阻力，提高汽车动力性。

（2）采用合适的汽车轮胎　为了提高汽车动力性，应尽量减少汽车轮胎的滚动阻力，同时增加道路与轮胎间的附着力。根据这一原则，在硬路面上行驶的汽车，应采用子午线轮胎，细而浅的花纹，较高的轮胎气压；在松软路面上行驶的汽车，应采用粗而深的轮胎花纹，较低的轮胎气压。轿车经常行驶在良好的硬路面，因此轿车普遍采用细而浅花纹的宽系列子午线轮胎。

（3）去除汽车的无效载质量　汽车作为一种运输工具，不能通过减少装载质量来提高汽车的动力性。但使用中最有效的方法就是去除汽车的无效载质量。譬如，去除车上可有可无的随车工具和杂物；现代汽车的轮胎可靠性较高，也可以去掉备胎。减少这些无效载质量，可提高汽车的动力因数，改善汽车动力性。

(4) 选择合适的驱动形式 对于越野车来说，为了提高动力性，设计时普遍采用全轮驱动。越野车在差路面或越野路面行驶时，应采用全轮驱动，以便有尽可能大的驱动力。但越野车在良好的硬路面行驶时，应采用后轮驱动，此时单轴形成的驱动力已经足够，若仍然采用双轴全轮驱动，则往往两轴驱动轮因车轮半径不能绝对相等或者路面存在不平而导致前后驱动轮相互干涉，使某一轴的驱动轮成了实际上的制动轮，会使汽车动力性变差。

> **849.** 如何驾驶汽车才能充分发挥汽车的动力性？

良好的驾驶技术能使驾驶人适应千变万化的道路交通情况，充分发挥汽车的动力性，保持尽可能高的车辆平均技术速度。

(1) 汽车平稳起步 汽车平稳而顺利起步，能为快速行车抢得先机。

(2) 选择适当档位 对于手动变速器汽车来说，行驶时要根据路面及交通情况，经常变换档位，及时调整车速。当道路阻力增大（如起步、上坡、通过阻力大的路段）需要大的驱动力时，应选用低速档；当通过良好路面，需要提高行驶速度、节约燃油时，应选用高速档；当汽车转弯、过桥、过交叉路口、坡道、会车及通过一般困难路段时，应选用中间档位。行车时，应尽量使用高档位。

(3) 把握换档时机 对于手动变速器汽车，行驶时换档操作相当频繁，若能及时变换档位，则可提高汽车的动力性。踩下加速踏板，若感到发动机动力过大，说明原来的档位已不适应，应及时换入高一级档位，加档后如不出现动力不足和传动部分抖动现象，则表明加档时机适宜。若车速下降，发动机动力不足，说明原档位已不适应，要及时换入低一级档位，如减档后汽车不出现突然降速现象，则表明减档时机适宜。

对于自动变速器汽车，其换档是自动进行的，驾驶人只需根据道路条件选择变速杆位置，用加速踏板控制车速即可。

(4) 控制合适车速 车速直接体现了汽车动力性。如果车速高不了，说明汽车动力性较差。通常，驾驶人应根据车型、道路、气候、载运量、交通情况以及自己的驾驶水平，确定合适的车速。车型不同，动力性不同，适宜的车速就不一样，通常驾驶轿车的车速比驾驶货车的车速要高；在高速公路上，汽车应以高档位较高车速行驶；在良好的道路上，采用中速行车；在差路面如凸凹不平路面、搓板路面，汽车应低速行驶；汽车在通过繁华街道、交叉路口、隧道、窄桥、陡坡、弯道、狭路以及下雪、结冰、雨雾视线不清时，最高车速不得超过 30km/h。

> **850.** 什么是汽车燃油经济性？如何评价？

汽车燃油经济性是指汽车在保证动力性条件下，以最少的燃油消耗完成单位运输工作量的能力。通常用单位行程的燃油消耗量（L/100km）来评价。其评价指标主要有如下两种。

(1) 等速百公里油耗 等速百公里油耗是指汽车在一定载荷下，以最高档在水平良好路面上等速行驶 100km 的燃油消耗量，一般是汽车等速行驶一定的里程折算成 100km 的燃油消耗升数（L/100km）。等速百公里油耗是一种单项评价指标，它不能反映汽车实际行驶中频繁出现的加速、减速、怠速等行驶工况，因此它不能全面考核汽车运行的燃油经济性。

（2）**循环工况百公里油耗** 循环工况百公里油耗是按规定的循环行驶试验工况来模拟汽车的实际运行工况，折算成 100km 的燃油消耗量（L/100km）。所模拟的运行工况主要有换档、急速、加速、减速、等速、离合器脱开等的车速—时间规范。车型不同时，实际行驶的状况有所差异，因此其百公里油耗检测的多工况循环、多工况规范也不一样。如百公里油耗检测时，我国乘用车采用十五工况循环和十三工况循环，城市客车和双层客车采用四工况循环，货车采用六工况循环等。循环工况百公里油耗是一项综合评价指标，能反映汽车的实际运行工况，因此它可全面评价汽车的燃油消耗程度。

汽车百公里油耗越低，说明汽车越省油，经济性越好。相对来说，汽车循环工况的百公里油耗比等速百公里油耗要高。

851. 怎样理解汽车官方油耗？

官方油耗是指在新车使用手册或汽车官网上公布的汽车百公里油耗，它通常按循环工况条件测定。常见的有三种工况油耗，即城市工况、市郊工况、混合工况。其城市工况油耗最高，市郊工况油耗最低。由于混合工况综合了市区、市郊的工作条件，因此其油耗处于中间。例如：标致 408 公告车型 DC7203LSBA 的城市工况油耗为 11.2L/100km，市郊工况油耗为 6.5L/100km，混合工况油耗为 8.2L/100km。目前，最省油汽车的百公里油耗仅为 0.9L。

不少车主反映实际油耗比官方油耗高，究其原因可能有如下几种。

1）汽车使用的环境条件与汽车官方油耗的测试条件相差太大。

2）汽车官方油耗有虚假，例如有些豪华车的油耗，竟然低于普通车的油耗。

3）汽车官方油耗用的是等速百公里油耗，如 60km/h 或 90km/h 的百公里油耗。

4）汽车官方油耗用的是经济油耗，是在经济车速下的百公里油耗，而实际汽车不可能在经济车速下运行，因为经济车速很低。

852. 汽车油耗为何变大？

汽车在使用过程中，随着行驶里程的增加和汽车使用条件的变化，汽车的燃油消耗会逐渐变大。导致汽车油耗变大的原因主要如下。

（1）**发动机技术状况变差** 发动机长时间使用后，气缸磨损严重，气缸密封性变差，气缸压缩压力和燃烧压力下降，发动机热效率会降低，发动机的燃油消耗会加大。发动机燃油供给系统技术状况变差，混合气浓度会失常，导致燃油消耗加大。发动机点火系统不良：如点火装置不完好，发动机会起动困难，则油耗增加；若个别缸火花塞不工作，该缸燃油无法燃烧，则油耗增加；若点火能量不足，点火困难，导致发动机不能正常工作，则油耗增加；若点火不正时，使得燃烧速率下降，则油耗增加。

（2）**底盘技术状况不良** 汽车行驶时，若传动系统润滑不良、装配调整不当，则传动系统在传递动力过程中，其功率损失会过大；若车轮轴承间隙过小，油封过紧，前轮定位失准，轮胎气压过低，制动片与制动盘（鼓）间隙过小，则汽车行驶时摩擦阻力损失的功率会过大。这说明底盘技术状况不良时，损失在汽车底盘上的能量就会增加，因而汽车的燃油消耗就会变大。

（3）**驾驶操作不当** 驾驶操作永远影响着汽车的燃油消耗，要知道，成吨成吨的燃油都是在驾驶人的脚下流过。在相同条件下，不同的驾驶人，驾驶相同的汽车，其油耗可相差10%～30%。驾驶操作不当，驾驶水平低下，会导致燃油消耗增加。

（4）汽车运输管理不佳 用车计划不周，用车时间不妥，行车路线选择不当，货物调运方案欠佳，都会使汽车的燃油消耗增加。

853. 如何维护发动机使汽车更省油？

1）维护空气滤清器，确保其清洁畅通。空气滤清器变脏会使发动机进气量减小，混合气变浓，使气缸内的燃油得不到充分的燃烧，汽车的燃油消耗增加。车主可以在车辆行驶一段时间之后，或经历过扬尘、沙暴等天气后，自己将空气滤清器拆下，将上面积攒的尘土清理掉，保证进气的畅通。经常保持其清洁畅通，可节油。

2）维护电控燃油喷射系统，确保其工作正常。对于电控燃油喷射系统发动机，当空气流量计、氧传感器、温度传感器和节气门位置传感器不能准确进行检测时，它们将会向发动机ECU传递一个错误的电信号，使ECU不能正确的发出喷油脉冲信号，引起喷油量失准，导致油耗增加。因此，当电控燃油喷射系统有故障症状时，应进行及时维护，确保其工作正常。

3）检查维护点火系统，确保其点火正常。点火是否正时，可在行车时检查。行车中加速时，若汽车乏力，车速提高不快，发动机有沉闷的感觉，则表示点火提前角太小；若加速时，汽车有严重的敲缸声，则表示点火提前角过大；若加速时，汽车有轻微的敲缸声，车速提高快，则表示点火提前角合适。若点火不正时，则应予以调整。

提示

> 检查火花塞是否经常保持清洁干燥和正常的间隙，电极是否完整无油污、绝缘无破损等，如有损坏，应更换火花塞。检查点火能量，从分电器端拔下中央高压线进行试火，若有强力的火花，则表示点火系统正常。

4）检查气缸压缩压力，确保压力正常。在压力正常范围，气缸压缩压力愈大，发动机做功行程产生有效压力越大，混合气点火后的燃烧速度越快，热效率就越高，发动机就越省油。做到定期检查气缸压缩压力，若气缸压力过低，在原厂标准的75%以下，则说明气缸、活塞、活塞环、气门等机件磨损严重，导致密封不严，应视需要研磨气门或更换活塞环，以保持合适的气缸压力；若气缸压力过高，高于原厂的标准压力，则说明燃烧室有积炭，使压缩比过大，这样容易导致爆燃，不得不减小点火提前角，同样引起燃油消耗增加，此时应清除积炭，保持燃烧室清洁。

5）调整气门间隙，确保配气正常。气门间隙发生变化，会改变发动机的配气相位，从而影响发动机的油耗。若气门间隙不合适，则会增加发动机油耗。因此，应按原厂标准调整气门间隙。

6）改善润滑条件，确保良好润滑。机油的重要作用就是润滑运动件摩擦表面，减少运动件之间的摩擦力。因此，定期更换机油，选择合适性能、黏度等级的机油，可以改善润滑条件，减少能量消耗，从而节省燃油。

854. 怎样维护底盘使汽车更省油？

1）确保传动机件处于正常状态和良好的润滑。底盘传动机件如果工作状态正常，润滑条件良好，则底盘的传动效率高，功率损失少，因而可减少燃油的消耗。底盘传动机件的任何发响和发热，都意味着发动机动力在传递过程中出现了能量传递损失。例如离合器打滑，使传动效率降低，引起离合器总成发热，这种发热就意味着燃油的损失。变速器、万向传动装置和主减速器等，任何一处有异响或温度过高，都表明是齿轮或轴、轴承在运转中遇到了不应有的阻力，因而要多耗燃油。改善底盘总成的润滑状况对于减少摩擦损失，提高传动效率具有明显的效果。因此，应使用黏度合适、抗磨性好及黏温性能符合要求的齿轮油，以减少能量损失，降低燃油消耗。

2）确保轮毂轴承松紧度调整合适。轮毂轴承松紧度，对汽车的燃油消耗具有重要影响。如果轮毂轴承过紧，则会增加车轮旋转时的阻力和摩擦损失，使燃油消耗增加；如果轮毂轴承过松，则车轮行驶时就会摇摆，使车轮滚动阻力增加，同时也使制动鼓或制动盘歪斜，易与制动摩擦片相碰擦，增大旋转阻力，降低汽车的滑行性能，燃油消耗也会增加。因此，维护时应调整好轮毂轴承的松紧度，确保其行驶阻力最小。在汽车行驶途中停车时，如感觉轮毂和制动鼓有发热烫手情况，则可能是轮毂轴承间隙调整不合适，需重新进行调整。

3）确保制动器调整正确。制动器间隙的调整，对汽车燃油消耗的影响较大。如果制动间隙过小，行驶时制动摩擦片与制动鼓或盘仍存在制动阻力，则导致行驶阻力增大而使油耗增加；如果制动间隙过大，则会制动不灵，无法保证行车安全，同时会影响到汽车速度性能的充分发挥，油耗也会增大。因此，制动器的间隙应调整合适，做到既要保证可靠的制动，又要保证在放松制动踏板后，车轮没有拖滞现象。

4）确保前轮定位符合标准。前轮定位是否符合标准，对燃油消耗也有显著的影响。如果车轮定位不当，车轮在行驶中就会发生摇摆或在滚动中还带有滑移现象，这不仅会加剧轮胎的磨损，而且也会使车轮的行驶阻力增加，燃油消耗增加。因此，当前轮出现摆头现象，轮胎发生异常磨损时，应检查前轮定位值，特别是前束值，并进行必要的调整，确保前轮定位正确。

5）确保轮胎气压正常。汽车行驶时，如果轮胎气压低于标准，则轮胎的变形量增大，滚动阻力增大，燃油消耗增加。因此，应经常检查轮胎气压，并确保轮胎气压正常。

▶ 855. 小排量汽车为什么更省油？

按照一般定义，小排量车通常是指排量在1.0L左右的微型汽车，其油耗基本在每百公里5L以下，与排量在1.4L左右的轿车相比，每百公里要省4L油左右。以一般家庭用车每月跑2000km计算，小排量车每年就可省油近千升。

小排量车省油的根本原因是汽车发动机吸入的空气量少，而燃烧的混合气浓度与大排量车是相同的，因此小排量车的供油少。另外，小排量车结构紧凑，空气阻力小；小排量车质量轻，滚动阻力、坡度阻力、加速阻力小，这些阻力都需要消耗燃油来克服，因此可节省大量燃油。

小排量车省油还与发动机的负荷率有关，发动机的经济负荷率为80%~90%。如果是大排量汽车，则发动机功率较大，汽车在良好路面以常用车速行驶时会远离经济负荷率，便会造成有效耗油率增大，使汽车的燃油经济性变差、费油。但小排量车的发动机功率小，负荷率自然会增大，发动机约在经济负荷率下运转，因而省油。

为了节约燃油，在动力性足够的前提下，而应选择小排量汽车。

▶ 856. 手动变速器汽车为什么比自动变速器汽车省油？

目前，大多数汽车还是采用电控液力自动变速器（AT）。对于相同发动机的车型，手动变速器汽车的油耗一般比自动变速器（AT）汽车油耗要低15%~20%。究其原因，主要有如下几点。

（1）手动变速器汽车传动效率高　自动变速器在起步、低速、小节气门开度、路面条件比较差的情况下，传递发动机动力都得依赖液力传动，其搅油损失大，传动效率低，行车较费油。而手动变速器汽车传动系统完全采用机械传动，传动效率高，省油。

（2）手动变速器节能　自动变速器依靠复杂的电控、液控系统工作，消耗大量电能以及机械能，而这些能量则需要燃烧燃油获得，因此费油。而手动变速器汽车换档，只需人工操作、手动，因而节能省油。

（3）手动变速器换档及时省油　手动变速器汽车可根据路况车速及时地进行换档完成操作，而自动变速器换档时机往往优先考虑动力输出，并且按一定的程序换档，换档时机较为滞后，会减慢车速的变换，增加油耗。如果是急加速，手动变速器可以越档加速，而自动变速器必须一档一档加速上去，因此自动变速器提速慢，要达到相同的目标速度，就必须大脚踏加速踏板，这就意味着更费油。

（4）手动变速器汽车滑行省油　手动变速器汽车可根据路面情况进行滑行驾驶而省油，而自动变速器汽车不能空档滑行，因为滑行时发动机处于急速运转，油泵工作效率低，出油量少，不能对变速器进行正常润滑，会导致变速器内离合器和制动器磨损加剧，损坏自动变速器。

双离合器变速器（DCT）汽车、机械无级变速器（CVT）汽车比液力自动变速器（AT）汽车省油，因为DCT、CVT汽车在正常传递动力时，采用的是机械传动，其传动效率高。

857. 什么是经济车速？什么车速行车比较经济？

在一定道路阻力情况下，汽车等速百公里油耗Q_s与车速u_a的变化关系，如图7-1所示。最低百公里油耗对应的车速称为经济车速，经济车速下行车最省油，但经济车速往往偏低，远离常用车速，其运输生产率过低，驾驶人一般不愿意、也不能在这种车速下行车。当车速大于经济车速时，随着车速的增加，其油耗加大，这主要是汽车的空气阻力增大所致。当车速过低时，百公里油耗也有所增加，这主要是汽车负荷率过低引起发动机有效耗油率上升所致。

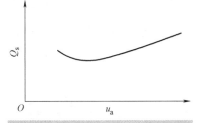

图7-1　汽车等速行驶燃油经济特性

高速行车时，车速越高，空气阻力与车速的平方关系成比例增大，滚动阻力也有所增大，油耗越高。因此，车速过高对省油是不利的。但车速过低时，运输生产率低，运输效率低，对汽车运输的经济效益不利。综合考虑汽车运行的经济性，提倡中速行车。轿车在高速公路行车车速90~100km/h比较合适，货车70~80km/h比较有利。

858. 为什么高档位行车比较省油？

汽车在良好的水平路面以不同档位行驶时的油耗规律，如图7-2所示。可以看出，在相同的车速下，汽车档位越高，其油耗越低，越省油。究其原因，主要是汽车在高档位时的负荷率较高，发动机的有效耗油率较低引起。另外，在高档位时，发动机会在经济转速范围内运转，可以节油；而在低档位运行时，发动机转速较高，运转阻力加大，温度也容易升高，油耗量随之增加。因此，汽车行驶时，只要条件许可，应尽量在高档位行车，这样比较省油。另外，把握最佳换档时机，及时换用高档位，可有效延长高档位运行时间，减少低档位运行时间，能取得比较好的省油效果。

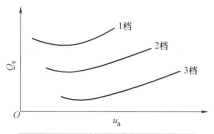

图 7-2　不同档位的 Q_s-u_a 曲线

▶ 859. 为什么在市区行车费油？

在城市道路上，车多、人多、红灯多，经常堵车，车辆常处于开开停停、频繁加速和减速状态，汽车不能连续等速行驶，汽车常处于非经济状态运行，因此比高速公路运行车辆费油。

汽车在交通繁杂、交叉路口多的条件下行驶，汽车制动、停车、起步、加速等工况较多，在这种情况下虽然车速较低，但相对油耗量较大，汽车的燃油经济性较差。

在城市道路，汽车需要经常制动、起步、加速、减速，而这些都是非常费油的。如过多制动会人为地增大发动机功率损耗；另外，制动停车过多会增多起步次数，而汽车起步是需要多供油的，因此油耗会更大。

在市区行车，难免要走拥堵路段，有时赶上交通事故，道路更是拥堵不堪。因此，汽车怠速运转时间较长，燃油消耗严重。

在城市运行条件下，由于交通流量较大、交通条件复杂，汽车百公里油耗与正常值相比，可能增加 10%~20%。轿车在市区行车比跑长途，每百公里要多消耗 2~3L 的燃油。

▶ 860. 为什么发动机冷却液温度过高、过低都费油？

发动机冷却液温度可以间接反映发动机温度、机油温度、发动机舱内空气温度，它对行车燃油的消耗影响极大。

冷却液温度过高，则发动机温度过高、进气温度过高，将导致发动机产生早燃、爆燃等不正常燃烧，功率下降、油耗增大。冷却液温度过低，则发动机的传热损失增大，燃烧速率下降，导致有效功率下降、油耗增大；同时冷却液温度过低，则发动机温度、进气温度过低，燃油不易挥发，混合气变稀，使燃烧火焰传播速度减慢，导致功率下降、油耗增大；另外，冷却液温度过低，还会使机油黏度过大，润滑性能变差，摩擦阻力增大，油耗增大。

发动机冷却液温度过高或过低，都会使汽车油耗增大，而冷却液温度在 80~95℃ 时油耗较低。因此，在汽车行驶过程中，驾驶人要注意观察发动机冷却液温度表或冷却液温度警告灯，当温度过高或过低时，都必须采取相应措施，确保发动机冷却液温度最佳，以达到省油的目的。

▶ 861. 为什么冬天汽车油耗高些？

汽车在低温条件下的冬天行驶，燃油消耗量会增大。试验表明：气温在 5℃ 以下时，将对汽车运行燃油的消耗产生较大的影响，气温每降低 10℃，燃油耗量将增大 3%~5%。

汽车在冬天使用时，油耗量高的主要原因：发动机暖车时间长，耗油量大；高怠速时间长，转速高，耗油量大；发动机工作温度低，散热快，能量损失大，耗油量大；发动机工作温度低，燃油汽化不良，燃烧不完全，热效率低，耗油量大；要保持发动机处于正常工作温度，需要保温，耗油量大；冬天气温低，润滑油黏度大，摩擦损失大，发动机和传动系统的机械效率低，功率损失大，耗油量大。

862. 汽车滑行驾驶为什么省油？

滑行是指汽车利用惯性行驶。汽车滑行时，发动机不工作或在怠速下工作，可以不用油或少用油，因此可以节约燃油。滑行省油的方法有如下几种。

(1) 加速滑行法 加速滑行法是指汽车在高速档上加速至较高的车速后，脱档滑行至较低的车速，然后再挂档加速又脱档滑行的周而复始的方法。该法省油机理：加速时，可以提高发动机的负荷率，使发动机的有效耗油率降低，其加速过程的油耗不会增加太多；滑行时，最多只有怠速油耗，若能把握好加速滑行的时机，则以整个加速滑行的行驶里程计算，其油耗显著减少。

(2) 减速滑行法 减速滑行法是指汽车在行驶过程中，前面遇有障碍物、弯道、桥梁、坑洼或到停车站等必须降低车速时，提前减速放松加速踏板，挂入空档，利用汽车惯性进行行驶的方法。该法省油机理：充分利用汽车惯性滑行，以滑行代替制动，减少了不必要的制动所消耗的功率和燃油，而且整个滑行行程的油耗为怠速油耗或为零，其省油效果显著。

(3) 坡道滑行法 坡道滑行法是指汽车在下坡时，利用汽车的下坡助力进行行驶的方法。在丘陵山区，利用坡道滑行是省油的有效方法。该法省油机理：充分利用汽车的势能，将汽车的势能转化为动能，从而节约能源。

提示

> 在道路条件许可、车况良好、轻载、驾驶技术较高、长途行驶时，可采用适当的滑行方法省油。但对于自动变速器汽车则不能使用滑行法省油，因为这样很容易烧坏自动变速器。

863. 如何驾驶汽车省油？

正确驾驶汽车可以减少汽车油耗。不同技术水平的驾驶人，在相同条件下，驾驶相同汽车，油耗可相差 10%~30%。优秀驾驶人，能够在驾驶车辆的各个环节挖掘节油潜力，其操作要领如下。

(1) 减少暖机时间 对于配置电喷发动机的现代轿车，具有良好的起动性能，发动机升温很快。这种发动机冷起动后，暖机时间不要过长，应迅速起步，用低速行驶 200m 左右后转入正常行驶，以此节约暖机用油。

(2) 正确平稳起步 选用适当的起步档位，如满载或上坡起步用 1 档，轻载或在良好水平路面起步用 2 档，比较省油。起步时，要手脚协调，离合器、驻车制动、加速踏板配合得当，应轻踩加速踏板，缓慢起步，逐渐加速，做到起步平稳自然。

(3) 操作脚轻手快 脚轻就是轻踏加速踏板，无论是低档起步，平路行驶，还是路途冲坡，都不能踏死加速踏板，要轻踏缓抬，不使发动机消耗多余动力；手快就是快速换档，操作准确、迅速、及时，以缩短加速和换档操作时间，避免发动机功率的无谓损失，从而降低燃油消耗。

(4) 合理使用档位 汽车行驶时应尽量选择最高档。汽车上短而陡或坡道不长的坡时，可采用高档加速冲坡的方法，利用汽车的惯性直冲坡顶。若坡度较大，冲坡难以为继时，则应及时减档，以免发动机熄火需重新起步而导致油耗增加。汽车在一般道路上，可使用高速档位行驶，但在行驶中深感动力不足时应及时减档，而不应将加速踏板踩到底，以免加大油耗。也不能低速档高速行驶，以免发动机转速过高而导致油耗增加。

(5) 选择中速行车　经济车速运行时油耗最低，但经济车速太低，影响汽车运输效率，不应在这种车速下行驶。车速过高时，汽车行驶阻力过大，其百公里油耗会随车速的增加而迅速增长，导致行车不经济。因此，应控制汽车速度，选择中速行车。在高速公路上行车时，如果情况允许，时速保持在 90~100km/h，比较省油。

(6) 保持适宜的冷却液温度　发动机冷却液温度在 80~95℃ 时油耗较低。因此，在汽车行驶过程中，要采取相应措施，确保发动机冷却液温度最佳，以达到省油的目的。

(7) 合理使用制动　汽车制动消耗的能量都是燃油燃烧的热能转换而来的，如果制动消耗的能量减少，则汽车的燃油消耗可以减少。因此，应尽量采用预见性制动，以滑行代替制动，少用紧急制动。

▶ 864. 什么是汽车制动性？其评价指标有哪些？

汽车制动性是指汽车行驶时，能在短距离内停车且维持行驶方向稳定性和在下长坡时能维持一定车速，以及保证汽车长时间停驻坡道的能力。

汽车制动性主要由制动效能、制动效能的恒定性和制动时的方向稳定性来评价。

(1) 制动效能　它是指汽车在良好路面上以一定的车速迅速减速直至停车的能力。它可以用制动力、制动距离、制动减速度等参数表示。

1) 制动力。它是指汽车制动时，通过车轮制动器的作用，地面提供的对车轮的切向阻力。汽车在制动力作用下迅速降低车速以至停车。汽车制动力越大，则汽车的制动减速度就越大，汽车的制动距离就越短。

2) 制动距离。它是指汽车在规定道路条件、规定初始车速下紧急制动时，从脚接触制动踏板起至汽车停住时止汽车驶过的距离。制动距离越短，行车的安全性就越好，制动效果就越好。

3) 制动减速度。它是指汽车制动时，汽车速度下降的快慢程度。制动时，制动减速度越大，说明汽车制动力越大，汽车制动性越好。

(2) 制动效能恒定性　它主要是指制动器受摩擦热或水润滑的作用时制动效能的稳定程度。它包括制动器的抗热衰退性和抗水衰退性。制动效能的恒定性越好，则汽车制动时抵抗制动效能下降的能力就越强，汽车制动效果就越好。

(3) 制动时的方向稳定性　它是指汽车在制动过程中维持直线行驶的能力或按预定弯道行驶的能力。制动时，若左、右车轮制动器制动力增长快慢不一致或左右车轮制动力不等，则汽车会产生偏离预定轨迹行驶的现象。制动时方向稳定性好的汽车，制动时抵抗跑偏、侧滑和转向失灵的能力较强，行车安全性好。

▶ 865. 如何根据制动距离评价汽车制动性能？

在检测条件一定时，制动距离的长短能反映制动系统的技术状况，其制动距离越短，则说明汽车的制动性能就越好。

评价时，选择干燥、平整、良好的混凝土或沥青路面，当轿车行驶车速为 50km/h 时，进行紧急制动使其停车，测量其行驶的距离，观察其行驶轨迹，若空载制动距离不大于 19m 或满载制动距离不大于 20m，且制动没有跑偏、侧滑，则说明汽车制动性好，否则就不合格。

注意： 利用制动距离评价汽车制动性是最有效的方法，但其结果对制动车速很敏感，因此要严格控制紧急制动的车速。

866. 如何根据制动拖印评价汽车制动性能？

紧急制动时，如果制动性能好，则汽车应该产生足够大的制动器制动力，当制动器制动力大于路面附着力时，则轮胎要抱死拖滑产生拖印（图7-3c），当制动器制动力小于附着力时，车轮不能抱死无拖印（图 7-3a 或图 7-3b）。

评价时，选择干燥、平整、良好的混凝土或沥青路面，当汽车直线行驶车速较高（≥20km/h）时，进行紧急制动使其停车，观察其行驶轨迹，若各轮都有拖印且制动没有跑偏、侧滑，则说明汽车制动性好，否则就不合格。

注意： 制动拖印是评价汽车制动性最直观的方法，但对防抱死制动系统的汽车不适用，若要评价防抱死制动系统汽车，则检测时要关闭防抱死制动系统使其不工作。

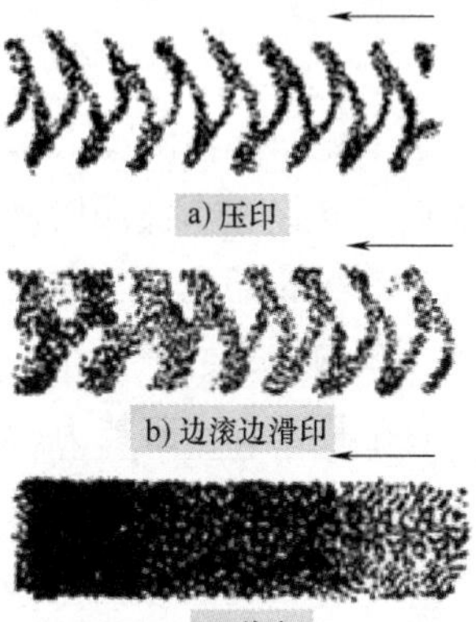

a) 压印

b) 边滚边滑印

c) 拖印

图 7-3　轮胎在路面的制动印

867. 汽车紧急制动时车轮抱死为什么不好？

通常，汽车制动器的制动力都足够大，若能获得较好的附着条件，则制动时就可得到较大的地面制动力。一般当汽车其他条件一定时，附着系数越大，附着力就越大，则地面产生的最大制动力也就越大；而侧向附着系数越大，则汽车抵抗侧滑的能力就越强。汽车制动时，附着系数随车轮的滑移率而变，因此制动车轮处于不同的运动形式则会有不同的制动效果。

行车时，若猛地踩下制动踏板，较大的制动器制动力就会使车轮抱死拖滑，此时其滑移率为 100%。从图 7-4 可以看出，一旦车轮抱死拖滑，则纵向附着系数为 φ_S，汽车制动力就会减少，将导致制动距离增加。更为严重的是侧向附着系数为 0，汽车完全丧失了抵抗侧滑的能力。此时，若后轮抱死拖滑，则汽车将会出现严重的甩尾、侧滑，高速制动时甚至出现急转掉头现象；若前轮抱死拖滑，则汽车将丧失转向能力，对汽车的安全行车造成极大危害。另外，车轮抱死拖滑后，轮胎与路面将产生剧烈的相对摩擦运动使轮胎温度升高，磨损加剧，同时使附着系数进一步下降。

制动时，若各个车轮都不抱死而是处于边滚边滑状态，使滑移率控制在 20% 左右，则能利用道路的峰值附着系数 φ_p，获得较大的侧向附着系数，从而使汽车能以最大的地面制动力制动，在最短的制动距离内停车，并具有良好的制动方向稳定性，同时轮胎的磨损也减少。

868. 汽车配装 ABS 后有哪些优点？

装有防抱死制动系统的汽车，与不装备 ABS 的汽车相比较，具有如下优点。

(1) 制动距离最短　ABS 可自动保证在不同路面

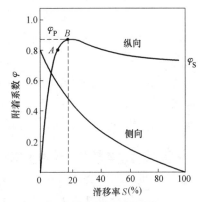

图 7-4　附着系数

的情况下都能获得满意的车轮滑移率，使其附着系数为 φ_p，因此可得到最大的地面制动力，从而使制动距离最短。

（2）**制动方向稳定性最好**　装 ABS 的汽车，滑移率控制精确，车轮不抱死，其轮胎和路面之间的侧向附着系数较大，在制动时具有较大的抗侧滑能力，因此汽车在转弯制动、高速制动或在低附着系数路面上制动时都具有良好的方向稳定性，可避免汽车制动时的侧滑、甩尾和丧失转向能力。资料表明，装有 ABS 的车辆，因车轮侧滑引起的事故比例可下降 8% 左右。

（3）**轮胎磨损减少**　装 ABS 的汽车，因车轮制动不抱死，故避免了因抱死而使轮胎和地面剧烈摩擦拖出黑印时所引起的强烈磨损，大大延长了轮胎的使用寿命。据资料统计，紧急制动一次轮胎抱死拖出黑印的磨损量，相当于正常行驶 200km 的磨损量。因此，ABS 可减少轮胎的磨损。

（4）**具有自诊断能力**　ABS 工作时，如果发现系统内部有故障，就会自动记录，并点亮 ABS 警告灯，让普通制动系统继续工作。此时，利用自诊断故障码，可迅速找到故障位置，有利于快速排除故障。

（5）**使用方便，工作可靠**　ABS 的使用与普通制动系统的使用几乎没有区别，制动时只要把脚踏在制动踏板上，ABS 就会根据情况自动进入工作状态，如遇雨雪路滑，驾驶人也没有必要使用一连串的点制动方式进行制动，ABS 会使制动状态保持在最佳点，同时 ABS 工作十分可靠。

▶ 869. 什么是制动力分配系统？它有何作用？

电子制动力分配系统（Electric Brakeforce Distribution，EBD）是 ABS 的附加装置，用来改善和提高 ABS 的功效。

汽车行驶时，由于道路条件不断变化，其四个轮胎的地面附着条件往往不一样，汽车制动时，若按一定的比值分配前、后轮制动力，则不能充分利用汽车的附着力而达到最大制动效能。若使用 EBD，则制动时可根据每个车轮的附着条件，合理分配和平衡每个车轮的有效制动力，缩短制动距离，改善制动平衡，配合 ABS 提高制动时的方向稳定性。

EBD 的工作原理：高速计算机在汽车制动的瞬间，利用传感器分别对汽车四个车轮的不同地面附着状态进行感应、计算，得出不同的附着力数值，进而控制四个车轮的制动装置以不同的方式和力度实施制动，并在运动中快速调整，使制动力与附着力相匹配，从而保证车辆在制动过程中平稳、安全地行驶。

> 💡 **提示**
>
> 汽车紧急制动时，EBD 在 ABS 之前进行动作，自动根据重力和路面条件，去分配和平衡每个车轮的制动力，而当 ABS 起作用时，可获得最大制动效能和良好的方向稳定性。这样，可克服 ABS 低选控制时牺牲部分制动效能或高选控制时降低方向稳定性的不足。

▶ 870. 什么是制动辅助系统？它有何作用？

制动辅助系统（Brake Assist System，BAS）可优化紧急制动操作过程中车辆的制动能力，改善汽车的操纵性。尤其是对力不从心、犹豫不决、反应迟钝的驾驶人，在紧急情况下制动，具有重要的帮助作用。

据统计，在紧急情况下有 90% 的汽车驾驶人踩制动踏板时缺乏果断。另外，在传统制动系统上，其制动踏板力是以固定的倍数放大，因此对于体力较弱的驾驶人而言，可能面临制动力不足的问题，若遇紧急状况，则容易诱发交通事故。BAS 正是针对上述情况而设计的。

BAS 通过驾驶人踩踏制动踏板的速率和制动压力增长的速率来理解和判断制动行为。系统时刻监控制动踏板的运动，一旦监测到踩踏制动踏板的速度陡增，而且驾驶人继续大力踩踏制动踏板，或察觉到制动踏板的制动压力恐慌性地急速增加，BAS 会在几毫秒内启动，建立最大制动压力，使制动减速度很快上升到最大值，其速度要比大多数驾驶人移动脚的速度快得多，因此 BAS 可显著缩短紧急制动距离，并有助于防止在停停走走的交通中发生追尾事故，以提高行车安全。

> **💡提示**
>
> 驾驶人一旦释放制动踏板，BAS 就转入待机模式；对于正常情况制动，BAS 则会通过判断不予启动 ABS。ABS 只有在车轮具有抱死倾向时发挥作用，而 BAS 则是在紧急快速制动时提供最好的制动效果。

▶ 871. 汽车制动为什么会跑偏？

在汽车直线行驶、转向盘固定不动的条件下，汽车制动时自动向左或向右偏驶的现象称为制动跑偏。汽车制动跑偏最常见的原因是左、右轮制动力不相等。特别是转向轴左、右车轮制动器制动力不相等。

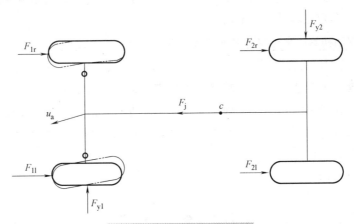

图 7-5　制动跑偏原因分析

图 7-5 为左、右转向车轮地面制动力不等的制动跑偏示意图。设汽车左前轮制动器制动力大于右前轮，汽车处于直线行驶时制动，则地面制动力 $F_{1l} > F_{1r}$，因而它们对各自主销形成的力矩不相等，且方向相反，使转向轮具有向左偏转的趋势，虽然转向盘固定不动，但因转向系统各处的间隙及零部件的弹性变形，转向轮将产生向左偏转的角度，使汽车向左制动跑偏。另外，左、右轮制动力不相等还会对汽车质心形成不平衡力矩，使地面对前、后轴分别产生侧向反力 F_{y1} 和 F_{y2}，由于主销有后倾，于是侧向力 F_{y1} 会对转向轮产生一偏转力矩，从而加大了车轮向左的偏转，使制动跑偏更为严重。

左、右车轮制动器制动力不相等主要是制造、调整误差以及维护不当造成。如左、右轮制动摩擦片与制动鼓（盘）间隙不同；左、右轮制动摩擦片与制动鼓（盘）接触面积相差过大；左、右轮制动鼓（盘）尺寸、新旧程度、工作面表面粗糙度有差异；左、右轮制动摩擦片材质各异、新旧程度不同或安装修复质量不一样；左、右轮制动蹄复位弹簧拉力相差过大；左、右轮胎新旧程度、磨损程度以及气压不一致；个别轮缸活塞运动不灵活、皮碗发胀、油管堵塞或有空气；个别制动卡钳呆滞、发卡，运动不灵活；个别车轮摩擦片油污、硬化或铆钉外露都会引起制动跑偏。

提示

> 汽车制动跑偏使汽车的操控性下降，对汽车安全行车不利。因此，当汽车存在制动跑偏现象时，应找出引起制动跑偏的具体原因，对制动系统进行必要的维修调整，使左右轮制动器制动力差值小于规定值，从而消除制动跑偏现象。

872. 汽车制动为什么会侧滑？

制动时汽车车轮发生侧向滑动的现象称为制动侧滑。汽车制动侧滑的主要原因如下。

（1）车轮抱死拖滑使其丧失抵抗侧向力的能力 制动时若某一轴车轮抱死，则其侧向附着系数极小甚至为零，因而抵抗侧向力的能力极差，一但遇有侧向力作用，这一轴车轮易产生侧滑。试验表明，一根车轴上，如果只有一个车轮抱死，也不会发生侧滑。

（2）侧向力作用是侧滑的根源 汽车行驶时时刻刻都存在着侧向力的作用，如汽车重力沿道路的横向坡度分力、侧向风力、转向行驶的离心力等。若这些力超过车轮与地面的侧向附着力，则车轮就失去了抵抗侧向力的能力从而产生侧滑。当车轮制动抱死拖滑时，在这些侧向力的作用下，车轮更容易产生侧滑。

（3）较高的制动初始速度为侧滑提供了有利条件 汽车制动速度高，其制动距离、制动时间长，这为车轮侧滑在时间上提供了条件。若制动速度低，可能还来不及侧滑就已经停车了。

（4）轮胎与路面的附着系数小为侧滑提供了可靠条件 轮胎花纹磨光或路面滑溜都会使其附着系数变小。附着系数小，一方面可使车轮制动更容易抱死拖滑而导致侧滑，另一方面会使汽车的制动力小，其制动距离、制动时间增长，这又为车轮侧滑在时间上提供了条件。因而，在附着系数小的路面制动更容易侧滑。

（5）制动跑偏可加剧侧滑 汽车制动跑偏，会产生较大的离心力，这为侧滑提供了动力，使侧滑加剧。

汽车制动侧滑会严重威胁汽车的行车安全，因此在滑溜路面行车、在弯道上行车，应降低车速，尽量避免紧急制动，防止车轮抱死拖滑。汽车装用 ABS，能有效防止汽车制动侧滑，改善汽车制动时的方向稳定性。

873. 如何提高汽车的制动性？

（1）加强制动系统的技术维护

1）保持良好的制动器技术状况。车轮制动器是制动力的源泉，若要具有良好的制动效能，有足够的制动器制动力，则必须及时维护制动器，使其具有良好的技术状况。

2）保持制动系统其他各装置工作正常。制动系统的供能装置、控制装置、传动装置只有工作正常，才能使制动器及时地产生足够大的制动力。因此，对这些系统也要进行及时的维护。

(2) 正确选择和使用轮胎 道路与轮胎的附着系数限制了最大制动力，在制动初速度相同时，附着系数越大，最大制动力越大，制动距离就越短。

在路面条件一定时，附着系数的大小又取决于轮胎。轮胎的结构，诸如轮胎花纹、胎面曲率、轮胎直径和宽度等对附着系数都有影响。在良好路面上行驶的轿车，应选用细而浅花纹的宽系列子午线轮胎，同时轮胎气压应符合标准，不能过高。另外，轮胎花纹磨损严重时，应及时更换轮胎。

(3) 合理布局乘员座位 汽车使用时，装载质量发生改变，车上的客人前后乘坐不均，会改变汽车的质心位置，从而影响汽车的制动性能。对于轿车和客车，当乘员不能满座时，乘员应尽量靠后座，以提高汽车制动时的方向稳定性。

(4) 选择合适的制动方法 当汽车遇到紧急情况时，驾驶人应采用紧急制动，急踩制动踏板，可使制动器作用时间缩短，缩短制动距离；汽车在山区或下长坡行驶时，应采用辅助制动，以减轻行车制动器的负荷，保证行车制动器具有良好的制动效能；汽车在紧急制动时，应切断发动机与传动系统的联系（踩离合器），以免减少制动力使制动效果变差；汽车在较滑的路面上制动时，应避免猛踩制动踏板，宜采用点制动，以免因制动力过大而超过附着极限，导致汽车制动侧滑；在可预测的减速或停车时，可采用预见性制动，以保护行车制动器和节约燃油。

874. 什么是乘坐舒适性？它主要影响因素有哪些？

汽车乘坐舒适性是指汽车在行驶过程中，保证乘员在所处的振动环境里具有一定的舒适程度，以及保持所运货物完整无损的性能。随着人类物质生活水平的提高，人们对高速、高效汽车的乘坐舒适性要求也越来越高。对于轿车，乘坐舒适性是车主重点考虑的内容。

提示

汽车乘坐舒适性的主要影响因素有悬架特性、轮胎、悬架质量、非悬架质量和座椅。装用电控主动悬架，配用缓冲性能好的轮胎，采用质量较轻的独立悬架，选用舒适的座椅都可提高汽车的乘坐舒适性。

875. 汽车乘坐舒适性为何会变差？

汽车在使用过程中，其技术状况的变化会改变汽车的乘坐舒适性。导致汽车乘坐舒适性变差的主要原因如下。

(1) 发动机不平稳运转 汽车在长期使用过程中，发动机技术状况变差，没有及时的维修或维修不当，导致发动机运转不平稳，使汽车在行驶时产生振动，使乘坐舒适性变差。

(2) 传动系统动不平衡 如果传动系统维修调整不当，造成离合器、传动轴、万向节等失去平衡，即使路面平坦无冲击，但汽车行驶时仍然会产生较大振动，导致乘坐舒适性变差。

(3) 轮胎性能变坏 轮胎具有缓冲、减振和展平的作用，既可以减少因路面不平引起的对车身冲击，又可在很大程度上吸收因路面不平所产生的振动，还可以在不平道路行驶时，通过本身的弹性变形对凹凸不平的路面进行补偿，表现出很强的展平能力。汽车更换轮胎时，如果轮胎的类型、结构、扁平率与原装轮胎差异太大，则轮胎与悬架系统的匹配性能变差，会导致乘坐舒适性变差；现代轿车普遍采用低压轮胎，如果实际使用时，轮胎气压充得过高，则会使轮胎的缓冲性能变坏，导致乘坐舒适性变差；轮胎因偏磨、翻新或质量不佳，会造成车轮旋转质量不平衡，汽车高速行驶时，不平衡的车轮会引起汽车振动，导致乘坐舒适性和行驶稳定性变差。

(4) 悬架性能变差 悬架的主要作用是缓和路面不平带来的冲击，衰减路面不平引起的振动，因此，悬架性能对汽车乘坐舒适性的影响最大。悬架性能主要取决于悬架刚度、悬架系统弹性特性、减振器阻尼以及它们之间的匹配。对于轿车来说，在实际使用中影响悬架性能最多的是减振器阻尼。如果减振器在长期使用过程中损坏无阻尼，则振动不能衰减，车身的加速度就会显著加大，汽车的乘坐舒适性就会遭到破坏。

(5) 车室内座椅性能变化 乘员承受的振动是通过座椅传递的，因此，车室内座椅性能变化会影响汽车的乘坐舒适性。通常，原车设计的座椅（包括坐垫）的软硬程度与悬架弹簧相匹配，以保证乘坐舒适性。但在汽车长期使用过程中，由于客户的要求，车室内装饰时，座椅坐垫可能更换，使得座椅比原配更柔软或更坚硬，这样会导致汽车的乘坐舒适性变差。

876. 如何提高汽车乘坐舒适性？

(1) 消除汽车引起的振动 加强对发动机的维护，保证发动机具有良好的技术状况，使发动机工作时平稳运转，可避免发动机振动引起的不适；加强对传动系统维护，保证离合器、传动轴、万向节等传动部件的动平衡，使汽车高速行驶时，能平稳传递动力；对各车轮进行必要的动平衡，通过动平衡消除轮胎动不平衡现象，从而提高汽车高速行驶的乘坐舒适性。

(2) 加强对悬架系统的维护 加强对减振器及钢板弹簧的维护，以防减振器失效及弹簧片生锈降低弹性元件的作用，提高汽车行驶的乘坐舒适性。

(3) 采用合适的轮胎及气压 尽量采用汽车制造厂推荐的轮胎及气压。为了提高汽车行驶的乘坐舒适性，采用轮胎断面宽、空气容量大的轮胎，并相应降低轮胎气压。必要时，还可改变轮胎结构形式，采用径向弹性大的胎体，如采用子午线轮胎。注意：切记不要采用翻新或质量不佳的轮胎，另外轮胎偏磨或严重磨损时，应及时更换轮胎。

(4) 配置合适的坐垫 好的坐垫具有一定的缓冲和减振作用，它可使人—座椅系统的固有频率避开人体最敏感的频率范围，且尽量又不与车身的固有频率重合，以免共振。为了提高座椅的舒适性，对于较硬悬架的汽车，可采用较软的坐垫；对于较软悬架的汽车，可采用较硬的坐垫。

(5) 提高驾驶技术 驾驶人的驾驶技术直接影响汽车行驶的乘坐舒适性。如驾驶人随心所欲地驾驶、忽快忽慢地行车、突然转向、紧急制动、急按喇叭等，都会给乘员带来不适、疲劳，甚至晕车的感觉。车速对乘坐舒适性的影响很大，车速越高，车身在不平路面行驶时受到动载荷越大，乘坐的舒适性就会下降。因此，驾驶人应保持适当的车速，路面越恶劣，车速越不能过高。

877. 什么是汽车的操纵稳定性？

汽车操纵稳定性是指汽车在行驶过程中，能抵抗各种外界干扰、遵循驾驶人给定行驶方向稳定行驶的能力。汽车操纵稳定性包括操纵性和稳定性。汽车操纵性是指汽车能够确切地响应驾驶人转向指令的能力；而汽车稳定性是指汽车抵抗外界干扰而保持稳定行驶的能力，或汽车受到外界扰动后恢复原来运动状态的能力。良好的操纵稳定性是保证汽车安全行驶的基础。对于轿车来说，操纵稳定性是其高速行驶的生命线。

▶ 878. 如何评价汽车的侧向稳定性？

汽车侧向稳定性是指汽车抵抗侧翻和侧滑的能力。汽车高速转弯行驶的离心力较大，汽车往往沿离心力所指的侧向翻车和滑移。因此，侧向稳定性评价可以在汽车转弯行驶时进行。评价时，汽车以中高速度通过弯道，观察汽车是否有漂移或侧滑，车身是否保持平稳。正常时，汽车应能按照预定的弯道行驶，且车身侧倾不太严重。

在国外，有的国家对轿车的抗侧翻能力，规定了检验的高标准和低要求。高标准是指在平坦的混凝土或沥青路面的场地上，以任意的行驶速度和转向组合操纵，都不得翻车。低要求是在平坦坚实的场地上，以 50km/h 和 80km/h 的车速行驶，以 500°/s 的角速度把转向盘转过 180°，不得翻车；在平坦的混凝土或沥青路面的场地上，呈直线布置 11 根标杆，间距为 30m，汽车以 72km/h 的车速绕杆行驶，不得翻车。

▶ 879. 现代汽车为何都采用不足转向特性？

汽车稳态转向特性有三种，即中性转向、不足转向和过多转向特性。过多转向特性汽车，直行时无抗侧向干扰能力，是一种不稳定的转向特性；中性转向特性的汽车，直行抗干扰能力差，驾驶麻烦，轮胎磨损严重；唯有不足转向特性汽车的操纵稳定性较好，而且人们已习惯于驾驶具有不足转向特性的汽车，故现代汽车都设计成具有不足转向特性。

▶ 880. 怎样检测汽车的转向特性？

在汽车使用过程中，某些因素变化如前后轮胎气压变化、汽车质心位置变化等会改变汽车转向特性，使其向中性特向或过多转向特性变化，从而导致汽车操纵稳定性变差。因此，要了解自己汽车的转向特性是否还是不足转向特性，则需要检测评价。评价汽车转向特性的简易方法如下。

1）在平坦的坚硬广场上画出半径为 15m 的圆道印迹。

2）将汽车转向盘转动适当角度，使汽车以最低稳定车速沿半径 15m 的圆道印迹作等速圆周行驶，并保持转向盘转角不变。

3）逐渐踩下加速踏板，采用连续加速法提高车速，使汽车作较高车速的圆周行驶。

4）根据汽车加速行驶后车轮的行驶轨迹定性判断汽车的稳态转向特性，如图 7-6 所示。若汽

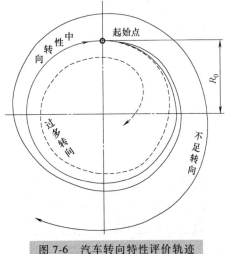

图 7-6　汽车转向特性评价轨迹

车转向半径不变，则汽车具有中性转向特性；若汽车转向半径变大，则汽车具有不足转向特性；若汽车转向半径变小，则汽车具有过多转向特性。

若汽车转向特性为过多或中性，则需对汽车进行调整或维修，来确保汽车具有不足转向特性。

881. 汽车排放污染物主要有哪些？各自危害是什么？

汽车排放污染物主要有一氧化碳（CO）、碳氢化合物（HC）、氮氧化物（NO_x）、微粒（PM）、硫化物等。汽油车主要是CO、HC；柴油车主要是炭烟微粒。

CO是燃料不完全燃烧的产物，是一种无色无味的有毒气体，它进入人体后极易与血液中的血红蛋白结合。CO与血红蛋白的亲和力是氧的300倍，因此，CO可使血液携带氧的能力降低而引起缺氧。CO被人体大量吸入后会使人感觉恶心、头晕及疲劳，严重时会使人窒息死亡。

HC是各种没有燃烧和没有完全燃烧的碳氢化合物的总称，它能引起光化学反应生成光化学氧化剂，且生成甲醛，形成烟雾，对人的眼、鼻和咽喉黏膜有较强的刺激作用，严重时可致癌。

NO_x是复杂氮氧化合物的总称，主要包括NO_2和NO。NO在发动机刚排出时，其毒性较小，但排出之后NO在大气中被氧化为剧毒的NO_2。NO_2是一种刺激性很强的污染物，它能刺激眼、鼻黏膜，麻痹嗅觉，甚至引起肺气肿；NO_2还是形成酸雨及光化学烟雾的主要物质之一，对人及植物生长均有不良影响。

微粒是发动机排气中各种固体或液体微粒的总称。微粒往往吸附许多有机污染物、重金属元素和一些致癌物质。因此，微粒炭烟被人体吸入后，易引起心、肺部病变，甚至致癌，严重危害人体的健康。

882. 使用因素如何影响汽车排放性能？

（1）发动机负荷 汽车行驶时，节气门开度代表着发动机负荷。发动机小负荷时，节气门开度在25%以下，进入气缸的可燃混合气较少，缸内残余废气比例相对较大，使得CO、HC浓度较大，NO_x排放较少；发动机中等负荷时，节气门开度在25%~80%范围，发动机燃用较稀的经济混合气，燃烧比较充分、完全，废气中的CO、HC的浓度均较小，NO_x浓度增加；发动机大负荷时，节气门开度80%以上，发动机燃用较浓的功率混合气，因空气量不足，使得废气中的CO、HC浓度增大，而NO_x浓度则减少。

（2）发动机转速 汽油机怠速是CO、HC排放最为严重的工况，通常作为汽车检测排放的重点工况。随着怠速转速升高，气缸内混合气紊流扰动加强，火焰传播速度加快，汽油燃烧比较完善，CO、HC排放浓度逐渐降低，当转速达到最高转速的65%~75%时，废气中的NO_x排放浓度达到最大值。

（3）发动机温度 发动机热状况对废气中有害成分的浓度有直接影响。当冷却液温度达正常时（85~95℃），由于发动机处于最佳热状态，燃烧正常，HC、CO排放浓度较低。

（4）发动机技术状况 发动机燃油供给系统、点火系统、曲柄连杆机构等技术状况的好坏对废气中有害成分的浓度有直接影响。采用汽油喷射系统可改善发动机动力性和经济性，同时还可减少对大气的污染，但喷油器喷孔细小，使用中容易堵塞，应注意清洗；空气滤清器堵塞会引起混合气过浓，使废气中的CO、HC成分增加，应注意及时维护；点火系统技术状况不良，点火能量不足时，由于燃烧缺火现象，会使HC的浓度增大，点火时刻调整不当，也会使HC、NO_x浓度增加；发动机长时间使用后，气缸、活塞磨损严重，气缸密封性下降，会增加曲轴箱窜气量，使HC的排放增加；发动机长时间使用后，燃烧室内易产生积炭，积炭严重时，会使发动机点火不正常、燃烧不正常，或某缸工作不正常，导致排气有害物质增大。

> ### 883. 如何改善汽车排放性能？

(1) 使用高品质燃油 这是改善在用车辆排放污染相当重要的途径之一。燃油的品质与汽车发动机的燃烧过程和燃烧效果有着直接的、不可分割的关系。使用高品质汽油后，发动机燃烧质量会有所提高，某些排放指标能得到一定的改善。

(2) 加强排放净化装置的维护 现代汽车有诸多排放净化装置，如：曲轴箱通风装置、废气再循环装置、燃油蒸发控制系统、催化转化器、微粒捕集器等。若这些排放净化装置存在故障，工作不正常，则直接影响发动机的排放性能，使排放污染物增加。因此，应加强对发动机排放净化装置的检查与维护，确保排放净化装置技术状况良好，以减少排放污染物。

(3) 保持发动机具有良好的技术状况 发动机技术状况是否良好，直接影响发动机的排放性能。因而在汽车使用过程中，应经常检查发动机技术状况，并进行正确的维护，使其具有良好的技术状况。如：保持正常的气缸压缩压力；保持供油系统技术状况良好；保持点火系统技术状况良好；保持冷却系统技术状况良好。

(4) 保持底盘具有良好的技术状况 在汽车行驶时，技术状况良好的发动机只有与技术状况良好的底盘相匹配，才能使发动机排放污染物减少。若传动系统技术状况不良，则会导致汽车行驶阻力过大，使发动机负荷过大，从而破坏发动机的排放性能；若变速器存在跳档、脱档、换档困难等故障，则汽车行驶时操纵性变坏，会导致发动机负荷、转速大幅度变化，从而使发动机排放污染物增加。

(5) 提高驾驶技术 驾驶车辆时，尽量减少发动机的起动次数；避免连续猛踏加速踏板；换挡操作应脚轻手快；档位选择合理，节气门开度适当；保持发动机冷却液温度在80~90℃；避免超速超载等，都有利于减少汽车的排放污染物。

> ### 884. 什么是汽车噪声？它有何危害？

噪声是指人们不需要的令人烦躁、讨厌的声音总称。汽车噪声是由多种声源组成的综合性噪声，它主要是指发动机、传动系统、轮胎以及车身扰动空气所发出的响声，其噪声的强度通常与汽车和发动机的结构形式、技术状况和运行条件（车速、载荷、道路等）有关。

汽车噪声分车外噪声和车内噪声两种。车外噪声造成环境公害，车内噪声直接对驾驶人和乘客造成损害。汽车噪声不仅会破坏安静的环境，使人心情不安、烦躁、疲倦和工作效率降低，而且还会损害人体健康，引起某些疾病，如听力下降、噪声性耳聋以及神经系统和血液循环系统疾病。噪声强度越大、频率越高、作用时间越长、个人耐力越小，则危害越严重。当环境噪声大于45dB时，人会感到明显不适；当噪声达到60~80dB时，会影响睡眠；当噪声超过90dB时，就会对身体产生伤害。而汽车噪声强度一般可达60~90dB，因此汽车噪声是一种环境污染。

汽车是一种移动性噪声源，其噪声影响范围大，干扰时间长，因而受害人员多。另外，车内噪声过大还会影响驾驶人的正常操作而诱发汽车交通事故。

> ### 885. 如何降低汽车噪声？

(1) 选择合适的燃油 对于汽油机，选用辛烷值高的燃油，即高牌号汽油，可以防止爆燃，从而减少燃烧噪声及严重的气缸敲击声。对于柴油机，选用十六烷值高的燃油，可以减少着火延迟内形成的可燃混合气数量，减小气缸内燃烧时的压力增长率，从而减少燃烧噪声，防止柴油机工作粗暴。

(2) **保持发动机具有良好的技术状况** 发动机技术状况不佳时，发动机噪声会加大。因此，在汽车使用过程中，应经常检查并维护发动机，使其具有良好的技术状况。如：保持运动件配合、传动正常；保持合适的点火提前角或供油提前角；保持冷却系统风扇状况良好；保持润滑系统技术状况良好。

(3) **保持底盘具有良好的技术状况** 在汽车行驶时，若底盘的技术状况不良，则汽车的噪声会加大。因此，在汽车使用过程中，应经常检查并维护底盘，使其具有良好的技术状况。如：保持传动系统技术状况良好；保持行驶系统技术状况良好；保持制动器技术状况良好。

(4) **保持车体具有良好的密封性** 汽车高速行驶时，车身表面出现扰流产生的噪声是不可避免的，但应防止车身噪声对车内的影响。保持车体具有良好的密封性，可以有效降低车身噪声引起的车内噪声，尤其对高速行驶过程中的车身噪声有很好的抑制效果。

(5) **正确驾驶汽车** 平缓起步；采用中速行车；保持稳定行驶，避免急加速、急减速；尽量采用预见性制动，少用紧急制动；少按喇叭等。

第 八 章

汽车在特殊与应急条件下的合理使用

一、走合期用车

> **886.** 什么是汽车走合期？走合期有多长？

汽车走合期是指新车或大修竣工汽车投入使用的初期。它实际上是为了使汽车向正常使用阶段过渡，而在使用中对汽车相互配合的零件摩擦表面进行磨合的阶段。

汽车走合期通常用里程表示，一般为 1000～3000km，其长短取决于汽车零件表面加工精度、装配质量、润滑油的品质、运行条件和驾驶技术等。不同的车型其走合里程也有差异，表 8-1 为几种常见车型的走合里程。

表 8-1　几种常见车型的走合里程

车型	雪铁龙毕加索	新赛欧	标致 408	雪铁龙 C5	CA1091	EQ1091
里程/km	2000	1000～1500	7500	7500	1000	1500～2500

> **887.** 汽车为什么要有走合期？

新车或大修车，尽管经过了生产性工艺磨合，但零件的表面总存在着微观和宏观的几何形状偏差，汽车总成及部件装配也有一定的允许误差。因此，新配合件表面的实际接触面积比计算面积小得多，此时汽车若以全负荷运行，零件摩擦表面的单位压力会很大，将导致润滑油膜破坏和局部温度升高，使零件迅速磨损和破坏。若新车或大修车经过走合期的走合，将零件摩擦表面不平的部分磨去，逐渐形成比较光滑的、耐磨而可靠的工作表面，则可承受正常的工作负荷，同时，通过走合，可暴露出生产或修理中的缺陷并加以消除，这样可使汽车进入正常使用时的故障率较低，从而保证汽车的稳定行驶。

🔍 **提示**

汽车走合期在整个汽车使用期中虽然短暂，但它对汽车正常使用的影响却很大。正确合理地使用走合期，可以改善零件摩擦表面几何形状和表面物理力学性能，延长汽车的大修间隔里程和汽车使用寿命，提高汽车的使用可靠性和燃油经济性。

> **888.** 汽车走合期有哪些不良表现？

(1) 零件磨损速度快　新车或大修车在出厂前虽按规定进行了磨合处理，但新配合零件表面仍较粗糙且表面间单位压力较大，因此开始走合时会产生较大的摩擦力，使零件表面的磨损速度加快；加之新配合零件之间间隙小，表面凸凹部分嵌合紧密，相对运动时，在摩擦力的作用下有较多的金属屑被磨落进入相配零件之间又构成磨料磨损，使磨损加剧；另外，由于间隙小，磨损过程中表面热量增大，进而使润滑油黏度降低，润滑条件变坏，使零件的磨损量增长较快。

(2) 行驶故障多　由于机件在加工、装配时存在一定偏差，同时，还隐藏着一些不易暴露和发现的故障，或者使用不当，未能正确执行走合规范，均会使走合期的行驶故障增加。如走合期内，若零件之间间隙过小，运行时温度过高，润滑条件较差，则容易出现发动机拉缸、烧瓦等故障；另外走合期内还容易出现气液渗漏、紧固件松动等故障。

(3) 润滑油易变质　走合期内，由于零件表面比较粗糙，配合间隙较小，油膜质量较差，汽车走合时零件表面和润滑油的温度都很高，同时有较多的金属屑被磨落进入配合零件间隙中，因此润滑油容易受高温氧化、被磨屑污染而变质。

(4) 燃油消耗量高　走合期内，汽车节气门开度小，经常处于小负荷运行，发动机的负荷率较小，混合气偏浓，因而汽车的燃油经常性较差，耗油量较高。同时，走合期内，汽车机件有较大的摩擦阻力，也使得油耗增加。

> **889. 汽车走合期为何要减载行驶？**

走合期内，汽车装载质量大小直接影响汽车的磨合质量。若汽车装载质量过大，则发动机和底盘各部受力较大，未磨合好的零件表面压力超高，易使润滑条件变坏，导致汽车磨合条件恶化，严重时还会引发故障。因此，在走合期内，必须适当减载。通常，走合期开始的2~3h，汽车一般应空载，整个走合期应按额定的装载质量减载 20%~25%，而且不允许拖挂或牵引其他车辆。

> **890. 汽车走合期为何要限制最高车速？**

轻载高速与重载低速，都是大负荷的表现。汽车在走合期内，各配合表面还未磨合好，其实际接触面比理论计算小。这样当汽车载质量一定时，若车速较高，则发动机和传动机件的负荷就较大，容易导致运动机件的磨损加剧。另外，零件的磨损速度是与车速成正比的，而走合期其配合表面还未磨合，则高速行车会磨损更快。因此，在走合期内应严格限速，各档都需要限速。

通常，走合期货车的最高行驶速度，一般不得超过 60km/h，轿车发动机转速不应超过 4200~4500r/min，车速不超过 100km/h。不同类型的汽车，最好根据其使用说明书的要求，确定其最高的走合速度。

> **891. 汽车走合期驾驶操作应注意哪些问题？**

正确驾驶汽车，可以保证汽车的磨合质量。因此，在走合期内，驾驶人必须严格执行驾驶操作规程。起动发动机时不要猛踩加速踏板，严格控制加速踏板行程，避免发动机高速运转；发动机起动后，低速运转预热升温，待冷却液温度升至 50~60℃时，平稳起步，以减少对传动机件的冲击；行驶中，加速应缓慢，换档要及时，冷却液温度应控制在 80~95℃，机油压力应正常。要注意选择行驶路线，不在凹凸不平的路面上行驶，以减少振动和冲击；不要冲坡行驶，不用加速滑行法行驶，尽量减少汽车突然加速所引起的超负荷现象；尽量避免紧急制动、长时间制动或使用发动机制动。

892. 汽车走合期满后为何必须进行走合维护？其维护的主要内容是什么？

汽车走合期，发动机配合零件表面磨合，其磨下的金属屑会进入油道、机油滤清器，会影响发动机的润滑质量；走合期内，汽车外部各种螺栓、螺母和锁销的紧固情况可能发生变化，有可能对汽车的安全运行产生影响；走合期也可能暴露汽车的缺陷或隐患，如油、液、气的泄漏等问题。因此走合期满后，必须对汽车进行走合维护，使汽车达到良好的技术状况，保证汽车能够正常地投入运行。

走合期满后维护的主要内容：对汽车进行全面的检查、紧固、调整和润滑作业。常见的维护作业如下。

1）对汽车进行全面的检查。检查汽车外部各种螺栓、螺母和锁销是否紧固；检查润滑油、制动液、冷却液是否泄漏；检查轮胎气压是否符合标准；检查各操纵机构、电气设备、灯光、仪表工作是否正常。若不正常，则进行维护调整。

2）清洁进气通道及空气滤清器。将进气管中的灰尘和杂质清除，将滤芯从空气滤清器中取出，不要摔，用手或木棒轻轻敲击（图8-1），或用软毛刷处理，或用高压空气喷吹，除去滤芯上的灰尘，并清除滤清器壳内的杂质。

3）清洁发动机舱，并对空调进气通道进行清理，除去脏物。

4）更换机油滤清器芯，更换机油。

5）清洁整车外表。

图 8-1　空气滤清器的维护

893. 汽车走合期满后为何不要"拉高速"？

所谓"拉高速"，就是新车在走合期后进入正常使用阶段初期，在满载情况下，每个档位在较高发动机转速下保持一定的时间行车，用以检验发动机、底盘等各个部位的性能以及汽车高速行驶时的动力性、制动性、操纵稳定性、安全性、可靠性等。

对于新车，在走合期满后，车主想拉高车速检验汽车的极限工作状况，暴露高速行驶的缺陷，有问题早发现，能免费维修，是无可非议的。但过分地夸大拉高速的作用是不可取的，也是不可信的。实际上，新车走合期完成并经维护后，汽车已经具备了高速行驶的条件，拉高速是没问题的。但高速、满载大负荷行驶会加快汽车各部件的磨损，降低汽车的使用寿命。因此，刻意地去拉高速就等于有意去伤害汽车，会加速汽车的磨损。因此，汽车走合期满后，不要刻意地在高速公路上玩命地开快车、拉高速。

二、特殊条件用车

894. 严寒季节汽车起动为何困难？

严寒季节（气温低于-15℃），发动机冷起动比较困难。低温起动困难的主要原因如下。

（1）发动机曲轴转动阻力矩增大　气温较低时，发动机机油的黏度增大，机油流动性变差，润滑条件恶化，摩擦力矩大大增加。这样会增大曲轴转动阻力矩，导致发动机起动转速下降，使汽油机燃油汽化不良，使柴油机压缩终了的压力和温度较低，从而造成发动机起动困难。

（2）**燃油雾化性变差** 气温降低时，燃油的黏度和相对密度增大，使得燃油的流动性变差，表面张力变大，蒸发、雾化不良，实际混合气过稀，导致发动机难以起动。

（3）**蓄电池工作能力下降** 在低温条件下，蓄电池的电解液黏度较大，向极板的渗透能力下降，内阻增加；同时，低温起动时曲轴转动阻力矩较大，起动电流很大，使得蓄电池的端电压明显减小，导致蓄电池的输出功率下降。低温起动时，本需要起动功率大，然而蓄电池的输出功率反而下降（图 8-2）。当气温降到一定程度时，蓄电池满足不了起动时必需的功率要求，使起动机无力拖动发动机或不能达到最低的起动转速。另外，低温起动时需要更强的点火能量，然而蓄电池端电压的降低也会使火花塞的跳火能量减小，不能满足起动要求，导致发动机低温起动困难。

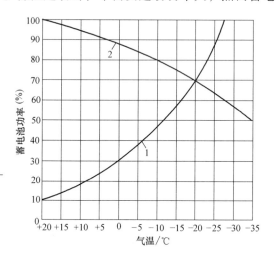

图 8-2　蓄电池起动能力与气温的关系

1—必需的起动功率　2—蓄电池
供给的最大功率

> **895. 严寒季节汽车总成磨损为何严重？**

汽车在严寒季节使用时，各主要总成的磨损均较大，尤其是发动机和汽车传动系统的磨损更为明显。

（1）**发动机磨损** 汽车在低温条件下使用时，发动机起动时润滑条件差，摩擦力大，磨损严重。另外，低温时燃烧过程产生的水蒸气易凝结在气缸壁上，与燃烧产生的氧化物如氧化硫反应生成酸性物质，对缸壁腐蚀，会加剧气缸磨损。试验表明，在发动机使用周期中，50%的气缸磨损发生在起动过程，而冬季起动磨损占总起动磨损的 60%～70%，在气温−18℃时起动发动机的气缸磨损量相当于汽车正常行驶 210km 的磨损量。图 8-3 反映了每 1000km 发动机气缸磨损量与气缸壁温度的变化关系，其温度越低，气缸磨损越严重。

（2）**传动系统总成磨损** 在低温条件下，传动系统润滑油黏度较大，使传动系统总成在起步后较长一段时间内运动阻力相应增大，会导致传动系统零件磨损加剧。同时低温条件下，油温升速很慢，齿轮和轴承得不到充分润滑，也会使零件磨损增大。试验表明，传动系统润滑油温度−5℃时的磨损量是温度为 35℃时磨损量的 10～12 倍。

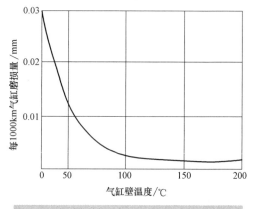

图 8-3　发动机气缸磨损与气缸壁温度的关系

> **896. 严寒季节怎样合理起动汽车？**

在严寒季节低温状态下，很多车辆起动不顺利。正确的应对方法：车辆一次起动的时间最好控制在 5s 以内，即拧钥匙或是按起动开关不要持续时间过长。如果起动 3 次均未成功，应当停几分钟后再继续起动，这样不至于损坏蓄电池。遇到特别寒冷的天气，可把蓄电池卸下放在室内保暖,清晨起动时再装上。这样虽然有些麻烦,却可保证车辆顺利起动。对于装有冷起动装置和预热装置的汽车,在冷起动时应使用这些装置。

▶ 897. 严寒季节怎样驾驶汽车?

严寒季节,温度低,轮胎较硬,路面较滑,行驶条件变坏。为保证行车安全,应正确合理地驾驶汽车,主要如下。

(1) **起步要柔和缓慢**　冬季开车,驾驶手动变速器车辆时,起步一定要柔和缓慢,做到"慢抬离合轻踩加速踏板",这样做一方面是为了让发动机在未达到正常运转温度时负载尽量小,另一方面也是让轮胎在没热起来还处于较硬的状态下有一个渐热的过程,对发动机、轮胎及行车安全都有好处。对于驾驶自动变速器车辆,轻踩加速踏板起步也是较好的。若起步时驱动轮滑转,不能起步,则需提高汽车对路面的附着力,可在路面上垫草、木板或树枝,或加装防滑链条。

(2) **低速预热车辆**　由于寒冷冬季气温低,润滑油会因黏度增加而不易流动,冷车起步后应慢慢驾驶预热各系统,使各总成润滑油温度正常,减少摩擦损失功率,其间不可猛踏加速踏板,更不要让发动机的转速过高,待汽车逐渐走热后方可进入正常行车速度。这样即安全,又省油,亦能延长车辆使用寿命。

(3) **选择合适档位**　冬季驾车要勤换档,档位过低过高都易使车辆失控,在冰雪路面上行驶尤为如此。在湿滑路面上起步以及在中低速行驶时,最好选择高一档的档位以避免驱动力过大造成打滑。

(4) **保持适当的冷却液温度**　在低温条件的行车过程中,要控制好发动机冷却液温度,保证发动机在正常的热状态下工作,提高汽车行驶的经济性和动力性。

(5) **掌握必要的驾驶技巧**　在有冰雪或湿滑的路面行车,要尽量保持匀速行驶,切忌猛踩加速踏板、急制动,以免汽车行驶侧滑而失去方向稳定性。轻踩加速踏板,提前缓慢减速是冬季行车安全的原则。在冰雪路面上行车尽可能保持直线行走,不要频繁换道。在乡间道路行车时,最好选择沿着车辙行驶,尽量选择在路中间行车。冬季行车转弯要特别注意避开弯道内的积雪和结冰,无法避开时一定要提早减档减速缓慢通过。车速降下来后,应采取转大弯、走缓弯的办法,不可急转方向,更不可在急弯中制动或挂空档。

注意:严寒季节行车,要经常利用空调的除霜功能对风窗玻璃除雾,利用后风窗电阻丝对后车窗玻璃除雾,以保证驾驶安全;临时停车,不要将发动机熄火,以避免低温频繁起动,减少发动机的起动磨损。

▶ 898. 严寒季节怎样停放汽车?

在条件许可的情况下,最好将车辆停放在室内或地下停车场。若只能停在户外,也应选择朝阳、避风、平坦、干燥的地点停放。

停车时车头最好背对风向,这样可以减少风雪对汽车散热器和发动机的危害。此外冬季风大,为避免高空坠物砸伤汽车,最好将车停在开阔的空地上。

晚上回家停车时,应将车门打开2~3min后再关,以降低车内的温度,使车内外温差较小,避免早晨开车时风窗玻璃结霜。

注意:低温、雪天车停室外时,不要停放在有积水的地方,以免晚上积水冻结,将车胎与路面冻在一起。这样，在起动车辆时会使轮胎胎面变形，甚至直接撕裂轮胎。

899. 炎热季节怎样防止发动机过热？

炎热季节高温条件，发动机容易过热。发动机过热后，充气系数减小，容易产生早燃、爆燃，使发动机功率下降、油耗增加、磨损加剧。因此，炎热季节应采取下列措施防止发动机过热。

(1) **加强对冷却系统维护** 检查散热器是否有破损，及时清除散热器片间嵌入的杂物；认真检查节温器、水泵、风扇的工作性能，损坏的应及时修复，同时注意调整好风扇传动带的张紧度；检查冷却液量是否充足，必要时加注冷却液；必要时应检查并清除散热器、缸体、缸盖水套内的水垢，以提高冷却效果，清除水垢时，应根据铝合金与铸铁气缸盖的不同，选配不同的除垢剂。

(2) **控制冷却液温度** 行车时应保持适当的冷却液温度，如 80~90℃。当冷却液温度超过 100℃ 时，应在荫凉处停车降温，让发动机怠速运转，并掀开发动机舱盖以利散热，但不可向发动机泼冷水，以防机体炸裂。

900. 炎热季节怎样防止轮胎爆胎？

汽车在炎热的高温条件下使用时，轮胎散热慢，胎内温度升高而使气压增大；同时，高温使得橡胶老化速度加快，强度降低，易引起轮胎爆破。轮胎爆破对安全行车不利，使用中应防止爆胎，其主要措施如下。

(1) **保持规定的轮胎气压** 轮胎气压过高或过低均会降低轮胎的使用寿命。轮胎气压越高，越易爆胎。

(2) **禁止超速行车** 车速过高时，轮胎的弹性迟滞损失加大，轮胎温度增加，易引起爆胎。因此，长距离行车时，车速不宜过高，不能超过轮胎的规定车速。

(3) **严禁超载** 高温条件下，轮胎胎体强度下降，如果超载行驶，容易产生胎面脱胶和胎体爆破。因此，高温条件使用应严禁汽车超载。

(4) **勤查胎温** 在行车中应经常检查轮胎温度，如发现轮胎温度过高（胎面部分烫手），既不能放气，也不能泼冷水，而应降低行车速度或在荫凉地点停歇使胎温降下来。

(5) **轮胎定期换位** 车上各轮胎的负荷、工作状况、散热条件时有差异，若各轮胎长期这样工作，则各轮胎会磨损不均，会造成个别轮胎早爆。因此，应加强轮胎的定期换位工作，防止轮胎早爆，保证各轮胎的使用寿命接近。

901. 炎热季节怎样防止发动机爆燃？

汽车在炎热的高温条件下工作时，发动机易发生爆燃，而爆燃会使发动机功率下降、油耗增加、磨损加剧，因此应防止爆燃。使用中防止爆燃的可供选择的主要措施如下。

1) 选用高牌号汽油，高牌号汽油抗爆性好。

2) 加强冷却系统的维护，提高冷却能力，使发动机处于正常工作温度，温度过高容易爆燃。

3) 避免汽车长时间超载、大负荷工作。

4) 加强空气滤清器、汽油滤清器的维护，确保可燃混合气浓度正常。

5）必要时清除发动机燃烧室、活塞顶部、气门等部位的积炭，提高散热性，消除炽热点。

> **902. 高原山区汽车为何动力性较差？**

相同的汽车在高原山区使用其动力性会变差。汽车随着海拔的升高，发动机动力性会下降，海拔每升高 1000m，发动机功率和转矩分别下降 12% 和 11% 左右。高原地区汽车动力性下降的主要原因如下。

(1) **充气量下降**　随着海拔升高，气压降低，空气密度减小。海拔每增加 1000m，大气压力下降约 11.5%，空气密度约减少 9%。这样，发动机在高原地区工作时，因气压降低，外界与气缸内的压差减小，又因空气密度减小，致使发动机的充气量下降，因此平均指示压力减小。对于四冲程发动机而言，平均指示压力与发动机功率成正比。这说明，对于一定型号的发动机而言，在转速不变的情况下，发动机功率或转矩会随着海拔升高而减小，发动机动力性下降。

(2) **进气压力、温度低**　海拔升高时，进气压力、进气温度降低，使得压缩终了的压力和温度降低，导致混合气燃烧速度减慢，发动机指示效率下降，致使平均指示压力减小。因此，发动机功率或转矩也会随着海拔的升高而减小，发动机动力性下降。

> **903. 怎样改善高原山区汽车的动力性？**

(1) **提高压缩比**　由于高原地区空气稀薄，发动机实际充气量减小，压缩行程终了时气缸内的压力和温度均下降，汽油机爆燃倾向小，因此在高原和山区使用的汽车可适当提高发动机压缩比，以提高的动力性。维修时，可采用高压缩比的气缸盖提高压缩比。高压缩比气缸盖可以是专门设计的，也可以在原气缸盖上进行加工，用缩小燃烧室容积的方法使压缩比有所提高。还可以采用较薄气缸垫，来适当提高压缩比。

(2) **合理选择配气相位**　配气相位合适可以提高发动机的充气系数，改善发动机的动力性和经济性。高原和山区使用的车辆，车速较低，发动机转速范围相应较低。因此，应缩短气门的开启时间，使配气相位变窄，使进气迟关角和排气提前角都减小，从而提高汽车低速时的动力性。高原和山区使用的车辆最好选用可变配气相位发动机。

(3) **改进燃油供给系统**　海拔增高后，充气量减小，应据此对燃油供给系统进行改进。采用电喷燃油控制系统，按海拔、转速、负荷等参数自动调整燃油和空气供给量，保证混合气浓度满足行驶条件的要求，提高发动机动力性和经济性。

(4) **改进点火系统**　海拔增高后，发动机压缩终了的压力、温度降低，火焰的传播速度减慢，发动机热效率下降，致使动力性和经济性变差。为了改善发动机性能，应将点火提前角比平原地区略为提前 2°~3°。高原地区的汽车应通过微机控制点火系统，自动调整最佳点火提前角，来满足发动机动力性和经济性的需求。

(5) **采用进气增压装置**　在进气系统中安装增压器，以增加发动机充气量，提高压缩行程终了的压力和温度，改善发动机的动力性和经济性。常采用的进气增压装置是废气涡轮增压器。

(6) **采用含氧燃料**　含氧燃料是指掺有酒精、丙酮及其他含氧化合物的燃料。由于掺入的燃料分子中都含有氧，在燃烧过程中，理论上必要的空气量减小，相对的氧气量增加，能补偿高原和山区因气压低而产生的充气量不足问题。

904. 高原山区行车为何安全性较差?

高原山区路况复杂,坡路较多,道路条件较差。汽车在高原山区行驶时,制动器使用频繁,制动性变差。下长坡时,常需进行长时间连续制动,使制动器工作温度明显上升,常达到300℃以上,有时甚至高达600~700℃。由于制动器具有热衰退现象,高温时制动器的摩擦系数将明显下降,导致汽车制动力减少,制动效能变差。另外,山区道路弯多,汽车在转弯行驶制动时,容易出现后轴侧滑、前轮失去转向能力,会导致行车不安全。

液压制动系统的汽车在高原、山区使用时,制动系统的工作温度升高还会使制动液在制动管路中蒸发而产生气阻,导致制动性能下降或制动失效。

气压制动系统的汽车在高原、山区使用时,因制动频繁,需要更多的压缩空气。然而,由于高原、山区空气稀薄,空气压缩机的效率降低,泵气量减少,也使得制动效能受到很大影响。

提示

> 汽车在山区行驶,弯多、坡陡,道路条件差,振动冲击大,制动强度大,且汽车经常在大负荷条件下工作,润滑条件恶化,易加剧汽车机件的损坏。当转向系统、制动系统、行驶系统部件损坏时,会造成重大的事故。

905. 怎样改善高原山区汽车的制动性?

高原山区行车安全性较差,对制动性要求较高。使用中改善汽车制动性的方法如下。

(1) 采用正确制动方法

1) 下坡制动。山区行驶的车辆下长坡时,为避免车轮制动器长时间工作而发生过热,造成制动效果降低,常用发动机制动和辅助制动器制动。坡度较小时需要的制动力较小,采用发动机制动效果较好;坡度较大时需要的制动力较大,可采用辅助制动器制动,一般山区汽车都装有辅助制动器,它有电涡流、液体涡流和发动机排气制动等几种,排气制动居多。

2) 紧急制动。山区行驶车辆在紧急制动时,可使主制动器和排气制动同时制动,其制动距离短、方向稳定性好。因为其排气制动的制动力大,同时还能将制动力平均分配到左右驱动轮。

(2) 对制动鼓淋水降温 山区使用的汽车,很多安装有制动鼓淋水降温装置。它主要由储水器、储水器开关、淋水头等组成。为防止制动器过热,在汽车下长坡前,可开始对制动鼓外表面淋水冷却降温;也可以在制动过程中,不断地对制动鼓淋水降温,以防制动器温度过高而使摩擦片烧蚀。采用制动鼓淋水降温的方法虽然很好,但缺水地区或水用完后则无法使用。

(3) 防止制动系统气阻 液压制动系统汽车,在山区行车时,由于制动频繁,制动温度高,制动管路易发生气阻现象,导致制动失灵。防止制动系统气阻最有效的方法是采用不易挥发的合成型制动液。

906. 高原山区条件下怎样驾驶汽车?

驾车人要了解和掌握高原山区地形复杂、路窄、弯多,需经常上坡、下坡、转弯的特点,能根据实际情况采取相应的驾驶技术操纵汽车,确保行车安全。

(1) 上坡应选择合适档位 上坡前,根据坡道的长短、坡度的大小,选择合适的档位,提前换档,使汽车具有足够的爬坡能力。上坡中,若车速下降,发动机声音变得沉闷,说明发动机乏力,应迅速换入低一级档位,以免发动机负荷过大而出现过热现象。

(2) 下坡应正确使用制动 下坡时禁止发动机熄火空档滑行。汽车下长坡时,需要持续不断地制动以控制汽车的行驶车速。如果长期使用主制动器，则制动器温度会过高而影响汽车的制动效能。可视情采用发动机制动，或采用辅助制动器制动。若制动器温度仍然过高，则应对制动鼓淋水降温或停车降温。

（3）**选择适当车速**　在高原和山区使用的汽车，应适当降低车速，采用中速行车，这样有利于制动，可减少使用制动的次数，从而减少制动器的发热和失效，保证行车安全。转弯更应降低车速，以防止汽车在离心力作用下产生危险的侧滑。

（4）**滑溜路面谨慎驾驶**　在高原和山区的雨、雪、冰等滑溜路面行车时，严禁紧急制动，以防制动时车轮突然抱死导致前轮失去转向能力、后轮出现严重侧滑。在滑溜路面驱动行驶时，不应急踩加速踏板，以防驱动轮滑转导致严重侧滑。

（5）**防止轮胎爆裂**　山区的道路等级低，制动、转向、换档次数明显增加，轮胎磨损较快；当轮胎传递动力较大或速度过高时，轮胎表面温度较高，橡胶强度变差。这些，为行车时轮胎爆裂而引发事故提供了条件。因此，应防止轮胎爆裂，要注意保持轮胎压力不超过规定值，同时注意轮胎的工作温度不能过高，必要时应更换轮胎。

三、应急情况用车

▶ 907. 汽车制动失灵怎么办？

汽车在行驶中，当一脚或连续几脚踩制动踏板时，制动踏板均被踏到底，但没有制动效果，或气压制动时一脚踩下去无制动效果，即属制动失灵（图8-4）。

汽车在高速公路上行驶，如果制动失灵，则应马上向紧急停车道变道，车辆进入紧急停车道后，可以将变速器抢挂低档，然后将发动机熄火，这样可利用发动机的制动作用使车速快速下降，当车速低于30km/h后再用驻车制动将汽车停住。如果是自动变速器汽车，则应稳住转向盘，并将变速杆置于L位，再慢慢收油，让汽车慢慢地自行降速，最后用驻车制动将汽车停住。

图8-4　汽车制动失灵

汽车在普通的平坦道路上行驶，如果制动失灵，则驾驶人应把稳转向盘，保持对车辆行走方向的控制，以便躲避碰撞，并迅速将变速杆换入一档，依靠发动机的阻力作用降低车速，然后再拉紧驻车制动器操纵杆，且不断地用喇叭、灯光警示，使汽车急速停靠公路旁。

汽车在下坡过程中，如果制动失灵，首先抢挂低档利用发动机制动和驻车制动，若仍无法控制车速，汽车面临下滑、翻车或碰撞危险时，驾驶人应果断地利用道路上的路肩、行道树、栏栅、挡护板、草堆、土堆等天然障碍物，给汽车造成阻力，以消耗汽车的惯性力，迫使汽车减速停车。在山区情况紧急时，可将汽车靠向山边一侧，利用车厢侧面与山崖的擦碰，强制汽车减速停车，避免恶性事故发生。

提示

在进入弯道或转弯之前制动失灵时，驾驶人应先控制住方向并快速地抢入低档，利用发动机制动，可视情决定是否利用驻车制动。进入弯道前，可配合使用驻车制动将车速降下来；进入弯道后，如果是急转弯行车，则不要拉紧驻车制动器操纵杆，否则会造成车辆甩尾，从而导致更大的车祸。

908. 汽车转向失灵怎么办？

驾驶车辆打方向时，突然感到打转向盘的感觉变空、变轻了，方向控制无效了，这就是转向失灵（图8-5）。

汽车在行驶中转向突然失灵，应立即踏下制动踏板，控制车速，尽可能安全平稳地将车辆停靠路边。如果情况尚可，应采取缓踩制动方法使车辆慢慢停住。当车辆转向失灵，行驶方向偏离，事故已经无可避免时，应紧急制动，尽快减速，极力缩短停车距离，减轻撞车力度。

如果车辆在险恶的弯道行驶时发生转向失灵，车辆往往会冲出路面导致撞车或翻车。此时，驾驶人应一边紧急制动，一边紧紧抓住转向盘，同时让身体

图8-5 汽车转向失灵

后仰，紧贴着背垫，随着车体翻滚，一定要避免身体在车舱里滚动，以免撞伤。如果车辆从高空下坠，则应在下坠过程中，看清下坠方向的地理情况，以便落地后采取适当的脱离措施。当看到汽车即将坠到地面时，应缩头弓背，双手抓紧车上固定物体，作好受冲击准备。若来得及调整身体姿势，可让腿部朝着坠地方向，保护头部，避免受致命创伤。

提示

汽车转向失灵是很危险的，但在一定程度上它是可预防的。在转向失灵前一般会有征兆，如方向摇摆、跑偏、有异常响声、转向盘的自由行程突然增大、打方向沉重等。遇到这些情况应停车检修。

909. 汽车行驶爆胎怎么办？

汽车行驶，轮胎发出爆破声（图8-6），车辆向发生爆胎的一侧跑偏、转向。此时驾驶人要松开加速踏板，紧握转向盘，控制车辆直线行驶，并轻踩制动或利用车辆的自然阻力使车辆靠边停下。

如果是前轮爆胎，则危险较大，因为这样会大大地影响驾驶人对转向盘的控制。此时，驾驶人应尽可能地轻踩制动踏板，

图8-6 汽车爆胎

避免爆破轮胎产生更大的制动力而脱离轮辋，使车头部分承受太大的应力，同时驾驶人应双手紧握转向盘，在汽车大幅度偏左或偏右时，立即进行矫正。

如果是后轮爆胎，汽车的尾部就会摇摆不定，颠簸不已。此时，驾驶人应双手紧握转向盘，保持汽车直线行驶。同时，轻踩制动踏板，不仅可降低车速，而且还可使汽车的重心前移，使完好的前轮胎受力，减轻爆破的后轮胎所承受的负荷。

🔍 提示

汽车行驶爆胎容易引发恶性事故，驾驶人应预防爆胎。通常，轮胎爆胎的原因很多，如气压不足易使轮胎侧壁弯曲折断而发生爆胎；气压过高或者汽车超载，轮胎的缺陷处容易导致爆胎；在天气炎热的夏天或长时间高速行驶产生驻波现象，使轮胎温度过高而导致爆胎；锐利的石头和其他物品刺破轮胎可引发爆胎；轮胎本身有缺陷或老化易引发爆胎。因此，驾驶人应定期检查轮胎，常测胎压，保持轮胎气压在标准范围内；及时清理轮胎沟槽里的异物；更换有裂纹或有很深损伤的轮胎；严禁超载；杜绝超速行驶。

▶ 910. 汽车行驶侧滑怎么办？

汽车在行驶中突然出现侧向滑移现象，说明汽车行驶侧滑，通常，高速行驶的汽车易出现甩尾或后轴侧滑（图8-7）居多。汽车行驶侧滑的原因很多，有驾驶原因、使用条件原因和汽车本身故障原因，主要包括：汽车在附着力很小的冰面、泥泞路面行驶；采取紧急制动、突然加速、减速，或者猛打方向；在弯道、坡道、不平整路面或者越过路拱速度太快；汽车同轴左右轮制动间隙不一致或制动不均匀；汽车前后轮制动间隙调整不当或制动力分配不合理、轮胎花纹磨平以及在湿滑路面行车等。

图8-7　汽车后轴侧滑

汽车侧滑后，应根据产生侧滑的原因采取相应的措施。如果是制动造成的侧滑，应立即停止制动，同时把转向盘转向后轮侧滑的一侧，打方向时不能过急，否则汽车可能向相反的方向滑动；如果是加速造成的侧滑，应立即松抬加速踏板，使驱动力变小以消除驱动轮滑转引起的侧滑，同时用转向盘控制方向消除侧滑对方向的影响；如果是转弯时离心力过大造成的侧滑，则应松抬加速踏板，降低车速，同时迅速将转向盘向侧滑一侧转动，打方向时要顾及道路条件及转动幅度，以免车辆冲出路面。如果是路滑造成的侧滑，则应松抬加速踏板，降低车速，同时用转向盘修正方向。

侧滑往往是严重车祸的前奏。为了防止侧滑，车速必须放慢，根据路面的条件不能超过规定的行车速度。在溜滑路面行驶时每次起动、停车、转弯都必须缓慢，以避免侧滑。在溜滑路面或转弯行车时，或侧滑发生后，应尽量避免紧急制动，必要时可采用点制动或发动机制动。

▶ 911. 汽车在铁路道口铁轨上突然熄火怎么办？

汽车行驶到铁路道口铁轨上突然熄火而无法起动时，应立即设法使汽车迅速离开轨道

（图8-8），以免火车与汽车相撞。可采取以下几种紧急措施。

（1）起动机驱车离轨 将变速杆迅速挂入1档，并松开离合器踏板，起动发动机，利用起动机驱动车辆离开铁路轨道。

（2）人力推车离轨 如起动机驱车不动，可将变速杆迅速挂入空档，并放松驻车制动，驾驶人可下车推车离轨。如推不动，赶紧呼唤求救，请人协助将车推离铁路道口。

再加把劲，快了

图8-8 推汽车离开轨道

（3）他车拖车离轨 将变速杆挂入空档，并放松驻车制动，请求车前或车后汽车，把车拖出铁路道口。

注意：用上述方法仍不能使汽车迅速脱离险区时，应设法以最明显的标志或电信手段通知火车，以便火车提前制动停车，避免险情发生。

912. 汽车在高速公路上突然熄火怎么办？

当汽车在高速公路或汽车专用公路上突然熄火而无法起动时，应利用汽车的行驶惯性驶离主车道，将车停到紧急停车带或路边，并在车后设立警告标志，夜间应同时开启示宽灯。

在多车道高速公路的内侧车道上突然熄火时，如果外侧车道后面没有来车，可打开右转向灯，利用汽车的惯性驶离内侧车道，经外侧车道将车停在路肩上。若外侧车道后面有其他车辆，在打开右转向灯的同时，应反复轻踏制动踏板（在制动器起作用之前，抬起制动踏板），使制动灯产生信号尽早通知本车道内的后车，使其减速，防止后车追尾。

913. 汽车行驶开锅怎么办？

汽车行驶时，驾驶人如果发现汽车冷却液温度非常高（冷却液温度表红线处）或者发动机冒白烟（图8-9），则说明汽车"开锅"了。发现"开锅"后应及时靠路边停车处理。

（1）停车怠速运转 停车后让发动机怠速运转一段时间，继续让散热器里的冷却液对发动机进行散热，使发动机高速运转产生的大量热量及时散发。

注意：开锅后若立即熄火，则冷却液不能流动，局部温度更高，会对发动机产生损害。

图8-9 汽车行驶开锅

（2）打开发动机舱盖检查 查看散热器表面，散热片是否倾倒过多，是否脏污，或有树叶、昆虫或其他东西堵塞散热片；观察散热器风扇转动是否正常，现代汽车多为电动双速风扇，其高低速取决于冷却液温度，如富康轿车在冷却液升温过程中，当温度高于97℃时，风扇以低速运转，当温度达到101℃时，风扇以高速运转，既然开锅，则风扇应高速运转为正常。如果发动机确实过热，而散热器风扇不转或转速过低，则应打电话找维修店救援。

(3) 停机检查冷却液量　首先检查一下储液罐，如果它是空的，那很有可能冷却液量不足；再打开散热器盖检查散热器中的冷却液量是否充足。

注意：刚停车时散热器中的冷却液是滚烫的，故打开散热器盖的时候要特别小心，以免烫伤。

如果看不见冷却液，那就说明其冷却液量过少，可加入适量的冷水进行救急处理。如果冷却液量很充足，那说明发动机内部有故障，应等待发动机冷却液温度降低后，立即将汽车开到就近的维修店检修，或打电话找维修店救援。

> **914. 汽车如何涉水行驶？**

在暴雨天气，汽车有时可能会碰到涉水行驶的情况（图8-10）。

(1) 涉水前的准备

1）汽车涉水前，应认真估计水的深度。对于轿车而言，如果水深能淹没排气消声器出口时，则一般不宜通过，只能绕道行驶。

2）看看有无类似的车辆已经通过，如有，则涉水是可行的。

3）选择好涉水路线。前面汽车涉水通过后，其行车路线应没问题，可作为本车的通过路线。

4）决定涉水后，应关好车门防止进水。

图8-10　汽车涉水行驶

(2) 涉水驾驶

1）涉水时，应挂低速档，使汽车平稳地驶入水中，避免猛踩加速踏板或高速行车，以防水花溅入发动机而熄火。

2）行驶中要稳住加速踏板，保持汽车有足够而稳定的动力，一气通过，尽量避免中途停车、换档，防止发动机熄火。

3）行进中要看远顾近，尽量注视远处的固定目标，双手握住转向盘控制行驶路线。不能注视水流或浪花，以免产生视线错觉，使车辆偏离正常的涉水路线而发生意外。

4）多车涉水时，应做到有序通过。最后待前车通过后，后车再下水，这样可防前车因故障停车而迫使后车也停在水中，导致进退两难。

(3) 涉水后的处理　起动发动机，让发动机空转数分钟后，达到正常温度，烘干发动机上面的水和潮气。确认汽车技术状况良好后，先用低速行驶一段路程，并进行多次点制动，让制动片与制动鼓或盘摩擦产生热能，以烘干和蒸发掉制动器中残留的水分，确保制动性能良好。

> **915. 机油压力警告灯点亮怎么办？**

(1) 机油压力警告灯点亮状况　机油压力警告灯是以机油壶作为标志（图8-11），假如发动机发动起来一段时间后，红色的机油警告灯还亮着，或者行车途中该灯突然亮起来，应立即将发动机熄火停车检查，待故障排除后方可行驶，否则，会损坏发动机。

(2) 机油压力警告灯点亮原因　机油压力太低甚至根本没有压力。

(3) 机油压力警告灯点亮后应急处理　在行车过程中，一旦机油压力警告灯点亮，应及时采取以下措施。

图 8-11　机油压力警告灯点亮

1) 首先打开紧急信号灯，换空档，滑行到路边停车，发动机熄火。

2) 打开发动机舱盖，抽出机油尺，检查机油量。如果机油量不足，设法补充后再上路。脱险之后，应该静下心来考虑一下机油量不足的原因。是长时间没有加换过机油，还是突发的漏油或者是发动机有烧机油的毛病？要注意，如果是漏机油，则要尽快到修理厂检修。

3) 如果机油量正常，则检查机油黏度是否过小。用拇指和食指沾少许机油，两指拉开，两指间应有 2~3mm 的油丝，否则机油黏度过小。若机油黏度过小，有条件时可更换机油试车。

4) 如果机油量正常且机油黏度合适，但只要发动机一发动，机油压力警告灯仍然会一直点亮，则表示发动机内部出故障了，如机油泵故障、机油油道堵塞、轴承磨损过度、机油滤清器堵塞、机油限压阀、机油压力警告灯控制电路故障等，应立即送修理厂检修。

916. 冷却液温度警告灯点亮怎么办？

(1) 冷却液温度警告灯点亮状况　冷却液温度警告警告灯是以温度计作为标志（图8-12），假如行车途中该红色警告灯突然亮起来，说明发动机过热，应立即将发动机熄火停车检查，待故障排除后方可行驶，否则，容易损坏发动机。

(2) 冷却液温度警告灯点亮的原因　当冷却液温度过高时，冷却液温度警告灯点亮，以警示驾驶人注意。

(3) 冷却液温度警告灯点亮后应急处理　在行车过程中，一旦冷却液温度警告灯点亮，应及时采取以下措施。

图 8-12　冷却液温度警告灯点亮

1) 确定发动机负荷是否过大。将空调关掉，打开暖气，让发动机部分的热量经由暖气管道吹散，发动机的冷却液温度因而得以降低。接下来是换到空档，稍踩加速踏板把转速加到中速，以增加发动机冷却液流通速度，使散热器散热效率提高。假如在几分钟内红灯熄灭，说明发动机负荷过大，机件并没有问题。此时，应关掉空调，减轻发动机负荷，可继续行驶。但如果发动机冷却液温度还是降不下来，红灯依旧亮着，则采取下一步骤。

2) 靠路边停车处理。停车后，发动机怠速运转，掀起发动机舱盖，检查散热器是否正常，观察散热器风扇是否正常转动。若不正常，等待发动机冷却液温度降低后，就近送入维修店修复。若正常，则采取下一步骤。

3）停机检查冷却液量。若冷却液量不足，则说明发动机过热、冷却液温度警告灯点亮的原因在此，则应及时补充冷却液或冷却水。如果冷却液量很充足，那说明发动机内部有故障，应等待发动机冷却液温度降低后，立即将汽车开到就近的维修店检修。

提示

冷却液量不足若是简单的外漏引起，如散热器、橡皮管接头处渗漏，则车主可立即拧紧夹子排除故障，加满冷却液即可。

> **917. 蓄电池充电警告灯点亮怎么办？**

（1）**蓄电池充电警告灯点亮状况**　蓄电池充电警告灯是以蓄电池的形状符号作为标志（图8-13），假如行车途中发动机并没有熄火，还在正常运转，而蓄电池标志的红灯亮起来，说明发电机没有向蓄电池充电，应立即停车检查。

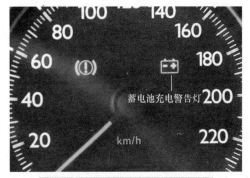
图 8-13　蓄电池充电警告灯点亮

（2）**蓄电池充电警告灯点亮原因**　一般情况下，只要发动机正常运转，发电机会向蓄电池充电，而不充电时，蓄电池充电警告灯点亮，以警示驾驶人注意。

（3）**蓄电池充电警告灯点亮后应急处理**　在行车过程中，一旦蓄电池充电警告灯点亮，应及时采取以下措施。

1）先把汽车靠路边停下，把发动机熄火，同时关掉车上所有的电器和用灯，以减少蓄电池电力的消耗。

2）打开发动机舱盖，检查发电机传动带，看看是不是松了、断了或者打滑。如果是传动带松了，上紧即可，然后起动发动机，这时充电警告灯如果熄灭，那就表示故障排除了。如果传动带断了或者是老化打滑了，那只有更换传动带。如果传动带更换后充电警告灯仍亮着，则进行下步检查。

3）检查发电机上的导线接头，看是不是松了造成导线接触不良；看看导线有无折损、绝缘外皮有无破损。必要时进行应急处理，若充电警告灯还亮着，则进行下步检查。

4）检查蓄电池接线柱，如果发现它松动，或桩头被腐蚀，则需把接线柱桩头内外清洁一番，再进行拧紧处理。若充电警告灯还是亮着，则故障原因就在发电机，只有进厂检修。

> **918. 制动系统警告灯点亮怎么办？**

（1）**制动系统警告灯点亮状况**　制动系统警告灯是以鼓式车轮制动器制动的强调符号作为标志（图8-14），假如行车途中驻车制动杆完全放下时，制动系统警告灯长期点亮，说明制动储液罐中的制动液不足，应立即停车检查。

（2）**制动系统警告灯点亮原因**　制动液渗漏、驻车制动杆没完全放松以及制动系统警告

图 8-14　制动系统警告灯点亮

灯报警电路存在故障都可导致制动系统警告灯点亮。

(3) 制动系统警告灯点亮后应急处理　在行车过程中，一旦制动系统警告灯点亮，应及时采取以下措施。

1）小心地将车停在路边。

2）打开发动机舱盖，检查制动液罐。看制动液液面是否在最低线下方。如果在下方，说明制动液量不足，此时添加建议使用的制动液到 MAX 记号处，再将驻车制动杆完全放松和起动发动机，如果制动系统警告灯熄灭，说明故障是制动液不足引起。

3）如果制动液量充足，且制动系统警告灯持续亮着不熄灭，可进行制动操作。如果制动效果尚可，同时判断行驶还安全，则可能是警告灯控制电路有问题，应小心地驾驶到附近维修站进行检修。

4）如果发现渗漏，或是制动系统警告灯持续亮着不熄灭且制动无法正常作用时，应设法将车辆拖到最近的维修站进行检修。

> **919.** ABS 警告灯点亮怎么办？

ABS 警告灯以制动器加 ABS 的符号作为标志（图 8-15），是一种黄色的警告灯。

如果 ABS 警告灯亮起后不熄灭或在行车过程中亮起，则说明 ABS 工作不正常，应引起重视，制动操作时应考虑这点。但遇到 ABS 警告灯亮起后，不必过于紧张，因为汽车的常规制动系统还是正常的，车辆可以继续行驶，只是制动性能已不具备 ABS 功能而已，建议尽快检修。

汽车行驶时，如果 ABS 警告灯和制动系统警告灯同时亮起，这说明不仅是 ABS 有故障，而且常规制动系统也存在问题。此时，应进行制动操作，看是否有制动效果，如果有，请尽快将汽车

图 8-15　ABS 警告灯点亮

就近送入维修站检修；如果没有制动效果，应尽快请维修站人员解决。

注意：ABS 警告灯点亮的汽车，行驶制动时方向稳定性差；制动系统警告灯点亮的汽车制动效果差，驾驶这样的汽车比较危险，必须立刻进厂检修！

> **920.** 电子稳定系统（ESP）警告灯点亮怎么办？

电子稳定系统（ESP）警告灯以转向时的稳定符号作为标志（图 8-16），是一种红色的警告灯。行驶过程中若该灯闪亮说明 ESP 处于工作状态，可能是车轮出现侧滑或起步时转矩过大造成轮胎打滑。若行驶过程中 ESP 警告灯常亮表示 ESP 功能关闭或 ESP 存在故障。由于 ESP 是与 ABS 协同工作的，所以当 ABS 出现故障时，ESP 警告灯也会亮起。

当驾驶汽车时，如果发现 ESP 警告灯亮起后不熄灭，先看看是否关闭了 ESP，如果关闭了 ESP，ESP 警告灯点亮是正常的，此时可以开启 ESP 功能，正常时 ESP 警告灯应熄灭。如果是开启的，ESP 警告灯点亮，说明 ESP 确实存在故障，也可能是 ABS 故障引起的，此时不必过于紧张，车辆可以继续行驶，只是汽车不具备 ESP 功能、操纵稳定性变差而已，当然其驾驶风格或习惯也要作相应调整，建议尽快送入维修站检修。

▶ 921. 发动机控制系统警告灯点亮怎么办?

现在大部分新型电喷轿车都设置发动机控制系统警告灯, 它以发动机外形的符号作为标志 (图 8-17), 是一种黄色的警告灯。行驶过程中发动机控制系统警告灯如果常亮, 则发动机可能存在电控系统故障、排放控制系统故障。

发动机控制系统警告灯点亮时, 发动机控制系统采用安全保障功能, 启用后备控制回路, 调用备用参数, 进入简易控制运行机制, 使车辆可以继续行驶。尽管发动机仍然可以运行,

图 8-16　电子稳定系统 (ESP) 警告灯点亮

但发动机不能工作在最佳状态, 使得发动机的动力性、经济性、运转平稳性恶化。因此, 行车当中, 不论发动机控制系统警告灯是一直亮着还是持续闪亮, 都要尽快送往维修站检修。

▶ 922. 制动摩擦片磨损警告灯点亮怎么办?

制动摩擦片磨损警告灯是一种黄色的警告灯 (图 8-18), 它用来警示制动摩擦片磨损状况。汽车在正常行驶时, 如果制动摩擦片磨损过度, 则其警告灯点亮。

当制动摩擦片磨损警告灯点亮时, 应立即将车辆送入维修站更换摩擦片。

注意: 摩擦片更换时, 应对一根车轴的两边车轮的摩擦片同时更换, 以保证两边车轮有相同的制动力, 使汽车制动时的方向稳定性较好。

图 8-17　发动机控制系统警告灯点亮

▶ 923. 风窗洗涤液警告灯点亮怎么办?

风窗洗涤液警告灯是一种黄色的警告灯 (图 8-19), 它用来警示风窗洗涤液的液量。汽车在正常行驶时, 如果风窗洗涤液容器中的液面高度太低, 则其警告灯点亮。

图 8-18　制动摩擦片磨损警告灯闪亮

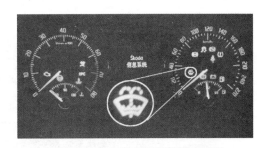

图 8-19　风窗洗涤液警告灯闪亮

当风窗洗涤液警告灯点亮时, 车主可以自己给洗涤器罐加适量的风窗洗涤液, 风窗洗涤液由带有石蜡溶剂的风窗玻璃洗涤剂和水混合而成。

注意：在冬天加注风窗洗涤液时，要加入防冻添加剂，以防其低温结冰。如果没有防冻添加剂，也可以使用酒精代替，但酒精含量不可大于15%。

▶ 924. 安全气囊警告灯点亮怎么办？

安全气囊警告灯是一种黄色的警告灯（图8-20），它用来警示安全气囊系统的工作状态。汽车在正常行驶时，如果安全气囊系统有故障，则其警告灯点亮。

当安全气囊警告灯点亮时，应立即送入维修站检修。

▶ 925. 车门开启状态警告灯点亮怎么办？

车门开启状态警告灯是一种黄色的警告灯（图8-21），它用来警示车门是否关好。只要有车门处于开启状态，或是没有关紧，这个灯就会一直亮着，等到所有车门都关紧后，才会熄灭。

图8-20 安全气囊警告灯点亮

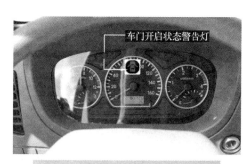

图8-21 车门开启状态警告灯闪亮

只要看到车门开启状态警告灯还亮着，一定要查看所有的车门是否关严，直到警告灯熄灭之后，才能上路。

▶ 926. 燃油存量警告灯点亮怎么办？

燃油存量警告灯是一种黄色的警告灯（图8-22），它用来警示油箱最后油量的多少。汽车在正常行驶时，如果燃油存量警告灯闪亮，表示油快用完了，如果不马上加油，发动机就会熄火。

当油箱油量低过1/4时就要加油，警告灯亮时要立即找就近的加油站加油，否则，汽车容易抛锚。

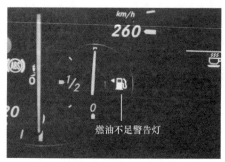

图8-22 燃油存量警告灯点亮

第 九 章

汽车的合理选购与更新

一、汽车选购基础

> **927.** 汽车主要有哪些类型？

汽车按用途可分为轿车、客车、货车、越野汽车、专用汽车、自卸汽车、牵引车和竞赛汽车等类型。而私家车的类型主要有以下四种。

(1) **轿车** 轿车用于载运人员及其随身物品，是座位布置在两轴之间的四轮汽车，乘坐2~9个乘员（包括驾驶人）。图9-1所示为普通轿车。轿车是进入家庭的主要车型，其产量和保有量居各类车型之首。

(2) **越野车** 越野车主要用于非公路条件下，运载人员或货物，也可用于牵引各种装备的汽车。图9-2为轻型越野车。越野车采用全轮驱动，离地间隙高、车身坚固、通过力强，能适应恶劣道路、野外行驶、跋山涉水。对于那些喜欢开车旅游和越野的家庭来说，越野小型客车较为适用。

图 9-1 普通轿车

图 9-2 轻型越野车

(3) **小型客车** 小型客车是指前后没有突出的发动机舱和行李舱，其外观形似面包俗称面包车，如图9-3所示。小型客车外形以长方体为主，内部空间大、座椅多，与轿车相比，可以装载更多乘客和货物。小型客车价格低廉，种类较多，经济实用，可作为家用代步工具、载物及做生意的实惠车型。

(4) **皮卡** 皮卡是英文Pickup的音译，是一种采用轿车车头和驾驶室，同时带有敞开式货车车厢的车型。图9-4为福特皮卡，最常见的皮卡是双排座皮卡。皮卡的特点是既乘坐舒适，又动力强劲，且适宜载货和适应不良路面行驶。皮卡作为家用车，可用于载货、旅游、出租等。

图 9-3 小型面包车

图 9-4 福特皮卡

> **928. 轿车的级别如何划分？**

轿车的级别有多种划分方法。不同国家甚至不同汽车厂家都有着完全不同的划分方法。有的是按发动机排量分，有的是按轴距分，有的是按轴距以及排量两个指标分，有的是按车长、车宽分。

(1) 按发动机排量划分 我国轿车级别划分主要是以发动机排量（L）为依据。国内外一些型号的轿车，后围板或翼子板上标有 1.8 或 2.0 或 2.8 等符号，这是轿车发动机排量的标志。一般来说，排量越大的轿车，功率越大，其加速性能也越好，车内装饰相应设计得越高级，其轿车的级别也就越高。其级别划分见表 9-1。

表 9-1 轿车按排量划分级别

轿车级别	排量/L	车型参考	车例
微型轿车	≤1.0	奥拓、QQ、奔奔、路宝	
普通轿车	1.0~1.6	逍客、威驰、飞度、赛欧	
中级轿车	1.6~2.5	标致408、爱丽舍、雪铁龙 C5、别克凯越	

（续）

轿车级别	排量/L	车型参考	车例
中高级轿车	2.5~4.0	别克-林荫大道、奥迪 A6、奔驰 300S、皇冠 3.0	
高级轿车	>4.0	红旗 CA7460、凯迪拉克野兽、林肯加长轿车	

（2）**按车长、车宽划分** 轿车的车长、车宽数字越大，意味着轴距、轮距越大，车内空间越大，因而汽车乘坐的舒适性、安全性就越好，故轿车的级别就越高。其级别划分见表 9-2。

表 9-2 轿车按长宽划分级别

轿车级别	车长、车宽	车型参考
微型轿车	3.5m 以下，1.6m 以下	奥拓、福莱尔福星
小型轿车	4m 以下，1.7m 以下	新雅途、夏利
普通轿车	4.5m 以下，1.8m 以下	标致 307、宝来
豪华轿车	5m 以下，1.9m 以下	奥迪 A4
超豪华轿车	5m 以上，1.9m 以上	克莱斯勒 300C

（3）**按轴距、排量综合分级** 根据轴距、排量、质量等参数进行综合分级，把轿车分成 A、B、C、D 级。字母顺序越靠后，该级别车的轴距越长、排量和质量越大，轿车的豪华程度也就越高。德国轿车级别采用这种方法，其级别划分见表 9-3。

表 9-3 轿车按轴距、排量划分级别

级别名称	轿车级别	排量、轴距	车型参考
A00 级	微型轿车	<1.0L、<2.2m	奥拓
A0 级	小型轿车	1~1.3 L、2.2~2.3m	波罗
A 级	紧凑型轿车	1.3~1.6 L、2.3~2.45m	捷达、伊兰特悦动
B 级	中档轿车	1.6~2.4 L、2.45~2.6m	帕萨特、标致 408
C 级	高档轿车	2.4~3.0 L、2.6~2.8m	奥迪 A6、别克-林荫大道
D 级	豪华轿车	>3.0 L、>2.8m	奔驰 S 系、宝马 7 系、奥迪 A8

▶ **929. 豪华轿车的主要特征是什么？**

豪华轿车通常指 D 级车，其轴距一般在 2.8m 以上，其发动机排量大于 3.0L。比较常见的豪华车品牌有奔驰、宝马、奥迪（图 9-5）、雷克萨斯等。现代轿车品牌众多，特色各异，人们对豪华车的具体概念已越来越模糊，很多人认为只要是豪华品牌生产的车型就是豪华车。其实不然，真正的豪华轿车应该具有下列主要特征。

（1）**车身结构庞大** 豪华轿车应有足够大的车身尺寸，车轴距必须在 2.8m 以上，而车辆总长至少要超过 4.5m，宽度至少在 1.7m 以上。

（2）动力配置强劲　豪华轿车一般采用 6 缸或 8 缸发动机，发动机功率至少在 110kW 以上，保证汽车动力强劲。

（3）安全设施完善　豪华轿车对安全设施有更高的要求，不仅要装备制动防抱死装置、牵引力控制系统、汽车稳定程序

图 9-5　豪华轿车奥迪 R8

系统和安全气囊等主被动安全设施，还要设计出适当的防撞缓冲区。车内每一个细节在设计时都要把安全放在首位，采用加胶的安全玻璃或使用防弹玻璃；车门在碰撞时必须保证有足够的强度，且事故发生后，必须能轻易开启车门。

（4）内部装置齐全　豪华轿车的内部装置应完善齐全、性能良好。应不但配有自动车窗、双层隔热天窗、真皮内饰、防盗门锁，还要配备自动调整和记忆功能的电动座椅、转向盘和后视镜以及电视、车载电话、导航装置、高保真数码音响。

（5）驾乘操控舒适　豪华轿车驾驶操作自动化程度高，能自动变速、巡航控制，转向轻便；轿车的底盘行驶系统、悬架系统优良，乘坐舒适性好。

930. 什么是 SUV 汽车？有何特点？

SUV 是 Sports Utility Vehicle 的简称，即运动型多功能车（图 9-6）。SUV 起源于美国，20 世纪 80 年代以来，深受年轻白领阶层的爱好，是美国市场最畅销的车型。SUV 是在皮卡底盘上发展而来的四轮或二轮驱动厢式车。

SUV 不仅具有中高档轿车的舒适性，还具有越野车的良好通过性，SUV 既可载人，具有豪华轿车功能；又可载货，行驶范围广，具有越野车功能。SUV 能适应各种路况，便于城市行走、外出旅行和野外休闲。

目前，我国 SUV 市场需求旺盛，增长明显，高于乘用车总体增长速度，其 SUV 低、中、高各层次样样俱全。

图 9-6　SUV 车

931. 选四驱车好还是二驱车好？

四驱车（4×4）是指前后轮一起驱动，四轮都是驱动轮的汽车。四驱车的发动机动力通过传动系统（图 9-7）同时传到前后驱动轮，通过路面的附着作用，产生驱动力推动汽车行驶。四驱车四轮驱动，因此能较好地利用路面附着条件，驱动力大，动力性好，通过性强，一般越野车和跑车适合做成四驱车。

二驱车（4×2）是指前轮或者后轮驱动的汽车。图 9-8 为发动机前置后轮驱动汽车传动系统布置图，其发动机动力通过离合器、变速器、传动轴、主减速器、差速器、半轴传到驱动轮（后轮），通过路面作用，驱动力推动汽车后轮，同时带动从动轮（前轮）使汽车行

驶。二驱车二轮驱动，因此驱动力相对较小，一般在良好路面行驶的轿车、载货汽车、客车适合做成二驱车。

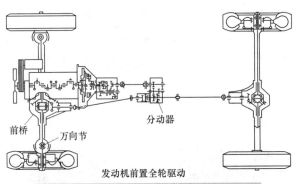

前桥　万向节　　　　分动器

发动机前置全轮驱动

图 9-7　四驱汽车（4×4）传动系统布置

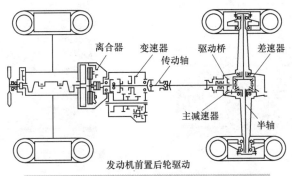

离合器　变速器　驱动桥　差速器

传动轴

主减速器　半轴

发动机前置后轮驱动

图 9-8　后轮驱动汽车（4×2）传动系统布置

　　四驱车最大的特点是动力性好，克服外界阻力的能力强，因此，对于经常跑山路、跋山涉水行车的朋友，四驱车是很好的选择。但四驱车由于多了二轮驱动，其传动效率就会下降，因此，四驱车油耗会较大。

　　二驱车在好路面行驶时，其附着条件较好，行驶阻力不大，二轮驱动的动力足够，因此，对于经常在城市和良好路面行车的朋友，二驱车是最好的选择。这时如果选择四驱车，其行驶性能与二驱车没有差别，但汽车油耗会加大，轮胎磨损会加大，同时购买四驱车的费用较高，故一般家用汽车最好买二驱车。

> **932.** 三厢式轿车与两厢式轿车各有何特点？

　　轿车按结构形式分类可分为两厢式和三厢式，如图 9-9 所示。两厢式轿车是指发动机舱为一厢，乘员和行李为另一厢的轿车。三厢式轿车是指发动机、乘员、行李各占一厢的轿车。

a) 两厢式轿车　　　　　　　　　　　　　　　　　b) 三厢式轿车

图 9-9　两厢式和三厢式轿车

两厢式轿车后部造型没有明显的阶梯形状，车身内部结构紧凑，汽车长度短，机动性好，驾驶更加灵活。三厢式轿车在车身外观上有明显的角折线，它是区分三厢的界限，其车身结构强度较大，行李舱空间比较宽敞，整体豪华感较强。

933. 轿车配手动变速器好还是自动变速器好？

许多朋友在选车时总在纠结轿车是配"手动变速器好还是自动变速器好"这个问题，其实各有特点。

手动变速器轿车价格便宜，油耗低，动力强，提速快，维护成本低。手动变速器（图9-10）轿车操控感好，能享受驾驶乐趣，但换档操作比较麻烦。

图 9-10 手动变速器变速杆示意图

图 9-11 自动变速器变速杆位置示意图

自动变速器（图9-11）轿车操作省事好开，挂上D位前进只管制动和加速踏板就行了，省去了离合、换档操作的麻烦，特别在坡道上起步更能显示自动变速器优势，绝不会起步熄火，而此时手动变速器就不同了，如离合器、加速踏板、驻车制动配合不当就会熄火。但自动变速器轿车价钱贵，油耗高，维护成本高，保值率低。

如果您想享受开车的乐趣，那就选手动变速器；如果您追求舒适方便，那就选自动变速器；如果您驾驶技术一流，那就选手动变速器；如果您是驾车新手，那就选自动变速器；如果您经常在市区行驶，那就选自动变速器；如果您纯粹从经济角度考虑，那就选手动变速器。

934. 发动机为什么要涡轮增压？

发动机是靠燃料在气缸内燃烧做功来产生功率的，由于输入的燃料量受到吸入气缸内空气量的限制，因此发动机所产生的功率也会受到限制。如果发动机的运行性能已处于最佳状态，再增加输出功率则只能通过压缩更多的空气进入气缸来增加燃料量，从而提高燃烧做功能力。因此，在目前的技术条件下，涡轮增压器是唯一能使发动机在工作效率不变的情况下增加输出功率的机械装置。涡轮增压器其实就是一种空气压缩机，通过压缩空气来增加发动机的进气量。

涡轮增压器利用发动机排出的废气惯性冲力来推动涡轮室内的涡轮，涡轮又带动同轴的叶轮，叶轮压送由空气滤清器管道送来的空气，使之增压进入气缸。空气压力和密度增大后可以燃烧更多的燃料，相应地增加燃料量，就可以增加发动机的输出功率。

935. 涡轮增压汽车有何特点？

涡轮增压汽车与普通自然吸气发动机汽车相比，其主要特点如下。

1）动力性较好。涡轮增压可以在排量较小的情况下提供更大的功率和转矩，一台发动机装上涡轮增压器后，其最大功率可以增加40%甚至更高，如1.8T的汽车动力就相当于2.5L排量的汽车。涡轮增压后，汽车将是小排量、大功率，动力性好。

2）油耗较低。由于采用涡轮增压后，其排量相对较小，因而相对来说其油耗较低。

3）动力输出反应滞后。由于叶轮转子的惯性作用，叶轮对节气门的骤变反应较迟缓，从踩加速踏板希望立即提速，到叶轮高速转动将更多空气压进发动机，存在一个时间差，一般2s左右。如果要突然加速的话，瞬间会有提不上速度的感觉。

4）噪声较大。涡轮增压是在自然吸气的基础上加了一个增压机，相当于多了一个噪声源。而且涡轮增压还会有嘶嘶的泄压声，因此在同等降噪配备条件下，涡轮增压发动机噪声略大。

936. 什么是车辆识别代号？怎样确认国产车？

车辆识别代号（VIN）是车辆制造商在车辆生产时指定的一组字码（图9-12），它是识别车辆的特定信息，是汽车的"身份证"。车辆识别代号在世界范围内具有很强的通用性、

图9-12　汽车识别代号及其标示位置

唯一性，任何车辆在30年内不会重号。利用VIN可以简化车辆识别信息系统，可方便查找车辆的制造者，并能提高车辆故障信息反馈的准确性和效率。

车辆识别代号由三部分组成：即世界制造厂识别代号、车辆说明部分和车辆指示部分，共有17位字母或阿拉伯数字。世界制造厂识别代号通常由第1、2、3位字码（从左到右）组合，其组合能保证制造厂识别标志的唯一性，中国生产的汽车其第1位字码是L；车辆说明部分由第4~9位字码组成，用来表示车辆主要技术参数和性能特征，提供说明车辆一般特性的资料；车辆指示部分由第10~17位字码组成，用来表示车辆的生产年份、装配厂和生产序号。

车辆识别代号可以直接打刻在车架上，或打刻在不易拆除或更换的车辆结构件上，还可以打印在标牌上。我国生产的轿车，其车辆识别代号会永久地标示在仪表板上靠近风窗立柱的位置（图9-12），以便能从车外分辨出车辆识别代号。

937. 如何确定汽车的生产年份？

购买汽车尤其是购买二手车时，总想知道汽车是哪年生产的。当您不相信汽车经销商提

供的生产年份信息时，您可以利用其车辆识别代号来准确确定汽车的生产年份。

在车辆识别代号中，从左到右第 10 位字码代表年份，其年份代码按表 9-4 的规定使用，30 年循环一次。例如：某风神蓝鸟四门三厢轿车的车辆识别代号为 LGBC1AE063R000814，由表 9-4 可推得该车的生产年份是 2003 年。

表 9-4　车型年份代码表

年　份	代　码	年　份	代　码	年　份	代　码	年　份	代　码
2001	1	2011	B	2021	M	2031	1
2002	2	2012	C	2022	N	2032	2
2003	3	2013	D	2023	P	2033	3
2004	4	2014	E	2024	R	2034	4
2005	5	2015	F	2025	S	2035	5
2006	6	2016	G	2026	T	2036	6
2007	7	2017	H	2027	V	2037	7
2008	8	2018	J	2028	W	2038	8
2009	9	2019	K	2029	X	2039	9
2010	A	2020	L	2030	Y	2040	A

938. 如何选择汽车品牌？

汽车品牌体现汽车的价值，象征汽车的门面。不同品牌的汽车有着不同的特点，消费者可以根据如下各类车系特点结合自己的需求来选择汽车品牌。

美系车：外形新颖美观、内部装饰豪华、舒适性好、动力强劲。

德系车：技术过硬、做工精细、注重内涵、结实耐用、安全性好，高档品牌多，价格偏高。

日系车：外形靓丽、配置周全、做工细腻、省油经济、噪声较小、价格适宜，售后服务好。

法系车：外观时尚、造型新颖、标新立异、设计人性化、安全性好、价格公道。

韩系车：物美价廉、性能适中、省油经济。

自主品牌：扎实耐用、性价比高、配置齐全、安全性好、维修服务方便。

939. 是买新款车型还是成熟车型？

不少消费者在购买轿车时曾纠结过是买新款车型还是成熟车型的问题，但只要细细分析就不难确定。成熟车型的优点就是性能稳定，可靠性好，性价比高，维修方便，售后网点多、服务好。而新款车型的优势就是造型前卫时尚，色彩绚丽，配置丰富，附加功能众多。但新款车型相对来说：性价比低；降价空间大且随时可能降价；缺点和缺陷尚不确定，不像成熟车型暴露无遗；配件价格偏高，维修费用高。

因此，作为理性的消费者，最好在新车上市之际保持清醒头脑，慎选新款车型，尤其是慎选只在成熟车型基础上稍变花样而高价出售的新款车型。

940. 根据购车的用途如何选择车型？

汽车已经进入普通百姓家庭，个人购买汽车越来越多。不论谁购置汽车，都会有明确的目的，即买车干什么？有人要用汽车搞运输，有人要圆自己轿车梦等。若农村朋友购买汽车主要是从事营业性运输，如出租、客运、货运等，以盈利为目的，则价格较低廉的货运、客运汽车为首选目标。若城市朋友购买汽车的作用一般以代步为主，做出租车生意、找个新职业为辅，以方便、舒适和经济为主要考虑要素，普通轿车、客货两用车、面包车是首选目标。对于生活富裕，地位高贵的消费者，若购买汽车除作为代步工具外，还需要展示实力、体现身份、象征地位的作用，则以豪华、美观和舒适为主要考虑要素，高级轿车是首选目标。

▶ 941. 怎样考察汽车的安全性？

（1）看碰撞星级 中国新车评价规程即 C-NCAP（China-New Car Assessment Program）正在发展和完善。C-NCAP 将市场上购买的新车型按照比我国现有强制性标准更严格和更全面的要求进行碰撞安全性能测试，评价结果按星级划分并公开发布，碰撞星级共划分六个等级：5+级、5级、4级、3级、2级、1级。例如：中国汽车技术研究中心发布的 C-NCAP 碰撞结果中，奇瑞 A3、荣威 550、VIOS 威驰、红旗 CA7300N4、长安福特嘉年华、东风悦达起亚 K2、雪佛兰爱唯欧、中华 H530、广汽传祺等轿车获五星级评价。购买者可通过 C-NCAP 官网了解和参考新车的 C-NCAP 星级，星级越高，安全性越好。

（2）看安全性配置 首先看普通制动系统，因为它对安全性的影响最大。若汽车前后轮均采用超大尺寸通风盘式制动器，则汽车制动效能的稳定性较好，有利于高速行车时的制动安全性。其次看安全性的附加配置，因为它们可以提高车辆安全性能。若汽车配有 ABS，即防抱死制动系统，则 ABS 在紧急制动时可以缩短制动距离，并能够尽量保持制动时汽车的方向稳定性，绝大部分轿车已将 ABS 作为标准配置；若汽车配有 EBD，即电子制动力分配装置，则 EBD 能够根据由于汽车制动时产生轴荷转移的不同，而自动调节前、后轴的制动力分配比例，提高制动效能，通常 EBD 用来配合 ABS 以提高制动稳定性；若汽车配有 ASR，即驱动防滑转系统，则 ASR 可抑制车辆在湿滑路面起步与加速时驱动轮的滑转，提高驱动力和行驶稳定性；若汽车配有 ESP，则 ESP 在任何行驶状态下，不管是在紧急制动还是正常制动，以及在车辆自由行驶、加速、节气门或载荷发生变化时，ESP 都能让车辆保持稳定，并确保驾驶人对车辆操纵自如；若汽车配有倒车影像，则倒车时驾驶人可通过倒车影像得到及时的警示，使倒车变得更轻松、安全；若汽车配有自动防碰撞系统，则汽车高速行驶时不可能产生追尾碰撞；若汽车配有 SRS，则汽车发生碰撞事故时，安全气囊的引爆可减轻驾乘人员的伤害程度。

汽车的安全性配置越全，汽车能适应的行驶条件就越多，则汽车行驶的安全性就越高。

（3）看车身结构 对于轿车来说，乘员的安全性主要取决于车身结构。安全性高的车身，应做到刚柔结合：该柔软的地方应柔软，如在车体的前部设置较空旷的碰撞变形区以及中强度的保险横杠，在碰撞时能吸收大部分能量；该刚硬的地方应刚硬，如坚固的驾驶舱钢架结构在碰撞时能尽量减少变形以避免乘员受到挤压。车身结构好的轿车其碰撞星级较高。

另外，车身的大小对安全性也具有重要影响。统计表明：轿车越大、车身越长，交通事故时乘员的死亡率越低，乘员越安全。

▶ 942. 怎样考察汽车的使用经济性？

（1）看燃油消耗 燃油消耗在汽车的使用成本中占有很大的比例，因此大多数用户特别关注汽车油耗。汽车油耗通常用汽车的百公里耗油量表示，有等速油耗、城市油耗、郊区油耗和综合油耗等多种评价指标，其值越小越好。轿车等速百公里油耗小于 6L 是比较经济的。

发动机排量小的汽车较省油；比功率小的汽车较省油；压缩比较大的发动机较省油；两驱汽车比四驱汽车省油；柴油车比汽油车省油；空气阻力系数越小汽车越省油，目前轿车空气阻力系数可达 0.3 以下；手动变速器汽车比自动变速器汽车省油；质量轻、体积小的汽车比较省油。

(2) 看维修费用　在用汽车如果维修费用高，则使用经济性就差。一般轿车每年均要进行维护，若每次维护的间隔里程长，则维护的次数少，相对费用减少。成熟车型的间隔里程可达 7500～10000km，如东风标致、雪铁龙车型就是这样，而有的新款车型维护间隔里程只有 5000km。轿车在使用寿命期内，一般可进行两次大修、若干次小修。其修理费用：豪华车较贵；高价车较贵；进口车较贵；自动变速器修理较贵；高档车身修理较贵。另外，成熟车型可靠性高，故障少，修理费少；手动变速器较自动变速器故障少且修理费用低。

选用排量小、功率低、质量轻、体积小、手动变速器的成熟型国产普通轿车作为代步用的私家车，其使用经济性好。

▶ 943. 怎样考察汽车的动力性？

随着道路条件的改善，人们对汽车动力性的要求越来越高。对于新车来说，汽车的加速时间和最高车速是主要考察参数，其他因素也会影响汽车动力性。

通常，汽车的比功率越大，加速时间越短，最高车速越高，动力性就越好；豪华轿车，排量大的轿车，其动力性较好；发动机同排量而配备有多气门进排气系统的汽车，其动力性较好；涡轮增压汽车比自然吸气式汽车的动力性好；在汽车比功率相同时，流线形理想、空气阻力系数小的汽车，其动力性较好。

轿车最高车速在 170～230km/h 范围内时，其动力性较好，可满足城市、农村各种使用条件的需要。

▶ 944. 怎样考察汽车的舒适性？

随着生活质量的提高，人们拥有汽车，享用汽车，更加追求汽车的舒适性。选车时怎样考察呢？通常，大车、豪华车要比小车稳重舒适；自动变速器车要比手动变速器车省事省力；具备冷暖气空调要比仅有冷气者舒适；采用动力转向、制动助力、电动侧视镜、电动侧窗等装置都比较省力；采用多杆式独立悬架、变刚度悬架会明显改善汽车的舒适性；采用宽系列低压轮胎，可减少轮胎的径向刚度，提高轮胎的展平能力，从而提高汽车行驶的舒适性。

▶ 945. 怎样选择汽车的流线形？

选车时首先映入眼帘的是汽车的外表，一见钟情的漂亮、心仪的汽车流线形将会使您终生难忘。其实，车身流线形不仅反映汽车的品质、美感，体现现代科学技术与文化艺术的完美结合，它还会影响汽车的动力性、经济性和实用性。因此，在式样繁多的各种车身中，选择适宜的汽车流线形可提高汽车的使用性能。下面可根据车身的种类、特征、流线形状（表 9-5），结合自己的审美观及实用性来选择汽车的流线形。

表 9-5　各种车身流线形状及特征

种类	特征	形状
折背式	车身背部有角折线条。车身由明显的头部、中部和尾部三部分组成,大多数都布置有两排座位,空气阻力较小	

（续）

种类	特征		形状
直背式或快背式	后风窗和行李舱连接近似平直。后窗玻璃与水平线夹角小于 25°，其背部更趋流线形，有利于降低空气阻力，且使后行李舱的空间较大		
舱背式	车身顶盖向后延伸较长，与车身后部形成折线，其后部行李舱与后窗演变为一个整体背部车门。后窗玻璃与水平线呈 25°～50°角，行李舱的空间大，空气阻力较小		
短背式	背部很短的一种折背式车身。其行李舱盖板至地面距离较高，整车长度相对较短，多有鸭尾式结构，有利于提高汽车的行驶稳定性		
楔形车身	汽车前低后高，头尖如楔，车身整体向前下方倾斜，空气阻力小，高速操纵稳定性好		
变形车身	因用途发生改变而导致车身形状变化	四门敞篷车车身，空气阻力较小	
		旅行车车身，内部空间大	
		跑车车身，流线形好	
		多用车车身，外形美观，实用性好	
		厢式车车身，内部空间大，空阻系数大	

946. 怎样选择汽车的颜色？

对汽车颜色的选择多数人是按照个人喜好来定，很少会考虑其他外界因素的影响。其实不同的汽车颜色，对于安全、保值率、购车价格等都有直接影响，且与日后用车关系密切。因此，购车时应根据下列相关内容合理选择汽车的颜色。

(1) 主流色与冷门色 在众多汽车颜色中，银色、黑色、白色因传统大方、清爽明朗的风格，一直是多数消费者心中的首选颜色，这三种颜色也成了车流中的主力色彩。但在车身色彩选择多元化的今天，在公路上可以经常见到各种色彩斑斓的颜色，以前很少见到的冷门色，如黄色、绿色、粉色等汽车也穿梭在大街小巷。

其实不同车型对于颜色喜好也有很大差别。微型轿车和小型轿车，色彩选择最为丰富，主流色与冷门色都可选择。但随着车型级别的上升，尤其是中型轿车和中大型轿车，主流色（黑、银、白）则成为趋于固定的色彩选择，毕竟这部分车型已逐渐融入了商务用途，颜色过于鲜艳与场合不相匹配，所以选择颜色应略有收敛。尽管近些年白色汽车的风头试图盖过黑色，但在商务用途中，黑色依然是企业管理阶层的首选颜色。

(2) 颜色与情感 颜色不仅显示汽车的美观，它还与人的情感紧密相关。红色能激发欢乐情绪，给人以跳跃、兴奋、欢乐的感觉；黄色崇尚大自然本色，给人以欢快、温暖、活泼的感觉；蓝色显示豪华气派，给人以沉着、冷静的感觉；白色给人以纯洁、清新、平和的感觉；黑色给人以庄重、尊贵、严肃的感觉。

(3) 颜色与造型 颜色的造型效果取决于其面积、明度、纯度和匹配等因素。对于三维物体的轿车车身，最好根据车型来选择颜色。对于微型轿车，选择明度和纯度高的颜色，能使人感觉车体大些，汽车变得"靓丽丰满"；对于中型轿车，选择明度和纯度适中的颜色较好；对于大型轿车，选择低明度和低纯度颜色，可产生收缩效应，能使人感觉车体"俏丽苗条"、紧凑、坚实，获得较好的车身造型效果。

(4) 颜色与安全 汽车颜色与行车安全性密切相关。研究表明，汽车视认性好的颜色能见度佳，行车安全性好。在天气晴好条件下，浅色系汽车视认性佳，颜色安全性高。据相关调查数据介绍，黑色汽车在白天与黑夜的事故率均高居榜首。在白天，黑色汽车比最安全的白色汽车事故率高12%，在黎明前和黄昏后则高47%。暗色车型看起来觉得小一些、远一些和模糊一些，因此易出事故。除黑色外，最不安全的汽车颜色依次为灰色、蓝色和红色，而最安全的汽车颜色依次为白色、金色、黄色、银色。从安全角度考虑，轿车以视认性好的颜色为佳。

(5) 颜色与维护 颜色与车身表面的靓丽感觉有关，不同颜色汽车其维护的程度和次数不同，给车主带来的麻烦就不一样。深色尤其是黑色汽车不耐脏，有点儿灰尘就能看出，给人雾蒙蒙、脏兮兮的感觉，需要经常清洗；另外，由于洗车和日常驾驶难免会对车身带来摩擦和擦碰，黑色车漆很容易显现一条条小划痕，需要经常维护。浅色系汽车容易与外界环境相吻合而协调，车身较耐脏，如白色和银色汽车显得更干净一些，起码不会出现明显的尘土和小划痕，相对整洁些。

(6) 颜色与价格 不同颜色车型的价格一般也存在差别。常见的主流色（如白色、黑色、银色）比较热卖，往往会出现供不应求的情况，加价购车或优惠幅度变小成了一种现状。而冷门色（比如金色、黄色、绿色）轿车4S店不希望积压产品太久，其优惠幅度稍大，或者赠送维护或精品等。如果购买者对车身颜色无太多要求，则可通过选购冷门颜色汽车使价格优惠幅度更大。

(7) 颜色与保值 颜色不同，汽车的保值率不同。一般情况下，主流色（银色、黑色、白色）二手车比同款其他颜色（如粉色、绿色）车型不容易褪色，用户群体大，容易热卖，保值率高，有些甚至会高出几千或上万元。这对那些三五年就要换车的购车者来说，选择颜色应考虑保值问题。为了保值和快速换车，应选择主流色。

▶ 947. 如何选择适合自己的汽车？

(1) 根据经济实力选车 经过买前的精打细算，结合自己的收入水平，就可以在一定的价格范围内挑选自己喜爱的车型。买车图的是实用、方便，因此应量力而行，量入为出，以避免日后养车力不从心。经济实力较强的，可以实行一步到位，选购档次较高、性能先进、安全系统完备的车型；收入中等而无法一步到位的，可以选择一些中低档的过渡车型，这样既可享受用车之便，又不增加太多的负担。待将来具备了相应的经济实力，再量力更换。

(2) 根据爱好习性选车 购车应以自己的爱好习性为出发点，讲究大方、庄重者，多选择厢体宽敞、颜色浓重、气派高雅、外形敦厚的豪华型车；家庭用车应注重省油、占地少，多选择外形小巧、颜色鲜艳、富有浪漫情趣的车型；旅游用车应突出越野性，不妨在一些功率较大、形式粗犷、格调奔放、个性独特的车型中多做考虑，SUV 车可列入重点考虑范围；小伙子喜欢开快车，选购时应该考虑功率大、加速性好的汽车；女性开车求稳，比较细致、小心，主要用于上下班和接送孩子，可选择靓丽一些的小车型；喜欢跋山涉水驾车出游的人士，越野车当为首选。

(3) 根据周边环境选车 周边环境中占有率较高的车，其车型的性能大家熟悉，配件供应充分，维修网点布置较多，售后服务相应较好，使用比较方便。我国城市家庭用车不少是按这种方式购车的，如武汉的家用轿车选东风雪铁龙、东风标致、东风风神、东风日产、东风本田等较多，上海的选上海汽车生产的车型较多，长春的选一汽轿车生产的车型较多。

(4) 根据使用特点选车

1）如果汽车是用来上下班，就应选择油耗少的经济型汽车，可选择排量为 1.4L 左右的普通轿车。这类车价格适中，体型小，经济实惠，维修费用便宜。

2）如果是用于工作的业务车，可视业务性质选择车型。如果是一般业务或生意，且承载量不太大，可选择普通轿车；如果工作时要装载很多物品，则考虑选择商用车，如面包车；如果依靠汽车显示高贵、体现实力、招揽生意，则应选择豪华品牌的进口轿车。

3）如果是用来购物，可选车身体积小、车内空间宽敞的小型面包车。如果考虑是女性驾驶，就要注重选择操作轻便的汽车。

4）如果汽车是作休闲之用，则根据休闲的种类不同，所选择的车型也不同。如果要求供许多人使用，且乘坐舒适，有一定的车内空间，那么就应选择小型客车；如果是供自己或者少数人使用，可以考虑选择普通轿车，但对于那些喜欢开车旅游和越野的人来说应选择越野车或 SUV 车。

5）如果是货运，当批量大、运距长时，应选用大吨位车辆；当批量小、运距短、批次多以及零担运输时，宜选用轻型车辆。如果是客运，短途时为求方便快捷，应选用中小型车辆；长途时则用高速、舒适性好的大型车辆。

若车型选择正确，则能充分发挥其使用性能，减少用车费用，提高经济效益。

948. 购置汽车时如何进行市场调研？

在选购汽车的时候，根据购车的用途，按照购买者的经济承受能力列出备选车型名单，向经销商索取介绍资料，从报刊、专业网站查看有关这些车型的广告和评价资料，研究分析各种车型使用说明书中提供的主要性能指标参数，以确定该车是否适用，同时估计出该车在使用中的安全性、经济性和运输生产能力方面能达到的水平。多看一些有关的资料，再进行对比。

（1）**了解备选车型，确保选中车型的优势**　收集备选车型使用过程中的一些资料，了解备选车型的质量状况，如实际耗油、故障、使用方便性等情况；了解售后服务情况，如零配件的供应是否有保障等。

（2）**对备选车型进行合理评价**　评价方法有两种，即主观和客观评价。主观评价也称感觉评价，它是根据购买者乘坐这些备选车的感觉和这些车型的用户或单位以及乘客的反映进行综合评价，有条件时，最好对备选车型进行试用，以自己的亲身感受来评价汽车，自己满意就好，不要人云亦云。客观评价就是按要求用试验装置和仪器测出备选车型各评价指标进行评价，但这很不容易，通常只用备选车型资料提供的数据进行评价。

（3）**调研价格**　询问价格是市场调研的一个重要内容。一般来说，都希望购买性能优越、质量可靠而又价格低廉的汽车。但性能和质量好的汽车，价格自然高些。不过在汽车销售竞争非常激烈的今天，多跑几家汽车经销商，还是能选到合适价格的。购车的价格与购车的时机有很大关系，有时车刚买不久，就大跌几千元甚至上万元，这就是购车的时机不佳，但这是一个相当微妙的问题，市场调研时一定要注意，例如，在新旧年份交替之际，库存车通常要被清出，售价较为便宜；同类车中，新车型推出后，旧车型容易跌价。

市场调研后，对备选车型进行综合评估，选定性价比高的车型作为购置对象。

949. 如何选择汽车经销商？

选择经销商是十分重要的事情，因为目前经销商普遍实行4S的售车方式，即整车销售、零配件供应、售后服务、信息反馈为一体的服务方式，这关系到将来的售后服务。同一城市通常有多家经销同一车型的经销商，选择信誉较好的经销商可以获得较好的售后服务，这为日后使用汽车省去了很多麻烦。建议到有一定规模的经销商或专卖店那里去选车，因为上牌及售后服务都有一定的保障。不论商家采取何种销售策略，注重质量和售后服务才是关键。经销商的服务质量和保修水平是购车者应该重点考虑的因素，不要只接受最低报价，如果能提供较好的售后服务，价格略贵也是值得的。购车者可通过朋友推荐的方式或从经销商接待方式以及承诺买了车后将可获得什么服务的情况去选择自己认为合适的经销商。

950. 购买新车需要缴纳哪些费用？

对于第一次购买新车的人来说，都存在这样的疑问：买新车要交哪些费用？您在购买新车时，除了需要支付新车的费用以外，还需缴纳的费用主要如下。

（1）**车辆购置税**　车辆购置税是对在境内购置规定车辆的单位和个人征收的一种税。按取得的《机动车销售统一发票》上开具的价费合计金额除以（1+17%）作为计税依据，乘以10%即应缴纳的车购税。纳税人购买进口自用车辆的应税车辆的计税价格计算公式为

$$计税价格 = 关税完税价格 + 关税 + 消费税$$

$$应纳税额 = 计税价格 \times 10\%$$

自 2014 年 9 月 1 日至 2017 年 12 月 31 日，对购置的新能源汽车免征车辆购置税。

（2）**保险费**　强制险为 950 元；另外的保费，根据全险或部分险及所参保的保险公司有一定的差别，一般 10 万元的汽车保险费为 4000～5000 元。

（3）**车船使用税**　车船使用税是以车船为征税对象，向拥有车船的单位和个人征收的一种税。车船使用税为 480 元。

（4）**其他费用**　其余的费用较小，有上牌费，多为 300 元；牌证等必需品费，费用为 150 元左右；出库验证费，费用一般在 150 元左右；另外，购置大排量车还需缴纳消费税。

951. 家用轿车的年均费用需多少？

消费者购买轿车，除考虑车价外，往往还要深入考虑养车的成本。一般而言，每年的养车费用可粗略地分为固定费用和变动费用两部分。固定费用是指购车后每年都要固定支出的费用，这主要有车船使用税、保险费等。变动费用则指燃油费、维修费、停车费、过路费等。

15 万元左右的家用轿车的车船使用税、保险费等固定费用估计为 7000 元左右。燃油费因车因人而异，通常可按年行驶里程 2 万 km、10L/100km、7 元/L 计算，燃油费每年 14000 元；轿车每行驶几千千米就要维护 1 次，这样每年至少要维护 2～4 次，其维护费在 1000～2000 元；停车费一般居民小区包月停车费用为 100 元左右，商业性小区停车费用为 200 元左右，每年 1200～2400 元，外出临时性停车费年支出 300 元；过路、过桥费保守估计年支出 500 元。

这样，对新车头几年不考虑维修来说，每年的年均费用需 25000 元左右。

952. 什么是汽车保险？汽车保险的种类有哪些？

汽车保险即机动车辆保险，简称车险，是指汽车由于自然灾害或意外事故所造成的人身伤亡或财产损失，保险公司负赔偿责任的一种保险。汽车保险以合同的形式表现，其保险合同一般由保险条款、投保单、保险单、批单和特别约定组成。汽车车主依照保险规定参加保险，能将汽车在使用中无法预计的意外损失，变为固定的、小量的保险费支出，把风险转嫁给保险公司。凡参加汽车保险的个人或单位称为被保险人，而保险公司则称为保险人。汽车保险后，保险人按承保类别承担相应的保险责任。

汽车保险分为交强险和商业险，交强险是强制保险，商业险可以选择投保。汽车商业险的险种可以分为基本险和附加险两部分。基本险包括车辆损失险、第三者责任险、车上人员险和全车盗抢险；而附加险的险种很多，如玻璃单独破碎险、车身划痕损失险、自燃损失险、车上货物责任险、载货物掉落责任险、交通事故精神损害赔偿险等，各保险公司的险种也不尽相同。

953. 什么是车辆交强险？

交强险是指机动车交通事故责任强制保险，是由保险公司对被保险机动车发生道路交通事故造成受害人（不包括本车人员和被保险人）的人身伤亡、财产损失，在责任限额内予以赔偿的强制性责任保险。机动车所有人或者管理人必须投保交强险，否则公安机关交通管理部门有权利扣留其机动车，并处应缴纳保险费的 2 倍罚款。

被保险人在使用被保险机动车过程中发生交通事故，致使受害人遭受人身伤亡或者财产损失，依法应当由被保险人承担的损害赔偿责任，保险人按照交强险合同的约定对每次事故在下列赔偿限额内负责赔偿：死亡伤残赔偿限额为 110000 元；医疗费用赔偿限额为 10000

元；财产损失赔偿限额为 2000 元；被保险人无责任时，无责任死亡伤残赔偿限额为 11000 元，无责任医疗费用赔偿限额为 1000 元，无责任财产损失赔偿限额为 100 元。

注意：无论被保险人是否在交通事故中负有责任，保险公司均将按照交强险条款的具体要求在责任限额内予以赔偿！

954. 什么是第三者责任险？

车辆第三者责任险是指保险车辆因意外事故，致使第三者遭受人身伤亡或财产直接损失时，保险人依照保险合同的规定承担赔偿责任的保险。第三者是指保险车辆发生意外事故的受害人，但不包括被保险人以及保险事故发生时保险车辆上的人员。

保险车辆在被保险人允许的合法驾驶人使用过程中发生意外事故，致使第三者遭受人身伤亡或财产的直接损失，依法应当由被保险人承担的损害赔偿责任，保险人依照本保险合同的约定，对于超过交强险各分项赔偿限额以上的部分负责赔偿。

保险车辆造成下列人身伤亡和财产损失，不论在法律上是否应当由被保险人承担赔偿责任，保险人也不负责赔偿：被保险人及其家庭成员的人身伤亡、所有或代管的财产损失；本车驾驶人员及其家庭成员的人身伤亡、所有或代管的财产损失；本车上一切人员的人身伤亡或财产损失。

955. 怎样确定第三者责任险赔偿限额？

赔偿限额是计算第三者责任险赔款、第三者责任险保费的基础，赔偿限额越高，保费越高，车主的风险就越小。汽车第三者责任险的赔偿限额有六个档次：5 万元、10 万元、20 万元、50 万元、100 万元和 100 万元以上。目前，广大的农村地区，保 5 万元、10 万元，绝大多数城市车辆保 10 万元、20 万元赔偿限额比较合适，保费适中，且一般的事故都能应付。但有的城市（如深圳），其车辆投保这些档次的赔偿限额，车主风险较大，故建议其保 50 万元或 100 万元赔偿限额。

956. 如何选择合适的险种？

险种选得越多，则保障越好，但保费越高。如果出险概率较小的险种或者对自己及车辆保险意义不大的险种不投保，则往往能够节省保费，同时其保障程度也不会明显下降。因此，投保时车主应根据自己车辆的状况、使用性质、停放地点等具体情况选择适合自己最有投保意义和价值的险种，做到既经济实惠，又有安全保障。

(1) 新车投保　建议车辆损失险、全车盗抢险、第三者责任险、车上人员责任险必投保，而车辆附加险则可根据自己的实际情况选保，可选不计免赔特约险。

(2) 二手车投保　建议第三者责任险、车上人员责任险必保，而车辆损失险、全车盗抢险则可根据二手车的实际情况选保，如车辆实际价值较高，则加保。

(3) 特别情况特别保

1）对于临近报废期的车辆，建议只保第三者责任险，因为这类车辆的车况较差，实际价值低，投保金额太多显然不划算。

2）对于有安全防盗装置、有车库或固定停车场地而很难被偷走的车辆，建议不保全车盗抢险；车辆价值不高，小偷不太关注的车辆，建议不保全车盗抢险；而对于小区治安状况不太好，或是经常跑外地的车主，建议最好投保全车盗抢险。

3）对于高档新车，建议投保玻璃单独破碎险、划痕险，因为这类损伤容易发生而且修复费用较高。

4）对于轿车尤其是新轿车，建议不保自燃险，因为自燃险是对车辆因油路或电路的原因自发燃烧造成损失进行的担保，而轿车自燃事故极为少见。

5）对于车技不佳的新手开新车，建议最好将车损险和第三者险保足，并保车上人员责任险和不计免赔特约险。

▶ 957. 如何选择合适的保险公司？

目前，承办汽车保险业务的保险公司很多，各家保险公司都有自己的特点，如何选择一个经济实惠、信誉好、手续简单、理赔方便的保险公司对车主来说至关重要。如要选择一家合适的保险公司，车主需要调查了解汽车保险市场。

首先要比较各保险公司汽车保险条款的差异，比较的基本原则是"保险责任"越多越好，"责任免除"和"投保人、被保险人义务"越少越好，赔偿金额越高越好，"免赔率"越低越好。再是在相同的保障范围时，比较各保险公司相应险种的费率，着重了解浮动系数的种类和给予条件，了解保险公司的费率优惠条件和无赔款优待的规定，从而确定各保险公司的价格优势。另外，还需要考察保险公司的服务水准。有的公司在车主购买保险时考察得较为严格，但在理赔时能够充分考虑客户的利益，极大地满足客户的需求；但有的公司承保条件很宽松，只是以收取保费为目的，而在理赔时对客户的要求很严。要了解保险公司与客户沟通的渠道是否畅通、简便，了解保险公司对客户的服务承诺。保险人的承诺既是保险公司自身实力的体现，也是客户的需求。

通常，规模大的保险公司信誉度高，定损网点多，可以借助修理厂实行远程网上定损，理赔速度比较快，服务质量好，但保单价格较贵；而小保险公司保费相对便宜一些，但理赔可能比较慢、比较苛刻。不过也有一些小保险公司，为了创牌子、争市场，不但保费便宜，而且服务一流。

▶ 958. 汽车投保的基本方式有哪些？

在仔细阅读比较多个保险公司汽车保险条款选中保险公司后，就要选择投保车险的方式。目前，投保车险的方式多种多样，有多种渠道可供车主选择，车主可根据自己的实际情况选择一种。

（1）**通过代理投保**　目前，很多汽车经销商、汽车维修商等单位通过与保险公司签订协议，成为保险公司的代理。车主可以通过代理来投保车险，当然选择代理来投保需要多付一些费用。值得注意的是，代理商通常代理几家公司的保险，代理商高度推荐的保单，可能是对代理商佣金最高的保单，不一定是最合适的保单，对于车险而言，价格重要，服务更重要。拿到保单后，最好跟保险公司确认一下保单的有效性和有效期。

（2）**到保险公司投保**　保险公司有对外营业的窗口，车主可以选择适合的保险公司，花上一些时间亲自去办理保险。这样可以直接与保险公司取得联系，但要浪费一些时间和精力。

（3）**电话投保**　保险公司开通有专门服务电话，有专门人员接听客户电话，解答客户各种问题，协助客户办理投保手续。因此，车主可以通过电话完成投保车险全过程，投保省时、省事。

（4）**网络投保**　保险公司设有专门网站，车主可以网上投保。对于熟悉汽车保险的客户比较适用，自主选择性强，同时网络投保还可以获得更多的优惠。但如果想了解更多更详细的内容，就要车主自己调查了解。

> **959.** 如何办理汽车保险？

车险投保前应先了解现在经营汽车保险业务的各家保险公司的服务情况，从中选择一家相对负责、信得过而又方便的保险公司，然后按下列程序办理汽车保险。

（1）**了解汽车保险条款** 仔细阅读机动车辆保险条款，尤其对于条款中的保险责任、责任免除、赔偿条款和义务条款要认真研究，同时对于条款中不理解的条文要记下来，以便投保时向保险业务人员咨询。

（2）**选择投保险种** 根据对条款的初步了解和自身的情况，选择适合自身需要的投保险种。险种并不是买得越多越好，因为购买越多的险种就意味着越多的开支。

（3）**填写投保单** 携带行车执照、车主身份证以及有关投保车辆的相关证件，将投保车辆开到保险公司指定地点，经保险公司业务人员验明证件认为可以投保后，如实填写《机动车辆保险投保单》。投保单是投保人向保险人申请订立保险合同的依据，也是保险人签发保单的依据。

（4）**保险公司核保** 核保是指保险公司的业务人员对投保人的申请进行风险评估，决定是否接受这一风险，并在决定接受风险的情况下，决定承保的条件，包括使用的条款和附加条款、确定费率和免赔额等。核保是保险公司在业务经营过程中的一个重要环节，其主要内容是审核。

（5）**保险公司承保及签发单证** 保险公司业务人员核保符合保险条件后，接受承保，确定起保时间，核收保险费，填制保险单或保险凭证。保险人向投保人签发保险单或保险凭证。保险单或保险凭证是载明保险合同双方当事人权利和义务的书面凭证，是被保险人向保险人索赔的主要依据。

二、新车选购技巧

> **960.** 如何检查汽车外表？

环绕汽车一周仔细检查（图9-13），确定选定的汽车与样车是否一样。查看车身颜色是否是您预先选定的颜色，是金属漆还是普通漆，查看外部油漆颜色是否均匀一致，不要让脏物或灰尘遮住残损处，有无划痕、掉漆、开裂、起泡、锈蚀及修补的痕迹等；检查各灯光信号设施是否齐全、有无损伤，塑料件有无裂纹，前、后风窗玻璃有无破损。

图 9-13 环视检查

检查车身外表的接缝（图9-14），将每个车门、发动机舱盖和行李舱盖都打开、关闭几次，然后检查车身各个部分接缝是否均匀。装配良好的车体：两侧对应的缝隙如车门处、发动机舱盖处（图9-15）一定会均匀而不过大；各灯组与车体的接缝（图9-16）会很均匀而较紧密；车门、保险杠、发动机舱盖处的缝隙基本一致；各对应位置接缝的宽窄给人的感觉应完全一样。

图9-14　车门处缝隙检查

💡 提示

检查时最好还能趴在地上仔细观察车底部件是否有油渍，是否存在漏油现象，是否有剐蹭痕迹或生锈状况。

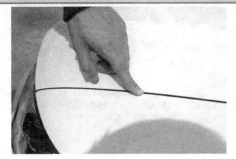

图9-15　发动机舱盖处缝隙检查图

图9-16　灯组与车体接缝检查

961. **如何检查车门的开启与关闭？**

分别拉开四个车门（图9-17），检查对应的左右两个车门开门力度是否相同，各阻尼段的阻力是否相同，然后看车门是否有下垂现象，将车门慢慢打开到推不动的位置，感觉限位开关是否起作用；分别把各车门拉开较小的角度，然后轻轻关闭车门，听关门声音是否有尖锐的撞击声，有撞击声说明阻尼和密封不好。

图9-17　检查各车门

检查各车门密封条。用手轻捋各车门上的橡胶密封条（图9-18），查看有无破损，装配是否完好。用力关闭车门，听声音，有沉重感的说明密封很好。

检查行李舱盖。看看行李舱盖开合（图9-19）是否顺畅，锁止是否正常。

图9-18　检查车门密封条

图9-19　检查行李舱盖

962. 如何检查车轮和轮胎？

查看轮胎（图9-20）胎面是否新净，轮胎的毛刺是否有过多的磨损，若轮胎上的橡胶小刺磨完看不到，则汽车绝对行驶在百公里以上。检查轮胎、备胎规格是否相同、胎压是否合适。检查车轮轮圈表面是否有刮伤的痕迹，查看轮毂是否干净、完美，有无凹陷、划痕。

963. 如何检查汽车遥控钥匙？

遥控钥匙是指不用把钥匙插入锁孔中就可以远距离开门和锁门的钥匙。检查时，在拉开

图9-20　轮胎的检查

车门前，先挨个试一试遥控钥匙的各项功能：锁车、解锁、寻车、遥控开启行李舱等。配备了无钥匙进入的车型还可试一试感应钥匙是否可用，以及咨询一下无钥匙进入的相关使用方法及注意事项。

964. 怎样检查车内设施的完好性？

进入乘员车厢内，首先环视整体装配是否规整到位，然后再仔细检查内饰是否有污渍或者使用痕迹。对于上下车经常会蹭到的部位进行着重检查，如果这些地方比较脏则可能是别人挑剩下的或者有问题调整过的车。同时应检查所有饰面是否含有破损的地方，如中控台、座椅、车顶（图9-21）、车地面等。遮阳板及其化妆镜（图9-22）也应打开检查一下是否有破损。

图9-21　检查车顶

图9-22　检查遮阳板及其化妆镜

　　车内各装饰件安装应牢固可靠，内顶篷不能有松脱现象，车身与内饰板之间是用卡子连接的，用手指轻轻往外拉内饰板的边缘（图9-23），看卡子是否安装牢固。门窗及前后风窗玻璃密封应良好，玻璃无裂纹破损等。

图 9-23　车门内饰板的检查

　　检查仪表台（图9-24）整体是否整洁，表面不能有划痕和污迹。检查中控各部分按键是否可靠无损，挨个按动中控台上的按钮，感受按键手感是否一致，是否存在按不动或者按钮松动的情况。

　　检查中控台。用手轻敲中控台（图9-25）等地方的内饰塑料覆盖件，查听是否有由于安装不好而产生松旷振动的声音。仪表台装配应牢固工整，接缝均匀，没有歪斜损坏现象。

图 9-24　仪表台

图 9-25　检查中控台

　　检查座椅。座椅（图9-26）表面应清洁、完好，椅面软硬适中，乘坐舒适，不应有异物感影响乘坐。在座椅上进行前后晃悠、用力下坐检查，应无松动感和异响。

　　若座椅可以进行多方向调节，应进行调整测试（图9-27），必须能够达到各个方向的限位点；若座椅可以放倒一定角度，应进行角度的调整测试；若头枕可调，也应调整检查。座椅的所有调整，其过程应平顺、无异响。若后座可以进行折叠（图9-28），则应检查其折叠效果。

　　检查安全带。坐在前排及后排座位上，检查每一条安全带（图9-29），其拉开、自动回收、锁止功能应正常，用手能特别迅速地拉动安全带，并平稳顺畅，在紧急情况下，安全带应具有预紧的能力。

　　检查储物盒。查看各储物盒（图9-30）、杂物箱等能否正常开合，有无破损。

　　检查里程表。插上钥匙，打开点火开关，在汽车静止状态下查看新车里程表（图9-31），注意其里程数，一般不应超过50km。提车时如果由您挑选，一定要选择行驶里程少，出厂日期短的车。因为出厂时间、行驶里程越长，汽车存在问题的风险就越大。

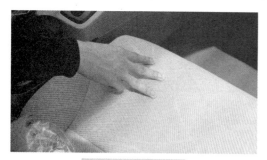

图 9-26 检查座椅

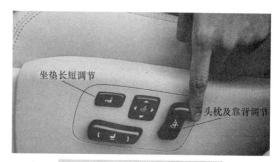

图 9-27 检查座椅的调整功能

图 9-28 检查座椅的折叠效果

图 9-29 检查安全带

图 9-30 检查储物盒

图 9-31 检查里程表

> **965.** 怎样检查电气系统？

（1）检查灯光系统 灯光检查时，一般需要两人协作进行，一人在车内开灯操作；另一人在车外观察车辆灯光是否正常点亮。

打开各种灯组（图 9-32），依次检查各项灯光，示宽灯、近光灯、远光灯、雾灯、转向灯、制动灯、倒车灯、高位制动灯、仪表板照明、车门灯、阅读灯、化妆灯、储物箱照明灯、行李舱照明灯等。

（2）检查音响系统 首先查看 CD、收音机、AUX 接口等音源是否正常（图 9-33）；然

图 9-32　检查灯光系统

后进行音量调节，来感觉各种音效调节是否正常，最后把声音开大，查听扬声器是否有破音。

图 9-33　检查音响系统

（3）**检查空调系统**　在发动机工作时，检查空调系统（图 9-34）。查看空调制冷、制热、送风是否正常，空调噪声、振动是否过大，对发动机怠速影响如何。

（4）**检查电动后视镜**　在驾驶座上可检查电动后视镜的调节，先选择 R（右后视镜）或 L（左后视镜）调节按钮（图 9-35），再按上下左右调节相应后视镜位置。调节时，电动后视镜必须能上下左右地灵活运动。另外，各后视镜中景物图像应清晰。

图 9-34　检查空调系统　　　　　图 9-35　检查电动后视镜

（5）**检查喇叭**　按喇叭按钮，听声音是否响亮，声响是否正常。

（6）**检查刮水器**　检查刮水器（图 9-36）的喷水、刮水功能。喷一些水给风窗玻璃，让刮水器刮水，看各档位下的速度是否变化，刮水器运行是否流畅。若发现刮水器异响或刮水不清，则要求 4S 店调换。

（7）**检查电动车窗和天窗**　首先检查车窗的升降功能，逐一检查每个车窗的升起、落下，注意查听有无异响，工作是否正常；然后查看按钮（图9-37）是否牢靠；对于有电动防夹手功能的汽车，还要检查车窗电动防夹手功能，此时可把一矿泉水瓶放在窗框上沿进行试验，正常情况下水瓶被压缩一部分后车窗应马上转向下运行。

图9-36　检查刮水器功能

对于有天窗的汽车，一定别忘记检查天窗（图9-38）的开和关是否正常，有无异响。

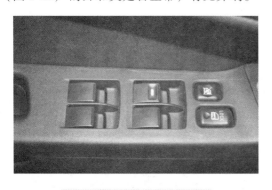

图9-37　检查车窗升降功能

有天窗的车一定别忘记检查天窗

图9-38　检查天窗的开和关

> **966.** 怎样检查发动机舱和行李舱？

（1）**检查发动机舱**　打开发动机舱盖，看整个发动机舱（图9-39）是否干净整洁，有无油污。如果很脏，而且有油污渗漏的痕迹，这车就有问题。正常时发动机舱应该整洁无有油渍，不能有湿润的沾灰现象。

查看机油是否正常。检查时让发动机工作3min后熄火，稍等一下拉出机油尺，检查机油油位是否合适。用纸巾擦拭机油尺，观察机油是否清亮，若机油发黑并带有杂质，则车辆可能是库存车或者甚至是试驾车。

查看发动机舱内的制动液、转向液、冷却液等的位置是否合适，是否在规定的标准范围（图9-40），过高或过低都是不利的。

图9-39　检查发动机舱

图9-40　检查液面位置

（2）**检查行李舱**　打开行李舱检查备胎和随车工具等。看备胎的尺寸规格及品牌，看是否全新、完好，气压是否正常。检查随车工具是否齐全，应予以点清。其三角指示牌、千斤顶等工具是否完备可用。

▶ 967. 怎样检查发动机性能和响声？

打开发动机舱盖支起，将变速器置于空档，拉紧驻车制动，接通点火开关，起动发动机。检查发动机运转状况，正常时应轻快、连续、平稳而无杂音、异响且振动较小。轻踩加速踏板，发动机转速应是连续、平稳地提升；急踩加速踏板，检查发动机加速性能，观察发动机转速变化的响应情况，正常时转速上升较快；松开加速踏板，检查发动机怠速，正常时发动机连续稳定运转而无异响。

发动机舱盖复位，关好车门，让发动机停车运转。将双手放在转向盘和变速杆位置，分别在怠速和大节气门状态下感觉发动机带来的抖动是否正常，传入车厢内的声音是否太大；开启空调，观察发动机运转是否平稳，声音是否正常；观察各种仪表及报警装置工作是否正常；最后观察发动机排气管的烟色是否正常等。

发动机运转检查的重点是发动机运转声音，最好有几辆车比较一下，因为发动机是一个装配很精密的机器，装配或调整稍有微小出入就会在声音等方面反映出来。

在实际提车时，只要发动机运转平顺无异响，没有不规则频率的杂音，比如摩擦声、敲缸声等，则可基本判定发动机没问题。

▶ 968. 怎样路试检查汽车性能？

购买者可将汽车开出试驾，进行路试检查。汽车路试时，应在起步、换档、空档、加速、减速、匀速、怠速、转弯、制动、滑行等各种工况下进行路试，在不同的车速（30km/h、60km/h、80km/h）下路试。通过路试驾驶可以查看汽车的总体性能如：加速性、操纵稳定性、行驶平顺性、乘坐舒适性、制动性是否良好，查看汽车上各种装备的工作是否正常等。

通过路试，可检查汽车静态时不能检查的项目，如转向、换档、踩踏板等。转向盘应转动自如，上下无抖动现象，转向自由行程符合要求；变速器换档应轻便灵活，档位准确，不脱档、不乱档、无异响，连续换档流畅；加速踏板应灵敏，制动/离合踏板应脚感舒适、软硬适中，且行程适当、自由行程符合要求，各踏板在整个行程中应平稳顺畅、无异响。

路试时要特别注意观察和倾听行车中有无异响、异常，及仪表有无报警信息。停车后观察有无滴油、渗油（包括燃油、润滑油、制动液等）、漏水（冷却液、电解液等）、漏气等现象。

路试时，若发动机无异常响声，车内无明显振动和噪声，仪表工作正常，加速轻快有力，操控敏捷稳准，制动反应迅速，乘坐平稳舒适，则说明汽车性能良好。

三、二手车选购指南

▶ 969. 为什么买二手车？

（1）**经济实惠**　二手车一般都不是时下车市最新的车型，一般都要落后两年以上，同一品牌同一车型的二手车，晚买一两年，就可以节省几千元甚至几万元。若购车者经济不是很宽裕，买车只是为了代步，买二手车经济实惠。

(2) 折价优惠 任何一辆汽车，只要在车管所登记落地后，不管您用还是不用，或者您用多还是用少，它每一年的价值都在不断下降。一般来说，第一年要贬值30%，以后每年要贬值15%，三年后贬值可达60%。越是高档车折价率会越大，高档车每年折价会高达1万多元。如果是买二手车，就相当于别人在给自己的折价率埋单，因此其价格优惠、便宜。

(3) 适合新手 现在不少买车人都是新手，通常被戏称为"马路杀手"，由于驾车经验、驾驶技术不足，在路上难免会剐剐蹭蹭，如果是新车碰一下就得喷漆、维护，累加起来这也是不小的一笔费用。而二手车，即使发生剐蹭，只要无伤大雅，就能将就着用，维护费用较少，这非常适用学驾驶技术的新手。

(4) 选择余地大 经济不宽裕的想买辆新车，仅有的钱未必能买到称心如意的新车。但如果转为买二手车，不多的钱也可以选择不少好的车型，其选择的空间和余地要比选购新车大得多。和新车相比，可以买到级别更高的车，如有8万元想买12万元的车就可以选择二手车。

970. 二手车购买的原则是什么？

跟新车相比，二手车最大的不同之处当然是它已经使用了一段时间，或多或少存在一些不足。因此购买二手车必须谨慎，应遵循下列原则。

(1) 交易应合法 要到正规的二手车交易市场，与合法的二手车经销商交易。通常，正规二手车交易市场的车辆手续齐全，能有效防止来历不明的车辆进入市场。买车时，二手车经销商能提供所购买汽车的各项证明材料，办理合法的交易手续，并签订买车过户合同。

(2) 价格优势应明显 二手车之所以受到人们的喜爱，主要就是其价格在同类商品中是低廉的。如果二手车没有明显的价格低廉优势，则购买者将失去购买二手车的意义。因此，购买的二手车价格应相对较低。不过物有所值的二手车其价格是有底线的，而价格过低的二手车可能会使您买得不安心。

(3) 质量性能应适中 二手车质量性能应适中，尽可能做到即买即用。汽车发动机、制动系统、转向系统、车身或车架等部件不能有缺陷或破损，这不但关系到汽车未来的维修费用，还直接关系到汽车行驶的安全和可靠性能。但由于车价低，因此对二手车质量性能不能过于苛求。

(4) 问题应清楚 每辆二手车都有其作为二手车的原因，要么车型过时，要么性能低劣，要么有安全隐患，要么是事故车操纵稳定性差等。购买者对所选二手车主要存在的实质问题应非常清楚，而且要权衡日后解决问题所付出的代价。若代价过高，则失去购买二手车的意义。

注意：所有的二手车都相对便宜，但所有的二手车都存在问题，购买者一定要找到实质问题。

971. 哪些二手车坚决不能买？

(1) 停产公司的车辆不能买 汽车公司停产后，尽管原车多数还是能够买到配件，但数量少，价格贵，如果是进口汽车，则费用更是高得惊人，会给车主带来非常大的开销，这严重违背了买二手车图实惠的初衷。因此，停产公司的车辆不能买，哪怕价格非常低廉。

(2) 来历不正当的车辆不能买 来历不正当的车辆，再便宜也不能买。若买了盗窃的车辆，难免有销赃之嫌，甚至同法律脱不了干系；若买了无任何手续的非法拼装车，则入不了车籍，会在经济上蒙受重大损失。

(3) **使用时间较长的车辆不能买**　车辆使用时间越长，磨损越严重，当达到某一数值，汽车的寿命就走到了尽头。任何汽车一经投入使用，其性能和价值会随着时间的延长而逐渐降低，而维修费用则逐年增加。车型老旧，使用时间长，性能低劣，物料超耗严重，维修费用高的车辆，使用不经济而且不安全，这类车可能即将报废，坚决不能买。

(4) **排放超标的车辆不能买**　国家对环境保护的要求越来越高，因而汽车的排放标准会越来越严，对于大城市来说，排放超标的车辆根本不能上路，故排放超标的车辆不能买。

(5) **出过重大事故的车辆不能买**　车辆出了如撞车、翻车等重大事故后，汽车车身变形、部件损坏一般来说都是相当严重的。这种汽车即使修复，但其操纵性、稳定性和舒适性由于其根基的破坏却不能与原来相比，往往带有行车隐患，因此出了重大事故的车辆不能买。但这种车，车主不会说明，全靠购买者慧眼识别。有的车外表非常好看，品牌也不错，其价格可压得很低，该车可能有出重大事故之嫌。

(6) **无售后服务的车辆不能买**　二手车故障相对较多，若无售后服务，则日后会给用户带来较大的麻烦，因此对于无售后服务的二手车不能买。现在的二手车售后服务体系已有不少的改善，不少二手车经销商都向买方提供售后服务承诺，并有指定的4S店进行售后维修服务。

> **972. 为什么买保值率高的二手车？**

随着汽车市场的火爆，人们换车频率不断加快，车市价格波动变得频繁，车往往很快就会贬值，保值率越高则贬值越少。对于二手车的消费者来说，主要是驾驶新手和经济状况暂时不宽裕这两种人。对于驾驶新手，只想用二手车练练手，等驾驶技术提高后会卖掉二手车，因此希望所买的二手车保值率高而贬值少；对于经济暂时处于困境的二手车消费者，往往会考虑经济好转时，享受和体验驾驶新车的乐趣，也希望买保值率高的二手车。

> **973. 哪些二手车的保值率比较高？**

二手车的保值率与品牌、车型、保有量有关。一般来说，品牌知名度越高的车型越保值。日系车普遍保值率较高，故障较少，油耗较低，维护便宜，代表品牌有丰田、本田；欧美车系保值率也较高，这类车经久耐用、使用寿命长、安全系数高、实用性强，代表品牌有大众、别克；品牌认同率不高的车型，保值率较低，代表品牌有现代、起亚。对于同型车来说，低配比高配保值、低排量比高排量保值，而跑车、高档豪华车、个性车型保值率很低。保有量大的热销车型，因其性能稳定、可靠性高、维修费用低而保值率高，品牌有大众、标致；而小众车型因受用人群少保值率较低，另外自主品牌车辆随着使用年限的增加其小毛病经常不断，后期维修费用较高，因此其保值率也较低。

注意：二手车保值率高的车型一般都是日系和欧美车系的合资车型，真正进口品牌车型的二手车保值率也不高。

> **974. 怎样估算二手车价值？**

二手车的价值就是汽车作为二手车卖时的残值。在使用条件一定时，汽车的残值与行驶里程紧密相关。汽车行驶里程越长，则汽车的实体磨损就越大，汽车的残值就越少，汽车的价值就越低。因此，可通过汽车行驶里程来估算二手车的价值。常用的方法是分段残值评估法，也称"54321法"。该法是将一部车的有效寿命分为5段，每段价值依序为新车价的5/15、4/15、3/15、2/15、1/15。估算实例：设某新车的有效寿命为30万km，将其分为5

段，每段 6 万 km，新车价 10 万元，已行驶 12 万 km，那么该车此时的价值大体是

10×（3+2+1）÷15＝4（万元）。估算时如果怀疑里程表不准，则可以利用使用年数×年均行驶里程计算二手车的行驶里程，非营运车年均行驶里程为 2.5 万 km 左右，营运车（例如出租车）年均行驶里程 18 万 km 左右。

注意： 二手车的价值其实不仅与行驶里程有关，还受很多因素影响。不同类型、不同档次、不同厂家甚至不同颜色的二手车的价值都是不同的。另外，汽车的使用强度、维护条件、驾驶方法也会改变二手车的价值。因此，对其计算的价值应根据实际车况和上述条件进行修正。

975. 怎样检查二手车外表？

（1）查看整车外观 在离车稍远的位置（3~5m）仔细观察整车的外观状况。观察车身的左右高度是否一样（图 9-41），如果不同，则说明汽车的基础件可能遭到破坏，如车身、车架、悬架系统损坏，也许是重大事故车。

（2）查看车身油漆 检查车身表面漆色或厚度（图 9-42）是否一致，是否重新喷过漆。如发现某一部分漆色或厚度与周围不相吻合，或显现出细微的圈状刮痕，多是受过损伤后经重新喷涂美容所致；若车漆表面看上去如同微微的波浪一样凹凸不平，则可能是补漆所致，说明该车有大面积撞伤部位，补腻子面积比较大，人工打磨腻子难以平整；任何新的油漆都说明掩盖了不想让人知道的缺陷，注意补漆处的颜色偏差以及橡胶密封件边缘处的油漆残渣，行驶里程较少且油漆很新的汽车不少是曾出过事故或车身经过了大修的；若油漆表面有龟裂，则该车要么发生过撞车事故，要么已使用了大约 10 年。可以看出：车身油漆是反映二手车新旧程度的明显标志。

图 9-41 观察车身左右高度

图 9-42 看车身油漆

（3）查看车身细节 检查左右前照灯罩、转向灯罩、雾灯罩以及发动机舱盖前面的新旧程度（图 9-43），外壳颜色是否一致，若不一致，说明这些部件曾经因为撞车而更换过。检查车身钣金是否平整，有无敲打整平修补痕迹，如有钣金修理迹象，则该车可能发生过碰撞，或者是车祸。检查发动机舱盖、车门与车身的间隙是否均匀。若不均匀，间隙有过大或过小处，则说明车身基础件有严重变形，或发动机舱盖、车门处被撞变形。另外，前照

图 9-43 查看车身细节

灯、尾灯与车身之间的接缝应是平滑的，否则可能是事故车。

（4）**查看车门关开**　动手开关所有车门，将车门（图9-44）开启到45°~60°，并正常用力关门，观察车门是否能够关严，声音大小是否相同。变形严重的车或事故车，其车门关、开费力，且关不严、有异响。

图9-44　查看车门关开

（5）**查看汽车轮胎**　检查轮胎的磨损现象和磨损程度（图9-45）。轮胎的磨损现象可以反映汽车的部分技术状况，轮胎磨损异常，如轮胎外侧或内侧磨损过快，则说明前轮的外倾角不正常或后轮承载系统有问题；胎冠出现羽片状磨损，则说明车轮的前束不正常；轮胎胎面局部出现磨光的斑点即秃点，则说明车轮动不平衡；轮胎胎冠上一侧产生扇形磨损，则由轮胎长期处于某一位置行驶而不换位或悬架变形导致位置不当所致；胎冠中部快速磨损，则为轮胎气压过高所致；胎冠两肩磨损过快，则为轮胎气压不足所致；若发现一侧轮胎磨损较小且正常，而另一侧轮胎磨损异常严重，则说明磨损异常车轮的轮毂轴承间隙、车轮的平衡有问题或者是悬架系统、车轮定位及转向节部件不正常，支承件变形。轮胎的磨损程度可以反映汽车的使用程度，若花纹磨平，边缘已全无棱角，说明轮胎使用时间较长，也说明原车主驾车的习惯粗野，这样不仅轮胎本身状况不佳，且透露出全车的整体状况可能不好。若是更换过的轮胎，则另当别论。

图9-45　检查轮胎磨损程度

> 976. 怎样检查车身变形？

车身变形是碰撞事故车的典型特征，查看车身变形可避免买到重大事故车。车身变形后容易导致车身左右两边不对称，两边轴距不相等。据此，可检查车身是否变形。

（1）**检查轴距**　用卷尺分别测量两边轴距（图9-46），对比其长度，若差值较大（>5mm），则说明车身基础件变形严重。

图9-46　检查轴距

（2）**检查发动机舱对角线**　发动机舱盖掀起后，用卷尺分别测量其对角线（图9-47），对比其长度，若差值较大（>5mm），则说明车身基础件变形严重。

（3）**检查风窗玻璃框对角线**　用卷尺分别测量风窗玻璃框对角线（图9-47），对比其长度，若差值较大（>5mm），则说明车身变形严重。

（4）**检查两侧车门对角线**　用卷尺分别测量左右两边车门框对角线（图9-48），对比其相应长度，若差值较大（>5mm），则说明车身变形严重。

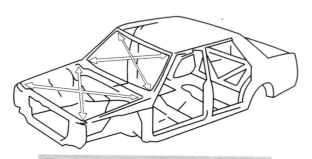

图9-47　检查发动机舱和风窗玻璃框对角线

图9-48　检查左右两侧车门框对角线

> **977.** 怎样检查二手车内部设施？

（1）**检查座椅**　打开车门检查座椅（图9-49），看座椅是否下沉，座椅调节系统是否有

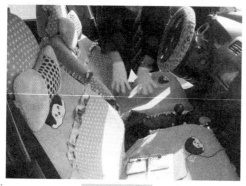

a）检查驾驶座椅

b）检查后座椅

图9-49　检查座椅

效，座椅表面是否清洁、完好，无破损、划伤等内容。破损的、很脏的座椅等均意味着汽车已驶过了相当长的里程。若卖主提供了座椅套，务必察看一下原始的椅垫。

（2）**检查车内仪表**　查看仪表板上的各仪表、信号灯、控制按钮（图9-50），其工作应正常。仪表板内的线束如有胶带包裹、组合杂乱的现象，则表示仪表上有地方被修理过，对年份较新的汽车来讲，则属于不正常现象。

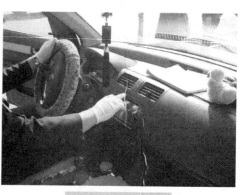

图9-50　检查仪表

（3）**检查车门、窗玻璃及内饰**　车门玻璃应升降自如，上升能到顶，下降能到底，侧窗开关应轻松自如，推拉顺当，密封良好。车门、车内的饰板应装卡到位，手推下去不应松脱。好的二手车，其车门和门框上的密封胶条应无破损或老化迹象（图 9-51），密封状态良好，其胶条下的钣金也应完好如初。

图 9-51　检查内饰

（4）**检查转向盘**　对转向盘进行上下摇动（图 9-52），检查是否有松动迹象，若松动则可能是主轴上部磨损；左右转动转向盘，检查转向盘自由转动量是否正常，若自由转动量过大，则可能转向盘使用频繁，应检查整个转向系统及横拉杆连接部分，区别排查。好的二手车，其转向盘上下不应有间隙，自由转动量适中，表面手感好。

（5）**检查控制踏板**　坐好后，手放在转向盘上，左脚踏离合器踏板，应感觉轻松自如，并有适当自由行程；右脚踩下制动踏板不放（液压制动系统），其应保持一定高度，若其缓慢下移，则表示制动系统有泄漏现象；加速踏板不应有犯卡、沉重、不回位的现象，脚放在加速踏板上时，脚腕应自然舒适，这样才能保证长途驾驶不疲劳。

（6）**检查内部焊接及损伤**

1）揭开车内地毯，查找车身内部是否藏有硬伤（图 9-53）。发动机舱盖下的车架当然会有焊接点，但原来的焊接点平滑细小，后加的焊接点粗糙、不规则。车身或车架上的补焊点意味着该车曾出过事故或车身经过了大修。有些翻修车水平较高，到底是原厂焊接还是翻新的，应仔细辨别。

图 9-52　检查转向盘　　　　　　　图 9-53　查看车内地板

2）检查挡泥板的边缘以及车轴处，观察机件磨损情况；察看排气管外端，检查其陈旧或生锈程度。

3）掀起发动机舱盖，检查前端及前桥是否变形、有无碰撞痕迹，以防买到事故翻修车。

4）检查悬架系统。目检减振器，若减振器存在弯曲或严重的凹陷或刺孔，说明减振器损坏。用手压下车头（图9-54）及车尾，然后迅速地松手，此时若车辆的反弹次数超过两次，则说明减振器工作效能差。目检悬架弹簧是否有折断或损伤缺陷，检查悬架杆件连接处橡胶衬套是否老化或损坏，其连接部位间隙是否过大。

图9-54　检查悬架

5）检查蓄电池。如电解液少，接线柱腐蚀或外壳破裂都说明平时维护不良。

（7）检查各种电器　检查前照灯、制动灯、转向灯、防雾灯、牌照灯、车厢灯、倒车灯等是否正常；喇叭是否响亮，声响是否正常；检查空调系统，收音机等是否都能正常工作。

（8）检查泄漏情况　查看地面上、发动机、底盘、变速器、主减速器及制动管路等有无漏油痕迹。如有漏油现象，则表示漏油部分的衬垫，油封失效。查看散热器、水管、发动机本体上有无漏水现象，任何地方漏水均表示不正常。

（9）检查车厢密封性　若场地设有试水装置，应驾车驶过淋水洗车区，考察车身密封性。淋水后，检查各密封件是否完好，检查时掀开地板垫，仔细查看车室内及行李舱内是否被淋湿，并注意车灯内是否蒙上了水雾。

978. 怎样检查二手车发动机技术状况？

二手车发动机技术状况与其环境、润滑、运转质量、各缸工作性能和排气烟色紧密相关。因此可从如下几个方面进行检查。

（1）检查发动机环境　掀起发动机舱盖，查看发动机各油管、水管、线路是否老化，有无漏油漏水痕迹，但不要以为这里干干净净就没有问题，越干净的发动机越是经过人工清理的，这些部位只要仔细检查，就能看出问题。

（2）检查机油情况　在冷车状态下，抽出机油尺（图9-55），用纸巾把机油尺头黏着的机油完全抹干净，并顺便看清机油尺的刻度（通常有 MIN 和 MAX 两个刻度），再把擦干净的机油尺插回去插到底。然后拔出机油尺观测末段的机油。若油位在 MIN 和 MAX 之间，则说明机油的油位正常；若机油透明，用拇指和食指蘸少许机油进行捻油检查，两指拉开时有 2~3mm 的油丝，则说明机油的质量和黏度正常。若油位很低而无泄漏，则该发动机可能有机油上窜烧机油的现象；若机油捻起来又稀又脏且带浓汽油味，一则意味该车很久没换过机油，二则表明发动机燃烧不正常或活塞环密封不严而漏气，是需要镗缸大修的信号；若机油上浮有水滴，则是气缸水套破裂的征候；若机油过浓且不透亮，表明发动机内曲轴等主要相对运动件有较严重的磨损；若机油过于浓稠而透亮，表示车主没有用对机油或是故意诈用浓机油来降低发动机的噪声，以蒙骗买客。

（3）检查运转质量　将变速器置于空档，拉紧驻车制动，接通点火开关，起动发动机，使发动机运转升温，在其升温过程中，注意倾听有无运转杂音，如有杂音，说明机件磨损过大。发动机温度正常后，检查发动机运转是否轻快，轻踩加速踏板，发动机转速能迅速提升者为好。检查发动机运转时有无杂音和异响，并且辨别来自何处。通常，可通过急踩加速踏板，使发动机转速变化来聆听响声，寻找声源，如活塞敲缸声，活塞销响，连杆轴承响，主轴承响都与转速变化有关。

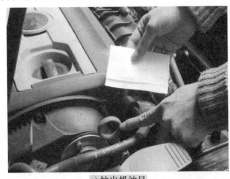

a) 抽出机油尺

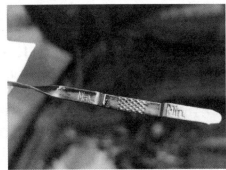

b) 擦净机油尺

c) 插回机油尺

d) 抽出机油尺查看

图 9-55　检查机油的油位

（4）**检查各缸工作**　利用单缸断火法检查效果较好。先让加速踏板处在一定位置，使发动机稳定运转，然后轮流将各缸断火（汽油机）或断油（柴油机），使某缸不工作，来观察发动机的运转情况。若某缸断火或断油后，发动机转速下降，而且稳定性变差，则说明该缸工作正常；若某缸不工作后，对整个发动机似乎没有影响，则说明该气缸一定不工作，存在故障。利用这种方法还可以检查各缸引起的异响。

（5）**检查排气烟色**　起动发动机，待发动机温度升高正常运转时观察排气烟色。正常排气应无色；若排蓝烟，说明发动机有烧机油嫌疑；若排白烟，除非是寒冷冬天，否则说明排气中有水蒸气存在，可能是发动机气缸壁有裂缝或气缸垫密封不严，导致冷却液进入燃烧室；若排黑烟，说明发动机燃烧不完全，可能是燃油供给系统调整不当或有严重故障所致。排烟不好的汽车不能买，因为这会增加很多麻烦，且要付出额外维修费，除非这是唯一缺点，而车主又愿负担维修费。

（6）**试驾检查**　在上陡坡或加速踩加速踏板时，若发动机反应灵敏，运转平稳强劲有力，行车顺畅，且无异常声响，则说明发动机技术状况良好。若发动机加速时有沉闷迟钝、软绵无力的感觉，或排气管有放爆声，则说明点火系统、燃料供给系统有故障。

▶ **979. 怎样检查二手车传动系统？**

传动系统用来传递汽车动力，汽车长期使用后，传动系统会磨损、变形而产生故障，并使传动效率下降。轿车传动系统常出故障的总成主要是离合器和变速器。对于二手车来说，传动系统的技术状况和故障可通过路试方法检查。

（1）检查汽车滑行距离　将汽车在水平路面上以初速 30km/h 空档滑行，其滑行距离若满足表 2-3 的要求，则说明传动系统技术状况良好。

（2）检查离合器　离合器最典型的故障是打滑和分离不彻底。检查离合器打滑的方法：汽车静止时，分离离合器，起动发动机，拉紧驻车制动器，把变速器换入一档，缓抬离合器踏板使离合器逐渐接合，同时加大节气门，若发动机无负荷感，汽车不能起步，发动机又不熄火，说明离合器打滑；汽车在行驶中，当加大节气门后，若发动机转速提高而车速不变，则表明离合器打滑。

检查离合器分离不彻底的方法：先将变速器处于空档位，使发动机运转，再踩下离合器踏板，将变速杆挂入 1 档，看是否能平稳接合。若各齿轮能平稳啮合，则判定其工作状态良好；若换档困难并伴有齿轮撞击声，强行挂入档位后汽车前冲，发动机熄火，则说明离合器分离不彻底。

（3）检查变速器　对于自动变速器，路试时，将变速杆拨至 D 位，踩下加速踏板，使节气门保持在 1/2 开度左右，让汽车起步加速，检查其升档情况。自动变速器正常时，汽车起步后随着车速的升高，乘员能感觉自动变速器顺利地依次由最低档升至最高档。若自动变速器不能升至高档，则说明其电控制系统或换档执行元件有故障。路试时，还应进行换档质量检查，正常时自动变速器换档冲击不明显，若换档冲击太大，说明自动变速器的控制系统或换档执行元件有故障，其原因可能是油路油压过高或换档执行元件打滑。

手动变速器常见故障有跳档、换档困难和异响等。跳档的检查方法：汽车在中、高速行驶时，采用突然加、减速方法，使齿轮承受较大的交变负荷，检查是否跳档。逐档进行路试，若变速杆在某档自动跳回空档，即诊断该档跳档。换档困难的检查方法：在确定离合器工作正常的情况下，由低速顺序换到高档位，再由高速顺序换至低档位。若某档位不能挂入或勉强挂入后又难以退出，或挂档过程中有齿轮撞击声，则说明该档位换档困难。路试时，若变速器发出不正常的响声，如"呼隆""呼隆"声及尖锐、清脆的金属撞击声，则说明变速器的轴承磨损松旷、齿轮啮合失常或润滑不良。

▶ 980. 怎样检查二手车制动系统？

（1）行车制动检查　在良好路面直线行驶，以不同的车速进行紧急制动，制动踏板力应正常，制动效果应较好，制动距离应符合验车要求，且确保没有制动跑偏和制动侧滑现象。如果汽车配置有 ABS，可以试着以 40km/h 的速度紧急制动，观察制动过程中发生的现象。若 ABS 正常，则制动效果会更好，制动距离会更短；若 ABS 存在故障，则制动时车轮会抱死，轮胎在路面会留下拖印痕迹。试驾时若制动失效、制动失灵、制动跑偏、制动侧滑，则这种二手车坚决不能买。

（2）驻车制动检查　在坡路上停车并进行驻车制动，汽车不应有溜车现象。若出现溜车，则说明驻车制动有故障。

▶ 981. 怎样检查二手车转向系统？

（1）检查转向系统连接状况　用两手握住转向盘，采用上、下、左、右方向摇动，此时应无松旷感。若很松，说明转向传动连接机构松旷或有螺母脱落现象，很危险。

（2）**检查转向盘自由转动量** 将车辆停放在平坦路面上，左右转动转向盘，从中间位置向左或向右时，转向盘自由转动量要合适，轿车的最大自由转动量从中间位置向左或向右均不得大于10°。转向盘自由转动量是转向系统各部件配合间隙的总反映，当自由转动量超过规定值时，说明从转向盘至转向轮的传动链中一处或几处的配合松旷，存在故障。

（3）**检查转向状况** 试驾时在道路上行驶，转动转向盘进行转向测试，汽车转向应轻便灵活，转向后应能自动回正，汽车直线行驶不能有跑偏现象，否则汽车转向系统可能存在故障，或车身变形以及前轮定位参数不正确。

（4）**检查动力转向** 停车和行车时进行大转角转向测试，转向较轻便且无噪声为正常。若感到转向异常沉重或有较大的噪声，则动力转向可能有故障。

▶ 982. 怎样检查二手车行驶系统？

（1）**直线行驶检查** 试驾时转向盘居中，将车开到空旷平路，若汽车行驶时，不能保持直线方向，而自动偏向一边，则可能是前轮定位不良，或左右轴距相差过大、推力角过大，或前梁、车身及转向节弯曲变形。

（2）**变换车速检查** 尽可能频繁地变换车速，察看在加速与减速时车辆的反应。若车速一高，车身与转向盘就抖动，可能是传动轴动不平衡，或前轮动不平衡，或悬架不良。若汽车在某一车速范围内行驶，出现两前轮各自围绕主销轴线摆振，感到转向盘发抖、行驶不稳定，则可能是前轮定位不佳，或车轮变形、前轮的径向圆跳动量和轴向圆跳动量过大、车轮动不平衡，或前悬架杆件及转向节变形，或转向节球销及纵横拉杆球销等连接处松旷。

（3）**在不平路面检查** 试驾时将车开到较差路面上，高速行驶，感觉汽车的振动程度。若车身振动较大，说明悬架减振性能不良，或轮胎的缓冲展平及减振能力太差。

▶ 983. 怎样检查二手车乘坐舒适性？

二手车的乘坐舒适性主要是根据购买者主观感受判断。购买者可通过乘坐、试驾来感受。

（1）**静态感受** 购买者坐在驾驶座上感觉乘坐是否舒适，视野是否开阔，车内色彩、布局、光线是否宜人，内饰是否赏心悦目。

（2）**操作感受** 购买者试驾时进行操作，根据各操作系统使用时是否顺手方便、轻松愉快、自动化程度高、不易产生误操作等来感受体验。

（3）**动态感受** 试驾时，可将汽车行驶在凸凹不平的路面上行驶试车，若车身振动迅速衰减，车内噪声较小，则乘坐舒适性好。若汽车振动大，则乘坐舒适性差，可能是减振器不良或损坏，或悬架弹性元件损坏。

四、汽车的更新与报废

▶ 984. 什么是汽车的自然寿命？其长短取决于什么？

汽车自然寿命是指汽车从全新状态投入使用开始，直到不能保持正常生产状态，在技术上不能按原有用途继续使用为止所经历的时间。自然寿命长短与汽车制造质量、运行材料品质、使用条件、驾驶操作技术及维修质量有关。有时可通过恢复性修理来延长汽车自然寿命。

汽车一旦达到自然寿命，则意味着汽车寿命的终结，此时汽车性能低劣，物料超耗严重，排放污染物超标，维修费用过高，汽车应进行报废处理，其零部件也不能再作备件使用。

985. 什么是汽车技术使用寿命？其长短取决于什么？

汽车技术使用寿命是指汽车从全新状态投入使用，到由于新技术的出现，使原有汽车丧失其使用价值而被淘汰所经历的时间。技术使用寿命的长短与技术进步的速度有关，汽车技术进步越快，技术使用寿命越短。技术使用寿命一般短于自然寿命，当更先进的汽车出现或生产过程提出更高要求时，汽车在其自然寿命尚未终结前即被淘汰。当原有汽车因技术落后丧失使用价值时，汽车不能通过修理的方法来提高其主要使用性能，但通过现代化技术改装，可以适当延长汽车的技术使用寿命。

986. 什么是汽车经济使用寿命？其长短取决于什么？

汽车经济使用寿命是指汽车从全新状态投入使用开始，到汽车年均总费用最低的使用期限。汽车年均总费用是指汽车年平均折旧费用与该汽车发生的经营费用之和。汽车使用时间越长，每年分摊的折旧费越少；但随着使用年限的增加和行驶里程的延长，汽车技术性能逐渐下降，汽车的运行材料（主要是燃料和润滑料）费、维修等经营费用不断增加。因此，年均总费用是随使用时间而变化的（图9-56）。当汽车使用至一定年限后会出现年均总费用的最低值，此值所对应的年限，就是汽车的经济使用寿命，简称经济寿命。

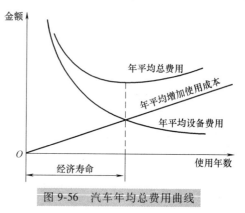

图 9-56 汽车年均总费用曲线

汽车经济使用寿命取决于车辆制造成本、使用与维修费用、管理开支、车辆当前的折旧以及市场价格变化等因素。

987. 汽车的合理使用寿命应该是多少？

汽车经济使用寿命是汽车经济效益的最佳时期。当汽车使用期限超过经济寿命时，在技术上仍可继续使用，但年均总费用上升，汽车使用经济性将会变差，不宜继续使用，应将汽车予以更新。因此，当汽车更新来源畅通、更新资金充足时，则汽车合理使用寿命应是汽车经济使用寿命。

国内外对汽车经济使用寿命进行了大量的研究工作。资料统计表明，在汽车整个使用时期内，汽车制造费用平均约占总费用的15%，而汽车的经营费用约占总费用的85%。因此，现代汽车的经济使用寿命，可以在汽车设计制造时，通过充分预测车辆投入使用以后可能需要的经营费用来估算。如果汽车在长期运用中，能保持较低的使用维修费用，那么其经济使用寿命将较长；反之，则缩短。某汽车工业协会对汽车主要消费国家的经济使用寿命年限进行了调查统计，其汽车的平均经济使用寿命见表9-6。我国曾对主要国产车型进行过经济使用寿命的调查，其客车的经济使用寿命约为10年，货车经济使用寿命约为9年。

表 9-6 汽车平均经济使用寿命

国别	美国	日本	法国	意大利	韩国
平均经济使用寿命/年	7	9	8	8	6

988. 什么是汽车更新？汽车更新的意义是什么？

汽车更新是指以新车或高效率、低消耗、性能先进的汽车更换在用车辆。汽车更新可以保持在用车辆具有良好的使用性能，可以减轻环境污染，节约能源，提高运力；汽车更新是国民经济技术改造的重要内容之一，它对促进我国汽车工业和交通运输业的发展，减少交通事故隐患，促进废钢铁资源回收利用，提高社会、经济效益都具有重要意义。

989. 怎样确定汽车的更新年限？

当汽车达到自然寿命时，更换相同性能的车辆是一种简单更新，它不需要技术经济分析做依据，无所谓"最佳更新时机"。但在技术进步追求高效运输的条件下，为获取最大的使用经济效率，就必须研究车辆的最佳更新年限。

汽车经济寿命是确定汽车更新年限的重要依据。而汽车经济寿命除取决于使用时间或里程外，还受使用强度和使用条件等因素的影响。我国地域辽阔，各地运行条件差异很大，因而汽车的经济寿命也必然不同。因此，应根据具体情况对经济寿命年限进行必要的修正，最后确定汽车的最佳更新年限。

💡 **提示**

> 通常，当汽车维护较好、使用合理、管理妥当时，汽车最佳更新年限相对长些；当汽车使用条件较好，如气候条件、道路条件、运输条件与汽车相适应时，则汽车最佳更新年限相对长些；当汽车在特殊条件下使用，如长期在低温、高温、超载大负荷、越野行驶、城市运输、起动频繁等条件下工作，则汽车最佳更新年限应相对缩短。

990. 怎样合理更新汽车？

汽车最佳更新年限确定之后，就应当对现有的汽车进行更新工作，以同型新车或高效率、低消耗、性能先进的车辆更换在用车辆。汽车更新不仅包括同类型新车辆或性能优越车辆去更换尚未达到报废条件的性能较差的车辆，也包括已达到报废条件车辆的更新。对运输企业来说，车辆更新不仅仅是以新换旧和原有车型的重复，还应是对运输单位车辆配置的调整。通过更新，达到优化车辆配置、提高运输效率、降低运输成本的目的。更新车辆是选原车型还是新车型，应根据购买者的经济实力、运输市场情况以及客、货源的变化来决定。

汽车更新的原则是提高经济效益和社会效益。理论上应按经济寿命进行更新，但实际上还应视国情而定，考虑到更新车的来源、更新资金、汽车保有量以及折旧率和成本等因素。

对必须更新的车辆应坚决进行更新。如已达到报废条件的车辆必须更新；如汽车性能低劣，生产效率低或因汽车主要零部件磨损变形超过一定的极限状态，经修理仍不能恢复其使用性能，或在技术上虽能修复，但经济上修复非常不合算的车辆，也必须更新。对汽车使用年限已达到经济使用年限的车辆，建议更新，最好进行更新。

991. 什么是汽车报废？汽车为何要报废？

报废汽车是指达到国家报废标准，或者虽未达到国家报废标准，但发动机或者底盘严重损坏，经检验不符合国家机动车运行安全技术条件或者国家机动车污染物排放标准的机动车。

汽车经长期使用后，车型老旧，性能低劣，物料超耗严重，维修费用过高，如果继续使用，则不经济、不安全，对环境的污染大，因此应根据汽车的报废条件对这些汽车进行报废处理。当然，汽车如果提前报废会造成运力损失、浪费资源。

992. 汽车报废的条件是什么？

根据机动车使用和安全技术、排放检测状况，国家对达到报废条件的机动车实施强制报废，对达到一定行驶里程的机动车鼓励报废。凡在我国境内注册登记的机动车，属下列情况之一的应强制报废。

1）达到使用年限或行驶里程的。各类车型的使用年限及行驶里程见表9-7。

表 9-7　机动车使用年限及行驶里程

车辆类型与用途				使用年限/年	行驶里程/10^4km
汽车	载客	营运	出租车　小、微型	8	60
			出租车　中型	10	50
			出租车　大型	12	60
			租赁车　小、微型	10	50
			租赁车　大、中型	15	60
			教练车　小、微型	10	50
			教练车　中型	12	50
			教练车　大型	15	60
			公共汽车	13	40
			旅游、公路客运车　大型	15	60
			其他　小、微型	8	60
			其他　中型	15	50
			其他　大型	15	60
		非营运	小、微型	—	60
			大、中型	20	50
	载货		微型	12	50
			重、中、轻型	15	60
	其他		半挂牵引车	15	60
			三轮汽车、装用单缸发动机的低速货车	9	
			装用单缸以上发动机的低速货车	12	30
			专项作业车	—	50
			无轨电车	13	40
挂车			半挂车、中置轴挂车	15	—
			全挂车	10	—
摩托车			正三轮摩托车	10~12	10
			其他摩托车	11~13	12

2）经修理和调整仍不符合机动车国家安全技术标准要求。

3）经修理和调整或采用排放控制技术后，排气污染物及噪声不符合在用机动车排放标准。

4）因故损坏，车辆发动机、车架（或承载式车身）需要更换的。

5）因故损坏，车辆发动机、车架（或承载式车身）之一需要更换，且变速器总成、驱动桥总成、非驱动桥总成、转向系统、前悬架、后悬架中三个或三个以上总成需要更换的。

6）在一个机动车安全技术检验周期内连续三次检验不合格的。

7）在检验合格有效期届满后连续两个机动车安全技术检验周期内未参加检验或者未取得机动车检验合格标志的。

▶ 993. 如何管理报废汽车？

1）报废汽车的拥有者应当及时向公安机关办理机动车报废手续。公安机关应当于受理当日，向报废汽车的拥有者出具《机动车报废证明》，并告知其将报废汽车交售给报废汽车回收企业。

2）报废汽车的拥有者应当及时将报废汽车交售给报废汽车回收企业。

3）报废汽车回收企业凭《机动车报废证明》收购报废汽车，并向报废汽车的拥有者出具《报废汽车回收证明》。

4）报废汽车拥有者凭《报废汽车回收证明》，向汽车注册登记地公安机关办理注销登记。

5）报废汽车回收企业对回收的报废汽车应当逐车登记。报废汽车回收企业不得拆解、改装、拼装、倒卖有犯罪嫌疑的汽车及其"五大总成"和其他零配件。"五大总成"是指从报废汽车上拆解下的发动机、前后桥、变速器、转向器、车架。

6）任何单位或者个人不得将报废汽车出售、赠予或者以其他方式转让给非报废汽车回收企业的单位或者个人；不得自行拆解报废汽车。

五、汽车理赔

▶ 994. 什么是车险理赔？

车险理赔是指保险汽车在发生风险事故后，保险人依据保险合同的约定对被保险人提出的索赔请求进行处理的行为。汽车事故损失有的属于保险责任，有的属于非保险责任，即使属于保险责任，因多种因素制约，被保险人的损失不一定等于保险人的赔偿额，所以说，汽车保险理赔涉及保险合同双方的权利与义务的实现，是保险经营中的一项重要内容。

▶ 995. 车险理赔的原则是什么？

车险理赔涉及面广，情况复杂。为确保工作快捷与高效，在车险理赔时，保险公司应遵循三个基本原则。

（1）**坚持实事求是原则**　在现场查勘、事故车辆修复定损以及赔案处理方面，要尊重客观事实，以事实为依据，以条款为准则，做到恰当的赔付补偿。

（2）**重合同、守信用原则**　保险合同条款复杂，专业性强，对于一般的投保人或被保险人不易理解和掌握，因此保险人在处理赔案时，必须加强法制观念，履行其应尽的义务和责任，严格按条款办事，该赔的一定要赔，而且要按照赔偿标准及规定赔足，不属于保险责任范围的损失不滥赔，同时还要向被保险人讲明道理，拒赔部分要讲事实、重证据。

（3）**"主动、迅速、准确、合理"原则** 主动是指主动热情受理案件，积极主动展开调查，了解和勘查现场，对事故进行科学分析，确定保险责任，对前来索赔的客户要热情接待，多替保户着想，急保户所急，在最大限度内维护保户利益，它体现了公司对理赔的重视程度。迅速是指迅速查勘，迅速定损，迅速赔偿，它体现了公司理赔的效率。准确是指准确认定责任，准确核定损失程度，准确核定赔付金额，保证双方权益，杜绝差错，避免"同样案子不同公司尺度不一样，同一公司不同理赔员标准不一样，同一理赔员不同时间标准不一样"，它体现了公司理赔的公平。合理是指实事求是，重合同、坚持条款，结合案情，合理理赔，它体现了公司理赔的信用。保险公司做好车险理赔，既是提高被保险人满意度的良机，也是扩大公司车险业务的基石。

996. 汽车出险后保户如何报案？

保险车辆出险后，保户报案的方法、内容如下。

1）投保车辆出险后，保户应立即向事故发生地交通管理部门报案，并及时向保险公司报案。除不可抗拒力外，一般应在48h内报案。如果保险车辆被盗窃、被抢劫或被抢夺，应及时向当地公安部门和投保公司报案，并登报声明。

2）报案方式：直接拨打投保公司24h服务电话，或到保险公司直接报案。

3）报案需告知的内容：保险单证号码、被保险人名称、车牌号码，事故发生的时间、地点。

注意：保险公司报案的服务热线，在受理报案的过程都会有电话录音，报案时要如实反映事故的真实状况；在报案的同时要保留事故的第一现场。这些都是日后索赔的重要依据。

997. 车险理赔流程是怎样的？

保险汽车发生风险事故后，被保险人向保险公司报案，对于属保险责任范围内的风险事故，保险公司就会在其承担的范围内进行理赔。其理赔的一般流程是受理案件、现场查勘、损失确定、赔款理算、赔付结案。

（1）**受理案件** 被保险人在发生风险事故后，及时向承保的保险公司报案。保险公司在受理报案后，应向被保险人提供《保险车辆出险通知书》和《索赔须知》，并指导客户填写《保险车辆出险通知书》及告知索赔程序，同时应核实其保单信息，根据报案人对风险事故的描述，初步确定是否属于承保的风险责任，对于符合保险合同中的承保范围内的案件，保险公司业务人员进行立案登记，正式确定案件，统一编号并对其进行程序管理，对于明显不符合保险合同承保范围的，在出险通知书和机动车立案登记簿上签注："因××不予立案"，并向被保险人做出书面通知和必要的解释。受理案件后，及时调度定损人员进行现场查勘与核定损失。

（2）**现场查勘** 现场查勘是指用科学的方法与现代化技术手段，对交通事故现场进行实地验证和查询，将所得结果完整而准确记录下来的工作过程。现场查勘是查明事故真相的根本措施，是分析事故原因与确定责任的基本依据。现场查勘主要内容是查明出险时间、出险地点、出险车辆情况、驾驶人情况、事故原因、协助施救与受损财产、损失程度。在客观事实的基础上形成现场查勘记录报告，如有可能应力争由被保险人或驾驶人对形成的现场查勘记录确认签字。

（3）**损失确定** 根据保险合同的规定和现场查勘的实际损失记录，在尊重客观事实的基础上，确定保险责任，然后对事故损失进行定损及赔款计算工作。

损失确定包括车辆损失、人身伤亡相关费用、其他财产损失。车辆损失由车辆的修理工时费，更换配件的项目与配件的价格、施救费用等组成，涉及人身伤亡的案件还应核定人身损害赔偿的相关项目与内容。涉及有其他财产损失，还应核定其他财产损失的金额。这是一个定责与定损的过程，理赔人员在客观事实的基础上核定该事故损失的程度与金额，通过核损后并以此损失的金额进行赔款理算，是赔款理算的依据。

（4）**赔款理算** 赔款理算是保险公司按照保险合同的约定与相关法律的规定，并根据保险事故的实际情况，依照损失确定的金额，核定和计算应向被保险人赔付金额的过程。理赔人员应本着认真负责的态度做好理算工作，准确计算出应赔付的金额，确保被保险人能得到应有的赔偿，也维护保险公司的利益。在理算过程中，首先要对收集的单证核实其真实性、合法性和合理性，然后在其保险合同承保的各个险种下计算出赔偿的金额，正确缮制赔款计算书。赔款理算应做到项目齐全，计算准确，再送交核赔人员。在完成核赔与审批手续后，转入赔付结案程序。

（5）**赔付结案** 赔款理算完成并经过充分核赔审查无误后，理赔人员根据核赔的审批金额，填发《赔款通知书》及赔款收据，保险公司财会部门依赔款通知向被保险人支付赔款，被保险人在领取赔款手续完成后，保险人要对所有的与案件理赔相关的单证进行整理、装订、登记、归档，做到一案一卷。至此，理赔案件结案完成。

▶ 998. 车险理赔顺序是怎样的？

交通事故后，理赔顺序应当遵循先强制后商业的赔偿顺序。先由保险公司在交强险责任限额范围内予以赔偿。超过责任限额部分，如果车主已经投保了商业保险，则保险公司按照商业保险合同内容进行理赔，超出商业险的部分由个人承担；如果车主没有投保商业三责险，则交强险赔偿以外剩余部分在事故责任范围内由车主承担。

▶ 999. 汽车异地出险如何索赔？

一般来讲，异地出险，可按如下程序进行索赔。

1）出险后报案，同时向交警和保险公司报案。

2）等候现场处理，保险公司会及时派遣当地分公司查勘人员赶至事故现场，进行查勘处理。

3）提出索赔请求。

4）配合保险公司做事故勘查。

5）事故结案。

6）提交索赔材料，如不涉及人员伤亡，一般所需理赔单证有索赔申请书、驾驶证、行驶证、交通事故证明、交通事故赔偿调解书、法院判决书（如有诉讼）、修车发票、施救费及相关配用票据原件、赔款收据及身份证。

7）赔案审核。

8）领取赔款。

如果购买车险时选择了一家专业车险代理公司，则所有理赔事务可交由对方全程代办。

> **1000.** 汽车出险后怎样快速处理？

车辆出险后，事故有大有小，情节有重有轻。根据出险实际情况，可选用下述快速处理方法。

(1) 自行协商 自行协商一般是针对小额案件或简易案件，未造成人身伤亡，当事人对事实及成因无争议，双方都无其他违规驾驶的情形。可以即行撤离现场，恢复交通，自行协商处理损害赔偿事宜。

出险后，先将车撤离现场移至不妨碍交通的地点协商，再在《交通事故自行协商记录单》上记录交通事故情况和协议内容，签字后各持一份。如果当事人要向保险公司申请理赔，当事人还要向自行协商处理保险专用电话报备，并在事故发生后24h内一起驾车到保险事故车辆拆检定损中心进行事故确认，到保险公司办理保险理赔。

自行协商的好处是省时省力，但下列情形不适用自行协商：当事人对交通事故事实及成因有争议；造成道路、建筑物、供电、通信等公共设施或者其他设施损毁；机动车无号牌、无检验合格标志；驾驶人无有效机动车驾驶证；驾驶人饮酒、服用国家管制的精神药品或者麻醉药品；当事人不能自行移动车辆；车辆单方发生交通事故；责任方车辆未投保且不能当场给付赔偿金。

注意：自行协商应尽可能通过手机拍照等留下现场证据；协商责任应以书面形式，双方当事人应签字确认；双方应相互查验证件及保险信息，并各自留下联系电话，以便事后处理。

(2) 报警处理 报警处理就是交通事故发生后，立即向交管部门报案，当事人需保留事故现场，等待交警赶往现场，对现场勘查取证，对当事人进行调查核实，进行事故责任判定等。这种方法责任判定较准确，证据可存，发生矛盾可通过交警有效解决，保险公司对责任判定认同度较高。但该法等待时间较长，过错方还有可能得到交警部门的相应处罚，增加不必要的经济损失。

注意：当事人是否选择报警处理，需视事故情况而定，如果难于把握，最好同时向保险公司报案，在保险公司指导下，进行报警处理。

(3) 保险查勘 出险后及时向保险公司报案，并要求和等待保险查勘人员到现场进行查勘。该法可较快得到保险公司的支援和服务，可以得到快捷理赔。但现场查勘需客户耐心等待查勘人员，等待时间长，同时保险查勘也需其他方法配合处理，才能得到全面解决。

注意：最保守和有效的方法就是及时向保险公司报案，向保险公司求助并受其指导处理。

(4) 客户私了 双方损失非常小，为了简便处理，可以选择双方私了处理，对双方都有利。客户选择对小额事故进行私了，既省钱也省力。这种方法简便、省时、省力、省钱、省油，不会因为小事故而耽误时间，无须为理赔而来回折腾，下年度保费可更低廉等。但风险是需防范当事人双方后悔，来个"秋后算账"，最好签订书面协议，留下私了证据，确保无后患。

注意：客户一旦私了，则无法得到保险公司赔偿，相当于当事人双方选择了放弃向保险公司索赔的权利。因此，在当事人双方选择私了前需谨慎判断，做出正确且最合理的选择。